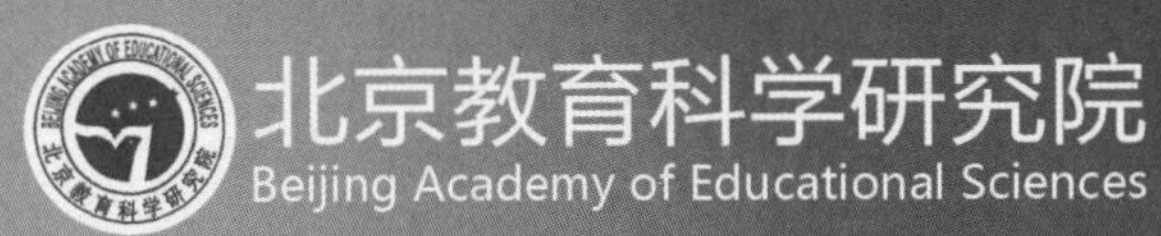

NEW DEVELOPMENT NEW NORMAL

新发展 新常态

北京教育发展研究报告 · 2016年卷

RESEARCH REPORT ON EDUCATIONAL DEVELOPMENT IN BEIJING, 2016

主编 方中雄 桑锦龙

北京出版集团公司
北 京 出 版 社

图书在版编目（CIP）数据

新发展　新常态：北京教育发展研究报告．2016年卷／方中雄，桑锦龙主编．—北京：北京出版社，2016.12

ISBN 978-7-200-12850-5

Ⅰ．①新…　Ⅱ．①方…　②桑…　Ⅲ．①地方教育—教育事业—研究报告—北京—2016　Ⅳ．①G527.1

中国版本图书馆CIP数据核字(2017)第032348号

新发展　新常态

北京教育发展研究报告·2016年卷

XIN FAZHAN　XIN CHANGTAI

主编　方中雄　桑锦龙

*

北京出版集团公司
北京出版社　出版

（北京北三环中路6号）

邮政编码：100120

网　址：www.bph.com.cn

北京出版集团公司总发行

新华书店经销

北京时尚印佳彩色印刷有限公司印刷

*

787毫米×1092毫米　16开本　24.25印张　572千字

2016年12月第1版　2016年12月第1次印刷

ISBN 978-7-200-12850-5

定价：69.00元

如有印装质量问题，由本社负责调换

质量监督电话：010-58572393

《北京教育发展研究报告·2016年卷》
编 委 会

编委会主任：方中雄

编委会副主任：马谊平　桑锦龙　褚宏启　张　军　熊　红　刘占军

主　编：方中雄　桑锦龙

副主编：高　兵　朱庆环　李　旭

撰稿人：（按姓氏拼音排列）

蔡　歆　曹浩文　杜玲玲　杜文平　段鹏阳
高振奋　拱　雪　侯兴蜀　黄冬芳　黄晓玲
贾美华　金　利　赖德信　雷　虹　李美娟
李晓蕾　李　旭　李英杰　李震英　李志涛
刘海霞　刘继青　刘　熙　卢　珂　秦廷国
商发明　史　枫　宋　阳　苏　婧　汤术峰
唐科莉　唐　亮　吴金珂　王嘉颖　王　婷
王彤彦　王咸娟　王　玥　杨振军　叶奕民
尹玉玲　张理智　张　熙　张　霞　赵丽娟
赵学勤　赵艳平　周红霞　朱庆环　左　慧

前 言

2016年，是“十三五”的开局之年，是全面建成小康社会决胜阶段的首个攻坚之年，也是抓紧落实国家和北京市中长期教育改革和发展规划纲要，为如期实现教育现代化伟大目标阔步迈进的重要一年。“十三五”规划时期是我国经济发展进入新常态后的第一个五年，面临着结构调整和动力转换的崭新形势与紧迫任务。如何积极适应、把握和引领新常态，随之成为继续深化改革的重要命题。对此，党的十八届五中全会特别提出创新、协调、绿色、开放、共享的发展理念，为各领域破解发展难题，厚植发展优势指明了方向和思路。教育作为全面建成小康社会的重要一环，在新的历史时期肩负着全面提高教育质量、促进教育公平、推进教育现代化的艰巨使命。围绕新常态下的形势要求，全国各地都在积极探索教育改革的新举措，以期更好攻坚克难，推进教育事业发展向更高的平台迈进。

在贯彻落实党的十八届三中、四中、五中全会及习近平总书记重要讲话精神的背景下，首都教育坚持优先发展、统筹协调、优质育人、改革创新，在一系列重点领域和关键环节都取得了进展与突破，为满足首都人民群众日益增长的教育需求，推进首都经济社会持续健康发展奠定了坚实基础。但同时，首都教育也面临着北京市深入贯彻“四个全面”战略布局，落实首都城市战略定位，推进京津冀协同发展，率先全面建成小康社会，建设国际一流和谐宜居之都等环境背景下的重大挑战。面向2020年，首都教育必须主动适应新形势、新常态、新要求，以更敏锐前瞻的视角发现问题，以更全面深刻的格局分析问题，以更科学有效的方法解决问题，进一步深化教育领域综合改革，持续提高服务经济社会发展的能力，顺利打好首都实现教育现代化的攻坚之役。

因此，《北京教育发展研究报告·2016年卷》继续秉持学术性、原创性和主题性相结合的原则，确定以“新发展 新常态”为主题，坚持和完善“设计主题、组织研究、形成专题研究报告”的工作模式，组织专业研究人员对新时期首都教育改革与发展中的热点、重点、难点问题进行研究，形成了这样一本年度性报告，以期比较深入全面地反映首都教育改革发展的实际情况，为“十三五”时期首都教育更加稳步、优质、高效地发展提供智力支持。

报告在内容上分为“前沿热点”和“现状深探”两大部分，共计30篇研究报告。前一部分主要是围绕首都各级各类教育发展的前沿动态及国内外教育发展趋势的经验启示进行分析和前瞻，内容涉及北京市“十三五”时期教育规划监测信息供给机制改进策略、北京市教育供给侧结构性改革、北京城市副中心教育资源优化与政策保障、北京职业院校转型与突围、京津冀一体化背景下高等教育及职业教育的协同发展等面向新挑战、新任务的首都教育改革问题分析，还涉及发达国家教育战略与政策、全球学前教育发展、国际可持续发展教育、教育智库建设等在国际视角下对教育发展新理念、新举措的梳理与展望，以及“互联网+教育”发展新形态的研究等。后一部分主要是对首都各级各类教育改革与发展现状的全景描绘与深入分析，涉及北京市学前教育督政指标体系与运行机制、基础教育资源配置状况、义务教育入学政策实施效果、基于核心素养五大领域的教学实验、义务教育阶段学生课业负担状况、义务教育阶段学生实践能力表现、九年一贯制学校发展、普通高中国际课程发展现状、中考改革政策对学校的影响、高考改革中北京市学生综合素质评价、中小学社会主义核心价值观融入课堂教学、中小学教师师德建设政策、中小学教师激励机制、首都高校创新人才培养体制改革进程的监测与评估、市属高校改革发展的协同机制、高校创业教育的开展、社区教育课程标准及资源开发、政府购买民办教育培训机构服务的实施情况、大数据背景下的教育督导信息化建设等问题。

报告力图理论联系实际，多角度、多层次反映首都教育改革与发展的进展及面临的调整，进而提出推动各级各类教育事业发展的政策建议，以期为参与首都教育现代化建设的教育决策部门、教育管理者、教育科研工作者以及社会公众提供有益的参考。感谢各专题报告作者为本报告做出的努力和对首都教育改革发展贡献的真知灼见。当然，这些意见和建议仅代表作者本人的观点。由于时间仓促和水平有限，本报告还存在着需要进一步改进的地方，欢迎社会各界提出宝贵意见和建议。让我们共同努力，积极把握经济社会发展新常态下的历史契机，为实现首都教育现代化做出新的贡献。

编者

2016 年 12 月

目 录

Contents

第一部分

前沿热点

Part 1
Research Fronts and Focus

第一章　北京市"十三五"教育规划评估信息供给机制改进策略研究

[摘要]　开展教育规划评估是推进教育决策科学化的一项基础性工作，而做好教育规划评估的前提之一就是要大力推进相关教育数据信息资源建设。这种数据信息资源建设必须针对政策决策、执行和评估等环节的信息需求有的放矢，从而才能使"数据信息"转化为"政策证据"。"十三五"时期，北京市教育规划评估信息资源建设尤为重要与迫切。本文在分析北京市"十三五"教育规划评估信息需求的基本特征、当前评估信息供给困局的基础上，针对评估信息供给机制的改进提出了若干建议。

[关键词]　北京市　教育规划评估　信息供给机制

Chapter 1　Research on the Improvement Strategy of the Evaluation Information Supply Mechanism of the 13th Five－year Education Plan of Beijing Municipality

[Abstract]　The evaluation of education plan is a fundamental work to promote an increasingly scientific decision making in education, while a vigorous promotion of the development of educational data and information resources is a precondition for good evaluation work. The development of data and information resources must aim at the need for information of those key links such as policy and decision making, implementation, evaluation and so on, thus helping the effective transformation of "data and information" into "evidence for policy and decision". Therefore, during the 13 five－year plan period, the development of evaluation data and information resources of education plans of Beijing Municipality is especially important and urging. The paper proposes several pieces of suggestion on the improvement of supply mechanism of data and information, basing on the analysis of characteristics and the predicament of present information supply of the need for the evaluation information of the 13th five－year education plan of Beijing municipality.

[Key words]　Beijing Municipality; evaluation of education plan; information supply mechanism

我国教育事业发展通常以五年或十年教育规划为主要指导。因此，开展教育规划评估是推进教育决策科学化的一项基础性工作，而做好教育规划评估的前提之一就是要大力推进相关教育数据信息资源建设。这种数据信息资源建设必须针对政策决策、执行和评估等环节的信息需求有的放矢，从而才能使“数据信息”转化为“政策证据”。“十三五”时期将是北京市教育现代化建设跃上新台阶的攻坚期，同时也是顺利推进一系列重要改革的关键期，因此，教育规划评估信息资源建设就显得尤为重要与迫切。本文在分析北京市“十三五”教育规划评估信息需求的基本特征、当前评估信息供给困局的基础上，针对评估信息供给机制的改进做出了若干思考。

一、北京市教育规划评估信息需求的基本特征分析

教育规划是一个国家或地区在一定历史时期对各级各类教育的发展目标及其实施步骤、措施等拟定的最优化安排，是国民经济和社会发展规划的重要组成部分。教育规划评估是对规划实施整个过程的分析，主要是对方案设计、实施方式和具体结果进行系统分析，以确定规划是否产生预期的影响、形成某种结果的具体原因、规划实施效率以及项目的可持续性。从本质上说，评估是比较实际现状与既定目标（参考标准）之间的差距，以评定评估对象的优劣与价值。

同样是教育规划评估，对数据信息的需求却不尽相同。相对而言，教育规划的目标设定越复杂多元、越多层次，涉及的教育级别和教育类型越多，教育所处的发展阶段不确定性越多、改革的任务越多，那么所需数据信息的数量就越丰富，对数据信息的质量要求也越高。北京是中国教育现代化发展水平最高的地区之一，也是中国教育改革的先行地区，教育发展已超越基本现代化阶段正向更高的阶段迈进。北京市教育规划评估对数据信息的需求，既有教育规划评估普遍具有的特征，又有其独特性。

（一）教育规划评估信息需求的多维分析

1. 基于教育规划评估功能维度的分析

我国以往的教育规划评估活动侧重于回答预定目标在多大程度上实现了，是怎样实现的，为什么能够（或不能）实现。但其中对于现状的定性描述较多，定量描述较少，对于因果分析比较粗略和表层化。而教育规划评估活动其实属于社会项目评估或公共政策评估范畴，其本质上蕴含着理性控制的新工具主义，日益追求五个相互关联的功能，即评估现状、评估绩效、预测未来、提出控制机制建议、提供社会信息和知识（信息和知识的生产）①。在具体的评估实践中，由于理论框架、技术工具、数据可得性、时间、成本等多方面的限制，常常难以全面实现上述五种功能，需要评估者根据现实状况做出一定的取舍。目前从国家到北京市的教育决策层都越来越希望能通过评估帮助了解教育发展的现状、改善绩效、预测未来、强化问责。这种功能需求是与当前我国的行政管理体制改革，全力打造高效“服务型”政府密切相关的，但在实践中仍需要对这种功能需求排出优先顺序，对照预先制定的教育规划了解教育发展的现状是最基本的功能需求，改善绩效是第二重要的功能需求，强化问责排在第三位，预测未来排在第四位。

了解发展现状其实是目标本位的评估研究，此种模式一般是去了解项目方案的既定目标是否被达成，因此要进行实际状况与标准之间的比较，二者之间的差异信息可以作为判断项目价值的一个基础。如果教育规划本身提供了清晰明确的标准，评估者就可以依此来收集数据；反之，评估者可能就需要收集范围更广、数量更多的相关数据。在教育评估中通常使用的输

① 彭宗超，李贺楼：《社会指标运动源起、评价及启示》，《南京社会科学》，2013 年第 6 期。

入—过程—输出全过程信息收集也是为了更好地掌握教育项目执行的情况。就输入评估的信息收集而言，一般需要了解资源的可利用性、必要条件和先决条件的符合程度、计划资源（人力、财力、设备和材料等）可利用程度和计划部署的情况。过程评估的信息收集，一般需要了解计划中各种活动的执行程度；频率、强度、方法和其他活动的特质和特征。结果评估的信息收集，一般需要了解暂时的结果和最后的结果。改善绩效和强化问责功能要求的信息不仅限于上述信息，至少还要增加对各级各类相关工作人员的资格和表现的数据的收集；在对预期的、短期的结果掌握的基础上，还要求对非预期的及长期的成果的信息进行收集。预测未来的功能是一种前瞻性导向，不只需要现时段的信息，还需要梳理较长时间脉络的历史性信息。

围绕上述评估功能需求的分析，北京市教育规划评估所需的信息在宏观上应具有如下基本特征：

从信息的性质来看，应该既有定性的信息，也有定量的数据信息，特别是定量数据信息必须加强；既有当前的数据信息，还要有历史性的数据信息。从信息的结构来看，应建构涵盖背景—投入—过程—产出大量丰富内容的数据信息资源；同时每一部分的数据信息都应尽可能做到深层次、高质量、多角度。

2. 基于教育规划评估利益相关者维度的分析

教育规划评估功能的拓展也促使评估者反思：评估信息涉及哪些群体、评估信息可由哪些主体参与生产以及有哪些群体可能关注评估结果。因此本文将利益相关者作为分析的又一维度。利益相关者是能够影响一个组织目标的实现，或者受到一个组织实现其目标过程影响的主体。通常利益相关者包括项目的监督团体或个人、行政主管、工作人员、经费赞助者、受益人及项目的潜在使用者。不同的利益相关者因关注的评估结果不尽相同，因此可能提出不同的评估问题，同时也会为评估提供不同的信息。北京市教育规划评估的直接利益相关者主要包括政府决策机构、规划具体实施者、顾客（规划项目的受众群体），间接利益相关者主要包括其他公众、社会组织、媒体等。

从北京市教育规划评估信息的供给来看，以往以政府决策机构、规划具体实施者供给为主，其他利益相关者的参与很少。之所以其他利益相关者参与少，其一是规划评估模式和方法使然；其二是其他利益相关者参与意愿不强；其三是参与渠道不够畅通。即使在收集到的数据信息中有源自其他利益相关者的信息，在评估实践的信息应用中也常常将此类信息过滤掉，一方面是担心这种数据信息是否准确而规范，为验证其真伪可能需要花费大量时间、金钱、人力成本；另一方面是对规划结果的评估并未要求过多关注规划实施受众的感受。但随着我国现代教育治理体系的不断完善和公共服务越来越重视公众的获得感，在教育规划评估信息的供给与应用中也会逐渐将更多的利益相关者纳入进来，特别是要发挥规划项目的受众群体、有专业资质的社会中介组织、主流专业媒体的作用，而这些主体自身也对评估结果日益关注。

3. 基于教育规划内容与特征维度的分析

北京市已跨越基本实现教育现代化阶段，到2020年力争实现以内涵发展为指向的更高水平的教育现代化。2014年习近平总书记提出，要明确城市战略定位，坚持和强化首都全国政治中心、文化中心、国际交往中心、科技创新中心的核心功能，深入实施人文北京、科技北京、绿色北京战略，努力把北京建设成为国际一流的和谐宜居之都。北京城市的新战略定位对北京教育发展规划的目标和路径具有重要影响。从教育规划的目标来看，虽然自从北京提出要实现教育现代化以来就瞄准了发达国家水平和国内领先水平，但“十三五”时期北京教育发展规划更加关注世界主要发达国家和被称为世界城市的几个国际大都市的教育发展水平和发展趋势；在教育目标的价值取向上以公平、优质、高效、开放为诉求，并不再停留在表面层次，而是结合新形势要求向深层次发展，以教育公平为例，师资等软件公平和校际公平正逐渐取代办学条件等硬件公平。从教育规划涉及的区域来看，以前只考虑北京市一地即可，随着党中央把京津冀三地协同发展提升到重大国家战略的位置，京津冀教育协同发展成为北京市教育战略的一部分，北京市教育规划也必须从京津冀三地协同发展的角度来谋划自身的目标和路径。从教育改革所处阶段来看，当前我国正深入推进教育领域综合改革，北京市作为我国教育改革先行地区之一，教育规划中涉及的改革内容、试验项目越来越多，规划实施的不确定性和调整也日益增多，同时规划中各领域、各项目之间的联系也因综合改革更为密切。以上这些特征就要求北京市教育规划评估所需的信息在逻辑关系上，应形成比较系统的评估指标体系；在空间范畴上，不只包括本地区信息，还应包括国际性信息、国内其他相关区域的信息；在时间序列上，应为规划执行全时段的信息采集；在数据信息收集的优先级上，要根据北京市教育规划的主要目标诉求和重点任务着力收集信息。

（二）教育规划评估信息需求的基本特征

综合上述分析，北京市教育规划评估信息需求的基本特征主要体现在如下几个方面。

1. 数据信息应具有针对性

教育规划评估是围绕教育规划这一复杂的政策群系统进行的活动。虽然教育数据信息数量庞大，但教育规划评估需要的是与规划整体勾勒出的目标—过程—产出—影响这一因果关系链密切相关的有效数据信息。但由于教育规划信息的数量庞大，且教育规划实施中所包含的各种项目干预常常比较分散、跨越时间较长、应用广泛、取得预期成果往往需要很长时间，且结果本身也具有复杂性和分散性，所以数据信息收集就更加强调具有针对性，必须适度聚焦，因此评估者需要强化数据信息的识别过程，从而使冗余数据更少，信息更具有针对性。此外，不同的评估类型也对数据信息的针对性提出了不同要求。北京市教育规划在实施中期进行的形成性评估主要用来提供有关规划项目的成本、优点及价值，以便让规划的各种相关利益方能据此判断如何改进项目；在规划实施末期进行的总结性评估则是要协助规划管理者判断规划中的各项目以及整个规划是否取得了较好的成效。规划数据信息的收集必须针对不同的评估要求确定收集重点。

2. 数据信息应力求完整性

教育规划评估所需的数据信息在强调针对性的前提下，围绕主要目标和重点任务，应尽可能完整。就某一具体项目而言，尽量涵盖其全过程信息，至少应包括项目目标、具体服务内容、目标群体、覆盖范围、服务送达方式、人员投入、经费投入、设施投入等要素及其在项目具体运作过程中的变化，同时力求每个要素多维度、多层次、多群体地呈现。以往更多的是宏观数据信息，而评估将越来越需要中观数据信息和微观数据信息。

3. 数据信息应注重科学性

教育规划评估需要数据信息科学、规范，从而才有助于降低决策失误率。由于教育规划属于社会干预项目范畴，其数据的科学性和规范性并不像自然科学项目那样容易实现，因此只能追求整个评估指标体系的合理性，以及每个具体指标及其数据的科学性、数据记录的规范性，使其便于计算、比较、转换等再生性处理。

4．数据信息应具有及时性

通常在一个教育规划的完整生命周期中，全面评估主要发生在规划执行的中期和末期两个时间点。但教育规划评估却需要年度性，甚至周期更短的信息作为支撑，这就需要信息供给的延时时长能够跟上评估的节奏。

5．数据信息应具有易获取性

虽然教育规划评估对数据信息具有多种需求，但在实践中要考虑成本和时间等因素的制约，数据信息必须易于获取。这种易获取性并不意味着只能依赖传统的主流信息源，还需要学会利用各种信息工具，善于利用信息机构提供的服务，深入实际调查研究等。

二、北京市教育规划评估信息供给困局分析

（一）教育规划评估信息供给内容方面存在的问题

1．完善的教育规划评估指标体系有待建立

教育规划评估信息的供给应以一套较为完备的规划评估指标体系为基础，依此收集和生产数据信息。我国的教育规划评估只有约十年的历史，迄今为止并没有显性的完整的规划评估指标体系。2015 年，教育部为了推进数据信息资源建设，组织专家对 1991 年发布的《中国教育监测与评价统计指标体系（试行）》进行了修订和完善，发布了新版《中国教育监测与评价统计指标体系》（以下简称新版《指标体系》），旨在对促进教育事业发展监测与评价工作和教育科学决策发挥更大的作用。这一指标体系整合了现有分散性的定量性教育统计指标，指标体系的构成 CIPP 模式的色彩更为鲜明，与教育政策的关联度有所增强，采用了大量再生性指标。20 世纪 90 年代以来，许多国家和国际组织都致力于建立和健全融常规统计指标和评价监测指标为一体的国家教育评价系统，其关键在于指标体系的建构本身是围绕国家教育战略的目标—路径—结果的逻辑进行的，并尽可能研究和构建出具有代表性的或称之为更为敏感的指标。而我国的新版《指标体系》仍属于常规性统计调查指标体系，其建构并非主要依据国家教育规划的项目理论框架进行，因此其对于教育规划的监测和评估作用有限。如果没有完善的国家教育规划监测与评价指标体系做基础，北京市教育规划评估指标体系的构建难度很大。

2．教育规划评价指标体系有待整合

教育指标建构模式是教育测量基本理论框架、指标设计技术和指标体系功能目标的综合体，是指标体系内容和结构的升华。国际上教育指标体系的建构模式大致可归为系统模式、演绎模式、归纳模式、目标模式和问题模式等多种类型，这些模式在建构理念、建构目的、指标间的关系等方面各不相同，以适应不同的测量需要。如，系统模式是从系统流程着眼，理论基础明确，强调指标间因果关系的建立，逻辑关系相对严密，有利于说明教育发展的整体状况；目标模式和问题模式分别以教育目标和教育问题为基本前提，虽不能完整、系统地反映教育发展状况，但其针对性很强，对现实反应灵敏；归纳和演绎模式是设计社会指标常用的典型方式，主要由方法论延伸而来，虽然强调指标间的上下层次，并未特别指出因果关系，理论基础较为隐晦，但有利于收集丰富的信息资料。

近 20 多年来，一些发达国家和国际组织的教育指标体系改革反映出指标体系建构的如下趋势：系统模式是当前最普遍的指标体系建构模式；指标体系建构模式日趋多元化；注重对多种模式的有效整合。相对而言，我国教育指标体系的建构模式

仍以演绎和归纳模式为主，对其他模式的利用比较少，对模式的有效整合更缺少系统的理论研究和实践，这既不利于系统而完整地考察教育发展的全过程，也不利于增强指标体系对社会变迁的适应性。北京市教育规划评估指标体系的建构也亟待突破这一困局。

（二）教育规划评估信息供给质量方面存在的问题

1. 指标构造中对结果性、政策相关性、可比性、学科性等特质不够重视

经济合作与发展组织（OECD）等国际组织有关教育指标基本特征的研究表明：结果性、政策相关性、稳定性、可比性、简朴性、实用性以及学科性等是教育指标构造应注重的基本特质。我国教育指标构造中比较关注指标的稳定性和简朴性，但对结果性、政策相关性、可比性、实用性以及学科性等方面还不够重视，具体表现为：教育结果输出性指标较少；对教育政策和教育改革反应迟缓；指标的标准化和国际适用性还有待加强，如还存在指标操作性定义和统计口径不够清晰和一致的状况，教育结构划分还不能与国际接轨，能够进行国际比较的指标不多；对教育学科知识的改善缺乏关注等。

2. 指标构造和指标筛选方法有待完善

国际上按指标建构方法普遍将其分为代表性（以单一指标反映所关心现象）、分割性（将所关心现象依其复杂程度分割成若干因素，并选取适当指标代表之）和综合性（对多个阐释同一现象的指标，给予适当加权建构单一指数，以反映现象复杂性）三类，其中综合性指标应用最为普遍。我国教育指标构造上一直存在原生性、单一性、分割性指标较多，复合性、综合性指标较少的状况。指标有可供比较的参照系才有意义，常用的参照系可分为自我参照（与自我的过往表现相对照）、常模参照（与其他个体、区域或制度相对照）和标准参照（以讨论所设定的标准为参照）三类。我国教育指标中常用的参照系为自我参照，对常模参照和标准参照系统的研发还比较薄弱，造成指标体系的视阈不够开阔。此外，目前我国教育指标筛选中，数理分析的专业性还有待加强；专家咨询技术还不够丰富，比如对专家判断法、脑力激荡法运用较多，对专业团体模式、提名小组法、焦点团体法等较少使用；通过社会调查配合指标筛选的做法更少。

3. 指标构造维度还存在较多薄弱甚至缺失状况

我国教育指标构造中，某些维度比较薄弱甚至缺失。如，与教育事业发展规模相比，反映教育质量、结构、效益的指标薄弱；与学历教育相比，反映非学历教育的指标薄弱；与公办教育相比，反映民办教育的指标很少；与教育投入相比，反映教育背景、过程和产出的指标薄弱；与学校办学条件相比，反映学校管理水平的指标薄弱；与宏观指标相比，反映中观、微观的指标薄弱；与定量标准相比，反映定性标准的指标薄弱；与外部评价相比，反映内部评价的指标薄弱；与强调统一相比，鼓励发展特色的指标薄弱。

（三）教育规划评估信息供给方式方面存在的问题

1. 数据信息生产方式比较单一

我国教育数据信息的生产者比较单一。目前，我国教育指标体系数据信息收集的最主要途径是教育统计报表制度。它是由国家统一制定，以基层单位的核算资料为基础，按统一的表式、指标、报送时间和程序，自下而上地逐级提供本部门、本地区基本统计资料的一种经常性的资料收集方法。它从最基层单位——学校开始填报，经过学校、乡镇、县（市、区）、地（市）、省（自治区、直辖市）等主管部门层层汇总。由于层级较多，可能会加大信息损耗量和降低信息的准确性和真实性。就新版《指标体系》说明来看，除上述途径外，国家非教育部门的政府机构如人力社保部门、国家统计局等有所参与。其他众多教育科研机构、教育部业务部门和其他部委教育管理部门、私立机构（包括营利性公司和非营利性组织）很少参与数据生产，一方面是进入渠道不够畅通，另一方面是政府缺乏鼓励机制。北京市教育数据信息的生产同样存在上述问题。

我国教育规划数据信息生产主要包括两部分：一是上述的教育指标体系数据信息生产。二是常规性统计指标体系以外的数据信息生产，这部分信息仍主要依靠政府的教育管理部门，方式也是层层报送，但却不像常规性统计信息那样是年度性的，通常只有在规划实施中期和末期才会集中汇总。此类信息也常常并非依据严格的规定格式来记录和呈现，主要以工作总结的形式对规划运行信息进行简要、粗略的归纳、分析和评价，信息的完整性、严谨性、详细性、及时性难以得到有效保障。

2. 数据信息收集方法不够丰富

在教育规划数据信息收集方法上，我国主要以常规性年度统计报表制度和规划评估前期总结材料报送为主。对于北京市教育规划评估数据信息的收集而言，主要是利用国家和北京市政府机构公开的统计资料和政府提供的总结报送材料，以及主流新闻媒体发布的相关新闻。特别是国外和国内其他省市的情况几乎完全依靠公开的资料。一些发达国家对于教育规划相关信息的收集还比较注重采用抽样调查、典型调查、专项调查，以及基层单位的行政记录采集、学校与教职工调查、通过电话和互联网络进行“快速反应调查”等，并注重对该系统的不断优化。相比之下，我国教育规划数据信息收集方法还不够丰富，尤其是深入微观层面的调查手段还不多，对现代信息技术的运用不够敏感，信息收集频率也偏低，这些都影响到数据信息收集数量、效率和质量的提高。

3. 数据信息的加工能力不尽如人意

如果以大数据的视角看待教育规划评估的数据信息供给，会发现有规模惊人的数据信息游离于各种新旧媒体中，而如前所述，规范的、指向性明确的教育规划数据信息却又相对匮乏，在这种情况下，数据信息的加工能力就显得非常重要。这其中既包括教育规划信息供给方和规划评估者对长期以来政府机构提供的数据信息的深度挖掘和再加工意识和能力不强，也涉及供给方和评估方对大数据环境下的信息筛选和利用的意识与能力严重缺乏。当然，数据信息的加工能力还受我国教育指标数据质量的影响，其主要问题表现为：在指标及其数据的设计、调查、整理和传输过程中因指标选用不当、实地调查方案设计和实施不当、数据处理有误以及数据存储和传递等原因而影响数据准确性和真实性的现象还时有发生。究其深层次原因，主要是：质量标准还不够精细；对设计误差、调查误差、整理误差和传输误差的综合检查和监督力度还不够；教育统计人员队伍不稳定，以兼职人员为主，专业素养不高；有关的规章制度和奖惩机制不健全以及执行不力等。

三、关于改进北京市教育规划评估信息供给机制的思考

（一）信息供给内容的丰富化和标准化策略

依照北京市教育规划的目标—路径—结果的逻辑，整合多种建构模式，建立健全融教育常规统计指标体系和教育监测与评价指标体系为一体的教育规划评价系统。以系统模式为基础，以问题和目标模式为主轴，以演绎模式为方法。依照评估指标体系全面收集规划数据信息，特别是要保证重点领域、重点项目、关键环节的数据

信息的相对完整。

加强对以往薄弱维度的数据信息的收集与建构。如，反映教育质量、结构、效益的数据信息；反映非学历教育、民办教育、终身教育的数据信息；反映教育背景、过程和产出的数据信息；反映学校管理水平的数据；反映区县和学校改革的中观、微观数据信息；反映内部评价的数据信息；反映发展特色的数据信息；等等。

提升数据信息之载体——具体指标的构造技术和标准化程度。在教育指标构造中应进一步突出结果性、政策相关性、可比性、实用性、学科性等特质，体现北京市教育规划主要发展目标取向——公平性、优质性、高效性、开放性、创新性。增加相对参数，提高标准化程度，以促进指标的再生性利用和深度开发。进一步完善通过专家咨询、数理分析与社会调查相结合来筛选指标的方法。

综合利用定性数据信息和定量数据信息，增强评估发现的深度、范围及可靠性。量化数据信息倾向于标准化、有效率，经得起信度的标准化考验，易于分析，可称之为"硬数据"。质性数据信息可以增加评估的深度；可以使评估更具可读性和表述更清晰。同时使用这两种方法，可以对研究发现进行重要的交叉检测。

（二）信息供给方式的拓展化策略

目前我国信息数据资源 80% 以上掌握在政府部门手中，同时过去较长时期一些地方和部门的信息化建设各自为政，形成"信息孤岛"和"数据烟囱"。在公众获取信息欲望空前强烈、信息传播渠道空前多样的今天，形成现代治理体系，培养参与型公民，增强政府公信力，必须以"公开"为底色，必须下决心打通数据壁垒，实现各部门、各层级数据信息互联互通、充分共享，最大限度发挥政府信息数据满足需求、解决问题的效用。即政府机构应为信息公开提供更强有力的制度供给，改善各系统、各部门、各级政府之间在教育指标的制定和使用、数据资料的收集和处理方面"各取所需"和各自为政的局面，加强统一筹划、整体协作和横向交流。

政府教育管理部门还应完善目前的课题申请和竞标方式，鼓励教育以外的政府机构、有专业资质的私立机构和个人为政府提供教育指标体系改进与开发、数据信息收集与处理、社会传播及决策咨询等服务；通过加强诸如学校和教职工调查、电话与互联网快速调查等手段，进一步完善教育专业数据库；通过完善教育统计数据质量控制办法，加强监督、检查力度，定期组织研讨班对有关统计人员进行专业培训等提高信息系统的质量。在教育指标体系的制定和应用中，应重视对社会学、统计学、公共政策学等多学科理论和研究方法的应用，加强对教育指标体系内部联系及其特点、功能的系统而有深度的理论分析，定期发布深度调查研究报告。

（三）信息加工能力的提升策略

建立健全教育规划数据信息定期记录与分析制度，在制定规范的记录方式与流程的基础上，督促规划执行的各级机构对实施过程进行全程记录和定期分析。政府教育决策部门和教育规划评估机构应增强对各种信息工具的应用，提高对有效信息的敏感性，有意识地运用大数据等现代信息技术，其战略意义不在于掌握庞大的数据信息，而在于对那些含有意义的数据进行专业化处理，通过"加工"实现数据的"增值"，从而延伸出相关的数据分析机构，为各种需求者提供有力的可比性标准化数据。

注重量化数据信息和质性数据信息加工能力的双重提升。评估者常常希望通过量化方法能从大量资料中获取标准化、可复制的研究发现；通过质性方法能阐明方案的文化脉络、动态的与有意义的形式与主题、反常的个案，以及对个人和团体的各种影响。质性的方法可以将研究发现应用在真实生活中，使研究发现清晰、具有说服力及有趣。用量化方法加工数据信息可尝试对代表性样本以及同一群体和跨部门的样本，实施调查、常仿真参照测验、等级量表、准实验、主要效果的显著性检验，以及事后统计检验。用质性方法加工数据信息可运用人种志、文献分析、叙事式分析、立意取样、单一个案、参与观察者、独立观察者、重要的消息提供者、咨询委员会、结构式和非结构式的访谈、焦点团体、个案研究、圈外人研究、日记、逻辑模式、扎根理论发展、流程图、决策树、矩阵以及表现评估等多种方法。

政府教育管理部门应建立规范的教育规划信息质量标准，从数据源、数据获取、数据存储、数据交流、数据分析、数据应用、数据安全七个环节把握质量关；对设计误差、调查误差、整理误差和传输误差，加强综合检查和监督力度；稳定教育统计人员队伍，补充专业人才，通过培训等手段全面提升从业人员的专业素养。提高教育指标数据在规划监测与评估，政策、战略和制度制定中的应用，提高数据及其研究成果的有效传播，开展关于指标数据参与决策的跟踪研究和指标使用者调查，形成促进研究人员、公众、学校教职工和决策者之间的交流与合作的制度。

参考文献

[1] 中国教育监测与评价统计指标体系 [EB/OL].（2015－09－07）http://www.moe.edu.cn/srcsite/A03/s182/201509/t20150907_206014.html.

[2] 张力. 教育政策的信息基础——中国、新加坡、美国教育指标系统分析 [M]. 北京：高等教育出版社，2004.

[3] 陆璟. 大数据及其在教育中的应用 [J]. 上海教育科研，2013（9）：5－8.

[4] 陈霜叶，孟浏今，张海燕. 大数据时代的教育政策证据：以证据为本理念对中国教育治理现代化与决策科学化的启示 [J]. 全球教育展望，2014，43（2）：121－128.

撰稿人：北京教育科学研究院教育发展研究中心　雷虹

第二章 北京市教育供给侧结构性改革的思考

[摘要] 中国经济领域的供给侧结构性改革引发社会各界广泛关注，教育领域的供给侧结构性改革同样成为热门话题。教育供给侧结构性改革，说到底是消除体制性障碍的改革，其主要内涵是优化教育供给结构，提高教育供给质量和效率。结合北京市教育发展实际，北京市教育供给存在有效供给数量不足、供给质量不高、供给结构不合理等问题。稳步推进北京教育供给侧结构性改革的落地，要坚持"以生为本"的育人理念和坚持教育公平与教育效率的统一；调整教育存量，做活教育增量；优化教育供给体制结构，培育教育新供给；提升教育供给质量，提高教育供给效率；谋求多领域协同创新，将供给侧改革落到实处。

[关键词] 教育供给 教育资源配置 改革

Chapter 2 Reflect on the Education Structural Reform of the Supply Front in Beijing

[Abstract] The all walks of life pay attention to the structural reform of the supply front in economy field of China . At the same time, the structural reform of the supply front in the field of education also become a hot topic. In essence, education structural reform of the supply front is to remove of the institutional barriers of reform. Its main content is to optimize the education supply structure, and improve the quality and efficiency of education supply. According to the education practice in Beijing, the education supply has some problems, such as effective supply shortage, low supply quality and unreasonable supply structure, etc. To promote the education structural reform of the supply front in Beijing steadily, we should adhere to the "student – oriented" and insist on the unification of the education equity and education efficiency, adjusting the education "stock", revitalizing the education increment, optimizing the structure of education supply system, cultivating new education supply, improving the quality and efficiency of education supply, and seeking collaborative innovation in various fields.

[Key words] education supply; allocation of educational resources; reform

2016 年，中国经济领域的一项重大改革，就是"供给侧结构性改革"，这是适应和引领经济发展新常态的重大创新，是适应国际金融危机发生后综合国力竞争新形势的主动选择，是适应我国经济发展新常态的必然要求。在深入推进教育领域综合改革，加快实现教育现代化的关键时期，教育供给侧结构性改革同样备受关注，加快教育领域的供给侧改革也成为各级政府教育改革的根本目的和重要任务。

一、教育供给侧结构性改革的背景

2015 年年底召开的中央经济工作会议明确提出要“推进供给侧结构性改革”，这是审时度势的深刻论述和推进经济转型升级的重大决策部署。而且，习近平总书记也多次在会议中指出：“在适度扩大总需求的同时，着力加强供给侧结构性改革，着力提高供给体系质量和效率”。围绕供给侧改革，各级政府通过一系列深化改革和去产能、去库存、去杠杆、降成本、补短板的政策举措，着力解决我国经济发展供给侧存在的问题。

经济转型升级需要创新型和实用型人才，因此，加快推进教育结构调整与改革对实现由数量型人口红利向质量型人口红利转变意义重大。然而，近年来，随着不断深化的教育领域综合改革，我国教育服务体系日趋完善，但当前教育领域提供的教育产品，还不能满足人民群众日益增长的多样化、个性化教育的需求。为了办好让人民群众满意的教育，满足受教育者不同的教育需求，就要加强教育供给侧结构性改革。

二、教育供给侧结构性改革的内涵与目标

中央经济工作会议上提出经济领域的供给侧结构性改革，其实质意指体制改革，特别是政府转变职能，通过全面深化改革来消除体制性障碍。供给侧改革要达到的目的，一是使市场在资源配置中起决定性的作用，二是更好地发挥政府的作用。这要求当前改革从“需求管理”转向“供给管理”，“释放新需求，创造新供给”。

虽然教育作为公共服务和公共产品，不能完全等同和套用经济领域的供给侧改革，但经济领域供给侧改革所体现的价值追求和改革目标一样能为教育进行供给侧结构性改革提供很好的思路和借鉴。其实，面对长期以来教育领域的体制性改革顽疾和结构性矛盾，国家所做的系列战略决策和深改举措，一直以来都在围绕供给端进行改革，只不过从来没有像如今提出供给侧结构性改革这样方位更加明确，要求更加具体。教育供给侧结构性改革，涉及供给体制、供给内容、供给方式等全方位的系统改革，说到底就是消除体制性障碍的改革，其主要内涵：一是优化教育供给结构，使教育供给能够主动适应人民群众教育需求新变化；二是提高教育供给质量和效率，让人民群众具有较高教育满意度和教育获得感。其目标在于以下三个方面。

1．找到政府治理教育问题的治本之策

和经济领域长期以来“扩大内需、刺激消费”的改革策略一样，以往教育改革的一个误区，就是对需求侧的过度强调与干预，从而造成了当前教育领域的诸多矛盾和问题。要解决当前教育领域痼疾顽症必须坚持问题导向和原因导向，均衡与公平问题、质量和效率问题、教育理想与社会现实问题、国家需要与个人期望问题等，这其中，教育的供给侧改革是关键。[1] 在当前教育改革进入深水区、攻坚期的关键时刻，无论是十八届三中全会提出的“深入推进教育管办评分离”改革思想，还是四中全会传达的“全面推进依法治教”精神，或是五中全会强调的“创新、协调、绿色、开放、共享”五大发展理念，其目标都是为了破解发展难题，厚植发展优势，在教育领域开展以提高教育供给体系质量和效率为重点的教育供给侧结构性改革。

2．提高政府提供教育公共服务的能力

教育是政府应当提供的重要公共服务之一。在加快推进教育治理体系和治理能力现代化，深化教育综合改革的过程中，

“抓均衡、促公平”，不断推进教育公共服务均等化是政府义不容辞的责任。而且，在牢固树立和贯彻落实“创新、协调、绿色、开放、共享”的发展理念下，适应经济发展新常态，加快政府职能转变，创新教育管理体制，持续推进简政放权、放管结合、优化服务改革，改善教育公共事务的管理水平，提高政府教育公共服务供给能力，为广大群众提供更加丰富的优质教育，这正是教育供给侧结构性改革的要旨所在。

3. 满足广大人民群众的个性化教育需求

新一轮经济供给侧改革，是政府宏观调控从以需求管理为主到以供给管理为主的改革创新，是强调在供给角度实施结构优化、增加有效供给的中长期视野的宏观调控。其目的不单单体现了决策层对于破除经济问题积弊的决心和思路，同时也是决策层将“以人为本”理念充分融入社会经济文化改革中的又一次体现，因为培育新供给新动力，并非把宏观调控从需求侧全面转向供给侧，而是要“在适度扩大总需求的同时”，做好供求平衡，供给、需求“两手抓”。[2]由此可以看出，改革要顺应民意，适应民需。同理，教育供给侧结构改革，也是要力图体现中央精神、教育规律和人民期盼，坚持问题导向和需求导向，坚持以学生为本，与学生健康成长、全面发展的需求精准对接，积极推进差异化、个性化教育，促进学生全面而有个性地发展。

三、北京市教育供给侧存在的主要问题

（一）教育有效供给数量不足

教育有效供给是指能够最大限度地满足、适应与引导各种教育需求的教育供给。“十二五”时期，首都教育的普及水平进一步提升，学前三年毛入园率达到了95%，义务教育毛入学率超过100%，从业人员继续教育年参与率超过60%。“十三五”时期，随着首都学龄人口总量的快速增长，教育有效供给面临巨大压力。首先，幼儿园及中小学学位供给缺口大。按照现在的人口出生率初步测算，到2020年，幼儿园、小学、初中分别面临着约41万、31万和9万的学位数量缺口。如果再考虑到全面放开“二孩”生育政策的逐渐落实，未来5年，幼儿园和小学本身供给总量不足的问题将更是雪上加霜。学位、师资、校舍等教育资源将再度成为稀缺中的稀缺。其次，老年教育供给不足。老龄化趋势加剧，2014年全市60岁及以上老年人口为301万人，占户籍人口的22.6%；65岁及以上老年人口为204.3万人，占户籍人口的15.3%。[3]但目前为老人准备的老年教育非常缺乏，不仅老年大学的数量不多（据统计目前北京市老年大学不到30所），而且这些老年大学组织的学习活动与幸福养老课程还有很大的开发空间。再次，有效的职业培训供给不足。当前主流的全日制学制、学术型教育与“打工族”的需求无法对接，特别是针对数以百万计的进城务工人员的教育服务严重不足。现有的中职教育资源大量闲置，却无法满足企业和农民工群体提高职业技能和综合素质的教育需求。

（二）教育供给质量不高

1. 教育发展不均衡

北京市近几年在扩大基础教育优质资源方面，各区县结合实际，分别采取了教育集团、联盟、学区制、九年一贯制等多种办学举措推进区域教育优质均衡发展。到2015年，北京市16个区县全部通过国家义务教育发展基本均衡县评估。但是，由于历史原因和现在城市人口分布带来的新变化，区域之间、区域内部乃至学校之间

的教育发展水平仍然存在差异，教育资源配置不均衡、不合理，优质教育资源供给不足日益彰显，天价学区房纪录屡屡被刷新即是明证。[4]而且，伴随着北京市“十二五”以来扩优的全面开展，原有不均衡问题尚未得到彻底化解，新的不均衡问题又不断涌现。例如，集团化、集群化办学中，集团内部学校出现新的分层和不均衡；在教育集团和名校办分校纷纷进行资源重组时，那些没能参与重组的学校，将在生源、师资、管理资源等利益分配格局中处于劣势地位；新一轮中高考招生制度改革对师资的数量和质量都提出了更高要求，但部分区县教师资源的严重短缺，势必进一步拉大区域间和校际间的教育差距；等等。

2．素质教育理念与应试教育行为的激烈冲突

尽管素质教育倡导并实施多年，尽管我们为中小学生减负，实行课程、教学、考试及评价等各类“改革创新”层出不穷，但收效并不明显，实施素质教育的局面尚未全面形成，基础教育阶段素质教育与应试教育的激烈冲突成为让专家头痛、让学校难堪、让家长困惑的难解之题。一方面，我们提倡“学前要玩，小学要宽，中学要活，大学要新”的教育思想，强调在教育教学活动中，要把原来以教师、课堂、书本为中心转变为以学生、社会、实践为中心，注重培养学生的学习兴趣、创新思维和实践能力。但另一方面，由于家庭和社会狭隘育人观、人才观和用人观的根深蒂固，加上对单一的培养模式、统一的课程资源和僵化的考试评价等进行改革的复杂性、艰巨性和长期性，使得一些地方和学校素质教育“喊”得轰轰烈烈，应试教育却“干”得扎扎实实。如学前教育小学化，让本应快乐玩耍的学龄前儿童过早感受到学习的压力；基础教育减负形式化，学生的课业负担依然沉重，“学校减负—家庭加负—培训机构致富”的怪圈仍然没有打破。

3．人才培养质量与社会需求的不匹配

教育为社会培养合格有用的人才，即我们所说的经世济用之才，主要体现为职业教育和高等教育培养的人才。但是，我们的一些职业院校虽然也都在尝试开展工学结合的人才培养模式，但除了体系和制度的建设以外，在课程设置与教学计划安排等方面，还是存在着不符合工学结合、校企合作人才培养模式根本需求的传统方式，现代学徒制的建立还存在很多制度障碍。此外，由于专业院校存在的“双师型”教师很少，注重教学而轻视实践技能培养的情况还普遍存在。北京市属高校中不乏有一些传统优势学科专业院校，但在大批改造升级成综合大学后，这些原有的特色和优势反而体现不出来，其综合的办学水平、人才培养水平、科研能力和国际竞争力与部属高校相比差距明显，办出特色、争创一流的任务更加艰巨。而且，北京已进入以经济增长中高速、结构优化、创新驱动为主要特征的“新常态”发展阶段。为适应首都“四个中心”的城市战略定位要求，积极服务京津冀协同发展国家战略，教育必须走“创新、协调、绿色、开放、共享”的内涵发展道路，但现实中北京高校创新人才培养动力不足、学科专业结构与“高精尖”产业结构调整、与京津冀区域人才需求不匹配等问题严重。

4．教师的专业化水平和综合素质亟待提高

教育好不好，关键看教师。随着北京教育改革的深入开展，对各级各类教育工作者提出了更高的要求。首先，学前和中小学教师队伍短缺和质量问题并存。随着户籍人口入园入学高峰与随迁子女入园入学需求的叠加，教师资源紧张的问题更加凸显。根据初步测算，按照现在的编制标准，到2019年，北京市中小学教师的缺口将达到2.8万人。学前及中小学教师队伍结构性短缺问题也比较突出，年龄和性别结构严重失衡。而且，从学前到高中，教师的整体专业化水平有待提高，突出表现为不少民办幼儿园聘用大量没有受过专业教育和培训的幼儿教师，边远郊区中小学乡村教师的专业化水平不高，与城区教师在教育思想及视野、学历水平、专业能力和综合素质方面存在较大差距。其次，职业学校教师的专业化建设任务艰巨，尤其是符合国家职业学校教师专业标准的“双师型”教师数量仍然短缺。最后，高等院校拔尖创新型教师不足。在高等教育面临争创世界一流大学和要为国家创新发展战略服务的严峻形势下，对高校教师的学术国际化水平、科技创新能力和成果转化能力都提出了挑战。

（三）教育供给结构不合理

1．教育供给主体中政府失灵和市场失灵的并存

供给侧改革的目的，就是要发挥市场、政府的作用，具体来说，一是使市场在资源配置中起决定性的作用；二是更好地发挥政府的作用。运用到教育领域，就是要寻求政府行为和市场功能的最佳结合点，使政府在提供教育公共服务，维护教育公平和弥补市场功能失灵的同时，避免和克服自身的缺位、越位、错位。然而，在教育实践中，政府失灵和市场失灵同时存在。

政府失灵主要表现为政府在教育服务供给中的边界、主体和角色有时模糊不清。以义务教育为例，政府在保障公共财政投入、均衡配置教育资源、采取必要的弱势补偿机制保障全体学龄儿童依法享有平等的公共教育服务方面责无旁贷，但从政府近十年来治理择校热的方法来看，除了现在的各种扩优措施外，就是出台限制择校的种种规定，如禁止学校跨区域招生，限制家长择校，即所谓的划片就近入学（包括最近教育部出台的“多校划片”政策），这种只想管住需求方，而较少考虑从根本上对教育资源配置进行的改革，结果导致教育问题越治理越复杂。市场失灵主要表现为：一是对于准公共教育服务和私人教育服务，市场不能有效提供满足人民群众日益增长的个性化的、可选择的、多样化教育需求的教育供给。如体现个性化需要的“私人定制”型教育供给和可供选择的多样化教育供给仍然不足。二是市场不能实现教育公平和有效调节教育的供求矛盾，不能规范教育市场竞争秩序，无法正确传导价格信息，不能解决信息不对称问题。如现在鱼龙混杂的庞大教育培训市场、民办幼儿园和私立学校的高收费、乱收费现象等都反映出教育市场失灵的客观存在。

2．教育供给体制中公办教育与民办教育的二元对立

从世界范围看，教育发达的国家，基础教育阶段的名校都是私立学校。私立学校存在的价值和意义，在于提供差异化的教育供给，特别是针对社会更高阶层提供更加优质的教育服务，而公立学校基本都是为社会底层提供的最基本的教育服务。然而，在政府历次的教育体制改革中，关于“公办”“民办”的讨论一直争论不休，公办学校的改制，除了公立、私立以外，原有公办民助、民办公助、公民交融的多种体制都逐步消化成“国进民退”或是“民进国退”。相较上海、广州、深圳等沿海地区的私立教育，北京的私立教育一直没有发展起来，现在北京有较高影响力的私立学校，屈指可数（如北京私立汇佳学校、北京王府学校、北京顺义国际学校、北京二十一世纪实验学校、北京爱迪国际学校、北京精诚实验小学），其余大量都是为社会一般市民和社会底层提供服务的私立学校。北京市基础教育阶段的民办教育之所以呈现逐步萎缩、总量减少，部分学校举步维艰的态势，主要根源在于公办与民办非此即彼的二元对立思想作祟，办学体制没有理顺，再加上民办学校自身的办学自主性未能充分体现出来，与公办学校相比办学差距越发明显。因此，正是这种供给侧所有制的限制，才形成了现在由政府作为办学主体和投资主体提供教育供给过于单一的局面，而多主体、多途径、全覆盖的教育资源供给体系没有建立起来。

3．教育供给管理中制度硬约束与管理软约束的矛盾

为保障教育供给的公平与效率，上至国家，下至地方，出台了层次不等、内容繁多的法律和规章制度加以规范，但是在制度硬约束下，有些管理却表现得相当“软约束”。以财政经费的预算管理为例，虽然《预算法》规定，每年的预算和预算执行情况须得到同级人民代表大会的审查和批准，但由于我国财政预算管理多年一直处于一种“软预算约束”状态中，也影响了教育口的预算管理“软约束”。由于预算机制在运行过程中常常会偏离“轨道”，“长官”意志明显，违规转移、挪用和挤占财政资金等问题层出不穷，从而使得教育卫生、社会保障、社会治安、生态环境、城市管理等公共方面的预算和后期支出相对较少，使公共服务的效率发挥受到了很大的影响。① 进一步从教育经费的投入与分配来看，由于我国《教育投入法》的缺失，教育经费的投入长期以来仅依据《教育法》“三个增长”的规定来保障教育经费总量的达标，而且，由于没有刚性指标的约束，加上政府自身教育平衡能力与协调机制的不足，导致教育资源供给的结构性短缺问题一直存在，突出表现为城乡和校际之间教育资源分配的苦乐不均，基础教育中的示范校与普通校，高等教育中的本科院校与高职院校之间的教育经费投入差距巨大，优质学校和普通学校发展的“马太效应”愈演愈烈。

四、北京市教育供给侧结构性改革的政策建议

（一）教育供给侧结构性改革的指导原则

1．坚持以学生为本的育人理念

运用帕累托最优衡量教育资源或者说教育供给的最适度配置，使所有人的境况都有所改善，体现了“以学生为本”的育人理念。具体而言，就是把学生放在第一位，贴近学生的消费习惯，满足学生个性发展的需要，提升学生的潜能，充分发挥他们的创造性、创新意识和创造精神。

2．坚持教育公平与教育效率的统一

帕累托最优用于教育供给侧改革，就是坚持教育公平与效率的统一，即在教育权利平等的前提下，在资源配置和教学过程中，平等地对待每一名学生，让他们享受平等的教育；同时，又以承认个体差异、发展的不平衡为前提，给每一名儿童提供不同的教育，使其个性得到充分的发展，从而最终保证他们在教育过程中的公正待遇和教育结果中的教育质量。

（二）调整教育存量，做活教育增量

1．进一步做好教育存量的转型或调整

根据《北京市人民政府关于加快发展现代职业教育的实施意见》的要求，结合疏解北京非首都核心功能的要求，逐步压缩中等职业教育和成人教育规模，全市中等职业学校调整到60所左右。鼓励优质学校通过兼并、托管、合作办学等形式整合优化职业教育资源，引导不符合首都功能定位、办学特色不突出的学校转型、调整

① 刘德军：《预算管理：从软约束到硬约束》，大众日报，2013年5月12日。

或退出。引导一批普通本科高校转型发展为应用技术类型高校。积极落实教育领域禁止和限制产业目录，控制在京高等学校办学规模，将不适合首都城市战略定位，不以满足常住人口切实需求为目标的教育产能关、停、并、转。

2. 进一步做活做优教育增量

面对不断增多的学前入园压力，“十三五”期间不仅需要以新建改扩建、以租代建等方式建设一批公办幼儿园或普惠性民办园，而且还需要在入园压力大、土地资源紧张的中心城区及城乡结合部，建设一批学校教育社会办园点。对于不断增长的中小学学位需求，需要打破过去主要由政府作为主体提供教育供给的局面，统筹利用教育系统内外一切可以利用的资源，如扩大政府购买教育服务的范围和规模，深化委托办学、合作办学等试点；积极鼓励和支持高校和科研院所创办附中附小，继续实施名校办分校，大力发展高品质私立学校等多种方式扩大优质教育资源的覆盖面。加快制定进城务工人员随迁子女积分入学的具体实施办法和年度工作方案，以满足随迁子女在京接受义务教育后的升学意愿。落实北京市城市副中心教育发展专项计划，以引入名校分校、新建优质校等形式提升市城市副中心教育配套保障水平。对于首都市民日益个性化、选择性的教育需求，如高中国际课程班、高水平艺术幼儿园等，则更多地利用市场机制满足。

（三）优化教育供给体制结构，培育教育新供给

优化教育供给结构，总的来看，就是要根据总需求的变化，动态优化调整首都教育的类型结构、层次结构、区域布局结构、学科专业结构和教育经费投入结构，建立更加灵活、更加开放、更多选择的教育体系，提供多样化、高质量的教育服务，满足不同层次的教育需求。要实现这样的教育供给侧改革目标，最重要的还是优化教育供给体制结构，给教育供给带来新的活力。

1. 发挥好政府、市场各自在教育供给和教育资源配置中的作用

政府和市场这两种调节手段要有效结合，相辅相成，互相弥补自我调控的不足，在保证教育资源配置的公平与效率方面发挥各自的作用，实现教育资源配置效用的最大化。

在教育供给上，强化政府的公共服务职能，让政府保证公共产品的供给，调节准公共产品的供给，退出私人产品领域的供给。一方面，政府要把保证义务教育供给作为主要责任，继续积极支持大基础教育优质资源全覆盖，实现城乡教育资源的共享，实现教育基本公共服务均等化；另一方面，政府要加大对非义务教育的投入，主要用于帮助处境不利的地区和人群获得公平的教育机会。目前，针对教育扶贫，要建立起系统的教育精准扶贫政策体系，使各项教育免费和资助政府落实到位，以提升贫困地区教育水平，实现教育均衡发展。

在教育资源配置中，运用市场间接调控手段，加大市场参与教育的力度。一方面，在教育资金来源上，完善市场参与教育的相关法规和政策环境，积极争取更多社会资金资源配置到教育领域，如鼓励企业投资参股创办或改造教育机构；鼓励企业捐赠设备和为师生提供实习机会；发挥校友会等人脉优势，争取社会公益事业的捐献。[6]另一方面，利用市场对供求机制、竞争机制、利益机制和价格机制的自我矫正功能，把凡是市场能做的事情都交给市场。为了使市场机制在教育资源配置中发挥更积极的作用，目前就是要推动侧重单一标准化供给向侧重优质多元化供给的转型，加快转变由政府包办提供教育服务的单一标准化方式，采用政府购买服务、政府委托、市场公平竞争等方式，充分激励企业、社会组织、学校、个人等多元社会

主体参与提供多样的优质教育服务。如继续实施民办教育培训机构参与郊区县办学（学大教育在昌平、平谷、通州、大兴四个郊区县办学）和民办教育机构参与中小学学科教学改革（新东方支持中小学英语学科教学）。积极推动在民办学校收费管理、学校后勤服务、体育和艺术教育培训、大学生就业创业、学校委托管理和学校资金使用绩效评价等领域引入市场机制，充分发挥市场调节教育供求关系的作用。

2．规范民办教育健康发展，促进公办民办并举

未来5年至10年，北京民办教育发展将处于重要“转型期”，即民办教育发展要从补充地位向与公办教育共同发展的格局转变；民办学校发展要从规模扩张向提高质量和规范办学转变；民办教育管理要从行政直接管理为主向引导民办学校依法自主办学为主转变。规范民办教育健康发展，要在战略层面对现有民办教育定位做出重大调整，对民办教育改革发展做出新的顶层设计。着力突破制约民办教育发展的制度瓶颈，积极探索公办民办混合、国有民办、民办公助等多种形式、灵活多样的办学体制。针对不同层次、不同类型民办学校的发展需求和面临的实际问题，分别出台政策措施，推进民办教育分类改革，着重厘清、解决当前制约民办学校进一步发展的学校产权归属、税收优惠、教师待遇与法律地位、合理回报、财务监管、退出机制和扶持政策难以落实等问题。全面落实对非营利性、普惠性民办学校的财政支持。扩大民办学前教育比例，推进民办幼儿教育的规范化、社区化、便民化；鼓励民办学校积极参与首都新农村和城市建设，面向农民和进城农民工开展各种形式的职业技能培训和成人教育；鼓励民办学校和社会力量依法举办高水平的中外合作教育机构，鼓励民办学校开展高水平的国际教育交流与合作；鼓励民办学校面向社会提供各种继续教育服务，促进学习型组织形成；大力发展教育培训服务业，鼓励、引导教育培训类民办高校向产业化、集团化方向发展。

（四）提升教育供给质量，提高教育供给效率

1．全面提高各级各类教育质量

坚持将提升教育质量作为教育改革发展的主线，使首都教育更加优质。基础教育，要扩大基础教育优质资源供给，努力办好每一所学校，着力提升学生的综合素养。具体落实在对教育领域原有供给、服务的改造和转型上，在培养方式、学段衔接、专业部署、课程设置、考试评价、就业指导以及社会主义核心价值观的践行等众多领域，努力调整改善原有教育供给中的僵化、单一、缺乏个性和吸引力、脱离学生实际、不尊重和不保护学生爱好与成长的做法，实现育人减负的“降成本”、人才培养的“高效率”、评价考试的“扬长与补短”、就业创业的“产能提升”等。[7]要在全社会树立和倡导科学的教育观、学习观和成才观，努力营造有利于学生全面健康发展的良好育人环境，培育“互联网+教育”新型发展形态，从办学体制、课程设置、考试评价、教学方式方法等维度进行全方位配套改革，构建多样化人才培养体系和选择性教育体系，使每一位学生得到全面而有个性的发展。

职业教育，要通过“大众创业、万众创新”教育，提高职业教育供给人才的质量，实现职业教育的“精准供给”，即满足经济社会发展需要和个体个性发展需要的职业教育的人才供给。推动资源整合，继续做好“3+2”中高职衔接改革工作，深化“五年一贯制”高职改革，形成中高职衔接、职业教育与普通教育相互沟通、学历教育与职业培训有机结合的现代职业教育体系。加快建设一批服务新兴产业和主导产业的职业教育集团。加快订单培养、工学交替、顶岗实习、校企合作的办学模

式和育人模式改革，推动人才培养与产业人才需要标准相衔接、人才培养链和产业链相融合。

高等教育，要强化高等教育内涵发展，争创一流名校，为社会培养拔尖创新型人才和复合型技能人才，增强社会贡献力。优化学科专业结构，加强“高精尖”学科、交叉学科和特色专业、新型专业建设，整体提升高校办学水平。加强人才培养模式创新试验，通过“双培”、“外培”和“实培”计划，健全国际化拔尖创新人才、复合型优秀骨干人才和应用型专业建设人才等多层次人才培养体系。继续加强北京科研基地建设，推进高校与科研院所、行业、企业和国际创新力量的深度协同创新，整体提升高校的科技创新能力。

2．提高教师队伍育人质量和综合素养

第一，要制定教师经济收入和待遇方面的政策，完善教师绩效工资，完善乡村教师工资、职务聘任等倾斜政策和津贴补贴制度，围绕养老保险、医疗和住房保障等优化教师生存和生活环境，吸引更多优秀人员从事教师职业。第二，提高教师许可和资格证书的要求，逐步实施“国标、市考、区聘、校用”的中小学教师职业准入制度和教师资格定期注册制度，完善教师考评体系和退出机制。第三，加强高素质专业化师资队伍建设。加大对幼儿和中小学教师的培训力度，根据不同的培训对象确定培训机构，制订培训方案，选择培训课程，并采用科学的培训考核办法增强教师培训的有效性。大力实施“乡村教师支持计划”，吸引更多教师扎根乡村，提高乡村教师专业化水平。加快“双师型”职业教师队伍建设，提高职业学校教师专业实践能力。整体提高高等学校教师科技创新能力，实施“高层次人才引进计划”吸引国内外高素质人才，实施“创新团队建设提升计划”，培养一批优秀创新团队和优秀教师，全面提升高等教育创新活力和人才培养质量。

3．提升政府教育治理能力

加快转变政府教育管理职能和管理方式，推进教育管理创新，提高政府的教育治理能力。一要依法治教。完善教育法治建设，进一步健全首都教育法律制度体系。二要加快推进教育管办评分离改革。推动政府简政放权，推行清单管理方式，形成政事分开、权责明确、统筹协调、规范有序的教育管理体制；落实和扩大学校办学自主权，充分尊重和保证学校及师生的主体地位，完善学校各项制度建设和内部治理结构，促进学校提升质量，办出特色；着力推进教育督导体系、体制、机制建设，初步形成机制健全、职能完善、方法科学、手段先进、权威高效的现代教育督导体系。[8]

（五）谋求多领域协同创新，将供给侧改革落到实处

供给侧改革的核心在于改善各资源要素的配置效率，让各要素得到更充分和有效的利用。因此，供给侧改革不仅是一个经济手段，更是一个综合社会、政治、文化、伦理等各个领域的综合管理方式。对于政府，如何更加有效地、主导性地参与教育事业的改革发展，实现政府体系内部的协同创新，无疑是教育供给侧改革的要求和实现教育供给侧改革目标的现实命题。目前较为迫切的就是要围绕教育事业发展强化“市级统筹”，探索政府间纵横协同的有效制度安排，不断深化政治、财政、金融、科研、人事等领域改革，打好“政策组合拳”，合作共治，促进首都教育协同创新体系的形成。

参考文献

［1］［7］李奕．教育改革，“供给侧”是关键［N］．人民日报，2016－01－14（18）．

［2］高荣伟．怎样理解供给侧结构性改革［N］．中国教育报，2015－12－02（6）．

[3] 2015 年北京市卫生与人群健康状况报告 [R].

[4] 学区房一平米46 万 天价学区房为何屡屡被刷新 [EB/OL]. http://hebei. news. 163. com/16/0304/09/BHA7386K027907KM. html, 2016-03-04.

[6] 厉以宁. 发挥市场在配置教育资源中的作用 [EB/OL]. http://news. xinhuanet. com/mrdx/2014-04/11/c_133255433. htm. 2014-04-11.

[8] 线联平. 未来五年首都教育有啥新举措 [EB/OL]. http://mt. sohu. com/20160306/n439529354. shtml. 2016-03-06.

撰稿人：北京教育科学研究院教育发展研究中心　尹玉玲

第三章　北京城市副中心教育资源优化与政策保障研究

[摘要]　北京城市副中心建设不仅关乎北京可持续发展，还关乎京津冀协同发展的大局。目前，北京城市副中心建设上升到国家战略的高度，体现了中央对城市副中心建设的重视和厚望。教育资源，作为一项重要的社会公共资源，尤其是优质教育资源作为一项社会稀缺资源，在北京城市副中心建设中起到重要作用。对北京城市副中心教育资源的现状进行梳理发现，北京城市副中心的优质教育资源数量依然不足，尤其是幼儿园和小学阶段的优质教育资源数量较少，而且优质教育资源的分布过于集中，市场参与教育资源建设的积极性没有调动起来。未来，需要进一步引进优质教育资源，并加强对引进资源的持续支持；改变优质教育资源在运河核心区聚集的现状，新增优质教育资源向其他区域倾斜；调动市场参与城市副中心教育资源建设的积极性和主动性，协调运用好市场和政府“两只手”；规范优质学校的入学程序，增强普通市民的获得感。

[关键词]　副中心；教育资源优化；通州

Chapter 3　On the Optimization of Education Resources in Vice Center of Beijing

[Abstract]　The construction of Vice Center of Beijing is not only concerned with the sustainable development of Beijing, but also concerned with Beijing – Tianjin – Hebei integration. Now, the construction of Vice Center of Beijing has been escalated to a national strategy level, which demonstrated the emphasis and high expectation of central government. As education resources are important public resources and the high quality education resources are scarce, the allocation of high quality education resources is important for the construction of Vice Center of Beijing. An Analysis of the status of education resources in Vice Center of Beijing finds that, the high quality education resources are still short, especially preschool education and primary education. The distribution of education resources is too centralized and the initiative of private education is not fully mobilized. The paper suggests introducing more high quality education resources into Vice Center of Beijing and giving them persistent support, increasing education resources at areas except for the Canal – Core – Area, mobilizing the initiative of private education, and ensuring the equity of the enrolment of the high quality schools.

[Key words]　Vice Center of Beijing; Optimization of education resources; Tongzhou

建设北京城市副中心是长期科学决策的结果，是党中央、国务院做出的重大战略和决策部署，不仅对北京优化首都核心功能、治理“大城市病”具有重要意义，还对推动京津冀协同发展、探索人口经济密集地区优化开发模式具有重要示范作用。教育资源，作为一项重要的社会公共资源，尤其是优质教育资源作为一项社会稀缺资源，对北京城市副中心建设起到不容忽视的作用。中央、北京市各级政府、普通市民都普遍关注北京城市副中心的教育资源配置，并对北京城市副中心的教育资源配置充满期待。本研究首先简要介绍北京城市副中心的发展规划与定位，其次分析教育资源对北京城市副中心建设的意义，然后指出北京城市副中心教育资源配置的现状及存在的问题，最后提出对策与建议。

一、北京城市副中心的发展规划与定位

（一）北京城市副中心的发展规划

随着经济社会的快速发展、城镇化步伐的加快以及人口流动的频繁，近 20 年来，北京市常住人口迅猛增长。如图 1 所示，近 10 年来，北京市常住人口增长步伐更快，平均每年增长 50 万人以上，城市规模不断扩展。据统计，2015 年北京市常住人口总量已经达到 2170.5 万人。其中，城六区面积只占北京总面积的约 8%，但常住人口数为 1282.8 万人，占全市常住人口总量的约 60%。人口的迅速膨胀和聚集，带来资源紧张、环境恶化、交通拥堵等问题，教育、医疗等公共服务也面临严峻挑战。如何治理首都“大城市病”问题，成为摆在北京可持续发展面前的重要议题。

早在 2004 年，北京市就已经认识到建设新城的必要。《北京城市总体规划（2004 年—2020 年）》提出，“通州”是“北京重点发展的新城之一，也是北京未来发展的新城区和城市综合服务中心”。该规划提出，在通州预留发展备用地，作为未来行政办公用地使用。2012 年，北京市第十一次党代会进一步提出，“落实聚焦通州战略，分类推进重点新城建设，打造功能完备的城市副中心”，更加明确了通州作为城市副中心的定位，这也是北京市围绕中国特色世界城市目标，推动首都科学发展的一个重大战略决策。2014 年，习近平总书记视察北京时提出，“结合功能疏解，集中力量打造城市副中心，做强新城核心产业功能区，做优新城公共服务中心区，构建功能清晰、分工合理、主副结合的格局”。2015 年 4 月，《京津冀协同发展规划纲要》（以下简称《纲要》）明确了有序疏解北京非首都功能，加快规划建设北京市行政副中心，有序推动北京市属行政事业单位整体或部分向副中心转移。2015 年 7 月，《中共北京市委北京市人民政府关于贯彻〈纲要〉的意见》，明确指出要加快推进北京市行政副中心的规划建设，2017 年取得明显成效。2016 年 5 月，中央政治局召开会议，研究部署规划建设北京城市副中心和进一步推动京津冀协同发展的有关工作。从“北京市行政副中心”到“北京城市副中心”，有着不同的内涵。“行政副中心”的提法侧重政府机构搬迁，而“城市副中心”的提法则要求除了把适宜的行政事业单位转移过去，还要带动科研、商务、文化、会展等功能的聚集，逐步带动中心城人口向通州区转移，更符合区域发展的定位。

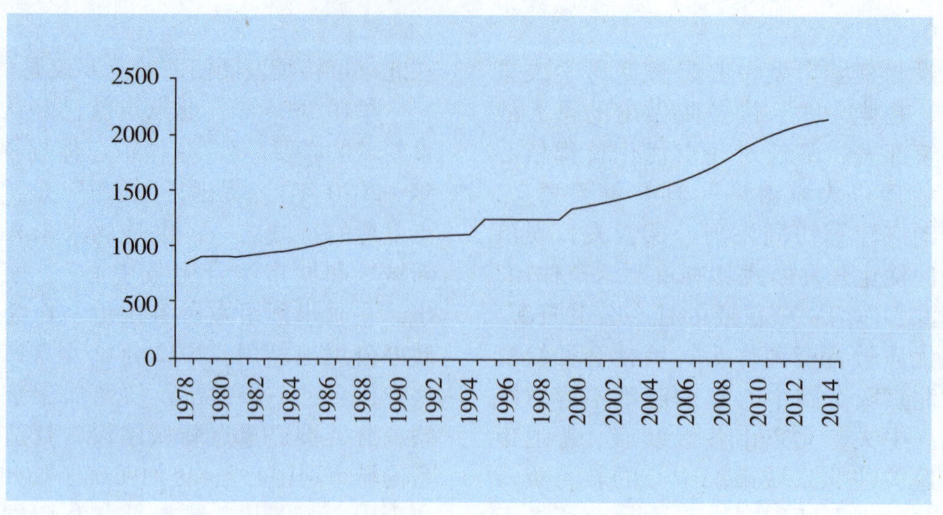

图 1　1978—2014 年北京市常住人口变化（单位：万人）

（二）北京城市副中心的发展定位

北京城市副中心北起潞苑北大街，南到京哈高速，西接北京朝阳区，东至潞城镇，面积约 155 平方千米，占通州区总面积的 1/6。中央政治局会议强调，要坚持世界眼光、国际标准、中国特色、高点定位，以创造历史、追求艺术的精神进行规划、设计、建设副中心。北京市表示，将按照“三最一突出”（最先进的理念、最高的标准、最好的质量，突出绿色、低碳、可持续发展思路）的内涵和标准，将通州建设成为国际一流和谐宜居之都的示范区、新型城镇化示范区和京津冀区域协同发展示范区。在提升公共服务水平方面，要完善公共服务配套设施，创新公共服务供给方式和管理模式，引进中心城区优质的教育、体育、文化、医疗等公共服务资源，分级分批、有序实施。要通过中心城存量功能的疏解，促进通州的产城融合和职住均衡，让就业、居住和生活都在通州。

可见，北京城市副中心建设对平衡首都超大城市的“虹吸效应”、缓解城市的人口压力、疏解非首都核心功能、治理“大城市病”具有重要意义，同时对推动京津冀协同发展、探索人口经济密集地区优化开发模式具有重要示范作用。

二、教育资源优化对北京城市副中心建设的意义

长期以来，教育仅仅被视为一项社会公共事业，承担着基本的育人功能。随着经济发展水平的提高，人们的思想观念、文化水平也随之提升，人们对美好物质生活的需求逐渐转换为对美好精神生活的强烈需求。在教育领域，这表现为人们不仅要求“有学上”，还希望能够“上好学”，优质教育资源成为人们竞相追逐的社会稀缺资源。在这种背景下，教育突破了自身的藩篱，比以往任何时候都与外部经济社会环境的互动更为密切，进而对经济社会发展产生深刻影响。教育资源的配置与分布对城市的人口分布、交通状况，乃至整个城市是否“宜居宜业”都产生至关重要的影响。

（一）新时期教育资源对城市建设的意义

第一，教育是最大的民生，教育资源的数量与质量在一定程度上影响一个城市是否“宜居宜业”。习近平总书记在十八届

中央政治局常委与中外记者见面会上用人民的“十个期盼”①，生动地描述了中华民族对于全面小康的强烈期盼和美好憧憬。位于“十个期盼”首位的便是“更好的教育”，这既是全面小康的群众心声，也是全面小康的首要特征。中华民族自古以来有着重视教育的优良传统，我国古代就有“孟母三迁，择邻而居”的美谈。现在，人们越来越多地选择“择校而居”，即在选择工作和居住地时会慎重考虑这个地区的教育资源配置。如果一个城市的教育资源相对落后，不排除有市民会选择“用脚投票”，移居到另一个城市生活。一项针对全国220个地级市的实证研究表明，劳动力选择流向某个城市，不仅为了获得该城市更高的工资水平和就业机会，而且还为了享受该城市的基础教育和医疗服务等公共服务。长期流动的劳动力更会选择流向公共服务好的城市[1]。

第二，教育资源分布很大程度上影响城市的人口分布。据北京市统计局发布的人口抽样调查报告显示，西城区常住人口密度最高，为25767人/平方千米，而延庆区最低，只有158人/平方千米。常住人口密度从首都功能核心区开始向外围逐渐降低。核心区人口密度为23953人/平方千米，是城市功能拓展区的2.9倍，是城市发展新区的22倍，是生态涵养发展区的109.9倍。公共资源，特别是优质公共资源聚集，是中心城区人口疏解困难的重要原因。有实证研究结果表明，北京市近年来居民生活水平、就业机会和优质的教育资源对人口密度产生了较大的正向作用。从教育资源看，普通中小学校对人口密度的影响不显著，而重点中小学校数量对人口密度的影响在0.001的水平上非常显著，且系数很大，每增加一所重点中小学校，则该地区的人口密度增加5087.4人/平方千米。[2]可见，优质教育资源对北京人口空间分布的巨大影响力。在“就近入学”政策背景下，这种影响更为明显。

《北京市国民经济和社会发展第十三个五年规划》表示，“十三五”时期全市常住人口总量控制在2300万人以内，城六区常住人口比2014年下降15%。城六区要实现人口疏解的目标，必须重视教育等优质公共资源的疏解。近年来，北京市政府通过名校办分校、城乡一体化学校、教育集团化建设、加强市级政府对高中阶段教育资源统筹等举措，扩大了优质教育资源的覆盖面，在城市功能拓展区和城市发展新区建设起一批优质教育资源，对于吸引一批人口在城市功能拓展区和城市发展新区居住和生活起到重要作用。

第三，教育资源分布对城市交通运行产生影响。随着社会经济的发展，人在道路上的位移和频率越来越大，交通出行成为居民生活的重要一环。[3]由于公交车辆运行密度低、运行速度慢、准点率低，私家车越来越普及化，同时学校选址缺乏长远规划，上学、放学时间段学生流、车流相对集中等原因，一些学校和生源集中的地区，往往成为交通热点。例如，北京市西城区南新华街，北京第一实验小学和北京师范大学附属中学隔路相望，上学和放学时间段容易造成交通拥堵。相反，寒暑假期间，北京城市交通运行压力明显减小。以2014年7月为例，该月北京市工作日月平均交通指数②为4.9（轻度拥堵），较前一月（5.7）同比下降14.0%，高峰时段道路交通情况良好，拥堵程度明显降低。从全年工作日高峰时段交通指数变化曲线也

---

① 引自习近平总书记在十八届中央政治局常委与中外记者见面会上的讲话：“我们的人民热爱生活，期盼有更好的教育、更稳定的工作、更满意的收入、更可靠的社会保障、更高水平的医疗卫生服务、更舒适的居住条件、更优美的环境，期盼着孩子们能成长得更好、工作得更好、生活得更好。”

② 交通拥堵指数是根据道路通行情况，一些城市设置的综合反映道路网畅通或拥堵的概念性指数值，它相当于把拥堵情况数字化。以北京市为例，拥堵指数在0~2为“畅通”，2~4为“基本畅通”，4~6为“轻度拥堵”，6~8为“中度拥堵”，8~10为“严重拥堵”。

可以看出，寒暑假期间（1月、2月、7月、8月）的工作日高峰时段交通指数明显低于其他月份。可见，教育资源分布对城市交通产生影响。

（二）教育资源优化配置对北京城市副中心建设的独特意义

北京市委十一届十次全会提出，要做好副中心155平方千米范围的规划，坚持基础设施先行和生态环境建设优先，扎实推进市级行政机关搬迁，带动公共服务资源转移，注重创业就业与居住功能均衡，增强对中心城区疏解功能的吸引力。在这种思路指导下，北京城市副中心在建设之初，就要重视教育资源的优化配置。

第一，教育资源优化对整体提升北京城市副中心的吸引力至关重要。“北京城市副中心”既然不再被称为“北京市行政副中心”，那么搬迁的不仅是北京市行政事业单位。从地理位置来看，通州东部紧邻河北省廊坊市北三县10～20千米，距离河北省廊坊市中心约40千米，距离天津市武清区约58千米，副中心位于京津发展轴和京唐秦发展轴在北京市域内的交汇点。在京津冀协同发展的局面下，通州的区位优势很明显。因此，通州不仅是北京市的副中心，还将在京津冀协同发展中扮演重要角色。一方面，通州将承接北京市疏解的一部分非首都功能；另一方面，通州还将带动周边区域协同发展。如何吸引大批优秀人才集聚通州，教育资源优化配置显得尤为重要。

第二，教育资源优化对北京城市副中心能否实现“职住平衡”至关重要。所谓“职住平衡”，不是住在副中心，去城区工作，来回往返；而是工作和居住都在副中心。只有把副中心的相关配套设施都做好，让市民安安心心、舒舒服服、踏踏实实地在那里工作生活，才能避免潮汐式的道路拥堵现象。2017年北京市四套班子搬往副中心，此举将带动疏解40万人。如何吸引这些人留在副中心居住生活，教育资源优化配置是其中一项重要因素。因此，教育资源优化，不仅直接影响北京城市副中心能否成为“步行可达、实用舒适、智能高效的‘一刻钟社区生活服务圈’”，还对北京城市副中心能否打造成为“功能完备的城市副中心”至关重要。从国际经验来看，韩国的世宗市于2007年动工，历时5年，到2012年基本建成，同年9月起，包括国务总理室在内的17个政府部门的1.3万名公务员开始陆续前往世宗办公[4]。但由于世宗的生活配套设施不足，新建的幼儿园、中小学教育无法与首尔的教育相媲美，许多公务员仅将世宗作为个人上班的地方，子女教育等仍然留置首尔，不惜每天花费数小时往返两地之间。

因此，正如北京市教委原主任线联平所认为，北京城市副中心教育发展是百年大计，教育资源配置要高起点、高质量，以重点建设带动普遍提高，不断扩大优质教育资源总量，整体提升教育保障水平。

三、北京城市副中心教育资源的现状与问题

前文分析了教育资源优化对北京城市副中心建设的意义。接下来，本文将梳理北京城市副中心教育资源的现状，包括通州区原有的教育资源以及城市副中心引进的优质教育资源，然后分析其中存在的问题与不足。

（一）通州区原有教育资源

在北京市四大功能区中，通州属于城市发展新区。据统计，2014年通州区共有幼儿园136所，在园幼儿25455人，教职工3752人；共有小学83所，在校生60717人（其中北京市户籍学生27105人，约占44.6%），教职工4001人；共有中学40所，在校生27166人（其中北京市户籍学

生 18680 人，约占 68.8%），教职工 4654 人。近年来，通州区委、区政府以办人民满意的教育为宗旨，不断加大对教育事业的投入，深入实施“打造教育强区”战略，着力改善办学条件，着力促进教育均衡发展，着力构建和谐教育，全区教育实现了快速、健康、协调的发展。

但是，与东城、西城和海淀等中心城区相比，通州区的优质教育资源薄弱。如表 1 所示，通州区仅有市级示范幼儿园 1 所（通州区东里幼儿园），仅有市级示范高中 3 所，分别为通州区潞河中学、北京市通州区运河中学和北京市通州区永乐店中学。而东城、西城和海淀等区的市级示范幼儿园分别为 21 所、19 所和 27 所，市级示范高中都达到十几所。同样，就中小学专任教师中高级教师所占比例等反映教育质量的指标而言，通州区与中心城区的差距也非常明显。可见，通州区与中心城区的优质教育资源悬殊。

表 1　通州区与“东城、西城、海淀”三城区优质教育资源对比

	东城区	西城区	海淀区	通州区
市级示范幼儿园（所）	21	19	27	1
市级示范高中（所）	12	15	11	3
中小学专任教师中高级教师所占比例（%）	7.04	—	18.39	9.23

（数据来源：根据北京市教委、各区教委网站、《2015 北京教育年鉴》等资料汇总整理）

近年来，通州区也注重对区内学校进行改造升级。例如，通州区对三所示范高中进行了改扩建，其中，永乐店中学实现了择址新建，运河中学、潞河中学都建了新校区。截至 2016 年，三所示范高中已达到 180 个班的规模，每所学校 60 个班。但是总体而言，按照目前对北京城市副中心的规划定位，北京将按照国际一流的和谐宜居之都的标准，以不低于或超过“中心城”的水准建设好城市副中心，通州区的优质教育资源配置还没有达到该标准的要求。

（二）北京城市副中心引进的优质教育资源

为了加快引进和培育一批优质公共服务资源，打造符合北京要求、满足群众需求、适应京津冀协同发展需要的公共服务新高地，通州区实施“内升外引”战略，从中心城区引进了一批优质教育资源。

表 2 汇总了北京城市副中心已经引进的优质教育资源①。可见，东城、西城和海淀等中心城区都不同程度地支援北京城市副中心教育资源建设。支持形式既有新建校，也有对口帮扶和改造。与以往的名校办分校不同，一部分城区优质学校在城市副中心建设的是新校区，而不是分校。北京市教委采取创新政策，实行“同一法人、同一个招生代码，初中阶段坚持就近入学原则，高中阶段与本校具有相同招生资质，学生学籍归通州区属地管理”的方法，对城市副中心的教育资源建设进行大力支持。未来将通过以名师带动分校青年教师成长、推进云平台建设建立远程交互交流、选派分校教师到本校完成“浸润式”培训、加强分校骨干教师培养等多种方式，从学校管理、课程建设、教师培养和学生活动等多方面，向分校提供优质教育资源，提高分校的办学水平。

① 需要说明的是，北京城市副中心教育资源配置受到各级政府的广泛关注，到底哪些名校入驻城市副中心尚处在动态变化中。表 2 主要汇总了已经建成和正在建设中的学校，而一些尚在规划中的学校可能没有列入。

表 2　北京城市副中心已经引进的优质教育资源

名校所属区	学校名称	学校性质	起始招生年份	办学性质
东城区	北京二中通州校区	完全中学	2016	同一法人、同一个招生代码。初中阶段坚持就近入学原则，高中阶段与本校具有相同招生资质，学生学籍归通州区属地管理
海淀区	首都师范大学附中通州校区	完全中学	2016	
海淀区	中国人民大学附中通州校区	完全中学	2016	
海淀区	北京理工大学附中通州校区	完全中学	2016	
西城区	北海幼儿园	幼儿园	建设中	新建校
西城区	黄城根小学	小学	建设中	新建校
西城区	北京四中	完全中学	建设中	新建校
西城区	北京市第十三中学分校	初中	—	帮扶通州区张家湾中学
西城区	北京市第十四中学	完全中学	—	

西城区还将重点支持张家湾中学的发展，由北京市第十三中学分校和北京市第十四中学分别重点支持其初中部和高中部。第十三中学分校和第十四中学已经派出教研组长、优秀教师、专家到张家湾中学对教师进行教学指导，为学生开办讲座，邀请张家湾中学干部教师到本校观摩教研活动。

（三）存在的问题与不足

北京市政府、北京市教委以及各区教委都十分关注城市副中心的教育资源配置，对城市副中心的教育资源配置给予各项政策支持。但是也应注意到，城市副中心的教育资源配置仍然存在一定的问题与不足。充分认识这些问题与不足，有助于未来更好地建设城市副中心。

第一，优质教育资源的数量仍显不足。根据《北京市居住公共服务设施配置指标》和《北京市居住公共服务设施配置指标实施意见》（京政发〔2015〕7 号文），每 1.44 万人口至少需要配置 1 所 12 个班的幼儿园，每 2.29 万人口至少需要配置 1 所 24 个班的小学，每 5.71 万人口至少需要配置 1 所 30 个班的初中，每 8.1 万人口至少需要配置 1 所 36 个班的高中。这是该文件规定的北京市居住公共服务设施配置的最低标准。按照 2017 年北京市四套班子搬往副中心，带动 40 万人疏解至副中心来计算（暂不考虑为副中心的运行提供配套支持的就业者以及其他疏解至副中心的人口），副中心需要配置幼儿园约 28 所，小学约 17 所，初中约 7 所，高中约 5 所。对比副中心目前已有的教育资源配置，可见初中和高中学校的数量基本达到上述文件的要求，但幼儿园和小学的数量明显不足，优质教育资源更显短缺。

第二，优质教育资源集中在中学阶段，幼儿园和小学阶段的优质教育资源不足。北京城市副中心目前引进的优质教育资源集中在中学阶段，而且多所中学已经开始正式招生；相反，引进的优质幼儿园和小学比较少，仅有 1 所幼儿园（北海幼儿园）和少数几所小学（如史家小学、北京实验二小、黄城根小学）目前尚处在规划和建设阶段，没有开始正式招生。从长远来看，加强幼儿园和小学阶段的教育资源建设，才能吸引一批年轻人在副中心安心工作居住。对一些子女已经上中学的人来说，他们可能更倾向于让子女继续在中心城区完成学业，而不是转移到副中心学习。

第三，优质教育资源的分布过于集中。

根据北京中心城区的发展经验，优质教育资源过于集中可能带来城市人口聚集、交通堵塞等难题，还将引发“上学难”、教育不均衡、学区房价不合理上涨等问题。北京城市副中心要打造成为人口经济密集地区优化开发模式的范本，在规划和设计之初，应该避免重走老路，避免优质公共资源集中。但是从目前来看，城市副中心引进的优质教育资源主要集中在新华街道、永顺地区、潞城镇、北苑街道等地（即运河核心区），其他地区如协同发展区、生活配套区和发展备用区的优质教育资源配置较少。优质教育资源分布不均可能埋下的隐患，需要引起重视。

第四，市场参与北京城市副中心教育资源建设的积极性没有充分调动起来。目前，北京城市副中心的教育资源建设主要依靠行政部门的单一力量。行政部门配置资源的优点包括：对资源有较强的当下动员能力；可以集中全社会资源实现某一重大的单一目标；可以将有限的政府资源用于对市场失灵的弥补，以实现市场与政府的良性互动等[5]。北京城市副中心在短时间内引进东城、西城和海淀的大量优质教育资源，提升副中心的教育资源配置水平，充分体现了行政部门配置资源的优点。但是，行政部门配置资源也存在一定的缺点。例如，视野较短，期待短期见效，带来配置的无效率；缺少分散的、在具体交易环节中产生的信息等。从副中心主要引进中学阶段的优质教育资源，而忽视幼儿园和小学阶段来看，这正体现了政府主导行为的短视现象。中学阶段因为有中考和高考等高利害考试，显得中学阶段的教育资源配置更加重要。而幼儿园和小学阶段因为不存在升学考试，同时离升学考试还有一段时间距离，显得它们相对而言不是那么重要。

四、北京城市副中心教育资源优化的政策建议

北京城市副中心担负着中心城区功能转移和城市核心区人口疏解的重任，应该具备良好的教育、文化、医疗等公共服务设施以及优良的生态和生活居住环境。教育资源优化，对整体提升北京城市副中心的吸引力，对北京城市副中心能否实现“职住平衡”具有重要作用。本研究梳理了北京城市副中心教育资源的现状及存在的问题，并提出以下改进建议。

第一，进一步引进优质教育资源，并加强对引进资源的持续支持。北京城市副中心的教育资源优化，不是一朝一夕的事，也不能光靠引进几所名校。将名校资源引进来后，要切实加强通州新校区与主校区之间的实质性合作，避免流于形式。相关教育行政部门要对通州新校区的建设给予持续关注，政策支持要追踪跟进。在北京市实施人口和生源调控导致教师编制难以增加的背景下，要想方设法对城市副中心引进优质师资给予政策支持。在引进中学阶段优质教育资源的同时，要注意加强幼儿园和小学阶段的优质教育资源引进。

第二，改变优质教育资源在运河核心区聚集的现状，新增优质教育资源向其他区域倾斜。在城市副中心大量引进优质教育资源、提升原有教育资源质量的同时，那些没能参与教育资源优化升级的学校，相对处于发展劣势。今后要引进优质教育资源在协同发展区、生活配套区和发展备用区，乃至这三个区域以外的通州其他区域开办校区或分校，鼓励中心城区优质教育资源对口支援和扶持这些区域的学校发展。对这些区域的学校发展给予一定的扶持，缩小它们与运河核心区教育质量的差异，避免出现新的不均衡和不公平。提高已有优质教育资源的“造血”功能，发挥

它们的示范引领作用，带动区域教育水平的整体提升。

第三，调动市场参与城市副中心教育资源建设的积极性和主动性，协调运用好市场和政府“两只手”。城市副中心建设是一场政府主导行为，但归根结底要在市场化竞争中检验其建设质量。从国际经验来看，副中心建设中政府规划的科学性与市场主体的主动参与性两者结合，是城市副中心建设成功的基本保证[6]。政府提出建设城市副中心的愿景和蓝图后，要通过各项政策鼓励和带动市场主体的积极性。鼓励民办学校参与城市副中心教育资源建设，对在城市副中心办学的民办学校给予放宽准入、加大政策扶持等，鼓励它们提高质量，为学生提供优质多样的教育选择，建立民办学校与公办学校相互竞争、共同发展的格局。探索公办学校与社会资本合作（PPP模式），激发社会力量参与办学积极性。

第四，规范优质学校的入学程序，增强普通市民的获得感。北京城市副中心引进大批优质教育资源，引起公众广泛关注。对一些普通市民而言以往“遥不可及”的优质教育资源，如今就在家门口。各级教育行政部门要加强监管，确保这些优质学校的招生入学程序规范，确保普通市民能从北京城市副中心建设中获得实惠。尤其是一些名校的通州校区在高中阶段“与本校具有相同的招生资质”，即都可以面向全市范围进行招生。相关教育行政部门在设置招生指标名额分配时，需要统筹兼顾各方利益，既确保通州新校区主要为城市副中心居民提供服务，也确保通州新校区能够招到优质生源，为提高学校办学质量打好基础。

总之，北京城市副中心的建设不是一朝一夕的事，而是一个逐步推进、需要时间培育的过程。北京城市副中心的建设成效也往往需要若干年后才能显现。教育部门要确保高起点、高标准配置城市副中心的教育资源，确保教育资源配置能够助力北京城市副中心建设，并经得起历史检验。

参考文献

［1］夏怡然，陆铭．城市间的“孟母三迁”——公共服务影响劳动力流向的经验研究［J］．管理世界，2015（10）：78－90.

［2］童玉芬，马艳林．城市人口空间分布格局影响因素研究——以北京为例［J］．北京社会科学，2016（1）：89－97.

［3］朱旭，宋睿，何子怡，等．北京教育资源分配不均条件下居民出行分析．［J］．山西建筑，2015（12）：1－2.

［4］［6］冯奎．通州副中心建设要借鉴国内外经验教训．［J］．中国发展观察，2015（7）：8－24.

［5］天则经济研究所课题组．中国政府行政部门资源配置的效率与公正研究（修改版）（教育部分）［EB/OL］．http：//www.unirule.org.cn/xiazai/2015/20151103.pdf．2015－11－03.

撰稿人：北京教育科学研究院教育发展研究中心　曹浩文

第四章　发生存在危机的北京职业院校转型与突围：背景、行动与展望

［摘要］　疏解北京非首都功能是北京城市发展面临的不二选择，北京职业院校在这一背景下，面临着许多发展制约，首当其冲的就是外地生源的招生工作，而外地生源在北京职业院校尤其中职学校中占很大的比例。北京职业院校目前面临的不是发展问题，而是生存问题，这当中既有职业教育自身的问题也有教育之外的政策问题。北京职业院校通过开展社会职业培训、对中小学生开放、贯通培养、对口支援、国际化等路径寻求转型发展和突破困境，并取得了一定成效。职业院校转型发展应上升为一种战略，而政府则应该对职业院校的转型发展给予足够的支持。同时，职业院校转型发展要有资源转型作支撑，转型也需要错位发展特色发展，并且转型发展不可以放弃人才培养这个基本职能。

［关键词］　职业院校转型发展　行动

Chapter 4　Transformation and Breakthrough of Vocational Colleges under Existential Crisis in Beijing ——Background, Action and Prospect

［Abstract］　Evacuating the non－capital function is the only choice for Beijing development. Under this circumstance, Beijing vocational schools is facing many constraints. The first of these is that students from other places except Beijing would be highly restricted since they had occupied a large proportion in Beijing vocational schools, especially in secondary vocational schools. Therefore, what Beijing vocational schools at present confront is not the development but the survival problem, which involves the inner problems of vocational education and external policy issue. Beijing vocational schools is trying many ways to change the status quo and achieve the transition development through starting vocational training, opening to the primary and secondary school students, integrated training mode and internationalization , and achieved great progress in the end. The transition development of vocational schools should be upgraded as a strategy, and the government need provide sufficient support. Meanwhile, the transition development demands resources transition, dislocation development and characteristic development, and keeping the basic function of personnel training all the time.

［Key words］　transformation development of vocational colleges; action

一、深度影响北京职业教育的三个背景

（一）“四个中心”的城市功能定位

自2000年以来，北京市的城市功能定位有一个演变的过程。2004年《北京城市总体规划（2004年—2020年）》提出，北京市是“全国的政治中心、文化中心，是世界著名古都和现代国际城市”；2008年，北京举办第29届奥运会，提出努力打造“人文之都、科技之都、绿色之都”；2014年2月，习近平总书记在首都视察工作时提出要明确北京城市战略定位，北京作为首都必须坚持和强化全国政治中心、文化中心、国际交往中心和科技创新中心“四个中心”的核心功能。

（二）持续推进的非首都功能疏解

2014年2月，习近平总书记视察北京，明确了“四个中心”的首都城市战略定位，提出建设国际一流的和谐宜居之都必须疏解非首都核心功能，北京不能做过多承载。2015年3月，中央财经领导小组第九次会议审议研究了《京津冀协同发展规划纲要》（以下简称《纲要》）。《纲要》指出，推动京津冀协同发展是一个重大国家战略，核心是有序疏解北京非首都功能，要在京津冀交通一体化、生态环境保护、产业升级转移等重点领域率先取得突破。可以看到，疏解非首都功能既是京津冀协同发展的重中之重，同时也是首都发展的必由之路。

（三）异常严厉的人口调控

2015年年末，北京市常住人口达到2170.5万人，比“十一五”期初的2006年增长588万人，比2000年更是增长了813万人，人口增长十分迅猛。2015年常住人口中，外来人口822.6万人，占常住人口的37.9%。外来人口增长过快是北京人口迅速膨胀的主要原因。2014年年初，北京市第十四届人代会第二次会议通过的《2014年政府工作报告》明确指出，“人口资源环境矛盾是现阶段躲不开、绕不过的发展难题，关系人民群众切身利益，关系首都形象，关系发展全局，必须严肃面对、标本兼治”，并高调提出“加强人口规模调控，从落实城市功能定位、优化产业结构、调控资源配置、加强规划引导等方面入手，深入研究控制人口规模的治本之策”，“切实把常住人口增速降下来”。

（四）背景分析

北京城市功能的定位对产业格局的影响很大，而职业教育的发展与产业结构密切相关。“四个中心”定位的确立表明北京第二产业、传统服务业都将受到限制，而职业教育的典型专业大多是服务第二产业及关联服务业的，必然受到深度影响。教育被列为疏解非首都功能的重要部分，职业教育在首都教育大格局中处在边缘化位置，有些职业院校已经成为被具体疏解的对象，要么由市区疏解到郊区，要么由北京疏解到河北。人口调控对北京职业教育的影响更是显而易见，因为过去15年北京职业学校招收了相当数量的京外生源，而眼下的政策就是要求职业学校停招外地学生，以贡献于北京的人口调控。

二、困境前所未有：北京职业院校出现存在危机

（一）北京职业院校发展状况

1. 中等职业学校的状况与危机

2015年，北京中等职业学校122所，其中中专31所，职高51所，技校29所，成人中专11所。中等职业教育招生4.06万人，在

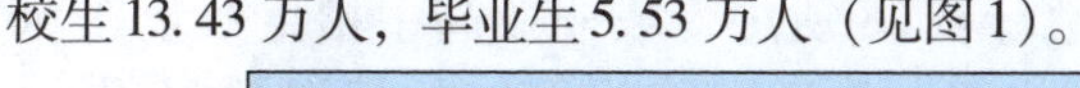
校生 13. 43 万人，毕业生 5. 53 万人（见图 1）。

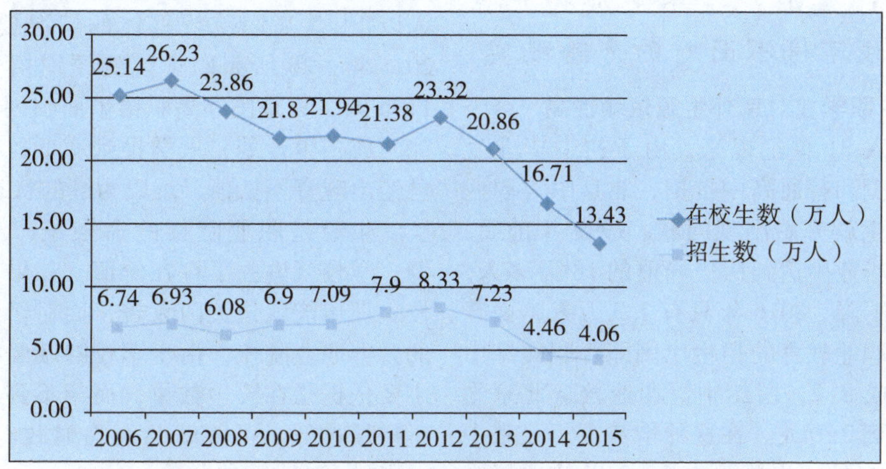

图 1　2006—2015 北京中等职业教育办学规模变化图
（数据来源：北京教育事业发展统计资料，北京市教委发展规划处）

图 1 反映了近 10 年北京中职办学规模的发展变化。从 2006 年到 2013 年，北京中等职业教育招生规模稳定在 7 万人上下，最低 6. 08 万人，最高 8. 33 万人，2013 年之后受政策影响，中职招生数量快速下滑，每年只有 4 万多人；在校生规模在 2007 年为最高，达到 26. 23 万人，2013 年开始大幅度下降，2015 年只有 13. 43 万人。由于户籍人口初中毕业生减少和普高热持续升温，近 10 年来北京中职招生总量下降的同时，本地户籍学生比例逐年缩减，京外生源逐步占到招生数的一半以上。2015 年，中职招生中北京户籍生源不足 2 万人。

2. 高职院校的状况与问题

2015 年，北京高职院校 26 所，其中公办高职 18 所，民办高职 8 所，在校生 9. 79 万人。北京高职教育自 2006 年以来年招生规模维持在 4 万人左右，最多达到 4. 46 万人，最低 3. 12 万人；在校生规模 2007 年 13. 06 万人达到最高，然后持续下降，2015 年最低，为 9. 79 万人（见图 2）。最近 3 年，北京高职院校尤其民办高职出现招生计划不能完成的情况，而且愈演愈烈。

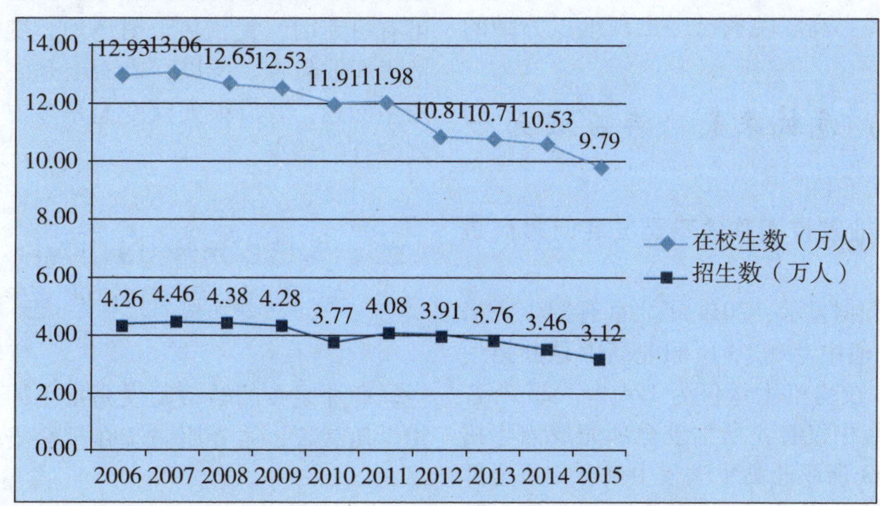

图 2　2006—2015 北京高等职业教育办学规模变化图
（数据来源：北京教育事业发展统计资料，北京市教委发展规划处）

（二）生源严重不足成为北京职业院校不得不面对的严酷现实

1. 中职学校对京外生源依赖性高

自进入 21 世纪以来，由于初中毕业生的逐年减少和普通高中扩招，北京中等职业学校的招生就开始出现问题。1999 年前后，北京初中毕业生达到历史峰值的 18 万多人，之后一路下降，2016 年只有 7.3 万人，而普通高中与职业教育的招生比例即普职比却由 4∶6 演变成 8∶2，留给中等职业教育北京生源只有不到 2 万人。在这种情势下，北京中等职业教育的招生规模在 2013 以前还能维持在 7 万人左右，很大程度上是靠京外生源维持。这些京外生源主要来自外来务工人员子弟、北京周边省份以及合作办学“2+1”或“1+2”模式。

2. 高职学院中，民办高职是重灾区

过去十年，北京高职院校的招生总体保持稳定，并且相对于中职学校高职招生的减少幅度要小很多。但是在高职院校内部的分化比较显著，8 所民办高职院校招生数量锐减，影响到学校的生存与发展。出现这种情况的原因，一是民办高职院校向来以招收外地生源为主，而现在面临限制外地招生和招生报到率下降的问题；二是高等教育自学考试助考办学和成人高等教育招生规模的锐减，有些民办高职院校已经出现难以为继的困境。

（三）危机来袭：存在成为一个问题

1. 职业院校面临的不是发展问题而是生存问题

调查数据显示，2014 年北京有招生资格的 25 所普通中专和 53 所职业高中总共招生 13580 人，校均招生量仅为 174 人。25 所普通中专学校中仅有 4 所学校全部完成当年招生计划，53 所职业高中学校中仅有 8 所全部完成当年招生计划。有 4 所职业高中招生数量为 0，有 4 所职业高中招生数量为 1 人，总计有 28 所中专或职业高中招生数量在 50 人以下①。高职院校整体的情况要好得多，2015 年，26 所高职学院的校均招生规模是 1195 人，只是民办高职招生面临困难，普遍完不成招生计划，入学报到率低，有的学校已经出现资不抵债、难以为继的状态。

生源是职业院校的命根子，没有了生源，学校就失去了存在价值。如果是民办学校，那可能就是关门大吉，而对于绝大多数的公办职业院校，由于学校财政经费下拨的主要依据是在校生数量，而招不到学生或招生规模过低，可能就会面临财政经费断奶，或者转成普通中小学。另外，由于招生危机，学校没有人气，很快陷入招生恶性循环，学校还面临教职员工流失，生存成为一个问题。

2. 既有职业教育自身的原因，也有政策和人为的因素

北京职业院校尤其中等职业学校由生源危机进而演化为生存危机，既有学龄人口大幅度降低导致生源减少的客观原因，也有在过去的十几年北京没有进行职业教育布局结构调整和资源整合，没有对职业教育加以整体的战略规划，导致当前职业教育陷入被动局面。另外，职业教育在北京处在十分不利的边缘化地位，普职教育关系处置不当，在战略和政策层面将职业教育和职业院校置于可有可无的位置，甚至悄悄地、变相地人为消灭职业教育。所以，表面上是一个单纯的招生问题，背后很大程度上是多方面复杂因素综合的结果。

三、职业院校的行动：寻求转型发展和突围尝试

职业院校的转型发展是指由原来主要承担学历教育，主要服务于在校全日制学生转

① 吉利，高卫东：《北京职业教育与成人教育发展研究（2014—2015）》，北京出版社 2015 年版。

变为在保持学历教育的基础上，较多地开展社会培训、职业培训、技术服务和其他依托学校资源面向社会和企业开展的多种服务，服务面向呈现多样化、多元化，办学功能拓展为丰富化、综合化。而职业院校的突围则指突破地域、时空、学历层次、发展领域、各种界限等的制约，职业院校在圈内圈外、横向纵向、开放合作等不同层面有所作为，从而寻求和拓展出自己更大的发展空间。

（一）大力开展社会职业培训

1．培训面向

职业院校跟行业、企业和就业市场结合相对紧密，拥有专业师资和实训基地等丰富培训资源，在开展社会职业培训方面有得天独厚的优势。经过长期的实践探索，北京职业院校开展社会职业培训主要呈现以下类型：①面向行业人员的培训，如北京铁路电气化学校为地铁行业人员开展轨道交通管理、信号控制、机电、安全生产等专业技能培训，北京市轻工技师学院承担本市150多家食品企业实验室自检人员岗位技能培训。②面向企业员工的培训，如北京市金隅科技学校承担北京电力设备总厂职工培训。③面向社会人员的培训，如北京信息职业技术学院常年面向社会开展计算机应用技术（NIT）、数字办公技术、计算机网络管理等方面的培训。④面向特殊群体的培训，如大兴区第一职业学校常年承担劳动力转移培训、失业人员再就业培训、残疾人职业培训等公益性培训。

2．培训收效

北京职业院校开展社会培训，在培训规模、培训效益等方面都取得持续扩大，培训还赢得社会的积极认可，提升了职业院校的影响力。北京工贸高级技工学校年均开展社会职业培训由3年前的9.73万人天增长到11.89万人天，其中年均培训社会居民达到4836人，增长18.67%；培训收入也十分可观，年均达到1094万元。北京金隅学校作为金隅集团华北唯一一所建材类中职校，坚持“集团发展到哪里，学校服务到哪里”的思想，依托特有工种职业技能鉴定010站，大力开展职工职业技能培训，年培训企业员工达到2.35万人天，是3年前的4倍还多。

（二）面向中小学生开展职业体验和技能引导训练

职业院校具有职业体验与训练的专业实训基地和专业指导教师，面向中小学生开展职业体验，既能充分发挥职业院校的功能优势，又能促进职普融合，促进职业教育向普通学校的延伸。北京职业院校通过“职业启蒙”“职业渗透”与“职业选择”等不同形式面向中小学开展职业体验和训练，尤以归属各区主管的职业高中做出了率先尝试。

北京市东城区开放中等职业教育资源，为全区中小学生建立了职业体验选课制度，并以社会大课堂为抓手，开展职业体验培训，同时开发完成了初中社会实践活动综合课程，完善了初中科学实践开放性活动课程。丰台区职教中心学校面向全市中小学生建立了“中小学职业体验中心”，两年来开发职业体验课程25门，编写教材10本，受益中小学30多所。密云区不断扩大职业高中实训基地使用效益，为中小学生开放职业技术教育体验活动，共开发出三大类49门实习实训服务课程，年均接待中小学生5000人次。

（三）开展文化传承、技术创新及终身学习服务

结合北京“文化中心”“创新中心”等城市定位，职业院校利用各自专业优势，服务区域发展，业已初步创造出良好的经济与社会效益。

1．文化传承与推广

北京信息管理学校对国内外中小学生开展珠算、茶艺等文化传承活动；完成《中国传统节日》《二十四节气》等动画片并在北京电视台播出；创新传统空竹的外观设计，利用特色德育活动进行推广；对社区居民开

展书法、国画、中国结制作、编织等培训千余人次，积极促进了优秀文化传播。北京国际职业教育学校与故宫博物院合作成立故宫学院，面向社会大众开展中华传统文化培训，助推北京皇家艺术文化传承；该校烹饪专业姜波老师拥有制作378种老北京小吃的精湛技艺，何亮老师在央视《中国名俗》栏目开讲北京饮食文化，促进北京饮食文化创新与传承。北京市商业学校聘请国家非物质文化遗产继承人，建立“燕京八绝”花丝镶嵌等大师工作室，实现非物质文化遗产、民间文化技艺传承与职业教育专业人才培养对接，助推北京非物质文化遗产传承工作。

2．技术研发

北京昌平职业学校自主研发9个蝴蝶兰品种，并于2013年1月通过英国皇家园艺协会新品种国际认证，其中“昌平天使”蝴蝶兰在第九届中国（北京）国际园林博览会上荣获金奖，成为昌平区园林业发展新亮点。北京国际职业技术学校烹饪专业参与星级餐厅“京味斋”、首都机场国航的菜品研发，引领分子餐技术，学校3位教师成为央视、北京卫视、河北卫视等多家电视台专栏节目客座专家。北京工贸技师学院依托首席技师工作室积极承接高端研发项目，研发产品16项、加工样件147件，其中包括国产歼15发动机叶片模具、微型心脏供血器、空间泵和真空分子棒等首件试制加工，贡献和效益十分凸显。

3．建立市民终身学习中心

东城区积极盘活职业教育存量，挖掘增量，开放师资、课程、教学等资源。该区以5所职业院校为基础，以学区为单位，成立8个市民职业体验中心，提供99门课程菜单供市民体验，进一步丰富了区域市民学习生活，为市民终身学习增加更加新颖和鲜活的学习乐趣。昌平职业学校建立“首都市民终身学习服务实践基地”，开展职业体验培训、就业创业培训，提升市民生活品位，2014年以来为区域内建设银行北京分行、中国人寿等企业开展职业礼仪培训3114人次，为全市中小学生开展科普培训5718人次。

（四）积极推进以产学融合为基础的集团化办学

职业教育集团化办学是指由若干具有独立法人资格的职业院校及相关企事业单位以契约或资产为联结纽带而组成的职业教育办学联合体。从本质上来说，职教集团是按照职业成长规律和职业教育规律，整合多种社会优质资源，改革传统职业教育单纯由学校教育培养技术技能人才的模式，通过产教深度融合、校企合作方式，培育符合社会发展、市场需求的高素质产业技术技能人才。

2010年以来，北京市积极推进职业教育集团建设，先后组建了北京交通职业教育集团、北京昌平职业教育集团、北京现代制造业职业教育集团、北京电子信息职业教育集团、北京商贸职业教育集团、北京都市农业职业教育集团、北京现代服务业职业教育集团等7个职业教育集团。其中，由高职院校牵头5个职教集团，覆盖了市内10多所本科高校、25所高职院校、70多所中职学校、100多家企业、12个行业协会、9个技能鉴定机构和22家科研院所。北京财贸职业学院前头的北京商贸职教集团，积极探索组织化运作模式，形成了以“合作项目”为载体、多方参与、共同建设、共同受益的运行机制。积极推动北京市商务人才需求调研、企业工作站、优秀学生境外访学等30多个项目，该集团团举办的商贸职业教育产教对接活动、京津冀职业教育协同发展论坛和市场营销专业联盟中高本衔接教学标准研讨会都在全国产生广泛影响。北京国际职业教育学校牵头成立的东城区职业教育集团，涵盖了区域9所中职校、2所成人高校、2所高职校及17家企业。集团成员发挥各自优势，加强资源共享，深化校企合作，推进科技创新和成果转化，探索东城职业教育规模化、集约化、连锁化的办学模式，培养大批适应东城产业结构调整和经济方式转变的优秀技能型人才。

（五）拓宽中高衔接和高本衔接，提升办学层次

1. 中高职衔接改革试验

采用“3 + 2”学制模式实现中高职衔接，学生在完成3年中职教育的基础上，再接受为期2年的高职教育，充分发挥中高职院校优势，实现人才培养有效衔接。北京工业职业技术学院模具制造技术专业于2012年开展“3 + 2”中高职衔接试验。该模式遵循“专业能力递进、职业素质提升”指导思想，通过共同研讨与备课，实现课程对接、能力递进。中职教育阶段，重点掌握一定专业技能、养成良好的行为规范，具备从业基本能力。高职教育阶段，通过技能大赛、专业社团等活动促进学生职业素质提升，增强专业拓展能力。两个教育阶段，建立实训基地共享模式，优势互补，丰富实训内容，开拓学生适应多样化设备品牌的操作能力，掌握全面操作技能，增强就业竞争力。

2. 高端技术技能人才贯通培养

北京市于2015年开始启动“高端技术技能人才贯通培养”改革试验项目，向上搭建高职院校与应用型本科院校衔接培养人才的通道，即将高等职业教育延伸至本科层次，使高等职业教育（含本科层次）逐渐成为首都职业教育体系的重心。贯通培养定位于“高端”，项目实践呈现一些特色，培养目标着眼国际化，各校建立高水平英语师资队伍，加强英语教学；同时重视基础课程教学，注重提升学生人文科学及艺术素养。

（六）职业教育融入京津冀协同发展和对口支援

1. 分享职教资源，服务京津冀协同发展

2015年10月，北京市与河北省签订两地教育协同发展对话与协作机制框架协议，确定建立两省市教育行政部门主任、厅长联席会议制度，定期会商两省市教育协同发展的顶层设计，协调解决教育协同发展中面临的热点、难点问题。北京不少职业院校在京津冀合作实践中做出系列尝试，比如，密云职业学校在师资培训、实训基地使用、专业建设等方面同张家口市、承德县开展职业教育合作，学校客户信息服务专业合作帮扶承德县职教中心的计算机应用、现代服务管理两个专业接收竹溪县学生来校免费学习。

2. 发挥首都职教优势，开展对口支援与携手发展

北京职业院校，充分发挥自身职教资源优势，与其他省市开展对口支援，共同推进职业教育合作发展。北京市昌平职业学校通过建立帮扶互助合作长效机制，帮助云南腾冲一职建立云南中草药种苗生产基地；支持什邡职业中学新建园林绿化专业，助推腾冲一职和什邡职业中学顺利进入国家中职示范校建设行列。金隅科技学校为贵州省建设学校建设实训基地，为该校提供“日产5000吨水泥中控仿真系统”和“中国建筑五金门窗培训系统”技术支持，促进西部地区职业学校专业建设与教学改革。北京市信息管理学校分批次对广西中职学校校长及教学科研管理层开展人才培养模式和课程改革培训；同海南省文昌职校、安徽铁路服务学校在专业层面建立手拉手合作关系，促进了对口支援学校的专业建设与发展。

（七）大力拓展国际合作

1. 合作办学成果，吸引国外学生前来学习

北京工业技师学院世赛基地及西门子、费斯托等跨国公司的校内合作培训中心，吸引来自德国、美国、瑞典、英国、俄罗斯、日本等十余个国家的友人到学校参观考察技工培育成果；接受亚太经合组织成员国青年技能夏令营99名青年，到校学习交流，受到人社部通报嘉奖。北京市劲松职业高中与德国企业签订人才培养协议，学生合格毕业

后可到德国、奥地利饭店就业。

2. 引进国外职教资源，促进资格证书对接

政府层面，北京市相继印发文件促进职业教育与国际接轨。2001—2002 年，陆续印发《关于在我市部分职业学校进行与国际职业资格证书接轨试点有关工作的通知》（京教职成〔2001〕45 号）和《关于扩大国际职业资格证书试点职业学校范围的通知》（京教职成〔2002〕32 号），通过设立英国伦敦城市行业协会（City&Guilds of London Institute）职业资格证书项目中心，先后在 21 所职业学校（首批 13 所，第二批 21 所）开展国际职业资格证书接轨工作。2010 年 5 月，由政府牵头，市内 8 所高职院校与德国工商业联合会（IHK）、德累斯顿工业大学三方签署中德合作职业资格证书教育协议，开展汽车机电师等 5 个专业 IHK 职业资格证书教育。

院校层面，许多职业院校在各自发展目标、理念和管理技术上都含有国际化元素。如北京财贸职业学院、北京工业职业学院等单独设立国际教育学院，提出“开放办学”、“与国际接轨”理念、引入国际质量管理体系（如 IS09001）。

3. 服务“一带一路”，职教走出去

作为贯彻国家“走出去”战略的先锋，中国企业正在全面深度参与“一带一路”战略实施，而职业教育也在为这一宏大战略贡献自己的力量。如金隅科技学校充分发挥职教集团优势，积极开拓海外市场优势，探索国际化办学，在两年示范校建设期间积极承担白俄罗斯、乌兹别克斯坦水泥企业 36 人的培训任务，选派 5 名教师参与尼日利亚援外工程的技术服务。

四、对职业院校转型与突围的思考与分析

（一）关于职业院校转型的理论分析

1. 职业院校的功能：基本功能、拓展功能和多元功能

职业院校的基本功能是培养技术技能人才，是学历职业教育，职业院校发展初期或者学历教育任务过于繁重的时期，往往主要是这一功能；职业院校的拓展功能是培训功能，主要是社会职业培训，职业院校具有实训基地、双师型教师和职业教育课程教学资源，具有开展社会职业培训的优势；职业院校的多元功能是学历教育、社会职业培训基础上，再加上各种社会服务功能。从基本功能到拓展功能，再到多元功能，是职业院校的一种递进发展，也意味着职业院校综合办学实力的增强。

2. 国外职业院校多功能发挥的启发

社区学院是美国的职业教育院校，其基本职能一是为进入普通四年制本科大学提供预备教育，比如基础学科学习、语言培训等，也就是通常所说的转学教育职能；二是立足社区服务，为相关学员提供专门的职业预备训练，包括职前和在职培训以及各种成人补偿教育，学生来源既有应届高中生，也有大量的成年人。美国社区学院的特点就是注重转学教育、职业教育和社区服务协调发展的同时，坚持以职业教育和社区服务为中心，面向地区为基础，突破社区和地域局限，服务于更广泛范围和地域。TAFE 学院是澳大利亚高职教育的代表，其以产业为推动力量，政府、行业与学校相结合，与中学和大学有效衔接的相对独立、多层次的综合教育体系。英国的各种学院（College）作为一种综合性院校，是英国职业教育的主要承担者，全英有 60 多所，它们开展广泛教育

和训练，服务对象包括完成义务教育并准备中学高级水平考试的学生（他们是全日制学生的主体）、职业教育学生、高等教育学生、企业员工、学徒和成人等。以上三者都具有明显的多功能特性，与社会其他组织联系紧密。

3．多功能中心是职业院校的一个应有定位

职业院校除了全日制学历教育还可以举办非全日制学历教育，还可以开展多种社会职业培训，提供多样化的社会服务，完全可以办成职业培训及鉴定中心、中小学生职业体验中心、市民终身学习中心、中小企业技术技能开发中心、区域文化传承与创新中心等等。多功能中心的定位，不仅有助于职业院校突显社会价值，摆脱生存困境，也有助于传统功能——技术技能人才培养的优化，还有助于将学校办出活力，跟社会需求多方面融合为一体。

（二）北京职业院校转型的主动与被动

1．转型与否的比较

北京140多所职业院校中，有中职国家示范校21所，有高职国家示范校和骨干校6所，除人才培养质量过硬走在前面之外，都特别注重学历教育之外功能的发挥，而示范校的建设过程也强化了职业培训及社会服务能力建设。相比之下，凡是综合办学水平低，招生及其困难，处在存亡边缘的职业院校，不仅学历教育办的不理想，多功能发挥方面也比较弱。其中，民办职业院校就普遍存在培训和社会服务很少乃至没有的情况。

2．转型是一种战略

如果说十年以前北京职业院校要否转型，要否多元化发展和多功能拓展还仅仅是一种选项、一种优化发展的策略的话，那么在眼下转型发展则成为北京职业院校的一个战略，因为这关系到其生存，关系到能否可持续发展。当然，如果某所职业院校在转型发展方面几乎没有任何基础，恐怕为时已晚。有望渡过眼下难关的职业院校，要把转型发展切实上升为学校战略，加以认真谋划。

3．从被动走向主动

处在存在危机之下，北京很多职业院校面临被动局面，人心不稳，前景不明，如果说转型发展是一种不得已的选择的话，不妨试着由被动转型走向主动转型，也许由此带来转机迎来发展的春天。因为，职业院校的转型是为了突显自身的存在价值，从自身出发是为了生存，为了应对挑战，换一个角度则是更好地贡献于社会。

（三）突围是北京职业院校生存和发展空间的延展

1．增强职教吸引力满足两种需求

社会吸引力不足一直是职业教育的一个难题。职业教育面对的两种需求，一种是用人需求，主要来自于企业，这是职业教育的优势，因为职业院校毕业生的就业率显著高于普通高校；另一种是教育需求，来自于学生和学生背后的家庭，这一直困扰着职业教育，因为只要有条件，只要还有其他选择，学生和家庭就不愿意选择职业教育。两种需求的倒挂，说到底还是职业教育吸引力不高。北京职业院校努力提升人才培养的学历层次，通过“3＋2”、五年一贯制中高职以及技术技能人才贯通培养等路径，为接受职业教育的学生提供更大的发展空间和后劲，将职业院校学生有机融入终身教育体系，必将优化两种需求的满足。

2．在空间上拓展

北京的职业院校走出北京，无论是到北京周边开展职业教育协同发展，还是跨越京津冀支持带动中部西部职业教育提升，还是走出国门进行国际合作与发展，都是在空间上的积极拓展，都是跟国家战略的密切结合，包括京津冀协同发展、精准扶贫和“一带一路”。北京的职业教育具有资源优势，走出去就会别有一片蓝天。

3．跨界发展适合于职业院校

职业教育由于跟产业、行业和企业有着密不可分的内在关联，必须淡化边界，走出所谓边界，才能越办越活，越办越火。职业院校皆有必要走集团化之路，深化跨界合作，校企融合发展。同时，立足自身的专业优势、教师能力和实训资源，开展技术开发、技术合作，同企业共建研发中心、产品中心、设计中心等，乃至自办小微企业或响应“大众创业，万众创新”谋求学校的创新创业发展。跨界发展对于职业院校来说，就是要跨越学历教育和学校教育，乃至跨越教育和培训，走产学深度融合之路，以产业带动专业，以产业支撑教育教学和人才培养。

五、关于职业院校转型发展的展望

（一）未来十年北京职业教育格局与模式预期

一是职业教育发展重心持续上移。职业教育逐步从以中职为主过渡到以高职为主，积极探索本科职业教育，并有一定数量的本科职业院校涌现。二是职普两类教育的融合持续加深。职业院校尤其中等职业学校增强为普通教育服务，普通中小学的职业活动型、职业体验型课程以及技术技艺类课程不断增加，积极发展综合高中以及一定数量的职业学校逐步转为综合高中。三是综合型混合式职业院校成为职业教育的主要载体。

（二）职业院校转型发展呈现加深态势

职业院校的人才培养尤其全日制学历教育由绝对主业演化为其职能的一个部分，职业院校将持续加强非全日制教育、非学历教育培训、职业技能体验、面向企业面向社区的技术服务和社会服务，大部分都将发展成多功能中心。这种加深主要是基于职业教育全民化和终身化的趋势，基于教育需求多样化的发展和提升，比如全面发展、个性化、国际化等等。

（三）转型发展亦会遇到制约和不乐观因素

一是来自职业院校内部的制约。职业院校的转型，对管理层是挑战，对教师也是挑战，内部是否支持转型，是否存在障碍都将成为不确定因素。二是转型发展还将迎来竞争。这里面既有职业院校之间的竞争，也有来自大学的竞争，还有来自成人教育院校的竞争。三是政策支持的力度。职业院校要转型，政府的态度很重要，政府是否支持，是否适应职业院校转型给予多方协调和政策便利，尤其在人员经费和财政拨付方式上加以支持和转变将成为关键。

六、若干政策性建议及发展策略

（一）以发展的态度认识和对待职业教育

职业院校要转型，但职业教育依然要发展，因为北京不能没有职业教育。要从城市发展需要多层次多样化人才的角度认识职业教育，要从科学把握职业教育与普通教育关系的角度对待职业教育。可以预见到 2030 年，北京将会保留很少的中等职业教育，但中等职业教育是高中阶段教育多样化的重要内涵，必须考虑给予那些难以适应普通高中教育的学生一个出口，所以不能完全消除中等职业教育。而且，五年以后初中毕业生的回暖也是需要考量的一个因素。对职业教育实施布局结构调整，应避免将职业院校并入大学。北京并不缺少一般化的高等教育，优质的职业教育反倒十分宝贵。必须吸取十多年前因为生育低谷，大量砍掉幼儿教育机构导致今天学前教育学位严重不足的被动教训。

（二）政府对职业院校的转型努力要给予支持

首先是经费上的支持。职业院校面向社会开展的培训，面向社区提供的服务，对中小学生开展的职业体验，属于公益性质的，政府要买单，体现出政府购买服务。其次是人员编制的支持。不应因为职业院校学历教育这个“主业”缩减而压缩其人员编制，职业培训、社会服务等“副业”同样也是这些院校对首都教育乃至社会发展的难得贡献。最后是机制上的支持。对职业院校开展社会职业培训等给予积极鼓励，让院校实施培训和社会服务有切实动力，加强跨部门协调，支持职业院校服务京津冀协同发展，支持职业院校走出去服务国家精准扶贫等战略，切实提升首都职业教育的对外辐射与贡献。

（三）职业院校转型发展但不可弃本

人才培养是职业院校的基本功能，没有这个基本功能职业院校就不再是院校，就成了职业教育机构。并且，职业院校的功能拓展是密切依托人才培养这个基本职能的，没有人才培养，就没有专业建设，专业教师队伍就会不稳，实习实训等各种专业资源和教学资源也将衰减或降低品质，也必然不利于拓展功能的发挥。由于生源减少，职业院校可以将原有专业分别保持一个较小但相对均衡的规模，采用小班化教学模式，实施精品化的学历教育，同时对专业教师在承担教学和其他任务之间实施轮换和兼顾。

（四）职业院校教育资源必须随之转型

首先教师要转型。之前，职业院校教师面对的是学生，现在还要面对企业员工、社区居民等需要接受培训的人；之前面对的是职业院校适龄学生，现在还要面对是中小学生；之前主要是上课，现在还要承担社会服务、技术咨询乃至产品开发。如此，教师转型势在必行。转成另外一种“双师”甚至“多师”，既是教师也是培训师，也是咨询师、指导师等等，具备多种能力，成为多面手。

（五）职业院校转型也需要错位发展

转型发展具体到某所职业院校不应是面面俱到，而应是有所侧重，应根据自身优势和学校所在区域的需求加以选择。院校之间应避免过度竞争，甚至应该合作发展。服务外部需求的空间很大，职业院校应善于独辟蹊径，巧妙布局。

（六）关于民办职业院校的一点考虑

民办职业院校留在北京转型亦确有困难的，不妨考虑迁出北京，响应京津冀协同发展战略迁到河北。或者考虑合并，搞成产学研一体化的职业教育集团。北京的高等教育资源，尤其中下层次的教育供给，在目前的多种形势下，属于产能过剩，这是基本现实。

参考文献

［1］北京市统计局. 北京统计年鉴（2006—2015）［M］. 北京：中国统计出版社，2006—2015.

［2］吉利，高卫东. 北京职成教发展研究（2014—2015）［M］. 北京：北京出版社，2016.

［3］陈鹏，庞学光. 《中国制造 2025》与现代职业教育转型发展.［J］教育发展研究，2015（17）：15－20.

［4］侯兴蜀. 职业教育国际化的内涵、形势及推进策略［J］. 中国职业技术教育，2012（21）：46－50.

［5］史枫. 人口调控背景下的首都职业教育：困难、机遇与策略［J］. 中国职业技

术教育，2014（24）：39－44.

撰稿人：北京教育科学研究院职业教育与成人教育研究所　史　枫

第五章　京津冀高等教育协同发展的基本问题探讨

[摘要]　本文在系统梳理协同发展内涵的基础上，明确了京津冀高等教育协同发展的目标，并进一步深入剖析了其运行的基本逻辑和动力机制，探讨了深入推进京津冀高等教育协同发展的基本路径。笔者认为协同发展是以实现协同各方共同利益的最大化为目标的，协同目标的实现以发挥协同效应为基本途径。京津冀高等教育协同发展以为京津冀协同发展定位和目标的实现提供综合支撑为使命，包含了高等教育与经济社会的协同发展和高等教育自身的协同发展两层含义，其目标是在助力北京非首都功能有序疏解，服务产业的转移对接和转型升级，做强区域高等教育，促进文化认同和社会融合等方面发挥作用。京津冀高等教育协同发展有着很强的现实需求，但同时也面临着来自于固有体制、观念的束缚以及协同发展的政策刚性与大学自身发展逻辑的冲突。深入推进京津冀高等教育协同发展应继续解放思想，在解放思想中统一思想认识；加强顶层设计，分阶段实施；兼顾效率与公平，建立利益共享和补偿机制；正确处理政府和高校关系，由政府主导逐渐转向按照高等教育自身规律和逻辑办事。

[关键词]　京津冀　高等教育　协同发展

Chapter 5　A Research on the Basic Questions of Beijing – Tianjin – Hebei Higher Education Collaborative Development

[Abstract]　On the basis of clarifying of the definition of collaborative development, the article illustrates the goals of Beijing – Tianjin – Hebei higher education collaborative development and shows light on the mechanism of motivation and logic of operation, and gives some suggestions on the implement of the strategy eventually. In the author's opinion, collaborative development take the maximization of the common interests as its goal, as gaining the collaborative effects is the main pathway. Higher education collaborative development has two – fold meanings, that is the collaborative development between higher education and economic and social development, and the collaborative development of higher education itself. Even there are strong needs from the inside and outside of the region, Beijing – Tianjin – Hebei higher education collaborative development faces resistances of the old system and concepts, and conflicts between the toughness of policy and logic of university operation. In order to carry forward the practice of higher education collaborative development, it suggests that we should free our minds further, attach importance to top – level design, establish mechanism of interests sharing and compensation, and turn from government leading model of governance into respecting on the inner rules of higher education operation.

[Key words] Beijing－Tianjin－Hebei; higher education; collaborative development

自京津冀协同发展上升为重要的国家战略以来，京津冀地区面临着提升国际竞争力和影响力，引领和支撑全国经济社会发展的艰巨使命。随着区域一体化进程的加快推进，区域内的产业、交通、生态环境和公共服务等开始走向深度整合，高等教育凭借其在人才培养、科技创新和社会服务等方面的独特功能成为京津冀协同发展的重要资源整合对象和战略支撑力量，高等教育协同发展成为推进京津冀协同发展的必然要求。如何推进京津冀高等教育协同发展是一个崭新的命题，京津冀三地教育主管部门和有关高校都不同程度地开展了一些实践探索，但实际效果却不尽如人意。本文将深入分析京津冀地区高等教育协同发展的内在逻辑和条件，并从宏观战略层面为进一步推进京津冀高等教育协同发展提供科学指导。

一、概念界定

关于协同发展目前尚没有一个共识性的定义。从词义来看，“协”同“和”“合”，有帮助、和谐的意思。“同”，有“共同”“一起”之义，另外，也有“和”“跟”的意思。《说文解字》提到，“协，众之同和也。同，合会也”。“协同”一词最早见于《汉书·律历志上》：“咸得其实，靡不协同”，指的是协调一致，没有不同。《后汉书·吕布传》：“将军宜与协同策谋，共存大计”，其中“协同”是指各方互相配合或甲方协助乙方做某事①，强调的是为达成某种目标而相互配合。高等教育协同发展的概念在政策文件语境中最早在1995年《国务院办公厅转发国家教委关于深化高等教育体制改革若干意见的通知》（以下简称《意见》）② 中出现，《意见》中第九条明确提出：“积极开展多种形式的合作办学试验。距离相近的不同类型、不同科类的学校，开展学校之间的合作办学，在自愿互利的基础上，实行资源共享、优势互补、学科交叉、协同发展，共同提高办学水平和效益。”

协同发展的理论基础是20世纪70年代德国物理学家赫尔曼·哈肯（Hermann Haken）提出的协同理论。协同论认为，千差万别的系统，尽管其属性不同，但在整个环境中，各个系统间存在着相互影响而又相互合作的关系。对千差万别的自然系统或社会系统而言，均存在着协同作用。协同作用是系统有序结构形成的内驱力。任何复杂系统，当在外来能量的作用下或物质的聚集态达到某种临界值时，子系统之间就会产生协同作用。这种协同作用能使系统在临界点发生质变产生协同效应，使系统从无序变为有序，从混沌中产生某种稳定结构。协同效应简单地说，就是“1+1>2”的效应。原本为一种物理化学现象，又称增效作用，是指两种或两种以上的组分相加或调配在一起，所产生的作用大于各种组分单独应用时作用的总和。在一个系统内，若各种子系统（要素）不能很好协同，甚至互相拆台，这样的系统必然呈现无序状态，发挥不了整体性功能而终至瓦解。相反，若系统中各子系统（要素）能很好配合、协同，多种力量就能集聚成一个总力量，形成大大超越原各自功能总和的新功能。

从上述意义上讲，协同发展是以实现协同各方共同利益的最大化为目标的，协

---

① 中国社会科学院语言研究所词典编辑室：《现代汉语词典》，商务印书馆2012年版，第1440页。

② 《国务院办公厅转发国家教委关于深化高等教育体制改革若干意见的通知》（国办发〔1995〕43号），1995年5月29日。

同目标的实现是通过各方的相互配合，形成一个有序、稳定的结构，从而获得协同效应为基本途径的，对于协同的各相关方来说，其中可能会意味着某一个或某些协同方无条件的短期利益牺牲。也就是说，实现协同发展的路径不一定是帕累托改进，而是卡尔多－希克斯改进，即协同发展主要考虑的是社会价值最大化和社会财富最大化，如果一项改革使受益者所得足以补偿受损者的所失，那就可以付诸实施。

在不少研究文献中，“协同”与“合作”这一对概念经常被混淆使用，“协同”与“合作”，既有区别又有联系，协同包含合作，但是合作更加强调了双赢，强调主体双方的平等性，协同强调的是配合，协同主体间可能会出现主次之分，有时并不一定能带来双赢。另外，“协同”与“一体化”也是一对经常被混用的概念，两者也有所区别，“协同”承认和尊重各主体的独立性，而“一体化”则是要取消各主体的独立性，强调主体的单一性和统一性。当然，“一体化”也可能会成为协同发展的最终结果。

二、京津冀高等教育协同发展的目标及实现

那么，京津冀高等教育协同发展到底是谁协同谁，如何进行协同呢？要回答这一问题，我们首先必须明确京津冀高等教育协同发展的目标是什么。高等教育协同发展是京津冀协同发展大战略的衍生战略，其使命是为京津冀协同发展定位和目标的实现提供综合支撑。2015 年，中央政治局会议审议《京津冀协同发展规划纲要》明确京津冀地区的整体定位是“以首都为核心的世界级城市群、区域整体协同发展改革引领区、全国创新驱动经济增长新引擎、生态修复环境改善示范区”，提出到 2017 年，京津冀在符合协同发展目标且现实急需、具备条件、取得共识的交通一体化、生态环境保护、产业升级转移等重点领域率先取得突破；到 2020 年，北京“大城市病”等突出问题将得到缓解；到 2030 年，基本形成京津冀区域一体化格局。为此，高等教育协同发展至少应该在以下几个方面发挥作用。

首先，助力北京非首都功能有序疏解。有序疏解北京非首都功能、解决北京“大城市病”是京津冀协同发展的基本出发点，也是京津冀协同发展首要的、最核心的任务。当前首都的高等教育既承担了部分首都功能，也承担了部分非首都功能。其中，高等教育中的首都功能主要体现在为北京作为全国政治中心、文化中心、国际交往中心、科技创新中心服务的功能，要求高等教育服务具有高端性、创新性和国际化特点，体现为高等教育的高质量、高水平，这一功能主要由首都的国内高水平大学承担，而其他功能（如研究型大学中继续教育、网络教育等）或非高水平的高等教育均在疏解对象范畴。

其次，服务产业的转移对接和转型升级。京津冀是我国经济最具活力、经济体量最大的地区之一，京津冀协同发展的历史使命就是通过疏解北京非首都功能，调整经济结构和空间结构，走出一条内涵集约发展的新路子，促进区域协调发展，打造中国经济新的增长极。其中的关键就是实现区域内产业的转移对接和转型升级，打造出立足区域、服务全国、辐射全球的优势产业集聚区。由于高等教育本身就是一个重要产业，而且具有越来越强大的经济社会功能，可以为产业发展提供必需的人才、科技和智力支持。京津冀高等教育协同发展一方面可以在产业转移对接过程中，通过高校院校布局、学科专业布局、招生就业和科技成果转化政策等调整，实现产业发展相关人才培养和科技成果服务跟进，降低产业转移成本，防止水土不服；另一方面，通过协同效应的发展提升区域

高等教育整体实力，提高人才培养和科研成果质量，引领产业转型升级。

再次，做强区域高等教育也是实现区域功能定位的应有之义。国家对于京津冀地区的四大功能定位，即以首都为核心的世界级城市群，区域整体协同发展改革引领区，全国创新驱动经济增长新引擎，生态修复环境改善示范区，都要求有实力强大且富有国际竞争力和影响力的高等教育与之匹配，不仅满足区域人民群众对于更加丰富、更加优质的高等教育的需要，而且能够引领全国高等教育发展，更好地服务于经济社会发展。

最后，京津冀协同发展的最终目标是实现区域一体化，在这一过程中，高等教育应在文化传承和创新方面发挥凝合剂的作用，增强区域内部的协同意识，促进文化认同和社会融合，为一体化的顺利实现保驾护航。

京津冀高等教育协同发展实际包含了两层含义，一是高等教育与经济社会的协同发展，二是高等教育自身的协同发展。考虑到京津冀高等教育协同发展以服务京津冀协同发展战略为价值取向，而且疏解首都非核心功能是其基本出发点，因此，在高等教育与经济社会的协同发展层面，实现区域经济社会可持续发展是主要目标，而推动区域高等教育协同发展是配合措施，通过与经济社会协同发展，提升其对区域经济社会发展贡献力；在高等教育自身协同发展层面，首都高等教育的非首都核心功能疏解、解决北京“大城市病”是首要目标，而天津市和河北省则是配合方，要求京津冀通过高等教育资源要素的重新整合，发挥出“1+1>2”的协同效应，做强整个区域的高等教育。从长期目标来看，不论是作为京津冀一体化的综合支撑还是作为京津冀一体化的结果，京津冀高等教育协同发展的最终结果也必将是京津冀高等教育的一体化和质量的卓越。

三、京津冀高等教育协同发展动力机制

目前，由于京津冀高等教育协同发展各相关方的利益诉求各不相同，使得协同发展深入推进面临着较为复杂的作用因素，其中，既有客观需求产生的促进力，也有一定的冲突和矛盾相掣肘。在政策制定时，这些因素是必须要加以综合考虑和平衡的，否则相关政策实施可能就会事倍而功半，难以达成预期的目标。

（一）协同发展的外部需求

从整体来看，尽管京津冀高等教育资源总量丰富，在我国高等教育体系中的作用举足轻重，但京津冀高等教育不仅整体实力和贡献力与京津冀协同发展的要求之前还有相当大差距，而且作为中国一个高等教育强区的领头羊地位也面临挑战。首先，京津冀高等教育规模上的优势已经不明显，无论院校数量还是学生在校生规模或投入总规模都已经被长三角地区赶超，这已经成为一个难以逆转的趋势（见表1）。但是，另一个更加严峻的形势却是，京津冀高等教育在优质资源方面的整体优势也正在被长三角等地区紧追猛赶，差距正在加快缩小，而且特别在区域高等教育的协同发展和改革实践探索方面，甚至走在了长三角和珠三角之后，势头令人担忧（见表2和表3）。因此，在京津冀协同发展战略加快推进的新形势下，如何通过协同发展做强京津冀高等教育，发挥在全国的引领、示范作用，更好地服务于京津冀功能定位和国家战略成为各方的殷切期待，危机感和使命感成为京津冀高等教育协同发展的巨大外在推力。

表 1　京津冀与长三角、珠三角高等教育规模对比

	高校（机构）数（所）	普通高校数（所）	高等教育在校生数（万人）	国家财政性教育经费（亿元）	专任教师（万人）
京津冀	412	262	328.2	869.3	16.8
长三角	600	326	433.7	906.5	20.7
珠三角	222	167	260.5	—	—
京津冀在全国占比	11.5%	10.5%	9.9%	17.6%	11.0%

数据来源：《中国教育统计年鉴 2013》《中国教育经费统计年鉴 2014》，香港数据来源于香港特别行政区教育局网站①，澳门数据来源于澳门特别行政区高等教育辅助处网站②，以下同。

表 2　京津冀与长三角、珠三角优质高等教育资源对比

	985 院校数（所）	211 院校数（所）	正高级职称教师占比
京津冀	10	31	24.4%
长三角	7	21	14.1%
珠三角	2	4	—
京津冀在全国占比	25.6%	26.7%	16.6%

表 3　京津冀与长三角、珠三角研究生教育规模对比

	研究生在校生数（万人）	其中：博士在校生数（万人）	设有研究生院的高校数（所）	外国留学生数（万人）
京津冀	35.7	8.3	17	5.2
长三角	33.9	6.4	12	4.3
珠三角	13.3	2.2	—	4.9
京津冀在全国占比	19.9%	27.7%	30.4%	29.7%

（二）省市层面的动力与阻力

从京津冀地区内部来看，受历史等复杂因素的影响，该区域高等教育发展总体呈现出了北京一枝独秀，天津空间受挤压，河北严重拖后腿的失衡格局。京津冀高等教育发展的失衡主要表现在以下几个方面。

高等教育发展水平悬殊（见表4）。北京的高等教育整体发展水平较高，2013 年，北京 6 岁及以上人口中具有大专及以上学历的比例达到了 41.2%，远高于天津 23.1% 和河北 7.7% 的比例，北京每十万人口平均在校大学生数为 5469 人，也远高于天津的 4346 人和河北的 2108 人。北京和天津的高等教育毛入学率均超过 60% 的水平，迈入了高等教育普及化阶段，但河北高等教育毛入学率仅达到了 30% 左右，低于全国平均水平，仍处于高等教育大众化的巩固时期。

高等教育空间布局严重失衡。区域中心的北京和天津高校分布密集，河北高校的分

① http://www.cspe.edu.hk/content/Statistics.

② http://www.gaes.gov.mo/big5/book/stat2013/cover.html.

布却较为分散。河北省面积分别是北京和天津的 11.4 倍和 15.7 倍，人口也分别是北京和天津的 4.4 倍和 6.4 倍，而高校数仅为北京和天津的 1.1 倍和不到 2 倍，河北省普通本科院校数则只有北京的 1/2，并集中于石家庄和保定两地。河北省两厢地区的邢台、邯郸、衡水、沧州、张家口和承德 6 个地级市的高校布局更为分散，市均只有 1 所普通本科高校和 3 所高职院校。

高等教育投入水平存在巨大差距。2013 年，北京高校生均教育经费支出 5.7 万元，天津为 3.5 万元，河北仅为 1.9 万元，北京的生均经费水平是河北的 3 倍；北京和天津高校生均教育经费支出水平在全国处于领先水平，分别排第一位和第四位，而河北则在全国 31 个省市排倒数第四位。从生师比来看，师资的投入水平也有一定差距。从师资配备来看，北京的优势也比较明显，北京普通高校的生师比最低，为 15.6，天津次之，为 17.3，河北最高，为 17.6。

优质高等教育资源配置失衡的状况更加突出。从办学条件相对较好、办学水平相对较高的“211”院校及“985”院校的分布来看，京津冀地区共有“211”工程院校 31 所，“985”院校 10 所，而这些院校基本上都聚集在北京、天津两地。其中“211”院校北京有 26 所（包括中国地质大学和中国石油大学分校），天津有 4 所，而河北只有 1 所河北工业大学，且该校还在天津辖区办学；“985”院校，北京有 8 所，天津 2 所，河北甚至没有一所。从专任教师结构来看，北京高校专任教师的结构层次也整体更高，24.4% 专任教师具有正高职称，而天津和河北分别为 14.1% 和 13.5%，北京高校 52.6% 的专任教师具有博士研究生学历，而天津和河北这一比例仅为 27.5% 和 11.9%。北京发达的研究生教育和外国留学生教育更是天津和河北望尘莫及的，研究生教育规模分别是天津的 5 倍和 7 倍，外国留学生的规模更是天津的 7 倍和河北的 20 倍。

京津冀地区内高等教育资源的严重失衡还伴随着突出的虹吸效应，优质资源富集区域的辐射、带动作用未能有效发挥，区域高等教育资源向优势区域和中央部委院校单向集聚的现象非常突出。这就使得京津冀地区的优质高等教育资源分布失衡更加严重，优质高等教育资源也主要在京津两地集聚，河北省的优质高等教育资源则极为稀缺。在京津冀这样一个地缘相近、文化同源的典型区域，三省市高等教育发展水平之悬殊，高等教育投入水平差距之大，优质高等教育资源配置失衡之严重，是较为少见的。

表 4　北京市、天津市和河北省高等教育发展对比

类别	北京市	天津市	河北省
6 岁及以上人口中具有大专及以上学历比例	41.2%	23.1%	7.7%
十万人口平均在校大学生（人）	5469	4346	2108
高等教育毛入学率	>60%	>60%	>30%
高校生均教育经费支出（万元）	5.7	3.5	1.9
普通高校的生师比	15.6	17.3	17.6
“211”院校（所）	26	4	1
“985”院校（所）	8	2	0
专任教师具有正高职称比例	24.4%	14.1%	13.5%
专任教师具有博士研究生学历比例	52.6%	27.5%	11.9%
研究生在校生（万人）	26.6	5.3	3.8
外国留学生（万人）	4.4	0.6	0.2

区域内高等教育发展存在的巨大地区差距既催生协同发展的需求，也提出了挑战。具体来看，三省市高等教育发展都面临着一些突出的问题和挑战，高等教育实力和水平都还难以满足自身功能定位的需要。北京高等教育已经步入普及化阶段，优质高等教育资源集聚，但随着北京城市现代化建设的推进，人口快速增长与资源环境承载力不足的矛盾日益凸显，空间布局结构问题制约着北京高校的优化发展，同时，北京高水平大学面临着提升国际竞争力和影响力的艰巨挑战，而市属普通高校和高等职业院校也面临生源结构优化、贡献力不足的问题；天津高等职业教育相对发达，而普通本科高等教育面临着如何与北京错位发展问题；河北尚处于高等教育大众化初级阶段，高等教育需求强烈，却面临着优质高等教育资源有限，高层次人才吸引力不足，高等教育经费短缺等棘手难题。各方都希望通过推进京津冀高等教育协同发展，以跨区域的合作来实现当地高等教育发展的新突破。然而，受当前高等教育投入和管理体制等制约，各方均以借助协同发展来做大做强本省市高等教育为理性选择，这就使得当前的局面变成了协同各方都是想来吃肉的，却没有舍得割肉的。

（三）协同发展与高校自身发展的逻辑冲突

从高校内部的理性来看，不同类型高校在协同发展中的角色和利益诉求是各不相同的，对于协同发展的积极性存在差异。对于首都的一部分高水平研究型大学来讲，显然没有被疏解之忧，但建设“双一流”的使命会使这些大学更加重视办学自主权和推进大学治理体制改革，通过加强内涵建设，不断提升科研特别是基础研究水平，增强国际影响力和竞争力。因此，理性地看，这些高水平大学对搞帮扶式协同发展是有所抵触的，因为这将分散其资源和精力，并不符合这类大学的宗旨和追求，但其对于到河北、天津以圈地建分校等方式获取新的发展资源，以及发挥自身优势服务社会和推进产学研合作等却并不排斥，这符合大学自身的利益。但对于天津特别是河北的大学而言，最为期待的就是首都高水平研究型大学等这类优质资源的注入，也更加倾向通过合作和帮扶方式来增加学校办学资源，提升大学办学水平和社会声誉。

承担首都非核心功能的大学主要是一些教学型的市属院校，这些院校长期以来为提升首都市民受教育水平和增加首都市民高等教育机会做出了重要贡献，然而，随着首都高等教育进入普及化阶段和适龄生源持续下降，这一使命已经基本完成。在京津冀协同发展新的战略框架下，北京市属高校的高等教育机会供给功能并非具有不可替代性，完全可以交由天津和河北优势或同类高校来完成。当然，对于这类高校而言，被取代和消亡并不一定是其在协同发展中的最终宿命，协同发展也为其带来新的发展机遇，其融入协同发展的动力来自于两方面：一是稳定生源并提升生源质量，二是能够提升实力和对区域的贡献力，赢得未来的发展空间。同样，融入协同发展也会有较高的成本和风险，比如迁移的直接成本和机会成本以及异地办学造成声誉受损、师资和生源流失的风险等，这些都是这类院校决策时必须要综合权衡的因素。但对于天津特别是河北的同类高校而言，是绝不希望协同发展为自己引入竞争对手的，更希望为自己留下充足发展空间，通过协同为学校引入更多优质资源，增强自身的竞争力。

另外，在思想观念层面，各类高校还存在着一些固有的观念和思维定式，不适应协同发展的新要求。受高等教育办学和管理体制的影响，地方高校办学的财政投入主要来自所在地方，以“亲儿子”自居，高校学科布局、专业设置等更多从服务地方经济社会发展的角度进行决策。中央院校尽管与属地具有不可回避的地缘关系，并且通过共建等多种形式，该类院校直接或间接地从当地获取了大量的发展资源。但这类高校却多从服务行业和服务国家的角度进行功能定位，通常强调其国家和行业责任，几乎没有强调其对所在京津冀地区的责任。可以说，京津冀地区高等院校目前还普遍缺少区域视野，发展定位及意识尚不能适应区域协同发展格局的需要，要深入推进协同发展，这也是必须跨越的一道樊篱。

不难看出，不论从京津冀协同发展战略的要求来看，还是从三省市高等教育可持续发展面临的现实挑战来看，推进京津冀高等教育协同发展都有着很强的现实需求，但同时也面临着巨大的现实阻力，其中，既有来自固有体制和观念的束缚，也有协同发展的政策刚性与大学自身发展逻辑和决策有限理性的冲突。对此，决策者应该客观分析，找准问题症结，才能对症下药，推进高等教育协同发展走向深入。

五、京津冀高等教育协同发展路径及运行机制构建

（一）继续解放思想，在解放思想中统一思想认识

目前从各方开展的协同发展实践来，还仅停留在高校布局向郊区转移、建立合作联盟推动资源共享等初级探索阶段。这一局面和当前各方对协同发展的认识和态度不无关系，有些认识与协同发展的要求相比差距甚远，对于协同发展的目标和路径把握也就不可能到位。首先，对于到底什么是首都非核心功能，高等教育中哪些是首都非核心功能并不明确。例如，提升首都市民素质、服务首都人民群众接受高等教育的需要是否也是首都功能的一部分呢？显然首都功能的实现离不开市民整体素质的提高，而这一功能仅靠几所高水平大学难以保持和提升。事实上，非核心功能疏解到何种程度，评价的标准就是首都功能定位是否实现，关键就是人口是否得到了有效控制。其次，还存在着把“协同”当“合作”的错误认识，不能达到双赢的事情压根不想干，等着讨价还价。协同发展可能意味着暂时的眼前局部利益的牺牲，以换取长远的共同利益，因此，应引导各界正确认识协同发展的深刻内涵，树立“一盘棋”的观念，破除狭隘的地方本位主义观念和“一亩三分地”的思维定式。最后，对高等教育战略地位的认识也有偏差，认为京津冀协同发展战略中高等教育协同发展是一个可有可无的战略。由于《京津冀协同发展规划纲要》中对于高等教育协同发展没有明确提及，人们很容易把其当作京津冀协同发展宏观战略的衍生战略，可以与人口、产业、交通、环保等协同发展战略同步甚至滞后进行，因此产生了“等靠要”的心态。实际上，由于高等教育的协同效应显现和发挥有时滞性，推进高等教育协同发展应该是京津冀协同发展的先导战略。

（二）加强顶层设计，分阶段实施

京津冀高等教育协同发展作为一项涉及多个协同方的重大战略，必须要有强有力的顶层组织和制度保障才能真正动员、平衡各方力量相向而行，否则，在现有体制框架下，只会出现各方立足自身利益的博弈局面。因此，当务之急是建立京津冀高等教育合作高层次协调机构，稳步推进高等教育的行政管理体制改革突破，同时应组织有关部门加快研究制定京津冀高等教育协同发展规划，成为指导各方开展改革实践的纲领和行动指南。

在具体实施层面，决策者推进京津冀高等教育协同发展既要着眼长远需要，又应立足现实基础，把握好协同发展的步骤、节奏和力度，不搞齐步走、平面推进。决策者应分阶段、有步骤地解决以下问题：第一，应明确疏解范围和被疏解高等教育的新功能定位，全力推进首都高等教育中首都非核心功能的疏解，降低疏解成本，提高疏解效果。第二，对已达成共识、易于操作的领域率先

突破，选择有条件的区域和项目率先开展试点示范，发挥引领带动作用，要着力推动公共服务共建共享。比如推进区域高等教育资源的共享和完善区域人才联合培养机制等。第三，在招生和学分互认等几个关键领域寻求突破，在高职领域应当逐步放开区域内招生限制，鼓励京津两地院校区域内扩大招生，同时，探索推进区域内同类院校间的学分互认。第四，着力加快高等教育一体化进程，努力形成京津冀高等教育目标同向、措施一体、优势互补、互利共赢的协同发展新格局，做强区域高等教育，打造京津冀经济发展新的支撑力量。

（三）兼顾效率与公平，建立利益共享和补偿机制

京津冀高等教育协同发展得以持续深入推进的关键是建立利益共享和补偿机制，形成区域内部优势互补、互惠互利的长效合作机制，以调动各方的积极性和主动性。具体来讲，从政府管理层面应建立健全京津冀高等教育协同绩效评价机制，将京津冀三地政府在推进区域高等教育协同发展方面的绩效作为重要指标纳入政府部门考核体系；另一方面，应该明确高等教育资源产权，建立科学的高等教育服务成本核算机制，对于协同中发生的高等教育转移资产进行评估和补偿，并按谁受益谁负担的原则按产权比例等进行结算和支付。在院校层面，应建立高校协同奖励制度，鼓励京津冀地区内富有实效的合作，支持京津冀高校之间、校企之间以及学校与科研院所间的资源共享、联合培养、联合科研等集群发展合作项目，特别是对“以强扶弱、优势互补”类合作项目给予多种方式的经费资助和政策倾斜。

（四）正确处理政府和高校之间的关系，由政府主导逐渐转向按照高等教育自身规律和逻辑办事

京津冀高等教育以服务非首都核心功能疏解为基本出发点，以服务京津冀协同发展为根本目标，而这一目标的实现归根结底要靠做强区域高等教育。显然，协同发展初期的高校非首都核心功能疏解工作离不开政府刚性政策的强力推动和天津、河北等地政府的有力配合，同时，推动体制机制改革，着力打破条块分割、消除隐形壁垒，破解制约协同发展的深层次矛盾和问题也离不开三省市政府特别是中央政府的改革决心。而做强区域高等教育，则主要依靠高校自主的改革探索，因此，推动京津冀高等教育协同向纵深发展，政府应该切实尊重高等教育自身的发展规律和大学自主权，加大简政放权力度，切实转变职能，激发高校自身的改革活力，不断强化内涵建设，通过持续提升人才培养、科技创新和社会服务的质量，为京津冀协同发展做出更大贡献。

参考文献

［1］高兵．京津冀教育协同发展的现代化路径探索．［J］．教育理论与实践，2015（22）：16－20.

［2］吴岩，王晓燕，王新凤，等．探索京津冀区域高等教育发展新模式——学习《国家中长期教育改革和发展规划纲要（2010—2020年）》的思考［J］．中国高教研究，2010（8）：1－7.

［3］桑锦龙．推进京津冀教育协同发展的战略性思考［J］．教育科学研究，2016（4）：16－21.

［4］王毓珣．京津冀教育协同发展原则刍议［J］．北京教育（高教），2016（6）：14－16.

［5］袁振国．构建京津冀教育协同发展的大格局［J］．天津市教科院学报，2015（3）：7.

［6］史静寰．京津冀教育协同发展的共同体和契合点［J］．天津市教科院学报，2015（3）：9－10.

［7］张力．京津冀教育协同发展的基

础与前景［J］. 天津市教科院学报，2015（3）：5－7.

［8］高兵，李政. 京津冀教育协同发展的基本原则与运行机制研究［J］. 北京教育（高教），2015（2）：8－10.

撰稿人：北京教育科学研究院高等教育科学研究所　杨振军

第六章 京津冀职业教育协同发展政策研究报告

[摘要] 在京津冀协同发展实现良好开局的背景下，京津冀职业教育协同发展处于活跃状态。京津冀职业教育协同发展有空间可为，有动力可驱，但也存在着政策细则不明朗、合作动力不均衡和缺乏统筹机制的障碍。京津冀职业教育协同发展在战略上应把握好阶段性、流动性和协同性，并协商制定促进工作进展的各项政策和措施。本报告基于笔者对政策和实践的监测而成。

[关键词] 京津冀 职业教育 政策

Chapter 6 Research on the Collaborative Development Policy of Beijing – Tianjin – Hebei Vocational Education

[Abstract] Under the background of the collaborative development of Beijing – Tianjin – Hebei witnessed a good start, the collaborative development of Beijing – Tianjin – Hebei vocational education is in active. The collaborative development of Beijing – Tianjin – Hebei vocational education has space and has an incentive to drive, but there are also uncertainties detailed policies, co-operation power imbalance and lack of coordinating mechanism obstacles. The collaborative development of Beijing – Tianjin – Hebei vocational education in the strategy should take a good stage, mobility and collaboration, and consultation to develop policies and measures to promote the progress of work. This report is based on the author's monitoring on related policies and practice.

[Key words] Beijing – Tianjin – Hebei; vocational education; policy

一、京津冀职业教育协同发展背景与实践

（一）京津冀协同发展实现良好开局

自2014年京津冀协同发展成为重大国家战略以来，《京津冀协同发展规划纲要》《中共北京市委、北京市人民政府关于贯彻〈京津冀协同发展规划纲要〉的意见》《天津市贯彻落实〈京津冀协同发展规划纲要〉实施方案》《中共河北省委、河北省人民政府关于贯彻落实〈京津冀协同发展规划纲要〉的实施意见》《环渤海地区合作发展纲要》《京津冀系统推进全面创新改革试验方案》及三地改革试验方案相继被审议通过并付诸实施，国务院和京津冀三省市均成立了京津冀协同发展领导小组及相应的办公室。2015年，京津冀三省市在交通一体化、生态环境保护、产业升级转移三个重

点领域取得了重要进展。比如，在产业方面，北京与河北共建曹妃甸协同发展示范区，设立了200亿元的首钢京冀协同发展投资基金，20多家北京企业到曹妃甸落户发展。2016年京津冀产业协同发展步伐加快。以北京为视角，据统计，2016年上半年累计签约工业合作项目60个，涉及投资956亿元，其中已开工项目20个，完成投资72亿元。

（二）京津冀职业教育协同发展处于起步阶段和活跃状态

相对于2014年以前，当前京津冀职业教育合作更加活跃。合作内容包括组建集团或联盟、校长挂职、师资研修、学生联合培养、专业共建、实训基地共享、科研教研。2015年，河北省教育行政部门和学校共与京津两地签订协同发展协议133项，建立教育教学、科研信息、教师交流等各种交流平台831个，联合办学招生人数达9586人。京津冀政府、企业、院校、科研机构表现出了参与京津冀职业教育协同发展实践进程的积极态度。

1．规范性文件明确规定了职业教育是京津冀协同发展的内容

2014年6月以来，《京津冀协同发展纲要》《京津冀协同发展规划纲要分工方案》《教育部等六部门关于印发〈现代职业教育体系建设规划（2014—2020年）〉的通知》《河北省人民政府关于加快发展现代职业教育的实施意见》《北京市人民政府关于加快发展现代职业教育的实施意见》《天津市人民政府关于加快发展现代职业教育的意见》等规范性文件中关于京津冀职业教育协同发展的表述，构成了当前京津冀职业教育协同发展政策的主体框架，其主要内容如表1所述。

表1　当前京津冀职业教育协同发展政策主要内容一览表

文件名称	成文日期	相关内容
京津冀协同发展规划纲要分工方案	日期不详	支持有条件的北京普通高等学校、中等职业学校通过部分院系搬迁、办分校、联合办学等方式向外疏解。 严控在京高等学校招生人数和办学规模，严禁在北京审批或升格新的高等教育单位，严禁增加现有在京高等学校占地面积，不再扩大并逐步减少在京高等学校招生规模，大幅压缩中等职业教育和成人教育规模。 配套跟进集中疏解地教育等公共服务单位。 推动京津冀职业教育统筹发展，优化学校、专业布局，推进对口合作、集团化办学等，加快建设与产业发展相适应的现代职业教育体系。 统筹三省市考试招生制度改革。 鼓励引导高等学校毕业生就业创业，稳定和扩大农民工就业创业，推动北京、天津和河北依托大中型企业、职业院校及各类培训实训基地开展农民工职业技能培训、新型职业农民培训和农村实用人才培养。
教育部等六部门关于印发《现代职业教育体系建设规划（2014—2020年）》的通知	2014年6月16日	深化区域内职业教育合作。鼓励各地打破行政区划限制，建立区域职业教育合作平台，协调职业教育发展政策。率先在京津冀、长三角、珠三角等地区推动职业院校跨省域合作培养人才、合作培训教师、合作开发课程、共享数字化教学资源、共享教学科研成果。

续表

文件名称	成文日期	相关内容
河北省人民政府关于加快发展现代职业教育的实施意见	2014 年 7 月 17 日	加强职业教育国际及省际交流与合作。……积极推动京津冀职业教育交流与合作。支持河北省优质职业院校与京津优质职业院校共建共享实习实训平台、数字化教学资源等，开展多种形式的合作办学。鼓励河北省优质中等职业学校与京津高等职业院校探索开展中高职衔接试点，探索开展河北省与京津职业院校校长和管理干部交流挂职，以及专业教师交流访学工作。鼓励京津冀行业、企业、科研机构与职业院校组建跨区域的职业教育集团、专业教学联盟等。
北京市人民政府关于加快发展现代职业教育的实施意见	2015 年 11 月 24 日	推动京津冀职业教育协同发展。引导东城区、西城区中等职业学校向郊区疏解；支持其他有条件的职业院校通过搬迁、办分校、联合办学等方式向外疏解。探索建立京津冀职业教育集团，适应产业链分工合作的需要，支持职业院校跨区域合作培养人才、合作开发课程、共享数字化教学资源、共享实习实训基地、共享教学科研成果。加强与河北省张家口市职业院校的对接协作，为 2022 年冬奥会培养培训更多的技术技能人才。
天津市人民政府关于加快发展现代职业教育的意见	2016 年 3 月 17 日	推动京津冀现代职业教育协同发展。突出重点领域，构建和完善京津冀协同发展装备制造业、现代服务业、新能源、民族文化技能传承等现代职业教育产教对接平台，形成京津冀协同发展职业教育对话交流合作机制、项目协同创新机制、校企合作联动机制，建立共研、共建、共享、共用、共赢的协同机制和交流平台。推动环渤海职业教育和成人教育协同发展。

此外，《教育部发展规划司 2015 年工作要点》提出：“扎实推进京津冀教育协同发展工作。按照中央京津冀协同发展的有关要求，研究制订推动京津冀教育协同发展的实施方案。建立三地教育协同发展的组织领导体系，推动三地教育协同发展，在基础教育、职业教育和高等教育领域逐步取得进展。”2015 年 5 月，教育部启动京津冀教育协同发展专项规划编制工作。《教育部 2016 年工作要点》提出：“推动《京津冀协同发展教育专项规划》落实，建立京津冀教育协同发展工作推动机制。”

2．京津冀职业教育协同发展实践有七种主要形式

主要形式有七种：一是京津冀省级和部分地市级教育行政部门共同或分别签署了职业教育战略合作协议，2014 年以来相关协议已经超过 7 份；二是河北省石家庄、唐山、张家口、邯郸等地市级政府教育局组织职业院校校长和教师赴北京市或天津市担任“影子校长”或参加研修班；三是 2015 年以来交通、卫生、艺术、外事服务、城市建设与管理等行业相继组建了京津冀职业教育集团或联盟；四是开展职业院校间合作，2015 年至 2016 年 6 月有超过 20 所北京市中等和高等职业学校与河北省和天津市职业院校合作，涉及电子商务、西餐烹饪、轨道交通等 10 多个专业，内容涉及联合办学、专业共建、技能比赛、管理人员和师资培训交流等；五是开放共享型实训基地，2016 年北京市职业院校物流专业共享型实训基地面向津冀地区开设同类专业的中、高等职业院校免费开放，河北省保定市职业技术教育中心学生作为第一批学生已经进入；六是 2016 年成立了京津冀职业教育协同发展研究中心，合作开展实践监测和政策研究；七是广泛搭建研讨会、微信圈等线下或线上信息交流平台。

二、京津冀职业教育协同发展空间、动力和障碍

（一）京津冀职业教育协同发展有空间可为

京津冀职业教育协同发展的空间之所以存在是因为职业教育发展水平在京津冀之间有相对落差，也互有优势。相比北京市和天津市，河北省职业教育发展水平还是处于后进状态，虽然部分职业教育要素也可能领先。北京市、天津市在职业教育管理和师资水平方面较优，特别是北京市在财政投入和就业渠道方面优势明显，但北京市因人口规模控制政策可能在人才异地分段培养方面局限较大；天津市因国家职业教育改革创新示范区建设而政策空间较大且灵活，产教结合程度较高，这些都是河北省的瓶颈，但同时河北省在土地和生源方面优势明显。既然互有优势，那么优势互补、强强联合、对口帮扶、抱（集）团发展都是可以操作的协同发展模式。

就北京市而言，在京津冀职业教育协同发展进程中，职业教育如何发挥支撑首都高端文化艺术产业和高端服务业的专业优势和管理优势，发挥首都高端人才聚集优势和国际交往中心的作用，来办好服务首都高端功能的职业教育并辐射到京津冀，这可能是北京市未来五年或者十年应该着力去挖掘的潜力，当然也是非常困难的任务。

京津冀职业教育合作归根结底还是在专业合作上——合作建设专业、合作培养专业人才，其主要载体是专业合作和项目合作。比如，就某一个职业教育专业而言，北京市或者天津市相对于河北省而言可能处在先开发阶段或为高端产业或产业高端环节服务，如果河北省有需求，那么北京市或天津市可以派出本专业的研发力量帮助河北省来提前进行专业规划和建设。专业建设上应该有很大的合作空间和很多的合作内容。

（二）京津冀职业教育协同发展有动力可驱

从京津冀职业教育协同发展进程中的参与主体——政府、学校、企业、行业组织、中介机构、科研机构等——来看，其动力既有可能来自于借势升级的强烈追求，也有可能来自于生存自保的无奈压力；既有可能在于领导者追求成绩和价值体现的成就动机，也可能出于教书育人、技艺传承的理性自觉；既有产业转移合作带来的人才异地分段培养需求，也可能产生于脱贫扶贫对就业创业能力提升的需要，而交通更加便利、信息技术升级引起的通信成本下降都使得上述这些动力驱动协同发展的需求得到满足，或者说可以激发新的协同发展需求。

1．京津冀职业教育协同发展的动力在于三方职业教育互有需求

京津冀职业教育协同发展的动力主要在于三方互有需求，虽然可能需求的力度和内容会有分别。北京市职业教育规模受人口因素影响要压缩，人才培养规格受经济结构高端化影响要提高，因此在有限的空间里要寻求突破和转型；天津市近三年高职招生规模和在校生规模持续增长以支撑经济高速发展，作为国家职业教育改革示范区更需要领先发展并起到辐射带动作用；在京津冀协同发展态势下，为了支持河北省产业调整和扶贫脱贫甚至整个河北省的崛起，河北省职业教育也要有大的发展，要发挥必要的作用，而有效地利用北京市和天津市的职业教育资源可以加快河北省职业教育现代化的步伐。单就北京市和河北省而言，职业教育合作可以说是一种资源换空间的合作，也就是拿北京市的优势资源来换取在河北省的一个发展空间。以京冀合作为例来分析，京津冀职业教育

自身发展需要借助京津冀协同发展大势来实现各自目标。

（1）北京市职业教育需要在京津冀协同发展大局中借机生存和进一步发展。

自2014年起，北京市中等和高等职业教育在数量方面均受到全面限制。《北京市新增产业的禁止和限制目录（2014年版）》和《北京市新增产业的禁止和限制目录（2015年版）》均规定：不再新设立中等职业学校；不再扩大中等职业教育的办学规模；中等职业学校不再新增占地面积；不再新设立或新升格普通高等学校；不再扩大高等教育办学规模；高等教育学校不再新增占地面积；禁止新设立面向全国招生的一般性培训机构。自2012年开始北京市教育对非京籍学生招生报名考试政策收紧，北京市高等职业教育的外地招生比例已经大幅削减。西城区的中等职业学校被西城区政府列为疏解对象。北京市西城区区委常委王旭表示，2016年全年西城区计划疏解人口3.6万人。其中通过市场和职业教育疏解带动减少2.8万人。西城区制定了2016年职业学校校址腾退计划，对北京市实美职业学校小市口校区、甘家口校区和北京市实验职业学校南线里校区进行腾退，3个校址共1.9万平方米校区计划于2016年年底前腾退完毕。

就整体而言，北京市职业教育融入京津冀协同发展大局是大势所趋，不可回避，无论合作空间和合作形式创新的可能性有多大，虽然这个过程当中可能每个阶段合作的形式或者合作的节奏不大一样。这既是京津冀协同发展背景下教育行政部门的期望，也是北京市部分职业院校决定去留的策略和机会——因为就个体而言，部分职业院校的生存压力显而易见。《中共北京市委、北京市人民政府关于贯彻〈京津冀协同发展规划纲要〉的意见》《北京市人民政府关于加快发展现代职业教育的实施意见》均提出：到2020年全市中等职业学校调整到60所左右。相关布局结构调整方案正在研究制订当中。虽然届时目标未必能完全实现，但行政推动不如市场压力，职业院校特别是中等职业学校和民办职业学校已感受到了严重的“撤牌”或“退市”危险。北京市职业院校主动加入京津冀协同发展进程，帮助或与河北省职业学校共同发展，服务北京市产业转移或河北省当地产业开发与升级，服务河北省贫困地区脱贫，否则，不但自身的格局越来越小，而且服务功能会进一步被质疑和被削弱。

（2）河北省职业教育需要借助京津冀协同发展的良机提升办学水平以服务产业调整升级、农民脱贫和新城建设。

虽然河北省可能更期望一部分高水平的北京市普通本科高校迁到河北省或办分校，但笔者认为，如果能在高等职业教育领域先开展合作也有益处。一方面，这样可以积累合作经验并迅速培养出大量技术技能人才以支撑产业；另一方面，虽然北京市高等教育资源丰富，但高等教育存量资源的跨区域调整特别是教育部的统筹协调难度以及北京市民的潜在压力巨大。

河北省职业学校在新一轮优质学校建设项目中激发了新的发展动力。2015年10月，《河北省财政厅 河北省教育厅 河北省人力资源和社会保障厅关于组织实施职业教育质量提升工程——改善中等职业学校办学条件的通知》出台，职业教育质量提升工程开始实施，“重点抓好120所中等职业学校的提升发展”“分别排出‘20’‘90’‘10’项目学校”“‘90’所学校内部再分为3个档次”。经历过国家中等职业教育改革发展示范学校计划之后，河北省新一轮的分层划档无疑会激发中等职业学校抢抓发展机遇的热情和压力。面对该工程建设任务中的“师资队伍建设和教学模式改革创新”，合格教师数量不足可能是河北省职业学校普遍面临的一个现实难题。首先，河北省职业学校可以借助京津两地的师资优势。北京市有些学校、有些专业——比如汽车维修、电子商务、数控加工技术，由于吸收力不足，招生规模下降，专业教师相对富裕，河北省的学校可以短期或长期聘任这些教师，以教带培或以培训和研修等形式提供帮助。其次，以当地为主，政府在规划和扶持当地重点产业和企业发展的时候，职业教育可以提前介入规划，职业院校跟企业合作，寻求企业支持一些外聘教师或者兼职教师，这样能够迅速或部分解决师资数量不足的问题。

2. 京津冀产业布局和企业布局重构引发的技术技能人才需求将驱使京津冀职业教育协调专业布局和协作培养人才

作为三个率先突破重点领域之一的产业转移虽然取得了进展，但北京市外迁到河北省的企业却遇到了技能人才不足的问题。截至2016年6月底，京津冀三地共建产业园区硕果颇丰，北京（曹妃甸）现代产业发展试验区首钢京唐二期、北汽福田、城建重工等一批项目签约入驻；北京·沧州生物医药园等13家企业已开工建设，累计完成投资18亿元；张北云计算产业基地总投资约20亿元的张北云联数据中心和数据港张北数据中心交付试运营。此外，一些重大转移项目进展加快，总投资18亿元的新乐三元工业园正式投产，总投资74.5亿元的北京现代四工厂已取得车辆生产资质，即将投产。

但是2015年下半年北京市政协反映外迁企业在职业技能人才方面存在着很多问题，北京市教育委员会对此开展专题调研发现，“造成外迁企业技能人才流失和短缺主要有三个方面原因：一是部分老职工不愿随企业外迁，在一定程度上造成技能人才流失；二是外迁企业对本市技能人才缺乏吸引力，在同工同酬的情况下，岗位无法满额招聘所需技能人才，新员工不能及时补充；三是当地技能人才培养能力不足、水平不高，不能对外迁企业形成有效的技能人才供给。”并提出：“目前解决外迁企业技能人才问题的关键是增加外迁企业所需技能人才的有效供给。一是要推动外迁企业相关补偿政策落地，特别是要解决随迁职工在户口、医保、子女入学等方面的后顾之忧；二是探索‘招生招工一体化’的现代学徒制试点，解决外迁企业招聘难的问题；三是加强与外迁企业所在地合作，增强当地技能人才供给能力。”

（三）京津冀职业教育协同发展当前主要障碍

1. 政策执行细则尚不明朗

就三省市职业院校对京津冀职业教育协同发展的政策需求而言，职业教育领域内的财税政策和人事政策是京津冀职业教育协同发展的重要配套政策，这两个方面政策的突破协调是未来5～10年北京市职业教育在推动京津冀协同发展方面发挥作用并借此实现转型升级的保障。因为即使职业教育主管部门设计出符合区域社会需求和区域教育资源配置原理的项目，如果财税和人事政策方面协同不了也很难得到实施。职业院校普遍在期盼或等待配套政策的出台，也一直在揣度合作的空间有多大、政策的底线在哪里。

2. 三省市合作动力尚不均衡

政府特别是与职业教育相关的部门，财政、人事、发改对于职业教育在京津冀协同发展当中的作用和认识还不完善，职业教育协同发展的功能和任务还需要进一步明确。面对协同发展的新要求，传统区域服务下的管理制度政策还需要改革。只有在功能认识，任务的明确，包括制度改革的协调下，才能营造职业院校良好合作发展的空间和背景。京津冀三地职业教育主管部门和职业院校在京津冀协同发展中的利益诉求可能是有区别的。《京津冀协同发展规划纲要》的一个基本原则是优势互补，推动创新发展和融合发展，创新合作模式与利益分享机制。如果利益分享或共享机制合理，那么合作模式也易于维持长久。

3. 统筹协调机制尚未建立

《京津冀协同发展规划纲要》出台两年

来，国务院和京津冀三省市两级政府尚未建立起京津冀（职业）教育协同发展统筹协调机制。《京津冀协同发展教育专项规划》尚未公布。组织领导体系似乎也尚未健全。中央政府层面上，由教育部发展规划司负责协调推进京津冀教育协同发展工作；省级政府层面上看，北京市教育委员会和河北省教育厅分别将统筹京津冀教育协同发展的职能赋予了发展规划处和京津冀协同发展处，天津市则是仅有市教委相关负责此项工作。在此背景下，职业教育统筹协调机制尚未被笔者注意到。

三、京津冀职业教育协同发展战略、政策与措施

（一）京津冀职业教育协同发展战略

1．功能定位

京津冀职业教育协同发展将在服务产业人才需求、农民培训与扶贫开发、新城新区建设、促进教育和社会公平四个方面发挥重要功能。京津冀职业教育协同发展有望惠及数十万的学生、农民和数以千计的企业，其主要任务是技术技能人才的联合培养培训。其终极目标应该是在10～30年内形成一种较为均衡——发展综合指数接近和错位发展的区域职业教育发展格局。相对于基础教育和高等教育，职业教育在京津冀教育协同发展格局中可能是初期较容易大范围实施的部分。

2．战略方针

在战略上，京津冀职业教育协同发展要把握好阶段性、流动性和协同性三个重要问题。

（1）阶段性。

京津冀职业教育协同发展问题由于涉及三个省域内的行政部门、企业和学校而具有高度的复杂性，因此在推进相关政策和实践过程中可以采取“由易到难、由简入繁、由近到远、由（重）点到面”的策略。初期可以通过政府组织或学校自发多进行人员流动——比如管理人员挂职、教师研修、学生短期访学——和合作办学。中后期可以协调三地省级或地市级教育行政部门和财政部门推进区域内职业教育财政性经费的统筹用于教师培训、标准研制、课程开发。在学生中职、高职和本科分段联合培养方面，北京市部分职业教育能力输出河北省职业院校，河北省学生可以更多到天津市接受更高阶段的教育。远期有望实现区域内职业教育设施、师资、财政性经费投入、产教融合等诸要素资源的统筹合理配置，区域内学习者可以自由便利地利用这些资源来学习职业性知识、技术、技能。

（2）流动性。

从最近两年来的实践看，职业教育领域内的人员流动会缓解信息不对称、推动合作协议达成、活动组织和项目开展。教育行政部门和职业院校在京津冀协同发展上应该形成一种互动局面。学校之间的合作意愿和探索效果作为一种现实依据可以推动地方教育政策的改变或制定，政策的肯定、支持或留出的空间可以让院校进一步探索，这样就可能会形成良性互动格局。否则，如果教育部和京津冀职业教育主管部门互相等或看，教育行政部门和职业院校互相等或看的话，职业学校就会错失一些发展机遇，职业教育价值将可能被进一步轻视。

（3）协同性。

顶层设计与基层探索的跟进或并进协同。跟进有两种主要形式：一是基层探索先行、顶层设计跟进。这又可以细分为——民间先行，政府跟进；小行政区域间先行，大行政区域跟进；对话先行，项目跟进。二是采取顶层设计与基层探索共进的策略。缺乏科学的前期顶层设计很可能会对协同发展后续进程和效率效益产生

不利影响。因此，由国家相关部委——比如发改委、教育部、财政部——联合成立京津冀职业教育协同发展协调机制或领导体系是必要的，教育部发展规划司、政策法规司、职业教育与成人教育司、人事司牵头三省市相关部门可以建立京津冀职业教育协同发展工作联席会议制度，并充分利用这项制度，充分征求社会意见，统筹考虑目标、进度、保障等问题，探索建立分工协作机制和试点项目。而现在的进展可能比业界期望得慢一点。

决策的横向与纵向协同。目前来看，京津冀职业教育协同发展政策的研究制定需要四方力量合力来做：一是实践引发对政策的需求，产业企业对技术技能人才的需求遇到问题或职业院校间的合作深入之后，将会对政策产生明确和急迫的要求；二是科研部门出谋划策，居中服务，收集并转达信息和诉求，为政府提供决策依据；三是教育行政部门和发展改革部门、财政部门、人社部门等沟通碰撞相关政策细节；四是相关部门合力提出比较成熟的政策方案供更高层次的政府领导去做出决策。

分工与共享的协同。首先，从战略和实际考虑，京津冀职业教育协同发展可以京冀合作和津冀合作为两条主线。京冀合作以软合作为主，比如在职业院校管理和职业教育科研教研方面。津冀合作可多尝试做一些硬合作的内容，比如中职、高职和本科衔接。其次，京津冀职业教育应逐渐和最终形成专业设置与人才定位分工错位发展的格局。在专业布局合理分工的基础上，京津冀职业教育可以共建共享数字教学资源，也可以共用企业资源。

空间地理上的协同。从紧密服务产业转移、降低交通成本等因素考虑，京津冀职业教育协同发展进程可以“点、线、团结合”方式来布局。点即职业学校与职业学校之间，点对点的资源对接可能更方便一些和更有效率。线即河北省和北京市职业教育在区域上可能会沿着三条线重点推进：第一条线是京唐秦（北京、唐山、秦皇岛），第二条线是京保石（北京、保定、石家庄），第三条线是京承张（北京、承德、张家口），以这三条线为主。京津、京保石、京唐秦三个产业发展带和城镇聚集轴是支撑京津冀协同发展的主体框架。团即临近小区域抱团，比如通州、武清、廊坊职业教育合作，并纳入和服务“通武廊”人才合作。

（二）京津冀职业教育协同发展推进措施与政策建议

1. 京津优质职业院校在产业承接地举办分校或合作办学

推动职业院校、职教园区与产业聚集区融合发展，鼓励支持有条件的高水平职业院校到产业转移地举办分校、合建专业和实训基地。鼓励优质学校通过兼并、托管、合作办学等形式，整合办学资源。鼓励北京市优质的职业院校输出优质的品牌、先进办学理念和人才培养模式到河北省与当地院校联合办学，举办分校。例如，由曹妃甸提出专业需求，选择 1～2 所北京中等职业学校在曹妃甸办分校，实施京唐两地联合培养，为曹妃甸区培养应用技术型人才。

2. 充分应用信息技术加强职业教育优质资源共建共享

加强信息化建设合作，共建共享数学化教学资源，应该充分利用现在的信息技术，加大力度扶持学校和专业开展慕课、微课的研发，开展三地之间的课程共建共享、课程互换实验和信息化教学比赛等合作教学活动。建立三省市职业教育资源台账，实现师资、设施设备、实训基地、技能大师工作室、技能鉴定站（点）、合作企业等信息全部入库，形成常态化的人员交流和资源共享机制。这可能需要教育部来牵头，三省市协作，与互联网企业合作，以减少重复建设、节省国家财政资金。加强京学网建设，增强服务功能。利用首都丰富的教育资源，发挥现代远程教育优势，开展丰富多彩的教育培训活动，全面促进区域人口素质提升和学习型社会建设。充分发挥天津市国家职业教育改革创新示范区优势，共享教育园区等优质设施条件。

3．以京津冀职业教育集团（联盟）为主体推进跨区域产教融合、校企合作

大力推动集团化办学。优先重点推动交通、先进制造业、现代农业、现代服务业、电子信息、商贸、艺术职业等若干个由院校、行业、企业、科研机构、社会组织等多元主体组成的京津冀职业教育集团（联盟）建设和发展，配合京津冀产业布局，优化专业布局，共同开发专业教学标准、课程教学模块，合作开展现代学徒制试点，形成龙头专业提高人才培养能力。京津冀三省市新设立的职业教育集团互相吸收同类职业院校作为成员加入。推动成立其他专业的跨京津冀的职业教育协同发展联盟。成立临近区域内以专业为纽带的职业教育联盟，比如通州—武清—廊坊创业教育联盟。依托京津冀职业教育集团（联盟），定期举办现代职业教育与现代产业发展对接会。

4．服务冬奥会和北京新机场建设，推进京张崇、京固涿合作

服务2022年北京冬奥会，发挥北京市体育、旅游优势，开展教师培训，支持河北省崇礼县职教中心学校开设、建设体育专业和旅游服务专业。在这方面北京市有很多职业学校还是很有优势的，特别是在旅游服务专业建设方面，比如饭店服务、烹饪、航空服务。适应新机场建设和未来运转需要，统筹规划整合地处河北省固安县永定河畔的北京经济管理职业学院南校区（原河北远东职业技术学院）、北京电子科技职业学院、大兴区属职业高中和河北省固安县职教资源。服务于北京新机场临空经济区的建设和发展，可以考虑整合或统筹京（大兴、亦庄）冀（固安）两地的中等和高等职业教育资源，配套规划，协作发展，试点先行。

5．开展高端技术技能人才联合培养或贯通培养试点

探索开展京冀高端技术技能人才联合培养试点项目，共同为京津冀地区产业发展和精准扶贫脱贫培养技术技能人才。双方协商并签署协议在部分优质高等职业院校之间开展对口合作，优先选择符合产业发展趋势的专业进行对接。联合招生培养试点项目招生的河北省学籍学生可以在北京市五环以外进行为期半年或一年的专业核心课程学习或实习实训，结对院校共同制订人才培养方案、招生计划并组织实施。招生计划由北京市和河北省共同商定，纳入到河北省招生计划管理，由河北省负责录取。按照结对院校商定的专业和规模，利用北京市职业院校实习实训资源，由河北省院校制定遴选条件，选派学生到北京市职业院校实习实训。探索区域间特别是天津市和河北省中职、高职、本科及研究生培养阶段的衔接机制，重点推进跨省市的中高职衔接。

6．扩大师生互访，联合举办职业院校技术技能、人文素养、创新创业大赛

广泛开展合作院校之间的学生交流合作，通过学生的短期访学活动，增进相互了解，促进双方发展。出台鼓励政策，大力推进职业院校校长和教师互相挂职。举办京津冀职业院校学生邀请赛和表演赛的活动。鼓励职业素养高、技术技能强、品学兼优的学生脱颖而出。联合开展京津冀地区现代服务业、先进制造业、现代农业及绿色生态等领域职业院校技能比赛，推进区域技能大赛的经验交流、赛项联办、资源转化工作。

7．京津对口帮扶河北薄弱职业院校及特困县级职业教育中心

面向河北省燕山、太行山等集中连片特困地区的22个县，开展技术技能人才对口支持培养。服务于国家减贫脱困任务，开展对口帮扶，北京市和天津市面向河北省的燕山、太行山等集中的连片特困地区的22个县，开展技术技能人才的对口支持培养。通过师资培训，课程开发，转移和扩大骨干特色专业资源，对口支援薄弱职业院校及特困县级职业教育中心。联合农业主管部门，建立农民公益性培养培训制度，大力培养新型农民。

8．开展职业教育科教研合作

充分发挥北京教科院职成所、天津市教科院职成所、河北省职业技术教育研究所联合成立的京津冀职业教育协同发展中心作用，建立更广泛的京津冀职业教育科研联盟，联合开展职业教育规划研究、政策研究、教学研究、理论研究和实践案例研究，举办研讨会。建议政府首先设立重大科研专项，由科研人员全面收集数据和系统分析京津冀职业教育资源，调查统计识别需求，为政府决策提供咨询。建设京津冀职业教育协同发展网页，发布动态信息、研究成果、质量报告，服务京津冀三地政府决策与学校合作实践。

9．服务创新驱动发展和产业升级转移，形成错位发展的专业设置格局

围绕产业转型升级、创新要素集聚需求，建立职业院校专业动态调整、预警机制和差别化支持政策，重点支持与三省市密切相关的现代服务业、战略性新兴产业、高新技术产业、现代服务业、现代农业等专业建设，调减社会需求少、就业率低、就业质量弱的专业。比如，根据北京市产业结构调整政策和产业发展对人才需求的数量特别是规格要求，结合本地学生学习偏好，北京市需要压缩计算机应用等招生重复率较高的专业招生规模，重点加强工艺美术、古建修复、珠宝玉石加工与鉴定等特色专业建设，重点支持动漫游戏等示范专业建设和老年服务等新专业的开发与建设。

10．建立协调机制，制定促进京津冀职业教育协同发展的相关政策

建议适时建立由教育部（发展规划司、政策法规司、职业教育与成人教育司）、财政部、人社部、北京市教委、天津市教委、河北省教育厅等组成的京津冀职业教育联席会议制度或其他有效的沟通和协作机制，协调推出促进京津冀职业教育协同发展的相关政策。

在国家考试招生制度改革总体框架下，研究推进京津冀考试招生制度改革。建立三省市规划部门职业院校招生计划联合会商制度，消除跨地区高等职业教育招生计划“壁垒”，发挥各自资源和生源优势，调整优化人才培养结构。鼓励优质学校通过兼并、托管、合作办学等形式，整合办学资源，协调学籍异地注册等。

争取在京津冀协同发展国家基金或产业基金中列支职业教育项目，支持技术技能人才培养与交通、产业、生态配套发展。在教育部和财政部统一安排下，京津冀统筹使用省级教师培训经费，统筹安排数字化教学资源开发经费，共建公用实训基地，共享财政资源。省级财政来保证集中投入到一些效益高的师资培训项目。北京、天津的师资培训项目可与河北的师资培训项目协同起来，减少重复举办的师资培训项目，让河北的教师到北京或者天津参加培训。

京津冀三省市发改和国土部门在职业院校通过置换校园、新购土地、新建校园、重组等方面给以支持，支持职业教育园区立项、建设并与产业园区融合发展。鼓励探索以 PPP 模式建设公共实训基地和职业教育园区。

京津冀三省市财政和税务部门在营业税、企业所得税、个人所得税、房产税、城镇土地使用税、耕地占用税、契税、印花税上支持学校开展各种教育、教学、培训、研究活动，校区建设，承受土地和房屋权属。

河北省编制、财政、人社和教育行政部门在编制管理、经费核拨等方面支持职业院校长期聘用京津专业兼职教师，以改造、提升、新建服务主导产业和新兴产业发展的专业。尽快推动允许三地职业院校引进企业高级技师、高级工程师担任学校教师不受事业单位身份限制的政策完全落地。强化用人、分配、教育培训等政策措施引导，促进三省市技术技能人才跨区域有序流动，实现高质量就业创业。河北省要加快与职业教育有关的交通、职住房、医疗、子女教育等配套基础建设，保障京津冀职业院校干部互相挂职、教师互访交流进修工作顺利开展。

参考文献

［1］北京市行政副中心人口不能超过200万［EB/OL］.（2015-12-11）［2016-08-08］. http：//Chengdu. Beijing. gov. c/EDT/MDT/t1414000. html.

［2］北京市教育委员会. 关于增加外迁企业所需技能人才有效供给的建议［Z］.（内部资料）. 2015-12-31.

［3］王安顺. 北京市2016年政府工作报告［EB/OL］.（2016-02-03）［2016-08-05］. http：//Chengdu. Beijing. gov. c/GHz/Grosz/t1423571. html.

［4］津冀签署技工教育合作协议［EB/OL］.（2016-04-13）［2016-08-16］. http：//www. Hebe. gov. c/Hebe/11937442/10757006/11111865/13285674/index. html.

［5］教育部职业教育与成人教育司. 各地职业教育与继续教育2015年工作总结和2016年工作设想［Z］.（内部资料）. 2016-04-19.

［6］7区确定“疏功能减人口”方案 故宫周边及永外今年重点疏解 城六区常住人口今年由增到减［N/OL］. 北京晚报，http：//zhengwu. beijing. gov. cn/gzdt/bmdt/t1438305. htm. 2016-06-16.

［7］北京曹妃甸国际职教城建设侧记：“智慧城市”这样建［EB/OL］. http：//thinktank. qianlong. com/2016/0620/690224. shtml. 2016-06-20

［8］北京市上半年一般制造业和污染企业关停174家［EB/OL］. http：//Beijing. singalong. com/2016/0808/813563. html. 2016-08-08.

［9］北京市属高校计划减招10% 城区职校正加快腾退［EB/OL］. http：//Beijing. singalong. com/2016/0808/813513. html. 2016-08-08.

［10］侯兴蜀. 京津冀职业教育协同发展简况［R］. 2016-10-18.

撰稿人：北京教育科学研究院职业教育与成人教育研究所　侯兴蜀

第七章　21 世纪以来发达国家基础教育战略与政策趋势分析及启示

［摘要］　21 世纪以来，发达国家基础教育国家发展战略与政策趋势体现在：坚持促进和维护教育公平、不断追求教育质量的卓越、以公共财政为保障不断提高学前教育普及水平、推进更具选择性的教育办学体制改革、以教育信息化推进教育改革创新、教育治理模式的多元化等。借鉴发达国家的先进经验，新时期首都基础教育应建立三种体系：公平均衡的基础教育公共服务体系、完善优质的基础教育质量保障体系、便捷智慧的基础教育信息支撑体系。

［关键词］　基础教育　战略　政策

Chapter 7　Analysis and Enlightenment of the Basic Education Strategy and Policy Trend of the Developed Countries Since the 21st Century

［Abstract］　Since the beginning of the new century, The strategy and the policy trend of the basic education in the developed countries are reflected in the following aspects: to maintain and promote educational equity, continuous pursuit of excellence in education quality, popularizing pre-school education based on public finances, promoting more selective education system reform, promoting educational reform and innovation by information and communication technology, diversity of Education governance model. These provide experience for reference for the development of education in Beijing and therefore the capital's basic education in the new period shall establish three systems: equitable and balanced education public service system, high quality perfect education quality guarantee system, convenient and smart education information support system.

［Key words］　basic education; strategy; policy

“十三五”时期是北京市贯彻落实《北京市中长期教育改革和发展规划纲要（2010—2020 年）》确定的目标和任务，前瞻性谋划和部署新时期首都教育改革和发展路径与重点任务的关键时期；也是北京落实“四个中心”城市战略定位，深入推进教育领域综合改革的重要阶段。如何认识和把握新时期首都基础教育改革与发展的方向和战略重点，事关教育改革与发展的全局。基础教育作为国民教育体系的基础环节，关系到国家国民素质的整体水平和每个公民的终身发展。为此，21 世纪以来，世界各国特别是英美等发达国家为适应经济社会发展对人才培养的新要求，纷纷对本国基础教育战略和政策进行改革调整。本文以发达国家新时期制定的基础教育国家发展战略与政策相关资料为背景，梳理各国近年来与基础教育相关的公平均衡发展、课程改革、管理办学体制改革、教育信息化建设等相关政策，结合首都教育发展的实际，以期对新时期首都基础教育发展提供借鉴。

一、发达国家教育发展战略与政策趋势分析

（一）持续促进和维护教育公平

教育公平是社会公平的基础，国际社会和各国政府始终将维护和促进公平作为教育发展的核心问题。2015 年 5 月，联合国教科文组织在韩国仁川召开会议，与会各国就面向 2030 年的世界教育发展目标达成共识并发表《仁川宣言》。宣言明确承诺："将确保提供 12 年免费、公共资金资助、公平有质量的初等和中等教育。""鼓励提供至少一年高质量的免费和义务的学前教育，让所有孩子都有获得高质量儿童早期发展、看护和教育的机会。""致力于为大量失学儿童和青少年提供有意义的教育和培训……确保所有孩子都在学校，都在学习。"①同年召开的联合国教科文组织第 38 次大会上正式通过了《2030 年教育行动框架》，确立了未来 15 年教育发展的总目标——确保全纳、公平、有质量的教育，增加全民学习的机会，并提出七大具体目标，勾勒出全球未来教育的蓝图（见表 1）。凝聚各国共识的国际教育行动表明，持续不断地维护和促进教育公平仍然是今后世界教育发展的主旋律。通过提高教育普及水平和帮助弱势群体接受教育是今后各国教育公平政策的重点。

表 1　联合国教科文组织《2030 年教育行动框架》主要目标

总目标	确保全纳、公平、有质量的教育，增加全民学习的机会
目标 1	到 2030 年，确保所有青少年完成免费、公平及优质的小学和中学教育，并获得有效的学习成果。
目标 2	到 2030 年，确保所有儿童接受优质的儿童早期发展、保育及学前教育，从而为初等教育做好准备。
目标 3	到 2030 年，确保所有人负担得起优质的职业技术教育和高等教育。
目标 4	到 2030 年，全面增加拥有相关技能的人员数量，该技能包括为就业、获得体面工作及创业的职业技术技能。
目标 5	到 2030 年，消除教育上的性别差异，确保残疾人、原住民和弱势儿童等弱势群体享有平等接受各层次教育和职业培训的机会。
目标 6	到 2030 年，确保所有青年和绝大部分成年人实现读写和计算能力。
目标 7	到 2030 年，确保所有学习者获得必要的知识和技能以促进可持续发展，确保教育为可持续的生活方式、人权、性别平等、促进和平和非暴力文化的发展、文化多样性及可持续发展做出贡献。

（资料来源：中国教育报，2015 年 11 月 15 日第 03 版）

英美等发达国家教育公平政策的关注点主要集中在弱势群体和特殊人群上。从政策内容上看，主要是通过保障和扩大入学机会、提供财政资助、学业帮助和服务信息

① 周红霞译：《2030 年教育：迈向全纳、公平、有质量的教育和全民终身学习——2015 年世界教育论坛〈仁川宣言〉》，《世界教育信息》，2015 年第 14 期。

支持，以及消除歧视、保障维护公民权益等方面对少数族裔学生、家庭经济困难学生、移民及英语学习者、残障学生等弱势群体进行政策倾斜，以此消除教育不公。

以美国为例，21 世纪以来，美国联邦国会先后通过的多项法案聚焦教育公平。例如，2010 年颁布的《改革蓝图——对〈初等和中等教育法〉的重新授权》（A Blueprint for Reform：The Re－authorization of the Elementary and Secondary Education Act）（以下简称《改革蓝图》）提出，为每一个学生创造平等的机会和公平的条件，联邦政府将明确各级责任，保证各级问责制的公正。《改革蓝图》指出，美国学校有责任满足各类学生的教育需求。各类教育项目必须提供广泛的学习资源，支持并确保每一个学生都有成功进入大学或职业生涯的机会。正是在上述法律的推动下，美国促进教育公平成效显著，在取得巨大成就的基础上，2015 年年底，奥巴马获得国会授权签署《每一个孩子成功法》（Every Student Succeeds Act），通过这部法律，奥巴马政府重申了国家的基本理想，即确保每个学生不论种族、收入、家庭背景和居住地的差异，都能够获得通过努力把握命运的机会①。该法案保留了为美国弱势儿童提供的专用资源，支持弱势儿童包括残障学生、英语学习者、美国原住民学生、无家可归的儿童、被忽视及行为不良的儿童、移民及季节性农业工人的子女。法案还确保各州及地区继续他们今年已经开始的工作，以保证所有学生包括低收入家庭学生和有色人种学生，都有平等的机会受教于优秀教师②。在政策层面，在美国联邦教育部连续出台的多部教育战略规划中，教育公平始终是其战略重点。以联邦教育部 2013 年发布的《2014—2018 财年教育战略规划》（U. S. Department of Education Strategic Plan for Fiscal Years 2014—2018）为例，教育公平作为 6 项战略目标之一，提出增加服务缺失的学生的教育机会和减少歧视，使所有学生都能够成功。同时强调消除对学生的种族、宗教、国籍、性别、区域等歧视，提高弱势群体的毕业率，消除家庭经济困难学生、英语学习生、残疾学生的学习障碍；确保公民权利得到保障，加强公众对教育的参与。在从基础教育到高等教育的各项目标中也强调提高相关人群在各级教育的入学率和毕业率③。

英国 2011 年的高等教育白皮书——《把学生置于体系中心》（Students at the heart of the system）将“确保教育公平：增强各社会阶层流动性”作为一项重要的战略提出。白皮书强调，政府应确保高等教育机构主动发现并吸引低收入家庭的学生，强化公平入学办公室角色地位，使其努力督促高校吸引足够数量的低收入家庭学生。白皮书提出，在不损害学术水平及自主办学的前提下，各高校都应主动成为公平入学办公室共同应对挑战的合作伙伴，并且把扩大招收低收入家庭学生作为战略目标。同时，英国还将加大对低收入家庭和非全日制学生的就业指导和帮助，为其提供就业、技能和劳动力市场的全面信息和选择建议。此外，家境困难的学生还可通过技能发展资助局获得教育机会及其他职业发展途径④。

（二）不断提升教育质量，追求卓越的教育

课程与教师是影响教育质量的两个关键因素。21 世纪以来，发达国家通过不断改进课程体系，提高课程标准、强调教学

① http：//www. ed. gov/essa？src＝ed－search.

② 吴海鸥. 编译：《从十一项改革读懂〈每一个学生成功法〉》，中国教育报，2015 年 12 月 16 日第 11 版。

③ U. S. Department of Education Strategic Plan for Fiscal Years 2014－2018，详见 http：//www2. ed. gov/about/reports/strat/plan2014－18/strategic－plan. pdf。

④ BIS Higher Education：Students at the heart of the system，详见 https：//www. gov. uk/government/uploads/system/uploads/attachment_data/file/31384/11－944－higher－education－students－at－heart－of－system. pdf。

的重要性和加强对教师的培养。

1. 聚焦"核心素养"，建立学生综合素养培养体系

21 世纪以来，围绕提升教育质量的目标，提高学生的综合素养，培养学生具备终身发展和适应知识经济社会所需的品格和关键能力成为各国基础教育课程改革的出发点。为此，在基础教育阶段，各国纷纷改进课程标准，开展以构建"核心素养"为基础的学生综合素养培养体系成为各国基础教育课程改革的一大趋势。2006 年，欧盟向各成员国推荐了关于核心素养（Key Competencies）的建议案，将核心素养定义为知识社会中每个人发展自我、融入社会及胜任工作所必需的一系列知识、技能和态度的集合。建议案主要涉及母语、外语、数学与科学技术素养、信息素养、学习能力、公民与社会素养、创业精神以及艺术素养等八大核心素养体系①。

欧盟核心素养体系的提出和确立对欧盟各成员国乃至 OECD 各成员国基础教育阶段的课程体系改革产生了重要影响。以法国义务教育阶段科学课程体系为例。在"欧盟核心素养框架"之下，法国教育部于 2006 年颁布《关于知识与能力的共同基础》法令，确立了本国的义务教育阶段所有学生完成学业时所要具备的 7 项基本素养能力，并在不同内容领域课程中加以落实。2015 年法国教育部发布了新的《关于知识、能力和文化共同基础》法令，从五个基本领域对义务教育阶段学生应获得的必不可少的知识和能力进行了描述，力图构建一种各学科和课程融会贯通的学校教育基础文化，它使学生在学校及以后的生活中能够面对复杂的实际情况，能够获得终身学习的能力，适应未来社会的变化②（见表 2）。在欧盟建议案的框架内，西班牙政府将核心素养写入法令。2006 年西班牙颁布《普通教育法》和"163 号皇家谕令"，确立了国家层面指导核心素养培养体系的政策，制定义务教育各学段的教育目标。其中明确各项目标的核心素养应包含以下八个方面：语言交流素养、数学素养、了解物质世界并与之互动的素养、信息处理和数字素养、社会和公民素养、文化和艺术素养、学会学习、自主学习和个人主动性③。

表 2　法国《关于知识、能力和文化共同基础》五大领域及目标

基本素养	基本要求	具体目标
掌握用于思考和交流的语言	能够使用四种类型的语言来理解和表达	能够理解运用法语 能够理解运用一门外语或方言 能够理解运用数学、科学和信息技术语言 能够理解运用艺术和形体语言
掌握学习的方法和工具	学习如何学习（自学或集体学习；课堂内或课堂外的学习）	获取信息和文献的能力 运用数字技术 能够组织和合作开展个人和集体项目 学习的组织安排

① 李艺，种柏昌：《谈"核心素养"》，《教育研究》，2015 年第 9 期。

② 纪俊男：《法国发布"新共同基础"法令》，详见 http://www.bjesr.cn/gjjyxx/2015-04-30/16686.html。

③ 尹小霞，徐继存：《西班牙基于学生核心素养的基础教育课程体系构建》，《比较教育研究》，2016 年第 2 期。

续表

基本素养	基本要求	具体目标
具有个人和公民的基本素质	传授核心价值观和宪法规定的原则	表达自己的观点和感受，尊重他人 遵守道德和法律 有反思和批判的能力 有主动性和责任心
了解自然系统和科技系统	向学生传授数学和科学技术的文化基础	了解自然界和科学界的基本概念 掌握科学探索与研究方法 具备好奇心和观察能力 具有创新和实践的能力
理解世界和人类活动	培养学生的时空观念	掌握人类和时代演变的基本规律 掌握世界的组成和现状 具有发明、制作和生产的能力

为适应21世纪对人才培养的新要求，美国早在2002年就由联邦教育部成立了“21世纪技能合作组织”（Partnership For 21st Century Skills）。该组织将21世纪应具备的技能进行分析整合，制定了《21世纪技能框架》（Framework of 21st Century Skills），并以合作伙伴的形式将教育界、商业界、社区以及政府领导联合起来，帮助21世纪技能的培养融入中小学教育当中。在2007年该组织发布的新一期“框架”中，21世纪技能被分为核心学科、学习与创新技能、信息媒体与技术技能、生活与职业技能四大部分，每一部分包含若干素养能力（见表3），并制订出一套系统的实施方案和评估体系来保障目标的实现。目前，加入该组织的14个州在该框架的指导下有效开展了“21世纪技能”计划①。

表3　美国“21世纪技能”的结构组成

核心学科	阅读、外语、美术、数学、经济、科学、地理、历史、政府和公民
学习与创新技能	批判性思维和问题解决能力 创造性和创新能力 交流与合作能力
信息媒体与技术技能	信息素养 媒体素养 信息交流和科技素养
生活与职业技能	灵活性和适应性 主动性和自我指导 社会和跨文化技能 工作效率和胜任工作的能力 领导能力和责任能力

（资料来源：Framework for 21st Century Learning，http：//www. p21. org/about – us/p21 – framework）

2014年4月，新加坡教育部发布了《新加坡学生21世纪技能和目标框架》。框架指出，全球化进程、人口问题和科技进步是未来发展的核心驱动力，新加坡学生需

① 靳昕，蔡敏：《美国中小学“21世纪技能”计划及启示》，《外国教育研究》，2011年第2期。

要通过发展21世纪技能来迎接挑战、抓住机遇。该框架从核心的价值观层、社交和情感技能、全球化技能三个层面阐述了新加坡培养学生掌握21世纪技能的理念，对学生的公民素养，全球化意识，跨文化交际能力，批判性和创新性思维，沟通、合作和处理信息的能力进行设计要求。框架提出要在整个学习过程中贯穿对学生21世纪技能的培养，而不是仅限于课堂教学，如学术课程、课外活动、品德与公民教育及应用性学习课程。同时，框架还提出，要培养具有胜任力和发展性的教师，让他们能使用创新的教学法扩展学生思维的深度和广度①。

2. 强化STEM（科学、技术、工程、数学）教育

随着知识经济社会中科技进步对社会发展的推动作用愈加显著，发达国家更加重视对学生科学素养的培养，由此引发了各国对以科学技术、工程和数学为基础的STEM教育的高度重视和推进。在美国，政府将STEM教育上升到了国家战略高度。2013年5月美国出台《联邦政府关于科学、技术、工程和数学（STEM）教育战略规划（2013—2018年）》，对美国未来5年STEM教育发展战略目标、实施路线、评估路径做出了明确部署，旨在加强美国STEM领域后备人才的培养和储备，继续保持美国在未来国际竞争中的优先地位。该战略注重提升科学、技术、工程和数学（STEM）学科的教育质量，强调在未来10年里使STEM领域课程学位获得的毕业生数量提高1/3，即增加100万名获得STEM领域课程学位的毕业生。STEM教育在日本也受到了高度重视，日本政府为中小学课程设定了相关STEM教育目标，并对传统教育做出改进，主要包括：修改课程大纲加强中小学阶段STEM学科的课时和内容，鼓励旨在增强科学教育的项目。提高全国STEM学科基础教育质量，并激励学生投身科学事业。为此日本2008年颁布的中小学课程标准在“宽裕教育”基础上重新大幅增加了STEM相关课程的课时和内容，仅初中阶段的科学教育课时就增加了约1/3。此外，日本政府设立STEM精英教育专项基金，识别具有STEM天赋的学生并给予特殊培养②。2015年，澳大利亚发布《STEM学校教育国家战略2016—2026》（National STEM school education strategy 2016—2026），旨在采取国家行动，改进澳大利亚学校的科学、数学和信息技术教学与学习。该战略作为一项长期改革进程的指导，旨在确保学生拥有更强的STEM基础，鼓励学生学习更具挑战性的STEM学科。联邦政府拨款1200万澳元推进四项STEM教育计划——开发创新的数学课程资源；支持计算机代码教学引入各年级；建立科技高中（P-TECH）模式学校试点；资助来自代表不足学生群体的STEM暑期学校参与③。

3. 强调教学的重要性，加强对教师专业能力的培养

教师的教学对教育质量的提升起着决定性作用。因此，对教学的重要性认识和教师的专业能力培养成为各国提高教育质量政策的重要一环。为了创办世界一流的教育和提升教师的素质，英国教育部在2010年和2011年先后颁布了《教学的重要性：学校白皮书》（The Importance of Teaching: School White Paper）与《培训下一代优秀教师实施计划》（Training Our Next Generation of Outstanding Teachers），这两项重要教育政策针对目前中小学教师队伍状况与教师教育中存在的问题，提出了包括提高职前教师教育准入标准、加大对职前教师教育学习者的财政支持、以多种培养途径吸纳各方人才加入教师队伍、推进职

① 刘菁菁：《新加坡发布学生21世纪技能和目标框架》，《世界教育信息》，2014年第8期。

② 杨亚平：《美国、德国与日本中小学STEM教育比较研究》，《外国中小学教育》，2015年第8期。

③ 《澳大利亚基础教育改革最新进展》，详见http://www.bjesr.cn/jyzx/2015-09-24/22804.html。

前教师教育伙伴关系、加强职前教师教育质量保障、提高教师待遇等一系列新的改革措施，以此来加强教师的专业素养、提高教师队伍的整体素质。美国政府则通过推行“力争上游计划”的相关政策力推教师绩效工资改革。依照相关条款，教师的绩效将通过同行评议、学生的考试成绩、课堂评估或其他途径确定。各州要以绩效为依据评判教师和校长的工作成效，采用多种评分标准，依照严格、透明而公平的程序衡量教师与校长的工作成效。为确保优质教师和校长的均衡分配，各州须确定切实可行的年度目标，以提高薄弱学校优秀教师与校长的数量和比例，提高优秀教师教授数学、科学、特殊教育、英语等学科的数量与比例。各州须制订计划，将学生的学业成绩与教师、校长的评估挂钩，及时公布评估结果。奥巴马政府还强调要大力吸引优秀人才到中小学从教，帮助学校每年招聘 3 万名教师。奥巴马还提出创建面向大学毕业生的“教师服务奖学金”，在师资极度匮乏的学科领域或地区任教满 4 年的大学生，可获得相当于研究生两年学费的资助①。

4. 加强教育质量监控与评价

全面准确地掌握教育发展的基本状况是评估和提升教育质量的前提。因此，发达国家近年来加强了对本国教育质量的监控和学生学业成就的测评，通过参与国际组织测评项目、建立强大的教育监测数据系统、开发符合本国实际的测评指标和工具，从而构建完善的监测评价体系科学评价教育发展，为教育决策提供科学依据。

参加国际组织的学业成就测评项目是发达国家开展教育质量监测的重要手段。目前在各国参加的学生学业成就的国际测评主要集中在 IEA（国际教育成就评价协会）和 OECD 这两个国际组织之中。IEA 开展的具有较强影响力的国际学生学业测评项目有 TIMSS（数学与科学素养）、PIRLS（阅读素养）、ICILS（计算机与信息素养）。OECD 从 2000 年开始开展的国际学生学业成就调查（PISA），则是目前全球参与度最大和最具影响力的测评。该项目主要是针对全球 15 岁在校学生的一项学业成就测评。到目前为止，有包括 OECD 成员国在内的超过 70 个国家和地区的学生参加了该项目评估，在 2012 年开展的 PISA2012 阅读、数学和科学测评中有来自全球 65 个国家和地区的 51 万名学生参加②。政府的积极参与和近年来教育专业人士、社会公众对此类国际测评中本国学生表现的高度关注表明国际组织的测评项目对各国的教育产生了重要影响。英国政府正是看到其学生在两次 PISA 测评（2000，2006）中成绩的下滑，出台了旨在面对危机全面改革的白皮书《教学的重要性》；日本政府在参与的三次 PISA 测评（2000，2003，2006）中成绩下滑的背景下，为加强中小学教育质量监测而恢复了中断 43 年之久的全国性学力统一考试③。

建立本国完善的教育监测评估体系同样是发达国家为提升教育质量而采取的重要措施。以美国为例，隶属于联邦教育部的国家教育统计中心（National Center for Education Statistics，NCES）负责开展的国家教育进展评估项目（The National Assessment of Educational Progress，NAEP）是全国最大也是持续时间最长的学生学业成就评估项目，其定期面向全国学生开展包含数学、阅读、科学、写作、艺术、公民学、经济学、地理、美国历史、科技和工程素养在内的学科学业成就测试④。通过这些测试获得的数据和分析报告将提供给联邦政府和州政府作为教育政策调整的依据。同时，在此基础上 NCES 还综合教育事业发

① 周满生：《奥巴马政府任内的教育政策》，《华中师范大学学报（人文社会科学版）》，2012 年第 2 期。

② http：//www. oecd. org/pisa/aboutpisa。

③ 李伟涛：《基于 PISA 测试结果的教育政策调整分析》，《教育发展研究》，2012 年第 4 期。

④ http：//nces. ed. gov/nationsreportcard/about。

展、劳动力教育状况和相关培训课程情况、财政情况和人员状况建立了一套完整的联邦教育监测体系，开展更多的评估与研究，公开出版《教育统计摘要》（Digest of Education Statistics）、《教育状况》（The Condition of Education）等报告反映教育发展状况、支撑教育决策。

（三）以公共财政为保障普及学前教育

随着对儿童早期教育重要性认识的不断提高，发达国家对发展学前教育的推进力度进一步增强，政府被赋予发展学前教育的更大责任，提高学龄儿童入园率，普及学前教育成为发达国家的重要的教育战略之一。

正是在上述政策影响下，发达国家学前教育普及率大幅提高。OECD相关研究表明，在大多数OECD成员国，儿童5岁之前开始接受教育。OECD各国有74%的3岁儿童接受学前教育，其中欧盟成员国达到80%。3岁儿童学前教育入学率从2005年的54%提高到2014年的69%，4岁儿童的学前教育入学率从2005年的73%提高到2014年的85%①。

此外，以公共财政为保障是发达国家普及学前教育的最重要手段。《OECD教育概览》相关数据显示，2010年OECD成员国学前教育阶段的投入中公共财政投入占比平均达到82.1%，私人投入仅占17.9%（见表4）。OECD一半以上的成员国公立学前教育机构超过50%，有1/5以上的国家公立学前教育机构占80%以上。瑞典、比利时、法国、英国、荷兰、新西兰、中国澳门等经济较发达的国家和地区以及墨西哥、巴西、古巴等发展中人口大国将学前教育纳入免费教育范畴；与此同时，丹麦、荷兰、挪威、葡萄牙、英国、美国、日本等国则对符合条件的儿童进入收费学前教育机构实施学费减免政策；美国、日本、加拿大、新西兰、中国港澳台地区等还对儿童或其家庭提供多种形式的财政资助，如现金补助、税费返还和教育券等，支持适龄儿童选择较正规或质量较好的托幼教育②。

表4 2010年部分OECD成员国学前教育投入中公共/私人教育经费所占比例

国家	公共教育经费占比（%）	私人教育经费占比（%）
澳大利亚	55.8	44.2
芬兰	90.1	9.9
法国	93.7	6.3
日本	45.2	54.8
韩国	52.5	47.5
英国	91.4	8.6
美国	70.9	29.1
OECD平均	82.1	17.9

资料来源：《Education at a Glance 2013：OECD Indicators》.

美国为促进学前教育发展，2011年出台了《力争上游——早期教育挑战计划》

① 唐科莉：《教育概览》呈现世界教育发展的进步与挑战，《中国教育报》，2016年9月23日，第5版。

② 庞丽娟，夏婧：《国际学前教育发展战略：普及、公平与高质量》，《教育学报》，2013年第3期。

(Race to the Top—Early Learning Challenge)。该计划鼓励各州在合理使用现有经费的同时，通过有序竞争获得计划拨款，帮助更多的儿童接受优质学前教育。计划主要围绕五个关键领域展开改革，这些关键领域从资源配置到课程和专业标准设定，以及教师队伍建设、监测评估等各方面对联邦学前教育做了系统规划，成为奥巴马政府改革学前教育工作的基础。

英国政府对学前教育的改革本着循序渐进的原则，逐步实现了学前教育的免费。2003年，政府颁布出台了《每个儿童都重要》绿皮书（Every Child Matters），提出拓展英国免费学前教育年限，努力实现全国3岁幼儿的免费教育。2004年英国开始正式对全国所有3～5岁幼儿实施每周12.5小时的免费学前教育。随后，政府颁布了《儿童保育十年战略》（Choice for Parents, the Best Start for Children: A Ten Year Strategy for Childcare）。该文件指出免费学前教育的最终目标是为所有3～5岁幼儿提供每周20小时的免费教育。至此，英国的免费学前教育政策正式确立。随后，政府又相继出台了一些政策法规，使英国免费学前教育政策逐步走向完善。2006年，政府颁布了《儿童保育法》（Childcare Act 2006），将免费学前教育写入该法，从而赋予了免费学前教育以法律地位。

（四）探索教育办学新模式，增强教育选择性

在全球大多数国家，公立教育作为政府提供的一种基本公共服务，覆盖了大多数人群，这套公立教育体系在给大众提供免费或低成本教育服务的同时，由于缺乏市场导向的竞争和其所在的整个行政体系固有的科层化特性，其低下的运转效率越来越被人诟病。直接体现就是民众对现行公立教育质量的不满，要求选择更加多样和高质量教育的呼声越来越高。在此背景下，英美等发达国家从20世纪90年代开始探索推进公立教育办学体制改革，通过引入市场竞争机制、扩大学校办学自主权来激发公立学校办学活力，提供给受教育者更多的选择性。其中具有代表性的就是美国的“特许学校”运动和英国“自由学校”项目。

1. 美国的“特许学校”运动

特许学校作为一种独立的公立学校，是由地方政府与社会团体、企业及个人签订合同、互相承诺的一种办学形式。这类学校由州教育厅正式批准建立，经费来源与公立学校一样，接受州生均拨款。特许学校与政府之间是一种契约的关系（通常3～5年），学校必须在契约规定期间保证达成双方认可的经营目标。这种目标通常是以改进学校的教学现状为主，因此，多数属于教育革新的实验学校。也因为是教育实验性质，所以特许学校通常可以免除例行性教育行政法规的限制，如各学科授课时数、教学进度、教师工作准则、薪资规定以及例行性的报表等。美国各州特许学校从管理、运作到具体条例实施都有很大不同。但是，总体来说，特许学校享有很大的自主权，可以不受许多州级教育法律法规的约束。自1992年美国明尼苏达州开办第一所特许学校以来，特许学校数量一直保持相对稳定的增长，目前达到5000多所。在2009年美国联邦政府推出的竞争性教育拨款计划（Race to the Top，力争上游计划）中，已将“解除对特许学校数量限制”作为重要加分项。根据美国全国公立特许学校联盟发布的报告，到2011年，美国特许学校学生人数超过200万人，占全美公立学校学生总数的4%。；在美国72个城市中，特许学校的招生比例占到公立学校的1/10甚至更多。美国特许学校招生总数中55%是非洲裔或西班牙裔学生，超过1/3的学生是有资格享用免费或优惠午餐的贫困学生。相关研究显示，特许学校受到学生和家长的广泛欢迎。据统计，有66%左右的特许学校招生超编，到2010年86%

的特许学校有学生轮候等待入学的情况①。

2. 英国“自由学校”项目

自2010年英国联合政府执政以来，在教育政策中明确鼓励社会团体和个人举办自由学校，其目的是要建立一类更加高效和自主灵活的学校，以应对现有公立学校教学质量下降和管理效能低下的问题，同时扩大家长与社会的选择权。2010年英国议会通过《学院法案》（Academies Act 2010），为政府推行自由学校政策提供了坚实法律依据。英国政府对自由学校的定义：“是接受政府资助的非营利性学校，是应那些为提高社区教育质量和教育需求开办的学校。自由学校不得赢利，同时与公立学校一样，接受英国教育标准办公室（Ofsted）② 的监督检查。自由学校的招生过程必须公平透明，面向学区内的所有学生，不得引入竞争性选拔机制③。”作为一种新型的公立学校，首先，自由学校是非政府部门举办的公立学校，其主要经费来源于政府财政拨款，其主要目的是为了满足区域内学生更好的教育需求，学校对学生的招生是非选择性的。因此这类学校具有明显的教育公益性，提供的是基本的公共教育服务。其次，自由学校具有较一般公立学校更大的办学自主权。英国联邦政府明确自由学校的创立不受地方政府约束，任何符合条件的个人或团体都具有申办学校的资格。学校可以自由安排课程、教师聘任、经费使用等学校管理事务。尤其是在课程设置方面，学院不需要采纳国家课程，他们可以自行选定适合本学校的课程，只要所选的课程符合“广泛且平衡”这一标准。最后，通过与政府签订合同承担教育责任，并接受政府部门的监督。英国联合政府从2010年6月起开始允许组织和个人创办自由学校。截至2014年，英格兰地区自由学校总数已达到252所，大部分新的自由学校都建立在学位短缺的地区或者贫困地区。在质量方面，2014年10月，英国教育标准办公室（Ofsted）基于更严格的新标准框架对78所自由学校进行评估，结果显示：约70%的自由学校被判定为“杰出”（outstanding）和“良好”（good）的等级，而其中被判定为“杰出”等级的学校数量比例是其他公立学校的2倍多。同时，自由学校也受到了家长的热烈欢迎。最近的一项调查显示，自由学校非常受家长认可，81%的家长表示欢迎自由学校开设在他们所在的社区，73%的家长会考虑送自己的孩子去自由学校就读。而将近1/4的英国家庭更希望他们的孩子能够接受自由学校独特的教学方法④。

尽管特许学校和自由学校也存在一些较大的争议，如学校教学质量监管、教师任用标准、与其他公立学校的公共资源竞争等问题，但这类学校的出现对现有的公立教育体制产生了很大影响，加大了体制内对生源、教师、政府拨款等资源的竞争，同时也为学生和家长提供了多的选择，其积极意义是值得肯定的。也正因如此，可以预见这种新的办学模式在上述国家还将进一步发展。

（五）以教育信息化推动教育改革创新

随着信息技术的不断发展，以新一代移动互联网技术、无线通信技术、云计算、大数据为代表的新技术正深刻影响着经济和社会发展的各个领域，同时也推进着教

① 杨梅：《美国特许学校运动研究》，人民出版社2014年版，第140页。

② 英国教育标准办公室全称为教育、儿童服务和技能标准办公室（Office for Standards in Education, Children's Services and Skills），是由英女王会同枢密院指派的英格兰学校总督察，隶属于官方，而独立于部长级政府部门。其主要职责是负责对英格兰的学校和教育机构进行监管和评估。

③ https://www.gov.uk/government/publications/2010-to-2015-government-policy-academies-and-free-schools/2010-to-2015-government-policy-academies-and-free-schools#appendix-1-free-schools。

④ 刘吉良：《英国自由学校项目的实践与面临的挑战》，《世界教育信息》，2016年第4期。

育的创新和发展。MOOC、翻转课堂、微课和大型教育数据库等新的“互联网+教育”形态的出现，对传统的教育教学和管理模式产生了重要的影响，以信息技术推进教育创新成为新时期教育发展的一大趋势。为此，发达国家纷纷制定教育信息化发展战略，将教育信息化战略作为国家战略的重要组成部分。从发达国家推进教育信息化战略的实践来看，主要集中体现在基础设施和学习环境建设、教育教学模式创新、教师专业素养建设等几个方面。

1. 高速互联网和智慧学习环境建设是教育信息化基础设施建设的主要方向

随着新的信息技术与教育的不断融合，学习的时间和空间得以不断拓展，教育的便利性得到更大的提升。教育信息化基础设施建设的方向便是最大限度地扩展这种便利性。移动互联的普及、信息终端的多样、虚拟空间的应用使我们的学习环境更加智慧便捷。以美国为例，2013年6月白宫发布一项“连接教育”计划（Connected-ED），该计划要求在未来5年内向全美99%的学校提供高速数字化基础设施，将高速互联网普及美国所有的幼儿园至12年级群体，确保为几乎所有的美国学生在教室和图书馆提供高速宽带和无线网络；确保所有教师和学生都能负担得起移动设备，并能在教室内外随时获得数字化学习资源，为此，政府和企业的预期总投资将超过30亿美元[①]。此外，韩国教育科学部2011年推出“智慧教育战略”（SMART Education），旨在通过提供智能化的学习环境和个性化的学习方案加强学生适应21世纪的能力。智慧教育战略提出使用信息技术为学习者提供可以在任意时间、任何地点进行学习的学习环境，如通过手机、计算机、云计算、4G网络等。为此，韩国政府提出构建以云计算为基础的教育信息化服务系统，将用户所需要和处理的教学和学习资源运行在互联网的大规模服务器集群中。同时对学校的校内网络进行全面改建，创建无线网络环境，对现有电子教学设备进行整合，对多媒体教室进行改进，使其成为实施智慧教育的场所[②]。

2. 以信息技术促进教育教学模式的变革创新

MOOC、翻转课堂、微课、教育大数据管理等新的学习、教学和管理模式的出现体现了新时期信息技术与教育教学的深度融合。在发达国家，信息技术已成为现阶段推动教育教学模式变革创新的最主要因素。以芬兰为例，基于广泛的无线网络覆盖，芬兰中小学生获取新知识的途径已经不再局限于教室和课本，来自网络和实际生活的大量信息正在不断丰富着其知识结构。正是基于这种变化，从2016年秋季开始，芬兰将在全国范围内正式启用新的基础教育核心课程纲要。新纲要以信息技术为基础，强调加强人文学科、师生互动和教学方法多样化。目前，芬兰新建的学校有的已经取消了走廊，建成了开放式教室，以方便学生随时随地进行学习。芬兰国家教育委员会还规定，自2016年起，芬兰中小学的教学课程将更加强调不同学科间的交叉和互动，鼓励突破课程间的学科界限，倡导开展跨学科学习，积极实施基于特定主题的“现象教学”[③]。2012年，英国教育部选取21所公立小学作为试点学校，把3D打印技术引入课堂，以期促进科学、技术、工程、数学和设计与技术学科的教学。为此，英国教育部设立了一项50万英镑的基金，可为60所学校购买3D打印机，并培训教师如何有效地教授3D打印技术[④]。信

---

① Office of Educational Technology：ConnectED Initiative 详见 http：//www. ed. gov/edblogs/technology/connected/，2014－02－24。

② 张进宝等主编：《国际教育信息化发展报告（2013—2014）》，北京师范大学出版社2014年版，第103页。

③ 卞晨光：《芬兰新一轮教育改革：着眼未来国民素质和能力》，光明日报，2016年9月18日第8版。

④ 王梦洁编译：《英国小学课堂引入3D打印技术项目》，《世界教育信息》，2013年第22期。

息技术同样也在促进教学管理的模式创新。澳大利亚新南威尔士州的中学课堂在应用和推广基于云计算的数学学习平台 Mathspace 后，通过这一虚拟平台对该州国家课程中 7 ~ 10 岁孩子的数学问题的数据采集和分析，为教师提供个性化的反馈和分析报告，从而为教师评价学生的学习效果、调整教学内容和方式提供参考依据①。

3. 加强教师的信息素养和能力建设

教师作为推进信息化教学的主体在教育信息化中具有关键作用。发达国家纷纷出台多项政策加强教师信息技术应用能力建设。美国“连接教育”计划中增加对教师信息技术教育的培训投入，推动教师在教学中利用数字技术。2008 年，美国国际教育技术协会（ISTE）颁布《面向教师的美国教育技术标准》，用于指导新形势下教育技术能力培训。新标准对数字化、全球化背景下教师能力和素质提出了更高的要求。加拿大阿尔伯塔省将教师教育技术能力标准作为教学质量标准和教师资格认证标准的重要组成部分，要求教师利用信息技术更好地满足学生的学习需求②。2011 年韩国“智慧教育战略”提出面向所有教师开展智慧教育培训，开发与普及智慧教育培训课程，新建智慧教育体验馆，增加教师体验式学习的机会③。

二、对完善首都基础教育服务体系建设的思考

（一）构建公平均衡的基础教育公共服务体系

基础教育作为一种公共服务产品，最大特征是普惠性，基础教育特别是义务教育阶段的公共服务政策的核心应该是保障政策服务人群接受公平均衡的教育，尤其要关注对薄弱地区、特殊人群的服务供给。北京市近年来在推进义务教育公平的政策实施中采取了很多新的举措，如通过加大对农村和远郊区县的教育经费投入、城乡教育一体化、实行办学条件标准化等措施提升薄弱地区的教育发展，促进区域教育均衡；通过学区制改革、集团化办学、名校办分校、优质学校名额分配机制调整、教师的区域内流动等政策扩大优质教育的覆盖面，推进校际均衡。上述政策的实施对首都基础教育公平均衡发展起到了良好的促进作用。但同时也应该看到，在新时期首都基础教育也面临新的挑战。比如近年来北京市基础教育阶段学龄人口的迅速增长给基础教育资源供给带来的巨大压力，在以推进区域和校际均衡为重点的政策实施过程中，对相关特殊群体和个体的关注不够，相关政策措施不完善等问题凸显。从国际经验来看，发达国家从人权角度出发，将保障教育公平纳入国家法律保障体系，依照相关法律制定的各国教育政策中，保障每个公民教育机会公平的理念和措施体现得尤其明显。因此，首都基础教育在今后的政策设计和实施中，要加大政府的保障和统筹力度，一方面应将提供充足的基础教育学位，满足基础教育阶段学龄人口入学的基本需求放在首位，特别是在学位资源较为紧缺的中心城区、学前教育和义务教育阶段增加学位供给，以缓解目前的紧张局面，此外，建立覆盖全市儿童的学前教育和义务教育财政保障机制，确保在今后学前和义务教育阶段入学高峰年段，政府提供充足的学位供给，保障学前和义务教育阶段公共教育服务的公平普惠。另一方面，在进一步加大对重点区域和学校

---

① 张进宝等主编：《国际教育信息化发展报告（2013—2014）》，北京师范大学出版社 2014 年版，第 202 页。

② 张进宝等主编：《国际教育信息化发展报告（2013—2014）》，北京师范大学出版社 2014 年版，第 43 页。

③ 张进宝等主编：《国际教育信息化发展报告（2013—2014）》，北京师范大学出版社 2014 年版，第 102 页。

教育财政投入的同时，应对家庭经济困难人群、符合政策保障条件的进城务工人员随迁子女、残障学生等特殊群体实施教育公平重点保障，在科学建立随迁子女入学标准、完善困难学生财政资助体系、弱势人群信息服务等方面推进政策完善。同时探索建立首都基本公共教育服务的标准体系，明确上述各项政策的实施标准，建立促进特殊群体的教育公平长效机制，从制度上有效促进教育公平和均衡发展。

（二）建立完善优质的基础教育质量保障体系

在提供公平均衡教育的同时，不断提高教育质量，满足人民群众对优质教育日益增长的需求同样是公共教育政策追求的目标。因此，新时期首都基础教育的政策既要注重均衡又要追求优质。结合世界发达国家和地区改进提升教育质量的先进经验，新时期首都基础教育在质量提升上应着重以下几个方面：首先，推进以学生的综合素质培养为目的的课程教学改革，构建具有首都特点的基础教育核心素养课程体系。首都基础教育对学生的培养应顺应全面综合的要求，大力加强基础教育阶段学生科学素养、信息素养、国际化素养、公民道德素养、文化与艺术素养的培养，将对学生的知识技能、过程方法、情感态度、价值观的培养融入课程体系；在教学中不断改进现有学习模式和教学方式，通过基于问题和项目的方式，开展体验、合作、探究式学习，侧重培养学生的自主学习、批判性思维和解决实际问题的能力。其次，促进教师的专业发展，关注学生综合素质和核心技能素养培养对教师教学能力的新要求，重点提升对教师开放式启发式教学能力、信息素养能力的培养。再次，加强基础教育阶段创新人才培养。加强科学、数学、科技、工程等相关知识领域的课程开发，促进各学科课程的交叉融合，进一步深化推进“翱翔计划”“雏鹰计划”，探索多种途径开展基础教育阶段创新人才培养。最后，推进教育体制改革，扩大学校的办学自主权和老百姓的教育选择权等措施来提高教育质量，促进教育内涵发展。同时还需要政府通过积极参与国际组织教育测评、建立和完善本地化的教育发展监测评价和绩效问责体系，全面掌握教育发展的基本状况，从而采取相关措施调整教育政策，保障教育的健康可持续发展。

（三）建立便捷智慧的教育信息支撑体系

首都基础教育信息化建设需要适应新时期教育教学改革创新的新要求，在改进教学和管理模式、优化教育资源配置、促进优质资源共享等方面发挥更加积极的作用。借鉴发达国家的经验，新时期首都教育信息化建设应主要聚焦三个方面：一是建设高速便捷的校园无线移动网络体系，建设高水平的数字校园和智慧教室，使广大中小学生能够在校园便捷地使用移动终端设备获取学习资源，开展自主和探究式学习。二是推进信息技术与教育教学的深度融合，鼓励学校探索翻转课堂、微课、创客教育等新的教育模式与传统的课堂教学模式的结合创新，开放更多的资源共享，建立云计算的数据共享平台，通过大数据拓展对学生的学业成就评价，提供更有针对性的教学改进服务。三是提升教师的信息专业素养。加大对教师的信息技术应用能力和信息化下的教学设计能力的培训，制定相关能力的标准，定期开展相关的教学评估。

参考文献

［1］王燕. G20 成员教育政策改革趋势［M］. 北京：教育科学出版社，2015.

［2］杨梅. 美国特许学校运动研究［M］. 北京：人民出版社，2014.

［3］裴新宁，刘新阳. 为21 世纪重建教育——欧盟“核心素养”框架的确立

[J]. 全球教育展望, 2013, 42 (12) 89-102.

[4] 李伟涛. 基于PISA测试结果的教育政策调整分析 [J]. 教育发展研究, 2012 (4): 44-47.

[5] 庞丽娟, 夏婧. 国际学前教育发展战略: 普及、公平与高质量 [J]. 教育学报, 2013, 9 (3): 49-55.

[6] 杨亚平. 美国、德国与日本中小学STEM教育比较研究 [J]. 外国中小学教育, 2015 (8): 23-30.

[7] A Blueprint for Reform Accelerate achievement The Reauthorization of the Elementary and Secondary Education Act [EB/OL]. http://www2. ed. gov/policy/elsec/leg/blueprint/blueprint. pdf.

[8] U. S. Department of Education Strategic Plan for Fiscal Years 2014-201 [EB/OL]. http://www2. ed. gov/about/reports/strat/plan2014-18/strategic-plan. pdf.

[9] Framework for 21st Century Learning [EB/OL]. http://www. p21. org/about-us/p21-framework. .

[10] Education at a Glance 2013: OECD Indicators [EB/OL]. http://www. oecd-ilibrary. org/docserver/download/9613031e. pdf? expires = 1461827948&id = id&accname = guest&checksum = B2511628AD7AF95313C0B26D6B3F05BF.

撰稿人: 北京教育科学研究院教育发展研究中心 汤术峰

第八章　全球学前教育发展新理念与关注的新主题
——基于主要国际组织重要研究报告

[摘要]　学前教育因其重要性日益受到世界上主要国际组织的关注，本文通过四大国际组织——联合国教科文组织（UNESCO）、经济合作与发展组织（OECD）、世界银行（WB）、欧盟（EU）近年来（2012 年以来）发布的学前教育发展重要报告、教育决策咨询报告、研究报告等的深入分析和研究，归纳总结出引领全球学前教育发展的新理念和国际组织重点关注的学前教育发展新主题，并提出对北京学前教育发展的启示。

[关键词]　国际组织　学前教育　新理念

Chapter 8　New Ideas and New Themes about Global Preschool Education Development
——Based on Some Important Reports of Major International Organizations

[Abstract]　Preschool education because of its importance increasingly caught the attention of the world's major international organizations. This article in - depth analysis and studied some important reports about Preschool education development, education decision - making consultation reports published by four major international organizations in recent years, concluding some new ideas and new themes leading global preschool education development. In the end, this article put forward some enlightenment for the development of preschool education in Beijing.

[Key words]　international organization; preschool education; new ideas; new themes

越来越多的证据显示：在学习及健康方面起点较高的儿童长大成人以后也会有更好的成就。这些证据正推动各国的政策制定者重新设计其学前教育政策，更成为世界上主要国际组织关注的一个重点领域。

全球主要国际组织——联合国教科文组织（UNESCO）、经济合作与发展组织（OECD）、世界银行（WB）、欧盟（EU）近年来（2012 年以来）发布的学前教育发展重要报告正引领着全球学前教育的发展，并推动全球学前教育政策的创新。

一、联合国教科文组织、OECD、欧盟及世界银行有关学前教育发展重要研究报告简介

（一）联合国教科文组织学前教育重要研究报告

自进入21世纪以来，联合国教科文组织以《儿童权利公约》、《世界全民教育宣言》和《达喀尔行动纲领》为依据，逐年对世界幼儿保育和教育状况进行监测评估，督促各国加快实现“扩大和改善幼儿，尤其是最脆弱和条件最差的幼儿的全面保育与教育”。每年定期发布的全民教育全球监测报告都对全球幼儿保育和教育进行政策聚焦。2010年召开了有史以来第一次幼儿保育和教育领域的世界大会；2013年召开了幼儿保育与教育亚太地区政策论坛。对于联合国教科文组织的分析主要基于2007年、2011—2014年全民教育监测报告、首届全球幼儿保育和教育大会及幼儿保育和教育亚太地区政策论坛相关文本。

（二）OECD有关学前教育重要研究报告

自20世纪90年代以来，《强势开端Ⅰ和Ⅱ》（分别于2001年和2006年发布）在OECD成员国开启了首次有关早期教育与保育政策的国际比较工作，提出了扩大机会、确保公平，提高早期干预质量的综合行动建议清单。自此以后每6年发布一次的《强势开端》系列报告，已成为各国早期教育和保育改革进程的指南，其研究成果已经为众多成员国所接受和参照，同时引发非成员国的关注。除了强势开端系列报告外，2000年以后，OECD在其每年发布的《教育概览》中，将“早期教育”发展作为一个重要的监测指标，定期呈现全球早期教育发展现状和趋势。自2009年以来，OECD也开始在每3年一次的PISA评估中，持续研究学前教育对于15岁学生学业成就的影响。对OECD的研究主要以《强势开端》系列报告为主，《教育概览2014》及《PISA2012结果》报告为辅。

（三）欧盟有关学前教育重要研究报告

2009—2010年，欧盟将学前教育作为与成员国合作的优先主题，尤其关注促进学前教育服务全面、公平的普及，提高学前教育质量，加强对幼儿师资的支持力度。2009年发布的题为《欧洲早期教育与保育：应对社会与文化不公平》的研究报告，展示了欧洲30个国家早期教育与保育服务跨国比较的数据，探讨了国家层面的相关政策。2012年10月发布的《弱势儿童的早期教育与保育服务：来自欧洲文献研究和两个案例研究的主要发现》在文献研究和案例研究的基础上，对欧洲弱势儿童的早期教育与保育服务进行了全面、深入的梳理和分析。2013年5月发布的《欧洲早期教育与保育质量研究》，则探讨了欧洲早期教育与保育的政策进展，在整合现有数据和进行深度国别研究的基础上，提出了确保早期教育与保育质量提高的基本要素及有利于欧洲早期教育与保育质量提高的若干建议。对欧盟的分析，主要基于以上三份报告。

（四）世界银行有关学前教育的重要研究报告

世界银行于2011年发布的报告《投资于幼儿——早期儿童发展政策对话和项目准备指南》旨在响应不断增长的对于促进幼儿发展主题的政策对话和支持的需求，以帮助各国更好地投资于幼儿发展并做出相应的选择。这篇报告从“启动投资于幼儿发展的政策对话”“评估需求、测量结果及建立政策框架”“ECD投资的战略切入点”“幼儿发展方案的成本核算和融资”四

个方面为早期教育决策者提供了政策框架。

二、国际组织提出的学前教育发展新理念

通过对以上提到的四大国际组织有关学前教育发展的重要报告的深入分析与解读，归纳出以下八大引领学前教育发展的新理念。

（一）幼儿保育和教育是对国家财富进行的投资，投资幼儿必须是所有发展议程和政策的基石

关于学前教育的重要性，四大国际组织都有各自的描述，但无疑都将它提升到国家战略的高度。如联合国教科文组织将首届全球幼儿保育和教育大会的主题确立为“构筑国家财富”以突显学前教育与保育的重要性，并旗帜鲜明地提出：“国家最大的财富是拥有的人力资源，孩子是国家最宝贵的资源，投资于儿童就是投资于未来”。同样，OECD 主张投资于早期教育和保育，对于家长和政府而言今后都会带来红利。世界银行于 2011 年发布的报告《投资于幼儿——早期儿童发展政策对话和项目准备指南》目的就是帮助各国更好地投资于幼儿的发展。

正因为早期教育与保育的重要性，所以四大国际组织都强调：投资幼儿必须成为所有发展议程和政策的基石。幼儿的整体发展和学习不仅仅是教育部门的责任，幼儿保育和教育的政策发展需要涉及全部利益相关者：在营养学、社会保障和卫生系统方面的投资对儿童早期的发展也至关重要；家庭和社区在学前教育中的作用和参与度也是至关重要；公民社会，包括非政府组织和私营部门，都在幼儿保育和教育中扮演重要角色。

（二）早期教育与保育应纳入更广泛的教育和社会政策框架

四大国际组织普遍将早期教育与保育服务看成是实现终身学习、社会融合、个人发展以及成功就业的一个重要基础，主张将它纳入更广泛的社会与教育政策框架中。

如欧盟主张将早期教育与保育列入更广泛的教育议程（educational agenda）中。关注整合早期教育与保育服务的需求，并呼吁不同机构和部门之间要开展更好的协调与合作。提出早期教育与保育服务体系还需要得到更广泛的社会福利体系的支持，将就业、教育、卫生保健和社会服务等各个部门的政策连接到一起。

联合国教科文组织则提出将幼儿保育和教育纳入到国家和地方的发展战略和政府的关键性文件中，制定全面系统的保教政策及可持续、稳定的计划。提出幼儿保育和教育需要在一个综合的框架下实施，包含相关部门，相互协调，以推动服务提供。

OECD 强调：早期教育与保育必须成为成功的教育、社会与家庭政策的重要构成部分。只有包含了教育、健康、营养与社会保护等组成部分的跨部门协调一致的“早期儿童发展计划”（ECD）才能促进儿童的成长与发展。

世界银行组织则主张应由包括财政、规划和社会事务部部长，卫生部部长和教育部部长等各方共同决定投资于幼儿发展需要考虑的问题。

（三）早期教育与保育体系的整合是大势所趋

《达喀尔行动纲领》指出，不能将保育和教育割裂开来，它们是一个整体的两部分，为了促进全面的成长、发展和学习能力，两者缺一不可。

欧盟从欧洲文化和历史的角度提出 0～

3 岁和 3～6 岁的阶段划分并没有任何科学依据。目前欧盟许多国家已经面向所有学前儿童采取统一服务的提供模式，在这些国家，面向年幼儿童的早期教育与保育统一服务模式已经拓展到课程方面。

联合国教科文组织则认为：将保育和教育划归一个机构管理有利于制定协调一致的总体政策、行政和资助框架。幼儿保育计划和幼儿教育计划的规划各行其是会削弱它们的功效。

OECD 主张针对学龄前儿童的所有政策都应纳入早期教育与保育并列考虑，避免顾此失彼。当前越来越多的 OECD 成员国和地区开始构建从学前儿童到 8 岁、10 岁甚至 18 岁的连续的一体化儿童发展框架。

（四）早期教育从满足家长的需求转向促进儿童发展

当前促使发达国家政府关注早期教育与保育问题的直接因素包括希望提高女性劳动力市场参与率；给予对于女性更公平的原则，协调就业与家庭责任；应对各国面临的人口挑战（尤其是生育率下滑，人口老龄化）等。和其他教育阶段相比，对早期教育和保育政策本身目标的考虑相对较少。对此，OECD 认为：各国早期教育与保育政策应开始更多关注促进儿童的发展，早期教育与保育政策应纳入反贫困（尤其是儿童贫困）或教育公平（应对教育处境不利）措施之中。高质量早期教育与保育服务应被用作一项有效工具，帮助儿童奠定较强的技能基础，从而有更好的生活机会。

联合国教科文组织强调各国必须通过幼儿保育和教育促进儿童社会性、情感、语言、基本认知技能以及身体和动作的发展，改善其入学准备情况，培养其一生学习最为重要的品质，为其一生的发展奠定良好的基础。欧盟各成员国以前的早期教育与保育政策也主要来源于对劳动力市场的关注，现在也日益趋于与教育成就的发展目标结合在一起，比如降低辍学率或者促进终身学习等。

（五）“家庭学习环境”是对儿童发展影响最大的因素

四大国际组织都强调：家长参与，尤其是确保儿童在家进行高质量的学习，以及家长与早期教育与保育人员加强沟通，与儿童后来的学业成功、高中完成率、社会情感发展及社会适应力存在很强的相关。

如 OECD 在《强势开端》系列报告中主张：家长积极营造的“家庭学习环境”是对儿童发展影响最大的因素。改进家庭学习环境也是促进儿童今后成绩提高的最有效的办法。尤其是对处境不利家庭儿童有积极的影响。

当前绝大多数欧盟成员国通过立法强调家长在提供优质早期教育与保育方面的核心作用，认为家长的参与可以减少因家庭环境和学校环境所造成的差异，并且被证实可以提高孩子的教育成就和降低日后的辍学率。

（六）“师幼比”是幼儿高质量学习环境最准确的预测器

“师幼比”在国际范围内普遍被作为衡量早期教育事业发展的重要质量监测指标。OECD 在强势开端系列报告中明确提出：“师幼比”是高质量学习环境最准确的预测器，在确保儿童更好发展方面发挥关键作用。

更高的师幼比能带来更好的儿童发展结果，它提高了工作人员与儿童之间经常性的、有意义的互动的可能性，这样可以确保教师充分关注儿童重要的发展领域，同时创造更具关爱、更有意义的师幼互动，也能降低从业者的压力。当师幼比较高时，儿童在活动中会更积极，并参与互动，他们在认知及语言评估中表现也更好。尤其是幼儿（婴儿和学步儿童）更受益于更高的师幼比。OECD 通过 PISA 实证研究得出结论：那些曾经在有更高师幼比的早期教育项目的儿童在 15 岁时其认知领域的表现更优。

因此，OECD 建议：在为学前教育服务设定最低标准时，必须考虑设定适宜师幼比的低限（比如1∶15）。而世界银行则明确提出：理想的班级规模和成人对儿童的比例在一个特定的范围内取决于几个因素，如：孩子的年龄；早期儿童发展服务是否提供混合年龄组；在特定年龄组儿童文化背景和行为的期望等。大多数发达国家有特定年龄段班级规模和成人对儿童的比例标准，规定对儿童采取小规模班级或成人对儿童的更高比例。

（七）义务教育向下延伸更能促进公平

目前，在为数不多的国家里，学前教育属于义务制。2007 年《全民教育全球监测报告》发现，30 个国家有某种形式的义务制学前教育。至 2011 年时，又增加了 5 个国家。联合国教科文组织认为，如果规定学前教育为义务制，伴随扩大供应的措施，就能提高入学率。规定学前教育为义务制是重视学前教育的一个强烈政治信号，能推动扩大基础设施和投资于教师队伍，形成普遍可以获得的学前教育。

OECD《强势开端》系列研究也发现：早期教育与保育“持续时间”是另外一项能为儿童今后生活带来更好结果的重要指标。OECD 的 PISA 研究也发现，将早期教育与保育延长一年，会带来 PISA 阅读成绩提高 10 分。为了确保一定长度的学前教育课程参与，大多数 OECD 成员国都致力于为幼儿在开始小学教育前至少两年提供免费早期教育与保育。

“欧洲 2020”战略中提出，到 2020 年，4 岁以上、义务教育入学年龄以前的儿童早期教育与保育的参与率提高到 95%。2015 世界教育论坛《仁川宣言》提出的“面向 2030：新的教育愿景”中鼓励各国提供至少一年高质量的免费和义务学前教育，让所有的孩子都有获得高质量儿童早期发展、看护和教育的机会。

（八）早期教育与保育是弱势儿童脱离贫困的杠杆

欧盟大部分研究表明，早期教育与保育有助于提高教育机会和促进社会融合，这对于弱势儿童尤其重要。

联合国教科文组织提出：幼儿保育和教育是促进发展和减少贫困的一个重要因素，是打破代际贫穷循环的关键环节。OECD 则强调：尽早获得早期教育与保育机会为幼儿，尤其是低收入和有第二语言家庭背景的幼儿，提供了生命中的强势开端。高质量的早期教育与保育能够提高儿童的认知技能和社会情感发展，有助于为儿童终身学习建立基础，从而让儿童的学习更加公平，减少贫困并提高社会的代际流动等。

世界银行提出：早期儿童发展干预的一个经济优势是它提高了效率和公平，投资于优质的幼儿发展计划有助于消除穷人和其他弱势儿童与来自优势背景儿童之间的差距，从而为他们成功过渡到小学和有质量的终身学习做好准备。

三、国际组织学前教育关注的新主题

对四大国际组织发布的学前教育重要研究报告的分析发现，当前国际组织对以下八大主题都普遍关注，并提出了各自的应对策略。

（一）建立强有力的统筹管理体制和机制

当前，许多国家将学前教育和保育的财政和管理责任下放到了区域、省、市或更基础的政府部门，以使其能更有效地满足当地需求，同时采取多个部门分摊职责的方式进行管理。

但联合国教科文组织的全民教育监测报告和OECD许多成员国的经验都表明，权力下放通常存在着两方面风险：一是"地方一级机构运用和管理教育系统的技能有限，普遍缺乏对角色和职责的明确界定"；二是"可能加剧国家以下各级的不平等现象"，最终导致"承诺与现实不符"。部门分摊职责的风险则在于，如果没有强有力的政府机构承担主要责任并负责协调各个职能部门，各部门就有可能相互推诿、相互钳制，最终使政府责任变成一纸空文。因此，联合国教科文组织主张必须建立强有力的统筹管理体制和机制，以保证政府对学前保育和教育的责任真正落实；OECD则认为早期教育政策制定必须由一个密切关注幼儿发展与教育的领导部门或机构统筹负责，这个机构通过分配经费、培训从业者、定期对各项方案进行评价，从而提升早期教育与保育质量。欧盟各成员国也正致力于整合政府治理结构，通过行政部门的合并实现更有效的资源整合和分配。

（二）以公共投入为主，寻求融资渠道多样化

国际组织普遍强调学前教育与保育的主要责任必须是政府，政府必须提供强大的、清晰的政策来保证幼儿保育和教育在质量和数量上的公平性；必须建立稳固的法律体系来保证儿童接受幼儿保育和教育的权利和连续性；必须提供可靠的公共资金支持幼儿保育和教育。

来自OECD的调查研究表明，占国内生产总值1%的公共投资是确保提供高质量的儿童早期教育服务的最低要求。不过，在坚持公共投入为主的基础上，必须寻求融资渠道的多样化，以确保为学前教育与保育提供充足的资源。

世界银行在《投资于幼儿》报告中建议学前教育项目的公共资金可以从不同层面的政府部门募集（联邦、州或省、市或区），并从税收（收入所得税、销售税、工资税、产业税）、彩票或者规税（过路费、牌照费、入场费）中募集。私人资金可以从企业、基金、社区团体或其他非政府组织以及家庭产生（通过用户费、税款和学费）。此外，在公共融资渠道有多种竞争需求的情境下，开辟非传统的融资渠道显得尤为重要。

联合国教科文组织则列举了目前全球各国通常采取五种融资方法：全部政府财政支持；中央地方财政双管齐下，以系统化公式计算份额；国际组织或非政府组织的大力支持；私人营利性组织投入为主，政府制定补贴机制支持早期教育注册率提高和保证教学质量；家长选择合适方法以及家长支付学费。并强调由中央和地方政府一同分摊幼儿保育和教育的开支是至关重要的。

（三）优先让最难惠及的群体获得高质量的学前教育与保育机会

国际组织都普遍认识到高质量学前教育与保育对于弱势群体的重要意义：欧盟认为早期教育与保育服务是弱势儿童脱离贫困的杠杆；联合国教科文组织将幼儿保育和教育看作促进发展和减少贫困的一个重要因素。OECD认为学前教育与保育能够减少贫困并促进代际流动。因此，以对"最易受到伤害和处境不利儿童的保育和教育为主"，这几乎是所有国家公共资金在儿童保教领域投入的基本原则。

OECD的相关研究发现：尽管2012年15岁学生比2003年15岁学生更可能接受过至少一年早期教育，但是在最可能受益的学生群体中，这一比例并没有增长。富裕学生早期教育入学率高于贫困学生，就读社会经济更优越的学校中的学生比处境不利学校中的学生早期教育参与率高。例如，2012年，处境不利学生中平均有67%

接受早期教育超过一年的，而富裕学生中这一比例为 82%。两个群体早期教育接受率差距在所有参与 PISA 测评的国家都存在。

因此，OECD 主张：各国早期教育政策关注的重点不能仅仅局限于早期教育参与率的扩大，更应该强调早期教育的覆盖面，关注早期教育是否到达最需要的人群，呼吁各国必须更加努力确保所有家庭，尤其是处境不利家庭有机会获得高质量的早期教育。

（四）制定统一的学前教育和保育质量标准

对于早期教育和保育而言，统一质量标准：便于让政府机构从战略上统筹优质资源；保育对于早期教育与保育提供者的监管更加统一，以减少机会与质量的差异。而不同服务层次之间也更容易建立联系；在早期教育与保育体系的不同层面（所有早期教育与保育服务形式）制定并执行统一的标准，保证儿童最低的安全、健康与质量水平。

OECD 一直致力于各级各类教育质量标准的制定。从“强势开端Ⅱ”开始，OECD 就把确立早期教育课程和发展的标准作为保证早期教育质量的一个重要标志。对于质量标准的内涵，OECD 提出：首先，各国需要制定有关领导能力、管理和经费的明确而专门的标准，确保资源分配到优先领域；其次，要在师幼比、班级规模、人员资格水平与专业化培训、工资水平、项目持续时间、课程、物理环境、人员性别及多样性方面设立较高的最低标准，以确保不同类型的服务提供质量均衡；最后也是最重要的一点，要设计、实施课程或学习标准。保证不同形式的早期教育与保育服务以及针对不同儿童群体的服务能够实现质量均衡；并确保学前教育与小学教育之间的连贯性。

联合国教科文组织也正致力于推动各国建立一个具有国际比较意义的保教和儿童发展指标体系，并组织进行数据收集工作，通过追踪收集数据，建立国家数据库，为政府决策服务。

（五）实施学前一年免费教育计划

鉴于学前教育的重要意义，国际组织都普遍赞同义务教育向下延伸更能促进公平。许多国家都大力推进学前一年免费教育计划。

欧盟很多成员国都实施了学前一年免费教育计划。如爱尔兰在 2010 年启动了学前一年教育计划，为 3 岁 2 个月到 4 岁 7 个月之间的儿童提供免费的早期教育与保育服务，占主导地位的私立早期教育与保育机构直接获得爱尔兰儿童与青年事务部的财政补助。罗马尼亚与爱尔兰一样，通过要求 6 岁孩子（义务教育入学年龄是 7 岁）参与学前一年教育计划。芬兰于 2001 年启动了针对 6 岁儿童的学前一年教育计划，到 2013 年，该计划对于目标群体的吸纳率已经接近 99%。

大多数 OECD 成员国也致力于为幼儿在开始小学教育前至少两年提供免费早期教育与保育。如荷兰为 4 ~ 5 岁儿童提供免费的早期教育，英国的英格兰和苏格兰则为 3 ~ 4 岁儿童提供免费早期教育。法国、以色列、墨西哥、葡萄牙和瑞典为所有 3 ~ 6 岁儿童提供免费的早期教育与保育。在一些国家，早期教育与保育机会开始得更早，而且是一项法定权利：丹麦、芬兰、瑞典从 1 岁开始，比利时从 2 岁半开始，意大利从 3 岁开始。

近年来联合国教科文组织全民教育全球监测报告也表明，为支持扩大学前教育，作为对立法的补充，一些国家进行了重要改革，如墨西哥于 2001 年对 3 ~ 5 岁儿童实行义务制学前教育；加纳是撒哈拉以南非洲第一个实行义务制学前教育的国家，它于 2007—2008 年通过立法，将两年幼儿园纳入从 4 岁起的义务基础教育。向义务制学前教育迈进的其他国家包括菲律宾和南非，前者从 2012—2013 学年开始实行，后者在 2014 年以前使面向 5 岁儿童的学期教育成为义务制。

（六）关注 3 岁以下儿童的早期教育与保育服务

2002 年欧盟巴塞罗那峰会提出的目标是，到 2010 年，3 岁以下儿童早期教育与保育服务的参与率要达到 33%。目前，面向 3 岁以下儿童的早期教育与保育服务在欧盟成员国之间的差异很大。举一个极端的例子，捷克只有 0.5% 的 0 ~ 3 岁儿童接受早期教育与保育机构的服务，而北欧国家 0 ~ 3 岁儿童接受服务的比例达到 50% 以上，丹麦甚至达到了 83%。

此外，中央政府对 3 岁以下儿童的早期教育与保育服务投入严重不足。甚至在一些国家，面向 3 岁以下儿童的公共投入几乎不存在。像捷克、爱尔兰和波兰，3 岁以下儿童早期教育与保育的参与率都非常低。而其他多数欧洲国家（特别是希腊、意大利、奥地利、列支敦士登以及中欧与北欧的几乎所有国家），3 岁以下早期教育与保育服务差异巨大，因为这些国家对该阶段的公共投入几乎全权由地方政府负责。最近欧盟成员国的公共投入开始转向 3 岁以下儿童的日托服务。

另外，OECD 各成员国针对 3 岁以下儿童的服务也普遍不能满足需求，同时存在这些服务的国家，特点也是各自为政，服务质量很差。对此，OECD 主张，各国可以通过改进 3 岁以下儿童早期教育与保育质量，延长早期教育与保育参与持续时间，如优先改进负责 3 岁以下儿童的发展与教育的相关的招募、培训与报酬。

联合国教科文组织全民教育全球监测报告也发现：在幼儿保育和教育受到关注的国家，更年幼的儿童通常被忽视了。

（七）吸引、培训并留住合格教师

吸引、培训并留住合格的学前教育人员是各国面临的一大挑战。从 OECD 的相关报告可以看到，OECD 成员国在人员政策方面存在大量缺陷：早期教育与保育领域较低的招聘率和工资水平，尤其是儿童保育服务机构工作的人员；早期教育师资缺乏学前教育资质；师资女性化；教学团队不能反思他们服务社区的多样性等。欧盟委员会认为目前面临的重大挑战是如何吸引并留住优秀教师为早期教育与保育提供服务。

为吸引、培训并留住合格教师，欧盟报告中提出最好方法就是要保证所有师资具备足够的资格并且使其在整个职业生涯中接受高质量的培训。另外，工作条件对于早期教育与保育体系的师资质量也很重要，比如工作环境、工资和福利等等。同样地，这些也被看作是吸引高学历师资的方式和途径。

针对发展中国家普遍存在着幼教师资严重不足和专业水平低下，训练有素的幼儿保育和教育工作人员十分缺乏的问题，联合国教科文组织报告中提出学习发达国家的一些行之有效的政策与措施，如完善教师准入制度、不断创新教师教育模式、制定教师资格标准，建立培训和聘任制度，提高教师工资待遇，使之与小学教师看齐，创造较好的工作条件等，以吸引和留住训练有素的保教人员。

OECD 则强调，出于成本考虑，不必让所有从业人员都达到相同的更高的资格水平，重点应关注早期教师获得资格证书的教育类型。另外让那些只获得较低层次职前教育的从业人员与更合格的人员一起工作，也是提高师资质量的更经济有效的一条途径。

（八）数据的收集与监测

当前，全球经济危机仍然给教育部门

带来了很大的资金压力，在这种背景下，强调问责制的必要性，提升包括早期教育与保育在内的教育部门的投资收益，推动基于事实的政策发展已成为当务之急。而数据收集、监测及研究则是基于事实的政策制定的关键，是推动早期教育与保育质量提升的强大工具。

OECD《强势开端三》认为数据收集与监测的好处包括：有助于构建儿童是否获得公平的高质量早期教育与保育服务机会并受益于它的事实、趋势与证据。数据与监测对于建立早期教育与保育部门问责制及改进方案也非常关键。还可以帮助家长在选择早期教育与保育服务方面做出理性决策。OECD《强势开端》系列报告本身就建立在长期对于参与国早期教育与保育服务的数据收集、监测与研究分析基础上，其中提出了数据收集与监测的原则与具体策略。

目前所有欧盟成员国共同关心的问题就是在制定早期教育与保育政策的过程中缺乏实验证据来支持新的计划或政策进展。以实验证据为基础的政策制定是所有成员国以及欧盟最优先的事项之一。

联合国教科文组织也指出由于缺少共同的幼儿保育和教育的评价指标体系，使得有效监测和评估保教质量受到严重的限制，也降低了各国拟定质量标准以改善儿童发展服务的能力。提倡建立起一个综合的儿童发展指标体系，以确保政策制定的合理性，并据此提供可靠的数据，使各种决策过程更加科学化。

四、对北京学前教育发展的启示

对于北京市学前教育发展而言，受国家开放“单独二孩”、全面放开二孩等政策刺激，“入园难”问题将以城市入公办园难、入普惠性民办园难、就近入园难、流动人口子女入园难等问题再次成为公众关注的焦点；而随着学前教育机构数量的快速增长，学前教育机构教育的质量问题也令人担忧。

北京市学前教育的发展必须坚持公平和质量并重。四大国际组织始终致力于推进学前教育的卓越而公平，对于这些国际组织发布的有关学前教育发展重要报告的分析，为北京学前教育的发展带来诸多启示。

（一）必须明确学前教育的政府责任，尤其是财政投入的责任

早期教育对儿童的入学准备和未来成就产生显著和持久的影响，与针对年龄较大的儿童和成人的干预措施相比，早期教育投资有更高的回报率。许多国家将公共资源投资于幼儿发展，既是一个以权利为基础的服务，也是合理的财政投资。

学前教育事业发展不适用市场经济调控模式，政府必须提供可靠的公共资金支持幼儿保育和教育，这一认识在联合国教科文组织首届幼儿保育和教育大会的研讨中得到了深刻的强调。随着各国对儿童早期教育重要性的认识不断提高，越来越多的国家将学前教育视为一种准公共产品，通过加大公共财政投入不断强化政府对学前教育的责任。OECD 各成员国在提升早期教育和保育质量方面所做的有益探索凸显了政府的主导作用。强势开端项目本身即源于各成员国教育部长对于提升早期教育与保育质量的强烈诉求，政府在提升学前教育质量中的责任主要体现在制定统一的质量目标，尤其是最低标准的制定，并在确保经费的同时从战略上统筹优质资源；确保对于早期教育与保育提供者的统一监管等。

来自世界银行、OECD、联合国儿基会的经验表明，一个国家财政性学前教育经费占财政性教育经费的 10%、占 GDP 的 1% 是确保提供高质量的学前教育的最低

要求。

当前制约北京市学前教育发展的主要因素是投入不足，学前教育财政投入方面的法制保障还不完善，学前教育经费的投入机制尚不健全。要通过立法保障学前教育的财政投入，明确政府对学前教育财政投入的责任，减轻家庭负担，办让民众满意的学前教育。

（二）在确保学前教育公共投入的基础上，应建立多渠道筹措学前教育经费的投入体制，为学前教育发展提供资金保障

学前教育投资既有来自政府部门的公共资金，也有来自企业、基金、社团或其他非政府组织以及家庭的私人资金。在大多数国家，公共资金是儿童早期教育的主要资金来源。2009 年，OECD 成员国学前教育公共投入占学前教育总投入的比例平均达到了 81.7%以上，其中欧洲 21 国更高达 88.3%。2012 年我国学前教育公共投入占学前教育总投入的比例为 40.48%，与 OECD 成员国 2009 年的水平尚有很大差距。对于北京市而言，学前教育也需要建立以公共财政投入为基础，社会、家庭共同参与的多元财政投入模式。政府以公共财政投入构建基本的学前教育财政支撑体系，同时鼓励社会力量开办幼儿园、托儿所、社区看护中心、家庭日托机构等多层次的学前教育服务机构，引导社会资本参与学前教育发展，在保障社会力量合理收益的同时，体现学前教育的公益性和普惠性。同时，完善学前教育收费制度，通过向家庭收取适当的伙食费、保教费，不仅弥补学前教育经费的不足，同时调动家长投资幼儿发展的积极性。此外，可以参考一些国家的做法，通过建立特殊的收入来源渠道筹集资金用于支持学前教育发展。

（三）树立早期儿童综合发展理念，既重视儿童的认知、语言能力的发展，也重视儿童的身体和社会情感发展

儿童的幸福必须成为学前教育发展的核心。世界银行的报告提出，早期儿童发展是一个包含身体、认知、语言和社会情感四个领域的综合发展，这四个领域相互关联，相互促进。研究表明，怀孕到 2 岁之间的营养不足会导致学龄儿童严重的认知延误。在学龄前儿童中，如果不加以解决，语言和认知延迟可以迅速累积。儿童早期是大脑形成的特别敏感时期，在此期间突触（神经系统中神经元之间的连接或通路）迅速发育，形成孩子一生的认知和情感功能的基础。适当的营养，特别是从怀孕到 2 岁，以及在 5 岁前的刺激在大脑形成和发展的过程中发挥关键作用。环境风险因素，如营养不良、体质差，无刺激家庭环境和儿童虐待都被证明对儿童发展产生负面影响。儿童早期教育应重视综合能力的培养，不仅培养儿童的认知能力和语言能力，还培养他们的社会情感能力，包括动机和自我调节能力。儿童的入学准备不仅取决于他们的认知技能，也取决于他们的身体、心理和情绪健康，以及与他人交往的能力。因此，对儿童早期教育应改变重智力、轻身体，重认知、轻情感的倾向，树立早期儿童综合发展的理念。

（四）重点关注最需要的人群

早期教育到达最需要的人群是国际组织早期教育与保育政策关注的重点。政府对学前教育的投入应优先向各种处境不利儿童倾斜，促进教育起点公平，这是各类国家学前教育政策的共同取向。OECD 主张各国早期教育政策关注的重点不能仅仅局限于早期教育参与率的扩大，更应该强调早期教育的覆盖面，关注早期教育是否到达最需要的人群，政府必须努力确保所有

家庭，尤其是处境不利家庭有机会获得高质量的早期教育。尽管北京市学前教育三年计划已经圆满完成，学前教育毛入学率大大提升，但是普惠性资源短缺依然是北京市学前教育发展面临的主要矛盾。那些最能受益于学前教育的人群——贫困家庭儿童、流动儿童、农村留守儿童、农村非留守儿童……确保他们的起点公平将促进整个教育的公平，从而提升教育的整体质量。在未来扩总量的过程中，必须重点关注农村地区、外来务工人员儿童集中地区和人口分散地区，经费、师资向这些地区倾斜，公共资源重点保障这部分人群获得高质量的学前教育。

参考文献

［1］OECD. Starting Strong Ⅲ：Early Childhood Education and Care［R］. Paris：OECD，2012：3，8－9.

［2］OECD. Starting Strong I：Early Childhood Education and Care［R］. Paris：OECD，2001：7－8.

［3］OECD. Starting Strong II：Early Childhood Education and Care［R］. Paris：OECD，2006：56－59.

［4］Council of Australian Governments. National Quality Standard for Early Childhood Education and Care and School Age Care［R］. Canberra：Early Childhood Development Steering Committee，2009：36－37.

［5］UNESCO. Recognizing the Potential of ICT in Early Childhood Education －Analytical Survey［R］. Moscow：UNESCO Institute for Information Technologies in Education，2010：23.

［6］I. Litjens，M. Taguma. Literature overview for the 7thmeeting of the OECD Network on Early Childhood Education and Care［M］. Paris：OECD，2010.

［7］UNESCO. Strong foundations：Early childhood care and education［R］. 2006：10

［8］UNESCO. The hidden crisis：Armed conflict and education［R］. 2011：3.

［9］UNESCO. Youth and skills：Putting education to work［R］. 2012：10.

［10］UNESCO. Teaching and learning：Achieving quality for all［R］. 2014：1.

［11］UNESCO. Asia－Pacific Regional Policy Forum on Early Childhood Care and Education［R］. 2013：9.

［12］UNESCO. World Conference on Early Childhood Care and Education：Building the Wealth of Nations［R］. 2010：9.

［13］EACEA. Early Childhood Education and Care in Europe：Tackling Social and Cultural Inequalities［R/OL］.（2009）.

http：//bookshop. europa. eu/en/early－childhood－education－and－care－in－europe－pbEC8108480/.

［14］European Parliament's Committee on Culture and Education. Quality in Early Childhood Education and Care［R/OL］.（2013）. http：//www. europarl. europa. eu/studies.

［15］European Commission. Early childhood education and care for children from disadvantaged backgrounds：findings from a European literature review and two case studies［R/OL］.（2012）.

http：//bookshop. europa. eu/en/early－childhood－education－and－care－ecec－in－promoting－educational－attainment－including－social－development－of－children－from－disadvantaged－backgrounds－pbNC0213138/.

［16］刘焱，李相禹. 国际视野下早期教育师幼比的规定与发展趋势［J］. 比较教育研究，2014（5）：28－34.

［17］朱家雄. 从国际经合组织的强势开端看早期教育政策［J］. 幼儿教育，2012（3）：4－5.

［18］蒋平. 基于学前教育系列政策变

革背景下的幼儿教师专业化发展［J］. 教育导刊，2012（9）：12 -16.

［19］教育部. 国务院关于当前发展学前教育的若干意见［EB/OL］. http：//www. moe. edu. cn/publicfiles/business/htmlfiles/moe/s3327/201011/111850. html，2010 -11 -24.

［20］教育部. 幼儿园教师专业标准（试行）（征求意见稿）［EB/OL］. http：//www. moe. edu. cn/publicfiles/business/htmlfiles/moe/s6127/201112/127838. html，2011 -12 -12.

［21］邓跃. 国务委员刘延东就发展学前教育工作提三点意见［EB/OL］. http：//www. gov. cn/wszb/zhibo419/content_1757325. htm，2010 -12 -01.

［22］冯晓霞，周兢. 构筑国家财富——联合国教科文组织首届世界幼儿保育和教育大会简介［J］. 学前教育研究，2011（1）：20 -28.

［23］王海英. 学前教育成本分担机制亟待完善［N］. 中国教育报，2014 -11 -02（01）.

［24］袁媛，杨卫安. 我国学前教育生均经费标准和生均财政拨款标准研究——基于 OECD 2012 年度教育统计报告的数据分析［J］. 教育与经济，2013（3）：15 -19.

撰稿人：北京教育科学研究院国际教育信息中心　唐科莉　李震英　周红霞　李志涛

第九章 面向 2030 年的国际可持续发展教育展望及启示

——基于近五年国际重要政策文本和实践经验的研究

［摘要］ 2014—2016 年是国际可持续发展教育的重要转折点。联合国启动的为期十年的“可持续发展教育十年计划”结束，发布终期报告——《塑造我们希望的未来》，随后启动的《全球可持续发展教育行动计划》（GAP）《2030 可持续发展议程》《教育 2030 行动框架》以及 2016 年 9 月最新发布的 2016 全球教育监测报告《为了人类与地球：为所有人创造可持续未来》等五大重要文件都对各国及世界协力推进可持续发展教育主流化提出了具体要求。可持续发展教育成为 2015 年后全球教育的关键词，越来越体现出其主流化的发展趋势和内在需要。本文基于对近几年可持续发展教育重要国际政策的深入研究，梳理出适用于我国的可持续发展教育关键经验，并在联合国最新部署精神的基础上，提出我国未来几年推进可持续发展教育的主要侧重点以及针对北京地区可持续发展教育的重要切入点和增长点。

［关键词］ 2030 可持续发展教育 主流化 政策

Chapter 9 Prospect and Enlinghtenment of Internetional Sustainable Education Oriented to 2030

［Abstract］ From 2014 to 2016, is the important turning point for international Education for Sustainable Development (ESD). The Decade of Education for Sustainable Development (DESD) initiated by The United Nations came to an end in 2014, and the Global Action Programme of Education for Sustainable Development (GAP) as a new global initiative was started in 2015. In 2016, Transforming Our World: 2030 Agenda for Sustainable Development and Education 2030 Framework for Action put the ESD in place with new requirements, opportunities band challenges. Obviously, ESD has been an imperative for international education as well as for a sustainable future. In China, as the end of the 12th Five - year Plan and the beginning of the 13th Five - year Plan, we have approached into new period for social - economy development, environmental - governance and construction of people's livelihood, ESD needs to rethink its outcomes and lessons in the past decade, and study the new trend learned from the key reports issued by UNESCO recent years, drew out new strategies for ESD practice to meet national and local context.

［Key words］ 2030; education for sustainable; development

进入21世纪，随着可持续发展理念的深入人心，人们对于教育促进可持续发展关键作用的认识，在最近十余年中也达到前所未有的高度。但相比较于未来真正需要的理想教育，人类教育系统尚没有全系统地认清教育的真正意义，更没有及时、全面、深入地进行反思、审查和深度调整，教育应对可持续发展任重而道远！

过去的十余年，是世界和各国可持续发展教育艰难起步的十年，但对于教育发展的漫长历史来说是迈出了重要一步，特别是联合国“可持续发展教育十年”计划的潜心研究和实践探索所取得的宝贵经验为世界及各国面向2030年的教育改革和发展摸索出了一条新路。

一、可持续发展教育十年的关键成果

（一）以可持续发展视角重新审视教育目的，重塑人文主义精神的教育观

可持续发展教育十年，最大的成就是不断呼吁和警示教育对于地区、国家以及世界实现可持续发展的关键作用。将国家和世界可持续发展治理的关注力，从最初的政治斡旋和博弈、经济发展和扶持、社会改革和治理的传统手段，转移到教育这一根本途径上来。联合国教科文组织在2014年的可持续发展教育十年终期报告《塑造我们希望的未来》中指出：“许多国家都可以看到一种明显趋势，即让教育更加关注当今和未来世界所面临的社会、环境和经济方面的挑战。可持续发展教育为教育政策和实践提出了一个新的视角和目标。优质的可持续发展教育强化了人们作为全球公民的责任感，帮助他们更好地迎接自己将要继承的这个世界。”①

这一转变实际上引发了国际社会对于教育目的的重新审视。当今的教育更多地关注“学什么”和“如何学”，换句话说，“学什么最有用”“如何学能取得高分”，却严重忽视了“为什么而学”，特别是以负责任的、长远的目光来审视教育和学习的真正目的。虽然世界是多元的，但对于教育的终极目标，特别是在可持续发展时代教育目的的价值导向应该达到前所未有的高度和一致性，“必须根据公平、可行、可持续的人类和社会发展新观念来重新审视教育的目的。这一可持续的愿景必须考虑到人类发展的社会、环境和经济层面以及所有这些因素与教育的相互影响：‘赋权型教育可以培养出我们所需要的人力资源，这样的人才富有成效，能够继续学习、解决问题、具有创造力，能够以和平、和谐的方式与他人及自然实现共存。假如国家可以确保所有人终其一生都可以获得这种教育，一场悄无声息的变革即将拉开序幕：教育将成为实现可持续发展的动力和建设更美好世界的关键。’”②

“维护和增强个人在其他人和自然面前的尊严、能力和福祉，应是21世纪教育的根本宗旨。”③ 这是联合国教科文组织所倡导的人文主义教育观下的教育目的。显然，和盛行已久的主流功利主义教育观相比，人文主义教育观更多关注了人本身、自然以及二者之间的和谐共存，更加关注普世的伦理原则，强调关怀、包容性和共同性。而这种全球集体主义精神，正是指导人们共同努力应对全球教育变化，并得以应对全球不可持续问题的核心价值导向。可持续发展教育价值观以“四个尊重”为核心，

---

① UNESCO, Shaping the Future We Want: UN Decade of Education for Sustainable Development (2005－2014) Monitoring and Evaluation Reports, 2014。

② 联合国教科文组织：《反思教育：向“全球共同利益”的理念转变》，联合国教科文组织，2015年版，第32页。

③ 联合国教科文组织：《反思教育：向“全球共同利益”的理念转变》，联合国教科文组织，2015年版，第36页。

即尊重人，包括当代人和后代人；尊重差异和多样性；尊重环境；尊重资源，集中体现在如何处理人与人关系，包括代际关系，以及人与自然关系的解决之道，这正是国际社会所倡导的人文主义教育观的集中体现，不仅顺应时代需要，同时也将引领全球教育价值观的发展方向。

（二）教育与可持续发展议程趋于融合

基于人们对教育促进可持续发展关键作用的认识，十余年实践促使教育与可持续发展议程的关系正在由割裂、忽视逐渐过渡到兼顾和融合的良性互动：教育越来越关注和融合可持续发展实际议题；可持续发展计划也越来越将教育作为实现其目标的关键途径。

2012 年，“里约 +20”联合国可持续发展大会宣言中多次强调，“普及高质量各级各类教育是实现可持续发展以及人类发展的必要条件，是实现包括千年发展目标在内的各项国际发展目标的必要条件”。2014 年全球全民教育会议发布《马斯喀特共识》，确定了 2015 年后国际教育发展的七大目标并将“可持续发展”确定为未来全球教育发展的目标之一，明确提出“到 2030 年，所有学习者都要通过包括全球全民教育及可持续发展教育等途径，掌握建立一个可持续发展和谐社会所需要的知识、技能和价值观。”2015 年世界教育论坛上发布的《仁川宣言》强调要在可持续发展的总体协调框架下发挥教育作为协调中心的作用。指出可持续发展不仅是教育的一项内容，同时也更是教育的终极目标，所有教育归根结底都是为了实现人和社会的可持续发展。这也正是潘基文发起“教育第一”全球行动的根本目的。可见，在国际层面上，可持续发展教育已经和联合国倡导的多项教育项目、发展项目深度融合。

2014 年，联合国教科文组织公布《全球可持续发展教育行动计划》（Global Action Programme on Education for Sustainable Development，简称“GAP”）及其路线图，其整体思路就是要从两个方面强化推进可持续发展教育：将可持续发展融入教育、将教育融入可持续发展，并明确了两个方面目标：调整教育和学习，让每个人都有机会获得可持续发展所需要的知识、能力、价值观和行为方式，使其能够促进社会可持续发展进程；在所有可持续发展的项目和行动中加强教育和学习。可见，可持续发展教育与可持续发展议程的双向融合在国际层面已经取得了阶段性进展。

（三）可持续发展教育刺激了教育创新的内核

1．学习主体的转变

从“教育”到“学习”，实际上暗示着学习主体的重新定位。现在和未来的社会需要一个以学生为中心的教育体系。“以学生为中心的学习的重要组成部分是学生养成了学习自主性、对自身进步的归属感，以及指引学习的后续能力。这种能力使他们成为一个终身学习者，这对于当今快速变化的世界而言是非常必要的”。① 可持续发展教育自初期以来一直倡导将学习活动回归给学习者本人。在过去十余年的实践探索过程中，人们逐渐认识到教育和学习之间对于学习主体定位的差异。未来社会需要的教育其实更是以个体为主要驱动和实践主体的学习活动，也就是说重在于“学”，而不在于“教”，并且这样的“学”是个性化的学习，是基于不同能力基础和不同能力发展需求的学习。正是因为认识到可持续发展时代所需要的教育是学习者为中心的教育，因此很多国家将“Education for Sustainable Development”（可持续发展教育）改为“Education for Sustainability”

---

① ［美］迈克尔·霍恩，希瑟·斯特克著，聂风华，徐铁英译：《混合式学习：用颠覆式创新推动教育革命》，机械工业出版社 2015 年版，第 11 页。

或“Learning for Sustainability”（可持续发展学习）、“Learning for Change”（为了变革而学习），如澳大利亚、加拿大、英国等，体现的就是“以学习/学习者为主体”的教育主体观的转变。

2. 学习方式的革新

学习主体的转变相伴随的必然是学习方式的更新。十年来，世界各地的人们逐渐认识到，可持续发展教育能够使传统教学和学习产生革命性变化，能够通过教育和学习帮助人们获得可持续发展所需要的知识、学习能力、价值观和行为方式，应灵活应对一切不确定性、复杂性和争议，而这些必将通过新的内容体系、学习方式来实现。联合国教科文组织2012年发布的可持续发展教育十年中期监测报告《塑造明天的教育》重点对可持续发展教育推进以来，全球出现的学习方式的变化进行了评估，指出促进可持续发展的学习方式不断出现，如参与式学习、合作式学习、基于问题的学习、跨学科学习、基于系统思维/评判思维的学习、发现式学习、社会学习等形式表现尤为突出。这些新的学习方式无一不体现和符合应对可持续发展问题的需要，如合作性、综合性、情境化、参与式学习，都是在可持续发展问题的现实解决过程中的实际需要，但这些新的学习方式在当代学校中是非常缺失的。传统的相互分割和独立的学科，造成“只见树叶不见森林”的思维习惯。可持续发展时代需要人们以整体性、全局性、系统性思维来看待世界和问题，而非某个单一视角。

3. 学习内容的整合

可持续发展教育刺激了学习内容更加情境化、具体化，更加关注全球、国家或地区的实际问题，因此各国可持续发展教育内容既有共性又有特色，共性在于共同而普遍的全球挑战，特色在于本土或地区差异性。因此，可持续发展教育从学习内容上来讲，首先必须是根植于本土或地区的实际问题，以此为出发点、以此为落脚点，从社会、经济、环境和文化等不同维度极大丰富传统学习内容及布局，倡导“在尊重地域文化相关性和文化适应性基础上，用社会、经济、环境与文化综合视角观察和解决可持续发展问题”[①]。而这种综合思维方式和能力正是未来社会的人才培养的重要标准，也是可持续发展实际问题解决的重要策略。

4. 明确可持续发展教育的三种视角

联合国教科文组织提出了关于可持续发展教育的三种视角。第一是融合性视角，即人们看待问题不仅要从环境、生态的角度，还要从社会和伦理的角度出发；不仅要看现在、短期，还要考虑过去、预期未来；不应该只看当地，还应该考虑对于地区和全球的影响；不应该只从人类视角出发，还应该考虑人类之外的各种存在事物。第二是批评性视角。可持续发展时代需要的公民应该具备相应的技能和能力以批评性的思维来看待问题、甄别信息、敢于质疑。第三是变革性视角。敢于审视既定的传统，比如我们的生产方式、消费方式、生活方式，敢于重新思考主流的价值观以及整个社会系统运行的合理性。

可续发展教育倡导的学习主体角色、新学习方式以及对学习内容的更新和整合，正是赋予人们全局观念、批评性思维和参与变革的力量，重塑人们作为“全球公民”的身份的迫切所需，因此可持续发展教育所引领的“以学习者为本”的学习主体观、新的学习方式以及对学习内容的新要求必然会对传统教育和学习方式产生深远影响，成为传统教育变革与创新的催化剂；同时这一转变还破除了人们“可持续发展教育是现有课程附属品”的错误认识，使之成为“对现有教育系统进行调整的框架体系”和“反思教育和重塑教育的重要机遇”。

---

① 王巧玲：《全球可持续发展教育走势与中国特色》，《世界教育信息》，2015年第5期。

（四）可持续发展教育为优质教育和全民教育指明了方向

20世纪后50年，世界全民教育以实现受教育机会的均等为主要目标。2000年，《达喀尔行动纲领》明确提出：世界教育的发展目标应该从“全民教育”向“全民优质教育”转变。这一转变意味着全球教育开始从规模发展，逐步向质量提升转变。虽然各国对优质教育的认知和标准不尽相同，但国际促进优质教育的工作重点相当长时间内仍然在于基础教育资源的均衡和优质化；优质教育的目标仍然在于“促进每一个孩子的发展”，特别是每一个孩子的自主发展、个性发展。可见，在可持续发展教育到来之前，国际上对优质教育的认知仍然围绕个体本身的发展，至于个体应该具备哪些知识、能力、价值观和行为方式以促进社会、经济、环境和文化可持续发展的贡献并没有完全纳入优质教育的视野，教育价值观、教育质量观仍然是以功利主义和利己主义价值观为导向。

可持续发展教育推进的十余年，使国际社会对优质教育的探讨开始融入了新的要素。根据《马斯喀特共识》，所谓好的教育不应该只满足于实现个体有尊严的生存和发展，还要使个体能够有应对可持续发展未来相关挑战的知识结构、思想态度以及行为方式等，甚至能够引领社会实现可持续发展变革的意识和能力。2014年世界可持续发展教育大会上指出，“可持续发展应该而且必须成为面向全民优质教育的核心内容”。[①] 可持续发展教育为教育、学习和培训注入了新的知识、催生了新的教学和学习方式，同时通过参与式、合作式、实践式学习，使学习者更加关注可持续发展价值观和道德伦理、社会正在发生和即将发生的巨大变革，关注个体的行为方式以及对可持续发展进程的参与，对构建个体作为全球公民的身份认同感和责任感具有重大意义。因此，国际社会呼吁各国要对现有教育体系，特别是教育质量观进行反思和审查，制定可行的日程来对整个教育系统进行面向可持续发展的改革或调整。

《2030可持续发展议程》和《教育2030行动框架》明确提出“迈向全纳、公平、有质量的教育和全民终身学习”的教育目标，并明确将可持续发展教育纳入优质教育的重要衡量标尺，优质教育和全民教育有了更加丰富的理论内涵和实践新思路。

二、面向2030年，可持续发展教育将走向世界教育主流

《2030年可持续发展议程》提出了“提供包容和公平的优质教育，让全民终身享有学习机会”的教育发展总体目标。第7个子目标明确提出“到2030年时，所有受教育者都要掌握必要的知识和能力以促进可持续发展，具体做法包括进行关于可持续发展、可持续生活方式、人权和性别平等、促进和平和非暴力文化和全球公民意识的教育，以及了解文化多样性和文化对可持续发展的贡献”。

《教育2030行动框架》是针对《2030年可持续发展议程》“目标4”及其关联目标设定的世界教育面向2015—2030年的更加宏伟和普世的发展目标，其主题是“迈向全纳、公平、有质量的教育和全民终身学习”。该框架重申了《2030可持续发展议程》对于可持续发展教育的目标，强调要“强化教育对全面实现人权、和平、从本土到全球的负责任的公民、性别平等、可持续发展和健康的贡献”。同时指出：“这些教育的内容必须具有相关性，重点关注学习的认知和非认知领域。公民所需要

① Heila Lotz－Sisitka：UNESCO World Conference on Education for Sustainable Development Conference Report by the General Rapporteur. 2014。

的知识、技能、价值观与态度，包括引领有成就感的生活、做出明智的决策、应对和解决全球挑战时积极发挥本土和全球的作用，可以通过包括和平与人权教育、跨文化教育及国际理解教育在内的可持续发展教育和全球公民教育获得。”《教育2030行动框架》进一步确定了实施可持续发展教育的首个指示性策略：“制定政策和项目推动可持续发展教育，通过教育内容的干预、教师培训、课程改革和教学支持，推动将这一教育纳入正规、非正规和非正式教育的主流”。

可见，面向2030年以及更长远未来的教育不仅应该促进个人的可持续发展，同时也是国家、地区和全球可持续发展进程的重要一环！可持续发展教育正越来越成为世界教育的主流！

三、未来我国可持续发展教育从哪些重点方面加以应对？

（一）加强可持续发展教育要成为教育/发展政策的创新点

根据2014年联合国教科文组织发布的可持续发展教育十年计划终期报告《塑造我们希望的未来》数据，截止到十年计划结束之际，已有80%的会员国任命了可持续发展教育协调员；66%的会员国制定了国家可持续发展教育战略或规划；50%的会员国设有国家可持续发展教育或可持续发展教育十年协调机构；50%的会员国已经将可持续发展教育纳入到相关政策当中；29%的会员国将可持续发展教育内容纳入到法律和法规文件当中。① 特别是对于可持续发展教育成功推进的国家来说，政策保障发挥了至关重要的作用。2014联合国年教科文组织发布《全球可持续发展教育行动计划》明确要“将可持续发展教育主流化，全面纳入教育政策和可持续发展政策当中，为可持续发展教育创造有利环境，促进系统变革”②，并将此作为未来世界各国推进可持续发展教育的首要任务。

我国在2010年颁布的《国家中长期教育改革和发展规划纲要（2010—2020年）》将“重视可持续发展教育”作为重要战略主题写入其中，对教育领域全面推进可持续发展教育发出了正式号召。2015年，中共中央和国务院发布《关于加快推进生态文明建设的意见》，明确提出要加强生态文化宣传教育，促进生态文明建设。生态文明的本质要求就是可持续发展，生态文明建设的过程需要一种教育与之相适应，可持续发展教育就是直接体现这种需要的教育理念和育人模式。文件还特别提出要倡导文明健康的生活方式、消费模式和文明意识，完全吻合国际可持续发展教育理念以及中国可持续发展教育实践。因此，可持续发展教育是实现生态文明建设的最优教育选择。

过去十年的经验证明，可持续发展教育成功推进的有力保障是来自政府或官方机构的决策承诺和领导认可。因此，未来我国可持续发展教育促进教育改革的重要发力点在于可持续发展教育政策的创新性与连贯性，并实现与其他国家政策的相互融合。

（二）推广“全机构式”的学校推进法

联合国教科文组织在“里约+20”峰会期间强调：“实现可持续发展的最佳途径是多方力量共同参与，对整个体系进行重新设计。对中小学与大学而言，这就意味着要对课程与教学、校园管理、组织文化、领导与管理、社区关系以及研究与评估做

① Shaping the Future We Want：UN Decade of Education for Sustainable Development（2005－2014）：Monitoring and Evaluation Report（Summary），2014。

② UNESCO，Global Action Programme on Education for Sustainable Development，2014。

出全面的反思和调整。”“这种重新设计要求我们要采用过去几年来可持续发展教育领域中所涌现的那些互动、综合、批判式学习方法”。

“全机构法”（whole - institution approach）是联合国教科文组织重点倡导的可持续发展教育的重要推进方式，是一种以可持续发展为指导理念的办学模式，覆盖办学理念、课程设置与实施、教与学方法与内容、学校管理、校园文化和环境建设、教师队伍建设与专业发展、社区互动及治理等方方面面。从理论和实践上不仅实现了对传统环境教育的巨大创新和改革，更呈现出新时期学校教育的存在形式、时代功能和发展方向，成为学校适应和推动社会发展，创造教育特色的新动力。多个国家的实践证明，全机构法的确比在单一领域推进能够取得更加广泛和深入的实际效果。例如，英国苏格兰地区 2012 年由“‘一个地球’学校工作组”（One Planet Schools Working Group）发布的《可持续发展学习①》将“可持续发展学习”定义为：要通过一种“整体学校方案”使学校和周边社区做出决策，为构建可持续发展、平等的社会形成相应的价值观、态度、知识、技能和信心，以此突出学习者在整个学习过程中的主体地位。这里的“整体学校方案”就是一种全机构法。

我国结合本土教育实际构建出了一套具有中国特色的可持续发展教育学校整体推进策略，主要包括：①将可持续发展教育理念融入学校办学思想；②普遍开展可持续教学实验；③开发可持续发展教育校本课程；④开展“环境—资源”和“社会—文化”专题教育活动；⑤建设节能减排特色校园；⑥构建可持续发展教育学校社会合作网络。但对于多数学校而言，切实按照上述整体推进策略来实施可持续发展教育存在不少的认识误区和工作空白，特别是在将可持续发展教育理念真正融入学校的办法思想、深入开展以可持续发展价值观为导向的教学改革和学习创新上，仍然存在思想认识和操作方法上的缺失，都需要系统深入的理论学习与思考、专业的实践指导和反思、敢于抛弃传统、勇于革新的勇气。因此，面向未来社会的发展需要，不仅要完善在一所学校里深入开展“全机构”的整体推进策略，同时还要带动更多学校开展此类实践创新，仍然是一项需要长期攻坚的重大任务。

（三）创新和加强可持续发展教育共同体/联盟

广泛、深入、有效的社会合作历来是可持续发展教育推进的一个重要策略。2014 年，联合国教科文组织在《全球可持续发展教育行动计划》“优先行动领域五”中指出“地方学校体系的行政人员和地方市政当局的能力建设有助于将可持续发展教育落实到地方环境当中，使学习者能够找到地方层面的可持续解决方案，构建多利益攸关方的可持续发展教育合作网络”。相比较于英国、加拿大、日本等有着良好社会合作网络的国家，我国在过去十余年实践中，力图开创多方合作的伙伴关系，但仍然收效甚微，很多优秀的可持续发展教育社会资源并没有被纳入进来，可持续发展教育也没有对这些机构带去新的发展思路和创新动力。因此寻求建立良好的伙伴关系、整合可持续发展教育优质社会资源是今后按照“全纳”“全民”思路推进可持续发展社会教育的重要突破口。

当然，合作关系的建立和运营对于学校和社会机构来说都面临着巨大挑战。例如，学校将面临教师知识和能力储备不足的巨大挑战；对于社会机构来说，必然面临着来自体制和机制的巨大阻力。总体来说，教育系统和社会机构的双向合作必然

---

① 如前所述，英国苏格兰地区将国际流行的“Education for Sustainable Development”（可持续发展教育）改为“Learning for Sustainability”（可持续发展学习），意在突出学习者主体地位的重要性。

是一个需要经历阵痛的过程，终究也是一个互惠互利的过程，特别是社会机构的广泛参与，将对可持续发展进程具有重大意义。

（四）狠抓可持续发展教育专业素养的教师团队和管理团队建设

实践证明，教师能力建设是可持续发展教育能否有效推进、促进传统教育转型的关键因素。联合国教科文组织明确将“培养教育工作者和培训人员的能力”作为2015年后全球可持续发展教育行动的优先行动领域之三，指出“培养教育工作者和培训人员的能力有利于帮助教育工作者确定如何把可持续发展教育纳入教学活动”。

2013年，苏格兰将“可持续发展学习”作为普通教师专业认证的15个领域之一，并进一步在“教师职业生涯专业学习标准”（The Standard for Career – long Professional Learning）中将可持续发展学习作为教师应深入发展、获取精细知识和理解力、增强技能的六个关键领域，与教学方法、学科知识、课程和评估等重要的教师专业发展领域相并列。同时，“教育领导与管理标准”（The Standard for Leadership and Management）也纳入可持续发展学习，以支持学校领导者在其工作的各个方面积极支持可持续发展教育的原则，推动可持续发展教育实践。[①] 邻国日本，可持续发展教育已经成功纳入教师的职前教育和在职培训，并且成为日本教师职业资格认定的必修内容。

相比较而言，我国目前已有的教师培训活动还远远不足以满足可持续发展教育实践对于教师素质提升的迫切需要。可持续发展教育的基本内容还没有作为一门正式课程或学习领域纳入到高等师范院校的课程范畴，成为入职的必备素质之一；同时教师的在职培训也没有形成固定的常规和制度保障，教师可持续发展素养还没有成为教师资格认定、职称评定的核心标准。未来的可持续发展教育教师教育制度和在职培训制度，包括学校领导者、教育行政者的培训都要纳入覆盖全系统的教育和培训当中，这是未来可持续发展教育能否成功促进传统教育改革成败的关键一环。

（五）持续关注学习者可持续发展素养的培养

近20年来，国际社会及世界主要教育发达国家一直在探求未来社会人才的核心素养构成要素及培养方式。虽然各个构成体系不尽相同，但是总体表现出如下趋同特征：如强调人文主义精神教育价值观、兼顾个体终身学习和可持续发展关键素质、兼顾本土和全球发展、兼顾时代性和前瞻性、兼顾精英教育和大众教育目标、兼顾个人价值和社会价值等等。纵观全球较为成熟的核心素养体系，其实都越来越能够清晰地看到，未来人才的培养越来越突出人的可持续发展素养，包括价值观、知识、能力和行为。

2016年，中国教育学会关于《中国学生发展核心素养（征求意见稿）》出炉，将可持续发展素养作为核心素养体系的重要组成部分。这意味着，可持续发展素养培育成为教育对生态文明有力应答的具体落点。可持续发展素养包含可持续发展所需要的价值观、知识、关键能力与生活方式，其中以“四个尊重”为核心的可持续发展价值观是关键素养。我国十余年的实践探索不断构建和完善可持续发展教育视角下学习内容及预期的培养目标，为培养多元核心的可持续发展要素奠定必要基础。面向未来，可持续发展素养一方面要更多的纳入国家教育政策范畴，同时也要在学校教育中进一步付诸实践，促进我国全面推进优质教育和优质学习的创新价值。

---

① 祝怀新，王习：《苏格兰基础教育阶段可持续发展教育探析》，《外国教育研究》，2016年第3期。

四、可持续发展教育实验区/示范区建设：助力北京教育现代化、国际化的重要抓手

“十三五”时期是北京教育现代化的决胜阶段，全面深化北京教育改革，既实现北京教育满足首都城市发展的战略目标；又实现带动京津冀、辐射全国的科技创新、文化促进、经济拉动等作用；还要实现培养高素质国际化人才的“世界城市”发展目标，北京教育需要进一步顺应国际教育发展潮流，创新发展方式，不断提升首都教育的内涵和水平。北京各区在过去十余年积极开展可持续发展教育实践，成绩显著。特别是可持续发展教育理念所带来的办学目标、育人理念的更新给广大中小学带来了新的发展视角和方向，注入了新的发展活力。

可持续发展教育实验区建设是基于区域内部的资源整合和优化、结合本区域社会、经济、环境和文化具体要求和区域特色发展道路，实现区域教育整体可持续发展以及教育促进区域整体可持续发展的实践道路。2011 年，《北京市中长期教育改革和发展规划纲要（2010—2020 年）》中，把“深入开展可持续发展教育实验，建设可持续发展教育示范区”作为了加快首都“教育现代化试验城市”建设的重要内容。2012 年 7 月，在北京市颁布的《2012—2015 年中小学德育行动计划》中，再次明确提出“大力开展可持续发展教育，引导学生树立可持续发展价值观、学习方式和行为方式”，这些顶层教育设计为广大中小学校长、教师的可持续发展教育教学实践创新提供了制度保障。2016 年，《北京市“十三五”时期教育改革和发展规划（2016—2020 年）》再次明确提出要“加强可持续发展教育，推进可持续发展教育示范区建设，建设可持续发展学校和可持续发展教育基地，培育学生可持续发展素养”，“强化可持续发展教育，建设示范区和学习创新基地，深入开展节能减排和节约型校园建设”。未来，可持续发展教育促进北京教育现代化、特色化和国际化的重要抓手仍然在于：可持续发展教育实验区/示范区建设。

目前，东城区、西城区、朝阳区、石景山区、昌平区、通州区、门头沟区和房山区等区县已经在过去十余年教育教学和管理实践经验的基础上率先开启了区域整体推进可持续发展教育的实践探索；并结合本区实际，制定了具有针对性和特色化的可持续发展教育区域推进策略。例如，石景山区伴随着首钢涉钢产业的搬迁调整，区域功能逐步由传统重工业区向首都城市功能拓展区、城市职能中心、综合服务中心、文化娱乐中心转变的调整转型，教育面临着如何适应区域发展的新命题。该区基于长期参与可持续发展教育的实践经验，果断以可持续发展教育作为区域教育发展和改革的重要指导思想，提出“可持续发展教育理念是区域可持续发展的必然诉求”①，持续推进可持续发展教育国家实验区建设。到目前为止，全区已经有 19 所中小学成为国家级和市级可持续发展教育示范学校和实验学校。特别是最近三年，石景山区以促进校长和教师可持续发展教育能力建设为抓手，先后展开了“双名工程”、连续举办了四期“可持续发展教育校长成长工作室”，构建起了区域可持续发展教育校长、教师系统化和专业化的培训模式，在全区教育理念更新、区域课程建设、教师专业发展、校园文化建设等方面开启了全面提升区域教育品质的良好局面，可持续发展教育已经成为该区教育发展的一张名牌。

---

① 郝显军：《建设可持续发展教育国家实验区，深入推进区域教育综合改革》，《中国可持续发展教育》，2014 年第 3 期。

已有的可持续发展教育实验区建设经验表明：研制颁发行政文件是可持续发展教育区域表达的重要载体；可持续发展教育地方课程研发是区域特色的浓缩；大面积创建可持续发展教育实验学校是提高教育与学习质量的主要途径；指导青少年关注并参与解决区域可持续发展实际问题，是可持续发展教育成果的实际体现。为此，跟进国家可持续发展实验区和国家生态文明示范区建设的步伐，同步分批有计划推进可持续发展教育国家实验区/示范区是教育融入可持续发展议程的有效形式。①

2016年是国际可持续发展教育重要的历史新阶段，也是北京教育“十三五”时期的开局之年。面对国际国内不断升温的可持续发展教育新形势，面对北京教育致力于建设公平普惠、优质均衡、特色创新、开放协同的教育体系和学习型城市的新要求，可持续发展教育对现有教育的调整、改进和创新经验值得借鉴并进一步推广。“十三五”期间，北京教育要实现以教育质量为改革主线、以促进公平为着眼点、以激发学校办学活力为切入点的改革总体思路，可持续发展教育是不可替换的一条实践之路。需要继续认真研究国际和各国先进的可持续发展教育理论成果，借鉴国际优秀实践经验，实现本土化的融合消化和创新；必须继续坚持探索以可持续发展教育理念促进人才培养模式创新、学校管理机制创新，实现教育质量提升、教育服务于社会的能力增强、学生综合素质提升、学校办学活力增强、校内外资源优化配置的多元发展目标，助力北京教育实现国际化和现代化。

参考文献

[1] UNESCO. Shaping the Future We Want: UN Decade of Education for Sustainable Development (2005—2014) Monitoring and Evaluation Reports [R]. 2014.

[2] United Nations. Transforming Our World: 2030 Agenda for Sustainable Development [R]. 2015.

[3] UNESCO. Rethinking Education: Towards a global common good? [M]. 2015.

[4] 史根东. 建议将可持续发展教育写入“十三五”教育规划 [N]. 人民政协报，2016-02-17 (10).

[5] 谢春风. 英国可持续发展教育：一名中国学者的观察 [J]. 中国德育，2016 (1): 10-14.

[6] 陈新夏. 可持续发展与人的发展 [M]. 北京：人民出版社，2009.

[7] 联合国教科文组织. 反思教育：向“全球共同利益”的理念转变 [R]. 联合国教科文组织. 2015.

[8] 迈克尔·霍恩，希瑟·斯特克. 混合式学习：用颠覆式创新推动教育革命 [M]. 聂风华，徐铁英，译. 北京：机械工业出版社，2015.

[9] 王巧玲. 可持续发展教育的全球走势与中国特色 [J]. 世界教育信息，2015 (5): 50-53.

[10] Heila Lotz-Sisitka. UNESCO World Conference on Education for Sustainable Development Conference Report by the General Rapporteur [R]. 2014.

[11] World Education Forum 2015, Framework for Action Education 2030: Towards Inclusive and Equitable Quality Education and lifelong Learning for all [R], 2015.

[12] Shaping the Future We Want: UN Decade of Education for SustainableDevelopment (2005-2014): Monitoring and Evaluation Report (Summary) [R]. 2014.

[13] UNESCO. Global Action Programme on Education for Sustainable Development [R]. 2014.

① 王巧玲：《“十三五教育规划”呼唤可持续发展教育》，《北京教育科学研究院〈教育快报〉（教育决策参考）》，2016年第7期。

[14] 祝怀新，王习．苏格兰基础教育阶段可持续发展教育探析 [J]．外国教育研究，2016 (3)：3-15.

[15] 王巧玲．“十三五教育规划”呼唤可持续发展教育 [J]．北京教育科学研究院教育快报（教育决策参考），2016 (7).

[16] UNESCO. Section for Education for Sustainable Development (ED/UNP/DESD). Education for Sustainable Development Lens: A Policy and Practice Review Tool [M]. 2010.

[17] 王咸娟．可持续发展教育：2015 年后全球教育发展关键词 [J]．中国德育，2015 (17)：39-43.

[18] 郝显军．建设可持续发展教育国家实验区，深入推进区域教育综合改革 [J]．中国可持续发展教育，2014 (3).

[19] 史根东，张婧．在可持续发展教育中促进优质教育——北京市石景山区第三期可持续发展教育专家工作室结题综述 [J]．中国可持续发展教育，2015 (2).

[20] 王咸娟，徐新容．可持续发展教育走向明天的教育：第六届北京可持续发展教育国际论坛文集 [C]．北京：北京科技出版社：2013.

[21] 王鹏．生态文明背景下节约型中小学校建设的推进策略 [J]．中国德育，2015 (17)：35-38.

[22] 阿尔杨·瓦尔斯．塑造明天的教育：可持续发展教育十年回顾与总结 [J]．世界教育信息，2015 (5)：26-28.

[23] Aaron Benavot．为了人类与地球：为所有人创造可持续未来（2016 全球教育监测报告）[M]．巴黎：联合国教科文组织出版社：2016.

撰稿人：北京教育科学研究院可持续发展教育研究中心　王咸娟

第十章　教育智库建设的国际经验与未来趋势

[摘要]　本文对国际顶尖教育智库的基本情况、功能定位、队伍建设、经费来源和科学研究进行了系统梳理。研究发现，教育智库建设的国际经验主要包括机构运作独立化、组织形式联盟化、人才建设复合化、经费来源多元化、政策研究规范化。教育智库建设呈现综合化、专业化、国际化、信息化和体系化的发展趋势。

[关键词]　教育智库　智库建设　国际经验　发展趋势

Chapter 10　The International Experience and Future Trends in the Construction of Educational Think Tanks

[Abstract]　This paper analyzes the basic situation, functional orientation, team building, funding sources and scientific research of the international high-end educational think tank. It is found that the international experience in the construction of educational think tank mainly includes the operation of the organization, the alliance of organizational form, the combination of talent construction, the diversification of funding sources, and the standardization of policy research. The development trend of the construction of the education think tank is comprehensive, professional, international, information and system.

[Key words]　education think tank; construction of think tank; international experience; development trend

智库是以公共政策为研究对象，以影响公共政策为目标的公共研究机构。在西方，智库常常被称为“影子内阁”或“政府外脑”，在重大公共政策的研究、咨询和决策中发挥重要作用。在美国，从制定军事战略到国际关系研究与外交决策，乃至综合性战略研究，智库的身影无处不在。人们甚至还把它列为立法、行政、司法及媒体之外的“第五权力”。随着科学化、民主化决策的深化以及应对国际战略竞争的需要，打造一批“信得过、靠得住、用得上”的智库已成为全社会的共识。

党中央、国务院高度重视智库建设，习近平总书记多次批示要求加快现代智库建设。党的十八大报告明确提出，“坚持科学决策、民主决策、依法决策，健全决策机制和程序，发挥思想库作用”。十八届三中全会提出，“要加强中国特色新型智库建设，建立健全决策咨询制度”，从而将智库建设提升到国家战略层面。2015 年 1 月，中共中央办公厅、国务院办公厅印发《关于加强中国特色新型智库建设的意见》指出，中国特色新型智库是党和政府科学民主依法决策的重要支撑，是国家治理体系和治理能力现代化的重要内容，是国家软实力的重要组成部分。在此之前，教育部于2014年2月10日印发《中国特色新型高校智库建设推进计划》，提出了推进高校智库建设的总体思路、主要举措和重点领域。

近年来，我国的智库建设取得了一些成就，逐渐从“后卫”变成“前锋”、“边缘”走向“前沿”、“单向”转为“互动”，但仍然存在一些问题：一是智库作为国家软实力的重要组成部分既缺乏制度性保障，也未能得到系统性体现；二是智库对决策的影响多处于若即若离状态，在党和国家科学、民主决策体系中缺乏制度化、规范化、程序化的安排；三是我国智库多以官方、半官方为主，智库本身难以平衡体制属性与政策研究独立性之间的关系；四是智库研究成果向决策咨询、社会效益转化的渠道不够畅通，效率有待提高；五是我国智库总体而言战略谋划和综合研判能力不足，政策研究质量和水平有待提高，尚不适应新时期决策的需要；六是党政机构与社会对智库建设的重视程度有待提高，智库发展还面临很多体制性障碍。

当前，我国教育正处在深化综合改革的攻坚期，推进教育治理体系和治理能力现代化，建设现代大学制度，深入推进“放管服”改革，必须切实加强中国特色新型教育智库建设，以科学咨询支撑科学决策，以科学决策引领科学发展，充分发挥教育智库在教育治理中的作用，为教育改革和发展提供智力支撑。现代智库起源于美国，迄今已有近百年的历史。当今全球排名的顶级智库几乎全部来自于欧美发达国家，它们对全球政治、经济等公共政策的影响举足轻重，成为各国智库建设学习的典范。因此，系统总结世界典型教育智库的国际经验和未来发展趋势，对于建设中国特色新型智库具有重要的借鉴意义。

一、智库的发展概况

根据宾夕法尼亚大学发布的《全球智库报告2014》统计，目前全球共有6681家智库，广泛分布于全球的169个国家，其中美国以1830家智库排名第一，中国以429家位居第二。全球顶级智库前十位分别是：美国布鲁金斯学会、英国皇家国际事务研究所、美国卡内基和平基金会、美国战略与国际研究中心、比利时布勒哲尔、瑞典斯德哥尔摩国际和平研究所、兰德公司、美国外交关系委员会、英国国际战略研究所和美国伍德罗·威尔逊国际中心。我国共有七家智库入围“全球顶级智库前150位”，依次为：中国社会科学院、中国国际问题研究院、中国现代国际关系研究院、国务院发展研究中心、北京大学国际战略研究院、上海国际问题研究所和中国人民大学重阳金融研究院。

2015年1月，上海社会科学院发布《2014年中国智库报告》，列出了中国最具影响力的十大智库，分别为：中国社会科学院、北京大学、国务院发展研究中心、复旦大学、中共中央党校、清华大学、上海社会科学院、国家发改委宏观经济研究院、中国人民大学、中国（海南）改革发展研究院。

根据隶属关系和经费来源，大致可以将我国智库分为官方智库、高校智库和民间智库。官方智库是指隶属于党政机关的政策研究机构，同时包括半官方性质的国际和地方社科院系统，其研究经费主要来源于财政拨款。高校智库是指高校附属的政策研究机构，研究经费主要来自校方拨款、政府合同、企业赞助、社会募捐等多种渠道。民间智库主要是指民间组织性质的政策研究咨询机构，其经费主要来源于基金会或企业赞助。

二、国外典型教育智库介绍

本部分对布鲁金斯学会、兰德公司、教育政策中心、伦敦大学教育学院、澳大利亚教育委员会和新西兰教育委员会进行了系统梳理。选择上述教育智库是基于以下几点考虑：一是教育智库建设质量较高的智库，这也是美国智库占多数的原因。据宾夕法尼亚大学发布的《全球智库报告2014》统计，2014 年全球共有智库 6681 家，其中美国智库有 1830 家，占全球智库总量的 28%，超过排名第二的中国 4 倍之多。同时，全球前 10 名顶级智库中，美国智库独揽前 6 名。二是尽量覆盖各个类型的教育智库。在选取的教育智库中，选取兰德公司、伦敦大学教育学院、布鲁金斯学会分别作为官方智库、高校智库和民间智库的代表，同时兰德公司和布鲁金斯学会是综合性智库的代表，而教育政策中心作为专业性智库的代表。三是尽量覆盖到欧洲、美洲和大洋洲等各个地区，布鲁金斯学会、兰德公司和教育政策中心是美国教育智库，伦敦大学教育学院来自欧洲，而澳大利亚教育委员会和新西兰教育委员会代表大洋洲教育智库。

本部分对上述教育智库的基本情况、研究领域、经费来源、队伍建设和影响力提升等方面进行系统梳理，在具体某一智库的介绍时不求面面俱到，只对其典型经验进行提炼，为中国特色新型教育智库建设提供启示。

（一）布鲁金斯学会

布鲁金斯学会以“高质量、独立性和影响力”闻名于世，成为美国，乃至世界影响最大的综合性智库。根据宾夕法尼亚大学发布的《全球智库报告 2014》，布鲁金斯学会在国际发展、医疗政策、安全和国际事务、国际经济政策和社会政策等领域均位列世界第一，在教育研究方面位列美国第一，在政策影响力和引用率上也是位列世界智库榜首。该智库成功的经验主要体现在以下四个方面。

首先，注重对政府决策的参与，积极发挥政治影响力。布鲁金斯学会一直有“民主党流亡政府”、“民主党思想库”和“民主党的影子内阁”的美称，它长期关注公共政策问题，并将公共政策研究作为主要的研究方向。通过政策研究为政府决策提供参考方案，发挥资政的作用。为了最大限度地发挥对政府的政策影响力和对公众的舆论影响力，学会积极跟踪国内外重大事件的发展脉搏，并就此组成专家项目组经过研究向政府提交对策报告；通过向国会提交报告和作听证等方式，对政府的机构设置发挥重要影响；重视成果的宣传推广，通过国会听证、政策评述、媒体采访、报纸社论、书籍、讨论会、国际会议、互联网等方式把研究成果提供给公众。

其次，坚持中立的研究立场，注重高质量研究成果。为了保持中立性，一方面限制政府的资助，规定政府的资助不得超过总收入的 20%；另一方面不接受秘密的研究，以避免使研究机构沦为政府的附庸单位。将高质量的研究作为其生存和发展的保证，珍惜高质量研究带来的良好信誉。为保证研究质量，高薪聘请一流人才，同时强调科学的、实证的研究方法，注重调查研究，以保证政策研究的可信性与准确性，进一步扩大影响力。

再次，利用“旋转门”机制，为政府提供和储备人才。学会与联邦政府的关系历来非常密切，其人员在政府和智库之间的“旋转流动”，典型地体现了美国政府与智库之间的“旋转门”关系，因而被称为“联邦政府的人才储备库”。2009 年奥巴马宣誓就职后，32 位布鲁金斯学会的学者进入其执政团队，很多都是核心官员，美国驻联合国大使苏珊·赖斯就是其中之一。

最后，树立全球视野，注重智库建设

的国际化。一是研究队伍国际化，通过聘用国际人才做兼职研究员打造国际化研究团队；二是研究领域国际化，通过直接承接国际项目，研究国际事务和国际政策研究，重视全球视野的研究；三是研究机构国际化，布鲁金斯学会于2006 年和2008 年先后在北京和卡塔尔成立了布鲁金斯——清华中心和布鲁金斯——多哈中心，其中布鲁金斯——清华中心挂靠于清华大学公共管理学院，通过组织学术会议、公开讲座、内部论坛等学术活动致力于中国公共政策研究，为中国的改革发展提供独立、高质量以及有影响的政策研究，可以说，布鲁金斯学会在机构建设方面已成为名副其实的跨国智库；四是服务对象国际化，与布鲁金斯学会有业务往来的国外机构和部门有联合国、世界银行、中国清华大学、英国政府、法国政府等。

（二）兰德公司

兰德公司是美国最具盛名和影响力的综合性智库之一，最初隶属于道格拉斯公司，1948 年从道格拉斯公司脱离出来，成为一家独立和非营利性的研究机构。早期主要从事国家安全问题研究，之后研究范围逐渐扩大到商业、教育、卫生、法律、科技、能源、国际关系等领域。[1] 兰德公司的成功经验主要体现在以下几个方面。

首先，注重与政府保持紧密联系的同时又保持独立性。一方面，注重维护与政府的联系。兰德公司是美国唯一能获得政府全部机密文件的半官方研究机构。公司的高级研究人员经常被邀出席政府会议或作为政府代表团成员出国访问，有的甚至到政府部门充任要职。为了工作业务的需要，美国空军经常有 5 名左右的校级军官在兰德公司工作。政府给兰德公司的支持包括：一是信息支持，提供大批文件、资料以共享情报；二是人员支持，通过多种方式的交流，输送和储备人才；三是组织支持，有时联合组成课题组，共同研究某项专题。另一方面，保持独立性传统，倡导自主性研究，不断促进创新。长期以来，兰德公司一直保持着独立性的文化传统，坚持非营利性民办研究机构的定位，独立开展工作。为保持相对独立性，兰德公司主要采取了一系列措施。一是通过拥有不同性质的客户的形式来保持其独立性。二是研究的客观性和公正性，作为政策研究机构，敢于说不，敢于讲真话，正是这种特立独行的工作作风为公司树立了良好的声望，也赢得了客户的尊重，政府开展的政策研讨会，要求兰德公司研究人员参与也是看重其独立的研究精神。三是具有管理支配权力的监事会制度。为了倡导自主性研究，兰德公司鼓励研究人员充分发挥想象力，提出独特的见解，同时建立公司内部基金，为自发课题开展研究提供物质保证。

其次，健全的人才队伍机制。一是高层次人才选拔机制。兰德公司的研究人员在学术研究上独树一帜，在社会上有“兰德学派”之称。二是高水平的人才培养机制。兰德公司不仅以高水平的研究成果和独创的见解著称于世，而且为美国政府培养了大量高级人才。为扩大影响力，兰德公司于 1970 年创办了世界决策分析的最高学府——兰德研究学院，以培养高级决策者为宗旨，并颁发全球第一个决策分析博士学位。三是充分发挥兼职专家的作用。兰德公司在发挥专职研究人员作用的同时，充分借助各领域专家的才能，在不熟悉的领域开展新课题研究。聘请专家为自己的课题研究献计献策是大多数智库常用的手段。兰德公司的过人之处不仅体现在敢于充分依赖专家的力量开展新领域、新问题的研究，而且更重要的体现在其一直倾力研究如何充分发挥专家的力量，真正让专家的知识为自己所用。正是由于其对专家咨询方式方法不断进行的思考与改进，最终有了“德尔菲法”“头脑风暴法”等一系列著名方法的产生，而这些理论方法也帮助兰德公司从专家那里获得了更多、更深的智力支持。

最后，把握研究方向，选对重点研究领域。兰德公司一开始就具有清晰的思路和长远的眼光，以全球顶级咨询公司作为自己公司最终的战略目标。一是关注国际热点问题。对热点问题开展研究，其成果很容易引起公众的关注，从而扩大自己的知名度，吸引到更多的业务投资。二是开展大量预测性研究。由于一贯重视未来学理论的影响，兰德公司把目光主要放在刚刚产生和兴起的新技术、新产品上。对于新生事物的预先研究很容易成为该领域的权威。预测性研究最大的特点为研究结果是可以量化的，准还是不准，差距有多大，与实际情况对照就知道了。尽管预测类课题带有一定的风险性，但从实际效果来看，预测准确为智库所带来的声望要远远大于预测失败所造成的损害。三是研究角度偏重于宏观管理、规划层面，而不是深入研究一些专业技术问题。宏观研究的层次高、角度新，容易引起高层管理者的重视，同时研究方法具有一定通用性管理学的理论方法在各方面都可以应用，研究成果的辐射范围广，更容易为该领域外的人甚至普通民众所接受，从而形成更广泛的社会影响。

（三）教育政策中心

教育政策中心创建于 1995 年，在 2006 年被美国《教育周刊》评为“过去 10 年影响美国教育政策的十大机构之一”。教育政策研究中心主要关注初等与中等教育，致力于推动公立教育，促进公立学校的发展；帮助人们更好地理解公立教育在民主社会中的作用。自创立以来，其工作主要围绕“不让一个孩子掉队法”及高中毕业会考和学业成就等来进行。

教育政策中心的典型经验可概括为独特的影响教育政策的方式和“旋转门”机制两个方面。就对政策影响的方式而言，主要有以下三种：一是通过国会听证会上听证、递交政策简报等方式，扩大在教育决策圈的影响力。二是通过“旋转门”机制，实现智库研究与政府决策的对接。一方面，“旋转门”机制营造的政府官员与智库研究人员的人际关系网，使得智库研究人员对政府的要求做出回应；另一方面，增强政府决策的实用性与准确性，一项政策建议是否被采纳，并不在于它是最优的，而是因为它在技术上、经济上、政治上是可行的，拥有政府工作背景的人，更懂得妥协的艺术、更擅长将自己的主张获得决策者的支持。三是借助媒体影响公众舆论与大众的认知，左右政策议程。[2]

（四）伦敦大学教育学院

高校教育智库是世界各国智库体系中的重要组成部分。英国是欧洲智库的发源地，其智库发展水平仅次于美国。作为高校智库和教育专业智库的代表，伦敦大学教育学院在人才培养、科学研究、政策咨询和社会服务等方面树立了高校教育智库建设的典范。

首先，动态调整战略目标。在不同的发展阶段，伦敦大学教育学院依据社会现实需求和全球教育理念变革及时调整战略目标，为教育和社会发展提供政策咨询。作为最初的教师培训机构，伦敦大学教育学院在面对公众对教育的不信任的困境时及时调整重组，以应对政治和社会需求，逐渐发展为集教师培训、科学研究、社会服务和政策咨询于一体的智库机构，通过专业研究为政府提供咨询服务，同时影响全球教育政策的发展趋势。

其次，全面拓展智库功能。一般来说，智库的职能主要体现在资政功能、存史功能、育人功能、宣传功能、预警功能和纠错功能。伦敦大学教育学院通过政策咨询发挥资政功能，通过教育知识的传播、保存、丰富和更新发挥存史功能，通过实践型务实教育人才的培养发挥育人功能，通过研究结果的通俗解读发挥宣传功能。同时，伦敦大学教育学院还注重预警和纠错功能的发挥。它通过对中长期教育和社会问题提出“预警”，通过制定教育政策问题框架、提供相关问题背景信息和国际经验借鉴、递交教育决策咨询报告等方式，提醒政府防止出现重大教育政策失误和偏差，为政府提供直接的政策建议和解决问题的办法。

最后，建立健全保障体系。伦敦大学教育学院建立了覆盖理论保障、经费保障、信息保障和推广保障的保障体系。一是重视基础理论研究。伦敦大学教育学院不仅注重教育专业学理，更重视对教育发展和人类成长密切相关的哲学、政治学、社会学、心理学、经济学等领域的理论探究，倡导跨学科理论的运用，为透视教育现实、提供教育政策建议夯实了思想基础。二是多元化的资金来源。伦敦大学教育学院的经费主要来源于英国研究委员会、政府拨款、慈善机构、捐赠和研究委托等五大渠道，所占比例分别为48%、23%、11%、8%和10%。三是丰富的信息数据资源。伦敦大学教育学院拥有大量的馆藏与在线教育资源，调查数据与研究成果形成最具影响力的教育研究数据库，同时专门开设“教育循证研究门户”网站，与其他30余家教育研究机构共同通过门户网站分享调查数据和研究成果，为教育智库运作提供强有力的信息保障。四是全方位的推广平台。任何一个教育问题，如果没有得到大多数人的关注，就很难成为教育政策问题，无法进入政策议程成为教育政策。媒体是公共舆论的制造者、评判者和信息传递者，教育智库应善于利用媒体将研究成果推广给相关利益者，通过公众舆论引起政府对相关问题的关注，为研究成果发挥资政作用提供机会。

（五）澳洲教育智库

澳洲教育智库中比较有代表性的是澳大利亚教育委员会和新西兰教育研究委员会。澳大利亚教育委员会，成立于1930年，是澳大利亚国家级教育政策咨询与研究机构，是独立于政府的非营利性教育科研单位。该机构以教育科研服务决策为导向，以研究分院为基地，向全国乃至中东、南亚、东南亚的国家各级政府提供一流的教育决策服务。其经费主要来源于决策服务合同及其相应产品，没有政府机构资助。澳大利亚教育委员会的特征可以概括为服务水准专业化、机构运作独立化、辐射范围国际化、研究过程长期性。[3]澳大利亚教育委员会主要通过开展大型调查研究、教育测评、开发教育质量标准、实施学业成就测试服务教育决策。新西兰教育研究委员会，成立于1934年，是新西兰唯一的国家级独立的教育科研机构，主要研究领域包括：基于测试机构的研究与评价，开发或传播基于研究的产品、提供在线调查以及测试评分服务。除了为政府提供咨询服务，新西兰教育研究委员会也为社会机构或个人提供相关服务。[4]通过对澳大利亚教育委员会和新西兰教育研究委员会的梳理发现，两国教育委员会均重视教育质量国家标准的开发、监测和评估，同时积极参与国际大型评价项目。其中，教育质量的评估项目注重大规模测评与多方调查相结合，强调教育评估对决策和实践的双重服务作用。

三、教育智库建设的国际经验

自20世纪初智库诞生以来，发达国家智库一直走在世界前列，并形成了成熟的运作机制和适应本国政治、经济和历史文化传统的发展模式，其中教育智库在功能定位、队伍建设、经费渠道、智库研究等诸多方面的经验值得中国特色新型智库建设参考和借鉴。

（一）机构运作独立化

从欧美经验来看，无论是哪个国家，在什么样的政治体制之下，政府部门和各个党派都非常关注与决策有密切关系的智库成果。但是，他们通常并不直接影响这些学术机构独立开展研究工作。相对于决策对象和决策者而言，以公共政策为主要研究方向的智库，无论是政府体系内还是体系外，都强调自身的独立性，这是北美地区公共智库的首要特征。美国政府体系外部的非营利性智库，都是独立核算，独立研究，但大都积极承担政府的研究任务，为政府服务通常基于合同确立合作关系。政府体系内的咨询机构，虽然研究任务和经费预算都由政府提供，但也强调独立的观点和看法，同样具有相当大的独立性。[5]另外，智库的独立性也是智库研究的客观性和科学性的要求。智库往往强调中立的态度，避免由于自身利益局限造成“偏见”或“成见”，以在激烈的竞争中更好地生存和发展。

（二）组织形式联盟化

从智库组织形式来说，建立智库联盟成为各国智库建设的典型经验。国际上的智库联盟类型多样。一是跨国性的专业性智库联盟。例如，2007 年，全球第一教育智库“国际顶尖教育学院联盟”成立，并于 2013 年更名为“国际顶尖教育学院网络”。该联盟整合了伦敦大学教育学院、北京师范大学教育学部、新加坡南洋理工大学国力教育学院、美国威斯康星大学麦迪逊分校教育学院、加拿大多伦多安大略教育研究院、澳大利亚墨尔本大学教育研究院、丹麦奥尔胡斯大学教育学院、韩国国立首尔大学教育学院、南非开普敦大学教育学院和巴西圣保罗大学教育学院等十所高校教育研究院，为国际教育学术界、国际和各国公共教育政策提供支持。二是国内专业性智库联盟。例如，美国教育政策研究联盟整合了斯坦福大学、哈佛大学、宾夕法尼亚大学、哥伦比亚大学、密歇根大学、西北大学、威斯康星大学麦迪逊分校等 7 所大学，致力于问责制、教育管理、增强知识与能力、改善教学、学校财政与资源分配以及教师质量和报酬等问题的联合研究，实现了智库的跨校合作。此外，还有跨国性的综合性智库联盟。例如，金砖智库委员会整合了巴西应用经济研究所、俄罗斯国家研究国家委员会、印度观察家研究基金会、中国当代世界研究中心以及南非人文科学理事会等五个智库，加强智库间的合作，为金砖国家的研究者提供相互交流的平台。[6]当前，我国深化教育领域综合改革进入深水区，需要凝聚最广泛的理论和各方面的智慧，特别需要充分发挥教育智库的重要作用。为此，建议成立中国教育智库联盟，通过举办系列学术交流活动、联合开展专题调研和课题研究，通过信息载体传播教育改革信息等方式，搭建教育智库沟通交流平台，共享教育数据信息和科研成果，促进教育智库更好地为教育决策服务。

（三）人才结构复合化

一是人员组成多样化。教育智库汇聚了政府官员、专家学者、企业高管和普通教师，研究人员遍布决策部门、研究部门和实践部门，不仅为政府部门的领导提供研讨和进修机会，同时也为智库影响政府决策提供了沟通渠道，有利于提升智库研究的决策影响力和实践影响力，实现政策研究与政策实践的对接。二是学科组成多元化。智库研究人员来自不同的学科，这样能从更广阔的学科视野、更高的战略层次的、更多元的思维角度审视教育改革和发展，有利于形成高质量的教育研究成果。三是研究人员和辅助人员有效配置。美国兰德公司的经验是“两个研究人员不如一个研究人员加上半个秘书的效率高”。

（四）经费来源多元化

充足的资金是智库发展的重要保障。就经费来源而言，美国智库的资金来源包括基金会的赠款、企业和个人的捐款、书籍出版物和学术会议所获得的经营收入以及研究项目的合同收入，而欧洲智库的研究经费主要来源于政府、欧盟委员会、私人部门、信贷支持、研究合同等。就经费组成而言，美国智库资金来源中基金会和企业比重较大，政府资金比重相对较小，而欧洲智库资金来源中政府资金所占比重普遍较大。多元化的经费来源不仅是智库经费充足的保障，也是智库研究独立性的重要保证。

（五）政策研究规范化

在研究选题上，强调研究的问题导向。美欧重要教育智库普遍以问题为导向，特别是以当前社会和外交政策与战略中所面临的一系列尖锐挑战作为研究客体，从中提出切合实际，同时也基于学理基础的分析和结论。无论国际还是国内议题都是针对当下最为紧迫和亟须解决的问题而设置。在研究类型上，强调基础研究与政策研究并重。在基础研究上，教育智库要紧密结合中国国情，顺应时代潮流和国际趋势，加强系统性理论研究，不断丰富和发展中国特色理论。同时与国内其他智库加强合作，逐步形成“中国学派”，扩大中国智库在国际智库界和学术界的话语权。在政策研究上，紧密结合我国发展现状，加强重大战略性问题的研究，见微知著，增强研究的前瞻性和预见性。[7] 在研究方法上，强调基于数据的实证研究。

需要说明的是，以上智库建设经验是欧美国家智库发展过程中形成的相对完整的运行机制，但由于各国政治体制、文化传统和社会环境差异较大，对于上述智库建设的经验，应当结合我国智库发展的实际批判性地借鉴吸收。

四、教育智库建设的未来趋势

（一）综合化

按研究领域的多少，可将智库分为综合性智库与专业化智库，综合性智库研究领域相对较广，而专业化智库专注于某一领域的研究，在某一研究方向或研究问题上具有丰厚积累，在专业领域有着关键性的政策影响。从国际上来看，智库发展呈现出“大而全”和“小而精”并存的特点，即大型智库由于其具有的综合集成能力，研究领域呈现出宽视野、全方位、跨学科、体系化的特征，研究实力、规模和影响力越来越大，呈现出综合化的发展趋势，而中小型智库则日益走上了专业化发展的道路。早期智库研究主要集中在军事和外交领域，伴随世界经济政治领域问题的不断增多，智库研究逐渐扩展到发展、教育、文化等领域，研究领域呈现出综合性、全面性的趋势。全球教育政策顶级智库前 10 强中，综合类智库占 6 个，专业类智库占 4 个。教育智库综合化的趋势主要体现在以下几个方面。

一是教育研究领域的综合化。根据研究领域是否局限于教育领域将教育智库分为综合类智库和专业类智库，典型的智库分别是美国兰德公司和教育政策中心。从国际智库发展的趋势来看，智库呈现出综合化的趋势。综合类智库参与教育研究，能从更广阔的国际视野、更高的战略层次、更多元的思维角度审视教育改革和发展，有利于形成高质量的教育研究成果。美国的综合性智库兰德公司，下设教育研究部，侧重对教育评估、学校改革评估和教师教学等方面进行研究。

二是教育研究手段的跨学科性。教育研究本身所包含的多样化内容自然而然地要求研究方法侧重于多学科方法。例如，日本早稻田大学亚太研究中心有 14 个研究小组，其中经济教育研究小组、国际教育开发研究小组、比较教育研究小组分布从不同的视角研究教育问题。

三是教育研究人员的多样性。教育智库会聚了政府官员、专家学者、企业高管、教师等人员，给教育人才交流互动提供了良好平台。教育智库通过举办各种专题研讨班、学术讲座、教育培训，邀请世界名流出席或做学术报告，就当前教育热点问题进行讨论。这一方面为政府部门的领导提供研讨和进修机会，让他们了解和汲取研究成果；另一方面也为智库影响政府决策提供了沟通渠道。美国智库实行的“旋转门”机制为政府官员和智库研究人员搭建了良好的平台。

（二）专业化

一是研究内容专业化。澳大利亚教育委员会以教育科研服务决策为导向，以国内外 7 个研究分院为基地，向澳大利亚以及其他国家和地区的各级政府提供一流的教育决策服务。其服务教育决策的方式主要是通过开展大型调查研究、教育测评、开发教育质量标准等来实现。以委员会为主的国家教育智库主持了国际大型教育测试并开展全国性调查评估项目，建立了以结果为导向的全国教育质量测评标准体系。

二是人才队伍专业化。澳大利亚教育委员会通过多种方式和渠道招聘和培养了一支高度专业化的人才队伍。引进多位国际知名、国内一流的研究专家，作为学术领军人物。员工的聘用以合同制为主，有长期稳定的员工，也有因项目需求招聘的临时雇员和外聘顾问、兼职人员。有适度的岗位流动，给员工尝试不同岗位的机会。通常采用项目中心的组合方式，以项目为基准考核工作。鼓励跨部门、跨单位甚至跨国界合作。为促进研究人员的专业化成长，提供专题讲座、课程、工作坊等多种培训和实践的途径和方式。

三是研究机构专业化。伦敦大学教育学院是英国乃至欧洲最大的专门从事教育及其相关学科研究的高校教育智库。它借助在教育学科及相关社会科学研究的专长，搭建多学科学术碰撞的平台，促进教育及相关领域理论的发展，为教育咨询积累成果，为理论与实践的互动奠定基础，并引领社会科学研究的发展方向。美国教育科学研究所的主要目的是为决策者和实践者服务，及时为他们提供做出决策所需的最有价值的专业论证和资料。该智库按专业领域分为 4 个分中心，即国家教育研究中心、国家教育统计中心、国家教育评价和地区协助中心、国家特殊教育研究中心。在这方面做得较为突出的还有日本国立教育政策研究所，其下设研究企划开发部、教育政策与评价研究部、生涯学习政策研究部、初等中等教育研究部、高等教育研究部、国际研究协作部等机构，从事专业研究。

（三）国际化

在全球化的背景下，智库发展的国际化趋势日益明显。国际著名智库大都站在全球视野和角度开展研究，推动决策咨询国际化。一是设立海外机构。实力雄厚的智库直接在海外开设分支机构，实现智库在空间上的延伸拓展。二是承担国际项目。智库研究选题不拘泥于国内问题的研究，同时也关注国际前沿、热点区域、热点问题研究。澳大利亚教育研究委员会承接的国际项目，包括经济合作与发展组织的国际学生评估项目、国际教育成就评价协会的国际公民及素养调查研究等。三是聘用国际人才。除了直接面向全球聘用国际专业人才外，通过设立国际访问学者制度、国际奖学金制度和国际学生交流制度等吸引来自世界各国的精英进行人员交流，推动思想和成果的交流，建立全球人才网络。四是承办国际学术活动。通过搭建国际高端论坛，拓展国际服务空间。例如，东亚国家领导人会议认可的“东亚思想库网络”在推进东亚区域合作机制方面担当第二轨道外交活动平台，又如中国与欧盟首脑会谈建立的“中欧思想库论坛”成为推动双边加深了解与政策沟通的良好平台。五是加强国际传播能力和队伍话语体系建设。借助智库成员广泛的人脉关系，以及敏锐而独特的对国际问题与形势的驾驭能力，提升研究成果的国际影响力。

（四）信息化

在大数据时代背景下，智库发展在宣传引导、科学研究和成果推广方面呈现信息化的趋势。具体来说，一是重视数据库建设。在信息化背景下，智库研究日益强调基于数据的实证研究，强调政策研究与实证研究的紧密结合。从国际上看，各国智库大都重视数据库建设，重视联机检索系统来收集、处理和提供信息，建立独立的数据收集体系，与官方行政数据相互印证，充分利用大数据为政策咨询和政策评估奠定科学的基础。二是利用网络公布、宣传最新学术思想、研究成果和政策主张。“酒香也怕巷子深”，在保证智库研究质量的前提下，注重对自身成果的宣传推广。三是注重全媒体的舆论宣传作用。注重利用微博、微信等社交媒体，强化教育公众、影响决策的功能。一方面，增加社会参与度和媒体曝光率。充分利用传统媒体和新媒体等现有媒体渠道，将研究成果带入公共空间，广泛收集反馈意见改进后续研究，同时引导社会舆论影响政府决策，成为沟通政界、学术界、媒体界以及公众的枢纽。另一方面，主动搭建沟通平台，吸引社会各界参与交流。比如举办各种媒体吹风会、新书发布会，提供各种长期或短期的访问学者资助等。[8]

（五）体系化

按照资金来源和机构归属，发达国家智库主要分为官方智库、高校智库和民间智库三大类。近年来，我国教育智发展迅速，基本形成了官方智库、高校智库和民间智库共存的格局。三类智库各有优势，官方智库有着信息获取和信息通道的先天优势，主要着眼于紧迫性的政策研究，但由于官方智库的隶属关系和财政经费支持，研究的独立性和客观性面临一定的质疑；高校智库承担着学术研究、人才培养和政策研究等多重任务，主要着眼于长期的跟踪研究和战略研究，研究富有学理性但缺乏实操性；民间智库由于经费来源于第三方，不受政府的控制，其研究的独立性和客观性值得称赞，同时也成为沟通政府与民众的重要信息渠道，但其经费来源的不稳定性影响了研究的可持续性。因此，建议成立教育智库基金会，加大对民间教育智库的扶持力度，三类智库形成多元互补的智库体系，发挥各自优势，为政府部门提供更多战略性、前瞻性的研究成果。

参考文献

［1］李轶海，金彩红．国际著名智库研究［M］．上海：上海社会科学出版社，2010．

［2］谷贤林．智库如何影响教育政策的制定——以美国“教育政策中心”为例［J］．比较教育研究，2013（4）：38－42．

［3］王建梁，郭万婷．“专业化发展”理念下的澳大利亚教育智库建设——以澳大利亚教育研究委员会为例［J］．高校教育管理，2014（2）：33－37．

［4］曾天山，王小飞，吴霓．澳新两国国家教育智库及其服务政府决策研究［J］．比较教育研究，2013（8）：35－40．

［5］慕海平．借鉴国际经验，打造有影响力一流智库［J］，行政管理改革，2011（3）：57－61．

［6］姜红．金砖国家智库应更注重本国实际经验［N］．中国社会科学报，2014－4－11（6）．

［7］王莉丽．创新发展中国特色高校

智库——基于美欧高校智库经验的思考［N］. 光明日报，2016 -5 -4（16）.

［8］王晓. 批判性借鉴美国智库建设经验［N］. 中国社会科学报，2015 -10 -9（6）.

撰稿人：北京教育科学研究院教育发展研究中心　朱庆环

第十一章　“互联网 + 教育”新型发展形态研究

[摘要]　自 2015 年“互联网 +”首次出现在国务院政府工作报告中以来，国家层面发布了多项涉及“互联网 +”的政策文件，“互联网 +”已经上升到国家战略高度，成为重大发展国策。“互联网 +”在加快促进传统行业转型升级，培育发展新业态、新模式方面发挥着重要作用。“互联网 +”和教育的不断融合创新为教育改革发展提供新理念、新思路和新动力。本研究介绍了“互联网 + 教育”的内涵和本质，以及与教育信息化、“教育 + 互联网”的区别和联系，分析了“互联网 + 教育”形态的概念。从在线学习群体、教师群体、教育信息技术、教育组织管理四个方面剖析了“互联网 + 教育”新形态。建议首都从重视“互联网 +”意义作用、发挥区位和先发优势、加强教师引导培训、制定落实规章制度等方面推动“互联网 + 教育”。

[关键词]　“互联网 +”　教育变革　发展形态

Chapter 11　Study on the New Development Forms of “Internet Plus Education”

[Abstract]　Since “Internet Plus” was first mentioned in the report on the work of the government in 2015, a series of policies on “Internet Plus” have been published. “Internet Plus”, being as a national key policy, has been risen to the height of national strategy. “Internet Plus” plays an important role in stimulating transformation and upgrade of traditional industries and cultivating new format and new model. The consistent innovation and merge between “Internet Plus” and education supplies new ideas, new thoughts and new motives for reform and development of education. The content and nature of “Internet Plus Education” and the difference and connection among “Internet Plus Education”, “Education Plus Internet” and education informatization was introduced and the concept and factors were analyzed. New development forms of “Internet Plus Education” was analyzed from the perspective of online learning community, teacher community, educational information technology and educational organization management. It was suggested that “Internet Plus Education” of Beijing as the capital should be motivated by attaching importance to “Internet Plus”, exploiting the advantages of region and the first mover, strengthening teacher training and making and implementing policies.

[Key words]　“internet plus”; education reform; development forms

美国媒介思想家和文化评论家尼尔·波斯曼在《技术垄断》这样评价新技术：“将毛毛虫从它栖息的环境里清除掉，你得到的不是一个单纯减去毛毛虫的环境，而是一个新的环境：你重构了生存的条件。新技术不是什么东西的增减益损，它改变一切。”互联网作为一项不断演进变化的新技术，重构了社会环境，极大地改变了商业、金融、交通等行业形态。“互联网＋”战略的推出，首次给了“互联网”作为主体去发力的机会，给我国教育带来许多重大发展机遇。围绕“互联网＋教育”，政府、产业界、学界开展了热烈讨论，涉及互联网情境下的教育产业形态、发展路径、技术特征、管理模式等许多内容。多年的理论和实践经验表明，互联网深刻影响和改变了教育，但关于“互联网＋教育”究竟是什么，哪些因素在发挥作用，在形态表现上有哪些新变化，如何去实施推进等方面，尚未达成共识。本研究从内涵和特征出发，剖析“互联网＋教育”新形态的主要表现，并给出了发展建议。

一、“互联网＋教育”的内涵和特征

（一）“互联网＋”的认识

在实践层面，“互联网＋”早已突破2015年李克强总理政府工作报告中所说的现代制造业、电子商务、工业互联网、互联网金融等领域，而是持续融合、改造所有传统领域。对“互联网＋”的影响和作用，社会各界有高度共识。但在理论层面，社会各界对“互联网＋”并没有形成统一认识，不同学者从经济社会运行、信息传播、社会治理等不同视角都给出了不同的理解。例如，从经济社会运行视角出发，有学者认为：“互联网＋”本质是实现互联网上优质资源、生产要素的互联互通、广泛共享、有效聚合和充分释放，是互联网思维、大数据思维与传统产业和实体经济的有机融合，是国民经济的互联网化、大数据化、高阶信息化[1]。从信息传播视角，有学者认为：“‘互联网＋’不是在传统互联网中做一点提升，而会是一次全新的信息革命，在这次信息革命中，主角要从一个传播的时代，转向智能感应的时代。”[2]也有从技术本源和作用出发，认为“互联网＋”重新定义了信息化，其本质是促进信息/数据的广泛流动、共享和利用[3]。

（二）“互联网＋教育”的内涵和本质

在传统网络教育时代，关于技术的价值定位是这样的：“技术是支持教育的工具”“技术是辅助教育的工具”“技术是创设学习环境的工具” “技术是认知工具”“教育为体，技术为用”[4]。互联网作为技术发展到一定阶段的产物，不可避免地被认为是支持教育发展变革的工具产品。

后来，人们对技术在网络教育中的认知有所变化。认为应摒弃技术仅仅是“物”的观念，要把握技术在网络教育价值取向中的人文考量，进而认为网络教育的实质内涵是信息时代的“技术服务教育”的价值定位的实践形态，其表现为“技术化教育”形态。其中，信息技术是“服务价值”得以实现的实践工具[5]。不难看出，此时的互联网仍处于从属和工具地位。

美国前教育部长邓肯曾说，“我们在教育上的投入不能算不多，包括教育信息化的投入，但是远远没有产生像在生产和流通领域那样的效果，根本的原因在于教育没有发生结构性的改变”。而以金融、交通、零售为代表的传统行业，由于受互联网的冲击和影响，产生了结构性的变化和飞跃式的发展，人们开始重新思考互联网的价值和作用。

结合互联网在其他行业领域发挥价值和作用的路径和方式，“互联网＋教育”的本质就是在现代信息技术与教育全面融合创新的进程中，通过促进互联网和教育双螺旋式嵌入耦合发展，实现教育的互联网化。“互联网 + 教育”的基本内涵就是利用互联网思维、理念和技术，实现教育构成要素的互联互通、广泛共享、价值释放、优化配置和高效应用，从而促进教育行业的系统性、结构性变革，形成更广泛的以互联网为基础设施和实现手段的教育发展新形态，是面向学习者个体提供优质、灵活、个性化教育的新型服务模式[6]，是整个教育生态系统适应从工业社会向信息社会发展需求而转型升级的互联网基因工程。

（三）“互联网 + 教育”与教育信息化、“教育 + 互联网”

从发展阶段看，教育信息化本身是一个复杂的系统工程，处在持续变化的过程中。2005 年联合国教科文组织把教育信息化的过程分为起步、应用、融合、创新四个阶段。“教育 + 互联网”大致对应了“起步”“应用”阶段，以信息化基础设施建设、信息化教育教学资源开发与应用、师资培训等为主要内容；“互联网 + 教育”大致对应“融合”“创新”阶段，以充分发挥“信息技术对教育技术的革命性影响”、变革教学范式、重构师生角色和关系、重塑管理模式和组织形态等为主要内容。“教育 + 互联网”和“互联网 + 教育”是教育信息化经历的不同阶段，前者站在教育本位，后者站在互联网本位，后者是前者发展的更高阶段。从核心技术的演变和作用看，从“教育 + 互联网”到“互联网 + 教育”是从 IT（信息技术）到 DT（数据技术）的转变。

（四）“互联网 + 教育”新形态的概念

“教育形态”是由教育要素所构成的教育系统在不同时空背景下变化的组织形式。教育要素是指构成教育活动或系统必不可少的、最基本的要素。一般认为，构成教育活动的基本要素包括教育者、学习者或受教育者和教育中介（包括教育媒体、内容、影响和手段等）。有学者认为，就教育活动过程而言，教育要素包括教育目的、内容、方法、组织形式、制度等方面的要素；从存在层次而言，有学前、初等、中等、高等等不同层次的教育[7]。也有学者认为教育形态就是由教育的原理、结构、方法、评价标准以及教育的组织形式等所构成的教育的整体表现形式[8]。此时的教育要素包括教育的原理、结构、方法、评价标准以及教育的组织形式。

关于教育要素，不同的划分标准包含不同的内容。但不管怎样，教育要素作为一种客观存在总是和一定的社会形态相适应，社会形态的变化，尤其是以信息技术为代表的新兴生产力的变化，决定着教育要素的变化。因此，“互联网 + 教育”形态可以理解为，人类进入信息社会后，受互联网思维、理念和技术的渗透、影响和作用，不断演进变化的教育者、学习者（或受教育者）和教育环境（也可以理解为教育中介，包括制度环境、组织结构、教育资源、教学方式等）所构成的教育系统的组织形式，在微观上就表现为教育者、学习者、教育环境等教育要素的形态。“互联网 + 教育”新形态与传统教育信息化的形态、“教育 + 互联网”形态不是完全割裂的，是教育在和互联网融合过程中，传统教育形态的延伸和拓展。

二、“互联网 + 教育”新形态的主要表现

（一）在线学习群体壮大、行为转变与赋权

1. 在线教育群体数量激增与学习行为习惯碎片化

中国互联网络信息中心（CNNIC）报

告显示，截至2016年6月，我国网民数量达到7.1亿，手机在线教育用户规模为6987万，与2015年年底相比增长了1684万，表明在线教育用户规模庞大，并且移动学习成为在线教育的主要学习形式。随着互联网基础设施日臻完善，基础网民数量持续增长，在线教育产品不断丰富，以及新生代互联网原住民的加入，在线教育群体规模将保持扩张的趋势。与传统学习的持续性、专注性和正规性相比，移动互联网时代，在线学习呈现学习工具终端移动化、学习内容、时间和空间碎片化的特点，用户的在线学习和阅读习惯发生显著变化。因此，信息超载和知识碎片化带来的学习行为习惯碎片化、非正规化将是一种趋势。面对这种趋势，应通过转变教师角色、调整教学方法、优化课程设计、系统化建构知识体系等方法引导学生科学开展碎片化学习。

2. 可选择的在线学习资源更加丰富

课程资源方面。在传统教学领域，2015—2016年度国家教育资源公共服务平台的"一师一优课，一课一名师"活动平台报名教师达137万名，全国地方高校UOOC联盟加盟成员高校达92所，C20慕课联盟共发布各类微视频18616个，还包括北京数字学校、四中网校、101网校等知名学校或机构建设的在线学习资源平台。在技能和兴趣领域，各类教育科技企业通过平台提供海量的在线学习资源，主要学习平台包括网易云课堂、MOOC学院等。

工具资源方面。随着社会资本和技术力量的涌入，在线教育市场生态多样丰富，在线教育企业提供的产品和工具涵盖各个学段、各个学科，涵盖听、说、读、写、练、考等各种技能。在线学习资源不断丰富，已使学习场所已经不仅仅局限在学校、班级，课程资源不仅仅局限在教师、书本，学习工具不仅仅限于PPT、投影仪、电视。而丰富的课程资源，加上大数据、云计算、移动互联网等新兴技术支撑下的多种新型教育模式能够极大地满足学生学习需求和教师教学需求，学生的选择权更多，也让学习效果更值得期待。

3. 学习者赋权得以实现

不论是顾明远先生提出的"把学习的选择权还给学生"，还是美国人本主义心理学家卡尔·罗杰斯提出的"以学生为中心"，都已经成为当今教育界乃至整个社会的共识。但长久以来，"把学习的选择权还给学生""以学生为中心"更多是一种理想、目标，尽管在政策层面、教学层面有所推进，但教学支配学习、老师支配学生这一情况并没有发生实质性改变。由于在线教育群体数量扩张、学习行为习惯改变、在线学习资源更加丰富，教与学、师与生的天平真正发生了变化，逐渐向学习、学生一边倾斜。互联网实现了学习者赋权，使得学习者逐渐具有中心地位，真正打破了学习者在传统教学关系所处的从属地位和被支配角色，学习的控制权逐渐从教师、管理者手中转移到了学习者手中。这种地位和权利是信息社会中学习者天然具备的属性，不再是被动赋予或赐予，更不会被轻易剥夺。学习者赋权，意味着像电子商务领域的C2B模式一样，学习者不是整个教学流程的终点而是起点，围绕学习者需求设计教学内容和模式、优化教学流程、倒逼教学改革，真正实现个性化定制学习、柔性化教学。

（二）教师群体扩张、流动与角色转变

1. 教师群体数量剧增

随着知识经济社会到来，社会分工越来越细，人们的知识层次和水平在不断提升，越来越多的人虽然没有真正的教师身份，但他们在某一学科、某一领域拥有一技之长，并且乐意去主动表达和分享。但按照传统标准去衡量，这些人非专家学者、非专业教师，他们所掌握知识的价值和作用不被正式学校或机构认可。而互联网的

开放性能够让所有人平等无障碍地接入，能够将无数草根所掌握的知识在互联网记录、连接、汇聚和呈现，实现某一学科、某一领域的人类集体智慧凝结和分享，能够被全人类学习。所有贡献自身智慧和知识的人，都可以被认为是“教师”，“教师”作用的发挥不再受到身份和资格的限制。草根教师能够“绕过”传统正规教育渠道，通过互联网贡献自己的知识帮助学习者。这就是互联网时代的“认知盈余”——“受过教育，并拥有自由支配时间的人，他们有丰富的知识背景，同时有强烈的分享欲望，这些人的时间汇聚在一起，产生巨大的社会效应”[9]。因此，以可汗学院为代表的在线学习平台的真正价值在于它突破了传统教育体系中以资格和身份作为教师从业的门槛限制，无数“业余”教师只需通过一个账号便可贡献自己的知识和智慧。开放的在线教育平台可能给传统教育体系带来颠覆性的影响，因为“如果有更多的可汗学院出现，‘互联网+教育’将可能在极大范围内实现‘草根满足草根’的教育新格局，学校和传统意义上的教师，不再是学生终身学习的唯一渠道。这种变化及影响，将会改变教育体系的要素和结构，它是一种生态体系的变革”[10]。

2. 教师群体智力流动

为了适应信息化环境下教育教学需要，教师将不得不重视在线教学，将部分时间、精力从线下转移到线上，产生教师走网。教师走网是指以学生个性化实际需求为导向，在移动互联网、大数据、云计算等先进技术的支持下，教师（或通过资格审核的社会人士）通过精细化诊断、答疑、辅导等方式在线贡献智力资源，从而帮助学生成功获得精准服务的一种独特的教师流动形式[11]。因此，教师会因为收入、职业发展、兴趣等原因放弃线下教学，甚至放弃公立学校的教师身份，全职投入到线上，彻底走向互联网。教师的教学行为和职业身份向线上迁移，以及可能带来的教师从体制内向体制外迁移，将促进教师群体流动，释放教师的潜力和价值，改变传统教育体系的人力资源层次结构和组织管理方式。

3. 教师群体角色转变

（1）从传授到创新。

面对“互联网+教育”，单一的信息技术教学模式很难满足多样化的教学需要，教师要立于不败之地，必须具有快速学习能力，成为终身学习者，扮演创新教育教学、为学习者创造价值的角色。正如华东师范大学教授任友群所说：“‘互联网+’时代，教师如果还只捧着一本书，拿着一支粉笔进教室，坚持口耳相传的方式授课，对学生就缺乏足够的吸引力了。”很多基层教师努力探索，以“微创新、微变革”的方式将信息技术或产品应用于教学实践。例如，北京市十一学校的周瀚洋老师开展课堂“弹幕”教学，以喜闻乐见的另类方式吸引学生注意力、引导他们参与课堂讨论和互动。北京 171 中学张述林老师自建微信公众号“地理视角”，坚持梳理会考高考知识点，整合网上微课资源，发布测试练习等各种学习内容。北京三十九中张江树老师将微信公众号作为常规课堂补充，将学生学习问题作为案例和背景，引导学生建立学科思想和方法，调动家长参与热情和积极性。

（2）从讲师到设计师。

首先，学习行为转变呼唤教师向“设计师”转变。当碎片化学习破坏了知识结构本应具有的完整性、有序性和系统性，当鱼龙混杂、缺少结构设计的海量学习资源让学习者无从下手、无所适从，教师的角色就迫切需要向“设计师”转变。教师不应再把自己的教学任务和教学内容仅仅限制在课堂，而应该去关注学生的个性特点，用互联网思维整合学习资源，引导学生掌握“系统化”构建知识体系的方法，为学生提供个性化的教育服务，成为学生学习的策划者、诊断者、引导者和陪伴者。

其次，教学任务细化呼唤教师向“设计师”转变。当信息技术和教学过程深度融合，教学活动形态更加多样、内容更加丰富，出现课程策划、视频拍摄与制作、教育科技产品应用、在线作业批改和答疑互动等诸多细化的教学任务。传统教师个人很难承担所有上述角色和任务，必须一个由教师、美工、技术、助教等角色组成的教学团队来支撑，教师在其中应作为“导演”发挥核心和主导作用。

（三）教育信息技术产品融合创新

1．教育情境全面感知

教育情景感知的对象涉及两类：一类是外在学习环境，如物理环境信息（包括噪声、光线、温度、湿度、气味、电量、水量等）和管理环节信息（包括项目、财务、人事、会议等）；一类是人的内在学习状态，如学习活动信息（包括学习情感、学习偏好、学习风格、学习时空状态等）、运动与身体状况信息（包括作息时间、心率、肺活量、运动强度、运动频率等）。教育情景全面感知能够监测、记录教育系统中每个要素的每个变化、每次脉动，包括每个设备的每次通断电，每个学生的每次回答和考试成绩，每个业务的办理流程，从而为个性化学习、精细化管理提供大数据来源和基础。

2．教育科技产品微创新

教育科技产品主要面向用户个人，包括授课类和习题类，具有模式形态多、变化快、应用广、活力强的特点，最能体现信息技术和教育深度融合的微小进步和创新。

授课类产品按照形式可以分为录播课模式、直播课模式、在线一对一三种。其中录播课模式，包括依托知名学校或辅导机构成立的北京四中网校、黄冈网校等，以及依靠社会力量专门开展线上教学的乐学高考、洋葱数学等教学产品。值得一提的是，乐学高考、洋葱数学这一类纯互联网教学产品不再依赖传统名师，而是以中小学生喜闻乐见的趣味短视频形式提供在线课程。直播课模式，是老师开展在线直播教学，出现的产品包括新东方在线、学而思网校等。在线一对一则是从 2015 年才出现的在线教育 C2C 模式（教师通过在线平台注册，学生通过平台自主选择老师），出现的产品包括猿辅导、疯狂老师、请他教等。

习题类产品按照对象可以分为面向老师和面向学生两类。面向老师的习题类产品主要是帮助教师灵活的组卷、分发、批改、分析、反馈和汇总，将教师从试题编制和作业批改中解脱出来，借助产品准确定位学困生和教学难点，并据此提供针对性的学习建议和辅导，主要产品包括一起作业网、作业盒子等。面向学生的习题类产品主要解决学生作业需要辅导的痛点，包括拍照搜题类产品，如作业帮、小猿搜题，以及系统练习类产品，如一起作业网、作业盒子。

尽管目前教育科技产品所呈现出来的是微创新，尚未带来颠覆性变化，但它们已经日渐成为一种开放的产品生态体系，一旦和不同的场景、技术结合，能够产生不可估量的效果。例如，和 AV/VR 结合，则能够带来虚拟和实境结合的互动式教学体验，形象立体的展示学科内容，让场景重现；和大数据、云计算结合，则能够产生自适应学习，对每一个学习者的各种学习数据进行分析，然后给予智能的、自适应式帮助[12]；和不同的教学情境结合，则能产生移动学习、泛在学习、虚拟学习等新型教育模式，给教师和学生提供更多的教学和学习方式。

（四）教育组织管理的调整与重构

要满足信息技术和教育深度融合发展的需要，满足教师、学生群体属性和行为习惯变化，需要在组织管理层面做出重大调整和改变。

1. 组织的平台化和生态化

阿里巴巴没有一件自己的商品，滴滴没有一辆自己的出租车，携程网没有一间自己的客房，但它们却为海量的资源（服务）供给方和消费者提供高效精准的供需对接服务，成为变革传统零售、交通、宾馆行业的重要力量。面对互联网的冲击，很多教育学者、专家都会发出这样的疑问——学校会消亡吗？笔者认为，学校教书育人的核心功能不会改变，但它的组织形态和运营方式一定会发生改变，而平台化是实现学校这一改变的重要方式。就像淘宝、京东一样，教育平台本身不一定参与到教学活动中，通过提供教育供需撮合、教育主体信用和等级评价、支付结算、后勤保障等支撑服务。

平台化改变了教育资源单一的供给模式，使得所有能够提供教育服务的机构和个人（如课程策划、题库编辑、技术支持、自由教师等）、所有能够成为教育资源的知识和技能（而不再仅仅是进入教材的课本知识）都被吸纳进来，从而丰富了教育生态系统构成要素的种类和数量，促进教育组织向生态化演进。生态化的教育组织运行模式的显著特点不是管理而是服务，不是控制而是协同，不是依靠指令而是依靠规则。教育组织的平台化和生态化带来部门和人员职责的变化，职能化的学部、项目组管理取代了传统的行政班主任、中层、校级的科层制管理，课堂教学主导权放给了每一个学科和每一位老师。走班制就是教育组织在学校层面的平台化和生态化，未来，教育组织可能在区域和国家层面形成平台化和生态化，从而实现教育资源在更大时空范围内的开放共享和流动组合。

2. 资源的广义化和云端化

（1）资源广义化。

非制度化教育思潮的代表人物伊里奇呼吁废除学校对于教育的垄断，应该使教育者享有选择教育的权利，成为积极的消费者，应该为每一个人创造一种将生活的时间转变成学习、分享和养育的机会。因此，教育场所不应限制在学校，教育资源也不应限制在学校和教材。互联网开放性和跨界性在教育资源领域的投射就是教育资源的广义化。只要能够服务学习者的资源都是广义的教育资源，一切能够“将生活的时间转变成学习、分享和养育的机会”的资源都应该成为广义的教育资源。教育资源广义化可通过“五个穿越”来实现，即“穿越”教材边界、学科边界、学校边界、学区/区域边界、社会/生活边界，学生不再仅仅是消费教科书、练习册、作业本，他们必须接触和消化更多的广义资源[13]。例如，北京市开展的“开放性科学实践活动”，整合了高校、科研院所、科普场馆、博物馆、高科技企业、社会团体提供的各类教育资源，是构建开放和跨界的教学模式和广义的教育资源的一次创新。

（2）资源云端化。

资源云端化包括两类：一类是以课程、课件、题库等为主要内容的学习资源云端化；一类是以在线直播、答疑、批改和辅导等为主要教学任务的教师资源云端化。前者是把静态的、数字化的学习资源分享到互联网上，教师并不直接面向学习者，具体形式包括 OCW、OER、MOOC。后者则是把拥有内化的经验、知识、智慧的教师作为人力资源共享到互联网上，学习者可以通过自主选择、平台推荐、强制指定等方式接受教师，教师通过互联网直接面向学习者提供互动式的在线教育服务。“奶奶云”是教师资源云端化最生动的案例，它是由英国纽卡斯尔大学苏伽特·米特拉（Sugata Mitra）教授发起，通过在英国聘请已经退休的教师组成“奶奶云”，奶奶们通过互联网与印度偏远地区的孩子建立联系，引导和帮助他们学习计算机、英语、数学等学科。

资源的广义化和云端化能够极大地提

升教育供给侧资源的丰富性和多样性，促进海量教育资源和学生需求的高效对接，通过穿越时空边界灵活组合教师资源和学习资源，能有效满足“长尾”部分学习者多样化的需求，实现大规模地提供人性化、个性化、精准化的教育服务。

3．认证体系化和评价过程化

（1）认证体系化。

微观层面。首先认定教师的在线身份和在线工作量。线下的教师身份由实体学校或培训机构认定和管理，当教师向线上迁移，教师的线上身份将由专门的线上机构负责管理或仍然依附于线下实体机构。教师的在线工作量可以直接折算成货币，也可以折算成一线教学工作、继续教育或交流经历，作为职称评定的参考或依据。应认识到科学、客观的认定线上工作量是保证教师持续开展在线教学的动力所在。其次，认定学生的在线课程学习成果。北京师范大学副校长陈丽经过调研得出结论，认为学分不被认可是MOOC学生辍学的主要原因。因此，有针对性地将在线学习成果以课程证书、数字徽章等微证书形式认定，并将微证书与学分认证、职业认证、学位认证挂钩，可以保障在线课程学习效果、充分释放在线学习活力。

宏观层面。“互联网＋教育”带来的教育形态变革将进一步推动建立国家层面的资历框架和认证体系，同时国家层面的资历框架和认证体系将促进“互联网＋教育”更加规范和可持续发展，为构建学习型社会和终身学习体系提供强有力的支撑。因此，必须打破单一的学习成果认定模式，建立配套的资历框架和认证体系，面向多样化的学习方式（尤其是基于互联网的学习方式），融通学校教育和非学校教育、学历教育和非学历教育、线上教育和线下教育，实现学习成果的纵向衔接和横向转换。

（2）评价过程化。

评价内容。移动智能终端和教育科技产品的大规模普及能够解决教师、学生的全样本覆盖和全过程记录的问题，实现从“抽样样本”到“全样本”、“抽样时间”到“全过程”、“单维”到“多维”的大数据分析范式转变。首先，衡量学生的学习效果，不再仅仅是考试分数，还包括学生学习过程内容，如发言时间和频次、答题的内容和正误、教师评价等内容，并且可以依据这些过程性数据分析学生的思维类型、性格特点和知识掌握情况，制定个性化的知识图谱。其次，监测学生的身体状况，不再仅仅通过定期的体质健康测试，还可以通过智能穿戴设备实时记录学生睡眠、心跳、血压等指标，并给出运动或饮食建议。再次，判定教师的教学成果，不再仅仅是学生的成绩，教师的信息组织与整合、教师教育教学研究成果的转化、教师积累的经验通过互联网获得共享的程度等等，都将成为教师考评的重要指标[14]。

评价方式。在“互联网＋”时代，教育领域里的每个人都是评价的主体也是评价的对象，而社会各阶层也将更容易通过网络介入对教育的评价[15]。通过信息技术平台，学生、教师、管理者的绩效不再是以往的单向评价，可以实现互评。通过整合校内校外、线上线下的学生学习过程信息、教师教研教学信息、学校、区域和国家层面的监测数据，能够形成完整的教育评价信息链，实现整体性和个体性评价、过程评价和结果评价的有机统一，有效发挥教育大数据在监测和评价学校、区域教育绩效方面的作用，为教育管理和决策提供强有力支撑，为建立“全体的教育质量观”“过程化的教育质量观”奠定基础。

三、首都推动“互联网＋教育”的政策建议

（一）高度重视“互联网＋”意义作用，抓住战略机遇

随着互联网已经成为信息时代、知识

社会的重要表征和发展动力，发挥“互联网+”的创新引擎作用，加快互联网与教育在更广范围、更深程度、更高层次的融合创新，培育教育新业态、打造新模式，既是大势所趋，也是发展所需。《国家信息化发展战略纲要》《国务院关于积极推进“互联网+”行动的指导意见》《促进大数据发展行动纲要》的颁布，表明“互联网+”已经上升到国家战略高度，成为重大发展国策。“互联网+教育”为“教育技术促使我们重新考虑和革新这个教育体系”提供了千载难逢的机会。北京作为首善之区，更应高度重视“互联网+”在社会转型发展中的地位和价值，充分认识“互联网+”在变革教育方式、促进教育公平、提升教育质量的支撑和引领作用，从推进首都教育快速发展、深化首都教育领域综合改革的战略高度重视、研究和推进“互联网+教育”，将规划纲要、政策文件中有关“互联网+教育”相关工作落到实处。

（二）充分发挥区位和先发优势，促进跨界融合

作为科技、文化和教育中心的北京，汇聚了全国优质教育、科技资源，在互联网和教育的融合过程很早就涌现出一批依托学校或机构的在线教育服务机构，互联网教育企业的数量约占全国中小学互联网教育领域企业数目的50%[16]。北京应充分发挥在教育资源和教育科技方面的区位和先发优势，着力培育壮大教育科技产业，激发教育信息化企业市场活力；穿越教材边界、学科边界、学校边界、学区/区域边界、社会/生活边界，整合传统和新兴在线学习资源、线上和线下学习资源，提升资源集约效益；鼓励学校、科研院所、博物馆、展览馆与企业协同创新，探索新型教育服务模式，形成试点先行、以点带面的教育创新层次和格局；抓住京津冀协同发展为教育发展带来的机遇，借助“互联网+”大力推动教育在全方位、宽领域、深层次的协同发展和资源共享，为三地教育改革发展提供创新动力。

（三）加强教师引导培训，撬动变革支点

教师既是政策执行的实践者，也是政策制定的影响者，是“互联网+教育”“最后一公里”的关键节点，也是施行教育教学改革的关键支点。教师不仅要面对“互联网+”产生的多种新型教学模式，还要面对可能比自己“入网”要早、比自己信息技术应用能力要强的数字原住民。教师要适应这种变化，首先要转变思维方式，用互联网的开放思维、去中心化思维、用户思维、跨界思维、大数据思维武装头脑；利用教师教育支撑平台速度迅捷、范围宽广、体量庞大、双向互动的优势，创新教师网络研修方式，提升教师的整合技术的学科内容知识（TCK）、整合技术的教学法知识（TPK），让教师“处处能学、时时可学”的在线研修活动、教学实践支持成为可能[17]；着力提升教师信息化应用技能，为教师提供使用增强现实、虚拟现实、3D打印、创客课堂等教学环境的机会，鼓励教师发挥创新主体作用，在教学实践中多思考、多尝试，用无数教师个体的微创新促进教学体系的系统性、结构性变革。

（四）制定落实规章制度，推动持续发展

应在组织结构、人才结构、管理机制、资源整合等方面进行优化调整，从而促进教育构成要素的合理流动和优化配置，释放教育要素的活力。构建传统学校教师走网体系，明确线上教学工作量的认定和核算方法，以保证教师走网积极性，体现走网价值；建立“自由教师”（或“独立教师”）注册管理制度，明确“自由教师”的身份属性、入职门槛和资质要求，细化在线教育机构或平台法律主体地位和对“自由教师”的监管责任，同时要尊重互联网

企业的市场主体地位，避免过多的干预束缚企业的创新性。探索建立多种形式学习成果的认定转换制度，落实发展规划纲要、“十三五”规划中有关资历框架、学分银行的要求，制定课程证书、数字徽章等微证书认定规范，实现学习成果的纵向衔接和横向转换。把握全球开放教育资源的发展动向，处理好教育资源保护与开放、大数据应用与隐私保护的辩证关系；落实北京市相关规划纲要任务要求，打破教育系统政府和市场以及政府内部不同教育行政部门层级之间的数据壁垒，实现跨学段、跨学科追踪分析学生学习特点，跨地域、跨年龄支持学习者学习，力争在以大数据为基础的知识图谱构建、自适应学习技术等方面有所突破。

参考文献

［1］http：//www. bigdata－expo. org/cn/news－content. asp？id＝2956&columnsid＝244.

［2］项立刚．“互联网＋”是第七次信息革命［N］．环球时报，2015－03－09.

［3］阿里研究院．互联网＋：从IT到DT［Z］．北京：机械工业出版社，2015.

［4］赵勇．传统与创新——教育与技术关系漫谈［M］．北京：北京师范大学出版社，2006.

［5］王永锋，王以宁，何克抗．教育反思视界的技术努力与时代拓展——以网络教育形态为例分析［J］．现代远距离教育，2007（5）：23－25.

［6］［10］陈丽．“互联网＋教育”的创新本质与变革趋势［J］．远程教育杂志，2016，4：3－8.

［7］包卫．关于“教育形态”问题的辨析与探讨［J］．当代教育理论与实践，2013，5（11）：23－25.

［8］胡弼成．论教育形态的变革——思维教育简论［J］．高教探索，2008（5）：15－19.

［9］克莱·舍基．认知盈余［M］．北京，中国人民大学出版社，2012：3.

［11］赵兴龙，李奕．教师走网：移动互联时代教师流动的新取向［J］．教育研究，2016（4）：89－96.

［12］尚俊杰．新一轮信息技术潮会颠覆教育形态吗？［J］．人民教育，2014（1）：38－41.

［13］李奕．北京“深综改”：基于供给侧结构性改革的整体性变革［J］．中小学管理，2016（01）：4－7.

［14］［15］蔡伟．互联网＋时代的教育变革［N］．中国教育报，2015－04－09（4）.

［16］吕森林．中小学互联网教育行业分析［J］．互联网天地，2016，5（5）：53－61.

［17］董奇．教育时论：借力“互联网＋”创新教师教育模式［N］．中国教育报，2015－05－27（1）.

撰稿人：北京教育科学研究院教育信息中心　唐亮　商发明

第二部分

现状深探

Part 2
Deep Investigation of Present Status

第十二章 北京市学前教育督政指标体系与运行机制研究

[摘要] 督政是学前教育督导的重要内容之一。论文分析了北京市学前教育督政的背景，深入探讨了北京市学前教育督政指标体系的核心目标、内容组织结构和具体的指标；同时，论文从督政的程序角度入手，阐述了北京市学前教育督政的筹备、自评、外评和督导结果使用等全过程，以上内容为我国其他省级政府开展区域学前教育督政提供了可供借鉴的指标体系和督政运行机制。

[关键词] 北京市学前教育 督政指标体系 督政运行机制

Chapter 12 Index System and Running Mechanism of Beijing early childhood education Administrative Supervision

[Abstract] Administrative Supervision is an important part of early childhood education supervision. The paper analyzes the Administrative Supervision background, analyzes the core objectives, the content structure , specific targets of the early childhood education Administrative Supervision Index System; at the same time, From the procedures point of view , the paper elaborates the whole process such as preparatory, self－assessment, external assessment and the use of the results etc, the paper will provide some suggestions for other provincial government on Index System and operating mechanism of Administrative supervision.

[Key words] early childhood education of Beijing; administrative supervision index system; operation mechanism

一、北京市学前教育督政的背景

（一）北京市学前教育督政的宏观政策背景

北京市学前教育督政是在国家日益重视发展学前教育，推进学前教育督导体系建设的宏观背景下展开的。2010 年，国家先后颁布《国家中长期教育改革和发展规划纲要（2010—2020 年）》、国务院《关于进一步发展学前教育的若干意见》并召开全国学前教育工作电视电话会议，将基本普及学前教育作为国家教育事业发展的重要任务和目标之一，将政府主导作为学前教育事业发展的基本战略，并提出了“建立督导、考核、问责机制”具体的政策与要求；随后国家启动了第一期学前教育三年行动计划，着力推进学前教育事业发展。

如何推进、落实、监督、评估学前教育政策的实施，保障政府主导职责的落实，进而促进学前教育事业发展成为当时迫切需要解决的问题。2012年，教育部印发《学前教育督导评估暂行办法》，明确督导的目的在于："促进地方人民政府及相关部门切实履行发展学前教育的职责，全面实施学前教育三年行动计划，有效缓解'入园难'问题，满足适龄儿童入园需求，推进学前教育事业加快发展""督导评估对象为地方人民政府"，督导的主要内容包括"落实政府责任和部门职责""加大学前教育经费投入""多种形式扩大学前教育资源""加强幼儿教师队伍建设""规范学前教育管理""提高学前教育发展水平"等。《学前教育督导评估暂行办法》将政府职责作为国家学前教育督导的核心内容之一，督政亦被置放在学前教育督导的重要位置；它一方面为北京市学前教育督政工作开展提出了明确要求，另一方面也为北京市学前教育督政工作开展指明了方向。

（二）北京市学前教育督政的政策需求

在国家重视发展学前教育和政府职责、重视督政职责发挥的背景下，北京市学前教育事业发展迫切需要政府职责的进一步落实，督政工作迫在眉睫。其一，国家学前教育相关政策对学前教育督导提出了明确要求，在实施国家《学前教育督导评估暂行办法》的过程中，亦需根据北京市经济社会发展状况、学前教育事业发展状况和政府职责现况，转化为适宜于北京市实际情况的学前教育督导政策。其二，北京市学前教育事业发展和学前教育督导体制完善对学前教育督政工作提出了要求。《北京市中长期教育改革和发展规划纲要(2010—2020年)》明确提出"全面普及学前教育，学前三年毛入园率达到99%"的学前教育发展目标；同时，《北京市第一期学前教育三年行动计划（2011—2013年）》进一步明确了"学前三年学位供给实现全覆盖，入园率由85.6%提高到95%以上"的短期目标，明确了"政府主导、社会参与，保证基本、广泛覆盖，公益普惠、优质多样，保教结合、科学育儿，依托社区、就近就便"的基本原则，如何实践政府主导的基本原则、政府应在哪些领域发挥主导职责、主导职责发挥到何种程度、怎么看政府履职的成效等，成为关系北京市学前教育事业发展和普及目标任务实现的重要问题。学前教育督政，作为学前教育督导工作的重要组成部分，是监督、保障和督促政府履职的重要举措，在北京市学前教育发展特别是三年行动计划期间具有重要的影响。相应地，《北京市第一期学前教育三年行动计划（2011—2013年）》亦明确要求，"建立和完善学前教育督导制度，制定学前教育督导评估指标体系，加强对学前教育三年行动计划的督导检查。"《北京市"十二五"时期学前教育督导工作思路和任务》也提出"完善本市学前教育工作督导评估标准"的政策要求和政策行动方案。作为对学前教育事业发展的重要保障，北京市学前教育督导的相关政策亦强调对学前教育事业发展的督导检查，关注通过行之有效的督政保障学前教育普及任务的实现。

（三）北京市学前教育事业发展的现实需求

从北京市学前教育发展的状况来看，2010年北京市户籍适龄儿童学前三年入园率达到85%以上，常住人口适龄儿童学前三年入园率达到80%以上，边远山区基本普及学前一年教育，这一发展状况与《北京市第一期学前教育三年行动计划(2011—2013年)》中提出的"学前三年入园率达到95%以上"这一目标之间仍然存在一定差距；同时，"学前教育资源总量不足""城乡之间、区域之间学前教育资源分布不均衡、农村幼儿园基础薄弱""公办幼儿园现有投入不能满足正常运行和发展需要”“城乡结合部地区无证办园安全、质量等问题突出”等北京市学前教育事业发展的突出问题，均迫切需要政府切实履行政府主导职责，保障学前教育事业发展。如何实现督政成为关乎北京市学前教育事业能否健康发展的根本性、关键性问题。国际国内学前教育事业发展的经验表明，政府职责落实与否是关乎学前教育事业能否健康发展的关键问题，北京市各区县学前教育政府职责落实情况与事业发展状况之间的关系亦证明这一观点。由此可见，北京市学前教育督政既是对国家重视学前教育事业发展、强调督政重要性的回应，也是对北京市学前教育事业发展现实需求的反馈、支持和重要保障。

二、北京市学前教育督政指标体系

（一）督政指标体系建设的核心目标：监测、督促政府职责落实

从督政的功能来看，监测、督促政府职责落实，促进学前教育事业发展是北京市学前教育督政的根本目标。政府职责落实和学前教育事业发展情况的监督、检查、评估、指导是包括学前教育督导在内的国家教育督导的主要内容，北京市学前教育督政指标体系作为实现督导的有效工具，理应以反映、监测、诊断政府职责落实情况和学前教育事业发展状况为根本目标。这意味着在北京市学前教育督政指标体系的分析框架和具体指标中，应注重从政府行为的角度研究确立并加强政府应在学前教育事业发展的哪些方面承担责任、承担何种程度的责任等问题相关的评价指标。这就是要求，其一，在北京市学前教育督政指标的选取中，应重点考虑政府学前教育职责的核心内容和核心指标有哪些，政府学前教育职责的执行范畴和边界在哪里，政府职责内部各项具体责任的重要性如何，等等。其二，在指标的意义和价值上，应重点考虑哪些指标更能反映政府职责落实的真实情况，哪些指标能起到推进政府职责落实情况的作用，哪些指标没有实际价值和意义，哪些指标可能受到外在因素和主观因素的影响而失去客观评价的作用，等等。其三，在指标权重的分配上，哪些指标是反映政府职责的核心因素，哪些指标是切实关乎学前教育事业发展的重要指标，等等。因此，对政府职责落实情况的考量，最终目的在于通过政府行为的监督和督促，促进北京市学前教育事业的健康、可持续发展。

（二）督政指标体系的内容架构：背景—输入—过程—输出

督政内容是关于督政应对哪些方面进行督导评估的具体规定，回答督导什么的问题。基于理论研究和国际、国际学前教育督导评估指标体系的经验，结合北京市学前教育事业发展特点，研究选取以人力资本理论为基础的 CIPP 模式作为北京市学前教育督政指标体系的理论基础和分析框架，并在分析框架中尤其强调政府各项责任的落实。

在理论框架上，北京市学前教育督政评估指标体系以 CIPP 模式为基础，沿着背景—输入—过程—成果的路径展开的。在背景维度上，北京市学前教育督政评估指标体系必须置放到宏观环境中进行综合考量。学前教育事业是关乎经济社会发展、人口素质提升的重要社会公益事业，其发展直接影响了北京市经济社会发展的方方面面；同时，学前教育事业本身也受到政治环境、经济发展水平、人口数量与结构、社会组织结构、教育体制等外部和内外因素的影响，因而北京市学前教育督政评估指标体系建设是一个系统工程。在这一系

统工程的宏观环境中，经济社会发展水平、人口数量、人口年龄结构、分布状况等直接影响着学前教育事业的发展，也在很大程度上决定着政府职责的范围和程度等。在输入维度上，人、财、物、制度等方面的投入是关系北京市学前教育事业能否健康发展的关键和核心。在过程维度上，北京市学前教育督政评估指标体系关注学校的组织状况、管理状况、教育活动等。在结果维度方面，参与机会、学生学习成就、毕业成果构成了北京市学前教育督导评估指标体系的主要考察内容。

指标体系的具体结构方面，北京市学前教育指标体系在CIPP模式的框架下，形成了一级指标、二级指标、检测点在内的一整套指标体系。一级指标重点关注政府职责的各项内容及成效；二级指标则是对一级指标的具体化，即对一级指标的进一步解释和分解；检测点则是将二级指标进一步转化为可操作、可检测的具体指标。北京市学前教育督政指标体系的一级指标主要内容包括六个方面：组织领导、园所建设、经费投入、队伍建设、规范管理、发展水平（见图1）。其中，组织领导、园所建设、经费投入、队伍建设、规范管理均为输入指标，反映学前教育事业发展中政府职责履行情况；规范管理同时也是过程性指标，体现了政府履职对学前教育事业发展内涵的影响；发展水平为产出指标，是政府履职情况在学前教育事业发展中的外在表现，也是衡量政府履职情况的重要指标。需要说明的是，背景维度没有单独作为一个维度的指标，而是将其融入输入指标和成果指标中进行考察，如园所建设中区域分布的合理性即考察政府在园所建设过程中是否考虑区域的需求，考虑区域的人口分布等；再比如在成果指标中，适龄人口的入园率也考察了学前教育发展与人口发展之间的关系，区域学前教育制度的适宜性考察了政府发展学前教育与区域经济社会发展之间的关系。

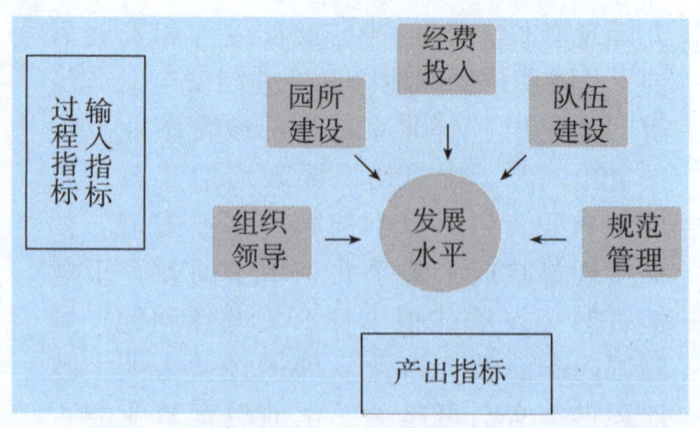

图1 北京市学前教育督政指标体系的组织架构图

（三）督政指标体系的具体内容

在CIPP模式的基础上，结合北京市学前教育事业发展和学前教育督导的需求，研究提出了北京市学前教育督政指标体系主要维度和主要指标（见图2）。

1．政府组织领导职责

“组织领导”是指落实政府责任和部门职责，完善管理体制，健全工作机制，建立督促检查、考核奖惩和问责机制的情况，即政府在学前教育发展中是否发挥以及是否充分发挥管理职责、规划职责、督导评估职责等，即组织领导指标下包含管理职责、规划职责、督导评估职责三大类二级指标。其中，管理职责进一步细分为管理机构设置、管理人员配备、管理机制建立等检测点；规划职责包括规划的科学性、可行性两方面的考察；督导评估职责包含督导制度的确立、督导的长效机制、督导效果等检测点；督导考核与奖惩机制包括考核的方法、奖惩机制建立等检测点。

2．园所建设职责

“园所建设”是体现政府发展学前教育事业的重要指标，也是实现学前教育规模提升的重要形式。“园所建设”指标是指政府通过多种形式扩大学前教育资源，提供“广覆盖、保基本、多形式”学前教育公共服务的情况，该指标下包含统筹协调多形式扩大学前教育资源、落实小区配套园政策、改善幼儿园办园条件三个二级指标。

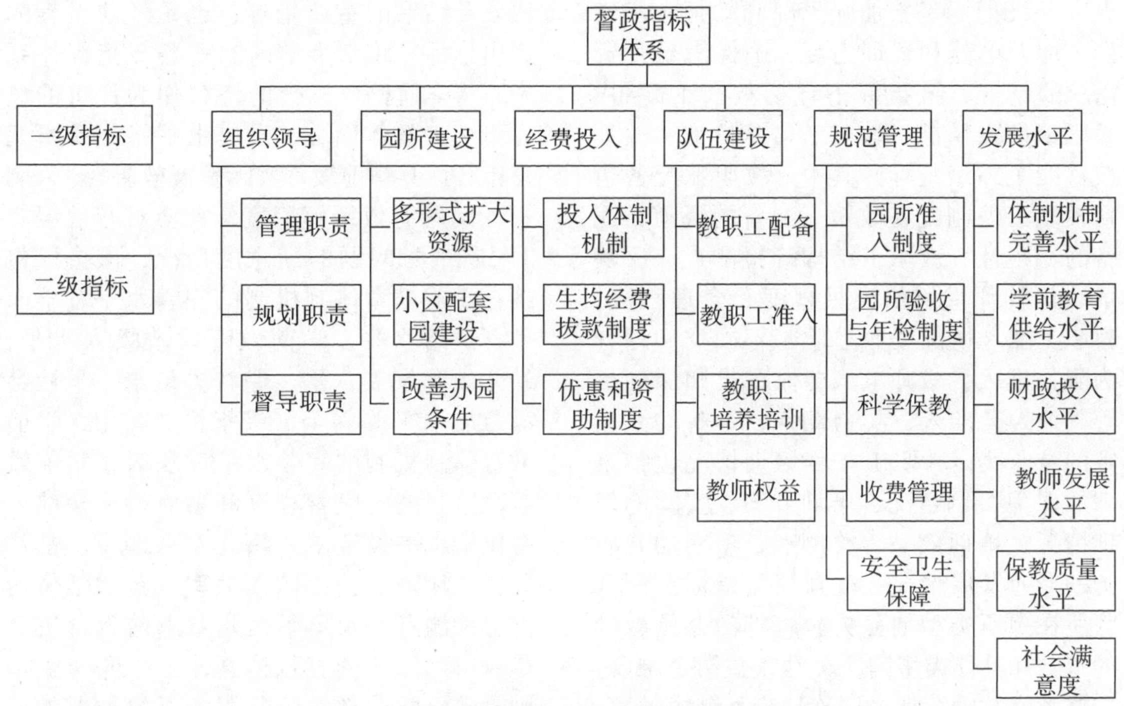

图2　北京市学前教育督政指标体系的具体指标

园所建设指标包含统筹资源多形式扩大学前教育资源、落实小区配套园政策、改善办园条件三大类二级指标。其中，统筹资源多形式扩大学前教育资源二级指标包括园所建设规划、园所结构、园所分布、调动社会多方力量参与、多形式扩大资源、扶持薄弱地区等6个具体检测点；落实小区配套园所政策包含小区配套园建设方案制订情况、同步规划同步建设情况、交付情况、使用情况、管理情况等4个检测点，覆盖了小区配套园从规划到建设、使用、管理的全过程；改善办园条件二级指标包括制定达标计划、落实计划情况、落实计划效果三个维度的检测点。

3．学前教育经费投入职责

学前教育经费投入问题是长期以来制约着北京市学前教育事业健康发展的关键问题，是反映政府发展学前教育的决心、反映政府职责落实情况的核心指标，也是近年来北京市学前教育体制改革的核心和难点。切实把握北京市学前教育经费投入的真实状况，开展科学评价是推进北京市学前教育投入体制改革，促进北京市学前教育事业健康发展的重要前提。“学前教育经费投入”一级指标是指“加大学前教育经费投入，落实发展学前教育财政投入的相关政策，做到‘预算有科目、增量有倾斜、投入有比例、拨款有标准、资助有制度’”，一级指标下设置了：学前教育经费投入体制机制建立、学前教育生均拨款机制、学前教育优惠政策与资助制度三个二级指标。其中，经费投入体制机制包含纳入预算情况、投入提升情况、投入政策制定和完善情况、经费管理情况等检测点；生均拨款机制包括落实情况、落实的时间和程度如何等检测点；学前教育优惠与资助制度包含优惠政策的制定与实施情况、社会力量办园的奖励情况、学前教育资助政策的制度情况、资助政策的落实情况等检测点。

4．教师队伍建设职责

教师队伍作为学前教育事业发展的人力资源，是关乎学前教育质量和学前教育事业可持续发展的核心指标。“教师队伍建设”一级指标是指加强干部和教师队伍建设、加大培养和培训力度、确保满足师资需求的情况，该指标下包括教职工配备、教职工准入情况、教职工培养培训、教师权益四个二级指标。其中，教职工配备包括教职工编制配备政策、配备的渠道、配备的充足性、教职工结构等检测点，反映了幼儿教师供给的充足程度和合理程度；教职工准入情况按照教职工不同类型划分为园长准入、教师准入、保育员和保健员等其他人员准入三类检测点，考察幼儿教师的专业性；教职工培养培训情况包括培训的保障机制情况、培训方案、实际的培训情况、培训效果等检测点，考察幼儿教师的专业发展情况；教师权益指标按照教师所在园所类型划分为教育部门办园教师的权益和其他类型园所教师权益两个维度，主要考察教师待遇、职称评定、继续教育、评优评先和考核等内容，是幼儿教师队伍建设的基础性制度保障。

5．规范管理职责

规范管理是指政府对各类型幼儿园进行科学、规范管理的情况，是关系到学前教育活动能否正常开展、学前儿童教育质量能否得到有力保障的重要因素，是考核学前教育环境、组织制度保障和教育质量的重要维度。具体而言，规范管理指标是指建立健全各类园所的监管制度和机制，规范学前教育管理，提高学前教育质量等方面的情况，该指标包含园所准入制度、园所验收与年检情况、园所科学保教情况、园所收费情况、园所卫生和安全保障情况五个二级指标。其中，准入制度根据园所类型划分为一般园所的准入制度制定情况、未注册园所的监管情况两个检测点；园所验收与年检情况包含年检制度、分类管理情况两个检测点；园所卫生和安全保障情况包括卫生制度及其实施情况、安全状况两个检测点。

6．学前教育发展水平

发展水平是体现政府发展学前教育的成效和结果的重要指标，也是学前教育的产出指标。北京市学前教育督政指标体系中，将学前教育机会的考察作为评价的核心指标。具体而言，发展水平指标是指北京市各区县学前教育实际发展效果，“入园难”问题有效缓解程度，社会对有效缓解“入园难”问题的满意度情况，该指标包括：学前教育体制机制的完善水平、学前教育供给水平、学前教育财政投入水平、幼儿教师发展水平、保教质量水平、社会满意度水平等六个二级指标。其中，学前教育体制机制的完善水平反映区域学前教育政策制度的完善程度和适宜性；学前教育供给水平设置了户籍儿童入园率、常住儿童入园率、公办园覆盖率、新增学位情况等检测点，入园率是儿童学前教育机会是否得到保障的直接体现，公办园覆盖率则是政府学前教育公共服务供给情况的反映，也是当前北京市迫切需要增加的公益性学前教育机会的外在表现；教师发展水平包括教师数量水平和教师质量水平两个维度检测点。

三、北京市学前教育督政的运行机制

（一）督导调研与前期筹备阶段

北京市学前教育督政前期筹备阶段主要包括以下工作：一是督政目标、内容、工具、方式方法等的研制工作；二是开展督政试点，完善督政制度与运行机制；三是制订督政计划，开展督政工作培训会议。

1．开展督导调研，研制督政政策

为开展适宜的、符合区域实际情况、行之有效的督政工作，北京市将督导调研作为了督政工作开展的重要基础。北京市学前教育督政调研采用个案研究方法，选择典型区县，开展学前教育督导调研。督导调研主要围绕区域学前教育发展状况、存在的困难、区政府及相关职能部门落实学前教育工作目标责任的情况、需要市政府相关职能部门提供的政策支持等方面情况展开。督导调研方式包括：通过听取区政府介绍本区学前教育的基本情况、与区政府相关职能部门、区教委相关科室和部门负责人分别进行座谈、到街道办事处或乡（镇）政府了解学前教育情况、到不同类型幼儿园进行实地考察，全面了解区县学前教育发展现状、政策需求等，广泛征求区政府、教委、督导室、街道、乡镇、幼儿园的基础上，综合考虑多方实际，以此作为督政政策特别是督政目标、内容、指标体系研制的重要依据。

在督导调研基础上，北京市学前教育督导室研制《关于对区县学前教育工作进行专项督导的通知》，明确督政的重要意义、指导思想、工作原则、督导内容、督导形式、工作安排、结果应用和总体工作要求等；制定《北京市学前教育工作督导评价指标体系（试行）》和《区县学前教育工作督导评价指标体系检测点（试行）》，确立了北京市学前教育督政的指标体系；研制了区政府相关职能部门、区教委相关科室、幼儿园园长、幼儿教师等群体的访谈提纲；研制了家长满意度调查问卷等一系列督导工具。

2. 开展督政试点，完善督政制度与运行机制

为考察督政相关政策和工具的科学性、适宜性，北京市学前教育督导室在督政前选择部分区县进行了督政试点工作。督政试点工作包括：其一，确定试点区县，印发学前教育工作专项督导通知。其二，组建学前教育督政队伍，开展督政工作前期培训。督导队伍包括由北京市人大、市教育学会、北京市教育科学研究院、北京师范大学等部门相关领导组成的专家队伍；由北京市人大代表、市特约教育督导员、市教委相关处室，市政府教育督导室专兼职督学组成的专项督导组。完成督导队伍组建后，召开督政工作培训会，就督政工作的目的和任务、指标体系和判断标准、程序和方法、督导小组的分工与角色、督导注意事项等进行培训。其三，开展区县督政工作试点，把握督政工作试点情况。根据已研制的学前教育督政相关政策和督政相关程序和要求，在试点区县就行学前教育督政的专项试点；并在完成试点区县督政后，组织召开试点区县学前教育督政工作会议，了解试点区县督政工作情况、面临的困惑、困难和问题以及今后工作的建议等。其四，根据试点区县督政情况分析改进督政工作。在完成试点区县学前教育督政后，组织召开督导组督政工作讨论会，结合试点工作经验，查找督政工作的不足，及时调整督政工作的原则、内容、指标体系、督导工具及督导工作方式和工作方法，进一步完善北京市学前教育督政工作。

3. 开展动员培训，筹备督政工作

在完成试点区县督政和相关政策等的修订后，正式启动北京市学前教育督政工作。该阶段的主要工作为：其一，结合各区县学前教育事业发展状况以及督政的相关要求，研究制订北京市学前教育督政的实施计划。其二，组织召开区县学前教育督政工作动员培训会，开展督政工作相关政策的说明、解释和培训。会议下发北京市《关于对区县学前教育工作进行专项督导的通知》，解释说明区县学前教育督政工作的背景、重要意义、指导思想、工作原则、专项督导内容、督导形式和工作安排、结果应用和总体工作要求，同时下发《北京市区县学前教育工作督导评价指标体系（试行）》和《北京市区县学前教育工作督导评价指标体系检测点（试行）》等政策文本，帮助区县了解学前教育督政的整个过程、相应的基本原则、注意事项等，为开展督政做好准备。

（二）区县督导自评阶段

所谓区县督导自评，顾名思义，即根据北京市学前教育督政相关政策要求和督政指标体系等，区县作为督导者对自身学前教育政府职责履行情况与成效等进行自我督导和评估。区县督导自评的目的在于引导和支持区县对本区域学前教育相关政策和事业发展进行回顾、梳理、分析，以帮助区县总结自身经验、发现自身不足，及时调整完善，从而实现以督导促改进、促发展，持续推动区县学前教育事业发展的根本目的；同时借由督导自评方式，形成自我回顾、自我反思、自我改进的自评机制，为区县可持续发展提供支持。区县督导自评过程中，区县既是督导主体也是督导对象；《北京市区县学前教育工作督导评价指标体系（试行）》（以下简称《评价指标体系》）和《北京市区县学前教育工作督导评价指标体系检测点（试行）》等北京市督政相关政策是其督导自评的依据，也是其督导自评的工具。

区县督导自评主要包括以下几方面内容：其一，区县成立区县政府自评领导小组。自评领导小组由区政府主管教育的副区县长和各委办局代表组成，主管区县长任组长，负责主持区县政府自我评价工作，拟订自评计划，做好日程安排。其二，召开各有关委办局动员大会，明确自我评价工作的目的、意义及要求，认真履行职责。其三，根据《评价指标体系》将指标分配到各有关委办局，各有关委办局对照评价指标，按要求开展自评工作。其四，撰写区县政府自评报告、填写自评报告单，经政府办公会审定通过后，报送北京市政府教育督导室。

（三）外部督导阶段

北京市学前教育督政的外部督导，是指由北京市学前教育督政的专项督导组，依据北京市学前教育督政的相关要求，对被督导对象进行实地督导。开展外部督导的目的在于：其一，了解区县学前教育督导自评工作的进展，了解区县自评工作情况，核实区县学前教育督政的自评结果；其二，开展外部督导，促进区县进一步梳理、反思学前教育情况，帮助区县客观地认识、评价自身情况，并为区县政府进一步发展学前教育事业提供建议；其三，发现区县政府发展学前教育的有益做法和成功经验，为北京市其他区县提供可行建议；其四，通过外部督导，形成学前教育督政的督导报告，为北京市学前教育政策完善和学前教育事业发展提供政策建议。

外部督导的程序主要包括：其一，确定被督导区县。每年确定当年接受督导的区县政府，并由市政府教育督导室根据计划安排，在督导前一个月下发督导通知书，被督导的区县政府在接受督导前一周将自评报告及自评报告单上报市政府教育督导室。其二，成立专项督政工作小组，确定各区县责任督学。对督导小组成员进行动员培训，介绍督政工作的内容、方法及需要注意的问题，并在接到区县自评报告和自评报告单后进行认真研读。要求责任督学根据被督导评价政府工作安排，督促、指导区县制订自评工作计划，了解按自评程序开展自评工作情况。其三，进行外部督导前随访。督导室相关干部和责任督学在实地督导一周前，对被督导区县的自评情况和迎接督导的准备工作情况进行了解，并给予必要的指导。其四，开展实地督导。督导组深入区县政府，依据指标要素运用多种方法（听取汇报、查阅资料、召开座谈会、问卷调查、个别访谈、实地考察等）采集、核实信息，验证自评结果，调查各项工作情况，了解社会及家长对学前教育发展的意见。其五，研制区县督政回复意见。离开被督导区县后，督导室组织督导小组成员，专门召开讨论会，对采集到的各种信息系统汇总，逐项指标进行分析判断，经集体评议形成对被督导区县政府的督导评价初步意见。

（四）督导报告形成、反馈、使用与督导回访阶段

在督导自评和外部督导基础上，北京市学前教育督政工作进入督导结果形成、使用和督导回访阶段。具体而言，其一，形成区县学前教育督导意见。一个月内，督导组就督导初步意见与区县政府领导、自评小组成员进行沟通、交流、研讨；结合与区县交换意见的情况，督导组进一步完善督导评价意见，形成正式书面督导评价意见，并以正式文件的形式印发给区县。其二，区县提交书面改进报告。区县政府在接到书面督导评价意见后，在一个月时间内向市政府教育督导室提交书面改进报告。其三，撰写督导报告。市政府教育督导室结合监测情况和满意度调查情况，综合分析当年被督导区县政府学前教育工作督导结果，形成督导报告，报送市政府，并抄送市委。其四，进行督导回访。一年后，北京市政府教育督导室采取不同形式对被督导区县政府进行复查，了解区县针对市里所提出的意见建议进行整改的情况。

北京市学前教育督政结果主要包括《各区县学前教育督导回复意见》《学前教育督导报告》两类，主要发挥三方面作用：一是政策咨询作用，市政府教育督导室每年发布督导报告，总结区县学前教育发展经验，分析存在的突出问题，为后续北京市学前教育政策制定提供现实依据和政策咨询。二是服务作用，即北京市学前教育督政结果为北京市、区县学前教育事业发展提供服务。三是奖惩问责机制的依据，市政府学前教育督政结果将报送有关部门，作为评价被督导区县和相关部门的主要内容，以及其主要负责人进行考核、奖励的重要依据。

参考文献

［1］凌飞飞，赵新云．我国教育督导制度存在的问题与解决对策［J］．教育探索，2005（8）：46－48.

［2］黄崴．我国教育督导体制现状、问题与改革路径［J］．教育发展研究，2009（12）：16－20.

［3］杨润勇．关于构建我国教育督导政策体系的思考［J］．教育研究，2007（8）：28－33.

［4］孙河川，刘颖，史丞芜．英国教育督导评价指标体系解析［J］．教育发展研究，2009（12）：21－25.

［5］辛莲英．简析督政的历史和发展［J］．教育史研究，2014（2）：25－29.

［6］杨颖秀，郭莲荣．督政与督学相结合——中国教育督导制度的显著特色［J］．教育科学，2005（2）：37－40.

［7］江夏．英国现行学前教育督导制度的内容、特点及其对我国的启示［J］．外国教育研究，2014（5）：50－57.

撰稿人：北京教育科学研究院早期教育研究所　张霞　叶奕民　苏婧

第十三章 北京市基础教育资源配置状况研究

[摘要] 北京市基础教育投入持续增加，办学条件显著改善，但区县间仍然面临着不平衡，研究发现：第一，北京市及各区县基础教育规模不断增大，各项资源投入大幅增加；第二，各区县之间，生均公用经费差异高于生均事业费的差异，小学经费差异在增加，初中基本稳定，高中生均公用经费差异逐年增加；第三，2012 年之前，区县间幼儿园生师比差异非常大，之后大幅下降到比较小，小学、初中和高中的生师比差异非常小，且保持稳定；第四，各学段生均固定资产和生均一般图书的差异在逐渐减小；初中和高中生均校舍面积差异逐年减少，小学不断增大；生均专用设备差异很大，而且有增加的趋势；第五，小学和初中教育资源使用最为有效且处于规模报酬不变阶段的有 7 个区，高中有 10 个区。为提高资源的配置和使用效率，应该从以下几方面加强调整：其一，改变现行的中央和市本级政府重高等教育、轻基础教育的不合理状况，重点调整中央、北京市级财政的教育投入结构，将支出重点放在学前教育上；其二，根据具体指标，采取市级政府专项转移支付的方式对条件相对较弱的区县予以支持和改善，弥补各区县财政收支缺口，缩小差异；其三，根据各区县各学段生师比差异，对新入职的教师能够从数量、学历、职称、学科的角度全市统筹安排；其四，提高区县和学校教育资源使用效率；其五，加强教育投入与产出的研究与讨论。

[关键词] 基础教育资源 规模 差异 效率

Chapter 13 The Research of Beijing Basic Education Resources Allocation

[Abstract] Beijing based education investment continues to increase, and school conditions improved significantly, but still not be balanced between districts, the study found that: firstly, the basic education scales and the resources in Beijing are increasing greatly; secondly, between the districts, public funds is higher than the operating differences; thirdly, the student/teacher ratio of kindergarten plunged into smaller in 2012, differences in student/teacher ratio of elementary school, junior high school and senior high school is very small and stable; fourthly, differences in school conditions decreased gradually, but special equipment difference is very big and increasing; fifthly, there are seven areas most effective in their elementary and junior education resource use, and ten areas in high school. To improve the efficiency of resource configuration and use, several adjustments should be taken: first of all, to adjust the central and Beijing municipal financial education investment structure, spending focus on pre – school education; secondly, to narrow the differences between districts through the government special transfer payments; thirdly, to planning and coordination of the new teacher allocation; furthermore, to improve the use efficiency of the education resources; last but not least, to strengthen the research and discussion of the education input and output.

[Key words]　basic education resource; scale; difference; efficiency

一、研究背景

（一）研究缘起

作为国内教育高度发达的地区，北京市的教育资源，尤其是优质的基础教育资源仍然是稀缺的，因此资源配置的宏观调控方式就非常重要，它可以帮助我们优化资源配置，促进基础教育优质均衡发展。近年来，北京市基础教育投入持续增加，办学条件显著改善，初步实现基本公共教育服务均等化，但在区县之间，仍然面临着教育发展不平衡，优质教育资源不足与人民群众强烈的“上好学”需求之间的矛盾突出等问题。虽然这些问题产生的原因是错综复杂，多层次多方面的，但是教育资源配置方式的相对滞后是其中主要原因之一。本研究将从充足、公平和效率角度对北京市基础教育资源配置的历史和现状进行全面、客观地评价，找出优势和不足，以利于主管部门在改革进程中进行全局性的、合理的调控，从而使资源得到合理利用。

（二）基本概念及国内外相关研究综述

1. 基础教育资源

“基础教育”一直是一个动态而模糊的概念，由于各国经济和社会发展水平存在差异，因此甚至在单个国家不同发展阶段对基础教育的界定也有所不同。目前，教育部的界定为：“在我国，目前基础教育包括幼儿教育（一般为3—5岁）、义务教育（一般为6—15岁）、高中教育（一般为16—19岁），以及扫盲教育。”[①] 本文在研究资源配置问题时，基础教育主要聚焦于学前、小学、普通初中和普通高中阶段。

教育资源亦称“教育经济条件”，教育过程中所占用、使用和消耗的人力、物力和财力资源，即人力资源和物力资源、财力资源的总和。[②] 具体包括教师队伍的学历、素质等人力资源，生均教育经费、生均事业费、生均公用经费等财力资源，校舍建设、固定资产、教学实验仪器设备、图书资料等财力资源。

2. 教育资源配置

教育资源配置即教育资源分配，“教育资源配置方式回答的是教育资源在教育系统内部各组成部分或不同子系统之间如何分配。教育资源分配包括：社会总资源对教育的分配，教育资源在各级各类教育间的分配，教育资源在各级各类教育的学校之间的分配，教育资源在各地区教育之间的分配”。[③] 教育资源配置所要解决的问题是如何从有限的社会总资源中取得一定数量的教育资源，以及以怎样的方式在教育系统内部各组成部分或在不同子系统之间进行分配。[④] 政府对教育资源的配置，可在

① 中华人民共和国教育部：《关于基础教育的定义、范围和阶段》，详见 http://www.moe.edu.cn/publicfiles/business/htmlfiles/moe/moe_1352/200704/21654.html。

② 顾明远：《教育大辞典》，上海：上海教育出版社，1998年版，第799页。

③ 王善迈：《教育投入与产出研究》，河北教育出版社1996年版，第268－269页。

④ 许丽英：《教育资源配置理论研究》［硕士学位论文，2007年］吉林：东北师范大学。

宏观层次上（全国范围内）进行，亦可以在中观层次上（教育行政部门范围内）进行，还可以在微观层次上（各级各类教育机构内）进行，关注各层次教育内部人、财、物资源的配置是否合理（公平）和有效（效率），以及各个教育教学单位内部的人、财、物资源的合理与有效分配。①

3. 教育资源配置原则及目标

教育资源的配置原则或目标是追求充足、公平和效率。国内有关教育资源配置的研究也主要围绕这三点展开，具体内容包括：对于教育资源充足性问题的研究、对于教育资源配置公平性的研究和对于教育资源分配和使用效率的研究。

（1）充足——关于教育资源的总量和结构问题

充足要求为每一个学生提供足够的教育资源，以使他们都能获得适当的教育；同时，充足的含义也包括应该为教育提供足够的资源，使得每一个学生都能达成一些特定的教育结果。通过办学条件和教育经费的观察和比较，来判断教育资源的充足性，仍然是研究人员和各国政府普遍采用的方法。国内主要包括两类研究：第一，在国家与地区财政收入与支出的分配中，究竟应当有多少份额用于公共教育投资；第二，教育部门内部的教育投资决策。

（2）公平——教育资源配置的差异问题

公平是教育资源配置的重要内容，传统上公平的内容是指生均教育经费的均等，但教育机会、教学过程的资源分配、学业成绩甚至在劳动力市场就业和收入的公平也广受关注。通常使用级差、变异系数、相关系数、基尼系数、麦克伦指数、泰尔指数等统计指标来衡量公平。

（3）效率——教育资源配置的效果问题

效率主要指资源的使用效率，即经济效率，是教育投入与产出之比。效率计量的关键问题是如何定义和计量投入与产出。国际组织和国内外学者主要采用学生人数、学业成绩、毕业率和就业率等产出指标，最新的趋势是使用排除了学校不可控因素后的教育增加值作为产出指标。在对教育系统或学校的效率进行评价时，主要采用生均经费、生师比、标准化考试成绩或教育增加值与生均经费之比等关系指标，以及 DEA、SFA 等相对评价方法。由于基础数据的缺乏、教育管理的重心在数量扩张，以及教育经费持续短缺等原因，效率的研究和评价很薄弱，难以对教育资源配置效率做出全面、可靠的评价。

4. 文献述评

通过文献的分析发现：（1）专门讨论北京市教育资源配置的研究比较少，大多都讨论国家或省际间的教育投资状况，北京市区县内部资源配置的研究更少；（2）多数研究仅讨论教育资源配置的某个方面，较少从充足、公平、效率三个方面进行完整的分析；（3）大部分研究仅就问题论问题，未与完善区域教育投资和管理体制相联系，政策建议针对性较弱；（4）研究使用的方法多为简单的数字比较，运用统计学和计量经济学方法进行更严密的定量研究的较少。

二、北京市区县间基础教育资源配置规模分析

（一）北京市教育规模及布局

从2014年的事业发展数据来看，北京全市共有幼儿园在园学生36.5万；在校小学学生82.12万；在校初中学生30.68万；在校普通高中学生17.76万。见图1：

① 沈有禄. 中国基础教育公平——基于区域资源配置的比较视角［M］. 北京：教育科学出版社，2011：34-36.

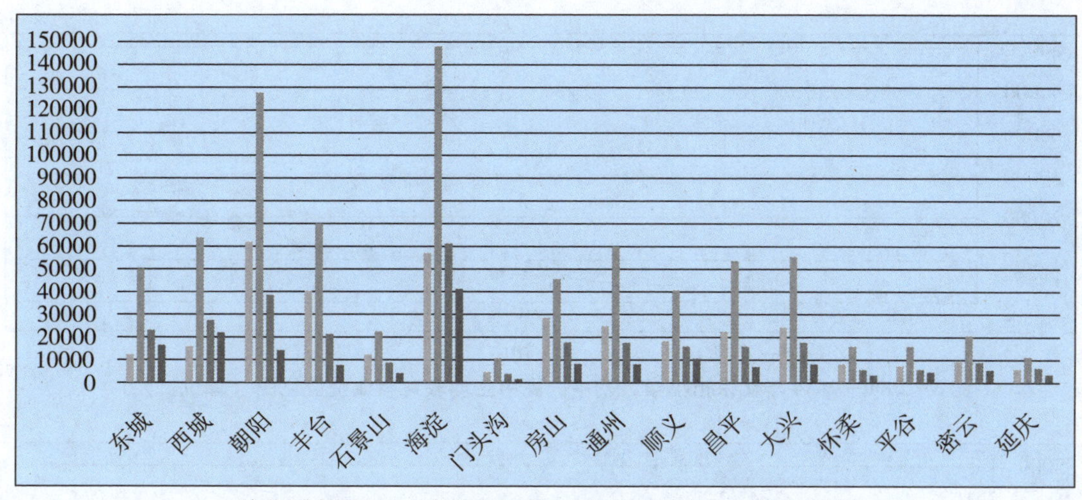

图 1　2014 年北京市基础教育学校及学生规模情况图

（二）北京市区县基础教育财力资源配置数量及结构

政府作为义务教育的出资者，虽然不直接参与教育的直接“生产”活动，但是政府对教育投入的资金项目结构以及在不同层级教育间的经费分配会对教育结果产生很大影响。

1. 教育经费总量及生均经费

北京市及各区县的地方教育经费收入总量大幅增长，北京市地方教育经费总收入从 2000 年的 100 多亿增长至 2014 年的近 1000 亿，其中，预算内教育经费和事业费拨款也都是稳步增长，见图 2。

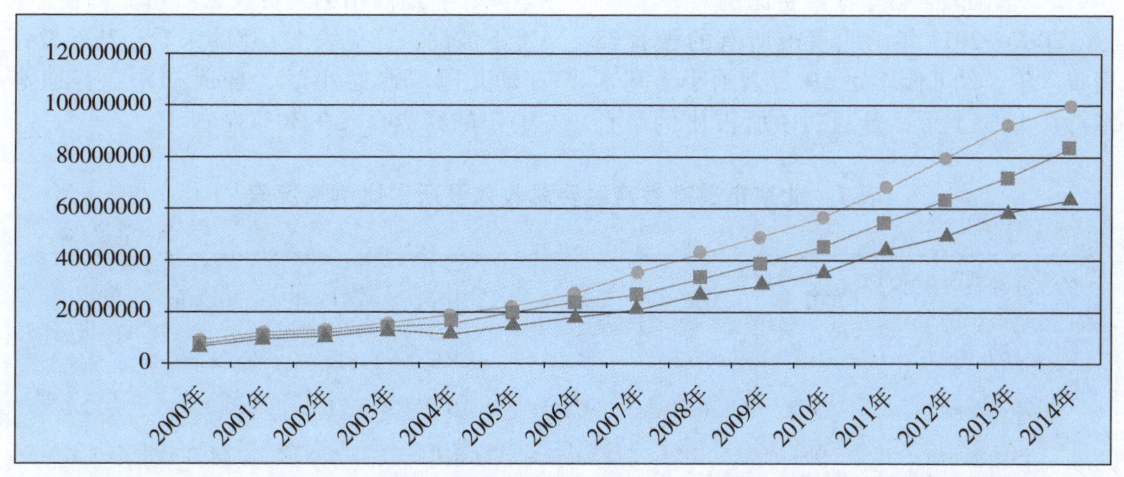

图 2　北京市 2000—2014 年教育和其他部门各级各类学校（地方）教育经费收入情况图

十几年来，除个别年份外，北京市普通小学、普通初中、普通高中的生均事业经费和生均公用经费年增长幅度都在 10% 以上，见图 3，图 4；此外，小学、初中和高中的生均公用经费占生均事业费的比例，十几年总体来看也是稳步增加，2014 年都在 40% 左右。

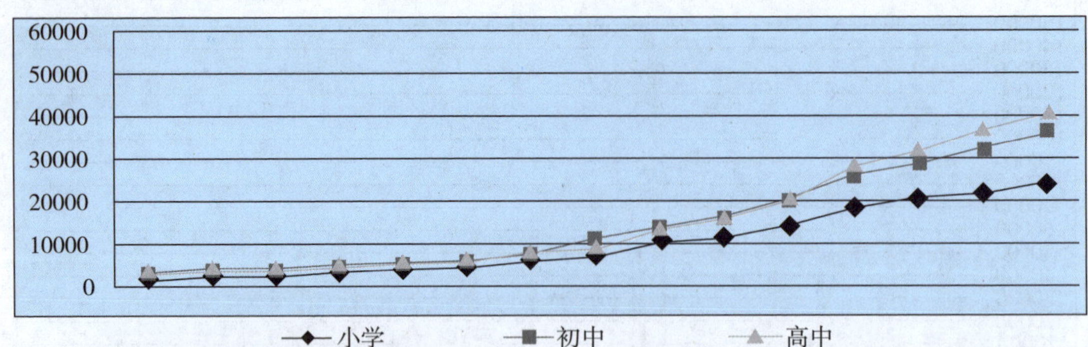

图 3　2000—2014 年北京市小学、初中、高中生均教育事业费变化图（单位：元）

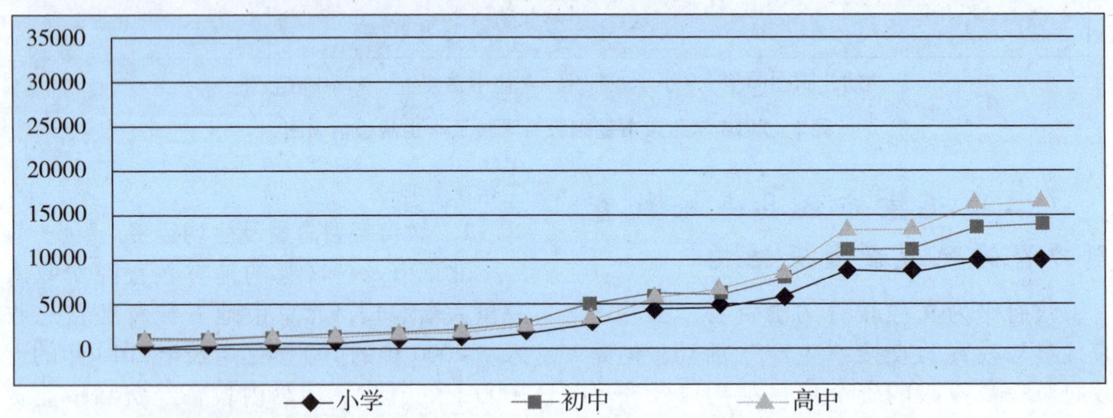

图 4　2000—2014 年北京市小学、初中、高中生均公用经费变化图（单位：元）

2．基础教育各学段经费比例

2007—2013 年，北京市所有的教育经费收入中，幼儿园不足 5%；普通小学基本维持在 12% 上下；普通初中所占比例略有下降；普通高中的经费收入所占比例在 7% 上下波动，详见表 1。总的来看，基础教育（幼儿园、普通小学、普通初中、普通高中）的经费收入在 30% 左右。

表 1　北京市基础教育经费总收入及所占比例情况表

单位：%

在教育经费收入中所占比例	2007 年	2008 年	2009 年	2010 年	2011 年	2012 年	2013 年
幼儿园	1.1	1.1	1.2	2.6	2.7	3.8	4.6
普通小学	11.8	10.0	10.7	10.7	11.2	12.0	12.9
普通初中	9.3	7.2	7.6	8.0	8.0	8.0	8.6
普通高中	7.1	5.9	6.2	5.8	5.9	7.3	6.7

2007—2014 年，地方教育经费中，无论是总的经费收入，还是预算内教育经费，以及教育事业费拨款，用于幼儿园、普通小学的比例都在稳步增长；普通初中教育的比例虽有小幅波动，但基本稳定在 16% ~17%；普通高中教育的比例从 12% 下降到 10% 左右，如图 5 所示。从所占的地方经费比例来看，从高到低依次为：普通小学、普通初中、普通高中、幼儿园。

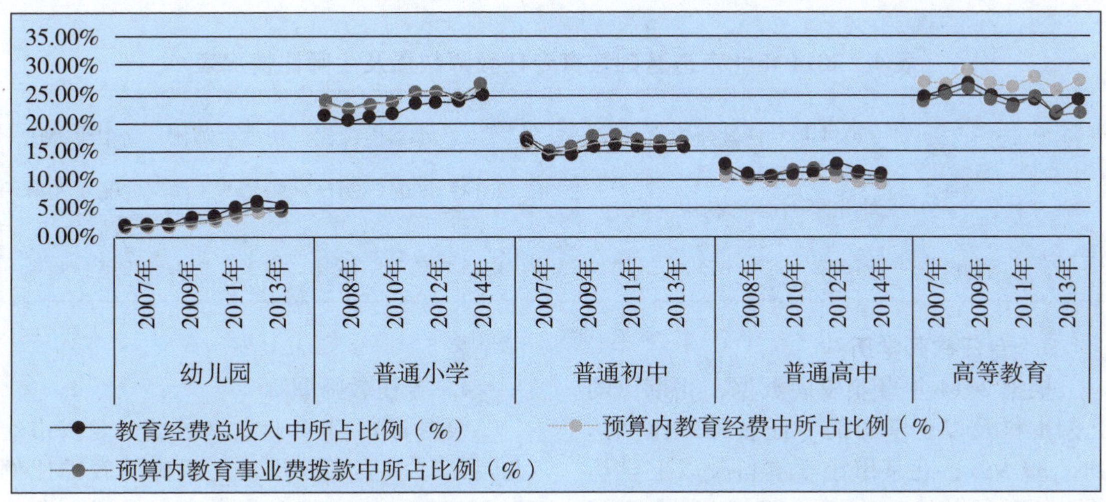

图5　北京市各级各类教育经费占地方教育经费总收入的比例

3．经费支出结构

从基础教育经费支出的内部结构来看，2010—2014年，全市的事业费支出比例逐渐增加，接近99%，基本建设支出在1%左右。事业费支出中，全市用于个人部分的比例从2010年的51.8%下降到了2014年的46.4%，而公用部分所占比例相应增加。市本级经费中用于个人部分的比例有所下降，2014年为32.0%，公用部分为68.0%，区县经费用于个人的部分要高于公用部分，两者分别为54.6%和45.4%，详见表2。

表2　2010—2014年北京市地方教育经费中事业性经费支出结构情况

单位:%

年份	2010年		2011年		2012年		2013年		2014年	
支出结构	个人部分	公用部分	个人部分	公用部分	个人部分	公用部分	个人部分	公用部分	个人部分	公用部分
北京市	51.8	48.2	48.2	51.8	51.2	48.8	45.0	55.0	46.4	53.6
北京市本级	39.0	61.0	32.3	67.7	35.3	64.7	30.4	69.6	32.0	68.0
区县合计	59.1	40.9	58.2	41.8	60.5	39.5	53.2	46.8	54.6	45.4

（三）北京市区县基础教育人力资源配置数量及结构

1．专任教师数量

从2014年的事业发展数据来看，基础教育专任教师超过14万人，其中幼儿园3.17万人，小学5.69万人，普通初中3.25万人，普通高中2.11万人，详见表4。

2．生师比

从2006年到2014年的生师比变化来看，全市幼儿园的生师比大幅下降，说明学前专任教师的增长速度要远高于学生的增长速度；小学的生师比在大幅上升，说明小学生的数量增长速度要远高于小学专任教师的增加速度；初中全市的生师比基本稳定；高中的生师比在大幅下降，说明高中专任教师的增长速度要远高于学生的数量增长速度，详见表4。

表4　2014年北京市基础教育专任教师数量及生师比情况表

	2014年专任教师数（人）				幼儿园生师比		小学生师比		初中生师比		高中生师比	
	幼儿园	小学	初中	高中	2006年	2014年	2006年	2014年	2006年	2014年	2006年	2014年
北京市	31692	56870	32500	21107	15.4	11.5	9.7	14.4	9.3	9.4	12.5	8.4

3. 专任教师学历

根据2014年事业发展数据，北京市幼儿园本科及以上学历的专任教师的比例达到了33.9%；北京市小学本科及以上学历的专任教师的比例达到了87.5%；全市初中本科以上学历的专任教师比例达到了98.2%，有研究生学历的比例为12.2%；高中有本科学历的专任教师的比例超过了99%，有研究生学历的比例超过了21.1%，详见表5。

4. 专任教师职称

根据2014年事业发展数据，北京市幼儿园具有小学高级及以上职称的教师比例为13.3%；小学具有小学高级及以上职称的教师比例为52.5%；普通初中具有中学高级职称的教师比例为20.3%；普通高中具有中学高级职称的教师比例为35.7%，详见表5。

表5　2014年北京市及各区县基础教育专任教师学历及职称情况表

单位:%

	学历比例						职称比例			
	幼儿园	小学	初中		高中		幼儿园	小学	初中	高中
	本科及以上	本科及以上	研究生	本科	研究生	本科	小学高级及以上	小学高级及以上	中学高级	中学高级
北京市	33.9	87.5	12.2	86.0	21.1	78.5	13.3	52.5	20.3	35.7

（四）北京市区县基础教育物力资源配置数量及结构

1. 生均校舍面积

北京市小学的生均校舍面积要小于初中，初中小于高中。2014年，北京市小学的生均校舍面积为10.5平方米；北京市普通初中的生均校舍面积为19.9平方米；北京市普通高中的生均校舍面积为23.1平方米。

2. 生均固定资产总值

北京市小学的生均固定资产要小于初中，初中小于高中。2014年，北京市小学的生均固定资产为2.11万元；北京市初中的生均固定资产为3.8万元；北京市高中的生均固定资产为4.97万元。

3. 生均专用设备

北京市小学的生均专用设备要小于初中，初中小于高中。2014年，北京市小学生的生均专用设备为5133元；北京市初中生均专用设备为8076元；北京市高中生均专用设备为8838元。

4. 生均一般图书册数

北京市小学生均一般图书册数少于初中和高中，高中也少于初中。2014年，北京市小学生均一般图书为44.6册；北京市初中生均一般图书为53.2册；北京市高中生均一般图书为52.8册。

表6　2014 年北京市及各区县基础教育办学条件情况表

地区	生均校舍面积（平方米）			生均固定资产总值（元）			生均专用设备（元）			生均一般图书（册）		
	小学	初中	高中	小学	初中	高中	小学	初中	高中	小学	初中	高中
北京市	10.5	19.9	23.1	21115	38044	49741	5133	8076	8838	44.6	53.2	52.8

三、北京市区县间基础教育资源配置差异分析

资源配置公平是教育均衡发展的一项重要内容，一般用资源在不同分析单位（如省、县、学校）之间的差异作为考察分配公平的主要方式。本节利用区县层面的数据，对2006—2013 年间北京市资源配置差异进行分析。

（一）资源配置差异测量及方法

本文以区（县）为分析单位，在测量差异时将各区（县）的学生数因素考虑进来，可以在一定程度上实现关注对象为学生的目的。

在测量经费差异中经常使用的方法有极差率、差异系数、相对平均离差、麦克劳伦（Mcloone）指数、基尼（Gini）系数、GE 指数、阿特金森（Atkinson）指数等。本部分内容主要采用文献中常用的差异系数、基尼系数，系数越大，说明差异越大，反之，则越小。基尼系数不仅可以衡量不平等的程度，而且还可以进行差异来源的分解，以及随时间变化的分解，这样可以分析总基尼系数主要由哪几部分构成，以及总基尼系数的变动影响因素是什么。

差异系数（coefficient of variation）：也称变差系数、离散系数、变异系数，用 CV 表示。它是一组数据的标准差与其均值的百分比，是测算数据离散程度的相对指标。

基尼系数：假定样本人口可以分成 n 组，w_i、m_i 和 p_i 分别代表第 i（$i=1, 2, \cdots, n$）组的人均收入份额、平均人均收入和人口频数。那么，对全部样本按人均收入（m_i）由小到大排序后，基尼系数（G）可以用下式计算：

$$G = 1 - \sum_{i=1}^{n} 2B_i = 1 - \sum_{i=1}^{n} p_i(2Q_i - w_i)$$

其中：$Q_i = \sum_{k=1}^{i} W_k$ 为从 1 到 i 的累计收入比重；$\sum_{i=1}^{n} B_i$ 为洛伦茨曲线右下方面积的近似值；$\sum_{i=1}^{n} p_i = 1, \sum_{i=1}^{n} w_i = 1$。

（二）北京市区县基础教育财力资源配置差异

1. 区县间基础教育财力资源配置差异状况

从图6、图7 可以看到：

（1）从 2006 年到 2013 年，各区县之间，小学的生均事业费和生均公用经费差异在增加，尤其是生均公用经费的差异系数达到了 0.5；初中阶段两者的差异有所波动，但基本稳定；高中阶段，生均事业费的差异在逐年下降，但是生均公用经费差异却是在逐年增加，2013 年差异系数达到了 0.446。

（2）无论小学、初中还是高中，生均公用经费的差异要大大高于生均事业费的差异，如 2013 年，小学生均公用经费的差异系数为 0.512，而生均事业费差异系数为 0.285；初中两者的差异系数分别为 0.449 和 0.261；高中分别为 0.446 和 0.21。

（3）就区县间的生均事业费差异而言，2006 年是高中大于初中，初中大于小学，到了 2013 年是小学大于初中，初中大于高中；生均公用经费差异基本是小学大于初

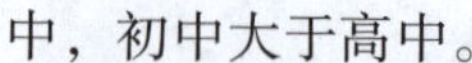

中，初中大于高中。

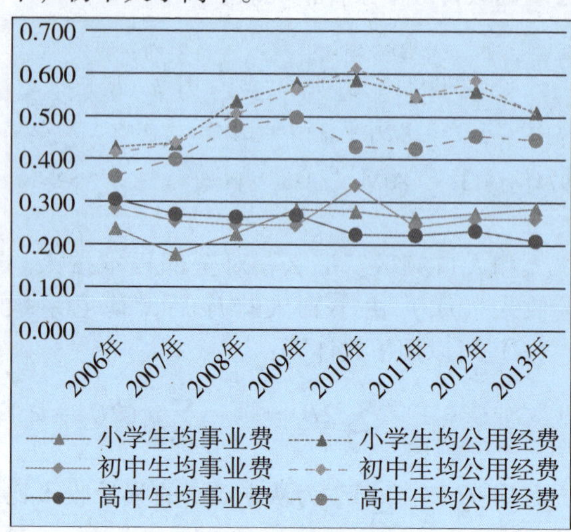

图6　2006—2013年北京市区县间基础教育经费的差异系数

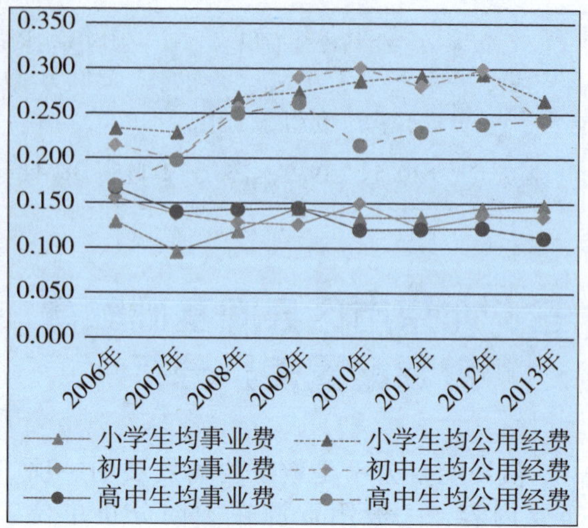

图7　2006—2013年北京市区县间基础教育经费的基尼系数

2．区县间基础教育财力资源配置差异来源分析

在考查了生均教育经费的区县差异之后，经进一步分析，总体差异的状况及变动是由哪些因素引起的。通过运用基尼系数的分解方法，详见表7。

（1）预算内经费差异对总经费差异的贡献先上升后下降：就小学来看，2006年生均预算内经费的差异对总差异的贡献约为73.1%，2010年占到了76.3%，而到2013年，逐步下降到65.8%。初中和高中也呈现相似的变化趋势。

（2）公用经费的差异对总经费差异的贡献是先下降后上升：尽管公用经费的差异在各个衡量教育经费指标差异中是最大的，但由于其在总经费的比重中所占比例低于人员经费，因而，公用经费差异对总差异的贡献要低于人员经费差异的贡献。在小学，2006—2013年公用经费差异的贡献上升了8.6%，相比之下，初中和高中则是先下降后上升，从2006年到2012年下降了10%左右，2013年又开始上升。

（3）从学段来看：预算内经费差异的贡献率是小学高于初中，初中高于高中；人员经费差异的贡献率也是小学高于初中，初中高于高中。

表7　2006—2013年北京市基础教育生均教育事业费差异的基尼系数分解

年份	基尼系数	按来源分（%）		按支出结构分（%）	
		预算内	预算外	人员经费	公用经费
小学					
2006年	0.13	73.1%	26.9%	70.0%	30.0%
2010年	0.134	76.3%	23.7%	68.9%	31.1%
2012年	0.145	73.4%	26.6%	70.6%	29.4%
2013年	0.148	65.8%	34.2%	61.4%	38.6%

续表

年份	基尼系数	按来源分（%）		按支出结构分（%）	
		预算内	预算外	人员经费	公用经费
初中					
2006 年	0.156	65.4%	34.6%	60.5%	39.5%
2010 年	0.149	76.8%	23.2%	65.9%	34.1%
2012 年	0.136	73.6%	26.4%	70.5%	29.5%
2013 年	0.135	66.6%	33.4%	61.7%	38.3%
高中					
2006 年	0.167	59.2%	40.8%	55.8%	44.2%
2010 年	0.12	71.0%	29.0%	64.0%	36.1%
2012 年	0.123	71.1%	28.9%	67.6%	32.4%
2013 年	0.112	58.6%	41.4%	54.3%	45.8%

（三）北京市基础教育人力资源配置差异

从图 8、图 9 可以看到：

（1）2006—2013 年，无论差异系数还是基尼系数，区县间幼儿园生师比的差异都大幅下降；小学的生师比差异系数稳定在 0.2 左右；初中的生师比差异系数稳定在 0.15 左右；高中的生师比差异系数稳定在 0.1 左右。

（2）2006—2013 年，无论差异系数还是基尼系数，都是幼儿园生师比的区县差异大于小学，小学大于初中，初中大于高中。

（3）2012 年之前，区县间幼儿园的生师比差异非常大，2012 年之后比较小；区县间小学和初中的生师比差异也很小，高中的生师比差异非常小。

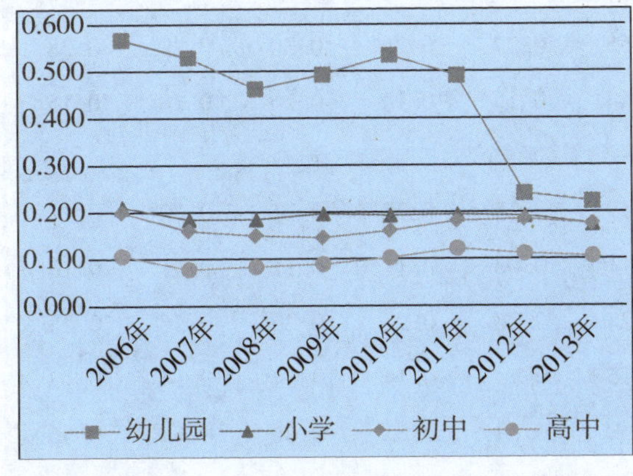

图 8 2006—2013 年北京区县间基础教育生师比差异系数

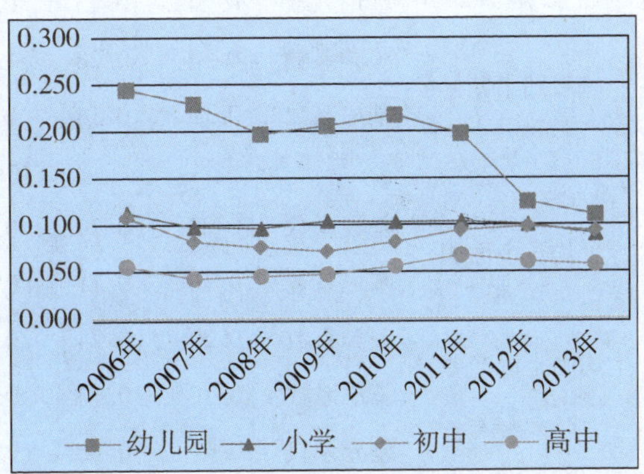

图 9 2006—2013 年北京区县间基础教育生师比差异基尼系数

（四）北京市基础教育物力资源配置差异

从表 9 可以发现，2006—2013 年：

（1）小学阶段，区县间生均校舍面积的差异是在增大的；小学生均固定资产和生均一般图书的差异，总体来看是在减小的；而区县间小学生均专用设备的差异是非常大的。

（2）初中阶段，区县间生均校舍面积的差异是在减小的；初中的生均固定资产和生均一般图书的差异，也是在逐年减小的；而区县间初中学生的生均专用设备的差异非常大。

（3）高中阶段，区县间生均校舍面积的差异是在减小的；高中的生均固定资产和生均一般图书的差异，也是在逐年减小的；而区县间高中学生的生均专用设备的差异非常大。

（4）2006 年，小学的生均校舍面积差异要小于初中和高中，但到了 2013 年，小学的差异要大于初中和高中；小学的生均固定资产差异略大于初中和高中；小学和高中的生均一般图书差异略大于初中；无论小学、初中还是高中，区县间的生均专用设备差异都很大，而且区县间差异还有增加的趋势，由于小学的生均专用设备差异增加很大，2016 年，小学的差异要大于初中和高中。

表 9　2006—2013 年北京市基础教育物力资源配置的区县间差异

物力资源指标	差异指标	2006 年	2007 年	2008 年	2009 年	2010 年	2011 年	2012 年	2013 年
小学									
生均校舍面积	差异系数	0.22	0.17	0.18	0.22	0.20	0.25	0.28	0.30
	基尼系数	0.09	0.09	0.10	0.12	0.11	0.13	0.14	0.16
生均固定资产差异	差异系数	0.40	0.36	0.33	1.68	0.35	0.33	0.34	0.27
	基尼系数	0.21	0.19	0.18	0.49	0.19	0.18	0.18	0.14
生均专用设备差异	差异系数	0.44	0.46	0.65	1.51	0.66	0.71	0.65	0.71
	基尼系数	0.24	0.25	0.35	0.55	0.36	0.38	0.35	0.38
一般图书差异	差异系数	0.34	0.28	1.55	0.27	0.26	0.30	0.29	0.28
	基尼系数	0.19	0.14	0.44	0.15	0.14	0.16	0.16	0.15
初中									
生均校舍面积	差异系数	0.29	0.20	0.19	0.15	0.21	0.21	0.20	0.19
	基尼系数	0.16	0.11	0.11	0.08	0.11	0.11	0.11	0.10
生均固定资产差异	差异系数	0.29	0.24	0.28	0.26	0.26	0.26	0.26	0.23
	基尼系数	0.16	0.13	0.15	0.14	0.14	0.14	0.14	0.13
生均专用设备差异	差异系数	0.47	0.46	0.50	0.64	0.65	0.66	0.65	0.66
	基尼系数	0.23	0.24	0.28	0.35	0.35	0.36	0.35	0.36
一般图书差异	差异系数	0.34	0.25	0.28	0.40	0.27	0.23	0.24	0.23
	基尼系数	0.19	0.14	0.15	0.19	0.15	0.13	0.13	0.13

续表

物力资源指标	差异指标	2006年	2007年	2008年	2009年	2010年	2011年	2012年	2013年
高中									
生均校舍面积	差异系数	0.23	0.18	0.22	0.19	0.20	0.25	0.25	0.20
	基尼系数	0.12	0.10	0.12	0.11	0.11	0.14	0.14	0.10
生均固定资产差异	差异系数	0.29	0.25	0.27	0.24	0.26	0.28	0.28	0.28
	基尼系数	0.16	0.14	0.14	0.13	0.15	0.15	0.15	0.15
生均专用设备差异	差异系数	0.42	0.42	0.54	0.72	0.70	0.79	0.77	0.61
	基尼系数	0.22	0.23	0.29	0.37	0.37	0.41	0.40	0.32
一般图书差异	差异系数	0.42	0.38	0.38	0.37	0.32	0.30	0.31	0.28
	基尼系数	0.23	0.21	0.20	0.20	0.17	0.16	0.16	0.14

四、北京市区县间基础教育资源配置效率分析

在前面的概念中提到，效率主要体现为投入与产出的关系，将教育过程视作一个生产过程，看既定的资源投入是否实现了教育产出最大化，或者一定的教育产出，能否实现成本最小化。

（一）DEA模型及基本思想

如果某类组织具有相同（或相近）的投入和相同的产出，通常采用投入产出比即可排序衡量彼此间的绩效高低，但当被衡量的同类型组织有多项投入和多项产出，且不能折算成统一单位时，就无法算出投入产出比的数值。例如学校，输入可以是经费、教职员工人数、办学硬件条件、各类职称的教师人数等等；输出可以是毕业生人数、学生的质量（德、智、体）、学校的各项成果（数量与质量）等等，这时候就可以采用数据包络分析（DEA）。

DEA将技术效率分为纯技术效率和规模效率两部分，技术效率 = 纯技术效率 × 规模效率。所谓技术效率即以现有投入是否实现了产出最大化，规模效率即是否处于规模报酬不变阶段。DEA方法的模型非常多，在公共部门的效率研究中一般使用的是CRS（constant returns to scale）模型和VRS模型（variable returns to scale）两种，CRS假定规模报酬不变（投入的增加带来产出同等比例的增加），VRS假定规模报酬可变（规模报酬递增或递减，投入的增加带来产出更大或更小比例的增加）。CRS和VRS模型计算出的都是学校的技术效率，效率值等于1说明学校技术有效，实现了现有投入的产出最大化，小于1则说明该学校技术无效率。然后用两个效率值的比值（CRS效率值/VRS效率值）衡量学校是否规模有效，若比值等于1说明该学校规模有效，应该维持规模不变，比值不等于1说明学校规模无效，处于规模递增阶段的学校应该扩大规模以使产出更大比例的增长，处于规模递减阶段的学校应该缩小规模。

记 $X_j = (x_{1j}, \cdots, x_{ij})$，$Y_j = (y_{1j}, \cdots, y_{rj})$，$x_{ij}$表示第$j$个决策单元的第$i$项投入，$y_{rj}$表示第$j$个决策单元的第$r$项产出。对目标单元进行效率评估，其投入和产出向量分别为 $X_j = (x_{1j}, \cdots, x_{ij})$，$Y_j = (y_{1j}, \cdots, y_{rj})$，DEA模型如下：

$$\begin{cases} \min\left[\theta - \varepsilon\left(\sum_{i=1}^{m} s_i^- + \sum_{r=1}^{s} s_i^+\right)\right] \\ \text{s.t.} \quad \sum_{j=1}^{n} x_j\lambda_j + s_i^- = \theta x_0 \quad i = 1,2,\cdots,m \\ \sum_{j=1}^{n} y_j\lambda_j + s_r^+ = y_0 \quad r = 1,2,\cdots,s \\ \lambda_j \geqslant 0; j = 1,2,\cdots,n; s_r^+ \geqslant 0, s_i^- \geqslant 0 \end{cases}$$

（二）数据及指标选择

根据以上所分析的 DEA 模型的基本原理，教育投入的主要是人、财、物，从物态的最初来源看，物的投入是由“财”转化而来，办学条件可以看作物的积累和固化，人的投入需要相应的人员费用，如工资、福利等，若不考虑投入的人力所能创造的价值，那么人的投入实际上也包含在财的投入中，所以财力能够代表一部分人力和物力的货币表现。本节在分析中主要利用 2006—2013 年的相关数据，包括以下指标：

（1）教育投入方面：财力资源选取生均事业费，物力资源选取办学条件中的生均校舍面积和生均固定资产，事业费中的人员经费可以看作是人力资源中的教师投入

（2）教育产出方面：教育产出一般指具有一定能力的学生。教育产出既有经济效益，也有社会收益，既有可以直接计量的有形产出，又有难以计量的无形产出。在衡量中小学的产出时，应考虑学校所培养的学生的数量和质量，但因为质量度量的困难及数据的可得性，本部分仅利用了在校生数表述教育产出，但该指标忽略了学生个体的质量差异。此外，教师的人员经费看作是投入，那么生均的专任教师数、本科及以上学历的专任教师数、获得高级职称的专任教师数可以看作是产出。

（三）结果及其分析

本节主要利用 DEA2.1 软件进行实证分析，计算过程中对数据进行了标准化处理，具体结果见表 11。

技术效率（Crste）等于纯技术效率（Vrste）与规模效率（Scale）之积，规模报酬 drs 表示规模递减，irs 表示规模递增，在一定的生均经费标准下，当学生、具有本科以上学历和高级职称专任教师数量和投入的资源（包括人、财、物）之间达到最优组合，就是处于规模效率有效状态。

在表 11 中，从资源配置的效率值得分来看，在不考虑学生质量的情况下，小学阶段有 7 个区县教育资源的使用效率最为有效，其值为 1；初中阶段也有 7 个区县教育资源的使用效率最为有效；高中阶段有 10 个区县教育资源的使用效率最为有效。在规模效率的分析中，小学阶段资源使用最有效率的 7 个区县处于规模报酬不变阶段，3 个区县处于规模报酬递增阶段，其他 6 个区县则处于规模报酬递减阶段；初中阶段教育资源使用最为有效的 7 个区县处于规模报酬不变阶段，其他 9 个区县均处于规模报酬递减阶段；高中阶段 10 个资源使用最为有效的区县处于规模报酬不变阶段，2 个区县处于规模报酬递增阶段，其他 4 个区县则处于规模报酬递减阶段。

对规模报酬递增的地区而言，适当压缩或调整资源投入规模与结构，就可以提高效率，对规模报酬递减的地区而言，扩大或调整资源投入的规模和结构可以带来规模收益。出现规模报酬递增或递减的原因主要有四个：一是教育政策未能对学龄人口的变化做出及时调整，导致教育投入的规模效率出现不同的结果；二是学龄人口的流动，对流入区域而言，会造成教育资源（师生比下降）紧缺，规模扩大，而流出地则教育规模萎缩，资源浪费；三是对于偏远地区，学龄人口的稀少和分散也会造成教育资源投入的规模收益递减；四是以学历和职称衡量的专任教师质量在区县之间的差异，造成效率之间的差异。

表11　分区县基础教育资源配置效率情况

区县	小学				初中				高中			
	Crste 技术效率	Vrste 纯技术效率	Scale 规模效率	规模报酬	Crste 技术效率	Vrste 纯技术效率	Scale 规模效率	规模报酬	Crste 技术效率	Vrste 纯技术效率	Scale 规模效率	规模报酬
1	0.966	1.000	0.966	drs	1.000	1.000	1.000	–	1.000	1.000	1.000	–
2	0.616	1.000	0.616	drs	1.000	1.000	1.000	–	1.000	1.000	1.000	–
3	0.705	1.000	0.705	drs	0.548	0.747	0.733	drs	0.656	0.74	0.885	irs
4	1.000	1.000	1.000	–	0.636	1.000	0.636	drs	1.000	1.000	1.000	–
5	0.991	1.000	0.991	drs	0.393	1.000	0.393	drs	0.882	1.000	0.882	drs
6	1.000	1.000	1.000	–	1.000	1.000	1.000	–	1.000	1.000	1.000	–
7	1.000	1.000	1.000	–	0.861	1.000	0.861	drs	0.31	0.816	0.38	drs
8	0.507	0.604	0.841	irs	0.283	0.357	0.792	drs	0.596	0.645	0.923	irs
9	0.627	0.705	0.891	irs	1.000	1.000	1.000	–	0.737	0.753	0.979	drs
10	0.455	0.507	0.897	irs	0.442	0.752	0.588	drs	0.545	0.548	0.996	drs
11	0.867	1.000	0.867	drs	0.327	0.602	0.543	drs	1.000	1.000	1.000	–
12	1.000	1.000	1.000	–	0.877	1.000	0.877	drs	1.000	1.000	1.000	–
13	1.000	1.000	1.000	–	1.000	1.000	1.000	–	1.000	1.000	1.000	–
14	1.000	1.000	1.000	–	1.000	1.000	1.000	–	1.000	1.000	1.000	–
15	1.000	1.000	1.000	–	1.000	1.000	1.000	–	1.000	1.000	1.000	–
16	0.376	0.388	0.970	drs	0.386	0.558	0.692	drs	1.000	1.000	1.000	–
均值	0.819	0.888	0.921		0.734	0.876	0.820		0.858	0.906	0.94	

五、研究结论与政策建议

（一）主要结论

1. 基础教育规模

基础教育规模不断扩大，2014年，全市基础教育在校学生达到167万人，其中，幼儿园在园学生36.5万人，小学在校学生82.12万人，普通初中在校学生30.68万人，普通高中在校学生17.76万人。

2. 基础教育财力资源投入

北京市及各区县的地方教育经费收入总量大幅增长，基础教育尤其义务教育和学前教育经费，几乎都由区县政府承担。从基础教育经费支出的内部结构来看，2010—2014年，全市的事业费支出比例逐渐增加，接近99%，基本建设支出在1%左右；事业费支出中用于个人和公用部分的比例为46.4%、53.6%，市本级经费中个人和公用部分的比例分别为32.0%和68.0%，区县经费中个人和公用部分的比例为54.6%和45.4%。

3. 基础教育人力资源投入

2006—2014年，全市幼儿园的生师比大幅下降，学前专任教师的增长速度要远高于学生的增长速度，全市及所有区县的小学生师比都在大幅上升，说明小学生的数量增长速度远高于小学专任教师的增加速度；初中全市的生师比基本稳定，各区增减略微不同；无论全市还是各区，高中的生师比都在大幅下降，高中专任教师的增长速度远高于学生的数量增长速度。

4．基础教育物力资源投入

北京市的生均校舍面积、生均固定资产、生均专用设备，都是小学小于初中，初中小于高中，生均一般图书册数是小学小于高中，高中小于初中。对办学条件的这几个指标，无论小学、初中还是普通高中，每个指标最高的区县都是最低区县的2倍以上，生均专用设备甚至达到了10倍。

5．基础教育财力资源配置差异

各区县之间，生均公用经费的差异要大大高于生均事业费的差异；2006—2013年，小学的生均事业费和生均公用经费差异在增加，尤其是生均公用经费；初中阶段的生均事业费和生均公用经费的差异有所波动，但基本稳定；高中阶段，生均事业费的差异在逐年下降，但是生均公用经费差异在逐年增加；生均事业费的差异，2006年是高中大于初中再大于小学，2013年则是小学大于初中再大于高中，生均公用经费的差异从2006到2013年基本都是小学大于初中再大于高中。

6．基础教育人力资源配置差异

无论差异系数还是基尼系数，2012年之前，区县间幼儿园的生师比差异都非常大，2012年之后大幅下降到比较小；区县间小学和初中的生师比差异很小，并且保持稳定；高中的生师比差异非常小，也保持稳定；区县间幼儿园的生师比差异大于小学，小学大于初中，初中大于高中。

7．基础教育物力资源配置差异

2006—2013年，无论小学、初中还是高中，区县间生均固定资产和生均一般图书的差异都是在逐渐减小的；初中和高中的生均校舍面积也是在逐年减小，但是小学阶段的生均校舍面积差异却是在不断增大的；2006年，小学的生均校舍面积差异要小于初中和高中，但到了2013年，小学的差异要大于初中和高中；小学的生均固定资产差异略大于初中和高中；小学和高中的生均一般图书差异略大于初中；无论小学、初中还是高中，区县间的生均专用设备差异都很大，而且还有增加的趋势，小学的差异要高于初中和高中。

8．基础教育资源配置效率

从资源配置的效率值得分来看，在不考虑学生质量的情况下，有7个区县小学教育资源的使用最为有效且处于规模报酬不变阶段，3个区县处于规模报酬递增阶段，其他6个区县则处于规模报酬递减阶段。初中教育资源使用最为有效，且处于规模报酬不变阶段的也有7个区县，其他9个相对低效状态的区县均处于规模报酬递减阶段。高中教育资源使用最为有效，且处于规模报酬不变阶段的有10个区县，其他6个低效状态的区县中，2个处于规模报酬递增，4个则处于规模报酬递减阶段。

（二）政策讨论

（1）教育发展从根本上说取决于经济发展水平与财政实力。在三级办学的体制下，区县政府是基础教育管理和经费筹措的主体，由于没有规定中央政府和省、县、乡（镇）政府的法定负担结构，中央及北京市本级政府在整个义务教育（特别是农村义务教育）经费的筹措与分配中占有的比重或份额非常低。现行的基础教育财政体制属于典型的低重心分权型管理模式，应该进一步完善中央财政和地方财政分项目、按比例分担的基础教育经费保障机制，提高保障水平，适当调整教育的发展战略，优化教育资金的分配结构。在教育财政支出有限的情况下，将支出重点放在学前教育上，科学划分各级政府在基础教育支出方面的事权职责。目前，应重点调整中央、北京市级财政的教育投入结构，提高中央和市级财政对基础教育的投入力度，改变现行的中央和市本级政府重高等教育、轻基础教育的不合理状况。

（2）由投入式预算转变为重视产出的预算，尽快设计出既符合教育发展规律又体现财政资金使用效率的指标体系。制定科学合理的基础教育生均经费标准，建立规范的以客观变量为基础的、纵横交错的基础教育财政转移支付框架，强化市级政府教育财政的整体协调功能，通过实施转移支付，弥补各区县政府的基础教育财政收支缺口，促进地区间基础教育的均衡发展。

（3）在满足政府设定的基本办学条件的基础上，缩小区县间的差异，对于条件相对较弱的区县，根据具体指标，采取市级政府专项转移支付的方式予以支持和改善。

（4）根据各区县各学段生师比的差异，对新入职的教师能够从数量、学历、职称、学科的角度全市统筹安排，使专任教师增长与学生规模变化相适应。

（5）提高区县和学校层面教育资源的使用效率，为学生提供更多的教育机会，在保证基本教育教学质量的基础上，增加学校的课程提供量、教学时数、提高教师的教学能力、提高教育资源的利用率，促进学生的学业进步和身心发展。

（6）影响教育资源配置的因素比较复杂，因为将教育视为一个生产过程，利用实证研究探讨教育投入与产出的关系时，教育投入与产出的指标选择对效率的结果影响比较大。教育投入的资源不仅是人、财、物，还包括信息、时空、制度等，教育产出也具有多样性，如学生的学业成绩、道德品质、体质及心理状况等，这些都还需要进一步深入研究和探讨。

参考文献

［1］娄峥嵘．我国公共服务财政支出效率研究［M］．北京：中国社会科学出版社，2011.

［2］栗玉香．教育财政效率的内涵、测度指标及影响因素［J］．教育研究，2010（3）：15－22.

［3］丁建福，成刚．义务教育财政效率评价：方法及比较［J］．北京师范大学学报（社会科学版），2010（2）：109－117.

［4］周胜，林道立，刘正良，等．新世纪以来我国关于教育经费效益评价的研究综述［J］．重庆高教研究，2013（6）：105－108.

［5］胡咏梅，杜育红．中国西部农村小学资源配置效率评估［J］．教育与经济，2008（1）：1－6.

［6］薛海平．学生成绩提高的原理与策略研究——义务教育生产函数分析［M］．北京：北京大学出版社，2011.

［7］吴胜泽．中国政府间转移支付制度效率研究［M］．北京：经济科学出版社，2012.

［8］魏权龄．数据包络分析［M］．北京：科学出版社，2004.

［9］任晓辉．中国义务教育支出绩效评价研究［M］．上海：复旦大学出版社，2010.

［10］杜育红，刘亚荣，宁本涛．学校管理的经济分析［M］．北京：北京师范大学出版社，2003.

［11］栗玉香，郭庆．义务教育财政均衡：政策与效果——基于北京市的实证分析［M］．北京：经济科学出版社，2009.

［12］胡咏梅．学校资源配置与学生成绩关系——基于西部农村的实证分析［M］．北京：教育科学出版社，2012.

［13］康建英．财政分权体制下政府义务教育支出研究［M］．北京：人民出版社，2012.

撰稿人：北京教育科学研究院北京市教育督导与教育质量评价研究中心 杜玲玲

第十四章　北京市义务教育入学政策实施效果评价报告

[摘要]　为缓解择校热问题，近年来北京市义务教育入学政策做出较大调整，严格执行就近入学政策。本研究基于2015年11月在北京市16个区及燕山开展的义务教育学生入学状况电话调查数据及网络舆情分析结果，得到以下结论：2015年大部分学生按照就近入学方式入学，政策落实情况较好；学生家长对义务教育入学工作的满意度及政策落实效果评价较高，尤其是对入学过程顺利程度评价得分最高；学生家长对入学信息提供的充足性方面认可度较低；不同城市功能区、地域、受教育水平、职业、户籍的学生家长对入学办法的满意度还存在一定差异；与入学相关的教育优质均衡发展问题、户籍问题仍有待进一步改善。为此，教育行政部门应当进一步完善入学政策；每年尽早出台入学办法，加强入学工作的信息公开程度和宣传力度，保证入学工作公开、公平；严格规范入学工作纪律，加强监督检查和指导；深入推进学校联盟、学区制等办学形式，加强优质资源共享，推动义务教育优质均衡发展。

[关键词]　义务教育　入学政策　实施效果

Chapter 14　Evaluation Report on the Implementation Effect of Compulsory Education Enrollment Policy in Beijing

[Abstract]　In order to relieve the phenomenon of school choice, there is a big adjustment of compulsory education enrollment policy in Beijing recent years. Based on the data of compulsory education enrollment status survey and network public opinion analysis which carried out in November 2015 of 16 districts and Yanshan in Beijing, this study found that: most of the students in accordance with the way of the nearest school enrollment and the policy implementation effect is good in 2015; parents' satisfaction on the enrollment policy is higher, especially the satisfaction on the admissions process; parents' satisfaction on the information openness is lower; there is a significant difference in parents' satisfaction of different areas, educational level, occupation and household type; high quality and balanced development of education and household problems still need further improve. In view of this study, the following recommendations are given: education administrative departments should further improve the enrollment policy; make the enrollment policy known to the public as soon as possible and strengthen the openness of information each year; regulate the enrollment work discipline strictly and strengthen the supervision, inspection and guidance on the policy;

strengthen the school union and other ways to improve the sharing of high - quality resources and promote the balanced development of compulsory education.

[Key words]　compulsory education; enrollment policy; implement effect

长期以来，入学问题是社会各界广泛关注的热点、焦点问题，尤其是义务教育阶段的幼升小、小升初。在政策层面，从教育法律文本来看，新中国成立以来，我国一贯主张义务教育就近入学方式，1986年，《中华人民共和国义务教育法》第一次从法律意义上对就近入学政策进行规定，确定了就近入学的法律地位。随后，国家颁布的多项法规、文件中均对就近入学政策进行规范和完善。[1][2]然而在实践层面，由于优质教育资源的稀缺性、教育发展的非均衡性以及教育的高收益率，择校之风屡禁不止。[3][4][5]

为缓解“择校热”问题，从长远上促进区域义务教育均衡发展，2014年教育部对入学工作做出了严格规定，尤其对重点大城市义务教育免试就近入学工作提出了明确要求。在此背景下，北京市2014年对义务教育入学政策做了较大调整，严格实行就近入学，取消共建、实行计划招生、特长生减招等一系列限制“择校”政策出台，2015年进一步完善了相关政策。这既是破解择校难题、促进教育公平的重要举措，也是深化教育领域综合改革的深刻体现。截至目前，这项被称为史上最严的“就近入学”政策已经实施了两年。

那么作为政策的利益相关者，学生家长如何评价这项政策？政策的实施效果如何？不同背景的利益相关者对政策的评价是否存在差异？舆论关注的热点有哪些？本研究基于2015年“北京市义务教育学生入学状况”电话调查数据及网络舆情监测数据，客观评价2015年北京市义务教育入学政策效果。

一、新时期北京市义务教育阶段入学政策分析

2014年以来北京市义务教育阶段入学政策做出了较大调整，取消共建、实行计划招生、特长生减招等一系列限制“择校”的政策出台；[6]同时，市教委下发《义务教育阶段入学工作中严明纪律的若干规定》，列出15条“禁令”，从入学工作的多个方面提出具体要求，严格规范幼升小、小升初招生工作。[7]《北京市教育委员会关于2015年义务教育阶段入学工作的意见》（以下简称《意见》）中对入学政策进一步完善[8]，北京市及各区的入学相关政策主要呈现以下特点。

（一）在入学方式上，严格执行就近入学

北京市义务教育入学政策最明显的变化表现在对入学方式的严格限制上，要求取消共建、减招特长生，严格执行就近入学政策，将“坚持免试、就近，确保适龄儿童少年接受义务教育”作为重要的工作原则和工作要求。幼升小均须按照区教委划定的学校服务片免试就近入学；小升初“进行单校划片或多校划片。单校划片学校采用对口直升方式招生，即一所初中对口接收片区内所有小学毕业生入学。多校划片学校，先征求入学志愿，对报名人数少于招生人数的初中，学生直接入学；对报名人数超过招生人数的初中，以随机派位的方式确定学生”。[9]由此，除寄宿制学校、民办学校外，跨区择校、跨学区择校的可能性越来越小。此外，信息化手段、政府监控等方式的引入也在很大程度上保证了

就近入学政策的实施。

（二）在入学程序上，启用入学服务系统

在入学程序上，为了保证入学过程公开公正，北京市在全市范围内使用统一的小学和初中入学服务系统，全程记录每个学生的入学途径和方式，同时教育行政部门依据权限进行查询和监控，利用信息化手段规范入学流程。入学服务系统的使用使学生入学信息采集系统与学校 CMIS 系统（北京市中小学管理信息系统）实现“无缝对接”，学生的户籍所在地、居住地及所入读的学校、入学方式、升学方式都清晰记录在案，形成连续的入学轨迹，加之教育行政部门的监控，很大程度上限制了过去学校在招生工作上的操作空间，有利于入学工作更加公开、透明，有效遏制不合理的择校行为，保证就近入学。

（三）在入学条件上，进一步细化非京籍学生入学

非京籍学生入学工作一直是社会各界关注的热点，北京市针对非京籍适龄学生，根据学生不同的家庭背景进一步细化，规范入学工作。主要细化为三类人群：第一，台胞、博士后、华侨等子女按本市户籍对待；第二，外来务工随迁子女五证齐全者按区教委确定的学校入校就读；第三，各类引进人才由区教委协调解决。[10]

（四）出台《意见》和15条“禁令”，开展督导检查，杜绝违规现象

近年来，教育督导作为教育行政管理中的重要一环，逐渐成为确保政府履行教育职责、规范教育教学行为的重要推动力。《意见》中明确提出，坚决治理乱收费、禁止公办学校单独或与社会培训机构联合或委托举办各类以选拔生源为目的的培训班、禁止学校私自招生、禁止义务教育阶段入学工作中组织任何形式的考试、严禁将各种竞赛成绩和奖励证书作为入学依据、禁止初中校违规在小学非毕业年级提前招生。市教委和市政府教育督导室将继续对义务教育阶段入学工作开展重点督导检查。[11]此外，15条“禁令”从入学收费、招生流程的多个方面提出具体要求，严格规范幼升小、小升初招生工作。[12]

（五）推行学区制、集团化等办学模式，扩大优质教育资源覆盖范围

长期以来，优质资源稀缺是实施就近入学政策的重大障碍之一，因此，2014年以来，在严格实施就近入学政策的同时，各区采用学区制、集团化、学校联盟等方式扩大优质教育资源覆盖范围，通过名校联盟普校等方式将部分薄弱学校进行改造升级，在横向上为扩大优质教育资源提供途径。2015年，“北京教育新地图”从平面变得更加立体，加大了初中校与小学九年一贯、对口直升，让小学与中学之间的优质教育资源可以同口径对接的举措，在纵向上为扩大优质教育资源提供了途径。

二、研究方法

（一）调查法

1. 调查对象及调查方法

本研究采取分层随机的抽样方法，抽取北京市16个区及燕山2015—2016学年新入学的小学一年级和初中一年级学生家长，采用电话调查方式，进行义务教育阶段学生入学状况调查。

抽样的分层变量为：学校所在地域、办学水平；学生户籍。其中学校所在地域分为城市、县镇、农村；学校办学水平分为好学校、较好校、一般校；户籍分为京籍和非京籍两类。各区样本量的确定方法

如下：首先，根据各区学生总数计算出抽样误差为2%的两个年级简单随机抽样的最小样本量，再按照各区各层学生人数比例分配抽样人数。由此，有效确保了样本的代表性。最终共抽取2954名小学一年级学生家长、2362名初中一年级学生家长，学生的性别、户籍、学校办学水平、地域分布与新入学学生的整体分布大体一致。样本分布及受访家长基本情况详见表1和表2。

表1 样本分布

类别		小学一年级		初中一年级	
		人数	百分比（%）	人数	百分比（%）
总计		2954	100.0	2362	100.0
户籍类型	京籍	2068	70.0	1507	63.8
	非京籍	886	30.0	855	36.2
城市功能区	首都功能核心区	483	16.4	388	16.4
	城市功能拓展区	1266	42.9	1026	43.4
	城市发展新区	901	30.5	672	28.5
	生态涵养发展区	304	10.3	276	11.7
学校办学水平	好学校	1640	55.5	1330	56.3
	较好校	913	30.9	642	27.2
	一般校	401	13.6	390	16.5
学校所在地域	城市	2005	67.9	1617	68.5
	县镇	445	15.1	413	17.5
	农村	504	17.1	332	14.1

表2 受访家长的基本情况

类别		小学一年级		初中一年级	
		人数	百分比（%）	人数	百分比（%）
总计		2954	100.0	2362	100.0
受访家长与学生关系	父亲	2116	71.6	1468	62.2
	母亲	814	27.6	865	36.6
	祖父（外祖父）	6	0.2	5	0.2
	祖母（外祖母）	8	0.3	10	0.4
	其他亲属	10	0.3	14	0.6
受访家长的受教育程度	初中及以下	335	11.3	632	26.8
	高中（含中专、职高）	598	20.2	643	27.2
	大学（含大专、本科）	1649	55.8	920	39.0

续表

类别		小学一年级		初中一年级	
		人数	百分比（%）	人数	百分比（%）
受访家长的职业状况	研究生（硕士、博士）	348	11.8	152	6.4
	缺失	24	0.8	15	0.6
	机关或事业单位干部职工/警察	281	9.5	167	7.1
	专业技术人员	475	16.1	339	14.4
	企业管理人员	438	14.8	227	9.6
	企业职工	748	25.3	520	22.0
	个体经营者、自由职业者	423	14.3	478	20.2
	务农人员	22	0.7	62	2.6
	服务人员	310	10.5	313	13.3
	没有工作	198	6.7	208	8.8
	其他	59	2.0	48	2.0

2. 评价指标

通过对 2015 年北京市及各区义务教育入学相关政策分析，本研究构建了入学状况调查指标体系，调查内容主要涵盖三方面：①学生入学前有关入学信息的公开状况，包括家长对入学政策、孩子将要就读学校的了解情况以及教委、学校提供信息的充足性等；②家长对学生入学过程的评价，包括入学服务平台的使用、入学程序、入学方式等；③学生入学后，家长对入学办法的满意度，对入学政策实施情况的评价。此外，通过开放题形式收集了学生家长对入学政策的具体意见和建议，为进一步完善入学政策提供家长的舆情信息。

3. 统计分析方法

本研究使用 SPSS 17.0 软件进行描述统计和推论统计分析。

描述统计上，除了呈现各指标的选项百分比外，还采用评价得分考察家长对入学办法的评价。对于评价得分，主要通过对各选项进行赋值进而计算各调查内容的平均得分，将“非常了解（非常充足、非常方便、非常满意）”赋值为 100 分，“比较了解（比较充足、比较方便、比较满意）”赋值为 75 分，“一般”赋值为 50 分，“不太了解（不太充足、不太方便、不太满意）”赋值为 25 分，“非常不了解（非常不充足、非常不方便、非常不满意）”赋值为 0 分。推论统计上，主要使用 T 检验、F 检验、效应值的方法考察不同户籍、地域、学校、家庭背景的家长对入学办法的满意度是否存在差异。

对于开放题，运用内容分析法，将所收集到的家长对入学工作的意见和建议进行编码，把涉及问题内容相同的意见或建议划归为一类，再进行描述统计分析。

（二）舆情分析

本研究借助北大方正智思信息服务平台通过指定板块增量式全集爬取、基于关键词的搜索两种方式收集来自网络的关于 2015 年北京市义务教育入学的各种数据。涉及的网络数据源包括五方面：①门户网站；②网络资讯平台；③教育新闻网；④

论坛、博客、微博等自媒体平台；⑤报纸、电视等传统媒体的在线版。

三、义务教育入学政策效果评价

（一）就近入学目标是否实现："幼升小""小升初"入学方式

对于入学方式，受访对象中，小学一年级学生的入学方式（幼升小）排在前三位的分别是学区登记入学、教委指定学校入学及政策保障协调入学，尤其值得关注的是，学区登记入学的学生占受访对象总体的79.3%。初中一年级学生的入学方式（小升初）排在前三位的分别是划片入学、九年一贯制直升及推荐派位入学，分别占总体的55.4%、15.3%和11.1%，如图1所示。

公开数据显示，2015年北京市义务教育入学政策成效明显，全市小学就近入学比例为94.06%，初中就近入学比例为90.6%[13]。结合两方面的数据，可以认为，2015年北京市义务教育阶段就近入学目标得到了较好的实现。

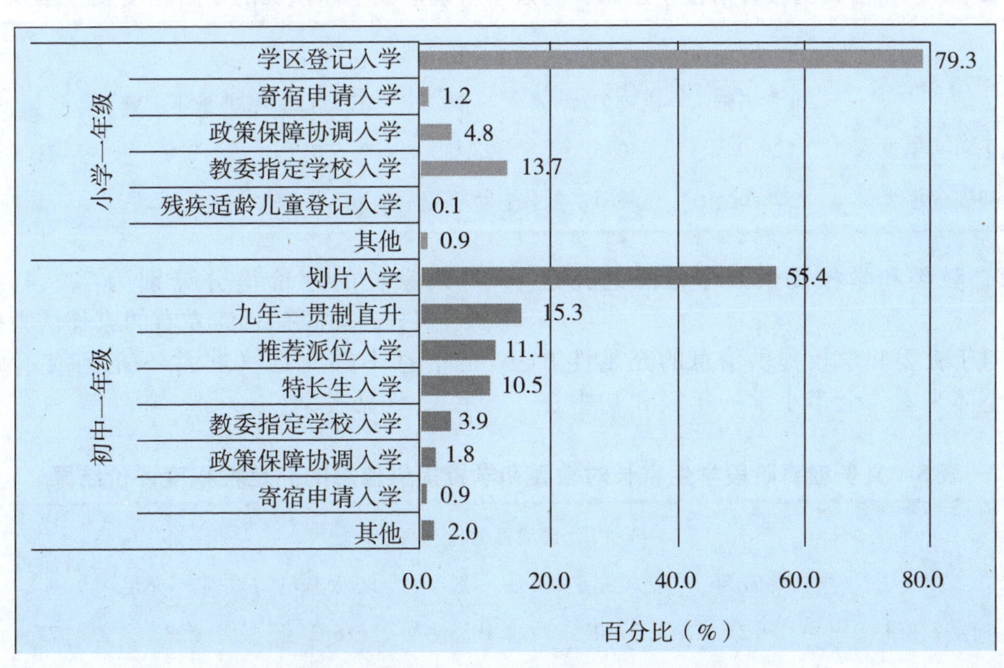

图1 2015年北京市义务教育阶段学生入学方式调查结果

（二）机会：入学信息公开程度评价

1. 学生家长对入学政策的了解程度

对于入学前学生家长对入学政策的了解程度方面，整体来看，小学一年级和初中一年级学生家长对入学政策了解程度的评价得分分别为77.0分和70.8分；选项百分比上，小学一年级和初中一年级分别有74.0%和63.0%的学生家长认为对入学政策非常了解或比较了解，详见表3。

表 3　义务教育阶段学生家长对入学政策了解程度调查结果

年级	选项百分比（%）					评价得分
	非常了解	比较了解	一般	不太了解	非常不了解	
小学一年级	44.8	29.2	18.4	4.7	3.0	77.0
初中一年级	37.6	25.4	25.3	5.7	5.9	70.8

2. 学生家长对将要就读学校的了解程度

对入学前学生家长对孩子就读学校的了解程度方面，整体来看，小学一年级和初中一年级学生家长对孩子就读学校了解程度的评价得分分别为 71.3 分和 71.4 分；选项百分比上，小学一年级和初中一年级均分别有 8% 左右的家长对孩子就读学校不够了解（不太了解、非常不了解），详见表 4。

表 4　入学前义务教育阶段学生家长对孩子就读学校整体情况的了解程度调查结果

年级	选项百分比（%）					评价得分
	非常了解	比较了解	一般	不太了解	非常不了解	
小学一年级	28.0	40.5	23.0	5.7	2.8	71.3
初中一年级	28.6	38.5	25.3	5.3	2.3	71.4

3. 教委和学校提供入学信息的充足程度

对于教委和学校提供信息的充足性方面，整体来看，全市小学一年级和初中一年级家长的评价得分分别为 72. 4 分和 69. 4分，均尚有 13% 左右的家长认为提供的信息不够充足（非常不充足或不太充足），详见表 5。

表 5　义务教育阶段学生家长对教委和学校提供信息的充足性程度评价结果

年级	选项百分比（%）					评价得分
	非常充足	比较充足	一般	不太充足	非常不充足	
小学一年级	39.2	29.0	19.8	6.2	5.8	72.4
初中一年级	38.0	23.0	25.0	6.9	7.2	69.4

（三）过程：入学手续办理及入学服务平台使用情况评价

1. 入学手续办理过程的顺利程度

对于入学手续办理过程是否顺利方面，从北京市整体情况来看，分别有 89.3% 的一年级学生家长和 96.5% 的初中一年级学生家长认为入学手续办理过程非常顺利或比较顺利，极少数家长认为不太顺利或不顺利；评价得分分别为 89.0 分和 95.9 分，均接近“非常顺利”，详见表 6。

进一步分析发现，5.2% 的小学一年级学生家长对入学手续办理过程不够满意，其中多数（77.8%）为非京籍学生家长，不满意的原因主要是：所需证明材料复杂（58.5%）、政策不合理公正（15.6%）。仅 1.0% 的初中一学生家长对入学手续办理过程不够满意，也多数（75.0%）为非京籍学生家长，对于不满意的原因，近七成家长认为“所需证明材料复杂”。

表 6　义务教育阶段学生家长对入学手续办理过程顺利程度的评价结果

年级	选项百分比（%）					评价得分
	非常顺利	比较顺利	一般	不太顺利	非常不顺利	
小学一年级	74.7	14.6	5.6	2.5	2.7	89.0
初中一年级	89.0	7.5	2.5	0.4	0.6	95.9

2. 入学服务平台使用的便利程度

对于入学服务平台使用的方便程度方面，从北京市整体情况来看，全市小学一年级和初中一年级家长的评价得分分别为 80.1 分和 74.6 分，分别有 6.0% 的一年级学生家长和 10.6% 的初中一年级学生家长认为非常不方便或不太方便，详见表 7。

表 7　义务教育阶段学生家长对入学服务系统使用方便程度的评价结果

年级	选项百分比（%）					评价得分
	非常方便	比较方便	一般	不太方便	非常不方便	
小学一年级	49.9	29.6	14.5	3.0	3.0	80.1
初中一年级	44.4	26.2	18.8	4.5	6.1	74.6

（四）结果：对入学工作的评价

1. 基本情况分析

（1）对入学政策实施成效的评价：整体效果及各项具体政策措施的实施效果。

在对入学政策整体落实效果的评价方面，两个年级的学生家长对入学政策落实效果的评价得分分别为 81.2 分和 77.2 分，均达到了“比较有成效”水平。从选项百分比上来看，仅有 4% 左右的家长认为实施成效不明显或没有成效，详见表 8。

表 8　义务教育阶段学生家长对政策实施成效的整体评价

年级	选项百分比（%）					评价得分
	非常有成效	比较有成效	一般	成效不明显	没有成效	
小学一年级	46.5	36.5	13.6	1.8	1.5	81.2
初中一年级	42.5	32.3	19.6	2.8	2.7	77.2

对具体政策举措实效的评价上，主要评价取消共建生，降低特长生招生比例，禁止组织任何形式的考试、测试和面试选拔学生，严禁将各种竞赛成绩、奖励证书作为入学依据，禁止公办学校单独或与社会培训机构举办选拔生源为目的的培训会，启用入学服务系统，采取学校联盟等多种形式扩大优质教育资源七项具体举措的实施成效。

小学一年级学生家长对六项具体举措（不含降低特长生招生比例）实施成效的评价得分均达到了 75 分以上，认为“比较有成效”，其中，对“启用入学服务系统”评价最高，对“取消共建生”评价最低。初中一年级学生家长对七项具体举措实施成效的评价得分中，对“采取学校联盟等多种形式扩大优质教育资源”、“启用入学服务系统”和“取消共建生”的评价得分相对较高，且达到“比较有成效”水平，而对其他四项具体举措的评价得分均未达到 75 分，其中对“禁止公办学校单独或与社会培训机构举办选拔生源为目的的培训会”评价得分最低，详见表 9 和图 2。

表 9　义务教育阶段学生家长对入学政策各项具体措施实施成效的评价

政策措施	年级	选项百分比（%）					评价得分
		非常有成效	比较有成效	一般	成交不明显	没有成效	
取消共建生	小学一年级	45.8	29.9	17.7	3.2	3.4	77.9
	初中一年级	46.0	25.5	18.8	4.2	5.5	75.6
禁止组织任何形式的考试、测试和面试选拔学生	小学一年级	56.5	25.5	12.4	2.4	3.2	82.3
	初中一年级	40.2	25.6	21.2	5.4	7.7	71.3
严禁将各种竞赛成绩、奖励证书作为入学依据	小学一年级	63.0	18.3	11.4	3.0	4.4	83.1
	初中一年级	39.7	22.6	22.5	7.1	8.1	69.7
禁止公办学校单独与社会培训机构举办选拔生源为目的的培训会	小学一年级	61.6	16.9	12.9	3.2	5.4	81.5
	初中一年级	37.5	17.8	23.7	8.4	12.5	64.9
启用入学服系统	小学一年级	64.4	22.8	9.7	1.7	1.4	86.7
	初中一年级	48.7	24.8	18.0	4.3	4.1	77.4
采取学校联盟等多种形式扩大优质教育资源	小学一年级	58.1	24.1	13.5	2.3	1.9	83.5
	初中一年级	51.2	23.9	18.0	3.8	3.0	79.1
降低特长生招生比例	小学一年级	—	—	—	—	—	—
	初中一年级	39.3	26.6	22.6	5.5	6.0	71.9

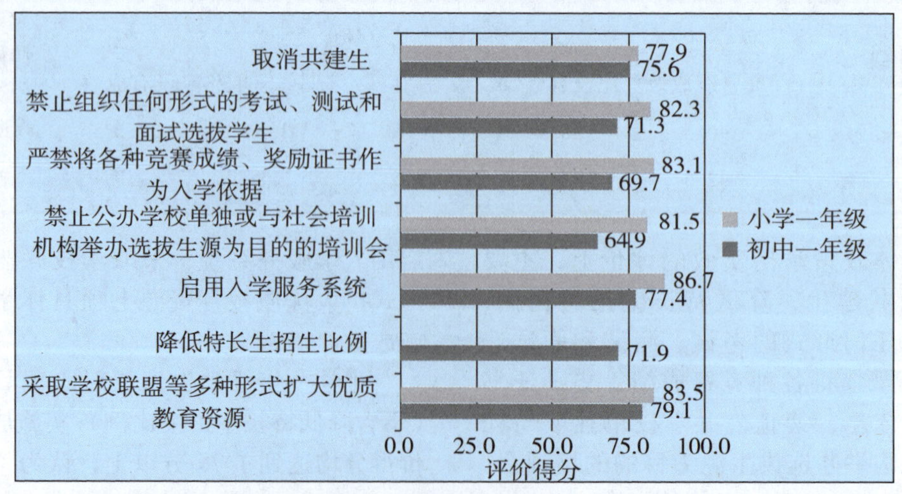

图 2　北京市义务教育阶段学生家长对 2015 年入学政策各项具体措施落实效果的评价得分

（2）对择校改善情况的评价。

两个年级的学生家长对择校改善情况的评价得分分别为74.9分和72.4分，均接近“比较满意”水平。从选项百分比来看，70%左右的学生家长对择校改善情况非常满意或比较满意，详见表10。

表10　义务教育阶段学生家长对择校改善情况的满意度调查结果

年级	选项百分比（%）					评价得分
	非常满意	比较满意	一般	不太满意	非常不满意	
小学一年级	43.3	29.7	16.8	3.9	6.4	74.9
初中一年级	43.6	23.5	19.7	5.4	7.8	72.4

（3）对入学办法的满意度。

对于2015年入学办法的满意程度方面，小学一年级和初中一年级学生家长的评价得分均为75.3分，仍分别约10%的小学一年级和初中一年级学生家长不够满意（非常不满意、不太满意），详见表11。

表11　义务教育阶段学生家长对2015年入学办法的满意度调查结果

年级	选项百分比（%）					评价得分
	非常满意	比较满意	一般	不太满意	非常不满意	
小学一年级	44.5	28.9	16.6	3.5	6.6	75.3
初中一年级	45.8	25.7	18.3	4.3	6.0	75.3

2. 不同背景的学生家长对入学办法的满意度差异分析

（1）不同城市功能区[①]的学生家长对入学办法的满意度差异分析。

从不同城市功能区学生家长对入学办法的满意度来看，小学一年级首都功能核心区家长的满意度最高，城市功能拓展区和城市发展新区家长满意度相对较低；而初中一年级生态涵养发展区家长的满意度最高，而首都功能核心区和城市功能拓展区家长满意度相对较低。

差异分析结果显示：两个年级不同城市功能区的学生家长对入学办法的满意度差异均显著。进一步事后分析发现具有实际显著差异的结果是：初中一年级生态涵养发展区家长的满意度显著高于首都功能核心区（$d=0.34$）和城市功能拓展区（$d=0.37$）家长；城市功能拓展区家长的满意度显著低于城市发展新区（$d=0.21$）家长。其他城市功能区及小学一年级不同城市功能区家长之间的满意度均没有实际的显著差异，具体结果详见表12。

① 见《北京市“十一五”时期功能区域发展规划》第三部分，四大功能区域发展规划：首都功能核心区（东城区、西城区、原崇文区、原宣武区）；城市功能拓展区（朝阳区、海淀区、丰台区、石景山区）；城市发展新区（昌平区、通州区、顺义区、大兴区、房山区）；生态涵养发展区（门头沟区、平谷区、怀柔区、密云县、延庆县）。

表 12　不同城市功能区学生家长对入学办法的满意度及差异检验表

年级	区域	均值	标准差	F 值	效应值		
					城市功能拓展区	城市发展新区	生态涵养发展区
小学一年级	首都功能核心区	78.5	24.8	3.460 *	0.15	0.16	—
	城市功能拓展区	74.4	28.3			—	0.11
	城市发展新区	74.0	31.0				0.11
	生态涵养发展区	77.6	31.0				
初中一年级	首都功能核心区	72.9	30.0	12.754 ***	—	0.19	0.34
	城市功能拓展区	72.3	29.3			0.21	0.37
	城市发展新区	78.5	28.4				0.15
	生态涵养发展区	82.4	26.3				

注：

* 表示 $p<.05$，** 表示 $p<.01$，*** 表示 $p<.001$。下同。

由于本次调查样本大于 1000 人，微小数据差别也可能会造成显著性差异而致误判，因此，采用效应值作为指标来进一步检验数据差异的实际意义。选用 *Cohen's d* 作为标准差异型效应值估计指标，根据 Cohen（1992）提出的判定差异实际重要性的标准，在本报告中判断效应值大小的标准为：

—	均值差异不显著，无须计算效应值
效应值	均值差异显著，但效应值小于 0.20（$\|Cohen's\ d\|<0.20$）
效应值	均值差异显著，效应值低（$0.20\leq\|Cohen's\ d\|<0.50$）
效应值	均值差异显著，效应值中（$0.50\leq\|Cohen's\ d\|<0.80$）
效应值	均值差异显著，效应值高（$\|Cohen's\ d\|\geq0.80$）

（2）升入不同学校的学生家长对入学办法的满意度差异分析。

从不同地域学生家长对入学办法的满意度来看，小学一年级城市家长的满意度最高，其次为县镇，农村家长满意度相对较低；而初中一年级呈现出相反的趋势。差异分析结果显示：两个年级不同地域的学生家长对入学办法的满意度差异均显著。进一步事后分析发现具有实际显著差异的结果是：初中一年级城市家长的满意度显著低于县镇（$d=0.25$）和农村（$d=0.30$）家长。其他地域及小学一年级不同地域家长之间的满意度均没有实际的显著差异，具体结果详见表 13。

表 13　不同地域学校的学生家长对入学办法的满意度及差异检验表

年级	地域	均值	标准差	*F* 值	效应值	
					县镇	农村
小学一年级	城市	76.2	27.3			
	县镇	75.5	31.7	4.593*	—	0.15 0.12
	农村	71.7	32.5			

续表

年级	地域	均值	标准差	F 值	效应值	
					县镇	农村
初中一年级	城市	72. 8	29. 2		0. 25	0. 30
	县镇	80. 0	28. 3	18. 533***		—
	农村	81. 5	27. 4			

从不同办学水平学校的学生家长对入学办法的满意度来看，小学一年级和初中一年级学生家长均呈现出好学校家长的满意度最高，其次为较好校，一般校满意度相对较低。差异分析结果显示：小学一年级不同办学水平学校的学生家长对入学办法的满意度差异显著，初中一年级差异不显著。但进一步事后分析发现，两个年级不同办学水平学校学生家长之间的满意度均没有实际显著差异，具体结果详见表 14。

表 14　不同办学水平学校的学生家长对入学办法的满意度及差异检验表

年级	办学水平	均值	标准差	F 值	效应值	
					较好校	一般校
小学一年级	好学校	76. 8	27. 9		0. 11	0. 13
	较好校	73. 7	30. 3	. 560*		—
	一般校	73. 14	30. 0			
初中一年级	好学校	76. 3	27. 6		—	0. 12
	较好校	74. 8	31. 0	. 296		—
	一般校	72. 8	30. 2			

（3）不同背景的学生家长对入学办法的满意度差异分析。

从不同受教育水平的学生家长对入学办法的满意度来看，小学一年级初中及以下学历家长的满意度最高，高中、大学学历的家长满意度相对较低；初中一年级初中及以下学历家长的满意度最高，而研究生学历家长的满意度最低。差异分析结果显示：初中一年级不同受教育水平的学生家长对入学办法的满意度差异显著，而小学一年级差异不显著。进一步事后分析发现，初中一年级学生家长显著呈现出受教育水平越高，满意度反而越低的趋势，效应值介于 0. 21 和 0. 79 之间，具体结果详见表 15。

表 15　不同受教育水平的学生家长对入学办法的满意度及差异检验表

年级	受教育水平	均值	标准差	F 值	效应值		
					高中（含中专和职高）	大学（含大专和本科）	研究生（硕士或博士）
小学一年级	初中以下	78.7	29.7	2.012	0.13		
	高中（含中专和职高）	74.6	30.8		0.14	—	
	大学（含大专和本科）	74.7	28.7		—	—	—
	研究生（硕士或博士）	76.5	25.6				
初中一年级	初中以下	83.4	27.1	38.015***	0.21	0.45	0.79
	高中（含中专和职高）	77.6	28.3			0.24	0.58
	大学（含大专和本科）	70.7	29.0				0.33
	研究生（硕士或博士）	61.2	28.5				

从不同职业等级[①]的学生家长对入学办法的满意度来看，小学一年级一类职业学生家长的满意度最高，二类职业家长满意度相对较低；初中一年级一类职业家长的满意度最高，而三类职业家长的满意度最低。差异分析结果显示：小学一年级和初中一年级不同职业等级的学生家长对入学办法的满意度差异均显著。进一步事后分析发现具有实际显著差异的结果是：初中一年级三类职业家长的满意度显著低于一类（$d = 0.37$）和二类（$d = 0.20$）家长。其他类别及小学一年级不同职业等级家长之间的满意度均没有实际的显著差异，具体结果详见表 16。

表 16　不同职业等级的学生家长对入学办法的满意度及差异检验表

年级	职业等级	均值	标准差	F 值	效应值	
					二级	三级
小学一年级	一类	78.7	28.3	7.555***	0.19	—
	二类	73.1	30.4			0.10
	三类	75.8	27.7			
初中一年级	一类	80.7	27.1	22.844***	0.17	0.37
	二类	75.8	29.1			0.20
	三类	70.0	29.6			

（4）不同户籍类型的学生家长对入学办法的满意度差异分析。

从不同户籍类型的学生家长对入学办法的满意度及差异检验结果来看，小学一年级京籍学生家长的满意度显著高于非京籍学生家长（d=0. 36），而初中一年级非

① 参照已有研究，将调查对象的职业等级分为三类，无业人员、务农人员和其他为一类，计 1 分；企业职工、个体经营者、自由职业者为二类，计 2 分；机关或事业单位干部职工/军人/警察、专业技术人员、企业管理人员为三类，计 3 分，分数越高，代表调查对象的职业级别越高。

京籍学生家长满意度略高于京籍学生家长，差异不显著，详见表17。

表17　不同户籍类型的学生家长对入学办法的满意度及差异检验表

年级	户籍	均值	标准差	t 值	效应值
小学一年级	京籍	78.5	26.6	8.437***	0.36
	非京籍	67.9	32.6		
初中一年级	京籍	74.6	28.8	1.443	—
	非京籍	76.5	29.3		

四、义务教育入学政策舆情分析

（一）义务教育入学政策网络舆情分析

通过对国内多家网站、传统媒体、论坛、影响力较大的博客、微博用户以及境外媒体2015年关于北京市义务教育阶段学生入学方面的信息搜集，经过查重比对、聚类分析和编码统计分析，发现义务教育入学政策方面的网络舆情主要表现在以下三个方面：一是非京籍入学政策问题、片区划分合理性问题最为突出；二是教育资源整合的意义及效果讨论激烈；三是政策施行影响背后，学区房话题内容最多。

从舆论反映上来看，媒体方面，对政策解读性内容较多，并肯定就近入学政策，舆论认为进一步强化就近入学，堵住无序择校的漏洞，为家长提供了公平、公正、公开入学办法；同时也关注非京籍入学难导致的社会问题。专家言论方面，教育专家熊丙奇、储朝晖、闻峰等更为关注政策实现效果、教育公平、解决非京籍入学难方式、北京市人口政策等问题，认为教育公平关键仍在于教育均衡发展，提高弱校办学水平、促进教育多元化。草根网民则关注电脑派位、片区划分合理性等实际问题和区县政策公开透明度。

其中，非京籍学生入学政策短时间内引发舆论爆点。2015年5月该话题敏感言论集中，网民（多为家长）在自媒体上就社保、暂住证等要求提高导致孩子入学难问题表达不满，推动线下活动。舆情热点集中在：非京籍学生家长表达不满、争取教育政策倾斜，呼吁教育公平；京籍学生家长认为非京籍学生抢占北京教育资源；建议非京籍儿童回原籍入学。[14]

（二）家长对义务教育入学政策的意见和建议分析

通过对开放题收集的2354条（其中小学、初中一年级家长意见分别1333、1021条）意见和建议进行整理发现，两个年级学生家长的意见和建议主要集中在入学信息公开、非京籍学生入学等方面，其中，京籍学生家长对学区间或区域间教育均衡发展等方面的意见和建议较多，非京籍学生家长对非京籍学生入学、入学程序复杂等方面的意见和建议较多，详见表18及图3～图5。

表 18　2015 年义务教育阶段学生家长对入学工作的意见和建议前三名的方面（由多到少）

排序	小学一年级			初中一年级		
	整体	京籍	非京籍	整体	京籍	非京籍
1	入学信息公开和及时性不够、了解渠道少	入学信息公开和及时性不够、了解渠道少	入学信息公开和及时性不够、了解渠道少	入学信息公开和及时性不够、了解渠道少	入学信息公开和及时性不够、了解渠道少	非京籍学生入学问题
2	入学程序复杂	入学程序复杂	入学程序复杂	入学程序复杂	学区间或区域间教育发展不均衡	入学信息公开和及时性不够、了解渠道少
3	非京籍学生入学问题	学区间或区域间教育发展不均衡	非京籍学生入学问题	没有自主选择学校的机会和途径	没有自主选择学校的机会和途径	入学程序复杂

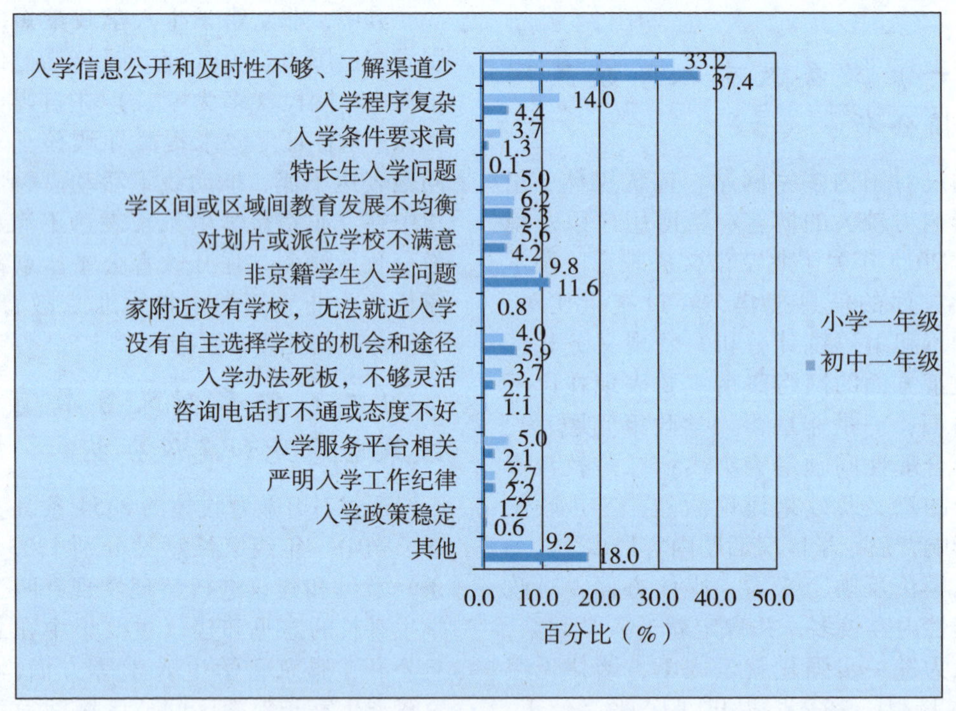

图 3　北京市义务教育阶段学生家长对 2015 年入学工作的意见和建议分布

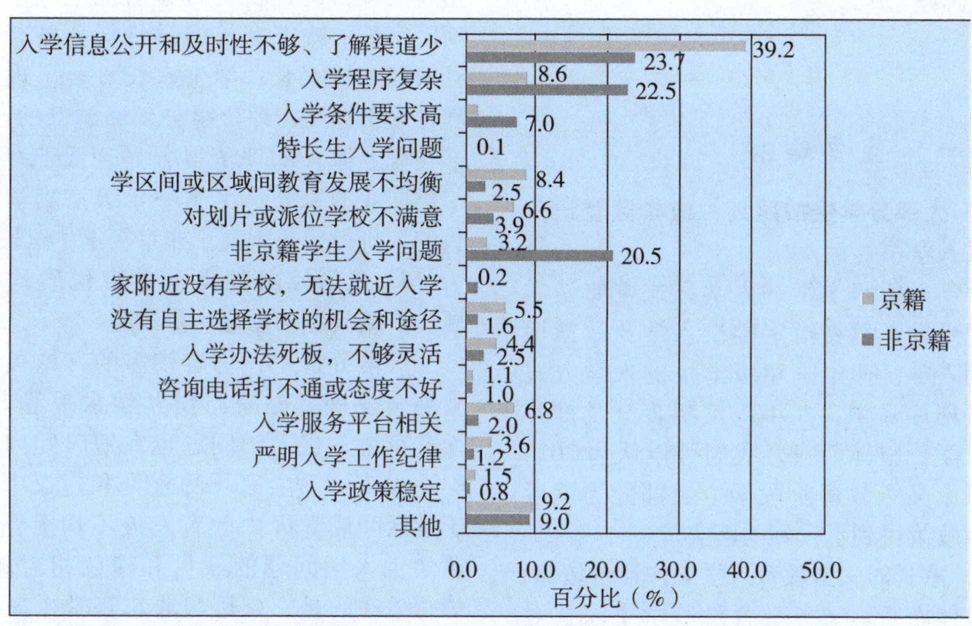

图 4　小学一年级京籍和非京籍学生家长对 2015 年入学工作的意见和建议分布

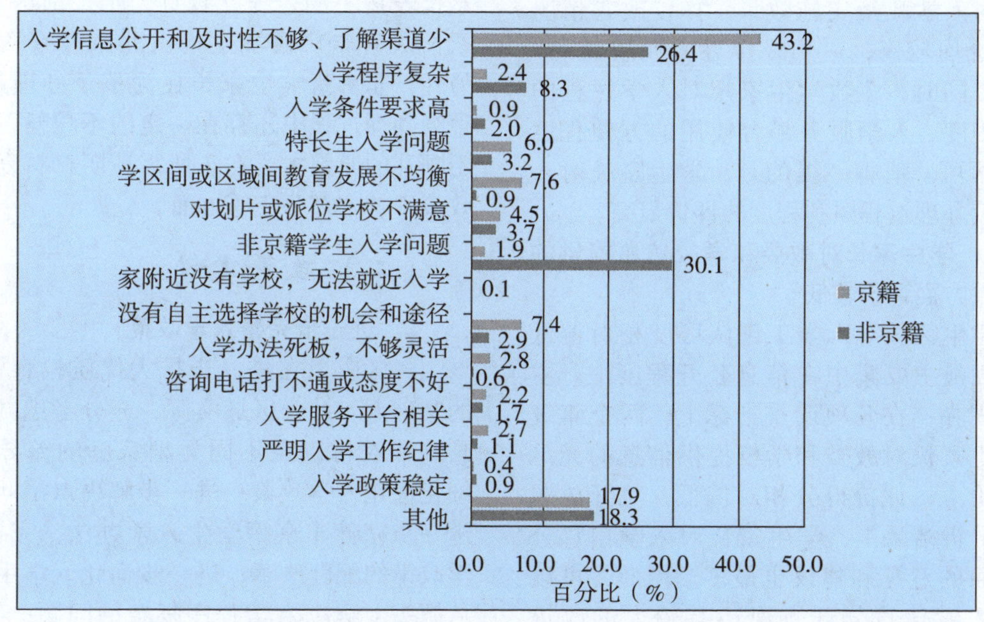

图 5　初中一年级京籍和非京籍学生家长对 2015 年入学工作的意见和建议分布

五、主要结论及政策建议

（一）主要结论

1．大部分学生按照划片或学区登记入学方式入学

小学一年级学生的入学方式主要是学区登记入学、教委指定学校入学及政策保障协调入学，初中一年级学生的入学方式主要是划片入学、九年一贯制直升及推荐派位入学。整体而言，我们可以认为2015年北京市义务教育阶段学生大部分为就近入学，政策得到了较好的落实。

2．家长对义务教育入学工作评价较高

整体而言，义务教育阶段学生家长对入学工作的评价较高，对入学办法的满意度及对入学政策实施效果、择校改善情况的评价均较高，达到或接近“比较满意”水平。同时，多数学生家长对入学过程的顺利程度、入学服务平台使用的方便程度表示认可。值得一提的是，学生家长对入学手续办理过程顺利程度的评价最高。

3．学生家长对教委和学校信息提供的充足性方面评价较低

学生家长对入学工作认可度相对偏低的方面最主要集中在信息公开程度上。主要表现在：在几项调查指标上，两个年级的学生家长对教委和学校提供信息的充足性评价上，评价得分相对偏低；对开放题统计分析结果上，学生家长对入学信息公开方面的意见和建议也最多。因此，可以说在入学信息公开方面还有较大的改进空间。

4．不同背景的学生家长对入学办法的满意度存在一定差异

不同城市功能区、地域、家长受教育水平、家长职业等级、户籍的学生家长满意度存在显著差异，初中一年级生态涵养发展区家长的评价得分显著高于首都功能核心区和城市功能拓展区家长，城市功能拓展区家长的评价得分显著低于城市发展新区家长；城市家长的评价得分显著低于县镇和农村家长；学生家长显著呈现出受教育水平越高，评价得分反而越低的趋势；三类职业家长的评价得分显著低于一类和二类职业的家长。小学一年级京籍学生家长的评价得分显著高于非京籍学生家长。

5．入学相关的义务教育优质均衡发展、户籍问题仍需进一步改善

舆情分析中，仍有较多的言论关注教育均衡发展、提高弱校办学水平等方面，而非京籍学生入学问题也在短时间内引发舆论爆点。学生家长的意见和建议中，对于学区间或学区内教育发展不均衡、非京籍学生入学问题的意见和建议相对较多。值得关注的是，京籍与非京籍学生家长在入学问题上的矛盾依然存在，非京籍学生家长表达不满，呼吁教育公平，京籍学生家长认为非京籍学生抢占北京教育资源；另外，非京籍学生家长在为孩子办理入学手续办理过程中还存在一定的不顺畅因素，不顺利的原因主要在于所需证明材料复杂、政策不够合理公正等方面。

（二）政策建议

1．进一步完善入学政策

各区应当在进一步扩大优质教育资源的基础上，结合区域实际，充分考虑城市、县镇和农村以及不同类型家庭的差异性，细化优化入学政策；进一步解决点招问题；进一步完善非京籍学生入学办法，完善入学政策的配套改革；进一步简化入学手续，从源头上解决入学程序复杂的问题；努力实现入学政策更加公平合理，让更多的学生能享受优质教育资源。

2．每年尽早出台入学政策，加强宣传工作

尽可能早的出台入学政策，为学生和家长全面了解政策、了解学校、了解办理入学手续所需要的各种材料和程序等提供充足的准备时间。此外，市区两级教育行政部门要加大政策宣传力度，进一步加强入学工作的信息公开程度，充分利用教委、学校网站、家长会、社区、学校等途径广泛宣传入学政策及其具体的学校划片信息、入学工作日程安排等，确保政策信息宣传到位，使家长在入学信息充分知晓的情况下，更加顺利地帮助孩子入学。

3. 严格规范入学工作纪律，加强监督检查和指导

区级政府、教育行政部门和学校要严格执行《北京义务教育阶段入学工作中严明纪律的若干规定》，进一步规范入学工作。加强对各区入学政策执行情况的监督检查和指导的力度，加强对“禁止公办学校单独或与社会培训机构举办选拔生源为目的的培训会”等方面的督导检查力度，保障入学政策的有效落实。

4. 深入推进学校联盟等办学形式，扩大优质教育资源辐射范围

区级政府、教育行政部门和学校应进一步推动学校联盟、学区制、名校集团化办学、初中校与小学九年一贯等办学形式，加强优质资源共享，扩大名校的辐射面，推动义务教育优质均衡发展，使广大学生既能够就近入学，又能享受优质教育资源，努力提高群众对入学工作的满意度，办人民满意的教育。

参考文献

[1] 孙绵涛，康翠萍，朱晓黎. 改革开放以来中国就近入学政策的内容分析 [J]. 教育理论与实践，2009 (9)：16 - 20.

[2] 祁型雨. 我国就近入学政策分析——兼谈对农民工子女就近入学权益的维护 [J]. 教育科学研究，2010 (7)：5 - 9.

[3] 迟长伍，王世君. 治理择校的困境、归因与策略 [J]. 中国教育学刊，2014 (2)：5 - 10.

[4] 郑磊，王思檬. 学校选择、教育服务资本化与居住区分割——对“就近入学”政策的一种反思 [J]. 教育与经济，2014 (6)：25 - 32.

[5] 胡咏梅，卢珂，薛海平. 中小学择校问题的实证研究——基于北京市中小学的调查 [J]. 教育学报，2008 (2)：72 - 78.

[6] 北京市教育委员会关于2014年义务教育阶段入学工作的意见（京教基二〔2014〕10号）[Z]. 2014 - 04 - 18.

[7] [12] 市委教育工委市教委关于印发在义务教育阶段入学工作中严明纪律若干规定的通知（京教工〔2014〕23号）[Z]. 2014 - 05 - 20.

[8 - 11] 北京市教育委员会关于2015年义务教育阶段入学工作的意见（京教基二〔2015〕3号）[Z]. 2015 - 02 - 6.

[13] 2015北京印记之深化教育改革：去年小学就近入学比例达到94.06% [N]. 北京日报，2016 - 01 - 27.

[14] 赵丽娟. 北京市2014—2015教育舆情分析 [A] //方中雄，桑锦龙. 首都教育“十二五”回顾与展望——北京教育发展研究报告2015年卷 [C]. 北京：北京出版社，2015：442 - 460.

撰稿人：北京教育科学研究院北京市教育督导与教育质量评价研究中心　卢珂　赵丽娟

第十五章 基于核心素养五大领域的教学实验研究

[摘要] 当前，国内外关于核心素养的研究多见于理论分析、构架建构和课程设计，对具体教学策略的研究则缺乏足够的实证支撑。本研究致力于探索在教学中“从知识向能力、从能力向素养”不断发展提升的现实路径。以阅读、数学、科学、技术和问题解决五个核心素养领域为载体，聚焦领域中某个具体的教学问题，结合多年教学研究经验提出假设和自变量，再通过等组前后测实验收集证据，观察因变量，验证假设或进一步优化干预条件，最终提出有效促进学生核心素养发展的教学策略。目前，课题组已依据前测数据梳理出了当前北京市中小学生于核心素养方面存在的主要问题，并从学校、教师、学生三个层面分别给予了相应建议；部分学科已据此研制完成后续实验干预材料。整体而言，本研究强调从教和学两个层面，基于数据诊断与改进教学，并注重将研究成果及时回归实践。

[关键词] 核心素养 教学实验教学诊断与改进

Chapter 15 Experimental Research on Five Major Areas of Key Competencies

[Abstract] At present, the research on key competencies is in the ascendant, but it is more common in the theoretical analysis, framework construction and curriculum design, and lack of adequate empirical support for the research of specific teaching strategies. This research is devoted to exploring the practical path of the continuous development from knowledge to ability and from ability to competencies in teaching. In this study, we focus on five important areas of key competencies, which is reading, mathematics, science, technology and problems solving. With years of experiences in teaching research, the project team make assumptions and independent variables which are based on some very specific teaching problems in those areas. Then, using equivalent – group pre – and – post – test method, effective teaching strategies which can promote students' key competencies will be proposed finally. At present, our research group has sorted out Beijing primary – and – middle – school students' main problems in key competencies. And corresponding suggestions have been given to school, teachers and students respectively. Some discipline groups have also designed the follow – up experiment materials based on those suggestions. On the whole, this study emphasizes data based diagnosis and improvement of teaching from both sides of teaching and learning, and also pays attention to taking the research results return to practice timely.

[Key words] key competencies, teaching experiment, diagnosis and improvement of teaching

“核心素养”是当今教育界共同关注的焦点，但是，如何在中小学教学中推动核心素养的研究，才能有效提升学生的核心素养呢？为了回答这个问题，北京教育科学研究院基教研中心课题组选择了达成世界性共识的五大关键素养领域，开展相关学科的教学实验研究，旨在探索有效的教学策略，将促进学生核心素养的发展落实到学科教学中。

一、研究的缘起

（一）问题的提出

在长期的教学研究与实践中，课题组发现了以下主要的问题。首先，从教学层面看，大多数教师主要关注学生认知的结果而忽略学生认知和理解的过程；同时在现行的教育体制下，为了应对考试，大多数教师更注重引导学生如何做题，而忽视了学科内容在生活实际中的应用。其次，从学生层面看，学生往往只知道概念是什么，而不理解为什么；且关注点通常只在于应对考试，提高解题能力。

而核心素养的提出，或将成为解决上述问题的新路径。

（二）研究的基础

针对学科教学研究与改进，课题组在日常工作中曾开展了大量相关研究。其中既有研究主题明确的课题或专项研究，如“学科德育研究”“信息技术与学科教学整合”“基于课程标准的学科能力研究”等。也有依托市、区、校三级教研网络开展的实践研究。特别是近几年，北京教科院签约了十几所院属实验学校，使研究具有了教学实验基地。此外，还有基于证据的研究，通过指标评价方法和行为分类方法，开展课堂观察和案例分析，利用录像课平台，基于数据和实证开展教与学问题的研究。正是这些研究，为核心素养的教学实验研究奠定了坚实的基础。

2012年，受北京市教委委托，课题组承担了“基于学科能力的教学指南研究”项目，依据现行各学科课程标准，研制了中小学各学科《北京市加强与改进学科教学的指导意见》、《义务教育阶段学科能力标准和教学指南》和《义务教育阶段学生学业标准》，并列举了与学科能力标准和学业标准对接的一系列学科典型课例。从而在课程标准和一线教学之间为教师搭建起了桥梁和缓坡，为学生有效学习构建了支撑平台，成为北京市具有纲领性的、指向学生能力发展的教学指南。

而学科能力发展正是核心素养中的重要组成要素。例如，运用布鲁姆的目标分类理论，课题组对小学语文学科阅读能力水平所作的分层次细化描述（参见表1），实际上就正体现出了阅读素养在不同培养水平所表现出的不同能力水准，从而超越了单纯的知识层面，直接基于学科能力指向了核心素养层面。

表1 小学语文学科阅读能力水平描述

阅读能力	水平1	阅读文章能够初步把握主要内容、揣摩表达顺序、大体了解作者表达的思想感情；能了解说明性文章的部分要点，能大体把握诗意，了解诗歌表达的情感。能根据需要从文本中找出简单的信息，了解关键词语、重点句子和段落的表面意思，能做出简单的解释，并能有自己的看法；能借助阅读丰富自己的语言表达，能利用文本提供的单一信息，解决简单问题

续表

	水平 2	在阅读中能够抓住要点，全面把握文本的主要内容；能了解表达顺序；能根据需要从文本中找出多个信息；能利用文本信息和生活积累做出解释和评价，并能简单说明理由；能利用文本提供的信息，发展自身语言，或解决学习和生活中的一般问题
	水平 3	在阅读中能够抓住要点，简练地概括文本的主要内容，全面抓住说明要点；正确理解作者要表达的思想感情；理清文章思路；能根据需要从文本中加工出新的信息；能充分利用文本信息，对相关内容做出准确、全面的解释，或有理有据地进行评价；能灵活运用文本相关内容发展自己的语言，或解决实际问题；有较为丰富、扎实的语言积累。

而为了能够在日常教学实践中把学生能力的发展进一步落到实处，课题组还针对每一学科具体课程标准的具体内容，提出了更为细致、实用的学科能力标准与教学建议。以地理学科为例，就明确指出了若想在“地球和地图”这一主题内容的教学中实现问题解决能力的发展，可以在教学中采取怎样的具体方法或手段，从而直接指向了问题解决这一关键核心素养的培育（参见表 2）。

表 2　初中地理学科“地球、地球仪、地图”能力标准及教学建议

内容标准中的主题		学科能力标准		能力水平			教学建议
内容领域	主题			1	2	3	
地球和地图	地球和地球仪	感知能力	运用资料，了解人类认识地球形状的过程	√			
			用简单的方法演示地球自转和公转	√			用地球仪和手电演示地球的自转和公转
			运用地球仪，说出经线与纬线、经度与纬度的划分		√		以小组为单位，观察地球仪，找出经纬度分布的规律
		理解能力	用地理现象说明地球的自转和公转		√		用地球仪等教具或身体模拟地球的自转和公转，体会地球的自转和公转特点
			用平均半径、赤道周长和表面积描述地球的大小	√			画出地球示意图，在图中标出地球的平均半径、赤道周长、表面积等数据
		问题解决能力	在地球仪上确定某地点的经纬度	√			观察地球仪，互相提问题，确定某地点的经纬度
	地图	问题解决能力	能在地图上辨别方向，判读经度和纬度，量算距离 能在等高线地形图上，识别山峰、山脊、山谷，判读坡的陡缓，估算海拔与相对高度	√			在大比例尺地图上量算从居住地到天安门广场之间的直线距离 在地图上辨别方向，判读经度和纬度 在等高线地形图上，识别山峰、山脊、山谷，判读坡的陡缓，估算海拔与相对高度 在野外进行“定向越野”活动

续表

内容标准中的主题		学科能力标准		能力水平			教学建议
内容领域	主题			1	2	3	
			初步学会在地形图上识别五种主要的地形类型	√			
			根据需要选择常用地图，查找所需要的地理信息，养成在日常生活中使用地图的习惯		√		将地图册上的地图进行简单分类
			列举电子地图、遥感图像等在生产、生活中应用的实例	√			在电子地图上查找从学校（或某地）出发到某个旅游景点的路线，说明电子地图的特点和与传统地图的区别

（三）研究的目标

结合前期研究的成果，本次教学实验研究进一步聚焦在各学科教学关键问题上，基于实验数据探索教学改进的有效策略。在提升教研员开展教学实验能力的同时，指导教师结合学科关键问题，开展“同课异构”的教学研究，及针对所教平行班，开展微教学实验的研究，以求切实解决将核心素养融入教与学的问题。

二、具体研究问题的确定

教学实验有序有效开展的前提是明确关键问题。为此，课题组采用了“三步走”的研究策略（参见图1），确定五大核心素养领域分别要研究的关键问题。

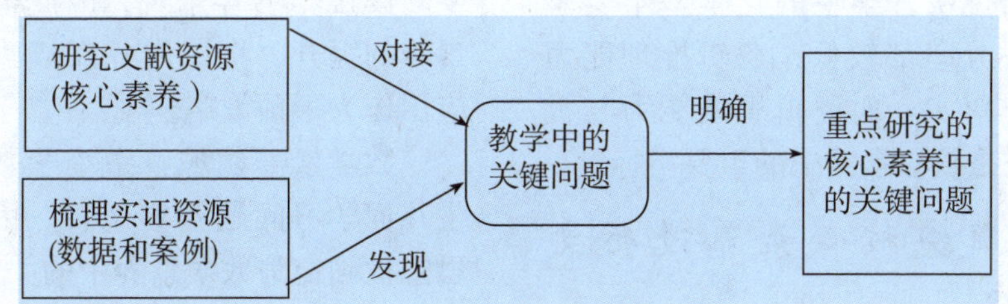

图1 “三步走”的研究策略

（一）梳理教学研究数据 归纳学科关键问题

为了在有效数据支撑的基础上，准确抓住各学科教学关键问题开展研究，课题组重点研究了近十年教学改革层面积累的5种数据：义务教育教学质量监控与评价数据，教学设计征集与评选数据，小学近5万名教师、初中近3万名教师及高中教师基本功问卷数据，2013—2015年400节教学录像课分析数据，以及近万节常态教学分析数据。

例如，通过梳理、分析小学语文2012年北京市学业监测数据，课题组发现：

在考查的三个分领域中，学生在“阅读与积累”分领域的合格率、优秀率都相对较低，学生的离散程度也比较大。特别是在“作出评价”和“形成解释”部分得分率较低，分别为 62.5% 和 72.6%。这一数据说明，学生阅读素养中的高级能力水平不高，需要加强培养。

再如，初中化学 2010 年北京市学业监测数据（见图 2）显示：

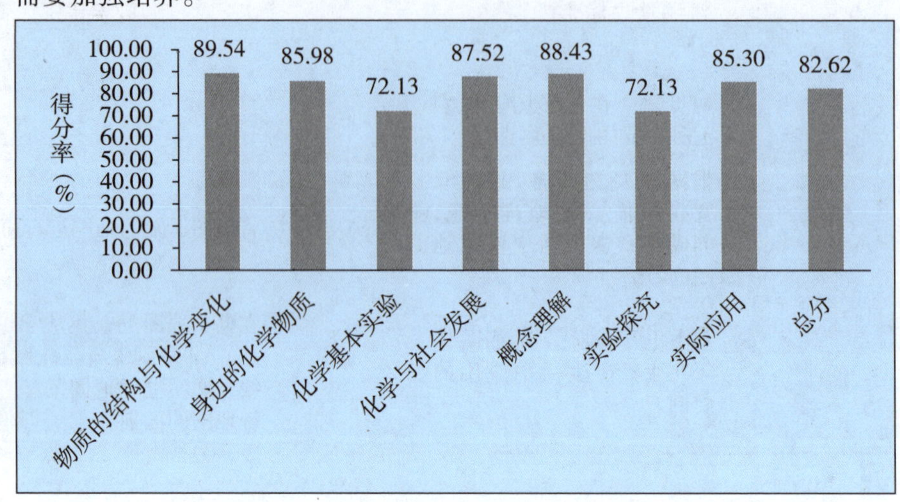

图 2　初中化学 2010 年北京市学业监测结果

学生最感兴趣的实验探究环节的调查结果是：71.8% 的学生对“实验实施和操作”环节最感兴趣，但其化学学业水平测试得分率并不高（83.6%）。12.7% 的学生对“实验方案设计”或“反思”环节最感兴趣，虽然人数百分比不高，但这些学生的测试得分率较高（87.8% ~88.1%）。

以上数据说明，学生的化学基本实验和实验探究得分率都较低，逻辑推理能力需要加以研究落实。而逻辑思维能力与批判思维能力正是核心素养中的重要指标。

（二）围绕核心素养进行文献综述研究

课题组参阅了联合国核心素养体系及 OECD、美国、新加坡、欧盟、日本等具有代表性的国家、地区和国际组织的大量相关研究，发现虽然各方在体系构建上略有不同，但共性突出。例如，核心素养的共性指标包括：语言能力、数学素养、问题解决能力、信息素养、创新与创造力等。而这些核心素养也正是各学科教学的共同目标，因此需要融合、也有可能融合在中小学各学科教学中加以有效落实。

（三）确定各领域研究问题

在上述研究的基础上，通过将学科教学关键问题与核心素养指标对接，聚焦出了五大研究领域教学实验研究的主要问题，分别如下。

阅读素养领域：中小学语文教学中学生阅读素养不容乐观，因此需要聚焦阅读素养的提升，将课内外阅读素材的开发和应用作为干预策略。

数学素养领域：中小学数学教学中学生几何学习问题不容忽视，因此数形结合思想被确定为数学素养中的关键问题。

科学素养领域：中小学科学类学科教学中，学生对科学概念理解存在问题，因此，依据概念发展进阶理论，促进科学概念理解，并在此过程中发展学生的逻辑思维、批判思维和创新思维，被确定为研究的主要问题。

技术素养领域：中小学劳动技术学科聚焦技术素养的提升，将任务驱动教学方式作为自变量进行教学干预。

问题解决领域：中小学德育课程则关注学生社会问题解决困难，聚焦问题解决策略，提升学生认识社会问题的能力。

在确定主要研究问题的基础上，各领域（学科）继续将其拆解，理清研究问题中的各类变量，明确教学实验的假设。例如，中小学科学研究的核心问题是：围绕核心概念整合教学（整合内容和环节）对促进不同层次学生核心概念理解的影响。进一步拆解成的具体问题则包括：如何评价核心概念理解？如何围绕核心概念整合教学内容？如何围绕核心概念进行课堂教学设计？如何围绕核心概念组织学生自主学习资源？其中，中学物理学科的实验假设被确定为：围绕核心概念整合教学可以促进各层次学生对核心概念的深层理解。

三、研究的方法

该项目研究预计两年左右完成。主要采取准实验的研究方法，即选取学生发展层面关键的素养领域和关键内容，通过实验班和控制班进行等组前后测实验数据，进行诊断分析、对比实验前后学生的发展变化，以及实验班和控制班的学习效果和教学效果差异分析，进而获得教学实验的结论，评估教学策略的有效程度。

为此，课题组在前期大量文献检索和实证数据分析的支持下，专门研制了关于核心素养的各类测试工具。按研究进程分成前测、中测和后测；按测试对象分成教师行为测试工具和学生测试工具；按测试方法则分成纸笔测试、调查问卷、教学录像等。

具体来说，课题组利用核心素养发展表现测试卷、学生学习情感与态度调查问卷等分析学生行为；利用教师教学行为调查问卷、教学录像课分析平台分析教师行为。并将“中医式”望、闻、问、切的课堂观察、案例分析，与“西医式”基于录像课平台对教师和学生行为数据进行科学诊断相结合，从而大大提高了测量评价的信度和效度。

例如，高中物理学科数据分析结果显示：“概念教学重视结果，轻视概念形成过程和应用过程；以及实验教学的教育功能没有得到充分发挥”，是当前物理教学存在的主要问题之一。因此，该学科用于前测的学生测试卷度表，就分别从物理观念、物理思维、实验探究三个维度进行了问题设置（详见表3）。

表3　高中物理的学生测试卷度表

核心素养维度	二级指标	前测测试题目 pre - test
物理观念	抽象概括与推理	1 3 8 9 15 29. 1
	关联整合	2 12
	解释说明	4 5 6 7 42 14 17 19 20 30. 2
	判断预测	10 11 16 18 21 23 30. 1
物理思维	模型建构	22 29. 2 31. 1 42. 1
	科学推理	24 25 42 42. 1 42. 2
	科学论证	42 28 29. 3 31. 2 42. 2 42. 3
	质疑创新	30. 3 35. 1
实验探究	发现问题与猜想假设	
	设计实验与获取证据	34. 1 34. 2 34. 3
	分析论证与反思评估	34. 4 35. 2 35. 3 36. 1 36. 2 36. 3

而从高中物理学生前测结果数据（参见图3）可以看出，上述测试题具有较好的信度。且效度由命题框架作为保证，并由专家评判（参见图4）。

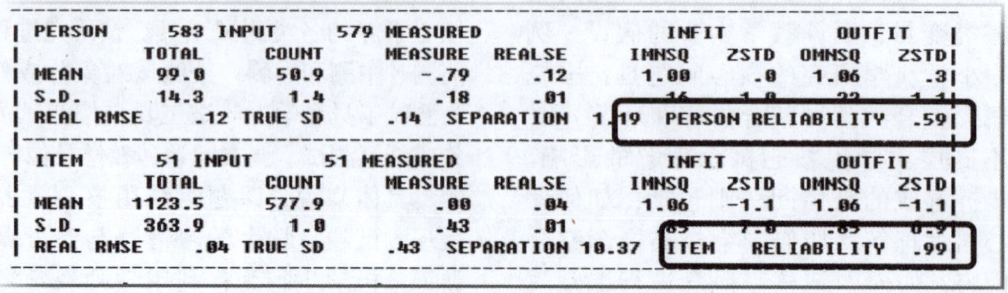

```
| PERSON     583 INPUT      579 MEASURED                  INFIT         OUTFIT  |
|          TOTAL      COUNT     MEASURE  REALSE     IMNSQ   ZSTD  OMNSQ   ZSTD|
| MEAN      99.0       50.9        -.79     .12      1.00     .0   1.06     .3|
| S.D.      14.3        1.4         .18     .01       .16    1.0    .22    1.1|
| REAL RMSE    .12 TRUE SD      .14  SEPARATION  1.19  PERSON RELIABILITY  .59|
|-----------------------------------------------------------------------------|
| ITEM       51 INPUT        51 MEASURED                  INFIT         OUTFIT  |
|          TOTAL      COUNT     MEASURE  REALSE     IMNSQ   ZSTD  OMNSQ   ZSTD|
| MEAN    1123.5      577.9         .00     .04      1.06   -1.1   1.06   -1.1|
| S.D.     363.9        1.0         .43     .01       .85   [illegible]   .85   [illegible]|
| REAL RMSE    .04 TRUE SD      .43  SEPARATION 10.37  ITEM   RELIABILITY  .99|
```

图3　高中物理学生前测试卷信度

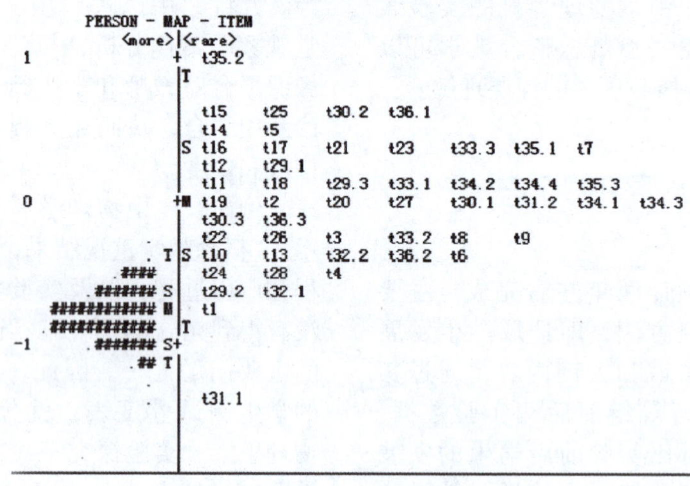

图4　高中物理学生前测结果怀特图

再如，在对影响学生核心素养发展的教学因素进行分析时，课题组就主要采用了录像课分析的方式来解读教师行为。如初中化学学科就对《水的组成》这一课例教学实录进行了S—T分析和弗兰德斯分析（参见图5、图6）。

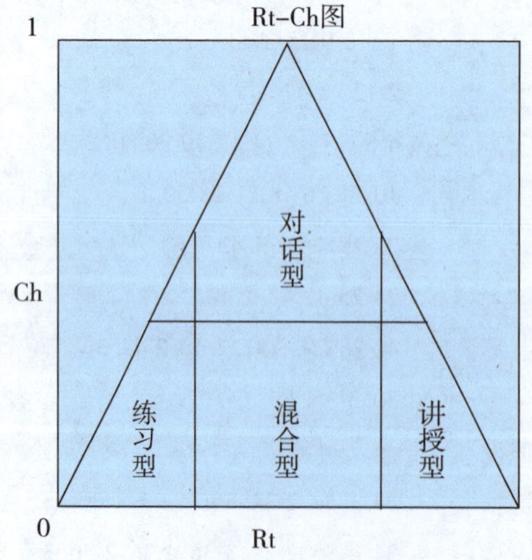

转换率（Ch）：0.11

占有率（Rt）：0.57

教学类型：混合型

图5　《水的组成》S－T分析结果

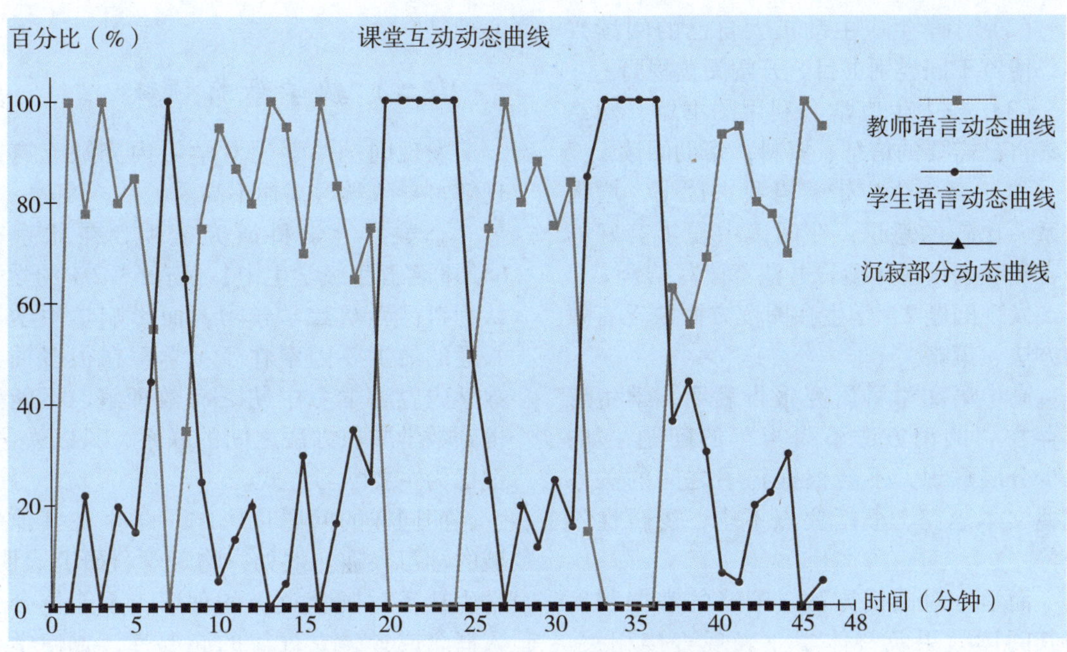

图6 《水的组成》弗兰德斯动态曲线图

四、阶段性研究结果

从2015年6月项目研究正式开始至2016年7月，一年的时间内，五个领域均完成了前测，并据此收集整理了在当前教学背景下，学生于核心素养方面存在的主要问题。针对这些实际问题，课题组还从学校、教师、学生三个层面分别提出了相应建议，以期为广大教育工作者提供咨询和借鉴。

（一）阅读素养领域

发现问题1：学生阅读面普遍较窄，阅读积累太少。

语文学科研究报告表明，从小学到高中，学生阅读面普遍较窄。以小学五年级为例，36%的学生每天课外阅读不足10页，且39.3%的学生最喜欢的课外读物主要是漫画卡通。初中阶段，阅读的课外书籍也主要集中在小说、漫画、抒情散文这三类。及至高中，很多学生的阅读量仅限于语文教材，部分学生的课外阅读以杂志为主，缺少对整本书的阅读。

阅读视野的狭窄与单一，严重影响了学生阅读理解能力的发展，学生普遍存在阅读障碍。

给学校的建议：

（1）鼓励学科综合，努力为学生配备题材、体裁、风格丰富多样的书籍。

（2）开展多种多样的读书活动，创设阅读氛围，打造“书香校园”。

（3）制定相应的激励措施，鼓励学生多读书、读好书、会读书。

给教师的建议：

（1）发挥教师示范效应，教师首先成为一个优秀的读书者，并多为学生推荐阅读书目，特别是鼓励学生选择优秀的、富有文化内涵和时代气息的阅读材料进行阅读，培养学生广泛的阅读兴趣。

（2）加强课外阅读指导，通过组合阅读、拓展阅读、主题阅读、比较阅读等多种方式，基于课内阅读促进课外阅读拓展。

给学生的建议：

（1）对自己每天的阅读时间、阅读量、阅读内容做出大致规划，并努力按计划开展阅读活动。

（2）小学生应主动扩大自己的阅读兴趣，博览不同类别书目，开阔阅读视野。

（3）初中生应学会利用图书馆、网络搜集自己需要的信息、资料，帮助阅读。

（4）高中生应带着自我去读书，增强联系、比较的意识，在阅读中积累美好的语言经验与情感体验，并注意读写结合。

发现问题 2：学生在阅读方面缺乏有效的方法、策略。

高中语文学科研究报告表明，学生普遍存在“阅读方法不得当”的问题，如：缺少分层意识，不会根据句子之间的关系把握文本思路，概括要点不全，逻辑性不强等。

而学生对阅读方法、策略的掌握程度与其阅读效果及整体学业表现直接相关。例如，小学语文学科研究表明，学业表现优秀的学生在阅读策略的掌握和运用上要远远优于合格水平学生。反之，物理、化学两学科的前测结果均显示，筛选、提取、转换信息等阅读能力的缺失，会造成学生对题目要求不清楚，对试题理解不够，以致在解决问题时不能获取有用信息、屏蔽无用信息，进而影响到信息整合与模型建构，造成失分情况的发生。

给学校的建议：

学校应加强课程资源建设，尽可能提供更多新闻访谈、人物传记、科普读物等实用类文本供学生阅读。

给教师的建议：

（1）语文教师应教导学生掌握阅读策略，并指导他们在什么时候、如何使用这些策略。

（2）其他学科教师也应注意将教科书、题干中的文字都作为促进阅读的机会，指导学生阅读、理解。

给学生的建议：

（1）养成良好阅读习惯，如：概括文章大意，圈画关键词，学会批注阅读，将设问与题意进行有机联系，等等。

（2）以平和心态进行阅读，克服急躁心理。

（二）数学素养领域

发现问题：学生对学习内容缺乏有效理解，导致学习兴趣不高。

小学数学学科研究表明，在北京市 68166 名五年级学生中，仅有 63.2% 的学生认为自己喜欢数学学习。而影响学生学习兴趣的最主要因素在于：学生在很多抽象数学内容的学习中缺乏有效理解、不能感悟到数学知识方法之间的联系，只以模仿、记忆为主要学习方式。

而同样的问题也影响了学生在其他领域的学习兴趣。例如，物理学科研究表明：学生缺乏对概念意义的理解，不能体会引入概念或者建立规律的必要性，致使学生学习兴趣低下，明显缺乏学习动机。初中劳动技术学科学生问卷统计结果亦显示，由于对木工技术不太了解，因此绝大部分学生“说不清”自己对木工制作这一学习内容是否有兴趣。

给学校的建议：

学校应在校本研修活动中，组织各学科教师认真研究如何激发学生的学习兴趣。

给教师的建议：

（1）认真研究学生在学习中的认知困难是什么，并不断探索如何把学生感兴趣的点落实到课堂教学之中。

（2）小学阶段应加强直观，并注意沟通直观与抽象的联系；中学阶段宜遵循从生活原型到抽象概念的教学顺序。

给学生的建议：

（1）努力把学习任务与自身已有经验建立联系，用自己喜欢的方式积极参与学习活动。

（2）通过与同学、教师的积极交流增进对学习内容的理解，保持持久的学习兴趣。

（三）科学素养领域

发现问题 1：学生理解概念的经验事实

不够充分，缺乏建立概念和规律的足够体验。

物理学科研究表明，25%的学生因缺乏对具体情景的观察和体验而做出错误选项。小学科学学科研究表明，学生在生活中对与概念相关现象的关注不足，严重影响了他们对科学概念的理解。

而这类问题在非科学类学科中，其实也十分突出。例如，学生生活经验较少，会影响其思维力度，使其在进行语文阅读时，对文本情节背后的主题不能悟透。又如，多数学生家中、学校没有与木工相关的读物、工具，也严重影响到其在初中劳动技术学科中关于木工内容的学习。

给学校的建议：

学校应增加光学实验室、气垫导轨实验室等专业实验室与实验设备。

给教师的建议：

（1）尽可能多地带领学生走进科技馆、博物馆等课外科学教育场所。小学阶段重在开阔学生视野；初中阶段引导学生把观察到的现象、事实与课上所学知识相联系；高中阶段则引导学生把所学知识与生活、生产实践相结合，体会学以致用。

（2）尽可能通过实物、视频等多种手段展示实验现象与事实，增加学生的体验，让学生把概念和规律建立在实验现象和事实的基础之上。

（3）尽可能想方设法激发学生对自身经验的调取，迁移与应用。

给学生的建议：

（1）关注生活中遇到的科学现象，并努力尝试从科学角度进行描述、解释或预测。

（2）时常追问自己：建立某一概念或者规律的事实依据是什么？

发现问题2：学生进行数据记录、数据处理的能力较弱。

小学阶段，科学学科研究报告表明，低年级学生文字记录的能力比较弱，只能使用简单的画图来表示观察到的现象，且描画不够准确。比如，47.7%的学生不能够使用箭头来记录物体的运动方向、路径等。

初中阶段，化学学科研究报告表明，学生在设计数据记录表环节普遍表现较弱——不知如何将数据记录表与各种变量进行联系，且用实验数据准确、清晰表达思想或解释结论的表现也较弱。

高中阶段，物理学科研究表明，学生在利用实验数据分析误差产生原因、进行实验改进方面的能力普遍不足。

给学校的建议：

（1）应为每一位学生提供科学记录手册，养成科学观察、积累与记录的能力。

（2）应充分利用开放性科学实践活动，为学生提供独立设计实验数据记录的机会。

给教师的建议：

（1）在小学阶段即加强指导，使学生掌握设计实验数据记录方案的基本方法。

（2）在中学阶段，高度重视实验方案设计环节，包括利用各种图表、图示来记录和显示实验数据。

给学生的建议：

（1）学会使用画图的方式，准确、细致地记录所观察到的现象。在用语言进行描述时，注意选择能够精准表达现象的词语。

（2）积极参与实验方案设计，依据研究问题和实验目标，提出自己的猜想和假设，并按照科学的方法和程序进行设计、规划。

（四）技术素养领域

发现问题：学生跨学科知识整合、综合运用所学知识的能力不强。

小学、初中劳技学科研究报告表明，学生综合运用所学知识解决实际问题的能力普遍不强。比如，小学阶段，一旦接触新的作品、项目，学生的知识储备和变通能力就会显出不足。而在初中阶段，当面对“给自己或家人设计一款挂钟”的题目时，学生不能确定自己设计的草图是否符合设计要求、是否具有可操作性，对制作过程含糊不清，大部分学生均不能利用数学知识准确标注钟点，美术功底较弱，且创新能力不强。

给学校的建议：

重视各学科知识的联系与综合运用，以利于学生在此基础上发展技术探究能力。

给教师的建议：

（1）加强知识运用和技术指导，小学可从认识基本工具入手，初中则以作品设计为主线。可通过增加实物观察和体验的环节，来强化学生对知识运用的认识。

（2）加强科技信息和社会发展的联系，以补充和完善现行教材，为学生开展创新实践活动提供信息与技术的储备。

给学生的建议：

（1）在课堂上主动参与观察、体味、设计、操作、评价、再创和交流等学习活动，掌握基础知识与基本技能。

（2）日常生活中加强对技术产品的观察，结合课上所学从制作材料和加工工艺方面对其进行识别和了解，有勇气尝试再创造的过程。

（五）问题解决领域

发现问题1：学生解决实际问题的能力普遍较差。

中学数学学科研究表明，在运用图形解决实际问题时，大部分学生信心不足，近50%的学生空间观念不强，60%的学生不能依靠两步图形变换解决问题。

物理、化学两学科研究表明，学生在需要解决问题时，往往无从下手。或是不知采用什么方法和思路，找不到突破口，或是不知从实际问题中抽取、提炼出相关科学问题。且相对于建构模型解决问题，学生更习惯于模仿已做过的习题，或是干脆生硬、机械地套用公式。

给学校的建议：

（1）增加将科学、技术与社会紧密联系的跨学科领域内容。

（2）创造条件，引导学生参与社会生产、生活实践，通过社会大课堂开阔学生眼界，增加亲身体验。

给教师的建议：

（1）认真研读课标，提供合适的问题情境，特别是从认识范围、理解层次、思维角度、应用能力等方面，对同一类问题在不同学段中的层次予以明确，防止教学中出现无效重复或盲目拔高的现象。

（2）引导学生通过动手实践操作解决问题；使之多经历问题提出、研究问题、建立模型的过程；并引导学生反思建模过程，以获得对建模的反省认知经验。

给学生的建议：

（1）深入社会生产、生活实际，增加对实际问题的体验，并努力尝试从全学科视角进行分析和解释。

（2）注意总结、反思建立理想模型的过程，积累经验。

发现问题2：学生在质疑思考、逻辑推理等高级思维能力方面表现较弱。

小学品德与社会学科研究表明，学生在综合分析、主动质疑等高级思维能力方面有所欠缺。40%的学生几乎不会主动提出质疑。

初中语文学科研究表明，大部分学生在阅读过程中缺乏怀疑精神与质疑思考的能力。比如，当题目要求“结合文本内容提出自己的问题”时，只有4.8%的学生能够较为正确地做到，28.6%的学生则完全不能提出任何问题。

此外，中学物理学科研究表明，学生在运用逻辑推理进行问题论证的过程中，往往不够严谨，甚至逻辑混乱，且不能对推理的结果作出合理的解释、说明。

给学校的建议：

（1）注意多学科联动，共同促进学生逻辑思维严密性的发展。

（2）可开设训练学生逻辑思维严密性的校本课程。

给教师的建议：

（1）创设宽松氛围，给予学生独立思考、主动质疑的时间和空间，珍视学生的独特感受。

（2）为提高学生的思维能力提供相应的、有针对性的方法性指导。

给学生的建议：

（1）对教师提出的问题予以主动积极的回应与思考。

（2）学会积极分享、表达自己的想法，并敢于对老师或同学的观点给予合理质疑。

（3）在平时的学习、生活中，注意养成尊重事实、讲道理的思维风格。

五、后续研究计划

依据通过前测所发现的上述问题与梳理出的对策建议，课题组接下来将在实验班和对照班分别进行相应的教学干预，以确认所提建议能否达到预期效果，改变学生在核心素养领域的相应缺失。

为此，课题组专门研制了实验干预材料。即将那些符合促进核心素养发展理念、针对学科教学关键问题的解决策略，以重点教学课题的教学设计及相关课程资源的形式表现出来。在研制干预材料时，课题组特别提出了以下原则：第一，选择适当的教学内容，既要考虑教学内容与研究问题的相关性、典型性，还要考虑实施时的密度和节奏；第二，注意与控制班干预材料的区别，可从教学资源、教学方式、评价方式等多方面进行界定，突显实验班的特色；第三，干预材料要描述清晰、操作性强，可重复，以方便不同实验教师共同执行；第四，组织实验教师参与干预材料的研制，使其成为行动研究的主体，一方面便于其充分领会教学思想和方法，在后续实验中能够准确执行，另一方面，也是作为开展教师培训的重要组成部分，为其提供更大视野与更多机会。

目前，一些学科已完成了部分干预材料的研制工作。例如，初中化学学科列出了下一学年需要进行的14个重点教学课题，并指明了每一课题的具体安排意图（参见表4）。同时，明确了实验班教学设计与控制班教学设计的区别（详见表5），从而为参与实验的一线教师提供了明确的整体教学方向。

表4　初中化学实验材料课题

教学时间	实验探究课题	主要特点
9月初	实验观察能力训练	有效收集、准确描述证据，并进行直接推理
9月初	化学变化和物理变化	确定化学变化是否发生，证据与现象的关系
9月中旬	空气中氧气含量测定	半定量实验中的原理、装置、操作与结论的联系
9月底	氧气化学性质	单一物质性质研究、定性实验中现象与结论的联系
9月底	过氧化氢催化探究	化学反应特征及机理的研究
10月初	水电解研究水的组成	推理实验现象与物质组成、结构的联系
10月中	分子运动	推理宏观实验现象与微粒性质的联系
11月	质量守恒定律	定量实验中归纳得出客观规律
11月	二氧化碳与水反应	控制变量、干扰因素分析
12月	燃烧条件探究	实验设计步骤、现象与结论的联系

续表

教学时间	实验探究课题	主要特点
12 月	金属化学性质探究	一类物质相似性和差异性的研究
12 月	溶解的限度探究	定量实验数据中发现规律
4 月	无明显现象实验	无明显现象的“明显”化设计及反思
5 月	科学探究中的反思	复习教学中回顾、评价与反思实验探究活动

表 5　初中化学实验班教学设计与控制班教学设计的区别

干预因素	实验班教学设计	控制班教学设计
教学目标	突显对学生科学推理为核心的逻辑思维能力培养	兼顾教科书和教参的三维目标，重视基础知识和基本技能
教学内容	基于教科书实验，强调探究的完整过程，尤其是猜想与假设、依据证据推理得出结论、反思与评价环节。可在个别环节适当增加内容	主要参考教科书实验过程，将化学实验作为知识教学的主要部分
课时安排	每个探究活动课题是独立的学时，依据具体内容不同，为 1 ~ 2 个学时，可安排长课时	按一般教学进度
教学模式	采用创新性探究教学模式设计教学过程，强调探索、解释、交流和评价的循环应用，强调学生主体参与	按一般教学模式（教师讲解和启发为主）进行

六、认识与反思

本研究从 2015 年上半年正式开始，截止到发稿完成了前测和部分干预材料的研制工作。在一年多的研究过程中，课题组在以下几方面有了更深的认识和体会。

（一）从教和学两个层面基于数据改进教学

相对于以往教学研究的主要对象是教师的教而言，本研究在研究教的策略的同时，更强调基于学生发展的角度，关注学的策略，且对教的策略的研究也是为促进学生的有效学习而服务。因此，在教学实验过程中，既要注重收集有关教师教学行为的数据，更要强调对学生学习行为表现、学习态度等非智力因素数据的收集。

（二）对关键问题实验数据的科学有效分析

相对于以往教学研究常用的观察法、经验分析法而言，本研究主要采用实证数据分析方法。除了纸笔测试、问卷调查法外，课题组还研制开发了课堂教学观察及评价工具，对录像课中的教师和学生行为进行定量分析，这些定量分析工具包括：编码体系、记号体系、等级量表、时间记录等，再结合已有的经验观察和判断，能进一步提高实验数据的全面性和客观性。同时，通过使用数学模型和统计方法对数据进行整理、分析，能够更准确地对教学进行诊断，从而为教学改进提供更具有针对性和说服力的依据。

（三）及时将教学实验成果转化为教学实践成果

本研究充分发挥课题组作为省级教研部门的优势，将教学实验研究的成果及时推广到更大范围，以点带面促进成果转化为实践策略。一方面，课题组依托各区教研部门和实验校教师开展研究，研究内容和方法与教学实践密切联系，研究成果诞生于实践当中；另一方面，通过展示、研讨、交流等教研活动，及时将实验研究的案例宣传到全市各学校和广大教师，使核心素养的理念和成果逐渐深入实践，使教学实验获得的经验有效影响常态教学，从而令研究成果回归到实践当中。

（四）基于课程标准开展核心素养的细化分析

当前，我国正在将核心素养融入高中课程标准修订稿中，义务教育的课程标准也将启动新一轮的修订。在新的课程标准正式颁发前，依托本研究可结合教学实验认识和成果，将学科课程标准与核心素养相结合，应用类似学科能力标准的研究思路，将学科课程中的内容标准按照核心素养指标进行拆解、对应，并从促进核心素养发展的角度提出可操作的教学改进建议或模型。

总之，课堂教学是核心素养借以落地的重要支点和主要渠道。而如何发挥到位，为发展学生的核心素养提供个性、全面、可持续的助力，则是一个庞大而复杂的系统工程，需要教育工作者不断摸索、实践，形成一个教育创新、变革的整体格局。项目组期望通过该实验研究，对实证数据诊断分析，以指导和帮助广大学校、教师反思课堂教学，有效促进学生核心素养的发展。

参考文献

[1] 辛涛，姜宇，刘霞. 我国义务教育阶段学生核心素养模型的构建 [J]. 北京师范大学学报（社会科学版），2013 (1)：5－11.

[2] 李艺，钟柏昌. 谈“核心素养”[J]. 教育研究，2015 (9)：17－23.

[3] 蔡清田. 台湾十二年国民基本教育课程改革的核心素养 [J]. 上海教育科研，2015 (4)：5－9.

[4] 张娜. DeSeCo 项目关于核心素养的研究及启示 [J]. 教育科学研究，2013 (10)：39－45.

[5] 裴新宁，刘新阳. 为 21 世纪重建教育——欧盟“核心素养”框架的确立 [J]. 全球教育展望，2013 (12)：89－102.

[6] 刘新阳，裴新宁. 教育变革期的政策机遇与挑战——欧盟“核心素养”的实施与评价 [J]. 全球教育展望，2014 (4)：75－85.

[7] 邵朝友，周文叶，崔允漷. 基于核心素养的课程标准研制：国际经验与启示 [J]. 全球教育展望，2015 (8)：14－22＋30.

[8] 常珊珊，李家清. 课程改革深化背景下的核心素养体系构建 [J]. 课程·教材·教法，2015 (9)：29－35.

[9] 褚宏启，张咏梅，田一. 我国学生的核心素养及其培育 [J]. 中小学管理，2015 (9)：4－7.

[10] 钟启泉. 基于核心素养的课程发展：挑战与课题 [J]. 全球教育展望，2016 (1)：3－25.

[11] 肖驰，赵玉翠，柯政. 基于核心素养的课程政策——第十三届上海国际课程论坛综述 [J]. 全球教育展望，2016 (1)：113－120.

[12] 张华. 论核心素养的内涵 [J]. 全球教育展望，2016 (4)：10－24.

撰稿人：北京教育科学研究院基础教育教学研究中心 贾美华 黄冬芳 金利 李晓蕾

第十六章 谁的课业负担重？重在哪儿？

——基于北京市义务教育阶段学生课业负担状况调查数据的分析

［摘要］ 长期以来，义务教育阶段学生课业负担过重现象是社会各界关注的热点问题。本研究使用2015年北京市“义务教育阶段学生学习生活状况调查”数据，首先从课业负担主观感受、课业负担客观表现以及学生身心调整发展状况等方面呈现北京市义务教育阶段学生课业负担的总体状况；在此基础上，考察课业负担主观感受较重或很重的学生群体分布特征，并从课业负担客观表现和身心调整发展状况等方面分析这部分学生的课业负担到底重在哪儿。研究发现，北京市义务教育阶段学生课业负担过重现象仍在一定范围内存在；男生、城市学生、首都功能核心区学生的课业负担相对更重；课业负担重体现在学校负担、校外负担及身心调整发展等方方面面。针对课业负担过重现象，教育行政部门和学校应当标本兼治，进一步减轻学生过重课业负担；精准施策，针对不同学生群体对症下药；注重学生学习兴趣、学习意志力等非智力因素的培养，从而有效减轻学生课业负担。

［关键词］ 课业负担 分布特征

Chapter 16 Whose Academic Burden is Heavy? What Aspect is Heavy?

——An Analysis of the Data of Students' Academic Burden in Beijing Primary and Lower Secondary Schools

[Abstract] For a long time, the phenomenon of overburden of students in the compulsory education stage is a hot issue in the society. This study uses the data from the survey of students' learning and living conditions in compulsory education in Beijing in 2015, firstly, presenting the general situation of the students' academic burden of compulsory education in Beijing from the subjective feelings of academic burden, the objective performance of academic burden and the physical and psychological development of student. On the basis of this, the paper analyzes the distribution of student groups with heavy or very heavy subjective feelings, and analyzes the burden of the students in terms of objective performance and psychological and physical development. The study found that the phenomenon of over - burden of students in compulsory education in Beijing still exists within a certain range; boys, urban students, the capital of the core area of the student burden is relatively heavier; the heavy burden is reflected in the school burden, extra - curricular burden and almost every aspects. In view of the overburden of student academic, the educational administrative departments and schools should solve both the symptoms and the root causes, so as to reduce the students' heavy burden; make accurate policy for different groups of students; focus on student interest in learning, learning willpower and other non－intellectual factors, thus limiting the burden on students.

[Key words] academic burden; distribution characteristics

一、研究背景与意义

长期以来，义务教育阶段学生课业负担过重现象成为社会各界关注的热点问题。减轻中小学学生过重课业负担，促进学生全面发展已经成为贯彻落实国家和北京市中长期教育改革和发展规划纲要精神的具体体现，成为全面推进素质教育，引导社会、学校和家长更新教育观念，转变育人方式，促进学生健康成长的重要举措。

（一）政策分析

从政策演变来看，国家及北京市层面始终把减轻学生课业负担、促进学生身心健康作为一项重要的工作内容。新中国成立以来，关于学生课业负担的政策文件最早出现于1951年政务院颁布《关于改善各级各类学校学生健康状况的决定》，至1979年12月教育部、卫生部《中小学卫生工作暂行规定》颁布，相关政策文件开始从量化上规范学生学习生活状况、约束课业负担现象。2010年《国家中长期教育改革与发展规划纲要（2010—2020年）》颁布以来，国家、北京市屡次出台严厉的“减负令”，多措并举，期待从根本上缓解课业负担过重问题。

具体看2010年以来的政策文件，均把学生健康、幸福成长作为战略主题，把增强学生体质，科学安排学习、生活、锻炼作为重要发展任务，同时提出建立课业负担监测制度。教育部连续两年在全国范围开展两期“减负万里行”行动，从规范办学行为、探索教育质量综合评价改革等方面入手，努力推动解决义务教育阶段学生课业负担过重问题。2013年十八届三中全会《中共中央关于全面深化改革若干重大问题的决定》提出要“深化教育领域综合改革。强化体育课和课外锻炼，促进青少年身心健康、体魄强健。标本兼治减轻学生课业负担”。2013年国务院教育督导委员会办公室关于《中小学校责任督学挂牌督导办法》及《北京市中小学校责任督学挂牌督导工作实施意见》中对责任督学的经常性督导内容做出规定，“学生学习、体育锻炼和课业负担情况”成为责任督学督导学校的一项重要内容。此外，北京市教育委员会和北京市人民政府教育督导室于2013年2月联合颁布《关于切实减轻中小学生过重课业负担的通知》，2014年4月再次颁布《关于进一步规范义务教育阶段教学行为的意见》，文件均对减负做出了严格规定，要求规范教学管理、作业教辅、考试测试、评价评选等，被称为史上最严“减负令”。这一阶段，各地逐渐建立起课业负担的监测评价制度，学生过重课业负担现象的关注度达到了空前的高度，减负工作取得了一定的效果。

通过政策分析发现，多年来学生课业负担相关政策文件的政策文本从质性描述到量化规范，政策执行从学校自我监督到督导部门督导检查。政策文件通过规范学校教育教学行为，保障学校各学科开齐开足，保证学生课堂学习时间合理，体育锻炼时间和睡眠时间充足，从而实现增强学生体魄，综合素质全面发展的教育目的。

（二）文献述评

整体来看，课业负担等问题具有一定的国际普遍性，尤其是部分亚洲国家。[1]在家庭作业方面，美国更注重学生对作业的个性化需求，注重作业的灵活性和诊断性。[2]在课余休闲状况方面，美国开展了“以学校为基础的课外计划”（School-based after-school Program），[3]该计划是克林顿政府开始为确保学生安全，帮助他们课外学习的重要项目，充分展示了美国中小学课余休闲生活的一角。在教育补习方面，马克·贝磊深入研究了教育补习的原因、规模、成本及影响等方面，发现教育补习在城市比农村地区更为普遍，富人比穷人更易得到教育补习服务，此外，同时参加主流教育和教育补习的学生压力较大。[4]

在我国，学生的课业负担问题由来已久，学术界自20世纪90年代以来产生了丰富的研究成果。大规模的跨省调查主要有以下几项：2005年9月，中国青少年研究中心抽取北京、上海等6省市60所学校2420名小学、中学和职高学生进行“中国中小学生学习和生活的现状与期望调查”，调查发现多数中小学生能够认同当前的学习及生活状况，但中小学生的心愿与他们的学习、生活状况还存在一定差异，主要表现在学习压力大、作业时间较长、课业负担重、对未来生活有较多担忧等。[5]同期，国家统计局和教育部对中小学学生在校内外和假期的学习生活等情况展开了专项调查，调查范围涉及4个直辖市、31个大中城市以及中西部8个省区，共调查276所中学、105所小学的41595名学生，[6]发现，在校内，学生的自习课，音乐、美术、体育课经常被占用的情况较多，尤其是初三年级较严重；在校外，学生周末及暑假上校外班或请家教的情况较普遍，且上课时间较长；半数以上中学生认为课业负担较重或过重。[7]陈传锋主持的2009年度全国教育科学规划课题对全国12个省区、41所中学15000名中学生的学习与生活调查，调查发现，中学生学习状况不容乐观：课业数量过多，导致学习负担过重；学习内容不平衡，导致课程结构性负担；作息安排欠合理，休息时间严重不足；课外学习过多，存在学习来源负担问题。[8]宋乃庆、杨欣等对全国20个省市180所不同类型中小学进行抽样调查，并对西部四省16所中小学进行追踪调查，发现半数以上中小学生作业超时，40%左右的中小学生参加学习辅导班，学生教辅资料较多，且通过回归分析发现，课业负担会对学生的身心发展造成显著的危害。[9]

部分地区政府机构委托研究部门进行的关于学生课业负担的调查研究，如上海、北京，部分学者也通过区域性的小规模调查进行研究，这些研究以学生校内、校外学习生活的多个方面为调查内容，调查基本均发现学生课业负担过重的现象还在一定范围内存在，还存在音体美课程被挤占、作业时间较长、考试较频繁、教辅资料较多、闲暇时间自主支配较少、课外补习较为普遍、睡眠时间不足等情况。[10][11][12]

整体而言，已有研究对中小学生课业负担问题有较丰富的研究成果，学者不仅进行了较为深入的理论探讨、测评工具研究，还开展了一定范围的调查研究，为本研究中测评工具的开发、数据统计分析等方面提供了借鉴。一方面，当前的调查研究还存在样本规模较小，数据代表性不强，调查内容系统性不强等缺陷；另一方面，已有研究侧重从样本总体的角度描述课业负担状况，缺乏针对课业负担过重学生群体的深入分析。

本研究借助2015年北京市“义务教育阶段学生学习生活状况调查”数据，首先从课业负担主观感受、课业负担客观表现以及学生身心调整发展状况等方面呈现北京市义务教育阶段学生课业负担的总体状况；在此基础上，针对课业负担主观感受较重或很重的学生群体，从课业负担客观表现和身心调整发展状况等方面分析这部分学生的课业负担到底重在哪儿。从而为教育督导和教育行政部门制定教育政策，教育科研部门诊断教育问题，学校减轻课业负担过重现象，提供参考信息和决策依据。

二、研究方法

（一）研究对象

2015 年北京市“义务教育阶段学生学习生活状况调查”主要参考国际教育领域大规模监测 PISA 和 TIMSS 的抽样方法和经验，结合北京市的特点，采用两阶段不等概率抽样方法，第一阶段抽取学校，第二阶段抽取学生。抽取学校按照 PPS 抽样方法，外部分层变量为城乡（城市、县镇和农村），内部分层变量为学校办学水平（好学校、较好校和一般校）和学校规模；抽取学生采取随机抽样方法，每校抽取 50 名学生。

（二）调查内容

在政策分析及文献研究基础上，对学生课业负担的调查主要包括三个方面：第一，学生课业负担的主观感受，主要包括学生对学校、校外课业负担的主观感受及其对课业负担的总体感受；第二，学生课业负担的客观表现，主要包括学生在学校、校外的课业负担情况；第三，学生的身心调整发展结果，主要包括学生身体调整状况和心理发展状况。主要调查内容及指标见表 1。其中，学生课业负担主观感受上（包括学生对学校、校外课业负担的主观感受及对课业负担的总体感受），包括 3 个题目，每个题目的选项为“很轻、较轻、一般、较重、很重”，分别计分为“1、2、3、4、5”，得分越高，说明学生的课业负担越重。

表 1　北京市中小学生课业负担状况调查内容及指标

一级指标	二级指标	三级指标
课业负担主观感受	课业负担的总体感受	总体课业负担的主观感受
		学校课业负担的主观感受
	课业负担的具体感受	校外课业负担的主观感受
课业负担客观表现	学校课业负担的客观表现	完成教师布置的作业
		学校考试的难度
	校外课业负担的客观表现	是否参加校外补习
		参加校外补习的时间
身心调整发展状况	身心调整状况	睡眠时间
		体育锻炼时间
	心理发展状况	学习倦怠
		学习焦虑

（三）数据统计分析方法

1. 权重的计算

在抽样调查中，每个样本单元（被试）不仅代表自己，而且代表研究总体中那些没有被选入的样本单元。进行目标变量的有效估计和推断时，需要把调查的原始结果扩大到能代表研究总体的情况，进而得到总体参数的无偏估计。在对历年数据的分析中，权重的计算分为设计权重、无回答调整权重、最终权重和权重的标准化几个步骤。

2．抽样误差的估计

由于调查采用的分层多阶段不等概率抽样设计，所以全市五、八年级每个学生被抽取到的概率并不相等，不再满足完全随机抽样的假设，如果采用常用的方法计算误差将会低估统计量的抽样误差（即标准误），进而影响统计检验的显著性。本研究采用的是平衡半样本法（BRR）来估计标准误。

（四）样本分布

2015 年，调查覆盖北京市 16 个区及燕山地区，共抽取 206 所小学 10050 名五年级学生，187 所初中 9823 名八年级学生。不同性别、学校办学水平、地域和城市功能区的样本学生分布详见表 2。

表 2　样本学生分布情况

		五年级		八年级	
		学生数	百分比（%）	学生数	百分比（%）
性别	男生	5623	52.9	5327	53.0
	女生	5014	47.1	4725	47.0
学校办学水平	好学校	5246	49.3	5496	54.7
	较好校	3868	36.3	2668	26.5
	一般校	1528	14.4	1888	18.8
地域	城市	6225	58.5	6206	61.7
	县镇	2110	19.8	2106	21.0
	农村	2307	21.7	1740	17.3
城市功能区	首都功能核心区	1389	13.1	1564	15.6
	城市功能拓展区	3878	36.4	3529	35.1
	城市发展新区	2991	28.1	2796	27.8
	生态涵养发展区	2384	22.4	2163	21.5
合计		10642	100.0	10052	100.0

三、调查结果分析

（一）北京市义务教育阶段学生课业负担的整体情况

1．学生课业负担主观感受情况

2015 年五年级学生对学校课业负担、校外课业负担及总体课业负担感受的平均值分别为 2.07、1.95 及 2.40，选择“很重”和“较重”两项的百分比之和分别为 6.5%、10.2% 和 13.7%；八年级学生对学校、校外及总体课业负担感受的平均值分别为 2.90、2.29 及 3.01，选择“很重”和“较重”两项的百分比之和分别为 21.2%、10.1% 和 25.8%。说明八年级学生课业负担重于五年级。对比学校课业负担和校外课业负担，五年级学生对学校、校外的负担感受差别不大，八年级学生学校课业负担较明显地重于校外课业负担。

2. 学生课业负担客观表现情况

（1）书面家庭作业时间。

在完成教师布置的书面家庭作业时间方面，五年级学生，大部分①（80.1%）学生能够在1小时内完成作业，7.8%的学生每天完成作业需要1.5小时以上。八年级学生，28.2%的学生作业时间为半小时至1小时，25.4%的学生作业时间为1小时至1.5小时，而作业时间超过2小时的学生占总数的16.5%。根据“八项规定”要求，“五至六年级每天作业总量不得超过1小时，初中每天作业总量不得超过1.5小时”，2015年北京市五年级和八年级达标比例分别为80.1%和63.1%。

（2）参加校外补习情况。

从参加校外班（或聘请家教）学生的比例看，2015年，五、八年级分别有60.5%和58.4%的学生参加校外补习。从参加校外班（或聘请家教）学生每周补习时间看，五年级学生每周补习时间在5小时以上的学生比例达到50.6%，每周补习时间超过10小时的学生比例为20.6%；八年级学生，每周补习时间在5小时以上的学生比例达到45.5%，每周补习时间超过10小时的学生比例为13.4%。

（3）考试难度。

五年级分别有1.8%和16.9%的学生认为学校的考试“很难”“较难”，八年级分别有4.4%和28.7%的学生认为考试“很难”“较难”。总体来看，八年级学生感知到的考试难度高于五年级学生。

3. 学生身心调整发展情况

（1）睡眠时间。

五年级学生睡眠时间处于8～10小时的居多，仍有2.7%的学生睡眠不足7小时；八年级学生睡眠时间处于7～9小时的居多，仍有16.7%的学生睡眠不足7小时。对比五年级和八年级学生，非常明显的呈现出八年级学生的睡眠时间少于五年级学生的趋势，尤其是八年级学生中有60%以上睡眠时间不足8小时。根据教育部2008年印发的《中小学学生近视眼防控工作方案》的通知，“保证小学生每天睡眠10小时，初中学生9小时”。以此作为评价标准，五年级学生睡眠时间每天10小时以上为达标，八年级学生每天9小时以上为达标，则五年级学生达标比例仅为13.9%，八年级达标比例为9.6%。

（2）体育锻炼时间。

分析表明，半数以上五、八年级学生体育锻炼时间在1～2小时，分别有21.8%的五年级学生和36.8%的八年级学生体育锻炼时间不足1小时。根据“八项规定”，“确保中小学生每天1小时体育锻炼时间并保证质量”。以此作为评价标准，中小学生每天体育锻炼时间1小时以上即为达标，分别有78.2%的五年级和63.3%的八年级学生体育锻炼时间达标。

（3）学习倦怠和学习焦虑。

学生课业负担过重将会对学生心理状况产生不利影响，本部分结合已有研究，选取了与学生课业负担相关的、有可能由于课业负担过重而带来的反映学生心理状况的学习倦怠、学习焦虑指标。得分越高，说明学习倦怠和学习焦虑越严重。整体来看，在学习倦怠方面，五、八年级学生的平均值分别为1.72、2.24，八年级学生的学习倦怠高于五年级学生；在学习焦虑方面，五、八年级学生的平均值分别为3.13、2.76，同样是八年级学生的学习焦虑感高于五年级学生。可以说，在心理状况方面，呈现出年级越高，学生的心理倦怠、学习焦虑越重的趋势。

① 程度水平的划分标准为：100.0%为“全部”，97.0～99.9%为“几乎全部”，80.0～96.9%为“大部分”，65.0～79.9%为“大多数”，51.0～64.9%为“多数”，35.0～50.9%为“少数”，20.0～34.9%为“微弱少数”，4.0～19.9%为“极少数”，0.0～3.9%为“几乎没有”。下同。

（二）谁的课业负担重——课业负担主观感受重的学生分布特征分析

本部分选取课业负担感受“很重”和“较重”的学生，作为课业负担主观感受重的学生，从性别、地域和城市功能区三个方面考察其分布特征。通过把课业负担感受重的学生在性别、地域和城市功能区方面的分布与样本学生分布（见表3）进行比较，从而分析哪些学生的课业负担感受更重。

1．学校课业负担感受重的学生特征

表3呈现了学校课业负担感受重的学生在性别、地域和城市功能区方面的分布特征。可以看出，性别方面，无论是五年级还是八年级学生，在考虑了样本学生性别分布之后，依然呈现学校课业负担感受重的男生比例高于女生。地域分布方面，学校课业负担感受重的学生群体中，城市学生所占的比例基本与样本学生分布中城市学生所占比例一致，但县镇学生的比例高于农村学生比例。城市功能区分布方面，学校课业负担重的学生群体中，首都功能核心区学生所占比例明显高于样本分布中所占的比例，八年级学生表现得更为明显。

表3　学校课业负担感受重的学生分布特征

类别		五年级		八年级	
		人数	百分比（%）	人数	百分比（%）
性别	男	410	58.9	1164	54.9
	女	286	41.1	955	45.1
地域	城市	426	61.0	1333	62.9
	县镇	147	21.1	439	20.7
	农村	125	17.9	347	16.4
城市功能区	首都功能核心区	126	18.1	425	20.1
	城市功能拓展区	254	36.4	656	31.0
	城市发展新区	163	23.4	595	28.1
	生态涵养发展区	155	22.2	443	20.9
合计		698	100.0	2119	100.0

2．校外课业负担感受重的学生特征

表4呈现了校外课业负担感受重的学生在性别、地域和城市功能区方面的分布特征。结合样本学生的分布情况可以看出，性别方面，无论是五年级还是八年级学生，校外课业负担感受重的男生比例明显高于女生。地域分布方面，学校课业负担感受重的学生群体中，城市学生所占的比例明显高于样本学生分布中城市学生所占比例。城市功能区分布方面，学校课业负担重的学生群体中，首都功能核心区和城市功能拓展区的五年级学生所占比例明显高于其他两个区，首都功能核心区的八年级学生所占比例高于样本分布中所占比例。

表 4　校外课业负担感受重的学生分布特征

类别		五年级		八年级	
		人数	百分比（%）	人数	百分比（%）
性别	男	595	58.0	605	60.5
	女	431	42.0	395	39.5
地域	城市	750	73.0	654	65.4
	县镇	155	15.1	189	18.9
	农村	122	11.9	157	15.7
城市功能区	首都功能核心区	206	20.1	198	19.8
	城市功能拓展区	460	44.8	333	33.3
	城市发展新区	198	19.3	291	29.1
	生态涵养发展区	163	15.9	178	17.8
合计		1027	100.0	1000	100.0

3. 总体课业负担感受重的学生特征

表 5 呈现了总体课业负担感受重的学生在性别、地域和城市功能区方面的分布特征。结合样本学生的分布情况可以看出，性别方面，无论是五年级还是八年级学生，校外课业负担感受重的男生比例高于女生。地域分布方面，学校课业负担感受重的学生群体中，城市学生所占的比例高于样本学生中城市学生所占比例。城市功能区分布方面，学校课业负担重的学生群体中，首都功能核心区的五、八年级学生所占比例高于样本分布中所占比例。

表 5　总体课业负担感受重的学生分布特征

类别		五年级		八年级	
		人数	百分比（%）	人数	百分比（%）
性别	男	812	55.9	1353	52.5
	女	641	44.1	1225	47.5
地域	城市	897	61.6	1625	63.0
	县镇	288	19.8	526	20.4
	农村	270	18.6	427	16.6
城市功能区	首都功能核心区	269	18.5	490	19.0
	城市功能拓展区	514	35.3	787	30.5
	城市发展新区	352	24.2	773	30.0
	生态涵养发展区	320	22.0	528	20.5
合计		1455	100.0	2578	100.0

（三）课业负担重在哪儿——课业负担感受重学生的课业负担客观表现分析

本部分将总体课业负担感受“很重”和“较重”的学生作为课业负担感受重的群体，将总体课业负担感受“一般”、“较轻”和“很轻”的学生作为课业负担感受不重的学生群体。从书面家庭作业时间、考试难度、是否参加校外补习和校外补习时间等方面对两个群体的学生进行比较分析，以此反映课业负担感受重的学生群体的课业负担到底重在哪儿。

1. 书面家庭作业时间达标比例

由表6可知，五年级总体课业负担感受重的学生书面家庭作业时间达标比例为61.8%，比总体课业负担感受不重的学生低21.2%；八年级总体课业负担感受重的学生书面家庭作业时间达标比例为46.0%，比总体课业负担感受不重的学生低23.2%。差异分析结果表明，五、八年级总体课业负担感受重与不重两类学生在书面家庭作业时间达标比例上的差异是显著的。由此可见，家庭作业时间是导致学生课业负担感受重的一个重要因素。

表6　总体课业负担感受“重”与“不重”学生的家庭作业时间达标比例

书面家庭作业时间达标比例	年级	总体课业负担感受		卡方值	p
		重	不重		
	五年级	61.8%	83.0%	348.397	<0.001
	八年级	46.0%	69.2%	435.184	<0.001

2. 考试难度

考试难度题目的选项为“很容易、较容易、一般、较难、很难”，分别计分为“1、2、3、4、5”，得分越高，说明学生感知到的考试难度越高。由表7可知，无论是五年级还是八年级学生，总体课业负担感受重的学生感知到的考试难度得分均高于不重的学生群体，差值分别为0.76和0.58。差异分析结果表明，五、八年级总体课业负担感受重的学生感知到的考试难度显著高于总体课业负担感受不重的学生。

表7　总体课业负担感受“重”与“不重”学生的考试难度分析

考试难度	年级	总体课业负担感受		卡方值	p
		重	不重		
	五年级	3.34	2.58	28.45	<0.001
	八年级	3.64	3.06	32.21	<0.001

3. 参加校外补习的学生比例

由表8可知，五年级总体课业负担感受重的学生参加校外补习的比例为66.0%，高于不重的学生群体（58.8%）；八年级总体课业负担感受重的学生参加校外补习的比例为64.7%，比不重的学生群体高9.3%。差异分析结果表明，五、八年级总体课业负担感受重的学生参加校外补习的比例显著高于总体课业负担感受不重的学生。说明，参加校外补习是造成学生课业负担感受重的重要因素。

表 8　总体课业负担感受“重”与“不重”学生参加校外补习的比例

参加校外补习学生比例	年级	总体课业负担感受		卡方值	*p*
		重	不重		
	五年级	66.0%	58.8%	27.665	<0.001
	八年级	64.7%	55.4%	67.537	<0.001

4. 参加校外补习的学生平均每周补习时间

由表 9 可知，五、八年级总体课业负担感受重的学生平均每周参加校外补习的时间分别为 8.88 小时和 6.86 小时，分别比感受不重的学生高 2.25 小时和 1.11 小时，差异是显著的。进一步分析发现，五年级总体课业负担感受重的学生每周参加校外补习超过 10 小时的学生比例为 20.3%，比感受不重的学生高 10%，八年级学生这一差值为 5%，差异都是显著的，详见表 10。说明，无论是参加校外补习的比例还是每周参加校外补习的时间，总体课业负担感受重的学生都显著高于感受不重的学生。

表 9　总体课业负担感受“重”与“不重”学生平均每周校外补习时间

平均每周补习时间（小时）	年级	总体课业负担感受		卡方值	*p*
		重	不重		
	五年级	8.88	6.63	9.00	<0.001
	八年级	6.86	5.75	7.45	<0.001

表 10　总体课业负担感受“重”与“不重”学生的每周参加校外补习超过 10 小时的比例

每周参加校外补习超过 10 小时的学生比例	年级	总体课业负担感受		卡方值	*p*
		重	不重		
	五年级	20.3%	10.3%	121.511	<0.001
	八年级	11.2%	6.2%	70.297	<0.001

（四）课业负担重在哪儿——课业负担感受重学生的身心调整状况分析

本部分从睡眠时间、体育锻炼时间、学习倦怠和学习焦虑四个方面对两个群体的学生进行比较分析，以此反映课业负担感受重的学生群体的身心调整状况。

1. 睡眠时间达标比例

由表 11 可知，五、八年级总体课业负担感受重的学生睡眠时间达标比例分别为 9.8% 和 6.0%，分别比感受不重的学生低 4.6% 和 4.8%，差异显著。尽管总体上，学生的睡眠时间达标比例都较低，但总体课业负担感受重的学生睡眠时间达标比例均不足 10%，尤其是八年级学生仅为 6.0%，值得特别关注。

表 11 总体课业负担感受“重”与“不重”学生的睡眠时间达标比例

	年级	总体课业负担感受		卡方值	p
		重	不重		
睡眠时间达标比例	五年级	9.8%	14.4%	22.291	<0.001
	八年级	6.0%	10.8%	49.093	<0.001

2. 体育锻炼时间达标比例

五、八年级总体课业负担感受重的学生体育锻炼时间达标比例分别为68.0%和54.7%，均比不重的学生低11.7%，差异显著。尽管督促和安排学生每天体育锻炼1小时已经成为学校的常规工作，但仍有不少学生特别是八年级学生不能达到该标准，总体课业负担感受重的学生群体达标情况尤其较差。

表 12 总体课业负担感受“重”与“不重”学生的体育锻炼时间达标比例

	年级	总体课业负担感受		卡方值	p
		重	不重		
体育锻炼时间达标比例	五年级	68.0%	79.7%	98.519	<0.001
	八年级	54.7%	66.4%	112.089	<0.001

3. 学生的学习倦怠和学习焦虑

表13和表14分别呈现了总体课业负担感受重与不重学生在学习倦怠和学习焦虑方面的得分情况。由表可知，无论是学习倦怠还是学习焦虑，均表现出总体课业负担感受重的学生得分显著高于感受不重学生的趋势。说明学生课业负担感受越重，其学习倦怠和学习焦虑情况也越严重。

表 13 总体课业负担感受“重”与“不重”学生的学习倦怠情况

	年级	总体课业负担感受		卡方值	p
		重	不重		
学习倦怠	五年级	2.30	1.63	28.60	<0.001
	八年级	2.61	2.12	27.24	<0.001

表 14 总体课业负担感受“重”与“不重”学生的学习焦虑情况

	年级	总体课业负担感受		卡方值	p
		重	不重		
学习焦虑	五年级	3.36	2.68	26.28	<0.001
	八年级	3.46	3.02	23.05	<0.001

四、主要结论及对策建议

（一）主要结论

1. 义务教育阶段学生课业负担过重现象仍在一定范围内存在

无论是课业负担主观感受、客观表现还是学生身心发展调整状况，都表明义务教育阶段学生课业负担过重现象仍在一定范围内存在。具体而言，五年级和八年级达标比例分别为 80.1% 和 63.1%，尤其是八年级学生达标情况不容乐观；60% 左右的学生参加校外补习，参加补习的学生中，半数学生每周补习时间达到 5 小时；睡眠时间方面，五年级学生达标比例仅为 13.9%，八年级达标比例为 9.6%；体育锻炼方面，仍有 21.8% 的五年级和 36.7% 的八年级学生体育锻炼时间不达标；八年级学生的学习倦怠和学习焦虑情况均高于五年级学生。

2. 男生、城市学生、首都功能核心区学生的课业负担相对更重

在学校课业负担感受、校外课业负担感受和总体课业负担感受方面，无论是五年级还是八年级，表现出男生负担感受重于女生，城市学生重于县镇和农村学生，首都功能核心区学生重于其他区域学生的趋势，尽管差异有所不同。尤其是在校外课业负担感受方面，这些趋势表现得更为明显。

3. 学生课业负担重体现在学校负担、校外负担及身心调整发展等方方面面

通过对总体课业负担感受重的学生在学校负担、校外负担的客观表现和身心调整发展状况的分析发现，学生课业负担重体现在家庭作业时间、考试难度、校外补习、睡眠时间、体育锻炼、学习倦怠和学习焦虑等方方面面。上述指标都能从某个方面反映学生的课业负担过重，很难纯粹基于描述性数据分析结果筛选出个别指标来反映课业负担感受重的学生群体，其负担到底重在哪儿。

（二）对策建议

1. 标本兼治，进一步减轻学生过重课业负担

义务教育阶段学生课业负担过重是一个长期存在的现象。尽管从教育部到地方教育行政部门出台了一系列督导减负政策，学校也纷纷制定措施减轻学生过重课业负担，并取得了一定成效，但课业负担过重现象仍然在一定范围内存在。针对义务教育阶段学生课业负担过重现象，需要标本兼治，所谓“标”，一方面要结合政府出台的一系列减负政策，进一步规范学校的教育教学工作，杜绝违规行为，如部分学校还存在布置书面家庭作业量超标、布置简单重复性作业或惩罚性作业等现象，这些违规行为的存在是造成学生课业负担过重的重要原因；另一方面，教育行政部门应当进一步完善和落实课业负担常态监测机制，构建科学合理、具有一定弹性的监测制度，发挥学校、教师和学生在课业负担评价和改进方面的自主权，使减负政策落到实处，发挥实效。所谓“本”，一方面，要引导教师树立科学的教育教学理念，引导教师在教育教学以及布置家庭作业时，因人而异，因材施教，特别是在家庭作业的数量和难度方面，要充分结合学生学业水平，将课业负担控制在学生能够承担的合理范围之内；另一方面，要鼓励学校自主开展减负实验，深化对教师课堂教学有效性的研究，采取多种措施，向课堂要效率，提高课堂教学有效性，从而减轻学生课下的课业负担。

2. 精准施策，针对不同学生群体对症下药

调查表明，学生课业负担感受重的学生具有较为明显的分布特征。除了年级差异之外，还需要结合学生的家庭背景、学业成绩等相关因素，筛查出课业负担感受较重的学生群体，针对这些学生，深入分析其学习生活状况各个方面的影响因素，有重点、有针对性地出台相应的改进措施，精准施策，从而有限减轻其课业负担，促进其在学习生活各个方面全面发展和提升。

3. 注重学生学习兴趣、学习意志力等非智力因素的培养，减轻学生负担

研究发现，学生的学习兴趣及学习意志力与课业负担感受存在显著的相关关系，学习兴趣越高、学习意志力越强，学生的课业负担感受则越轻。“兴趣”是最好的老师，“意志力”是最强大的力量。因此，学校教育教学工作应当关注学生的学习兴趣和学习意志力的培养，通过培养学生学习兴趣，提升学习意志力，促进学生学业水平的提升，提高学生自身“消化”和承受课业负担的能力，使学生能够在合理的课业负担水平下健康快乐成长。

参考文献

［1］马德益. 日美俄基础教育学习负担改革动向及特征［J］. 外国中小学教育，2006（5）：1－7.

［2］Harris Cooper，James J，Lindsay，etal. Relationships Among Attitudes About Homework，Amount of Homework Assigned and Completed，and Student Achievement［J］. Journal of Educational Psychology，1998，90（1）：70－83.

［3］曲正伟，杨颖秀. 美国中小学的课外计划及其启示［J］. 外国教育研究，2002（6）：14－17.

［4］马克·贝磊. 教育补习与私人教育成本［M］. 杨慧娟，于洪，等译. 北京：北京师范大学出版社，2008.

［5］2005 年中国中小学生学习与生活状况调查报告［EB/OL］. http：//www. scjks. net/Article/Class5/200510/207. html. 2005－10－26.

［6］我国中小学学生学习生活状况专项调查报告［EB/OL］. http：//www. stats. dl. gov. cn/view. jsp？docid = 12543. 2006－03－03.

［7］陈传锋，陈文辉，董国军，等. 当代中学生的学习生活与课业负担［M］. 北京：北京师范大学出版社，2011.

［8］陈传锋，陈文辉，董国军，等. 中学生课业负担过重：程度、原因与对策——基于全国中学生学习状况与课业负担的调查［J］. 中国教育学刊，2011（7）：11－16.

［9］宋乃庆，杨欣. 中小学生课业负担过重的定量分析［J］. 教育研究，2014（3）：25－30.

［10］季平. 关于“减负”与素质教育发展的思考［J］. 黑龙江教育学院学报，2006，25（6）：38－40.

［11］阎娇. 初中生课业负担现状的调查研究——以大连市为例［D］. 大连：辽宁师范大学，2013.

［12］张妍. 规范办学视角下小学高年级学生课业负担的现状调查与对策研究——以锦州市某小学为例［D］. 锦州：渤海大学，2014.

撰稿人：北京教育科学研究院北京市教育督导与教育质量评价研究中心
段鹏阳　王玥　赵丽娟

第十七章 北京市2014年度义务教育阶段学生实践能力表现现状及发展趋势研究报告

[摘要] 根据2014年质评系统测试标准制定结果，各学科实践能力学业表现如下：五年级语文和八年级地理学科平均学业水平处于合格水平，八年级语文学科平均学业水平均达到良好，合格率为96.6%、95.4%、96.7%，优秀率为25.2%、15.9%、39.9%。各学科纸笔测验学业表现如下：五/八年级语文、地理平均学业水平均达到良好，合格率为97.2%、93.4%、91.0%，优秀率为45.0%、35.9%、47.1%。与上一测试年度相比，除五年级语文、八年级地理合格率基本持平外，其他学科合格率均略有提高，且各学科优秀率有大幅度提高。

[关键词] 实践类能力测试 纸笔测试 学业表现

Chapter 17 The Research on Present Performance of Students' Practical Ability and Developmental Trend of Compulsory Education in 2014 in Beijing

[Abstract] According to the results of Beijing Assessment of Educational Quality, The practical ability of the Chinese in fifth grade and the geography grade in eighth were in the qualified level, and the Chinese practical ability of eighth achieved good level. The pass rate is 96. 6% , 95. 4% and 96. 7% respectively. The excellent rate was 25. 2% , 15. 9% and 39. 9% respectively. As to the results of paper - and - pencil test, The academic achievement in each subject is as follows: The Chinese of fifth and eighth grade and the geography of eighth grade were good, with the pass rate of 97. 2% , 93. 4% and 91. 0% respectively. And the excellent rate is 45. 0% , 35. 9% and 47. 1% respectively. Compared with the previous test year, except for the pass rate of the Chinese of fifth grade, and the geography of eighth grade is basically the same, the other subjects' pass rate increased slightly, and the excellent rate of each discipline has greatly improved.

[Key words] the practical ability test; the paper - and - pencil test; academic achievement

一、北京市2014年质评系统（BAEQ）学业质量监测概况

学生学业质量是教育教学质量的核心指标。学业质量监测是反映学生学业质量的重要手段，是北京市义务教育教学质量分析与评价反馈系统（质评系统 BAEQ）的重要组成部分。学业监测的目的主要在于，依据《全日制义务教育国家课程标准（实验稿）》（以下简称《课程标准》），按照《北京市2014年义务教育教学质量分析与评价反馈系统手册》（以下简称《手册》）提出的具体要求，对学生学业质量是否达到《课程标准》的要求，以及达到程度如何进行测查与评价，并在此基础上提出进一步提高北京市义务教育阶段学生学业质量的政策建议。

（一）制订学科学业测试方案

在2014年度学业水平测验框架的建构方面，变化与调整主要集中于：①理念方面，以学科核心素养考查为中心，更加注重符合学生认知发展的阶段性特征和各年龄段学生心理发展的需求和特点、注重符合国内课程开发的走向，引导学生更好地在所掌握的知识、技能与实际生活之间建立联系，促进其将所学迁移于现实生活的问题解决之中。②方法方面，充分利用往年测验结果数据，在实证数据资料的基础上，构建与学生认知发展阶段相匹配的、清晰的评价内容体系。一方面更加细化了内容要求，另一方面则加强了年级间的连贯性与相通性。③内容方面，依新修订课程标准（2011年版）进行了调整，同时兼顾旧课程标准内容。

2014年度实践类测试与往年相比，参与测试学科更多，参与测试学生规模更大。2014年参加实践类测试的学科有：小学语文、中学语文、中学地理。五年级语文实践类测试领域为口语交际，主要集中于学生根据对象和情境的需要对口头语言的实际应用，要求学生能够用简明、连贯、得体的语言进行交际。五年级语文口语交际的评价要点是：乐于参与讨论，敢于发表自己的意见；在不同的场合，对不同的对象能耐心倾听，抓住要点，适时做出比较恰当的言语反应。八年级语文实践类测试领域同样为口语交际，主要测试口头表达能力水平。此领域主要集中于学生根据对象和情境的需要对口头语言的实际应用，要求学生能够用简明、连贯、得体的语言进行交际。八年级地理学科则考查了学生在地理实践中的观察与判断、地理操作和思维与表达能力。

（二）制定测试工具与实施测试

各学科命题小组以学科《课程标准》（或《纲要》）为依据，根据《手册》中学科学业测试方案的要求，制定测验细目表与命题蓝图，并在此基础上命制学科预测试卷。在对学科预测试卷测试数据结果进行充分研究、讨论、选择、调整与修改的基础上，形成由测试指标好的高质量试题组成学科测试卷，由专家审定后形成最终正式学科测试工具。按照手册的要求，2014年共命制学科测试工具10份。2014年度采用纸笔测试与表现性评定相结合的方式。其中，表现性评定方式是针对所有参加五、八年级语文学科的口语交际考查和地理学科的基于网络的搜集信息能力考查。五、八年级语文测试了作为标准卷的锚卷，以便于在各年度的测试间进行等值分析。对学科测试工具的质量分析的结果表明，其具有较好的内部一致性信度、内容效度与结构效度。

（三）测试对象及抽样

测试的对象以北京市义务教育阶段五年级、八年级学生为主，抽样所需的基本

信息主要来自于《北京市教育事业统计资料》(2013—2014 学年度)，其中，五年级语文、八年级语文、地理学科采用多阶段随机抽样与分层整群抽样相结合的方式进行抽样。五年级语文学科测试抽样人数为6740 人，约占北京市五年级学生总数的5.3%，来自北京 9 个区县 101 所小学。按照学校地域划分，城市校 52 所，县镇校 15 所，农村校 34 所。

八年级语文、地理学科测试抽样人数为 7028 人，约占北京市八年级学生总数的6.2%，分别来自北京市 9 个区县的 101 所中学。按照学校地域划分，城市校 53 所，县镇校 28 所，农村校 20 所。通过后期对于实测人数的抽样权重的再次校正来保证样本的代表性。

二、北京市 2014 年度各学科情况测试结果分析

表 1　北京市 2014 年各学科纸笔测验学业测试结果——各学业水平人数百分率

单位:%

年级	各学业水平人数百分率	语文	地理
五年级	优秀率	45.0	—
	良好率	75.5	—
	合格率	97.2	—
	不合格率	2.8	—
八年级	优秀率	35.9	47.1
	良好率	76.0	78.5
	合格率	93.4	91.0
	不合格率	6.6	9.0

表 1 呈现了本次测试两个年级三个学科学生学业测试的总体情况。

对于五年级学生，从平均学业水平来看，语文学科的平均学业水平均达到良好水平。从合格率来看，语文学科的合格率为 97.2%。从优秀率来看，语文学科的优秀率为 45.0%。

对于八年级学生，从平均学业水平来看，语文和地理学科的平均学业水平均达到良好水平。从合格率来看，语文学科的合格率为 93.4%，地理学科的合格率为91.0%。从优秀率来看，语文学科的优秀率为 35.9%，地理学科的优秀率为 47.1%。

整体来看，五、八年级各学科的平均学业水平均达到良好水平，且合格率均在 90% 以上，优秀率达到 40% 左右。

三、北京市2014年度各学科实践能力表现情况分析

（一）总体水平

表2　北京市2014年各学科学生实践能力表现测试结果——分数及平均学业水平

年级	指标	语文	地理
五年级	分数	86.0	—
	平均学业水平	合格	—
八年级	分数	83.8	72.8
	平均学业水平	良好	合格

表3　北京市2014年各学科学生实践能力表现测试结果——各学业水平人数百分率

单位:%

年级	各学业水平人数百分率	语文	地理
五年级	优秀率	25.2	—
	良好率	60.7	—
	合格率	96.6	—
	不合格率	3.4	—
八年级	优秀率	39.9	15.9
	良好率	78.7	29.0
	合格率	96.7	95.4
	不合格率	3.3	4.6

表2、表3呈现了本次测试两个年级共三个学科学生实践能力表现的总体情况。

对于五年级学生，从平均学业水平来看，语文学科的平均学业水平均达到合格水平。从合格率来看，语文学科的合格率为96.6%。从优秀率来看，语文学科的优秀率为25.2%。

对于八年级学生，从平均学业水平来看，语文学科的平均学业水平达到良好水平，地理学科的平均学业水平处于合格水平。从合格率来看，语文学科的合格率为96.7%，地理学科的合格率为95.4%。从优秀率来看，语文学科的优秀率为39.9%，地理学科的优秀率为15.9%。

整体来看，北京市五年级语文学科、八年级地理学科学生实践表现的平均学业水平均处于合格水平，八年级语文学科学生实践表现的平均学业水平处于良好水平，且合格率均在95%以上。八年级语文学科的优秀率接近40%，五年级语文的优秀率达到25%以上，八年级地理的优秀率相对较低，不到16%。

（二）分学科水平

1. 五年级语文

表4　北京市2014年五年级语文学科学生实践能力表现测试结果——分数及平均学业水平

年级	指标	内容领域	
		倾听	表达
五年级	得分	93.2	83.8
	平均学业水平	合格	合格

注：依照《手册》，在北京市2014年义务教育教学质量分析与评价反馈系统体系中，语文学科学业测试框架主要由内容领域构成。其中，五年级语文学科学生实践表现内容领域主要包括“倾听”“表达”两个分领域。

表5　北京市2014年五年级语文学科学生实践表现内容领域测试结果——各学业水平人数百分率

单位：%

年级	指标	内容领域	
		倾听	表达
五年级	优秀率	89.8	28.4
	良好率	89.8	68.6
	合格率	89.8	90.8
	不合格率	10.2	9.2

表4、表5从不同角度呈现了五年级语文学科学生实践表现各内容领域的测试结果。

从平均学业水平来看，各内容领域分领域均达到合格水平。从合格率来看，“倾听”“表达”分领域的合格率分别为89.8%、90.8%。从优秀率来看，“倾听”分领域的优秀率较高，为89.8%，“表达”分领域的优秀率较低，为28.4%。

2. 八年级语文

表6　北京市2014年八年级语文学科学生实践能力表现测试结果——分数及平均学业水平

年级	指标	内容领域		
		普通话	内容	表达
八年级	得分	98.4	78.2	76.9
	平均学业水平	合格	合格	合格

注：依照《手册》，在北京市2014年义务教育教学质量分析与评价反馈系统体系中，语文学科学业测试框架主要由内容领域构成。其中，八年级语文学科学生实践表现内容领域主要包括“普通话”、“内容”和“表达”三个分领域。

表7　北京市2014年八年级语文学科学生实践能力表现内容领域测试结果——各学业水平人数百分率

单位：%

年级	指标	内容领域		
		普通话	内容	表达
八年级	优秀率	90.9	50.7	47.6
	合格率	99.6	97.8	83.7
	不合格率	0.4	2.2	16.3

表6、表7从不同角度呈现了八年级语文学科学生实践能力表现各内容领域的测试结果。

从平均学业水平来看，各内容领域分领域均达到合格水平。从合格率来看，“普通话”“内容”分领域的合格率较高，分别为99.6%、97.8%，“表达”分领域的合格率最低，为83.7%。从优秀率来看，“普通话”分领域的优秀率最高为90.9%，“内容”分领域的优秀率次之，为50.7%，“表达”分领域的优秀率最低，为47.6%。

3. 八年级地理

表8　北京市2014年八年级地理学科学生实践能力表现测试结果——分数及平均学业水平

年级	指标	内容领域		
		观察与判断	地理操作	思维与表达
八年级	得分	73.0	72.3	73.3
	平均学业水平	合格	合格	合格

注：依照《手册》，在北京市2014年义务教育教学质量分析与评价反馈系统体系中，地理学科学业测试框架主要由内容领域和能力领域构成。其中，八年级地理学科学生实践表现内容领域主要包括“观察与判断”、“地理操作”和“思维与表达”三个分领域。

表9　北京市2014年八年级地理学科学生实践能力表现内容领域测试结果——各学业水平人数百分率

单位：%

年级	指标	内容领域		
		观察与判断	地理操作	思维与表达
八年级	优秀率	43.5	43.1	14.3
	良好率	43.5	43.1	44.0
	合格率	97.2	92.5	96.4
	不合格率	2.8	7.5	3.6

表8、表9从不同角度呈现了八年级地理学科学生实践能力表现各内容领域的测试结果。

从平均学业水平来看，各内容领域分

领域均达到合格水平。从合格率来看，“观察与判断”“思维与表达”分领域的合格率较高，分别为97.2%、96.4%，“地理操作”分领域的合格率最低为92.5%。从优秀率来看，“观察与判断”“地理操作”分领域的优秀率较高，分别为43.5%、43.1%，“思维与表达”分领域的优秀率最低，为14.3%。

四、北京市2014年度各学科不同性别学生实践能力表现情况分析

（一）总体水平

表10　北京市2014年各学科不同性别学生实践能力表现测试结果——分数及平均学业水平

年级	性别	指标	语文	地理
五年级	男生	分数	85.2	—
		平均学业水平	合格	—
	女生	分数	88.3	—
		平均学业水平	合格	—
八年级	男生	分数	82.9	72.1
		平均学业水平	良好	合格
	女生	分数	84.9	73.6
		平均学业水平	良好	合格

表11　北京市2014年各学科不同性别学生实践能力表现测试结果——各学业水平人数百分率

单位：%

年级	性别	各学业水平人数百分率	语文	地理
五年级	男生	优秀率	20.6	—
		良好率	55.0	—
		合格率	96.0	—
		不合格率	4.0	—
	女生	优秀率	30.5	—
		良好率	67.3	—
		合格率	97.3	—
		不合格率	2.7	—

续表

年级	性别	各学业水平人数百分率	语文	地理
八年级	男生	优秀率	34.9	14.3
		良好率	75.7	26.1
		合格率	95.9	94.9
		不合格率	4.1	5.1
	女生	优秀率	45.3	17.5
		良好率	81.0	31.8
		合格率	97.6	96.0
		不合格率	2.4	4.0

表10、表11呈现了本次测试两个年级共三个学科不同性别学生实践能力表现的总体情况。

对于五年级学生，从平均学业水平来看，男女生语文学科的平均学业水平均达到合格水平。从合格率来看，男生的合格率为96.0%，女生的合格率为97.3%。从优秀率来看，男生的优秀率为20.6%，女生的优秀率为30.5%。

对于八年级学生，从平均学业水平来看，男女生语文学科的平均学业水平达到良好水平，地理学科的平均学业水平处于合格水平。从合格率来看，对于语文学科，男生的合格率为95.9%，女生的合格率为97.6%；对于地理学科，男生的合格率为94.9%，女生的合格率为96.0%。从优秀率来看，对于语文学科，男生的优秀率为34.9%，女生的优秀率为45.3%；对于地理学科，男生的优秀率为14.3%，女生的优秀率为17.5%。

整体来看，北京市五年级语文学科、八年级地理学科学生实践表现的平均学业水平均处于合格水平，八年级语文学科学生实践表现的平均学业水平处于良好水平，且合格率均在95%以上。女生表现好于男生。

（二）分学科水平

1. 五年级语文

表12　北京市2014年五年级语文学科男生、女生各内容领域口语交际测试结果表

分领域 \ 分数 \ 性别	男生	女生
倾听	93.4	92.9
表达	81.7	86.3

表13　北京市2014年五年级语文学科不同性别学生各内容领域学业水平情况

单位:%

性别	各学业水平人数百分率	倾听	表达
男生	优秀率	90.2	23.1
	良好率	90.2	62.3

续表

性别	各学业水平人数百分率	倾听	表达
男生	合格率	90.2	87.9
	不合格率	9.8	12.1
女生	优秀率	89.3	34.5
	良好率	89.3	75.9
	合格率	89.4	94.2
	不合格率	10.6	5.8

表12、表13呈现了本次测试五年级语文学科各内容领域不同性别学生实践能力表现的总体情况。从倾听和表达两个测试领域看，女生在表达领域的表现显著优于男生的表现；女生在表达领域的优秀水平比例高于男生11.4个百分比，不合格比例低6.3个百分比。男生在倾听领域的表现略优于女生的表现。

2. 八年级语文

表14 北京市2014年八年级语文学科男生、女生各内容领域实践操作测试结果表

分领域 \ 分数 \ 性别	男生	女生
普通话	98.0	98.7
内容	76.8	79.6
表达	75.8	78.1

表15 北京市2014年八年级语文学科不同性别学生各内容领域学业水平情况

单位：%

性别	各学业水平人数百分率	普通话	内容	表达
男生	优秀率	88.8	46.3	43.6
	良好率	88.8	46.3	43.6
	合格率	99.5	97.3	81.3
	不合格率	0.5	2.7	18.7
女生	优秀率	93.0	55.4	52.0
	良好率	99.5	55.4	52.0
	合格率	99.5	97.2	86.3
	不合格率	0.5	1.8	13.7

表14、表15呈现了本次测试八年级语文学科各内容领域不同性别学生实践能力表现的总体情况。从总体上看，八年级语文学科男生、女生各内容领域实践操作均

存在差异。从合格率上看，男生、女生在“表达”部分的差异最大，有86.2%的女生达到合格以上水平，高于男生4.9个百分点。从优秀率上看，男生、女生在“内容”部分的差异最大，有55.4%的女生达到优秀水平，高于男生9.1个百分点。

3. 八年级地理

表16　北京市2014年八年级地理学科男生、女生各内容领域实践操作测试结果表

分领域 \ 分数 \ 性别	男生	女生
观察与判断	72.2	73.8
地理操作	71.8	72.7
思维与表达	72.5	74.2

表16呈现了本次测试八年级地理学科各内容领域不同性别学生实践能力表现的总体情况。从总体上看，男生、女生在三个分领域均存在差异，且女生得分率高于男生。

五、北京市2014年度各学科不同地域学生实践能力表现情况分析

（一）总体水平

表17　北京市2014年各学科不同地域学生实践能力表现测试结果——分数及平均学业水平

年级	地域	指标	语文	地理
五年级	城市校	分数	87.1	—
		平均学业水平	合格	—
	县镇校	分数	88.1	—
		平均学业水平	合格	—
	农村校	分数	84.0	—
		平均学业水平	合格	—
八年级	城市校	分数	83.7	74.1
		平均学业水平	良好	合格
	县镇校	分数	85.6	70.1
		平均学业水平	良好	合格
	农村校	分数	82.6	72.3
		平均学业水平	良好	合格

表 18　北京市 2014 年各学科不同地域学生实践能力表现测试结果——各学业水平人数百分率

单位：%

年级	地域	各学业水平人数百分率	语文	地理
五年级	城市校	优秀率	24.9	—
		良好率	63.2	—
		合格率	97.3	—
		不合格率	2.7	—
	县镇校	优秀率	29.9	—
		良好率	64.7	—
		合格率	98.1	—
		不合格率	1.9	—
	农村校	优秀率	21.1	—
		良好率	51.2	—
		合格率	93.4	—
		不合格率	6.6	—
八年级	城市校	优秀率	40.0	19.3
		良好率	79.7	33.9
		合格率	96.7	95.5
		不合格率	3.3	4.5
	县镇校	优秀率	47.0	7.8
		良好率	82.8	18.0
		合格率	97.1	94.8
		不合格率	2.9	5.2
	农村校	优秀率	33.1	14.8
		良好率	72.4	26.5
		合格率	96.3	95.8
		不合格率	3.7	4.2

表 17、表 18 呈现了本次测试两个年级共三个学科不同地域学生实践能力表现的总体情况。

对于五年级学生，从平均学业水平来看，不同地域学生语文学科的平均学业水平均达到合格水平。从合格率来看，城市校的合格率为 97.3%，县镇校的合格率为 98.1%，农村校的合格率为 93.4%。从优秀率来看，城市校的优秀率为 24.9%，县镇校的优秀率为 29.9%，农村校的优秀率为 21.1%。

对于八年级学生，从平均学业水平来

看，男女生语文学科的平均学业水平达到良好水平，地理学科的平均学业水平处于合格水平。从合格率来看，对于语文学科，城市校的合格率为96.7%，县镇校的合格率为97.1%，农村校的合格率为96.3%。对于地理学科，城市校的合格率为95.5%，县镇校的合格率为94.8%，农村校的合格率为95.8%。从优秀率来看，对于语文学科，城市校的优秀率为40.0%，县镇校的优秀率为47.0%，农村校的优秀率为33.1%。

对于地理学科，城市校的优秀率为19.3%，县镇校的优秀率为7.8%，农村校的优秀率为14.8%。

整体来看，北京市五年级语文学科、八年级地理学科学生实践表现的平均学业水平均处于合格水平，八年级语文学科学生实践表现的平均学业水平处于良好水平，且合格率均在95%以上。五年级语文城市校和县镇校学生实践表现高于农村校，八年级语文和地理学科不同地域差异不大，但是城市校和农村校的优秀率高于县镇校。

（二）分学科水平

1. 五年级语文

表19　北京市2014年五年级语文学科不同地域各内容领域口语交际测试结果表

分领域 \ 分数 \ 地域	城市校	县镇校	农村校
倾听	92.4	96.9	91.2
表达	84.9	84.3	80.9

表20　北京市2014年五年级语文学科不同地域学生各内容领域学业水平情况

单位:%

地域	各学业水平人数百分率	倾听	表达
城市校	优秀率	88.6	29.6
	良好率	88.6	72.6
	合格率	88.7	92.7
	不合格率	11.3	7.3
县镇校	优秀率	95.3	31.0
	良好率	95.3	68.4
	合格率	95.3	91.7
	不合格率	4.7	8.3
农村校	优秀率	86.9	23.3
	良好率	86.9	60.1
	合格率	86.9	85.9
	不合格率	13.1	14.1

表 19、表 20 呈现了本次测试五年级语文学科各内容领域不同地域学生实践能力表现的总体情况。不同地域学生在口语交际中的表现存在显著差异。其中，县镇学校学生在口语交际测试中的表现相对较好，29.9% 的学生处于优秀水平，1.9% 的学生处于不合格水平；其次为城市学校，24.9% 的学生处于优秀水平，2.7% 的学生处于不合格水平；表现相对较弱的是农村学校，21.1% 的学生处于不合格水平，6.6% 的学生处于不合格水平。

从倾听和表达两个测试领域看，县镇、城市、农村学校学生的表现也呈现出依次降低的趋势。相对而言，农村学校在倾听和表达两个领域的不合格率均超过 13%，城市学校在倾听领域的不合格率超过了 11%，县镇学校在表达领域的不合格率为 8.3%。

2. 八年级语文

表 21　北京市 2014 年八年级语文学科不同地域各内容领域实践操作测试结果表

分领域 \ 分数 \ 地域	城市校	县镇校	农村校
普通话	99.6	96.9	96.5
内容	77.1	81.7	77.7
表达	76.5	79.8	75.4

表 22　北京市 2014 年八年级语文学科不同地域学生各内容领域学业水平情况

单位:%

地域	各学业水平人数百分率	普通话	内容	表达
城市校	优秀率	97.9	46.9	47.1
	良好率	97.9	46.9	47.1
	合格率	99.8	97.3	82.3
	不合格率	0.2	1.3	17.6
县镇校	优秀率	82.2	64.2	55.6
	良好率	82.2	64.2	55.6
	合格率	99.2	98.7	89.4
	不合格率	0.8	1.3	10.6
农村校	优秀率	80.9	47.8	41.3
	良好率	80.9	47.8	41.3
	合格率	99.0	98.1	81.7
	不合格率	1.0	1.9	18.3

表 21、表 22 呈现了本次测试八年级语文学科各内容领域不同地域学生实践能力表现的总体情况。从总体上看，从合格率看，97.2% 的县镇学校的学生在实践操作

内容领域中达到了合格水平，高于城市学校0.4个百分点，高于农村学校0.8个百分点。从优秀率看，40.7%的县镇学校的学生在实践操作内容领域中达到了优秀水平，高于城市学校7个百分点，高于农村学校13.9个百分点。

从各内容领域来看，从合格率上看，各地域学校学生在“表达”部分的差异最大，有89.4%的县镇学校的学生高于城市学校和农村学校的学生7～7.7个百分点。从优秀率上看，各地域学校学生在“内容”部分的差异最大，有64.2%的县镇学校的学生达到优秀水平，高于城市学校和农村学校的学生16.4～17.3个百分点。

3. 八年级地理

表23 北京市2014年八年级地理学科不同地域各内容领域实践操作测试结果表

分领域 \ 分数 \ 地域	城市校	县镇校	农村校
观察与判断	73.7	71.1	73.1
地理操作	74.4	67.0	71.7
思维与表达	74.2	72.1	72.2

表24 北京市2014年八年级地理学科不同地域学生各内容领域学业水平情况

单位:%

地域	各学业水平人数百分率	观察与判断	地理操作	思维与表达
城市校	优秀率	46.5	50.6	16.7
	良好率	46.5	50.6	49.2
	合格率	96.8	95.5	96.6
	不合格率	3.2	4.5	3.4
县镇校	优秀率	33.0	25.5	9.4
	良好率	33.0	25.5	37.1
	合格率	97.8	80.8	96.7
	不合格率	2.2	19.2	3.3
农村校	优秀率	45.8	40.5	13.0
	良好率	45.8	40.5	37.5
	合格率	97.7	96.1	95.6
	不合格率	2.3	3.9	4.4

表23、表24呈现了本次测试八年级地理学科各内容领域不同地域学生实践能力表现的总体情况。从总体上看，从优秀率看，城市学校最高为19.3%，县镇学校最低为7.8%，二者相差11.5个百分点。从合格率看，县镇学校最低为94.8%，分别低于城市学校、农村学校0.7个百分点和1.0个百分点。

从各内容领域来看，从合格率上看，县镇学校在“观察与判断”和“思维与表达”分领域最高，依次为 64.8% 和 59.7%。从优秀率上看，城市学校在各分领域均最高，“观察与操作”分领域高出县镇学校和农村学校 13.5% 和 0.7%，“地理操作”分领域分别高出 35.1% 和 10.1%，“思维与表达”分领域分别高出 7.3% 和3.7%。

六、各年度比较

表 25 北京市 2014 年与上一测试年度各学科学业测试结果——各学业水平人数百分率

单位:%

年级	指标	语文		地理	
		2014	上一测试年度	2014	上一测试年度
五年级	优秀率	45.0	28.3	—	—
	良好率	75.5	71.9	—	—
	合格率	97.2	97.8	—	—
	不合格率	2.8	2.2	—	—
八年级	优秀率	35.9	23.2	47.1	36.7
	良好率	76.0	76.2	78.5	74.7
	合格率	93.4	91.7	91.0	90.3
	不合格率	6.6	8.3	9.0	9.7

注：由于2014 年度品德与社会学科与往年品德与社会学科评价框架不同，结果不具有可比性，因此本部分不对品德与社会学科进行年度比较。

表25 呈现了北京市2014 年与上一测试年度各学科学业测试结果对比情况。

从平均学业水平来看，2014 年，五/八年级语文、八年级地理学科平均学业水平均达到良好水平。上一测试年度，五/八年级语文（2012 年）、八年级地理学科（2010 年）平均学业水平均达到良好水平。

从合格率来看，2014 年，五年级语文学科为97.2%。八年级语文学科为95.4%，八年级地理学科为91.0%。上一测试年度，五年级语文学科（2012 年）为97.8%。八年级语文学科（2012 年）为91.7%，八年级地理学科（2010 年）为90.3%。

从优秀率来看，2014 年，五年级语文学科为45.0%。八年级语文学科为35.9%，八年级地理学科为47.1%。上一测试年度，五年级语文学科（2012 年）为28.3%。八年级语文学科（2012 年）为23.2%，八年级地理学科（2010 年）为36.7%。

与上一测试年度相比，北京市五/八年级语文学科、八年级地理学科的平均学业水平均达到了良好水平，且合格率均在90%以上，优秀率达到40%左右；与上一测试年度相比，除五年级语文合格率基本持平外，其他学科合格率均略有提高，且各学科的优秀率均有大幅度提高。

七、当前取得的成绩及工作建议

（一）当前北京市各学科教学取得的成绩

北京市五年级语文、八年级语文、八

年级地理学科的总体学业水平均达到了义务教育相应学段课程标准或评价方案的基本要求，且平均学业水平均达到良好水平。五/八年级语文、八年级地理学科的合格率均在90%以上，优秀率达到40%左右。与上一测试年度相比，从合格率来看，除五年级语文合格率基本持平外，其他学科的合格率均略有提高。从优秀率来看，各学科的优秀率均有大幅度提高，例如，五年级语文优秀率提高了16.7%，八年级语文优秀率提高了12.7%，八年级地理优秀率提高了10.4%。

北京市五、八年级语文学生的口语交际水平和八年级地理实践操作水平均达到相关《课程标准》要求。2014年北京市五年级学生口语交际总体合格率为96.6%，优秀率为25.2%。口语交际平均学业达到合格水平，比2012年有所提升。2014年北京市八年级学生口语交际总体合格率为96.7%，优秀率为39.9%。口语交际平均学业达到良好水平，比2012年有所提升。参加北京市八年级学生地理实践操作测试的学生中，有95.4%达到合格水平，15.9%达到优秀水平。

五年级学生在“口语交际”领域中“倾听”能力表现更加突出。2014年北京市五年级学生口语交际领域测查了学生的倾听和表达能力。数据表明，有89.8%的学生在倾听领域中处于优秀水平。这在本次测查的全部领域中表现较为突出。八年级学生在“口语交际”领域中“普通话”能力表现更突出。数据表明，普通话、内容、表达三个分领域平均学业水平均处于合格水平。90.9%的学生在普通话领域处于优秀水平，50.7%的学生在内容领域处于优秀水平，47.6%的学生在表达领域处于优秀水平。八年级学生在地理学科“观察与判断”“地理操作”的能力相对较好。43.5%的学生在“观察与判断”领域处于优秀水平，43.1%的学生在“地理操作”领域处于优秀水平。

（二）当前北京市各学科学生学业质量存在的问题及建议

1. 依据语文课程综合性、实践性语言运用的课程性质，提高学生口语交际能力，开放语文教学，发挥母语学习的优势，在生活中提高学生口语交际能力

2011版《语文课程标准》明确了语文学科的性质是“语文课程是一门学习语言文字运用的综合性、实践性课程。”一个人的语文能力包括“听、说、读、写”，这四个方面是一个整体，我们不可能仅仅提升某一方面的能力，而对其他能力不闻不问。语文课程的“实践性”提示我们“口语交际”能力必须在学生自主的语文活动中才能获得。语文素养既是学生学习各个学科和生活的基础，而它自身又是由“听、说、读、写”四个能力构成。语文课程“综合性”的特点提示我们，“口语交际”能力的提升，应该也必须是多方面协调发展才能实现的。

在语文能力“听、说、读、写”的四个方面中，“口语交际”能力包括“听、说”两个方面。众所周知，由于是母语学习的缘故，学生入学前在“听、说”两个方面不是“零”起点的。口语交际教学是在课堂教学实践中规范和发展这两方面能力，但是得法于课内，还要得益于课外。这两方面能力需要在生活中实践锻炼才能真正提高。

2. 拓展口语交际训练的途径，把训练渗透到作文教学中

写作和口语交际都是用语言进行表达和交流的，口语交际能力的强弱和学生写作水平的高低成正比。鉴于两者关系密切，因此建议教师在教学中就应该有意识地把口语交际训练渗透到作文教学中。提高学生的写作水平，就要从根本上去做，引导学生观察品味，感悟生活，沉淀知识，也就是帮学生积累，积累语言，也积累生活。建议教师在写作指导时多采用“讨论交流”

“作文评改”的方式。讨论交流的过程是一个双向或多向的互动过程，自然包含了口语交际的成分，有利于提高口语交际能力。在作文评改的过程中，教师引导学生说出评改作文的主要内容，谈见解，提建议，说写法，让学生在作文评改的过程中提高自己的口语交际能力。

3. 各地域教育行政机构进一步加强对实践活动的重视并提供有效支持与帮助

农村校学生的五、八年级语文口语交际相对较差。为此建议农村学校所在的教育行政部门和教研部门组织演讲、诗歌朗诵比赛、辩论赛等多种形式的口语交际实践活动，依托教材单元中配有的“名人故事大家讲”“七嘴八舌说探险”“生存夏令营模拟招聘”等口语训练，创设各种情境，让学生即景生情，畅所欲言。社会是学生的大课堂，引导学生到生活中去学习、去实践，让学生时时刻刻、处处事事都意识到自己在学语文、用语文。

调查数据显示，北京市城市、县镇和农村学校学生的实践操作水平尽管均达到合格水平，但不同地域学校的学生成绩差异显著。其中，城市学校成绩最好，县镇学校成绩最低。

县镇学校所在的教学行政机构还须进一步加强对地理实践活动的重视及有效的支持与帮助。在政策上加大推进力度，在业务上开展多渠道、多区域的交流合作，对教师给予更多的针对性培训和激励措施。

4. 拓宽教研活动的内容与形式，提升教师学科素养，提高对学生地理实践活动的引导、组织能力

教研活动是教师发展与能力提升的重要平台。目前多数教研活动聚焦在课堂“教与学”“新课标研读”“教材教法分析”“课例的实践研讨”等主要内容，与学校自主设置的“综合实践活动”有一定程度的脱节。教研机构对学科的实践活动也更多认为是学校、教师个人的事情，没有从学科视角、区域发展、学生能力提升等方面给予地理教师更全面和有针对性的指导与帮助。

教研机构应从《课程标准》、区情、生情，以及教师需求等拓宽教研活动在地理实践活动领域的内容，并采用新的教研活动方式来体现地理学科实践性的特点。可根据内容来设计地理实践活动主题：①地理工具和方法运用类主题；②参观、调查、访问类主题；③防灾、减灾类活动主题；④旅游、观光类主题等。将实践活动主题与教学内容、教学时间及学校课程整体设计，并在实施过程中对教师跟踪、评价，与教师一起做好反思工作。如在教师基本功培训中增加有实效的“地理实践活动指导技能与实施策略”的有关培训和实践。

5. 提升教师学科素养，提高对学生地理学科以及其他各学科实践活动的引导、组织能力

实践性是目前核心素养教育的重要导向。实践性也是地理学科重要特征之一，不断提高教师的学科实践素养，解决实际地理问题能力，是搞好地理实践活动的前提和保障。教师有关能力与方法到位，才能有效指导学生，培养学生的实践力和创新能力。教师应抓住多种实践机会提升自己的学科素养、实践能力。此外，教师对学生在实践活动中的引导、组织能力也影响着学生最终的学习效果。帮助学生学会从地理视角观察现象，用地理知识解释问题，以地理观念看待生活的意识和方法，都需要教师有较强的策略性的指导与组织能力和方法。

撰稿人：北京教育科学研究院北京市教育督导与教育评价研究中心　李美娟
北京教育科学研究院基础教育教学研究中心　高振奋　李英杰　王彤彦

第十八章　北京市九年一贯制学校发展研究

[摘要]　“九年一贯制”是指小学、初中联体办学，使九年义务教育成为一个连续、系统、整体的一种办学模式。本文从基本状况、培养目标、课程建设、学校管理、课堂教学五个方面对北京市九年一贯制学校的发展现状进行了调查研究，力图反映北京市九年一贯制学校近年来取得的成效，揭示存在的问题，最后提出改进建议。

[关键词]　九年一贯制　学校发展

Chapter 18　Research on the Development of Nine－year Schools in Beijing

[Abstract]　Nine－year System is a school running model which means primary school and secondary school running jointly. In this paper, we investigate on the development status of nine－year schools in Beijing from five aspects: basic situation, training objectives, curriculum development, school management, and teaching. Then from the result we reflect the effectiveness and problem of the nine－year school development in recent years. Finally, we propose some recommendations for the future development.

[Key words]　nine－year school; school development

义务教育是中国教育的基石。在推进义务教育发展的探索过程中，九年一贯制应运而生，在当代中国的义务教育领域扮演着越来越重要的角色。“九年一贯制”是指小学、初中联体办学，使九年义务教育成为一个连续、系统、整体的办学模式。“十二五”时期，北京市将“九年一贯制”作为教育综合改革的重要举措之一，并进行了大量的实践与探索。

一、研究背景

九年一贯制并非是一个全新概念，九年一贯制学校是根据国家义务教育法关于实施九年义务教育年限的规定产生的，它随着义务教育的实施、推进而成为被关注的一种学制模式。这种贯穿小学、初中教育的办学模式，体现了教育的一体化和规模集聚效应。随着社会的发展，城镇化建设的推进，人口出生率的下降，实施九年一贯制是义务教育发展的必然趋势。[1]

（一）九年一贯制学校的发展脉络

九年一贯制学校在我国有几十年的发展实践历程。20世纪70年代及以前，全国各地都存在着小学与初中一体的学校，它是在一个完全小学里附带初中，初中是小学的附属。80年代，出现小学初中分立趋势，大量学校分成独立的小学、初中，但同期上海、北京等发达地区开始了一贯制办学的有益探索，为其他地区创办九年一贯制学校提供了理论和实践依据。90年代，逐步鼓励有条件的地方政府建设九年一贯制学校，一些地方又出现小学初中一体办学的尝试。到了21世纪，九年一贯制学校似乎又成为众所追求的办学模式。

回顾这种办学模式的演变，前后有着本质的区别，目前的九年一贯制学校是建立在九年义务教育一贯制学制基础之上的办学模式，之前的小学初中一体办学，其实质还是不同学制的两个学段，并不存在本质上的一贯制。[2]

（二）九年一贯制学校的相关政策

为不断提高义务教育整体水平和质量，为学生全面发展和终身发展奠定基础，推进素质教育，20世纪90年代起国家逐步鼓励地方政府有条件地建设九年一贯制学校，先后出台系列相关文件。尤其在“十二五”期间，密集出台相关政策促进九年一贯制学校建设。

国家教委、国家计委、财政部、国务院纠正行业不正之风办公室《关于1996年在全国开展治理中小学乱收费工作的实施意见》中强调，“时机成熟时，还可在大中城市积极推行九年一贯制特别是新建校，尽可能建成九年一贯制学校，既可在同一所学校实行九年一贯制，也可以异校之间由相对就近的小学和初中挂钩实施九年一贯制，以减少升学和择校的竞争”。

2001年，《国务院关于基础教育改革与发展的决定》中指出要规范义务教育学制。“十五”期间，国家将整体设置九年义务教育课程。现实行“五三”学制的地区，2005年基本完成向“六三”学制过渡。有条件的地方，可以实行九年一贯制。

2002年，教育部关于印发《基础教育工作分类推进与评估指导意见》的通知中指出，2005年前，现在义务教育阶段仍实行“五三”学制的地区基本完成向“六三”学制或九年学制过渡，逐步推进九年一贯制，带动中小学建设的整体和均衡发展。

2012年，《国务院关于深入推进义务教育均衡发展的意见》指出：鼓励各地探索建立区域内小学和初中对口招生制度，让小学毕业生直接升入对口初中，支持初中与高中分设办学，推进九年一贯制学校建设。同年，在教育部工作要点中也提及切实推进人民群众关心的教育热点难点问题的解决，指导各地出台并落实解决义务教育择校问题，进一步规范办学行为的政策措施，积极稳妥推进九年一贯制学校建设。

2013年，习近平总书记在十八届三中全会《中共中央关于全面深化改革若干重大问题的决定》中提出：强调深化教育领域综合改革，义务教育免试就近入学，试行学区制和九年一贯制对口招生。

2014年，教育部在《关于进一步做好小学升入初中免试就近入学工作的实施意见》中提出，试行学区化办学。要因地制宜，按照地理位置相对就近、办学水平大致均衡的原则，将初中和小学结合成片进行统筹管理，提倡多校协同、资源整合、九年一贯。[3]

而各地也在国家政策的引领下，出台系列的推进九年一贯制学校建设的改革措施。较早的是上海，上海市在《关于编制上海市建设一流基础教育“九五”规划和2010年远景目标的若干说明》中指出：九年一贯制办学的意义，在于对义务教育阶段的学生培养进行整体设计、分阶段实施，加强教育的衔接，更好地适应学生身心发展的规律。而在近期比较密集出台政策的有成都、北京等地。成都市在2014年为推动全市义务教育高位均衡优质发展，切实提高九年一贯制学校办学水平和教育质量，出台《成都市教育局关于推进九年一贯制学校发展的意见》，深化九年一贯制学校课程改革、管理方式改革，提升办学质量，高起点、高标准建设一批优质九年一贯制学校，整体提升全市九年一贯制学校发展水平。北京市在“十二五”期间也出台相关政策，2014年北京市教委颁布《关于做好小学初中学段衔接工作的意见》明确提出：积极推进九年一贯制学校建设，探索有利于中小有效衔接、学生系统培养的办学体制、机制，促进义务教育的协调、科学、持续发展。同年，北京深化基础教育综合改革，一批九年一贯制学校相继成立。

（三）北京市“十二五”期间九年一贯制学校发展状况

“十二五”期间，北京市义务教育阶段学校数量相对稳定，如初中阶段教育学校数量，从2011年到2014年仅增加11所，由632所增到643所，增幅不到2%。而九年一贯制学校有较大数量的增长，2011年为75所，2014年增加到102所，增加27所，增幅为36%，由表1可见“十二五”期间北京市对于九年一贯制学校（含十二年一贯制）的建设力度。

表1　学校数量

年份	初中合计（所）	九年一贯制学校（所）
2011	632	75
2012	630	84
2013	638	93
2014	643	102

从分布来看，城市九年一贯制学校数量每年持续增长，由最初的46所，增加到72所，县镇、农村九年一贯制学校数量先有所增加后减少，但增加或减少数量很少，总数相对稳定，如图1所示。

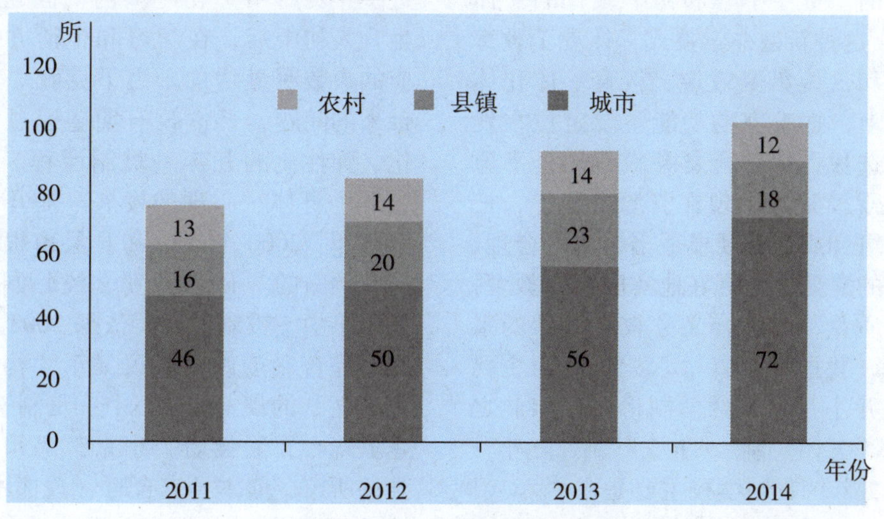

图2　九年一贯制学校分布

二、研究现状

（一）相关概念

1. 九年一贯制

在教育学上，关于九年一贯制的定义主要集中于两种：九年一贯制是根据国家《义务教育法》有关实施九年义务教育年限的规定组建起来的、贯穿小学与初中教育的一种学制；[4]九年一贯制是指小学、初中联体办学，使九年义务教育成为一个连续、系统、整体的一种办学模式。[5]本研究关注的是学校教育实践，是一个动态的过程，而学制是静态的形式，因此，本研究把九年一贯制界定为一种办学的模式。即“九年一贯制”是将义务教育的九年看成是一个整体，作为一个完整的、统一的教育体系通盘考虑，全面安排，以九年一贯制课程为中心，按照九年一贯的理念组织教育教学，最显著的特征就是中小学的一体或一体化。

2. 九年一贯制学校

九年一贯制学校是根据国家《义务教育法》有关实施九年义务教育年限的规定组建起来的，贯穿小学和初中教育的一体化学校。[5]这种新型办学模式，体现了教育的一体化和规模集聚效应。教育一体化体现在设置上，把教育的功能主要定位在发展而不在选拔，这符合义务教育的公平原则；教育规模集聚体现在资源重组上，把教育资源组合成一个规模适当、结构合理、联系密切的集聚体，更好地实施素质教育，提高教育质量，这符合义务教育办学的宗旨。目前，我国学制以“六三”制为主要学制，但并不是唯一的学制形式。除此之外，还有“五四”制、“五三”制、九年一贯制等。九年一贯制学校主要是在“六三”学制的基础上建立起来的小学与初中联合的一体化学校。基于九年一贯制这种办学模式建立起来的九年一贯制学校在动态教育管理实践中的相关问题是处于变化、发展和变革中的。

（二）国外已有研究

在国外没有“九年一贯制学校”的称谓，就目前查阅的文献资料来看，与我国九年一贯制学校比较类似的办学形式主要有：①苏联的基础教育分为九年制与十一年制学校两类，前者又称为不完全中学，其学程包括一至九年级。后者称完全中学。完成十一年学程视为中学毕业。②美国20世纪60年代曾出现过一种“中间学校”，让小学五年级或六至八年级学生入学，修业三或四年，到80年代初，这一类学校已达6000余所。③德国70年代出现的“一体化综合学校”，从一年级到十年级，至1983年作为改革模式的综合学校已在德国的5个州进行实验。这些距离现在已时代久远，不做详细分析，而是从强调“一贯”的角度着重介绍日本的小中一贯制教育和美国的P-16教育。

1. 日本小中一贯制教育的相关理论与实践探索

日本自1947年以来一直实施小学、初中分别设置的“六三”制义务教育制度，近些年暴露出“初一鸿沟”问题，即小学生升入初中后，在学习和生活方面难以适应的人数明显增加。为了克服“六三”制带来的问题，日本政府期望通过实施系统化、弹性化的九年一贯制课程、活动，适应学生身体、心理的发展，提升学生的学习兴趣。2000年，广岛县吴市根据当时文部省颁布的“研究开发学校”制度，开始采用小中一贯制教育。依据2003年内阁召开的综合制度改革会议关于“构造改革特区制度”的规定，“小中一贯制教育特区”登上舞台，紧接着，东京都品川区、奈良县御所市、熊本县富合町（现熊本市）、宫城县登米市、京都市、奈良市、金沢市、大阪府池田市纷纷成为“小中一贯制教育特区”，小中一贯制教育获得非常大的发展。根据日本小中一贯制教育全国联络协议会的统计，到2010年1月，全国范围内有设施一体型小中一贯校40所，设施分离型小中一贯校900所。[6]

小中一贯制教育的开展对于解决日本某些教育问题具有一定的成效。根据小中一贯制教育全国联络协议会关于“全国小中一贯制教育实施情况”的调查显示，其成效主要表现在以下几个方面：首先，教师意识发生变化、“初一鸿沟”现象得以缓解、学生意识发生变化、学生基本能力得到提升、教育活动共同化、对于学生的指导方法发生变化、各地区的支持方式发生变化。其中，表现最为明显的是教师意识的变化，中学教师通过到小学进行参观交流，更加了解小学升初中的过程中学生的努力程度，并同小学教师一起研究教学方法，在授课内容、指导方法上加强了联系，通过全体职员的努力，小中一贯制教育指导体系踏出了第一步。其次，“初一鸿沟”现象得以缓解，为解决“初一鸿沟”问题，小中一贯制教育提倡通过诸如中学入学体验活动、学生信息交流会、中小学授课方法交流等一系列活动，促进中小学学生间的交流，改善中小学之间相互知之甚少的状况，缓解学生对升学后身边环境变化产生的恐惧感，提升学生对新环境的期待。再次，是学生意识的变化，学生逐渐学会为自己树立榜样，并严于律己努力成为他人的榜样，逐渐意识到要关照他人并积极自省，学生对升学的恐惧心理逐渐淡化，能以平静的心态面对升学，并且在学校的倡导下参加各种文化活动聚会，进而有更多机会接触中学生活。

2. 美国P-16教育的相关理论与实践探索

16年一贯教育即P-16教育（P-16 Education），是最近几年在美国“流行”的一种教育理念和正在实施的一种教育模式。“P-16”（P代表pre-kindergarten或pre-school）是从学前教育到大学全部16个年级，即整个教育体系的简称。它的基本内涵是：学生从学前到大学毕业的整个16年学习生涯是一个以学生为中心的、全面而完整的系统。P-16教育关注学生不同学习阶段之间的联系而不是各阶段内部孤立的情况，即它强调学生学习的连续性。

P-16教育体系寻求通过不同层次的教育之间的合作和协调来改善学生的流动及提高学生的学习成就，其根本目标是让所有美国公民在新的经济时代过上富有成效的生活，以及对民主社会的生活负责。为了达到目标，还设置了一系列具体的标准[7]：①学前教育：儿童要进入幼儿园做好学习的准备，包括生理、心理、社会等各方面的准备；②1年级结束时，所有学生都要做好进入下一年级学习的准备；③3年级结束时，所有学生在读写方面达到基本熟练；④8年级结束时，所有学生对写作、科学和数学的学习达到相对熟练水平；⑤12年级结束时，所有学生准备进入中学后教育阶段，或者选择就业；⑥12-13年级：高中毕业考试要与大学入学考试相统一；⑦13年级：进入到后中学教育阶段的学生立志为大学学习做好准备；⑧14-16年级：完成后中学教育阶段的所有学习任务。

美国教育委员会（the Education Commission of the States，ECS）2006年6月的报告指出，全美已经有30个州正式加入了P-16教育行动，并取得了相应的进展。P-16教育的成效表现在：经历了整个这种教育体系的学生和得到学位的学生都会从中获益；能培养出经历良好训练和具有高水平技能的劳动力，他们有通过高收入从而提高国家税收的潜能；学生学习效果的提升有助于减少需要补习的大学生的数量以及降低辍学率；该体系的实施还有助于降低依靠福利的人数比例、减少犯罪等。

不管是日本一体型、分离型小中一贯校的实践还是美国16年一贯教育的探索，都能为我们九年一贯制教育的发展提供参考与借鉴。

（三）国内已有研究

国内学者对一贯制学校的研究，主要集中于九年一贯制学校的办学形式、课程与学段衔接、管理模式三个方面。

1. 九年一贯制学校的办学形式

九年一贯制学校的办学形式有以下三种：自然联体、紧密型联体和松散性联体。[8] 自然联体即新建立的九年一贯制学校，它随着学生年级数的增加而自然地成长，小学与初中自然地联体。它适合于新开发的居民区。紧密型联体即一所初级中学与相邻的小学联体合办一校，一套领导班子，统一教育，统一管理。它特别适合于仅一墙之隔，或一路之隔，或靠近的一所初级中学与一二所小学的联体。松散型联体即一所初级中学与附近的若干所小学，教育上联体，统一考虑，对口入学，教育上相互沟通，整体安排。但是行政管理上分开，学校领导是两套或多套班子，学校校舍分开。它适合于居民集中居住区，中小学又相距一段距离的情况。

九年一贯制学校的办学形式各异，但是，九年一贯制学校创建的初衷是缓解择校压力，并最终提高教育质量与办学效益，办学形式的不同，只是形式的不同，它都是为提高学校的教育质量和办学效益而服务的。因此，允许学校办学形式的不同与学校对于办学形式有自主的创新，只要是能提高九年一贯制学校的办学质量与效益的模式，我们都应该接纳。

2. 九年一贯制学校的课程与学段衔接

关于九年一贯制学校的学段衔接和课程衔接的研究，目前主要在于探讨衔接的必要性以及介绍一些实践经验。衔接对于九年一贯制学校意义重大，成功与否对教育质量影响很大。九年一贯制学校在整合课程资源、人力资源、育人目标三个方面有得天独厚的优势，同时学校将九年全面安排，使学生从生理上、心理上向高年级顺利过渡。

对于学段的衔接，大致有三学段式、九年四段式和分段管理式三种模式。目前采用较多的是后两种。九年四段式，多为一、二年级为第一段，三至五年级为第二段，六、七年级为第三段，八、九年级为第四段；分段管理式，多以三年为一段，实行“三三三”制。

课程衔接多体现在三个方面：学科课程及教学内容的统整、校本课程的一贯制设置、小初衔接课程。如景山学校在课程建设实践中提出的课程体系三层次：核心基础、综合拓展、卓越精神。在坚持整体性、实效性、发展性、差异性四原则的基础上，构建了适应学生发展内在需要的，轻负担、高效益、多类别、分层次的，能体现时代特征的小、初、高一体化学校课程体系。[9]

3. 九年一贯制学校的管理模式

学校的管理模式一般认为有如下几种：金字塔型管理模式、职能型管理模式、科层—职能型管理模式、扁平型管理模式和多学段型管理模式。[10] 金字塔型管理模式是我国现阶段大多数中小学的管理模式，包括决策层、中间层、实践层三个层次，其基本特点是管理层级繁多，一定程度上管理效率低下，权力集中。多学段型模式是九年一贯制学校参考较多的管理模式，学校下设对应各学段，学校总组织保留财务预算、人事任免和重大问题的决策权。优点是有利于调动各学段的办学积极性；缺点是组织机构重复，学校管理成本增高，同时易于滋生本位主义，忽视整体利益。

从实践的角度来看，上海市建青实验学校课题组也提到了九年一贯制学校管理中应注重建立一体化的管理网络，这里所提到的一体化的管理网络包括垂直和水平两个管理系统。党、政、工、团实行垂直领导管理，而各层面的工作实行水平管理并对校长负责。同时，文章中还提到了建立一系列精要、规范、便于操作、讲求实效的管理章程，章程主要包括保证管理一体化运行机制的领导管理制度，各层次、各方面的工作规章与章程和各层面、各项工作的基本规范和要求。最后，还提到了“统一领导、分部负责、全程管理、分权赋职”的管理活动细则。这样，由整体到部分，由宏观到微观，实行一体化的管理，保证管理效益的最优化和最大化的发挥。[5]

三、发展现状

本部分依据教育改革新常态下初中内涵建设与育人质量提升实践研究项目在部分项目学校中所做的学校发展调查，从学校类型、培养目标、课程建设、学校管理、课堂教学五个方面，分析九年一贯制学校发展现状。

（一）学校基本状况

调查共涉及九年一贯制学校 26 所，学生 1073 人。从地域分布来看，城市学校、县镇学校所占比例均为 23.8%，农村学校所占比例为 52.4%。从建校时间来看，建校多于 20 年的学校较多，为 9 所，占 34.62%；5 年及以下的为 3 所，占 11.54%；6～10 年的学校 7 所，占 26.92%；11～15 年的为 3 所，占 11.54%；16～20 年的为 4 所，占 15.38%。从建校原因来看，中、小学合并的学校数量较多，为 12 所，占 46.15%；建校即九年一贯制的学校次之，为 10 所，占 38.46%；增设学段的学校 4 所，占 15.38%。

26 所九年一贯制学校在校生共计 26813 人，班级 818 个。专任教师 2361 人，其中高级职称 438 人，比例为 18.55%。本科及以上学历为 2267 人，比例为 96.02%（2015 年，北京市义务教育阶段教师本科及以上学历比例为 91.39%），略高于北京市义务教育阶段平均比例。市级骨干教师为 21 人，比例为 0.89%；区级骨干教师为 384 人，比例为 16.26%；市级学科带头人为 6 人，比例为 0.25%；区级学科带头人为 20 人，比例为 0.85%。生师比为 11.36∶1（2015 年，北京市义务教育阶段生师比为 12.62∶1），略低于北京市义务教育阶段平均值。小学初中均在本校就读的学生比例为 48.80%。

九年一贯制学校的校长，14 位在本校工作年限不超过 5 年，11 位为 5～10 年，仅有一位校长超过 15 年。而从在本校做正校长的年限看，有 18 位校长是来到学校即为正校长，有 5 位校长是来学校工作后，提拔为正校长。从校长的职称来看，仅有 2 位校长为中学一级，其他校长均为高级职称。从学历来看，初始学历为本科及以上的有 8 位，最终学历均为本科及以上，可见绝大部分校长在工作期间接受过继续教育。从校长的任职背景来看，有 2 位做过小学校长，14 位做过初中校长，4 位做过高中校长，7 位首次做校长，有 1 位既做过小学、初中校长也做过高中校长，2 位做过初中校长也做过高中校长，可见九年一贯制校长主要来自于初中校长。

（二）培养目标

培养目标是对本学校的具体情况进行全面、系统地研究，在国家教育目的的指导下，根据不同地区、学校、学生的不同特点制定的体现学校特色的、要求受教育者必须要达到的人才质量标准。

从 26 所学校的培养目标来看，虽表述有差别，基本体现人才的质量标准，体现出学生毕业要获得的品质，如品行良好、身心健康、全面发展、学有所长、创新精神、实践能力等，同时学校的培养目标也体现了一定的未来前瞻性，如培养适应未来发展的中国人、培养未来新型人才等。但是也反映出一定的问题，学校的培养目标共性很强，没有体现出学校特色；对于九年一贯制学校，其教育的连贯性，培养目标的统整性没有很好的体现。从 26 所学校来看，仅有 2 所学校近两年对学校培养目标有所调整，绝大部分学校的培养目标较为稳定。

（三）课程建设

2015 年，北京市为深化教育领域综合改革，切实解决基础教育中存在的问题，进一步扩大各区县和学校课程建设自主权，制定了《北京市实施教育部〈义务教育课程设置实验方案〉的课程计划（修订）》。对于一贯制学校来说，如何通过课程建设为学生提供更多的选择，让各学段真正连贯起来，使学生在课程学习中有获得感，是在新常态下必然会形成的发展形态。

1. 课程提供

作为课程开发的主体之一，区县在课程建设方面的作用非常重要。各区县中，开发地方课程最多的区县为 7 门，最少的区县为 1 门。在这些课程中，类型较多的主要是当地的地理、历史及生态，共有 15 个区县的课程明确涉及了这一方面。其次，区县在学校制订课程方案的过程中也提供了一定的支持，调查结果表明，所有区县都采用了专家讲座和学校展示现场会的形式，其中有 9 个区县还采用了一对一指导的形式，另外，部分区县还有分组指导、专题研发的形式。

调查结果表明，在学校进行课程建设的过程中，所有学校都借助了本校教师的支持；22 所九年一贯制学校借助了高校（或科研机构）专家的支持，占 84.61%；12 所学校借助了家长的支持，占 46.15%；21 所学校借助了教研员的支持，占 80.77%；还有 7 所学校借助了其他类型的支持，占 26.92%，其中绝大部分都是社会资源。

在调查的 26 所九年一贯制学校中，有 21 所学校提出了其课程目标，占 80.77%；其中 7 所学校明确了他们要建立的课程体系，占 26.92%；1 所学校尚在构建课程体系的过程中，占 3.85%；2 所学校在近两年对课程目标有调整，占 7.69%。在所提到的课程目标里，大部分学校都较为强调学生的全面发展、多样性和自主性。16 所学校有义务教育三级课程整体建设方案，占 61.54%，这些方案主要呈现的特点是整体性，较为注重九年的衔接，分阶段实施。

2. 课程设置

所有学校中，有 11 所进行了长短课时的调整，占 42.31%，短课时的调整大多为阅读课、学科实践活动课等，长课时的调整大多为写作课、社团活动课等。

在学校综合实践活动课程的设置上，所有学校均达到了新课程计划中占 10% 的要求，96.59% 的学生很喜欢学校组织的综合实践活动。学校开展综合实践活动的主要形式为各类社团活动，参观博物馆、纪念馆、展览馆，还有读书、演讲，参加社会公益志愿活动。大部分学生都认为，这些活动能拓宽视野，学以致用，提高合作能力；但同时也有一部分学生认为，有些综合课程缺乏创意，实用性并不强，而且学校所给出的选择偏少，学生们对这些课程的兴趣并不高。84.96% 的学生表示学校有与自身兴趣爱好相关的课程或社团，而他们在小学阶段时，学校提供这些课程和社团的只有 64.46%。

在学科整合方面，21 所学校表示已经实现或尝试了学科内整合，占 80.77%，大多数采用的方式是在综合实践活动中整合学科内的章节或知识点，如主题教学等形式。同时，16 所学校表示已经实现或尝试了学科间整合，占 61.54%，大多采用的方式是地方、校本课程与国家课程的整合，或是在综合实践课中用同一主题上多学科的内容。此外，对学生的调查结果显示，82.78% 的学生表示学校开设了跨学科的综合课程，他们认为在这样的综合课程中很有兴趣学习，开拓了视野，增长了很多平时学不到的知识，很希望能够多开设一些这样的跨学科综合课程。

在各学段的课程衔接方面，所调研的

一贯制学校中，大部分都有课程衔接的举措。主要形式包括：①在整体上设计学科教学与课程；②中小兼课，共同教研，或实行人员流动；③进行专项的课题研究。

3. 课程资源

各所学校开设课程的任课老师主体上均为本校教师，调查的26所学校都聘请了社会机构的教师作为辅助，同时分别有8所和1所学校（分别占30.77%和3.85%）会利用家长和学生授课的方式，此外，还有其他学校会利用高校、科研院所、校际间聘任等方式丰富任课老师的构成。

（四）学校管理

在北京市考试招生制度改革背景下，各区县的初中整体发展目标和政策均有所调整，弱化升学、关注学生的全面发展与实际获得，并加大专项资金投入与师资调配力度，提升初中教育品质。学校在管理方面的调整主要体现在课程管理、学段的整合与衔接上。

1. 资源建设与调配

各区县中，与社会资源单位合作（市级资源单位除外）最多的有99家，最少的0家，类型多样，包括中小学生社会大课堂实践基地、高校、科研院所、博物馆、科技馆、展览馆、纪念馆、企业、社会团体等，其中56.25%的区县都与中小学生社会大课堂实践基地有区级层面的合作。

初中开放性科学实践活动基地最多的区县有34家，最少的0家，这些基地中有93.21%为固定基地；活动项目最多的区县有79个，最少的0个，平均每个基地提供2.34个项目。但26所学校中只有3所，占11.54%，是开放性科学实践活动基地。

九年一贯制学校在小学段与初中段之间，配置及共享的教育资源的方式主要是统一管理、统一调配、统一使用。82.61%的学校在小学段与初中段之间，存在教师流动，近两年平均每年教师流动数量最多的学校有30人，最少2人，年均流动4~6人的占比47.37%。最主要的流动方式是跨学段任课，但形成制度的学校非常少。26所学校都不同程度地为学生的个性化发展提供了指导教师、设备器材等资源。

2. 学校文化建设

区县在支持学校文化建设方面常见的举措有：经费保障、学习培训、专家指导、典型引领、以评促建等。

近两年内，16.67%的学校调整了学校的办学理念，8.33%的学校调整了学校的育人目标。在对学校文化建设作用的认识上，26所学校100.00%都认为有导向激励和凝聚师生人心的作用；25所学校认为其能丰富学校文化底蕴，占96.15%；23所学校认为文化建设有潜移默化的作用，占88.46%；此外，还有部分学校认为文化建设能彰显学生个性。而学校在文化建设的过程中，着力最多的是环境文化，其次是思想文化，对行为文化和制度文化的关注相对较少。12所学校，在文化建设中存在的主要问题是缺乏顶层设计和系统规划，占46.15%；11所学校的主要问题是缺乏以教师为主导的文化建设和校内活动多、对外吸引辐射少，占42.31%；还有9所学校重视显性文化而忽视隐性文化建设，占34.62%。

3. 学生的收获与评价

83.76%的学生对学校管理学生的方式非常满意或满意，不满意和非常不满意的仅占1.55%。改进建议主要集中在：开展更多的活动、改善食堂伙食、多给自由空间。

83.55%的学生有参加开放性科学实践活动，收获主要体现在能激发兴趣、开阔视野、丰富知识和提升能力，但也有3.23%的学生评价并没有什么收获。对于开放性科学实践活动的建议，学生普遍希望多开展一些，并能更多样、更具创意。

87.38%的学生肯定了学校为自己的个性化发展提供了资源，主要包括指导老师、设备器材、场地、图书资料等。仅3.93%

的学生认为九年一贯制学校并不具有特别的优势，46.28%的学生觉得最大的优势是因熟悉而更具适应性，不管是对环境还是教学方式。

（五）课堂教学

教学是教师的“教”和学生的“学”所组成的一种人才培养活动。通过这种活动，教师有目的、有计划、有组织地引导学生学习和掌握文化科学知识和技能，促进学生素质提高，使他们成为社会所需要的人。

为提升学校的课堂教学质量，区县以邀请专家讲座、培训，开展课堂观摩、教学设计展示，加强调研、视导、一对一指导等方式支持学校教学工作的改进与提升。

学校多通过开展分层教学、走班、长短课时调整、教学质量监测、学段间衔接等方式提升教学。随着深综改的开展，学校越来越注重学生能力的培养、习惯的养成及个性的发展，同时也更加注重学生的阅读与基础。从数据来看，70.83%的学校采用了分层教学的方式、26.09%的学校采用了走班的方式，而对于学校分层教学的方式及程度，各有不同，多数学校是对部分学科的教学、练习、作业进行分层，分层的依据主要是学生的基础及个人意愿、兴趣，而对于走班，主要是为了配合学校的分层教学，从学生的反馈来看，学生认为学校开展分层、走班教学使教学更有针对性，能够得到教师更针对性的帮助与指导，有效提高学习成绩。对于学校的教学质量监测，采取的形式主要有随堂听课、考试考核、家长反馈、学生反馈以及上级部门监测反馈。同时九年一贯制学校关注学段间衔接，学校在教研、课程设置、教学内容等方面均有探索与尝试。

四、结论及政策建议

从调查研究可见，北京市近几年九年一贯制学校数量有较大的增加，构成形式以中小学合并校和新建校为主。学校近几年得到一定的发展，但同时也存在一些问题。

（一）研究结论

（1）九年一贯制学校教师数量、质量略好于北京市义务教育阶段平均状况，校长多有初中校长的任职经历。

（2）从培养目标来看，基本体现人才的质量标准，体现出学生毕业要获得的品质，同时也体现了一定的未来前瞻性，绝大部分学校的培养目标较为稳定。

（3）九年一贯制学校整体上在课程建设方面都很注重九年的衔接和整体培养，课程资源也较丰富，在综合实践活动和学科整合方面也产生了一定成效，学生对这些课程的满意度较高。

（4）绝大多数学生认同九年一贯制学校具备适应性方面的优势，不论是更快地适应环境，还是教师的教学方式。

（5）学校注重学生能力的培养、习惯的养成及个性的发展，同时也更加注重学生的阅读与基础。多数学校采用了分层教学的方式，部分学校采用了走班的方式，学生认为学校开展分层、走班教学能让教学和学习更有效，更具针对性。

（二）存在的问题

（1）学校的培养目标共性很强，没有体现出学校特色；对于九年一贯制学校，其教育的连贯性，培养目标的统整性没有很好的体现。

（2）在课程的内容上，尤其是综合实践活动方面，形式稍显单一，创意相对不足，还应当给学生提供更多的选择。

（3）小学段与初中段之间教师跨学段任课、交流等流动现象非常普遍，但主要都是因工作需要而设，形成制度的学校非常少。

（4）学校关注学段间衔接，但在教研、

课程设置、教学内容等方面的实质性衔接仍处于探索与尝试阶段。

（三）建议

（1）学校应该有清晰的、能体现出学校特色的、九年一贯统整性的培养目标。

（2）学校应当在课程建设上确立明确的课程目标，为学生的一体化整体发展打下基础，同时加大校本课程开发力度，并根据不同学段的特点，有所侧重，彰显学校特色，提高学校文化魅力。

（3）学校应当更加注重教学、教研等方面的衔接，探索有效做法，提高学生培养的连贯性。

（4）学校将跨学段流动过程中有效的做法与经验固化下来，形成九年一贯制学校不同学段间的教师流动机制与制度。

参考文献

[1] 查炜琮. 推行“九年一贯制”学制的问题、原因与对策研究［D］：上海：华东师范大学，2006.

[2] 李启金，韦健琳. 九年一贯制学校研究现状综述［J］. 贺州学院学报，2008，24（3）：71－76.

[3] 中华书局. 九年一贯制办学模式创新［M］. 北京：中华书局，2016.

[4] 张大友. 论“九年一贯制”的优势与弊端［J］. 科教资讯，2007（29）：106.

[5] 艾春梅，任一明. 九年一贯制学校英语教学衔接研究的意义［J］. 现代教育科学·普教研究，2010（2）：64.

[6] 上海市建青实验学校课题组. 九年一贯制素质教育模式研究［J］. 上海教育科研，1998（5）：27－30.

[7] 小山翔. 公立小中一贯教育的意义［EB/OL］.（2013－10－21）http：//libir. soka. ac. jp/dspace/bitstream/10911/3392/1/ssk21－103. pdf，2013－10－21.

[8] Carl Krueger，Terese Rainwater. P－16：Building a Cohesive Education System from Preschool through Postsecondary［J］. Peer Review，2003，5（2）：4－8.

[9] 项志康. “九年一贯、联体办学”的实践与思考［J］. 上海教育科研，1998（5）：31－32.

[10] 范禄燕. 课程教材建设奠基“景山教育”发展之路［J］. 北京教育（普教版），2015（2）.

[11] 刘继忠，祁映宏. 国内一贯制学校管理模式探究［J］. 基础教育参考，2012（3）：33－38.

撰稿人：北京教育科学研究院基础教育科学研究所　张熙　拱雪　左慧　宋阳

第十九章　北京市普通高中国际课程发展现状调查研究

[摘要]　在经济全球化、教育国际化的发展趋势下，高中国际课程近年成为社会关注热点。为全面了解北京市高中阶段国际课程引入和实施现状，为规范发展和政策研制提供参考，通过网络资料整理、需求调查、学校调研、教师和学生访谈、文本分析等进行研究，从学校分布、地域分布、种类分布、发展阶段、需求情况等几方面反映发展概况，从目标定位、课程设置、具体实施、教师队伍、入学要求、学分与证书、留学地区与报考专业角度呈现当前实施情况，同时针对当前国际课程引入和实施中引入目的和价值取向、引入标准、有效实施、条件保障、外部管理等几方面的问题提出针对性建议。

[关键词]　北京市　高中国际课程　发展现状

Chapter 19　A Study on the Status Quo of International Curriculum Development in High School in Beijing

[Abstract]　With the rapid development of economic globalization and educational internalization, international curriculum implemented in high school has become a hot issue. In order to overall understand the current situation of introduction and implementation of international curriculum resources implemented in high school in Beijing, and also to normalize its development process and provide reference for government policy making, many researches have been done through network resources collection, social requirement survey, school investigation, teachers and students interview, texts analysis etc. From above study, this paper presents two main findings: the outline of international curriculum development in school distribution, district distribution, classification distribution, development stage, social requirement etc, and the current implementation in target location, curriculum design, implementation strategy, teaching staff, student enrollment requirement, credit and certificate, direction of student's oversea study and the majors they apply for. In addition, in order to solve problems appeared in international curriculum implementation, this paper puts forward some suggestions in the purpose of introducing and value orientation, introducing criterion, effective implementation strategy, condition guarantee, external management etc.

[Key words]　the city of Beijing; the international curriculum in high school; the status quo of development

随着经济全球化的飞速发展，教育领域的国际化发展趋势越来越明显。《国家中长期教育改革和发展规划纲要（2010—2020年）》首次提出：要引进优质教育资源，鼓励各级各类学校开展多种形式的国际交流与合作，探索多种方式利用国外优质教育资源，以培养大批具有国际视野、通晓国际规则、能够参与国际事务与国际竞争的国际化人才。北京市作为全国国际化程度较高的城市之一，“四个中心”（政治中心、文化中心、国际交往中心、科技创新中心）的新定位要求进一步加强教育合作与交流、着力培养国际化人才、进一步扩大首都教育的国际影响力；同时北京市高中课改也进入深化改革阶段，需要借鉴世界主流高中国际课程和国际考试体系的先进理念和经验，融合中外教育优势形成具有首都特色、体现国际趋势、充满活力的高中课程及考试体系。另一方面，近年留学趋势报告显示①：留学低龄化是我国留学事业发展的重要特征和普遍趋势，而高中生出国留学（出国读高中和高中毕业出国读本科）的快速增长是主要原因。在留学低龄化趋势的推动下，高中国际课程发展迅速，并呈现多样化的特点，逐渐从北京、上海等一线城市向二三线城市蔓延。[1]为规范和引导高中国际课程持续、健康发展，上海、浙江、山西、广西等省市出台了高中国际课程发展的指导意见；教育部明确表示将对各种形式的高中“国际部”和“国际课程班”进行规范，正在研制相关政策[2]；北京市也加强对公办高中国际课程班招生的管理，并不再审批新的公办高中中外合作办学项目[3]。为全面了解北京市高中国际课程引入和实施现状，我们通过网络资料整理、需求调查、学校调研、教师和学生访谈、文本分析等进行研究，以期为把握现状、规范发展提供参考。

一、北京市普通高中国际课程发展概况

从高中阶段国际课程的学校分布、区域分布、类型分布、发展阶段以及高中生和家长的基本需求，反映北京市高中阶段国际课程发展的基本情况。

（一）高中国际课程学校分布

截至2016年6月30日，新浪教育—国际学校名录显示北京市提供高中国际课程的机构有76所②，其中国际学校11所（包括北京市55中国际部，只招收外籍人员子女），占比14.5%；公办学校17所，占比22.4%；民办学校48所，占比为63.2%（见图1）。这些机构主要分为三类：一是只招收外籍人员子女的国际学校，包括部分公办高中国际部、驻华使馆或国外政府机构开设的国际学校、其他私立机构举办的形式多样的国际学校，该类学校学生大部为外籍人员子女，他们面向海外升学，不受我国课程和考试政策限制，部分学校因属地原因开设中国文化相关的选修课；二是公办高中以中外合作办学项目形式引入国际课程，该项目的设立须市教委审批并报教育部备案，此外，部分公办高中也以国际部、国际合作项目、师生交流等形式开展国际课程的研究、借鉴国际课程改进学校课程、合作研究和实施相关国际课程、以国际课程作为选修课等形式推动国际课程的发展；三是民办机构设立的招收中外学生、提供国际课程的学校，此类机构除了以正规学校教育形式实施国际课程外，部分机构还提供国际课程相关服务，如语言培训、考试培训、留学服务等。

---

① 2011—2015年《出国留学趋势报告》《中国留学发展报告》《中国学生留学意向报告》。

② 《北京高中国际学校》，详见 http://ischool.edu.sina.com/school/lists.html，2016-06-30.

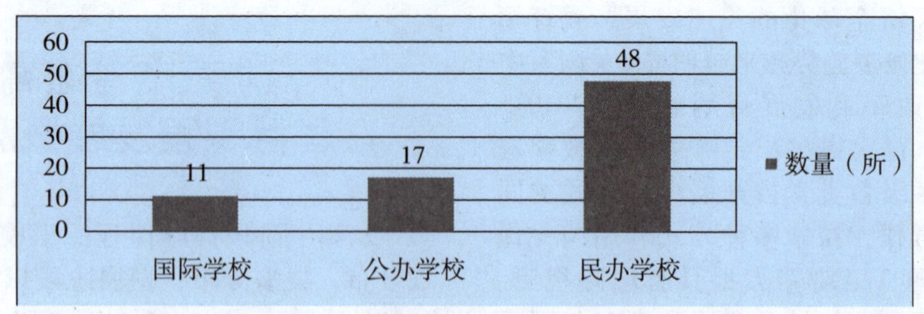

图 1 北京市高中国际课程学校分布

（二）高中国际课程区域分布

高中国际课程在北京市 17 区县中分布于 10 个区县，6 个城区除石景山区外均有分布，其中东城区 4 所（国际学校 1 所、公办学校 2 所、民办学校 1 所）、西城区 5 所（公办学校 3 所、民办学校 2 所）、朝阳区 22 所（国际学校 8 所、公办学校 1 所、民办学校 13 所）、海淀区 19 所（公办学校 9 所、民办学校 10 所）、丰台区 3 所（公办学校 1 所、民办学校 2 所）；近郊区中：顺义区 7 所（2 所国际学校、5 所私立学校）、通州区 6 所（民办学校）、昌平区 5 所（民办学校）、大兴区 4 所（1 所公办学校、3 所民办学校）；远郊区县中门头沟区有 1 所民办学校（见图 2）。从学校类型的地区分布看，国际学校主要分布在朝阳区（8 所，占 72.7%）；公办学校主要分布在海淀区（9 所，占 52.5%）；民办学校主要分布在朝阳区（13 所，占 27.1%）、海淀区（10 所，占 20.8%），其次是通州区（6 所，占 12.5%）、昌平区（5 所，占 10.42%）、顺义区（5 所，占 10.42%）。可见，朝阳区和海淀区是北京市高中国际课程最为集中的区域，朝阳区的优势是国际学校和民办学校，而海淀区集中在公办学校和民办学校，这与北京市经济社会发展和区域人口、产业分布，以及教育发展特点密切相关。

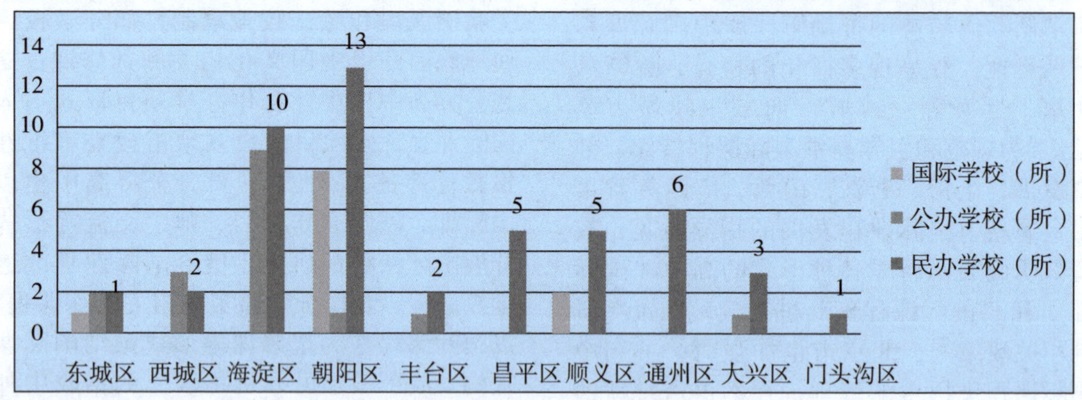

图 2 北京市高中国际课程区域分布

（三）高中国际课程类型分布

目前北京市高中阶段引入和实施的国际课程主要有五种类型：一是真正意义上的国际课程，即由世界性的国际组织开发的全球国家和地区广泛认可的课程，该课程一般有完整的目标—课程—教学—评价体系，学分或学历文凭通用性强，如 IBO 组织开发的 IB 课程。二是国别课程或国内地区课程，即由某一国家或其国内地区开发的受到国外诸多国家、地区认可的课程，如英国 IGCSE 课程和 A－Level 课程、美国高中课程、加拿大高中课程、澳大利亚高中课程、韩国高中课程等。由于美国、加拿大、澳大利亚等国高中课程主要是各州负责，目前引入的美国高中课程主要以有鲜明办学宗旨、受到美国相关学校评估组织如西部院校联盟（WASC）评估的私立学校、独立学校依据州标准开发的课程为主；加拿大高中课程主要以不列颠哥伦比亚省（BC省）、新斯科舍省、安大略省、纽宾士域省高中课程为主；澳大利亚高中课程主要以昆士兰州（QCE）、维多利亚州（VCE）为主。三是部分国家或地区的相关组织独立或合作为特定需求对象开发的国际课程，如AP课程、PGA课程、WIC课程等，主要是为满足一定地区学生需求和适应特定学生学习特点而开发。四是国外学校精品校本课程。为使学生更好地适应国外留学生活，尽早熟悉国外教育和文化、语言环境等，部分学校引入国外学校精品校本课程，如传统优势课程、荣誉课程和高级进阶课程等。五是留学辅助课程，即出国留学备考和辅助课程，主要包括语言培训及考试课程，如英语、法语、德语、日语培训，雅思、托福培训及考试课程，美国PSAT、SAT、ACT、AP和英国IGCSE、A－Level等考试培训课程；此外还有留学前的其他准备课程，如西方礼仪、学业规划、国外文化及生活适应等。

具体分布是：国际学校以IB课程为主，11所国际学校8所采用；其余有2所为英国A－Level课程，1所为韩国高中课程。北京市教委批准的26个以中外合作办学项目中，中美项目18个、中英项目5个、IB项目2个、中加项目1个，具体涉及美国、英国、加拿大三个国家7种课程体系，分别是A－Level、AP、IB、PGA、美国高中课程、加拿大高中课程、威尔士WIC课程；美国AP课程占比最大（65.38%），其次是英国的A－Level课程（19.23%）和IB课程（7.7%），PGA课程、加拿大高中课程、威尔士WIC课程分别有1所学校引入。公办学校以引入一种国际课程为主，1所学校引入2种（八十中），2所学校引入3种（人大附中、十一学校）。民办学校引入的国际课程较多，除了IB、AP、A－Level等，还有澳大利亚部分地区高中课程如西澳大利亚教育证书（WACE）、国际英语预科课程（GAC）、国际基础课程（IFY），以及多种语言培训课程、语言考试及国际课程考试培训课程等，根据学生需求一般提供2种及以上不同种类的国际课程（见图3）。此外，也有学校引入国外相关组织开发的特定能力培养课程，如剑桥大学技能拓展课程（SDP）；学校精品校本课程，包括在批判性思维与创新意识、领导力与交流协作、国际理解与多元文化体验、艺术与体育运动、积极心理与社会适应、学业规划与思维心理、社区服务与社会实践、校级交流和海外游学等领域的课程。

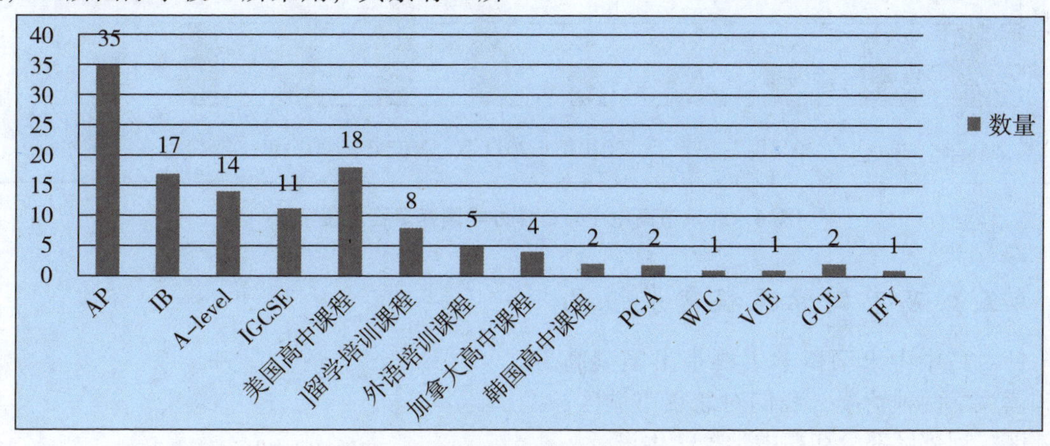

图3 北京市高中国际课程种类分布

（四）高中国际课程发展阶段

北京市国际课程引入最早始于 20 世纪 90 年代只招收外籍人员子女的国际学校，如北京市 55 中国际部，早在 1994 年就被国际文凭组织（IBO）批准为国际文凭会员校。2000 年后公办学校国际课程的发展可分为三个阶段：一是 2000—2005 年，伴随对外汉语事业的发展和部分成绩优异且有出国留学意愿高中生的需求，公办学校国际部创建和出国留学预备班兴起，此阶段国际部、出国预备班的课程以托福、雅思、SAT 培训为主，没有完整地引入国际课程体系。二是 2005—2010 年，随着 2005 年北京市第一个公办学校国际课程班诞生于人大附中，国际课程引入初步发展。此阶段人大附中和潞河教育学园开设了 A - Level 课程、二十五中开设了中加课程、北师大二附中开设了 PGA 课程、首师大附中开设了 AP 课程。这一阶段高中国际课程正式引入并实施，不再是以前的以语言培训为主。三是 2010 年至今，公办学校国际课程在迅速发展后进入规范期。基本特点：一是规模扩大。2009 年北京市公办学校国际班 5 个，2014 年发展为 23 个，5 年间增加了 18 个，其增幅为 3.6 倍①，学生数量也是成倍增长。二是部分课程获得授权认证，大部分开设学校都取得相应考试委员会如 CIE（英国剑桥大学考试委员会）、College Board（美国大学理事会）、IBO（国际文凭组织）等的认证。三是课程多样化，除 2010 年前开设的 A - Level 课程、加拿大高中课程、PGA 课程、AP 课程外，还增加了 IB 课程、WIC 课程、美国高中课程等。四是逐步规范，2014 年后北京市加强对已审批中外合作项目的规范管理，不再批准新的公办高中项目，并着手研制规范政策（见图 4）。提供国际课程的民办学校随着 2002 年《民办教育促进法》的颁布兴起（当前比较有影响力的民办机构大都成立于 2000 年前后），2000—2005 年为引入国际课程奠定初步基础，2005—2010 年发展壮大，2010—2015 年逐步由北京向外省市拓展，同时随着 2014 年北京市公办学校合作办学项目政策收紧，民办学校和机构引入国际课程发展势头迅猛。

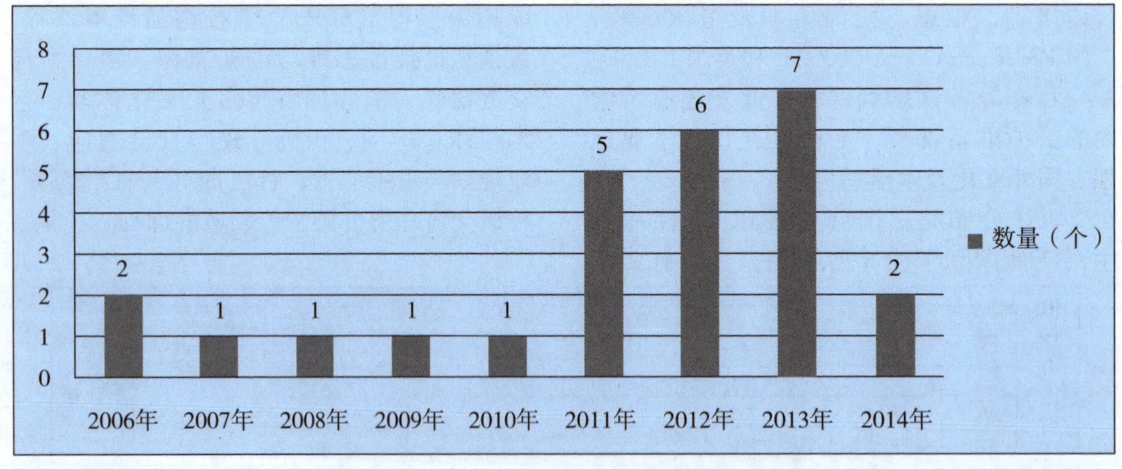

图 4　北京市高中中外合作办学国际课程发展情况

（五）高中国际课程需求情况

针对高中生出国留学主要是出国读高中和读大学两种情况，我们对北京市城区、近郊区、远郊区部分初高中学校学生进行

① 北京市教委网站公示材料整理。

随机抽样调查[①]，结果是：①25.2%的学生所在学校开设了种类不一的国际课程，11.4%的学生直接参加了国际课程的学习，目前学校开设的国际课程主要是美、英两国高中课程；②学生学习国际课程的主要渠道是填报学校国际课程班（52.7%），其次是学校开设的选修课（27.3%）、在校外其他学校或机构学习（20.0%）；③学生对国际课程学习有一定认识，后续有一定需求。对于目前没有学习国际课程的学生，32.5%表示以后会选择国际课程，54.5%表示不清楚，也有13.0%表示不会选择；④50%左右的学生有出国留学意向并倾向于本科阶段出国，且倾向于留学英美发达国家，选择经济等优势专业。总体而言，目前学生对国际课程有一定需求，特别是看重国外部分高校的一些实力较强的学科和专业，认为国外部分发达国家优质课程资源较为丰富，能弥补国内高校部分专业的不足；学生对是否出国留学的认识较为理性，但也有部分学生因为外语水平和经济负担的原因暂时还不能选择。

家庭是高中生出国留学最重要的影响因素之一，高中生的出国留学意愿受到个人性别、父母职业、家庭背景等因素的影响。家长关注国际课程的内容：首要是孩子高中毕业后的去向问题；其次是对学校的收费标准、课程设置、户籍要求等都有不同程度的关注；部分家长还对学校的师资力量和基础设施有所关注。家长选择国际课程时，不仅考虑自身认知、主观态度等内在影响因素，而且还全面地考虑家庭资源、社会环境等外在因素。家长选择国际课程的依据主要有：课程设置的先进性和针对性、专业化水平高且稳定的教师队伍、提供专业的留学规划指导和服务、课程提供方的整体办学水平和条件等。

二、北京市普通高中国际课程实施状况

课程实施是将课程设计付诸实践的过程，实施的焦点是师生、课程和学校发生改变的程度以及影响课程预期实现的因素，包括课程目标定位、课程设置与安排、课程的教学实施、考试评价、资源开发利用，同时关联学生的学习需求和入学条件、国际课程的证书或文凭、国际课程与未来大学专业选择和职业发展的关系等内容。

（一）课程目标定位

引入国际课程的根本目的是培养国际化人才，引入国际课程的公办学校、民办学校以及其他办学机构，其课程目标集中体现在：吸取世界各国文化之精髓，博采人类先进教育之精华，以培养大批具有国际视野、通晓国际规则、能够参与国际事务的现代化人才，使年轻一代视野更开阔，境界更高远，能在以知识经济为主导的国际竞争中立于不败之地。课程目标的价值取向突出“民族情怀”与“国际视野”；在培养人的能力素质上，突出具有国际视野与国际理解、国际化知识结构、世界公民的道德修养、扎实的中国文化基础等内容，注重从健康、心智、情感和社交等方面综合地培养学生的国际素养，突出现代人的“核心素养”；课程建设的预期目标是：引进优质教育和课程及其资源，通过共享课程以及教师、学生的交流，为我国高中课程改革的纵深发展提供理论借鉴和操作经验，逐步优化和完善具有中国特色、体现国际趋势、充满活力的高中课程体系；提供丰富的可供学生选择的多样课程和优质

① 对北京市城区（东城、朝阳、海淀）、近郊区（昌平）和远郊区（大兴、房山）6个区县每区4所学校初二、高二年级随机抽取自然班的1152名学生进行问卷调查。

课程资源，突出学生国际素养和民族情怀的培养，满足不同潜质学生的发展需要；探索人才培养模式的创新，推进高中学校的特色发展和多样发展，促进高中阶段多样教育生态的形成。

（二）课程设置安排

高中国际课程的设置及具体安排与中外合作项目或国际课程班的办学模式密切相关，不同的办学取向、引入渠道、合作方式，课程设置和安排有较大差异。目前北京市高中国际课程引入的办学模式主要有四种：一是只招生外籍学生和中国港澳台人员子女的国际学校，学生主要学习国际课程，不具有我国学籍也不参加国内高考；二是招收境内学生并纳入中考招生计划的国际课程合作项目，学生具有我国高中学籍，既可参加我国高考，也可参加国际课程考试和国外大学录取考试；三是招收境内外学生但学生不通过中考招生，不纳入统一招生计划，学生没有我国高中学籍，不能参加国内高考，可以参加国际课程考试和国外大学录取考试；四是由培训机构等举办的国际课程班或课程项目，主要以国际课程培训和应对留学考试为主。相应地，国际课程设置与安排主要有四种情况：第一种为国际课程主导式，即完全以国际课程的科目为主安排教与学，并以外籍教师授课为主；第二种是国际课程与本土课程组合式，即把引进的国际课程与本土课程进行组合或整合，突出中外课程优势，通常是剔除国际课程中的某些科目，加入本土课程中的相关科目；第三种是备考式，即在必修本土课程的基础上，开设一些国家或国际组织的考试课程，学生凭考试成绩作为进入国外大学的依据。此外，部分学校也把国际课程列为拓展型课程或特色课程，以丰富学生选择和突出学校办学特色。就具体课程安排而言，高中三年中一般第一年以中方课程和语言强化课程为主；第二年以国际课程为主，保证学生有所选择并达到基本的学分和成绩要求；第三年以参加留学备考和申请国外大学为主。

（三）课程具体实施

第一，是学科课程内容的整合。从中外课程相似性以及学生学习量、合作项目基本要求的角度，国际课程实施中中外课程教学内容的整合是必然的，特别是英语、数学、物理、化学、生物等学科。当前国际课程实施中教学内容的整合主要有增加型整合、合并型整合、融合型整合、互补型整合、提升型整合。第二，在教学方式上，突出以学生为本，突出案例学习、项目研究、跨学科教学、辩论、口头演示等，着重培养学生的独立思维能力、创新能力、解决问题的能力和与人协作的能力等。第三，在教学组织形式上，采用小班教学，班额一般在 20 ~ 30 人，条件较好的国际学校为 10 ~ 20 人/班，公办学校国际班以 20 ~ 30 人/班居多，侧重语言培训的民办学校有 30 人以上班额。学生的班级一般有固定行政班和自主选修班两种形式。第四，教学语言以英语为主，部分学校由外教担任国际课程教学并同时配备中方辅导教师，中方辅导教师协助外教教学，尽量满足不同层次学生的需要。第五，在教材选择上，中方课程按我国高中课程实验教材选用办法执行，外方课程教材一般是引进原版教材，同时参考国内高中通用教材编写讲义或辅导材料等。第六，教学资源上，学生可以利用多种资源，包括文字教学资源（国内外权威教科书、课外阅读材料、参考书等）、多媒体教学资源（音像资料、教学软件、网上的教学信息等）。第七，学业评价主要由平时成绩和考试成绩组成，通过平时作业、小测验、演讲、论文、实验报告、调查报告以及考试等不同的评估形式，从不同角度全面培养、考核学生的综合素质和持续学习能力。此外，国际课程实施高度重视学生学业规划与留学指导工作的落实，有针对性地帮助学生的课程学习、海外升学和生涯规划。

（四）师资队伍保障

国际课程教师与一般学校教师相比，必须具备全球化时代国际教育所需的各项素质。根据当前高中国际课程设置主要由语言课程、中方课程和国际课程组成的特点，师资配备主要包括四个部分：一是语言课程教师。主要由中外教协同教学，或先由中教教学然后过渡到外教教学，有的学校语言教学与培训机构合作，聘请外语培训机构教师担任语言课程教学，如有学校聘请新东方金牌教师执教英语课程。二是中方课程教师。主要由语文、政治、历史、地理等优势学科的骨干教师担任，部分学校采用双语教学，以完成普通高中基础课程的教学工作，同时配合外方课程的同步实施。三是国际课程教师。一般是学校聘请具有教师资质的外籍教师并报送省市外专局获得批准，外教一般采用全英文授课方式，承担主要国际课程的教学。四是管理教师团队，包括班级管理、学生指导、留学咨询等教师，由中外方教师共同担任。教师主要由学校管理层通过本地聘用（聘用本地教师和在本地的外籍教师）和海外聘用（聘用海外的外籍教师）两种方式配备。教师队伍的职称结构一般保持为：骨干教师、特级教师、外籍专家、海归教师及客聘讲师等，他们具有国际视野、责任心强、经验丰富。为促进教师的专业发展，高中国际课程教师积极参与各种国际课程开发方提供的教师培训、所在学校组织的校本培训、合作学校双方教师互培，同时学校以人为本、促进专业发展的日常管理，也是国际课程教师专业发展的重要加速器。

（五）国际课程招生要求

国际课程面向具有清晰海外升学定向的学生，对学生入学有一定的要求，特别是语言水平，成为众多国际学校或国际班招生的必备条件。总体来说，入读国际课程的学生需要具备的条件有：①良好的学习基础。学习国际课程的学生高中三年往往兼顾中外课程和语言课程学习，学习压力和负担相对较重，学生需要有良好的知识基础和学习条件。部分学校对入读学生有入学测试和评价，主要是基础学科和外语，有的还需要面试和参加多个学科的测试。一般公办学校国际班招生纳入所在地高中招生计划，学生录取参照中考分数线。部分取得双学籍的学校或项目，还可能要求学生通过合作外方的笔试和面试。②较高的综合素质且无不良记录等。如要求学生有明确的海外升学意向、品行端正、有良好的习惯、有较强的独立生活能力和社会交往能力等。③有较好的经济基础。因为国际课程的费用和留学考试等费用原因，部分学校明确提出学生要有较好的经济条件。

（六）国际课程学分文凭

不同国际课程体系和课程开发机构对课程修习结果有不同的要求和评价方式，一般以学分和证书作为学习结果的表征。学分一般以学习时间计算，也有的以课程完成通过合格考试计算。国际课程学习后的证书种类有：①学历证书，即学生通过国际课程学习后获得外方机构颁发的在一定范围内得到认可的学历证书，如美国、加拿大、澳大利亚、新西兰等国各州（省）颁发的高中毕业证书；②毕业证书，一般由办学机构颁发，表征在该机构完成课程学习并考试合格的结业证书；③课程证书，即课程开发方或实施机构颁发的学习该门（类）课程并考试合格的课程修习证书，也包括课程文凭证书，如国际课程文凭、AP国际文凭等；④考试证书，包括语言考试证书、课程考试证书和入学考试证书等，如AP课程成绩证书、IB课程成绩证书，雅思、托福成绩证书，SAT、ACT考试成绩证书；⑤修习证明，即证明学生参加课程学习或获得学分的说明等。学生取得证书根据合作项目和课程学习情况有所不同：一是双文凭，学生同时获得中外双方全国或一定地域认可的学历证书，如我国高中毕业证书、外方高中毕业证书，这里的文凭是学历文凭，具有官方效力并在一定范围内得到认可；二是单文凭，学生取得合作方之一的毕业证书，也是学历证书；三是相关考试证书和学习证明，根据学生修习国际课程情况，每个学生均可获得课程修习证明、语言及课程考试证书等。目前合作项目中学生以获得单文凭和多项课程证书为主，获得双文凭的相对较少。

（七）留学地区及选报专业

从目前国际课程学习去向看，主要集中在美国、英国、澳大利亚和加拿大四国，其次是新加坡、韩国、日本以及中国港澳台地区大学。这与 2014 年出国留学趋势报告中中国赴美国、英国、澳大利亚、加拿大留学的人数所占比重基本一致。[4] 因为中外合作办学要求引入的国际课程为外方优势课程，目前主要集中在数学、科学、经济、心理、艺术等领域，这也使学生在大学专业选择上呈现相对集中性。学生国际课程需求调查显示，对于出国留学希望选择的专业，主要是经济类、理工类，其次是艺术类、语言类、法律类。据 2014 年出国留学趋势报告，2012—2013 年中国在美留学生的专业分布，排名前十位的是：商业管理、工程学、数学/计算机、生命科学、社会科学、艺术、密集英语课程、教育、健康、人文学科。其中商业管理、工程学和数学及计算机学位列前三名，所占比例最大，占中国在美留学生总人数的 29%，即约有 1/3 中国留美学生以商业管理为专业，并且这一比例远远高于其他专业；其次是工程学，其比例是中国在美留学生总人数的 19.2%，即约有 1/5 的中国留美学生以工程学为专业；有 11.20% 的中国留美学生学习数学及计算机专业。英国、澳大利亚的情况也类似。可见，目前中国乃至国际留学生最集中的专业是商业管理，其次还有工程学、计算机、社会与文化等专业。学生专业选择时应理性分析并和未来职业发展结合起来。

三、国际课程优化发展的思考及建议

高中国际课程的引入和实施，本身面临诸多挑战，包括课程实施的基本条件是否具备、实施过程中师生是否适应，以及对国际课程价值取向的准确把握、育人价值的深入挖掘和效果的科学衡量等。另一方面在实施过程中也产生了一系列新的问题和困难，如 IB 课程校本化开发难度大，国际课程评价理念与国内理念不一致，师生不适应其所倡导的教学方式，经过认证的 IB 课程师资缺乏等[5]；AP 课程实施中如实验学科重具体步骤轻思维方法，教学策略重词汇记忆轻科学探究，课程设计和组织重知识介绍轻结构逻辑，课程资源亟待丰富，教师专业成长急需有力支援等[6]。经综合整理，目前国际课程引入和实施中存在的问题主要有：引入国际课程的根本目的和价值取向问题、国际课程的引入标准问题、国际课程的有效实施问题、国际课程实施的条件保障问题、国际课程外部有序管理问题等。为此，相关的思考和建议如下。

（一）价值取向和根本目的

1. “汲取精华、为我所用”的价值取向

国际课程的研究、引入与实践，其价值取向是“汲取精华，为我所用”。但是实施过程中往往容易形成误区，即过分强调学习国际课程的理念、教学方式，忽视了自身课程的优势，这对学校整体及学生个人的发展都极为不利。民族性是国际性的基础，我国基础教育要想在国际舞台上展示自己的风采，就要在顺应国际教育潮流的基础上突显自己的民族性。培育国际人才，传播中国文化，是我国学校国际课程实施的价值所在。教育规划纲要为多种方式引进优质教育资源提供了政策空间，引进国际课程应立足于我国学生国际视野的提升，促进学生国际交流、竞争能力的培养，推进具有中国特色的高中课程现代化建设，逐步完善和优化具有中国特色的高中课程体系和人才培养模式。

2．促进发展而非留学预备的根本目的

关于国际课程的引进和实施，当前成为一个社会热点并存在争议。部分观点认为公办普通高中引进国际课程是挤占有限教育资源，引发高中教育新的不公平；部分学校和机构引入国际课程功利性强，如抢夺生源、高收费、为学生出国留学预备而教。有待进一步清晰的呈现国际课程的需求、引入的根本目的，将汲取精华、促进发展作为根本目的。目前学校引进国际课程的目的主要有：一是通过研究与实践国际课程，从中把握有价值的元素来推进课程改革和学校发展；二是看重某一国际课程的先进元素而引入该国际课程或其中的部分科目或内容，满足学生多样化需求；三是为满足部分想出国留学的学生接受与国外接轨的教育，引进国际课程主要是为学生出国留学服务。具体而言，重点是引进国外先进的教育理念、人才培养模式和学校管理经验，促进学校教育教学观念、方式方法的改革，真正让学生成为英语能力突出，学术知识扎实，通晓国际规则，能够参与国际事务与国际竞争的创新型、国际化人才。

（二）课程特点和合作要求

1．课程优质且认可度高的引入标准

着眼于课程发展和满足学生需求的目的，选择国际课程有两个基本标准：一是课程本身的优质性，即该课程理念先进、体系完整，切合学生的基础素质和未来发展需求；二是课程的国际性，即全球认可度大，让学生有充分的选择权。引进课程要尽可能引进最优秀、最普遍认可的国际课程，而不是追求区域性的国际化，或是与哪一个国家的大学合作。目前北京市引入的国际课程已超过10种，近80所学校正在开设各类“国际课程班”。特别是部分社会培训机构针对旺盛的市场需求及时加入，种类繁多的国际课程及其多样化的学习形式让学生和家长眼花缭乱。加强对高中国际课程引入管理，制定科学的引入标准势在必行。总体而言，结合国际课程发展趋势和已有实践看，IB课程、A－Level课程、AP课程、PGA课程等主流高中国际课程，以及部分区域性课程和高中学校特色课程在世界各地认可度较高。

2．合作外方的性质决定其作用的发挥

当前北京市高中国际课程引入的合作外方主要有：一是外方教育行政机构，如加拿大BC省教育部、澳大利亚昆士兰州教育部，通过与其同意并授权具体的办学机构合作，开展一系列中外合作办学包括国际课程引入及实施工作；二是外方学校或相关独立法人机构，外方一般是直接参与课程研发、实施、评价或师资培养的机构；三是国际课程的开发方，如国际文凭组织（IBO）、美国大学理事会（College Board）、英国剑桥大学考试委员会（CIE）等，这些组织作为第三方，特别是部分国际公益机构、培训机构，它们致力于将开发的国际课程向全球推广，有的机构还是课程研发、语言培训、留学申请等一体化机构；四是基于人才培养合作项目的合作外方，即为完成特定合作任务而自然形成的合作方，双方有明确的权利和义务，共同为合作事务的顺利完成提供保障。不同的合作外方在国际课程提供和实施中发挥的作用不同。根据《中外合作办学条例实施办法》，高中中外合作办学机构的合作外方应当具有相应的办学资格和较高的办学质量，且与项目的办学层次和类别相符合。如 IB 课程的引入必须有 IBO 的授权，有的学校先与国外授权学校合作，在基本条件具备后向 IBO 提出申请，这时合作外方不能直接提供课程，主要是在课程校本化开发和有效实施等方面提供支持；AP 课程引入也存在类似情况。还有国外地区课程虽得到当地政府部门授权，但依据我国合作办学政策规定，还需要与一个类别和层次相对的合作机构合作而不是直接与政府合作。

（三）本土改造和有效实施

1. 原汁原味实施与本土化改造

国际课程有效实施面临着原汁原味实施与本土化改造的问题，目前实践中存在争论。一方从保证质量、防止“缩水”的角度，提出国际课程要完全按照引入课程和教材要求进行，确保“原汁原味”，特别是一些国际知名涉及大学入学的课程体系，如 A - Level 课程等。另一方从学习的适宜性角度，提出国际课程可以进行本土化改造，并与中方课程进行融合或替代，主要是一些区域认可课程或专门针对特定学生群体设计的课程，如 PGA 课程、加拿大 BC 省课程等。为确保国际课程实施的效果，两个基本的方面需要考虑：一是从“量”的角度，《教育部关于当前中外合作办学若干问题的意见》指出：“引进的外方课程和专业核心课程应当占中外合作办学项目全部课程和核心课程的三分之一以上，外国教育机构教师担任的专业核心课程的门数和教学时数应当占中外合作办学项目全部课程和全部教学时数的三分之一以上”，两个“三分之一”是一个基本保证；二是从“质”的角度，减少实施者对国际课程设计理解、学科知识体系和思想方法把握、教师基本功、教学方式和教学资源等方面的差异，可在一定程度上克服国际课程“缩水”的问题。就具体实施过程而言，为增加国际课程的适应性，在保证基本标准前提下的适宜性改造，是国际课程实施的必然要求。

2. 中外课程整合和有机融合的空间

国际课程和中方课程是两个不同的、独立的体系，二者面对同一学习者整合和融合的空间有多大？整合和融合的基本依据是什么？首先，建立在中外课程、学分互认基础上的政策空间的发掘，是课程整合的基本前提。中外课程的整合一定要基于双方教育政策的允许，在可能的范围内做文章。其次，是中外课程在具体内容和教学活动上的相关性、互补性和生长性，课程整合和融合要符合课程本身的内在逻辑。最后，课程整合和融合还需要基于学生的身心特点和学习的适应性，考虑与学生已有学习积累和未来发展方向的结合。面对中外课程同时实施繁重的课程学习与教学任务，授课教师应根据课程类型、课程内容和学生特点进行有机整合和融合，中外教协同配合，通过精心备课、讲多练、重视基础等策略和严谨的工作方式，保质保量完成教学任务并让学生有实际获得。

3. 中外课程并行如何减轻学生学习负担

目前除国际学校外国际课程实施都涉及中外课程，特别是双学籍、双文凭项目的学生，学生要取得“双证”，在有限的三年时间里面临着课程数量和难度的双重挑战。从“量”的角度，尽管学生只是要达到中外方课程的毕业标准，但叠加式的众多课程门类可能给学生带来学习负担。从难度的角度，一方面部分国际课程如 A - Level 课程、AP 课程本身难度较大，对学生要求比较高；另一方面，由于中方课程压缩在短时间学习，其作为学科基础与国际课程衔接，不但面临着高中学业基础与未来大学专业发展知识准备是否扎实的问题，同时还存在中外课程不同层次和不同水平的差异性衔接问题，这都可能给学生造成学习压力。为使学生更好地选择和适应国际课程，应鼓励教师在国际课程比较、融合和本土化上下更多的功夫，以吸取国际课程在课程设计、教学方式和教学资源方面的优势，特别是在科学类、技术类和数学、外语等课程实施中，积极开展与我国高中课程的整合性研究和实验。此外，如何体现国际课程的高选择性而不是学校限于引进的课程数量减少学生国际课程的选择权，真正让学生体验国际课程的优势也是当前面临的一大挑战。

4. 学生课程选择的功利性与未来发展

选择性是国际课程的突出特征，但因时间紧、任务重，学生往往从应考所需的角度选择学习国际课程。如对学生 AP 课程选择和学习情况的调查发现[7]：目前学生在 AP 课程的选择上以数、理、化以及经济类课程为主，选择文学类课程的相对较少；有一部分学生选择 AP 课程是基于自己的兴趣与未来专业发展方向，但绝大部分学生并非出于自身兴趣，而是出于一些实际利益的考虑如为了申请好大学或者想冲抵学分然后减免学费等。如在 A－Level 课程中，中国学生选择最多的是英语、数学、物理；其次是商务和化学。由于学生相对集中的课程选择，部分学校在引入国际课程时有着明显的选择性，所开设的国际课程科目基本局限在与升学密切相关的科目内，不密切的科目不开设或者压缩时间，损害了课程的多样性和选择性，催生了新形式的应试教育。做出这些选择既有客观因素的制约，但更多是基于功利目的的考虑，学生的课程选择和学校课程引入还需要着眼长远发展理性决策。

5. 国际课程实施中的师生适应性

相对师生已熟悉的我国课程、教材、教学方式、评价方式，师生对国际课程还有一个适应过程。不管是学生适应国际课程和外教的教学方式，还是中方教师适应国际课程的教学要求与评价方式，也或是外教适应中方学生和学校教学环境，目前都是在磨合的过程中。出现学生知识基础扎实，实践能力和创新意识不足；中方教师课堂应试味太浓；外教课堂缺乏应有的活力；学生不适应国际课程的评价标准等现象不足为奇。根据对各年龄段赴美学习学生及家长的调查，学生在国际课程上的适应性影响其后续学习，如部分学生在留学初期难以适应国外高中或大学的教学方式，由于国内英语教学的应试性和突击性，部分学生缺乏良好的语言交流能力，后续学习和阅读、写作比较吃力。国际课程的有效实施，关键在教师对其理念、内容、实施策略及其评价标准的准确把握。为进一步增强国际课程实施中师生的适应性，需要不同程度地对国际课程进行适应性改造，同时加大对教师的培训，倡导中外教的研讨交流和协调配合，以相互学习、取长补短，增强课程的适应性，彰显中外课程的优势。

（四）学校类型和办学实力

1. 不同类型学校国际课程实施着力点不同

从国际课程引入和发展过程看，各类学校国际课程开设有自己的特点：一是大部分民办学校特别是语言培训机构发展而来的国际学校，主要从语言培训、留学辅助课程入手，逐步引入需求旺盛的、与国外学校对接程度较大的课程，如 AP、A－Level 等；且学校开设的国际课程种类相对较多，各类课程的体系化和配套条件有待进一步加强，其国际课程建设的重点在体系化、与国外大学和留学的有机衔接和质量保障上。二是公办学校中外合作办学项目国际班因经各省市审批、教育部备案，要求符合中外合作办学条例中合作项目的基本要求，引入课程须是外方核心课程，且数量要达到该项目课程的 1/3 以上，故一般以引入国际课程和国别课程为主，课程的系统性较强。一般学校以一类国际课程为主，兼顾语言提升和留学规划与辅导，少数实力强的学校开设 2～3 类国际课程。此类学校国际课程建设的重点是如何本土化和惠及更多有需求的学生。三是伴随普通高中课程改革深化和高考改革的推进，我国高中课程也进一步凸显民族情怀与国际视野、民主法治精神与生态文明意识、交流协作能力与领导力、健康的生活方式与审美情趣等核心素养，学校课程改革的国际意识进一步增强，国外学校的优势校本课程及教学改革进一步受重视，部分学校通过国际交流和与国外学校的友好合作，有针对性地引入外方学校的优势课程，组织学生海外游学和互访交流，进一步增强学生多元文化体验和对跨文化的理解。此类学校国际课程建设的重点是借鉴优势建设自身优质特色的课程体系。

2. 学校的综合实力支撑国际课程实施

相同的课程，不同的学校，学生国际课程学习的结果有很大差异。国际课程的实施效果不但取决于学生自身的基础和努力程度，还与学校办学的综合实力有关。一般而言，为提升我国学生国际课程学习竞争力，学校在国际课程功能、培养目标的基本定位上需高站位、大视野；需融合中外教育优势，凸显全人教育理念；不断丰富学生校内外学习及生活体验，开设丰富、前瞻的选修课；采用适应学生学习特点和国际课程实施的先进教学方法；灵活多样的教学组织形式，小班化教学促进学生个性化的学习；建立广泛的海外大学联系和多种资源中心、学习中心，为学生提供更多优质的学习资源和丰富信息；高水平、稳定的管理及教师团队，国际考试中持续上升的考试成绩和排名，不断积累的学生口碑等，都直接影响国际课程效益的发挥。学校依托国际课程作为育人核心载体，同时也需为国际课程实施提供综合实力作为保障。

（五）统筹规划和指导监管

当前普通高中举办国际班已成为一股热潮，不仅北京、上海、广州等大城市和各省会城市的优质中学纷纷引进国际课程，就连中西部地区的中小城市也紧赶潮流。热潮的存在说明社会对国际课程的需求旺盛，在充分需求推进和国际化进程加快的背景下，加大统筹和监督力度是合作项目规范有序发展的基本保证。首先，应统筹协调高中教育发展目标，综合考虑高中教育发展战略规划、高中学校特色发展和多样化发展模式，国际课程的优质性、国别代表性、总体数量等，总体控制引进和发展规模。其次，对引进国际课程要从严审批，设立合作项目中外举办者资质的“高门槛”，严格把关，从入口处控制低质量项目和纯粹的出国留学预备项目。再次，加强审批后的科学评估和监管力度，制定项目实施的评估标准和办法，完善过程管理方案，确保优良办学质量，不断提高规范办学水平。同时，要求学校要把合作办学纳入学校国际化发展整体战略规划中，按规定从教育资源甄别、教学内容选择、教师团队建设等环节加强管理，提高引进课程的实施水平。最后，逐步建立经过市场选择的国际课程退出机制。鉴于国际课程的不断发展和推陈出新，在选择引入国际课程时，也应通过课程评价和市场选择建立国际课程周期性的退出机制，以确保国际课程的优质性和覆盖面。

参考文献

［1］2014 年出国留学趋势报告［EB/OL］. http：//www. eol. cn/html/lx/2014baogao/content. html.

［2］教育部或 2014 年 1 月出台政策规范高中国际班［EB/OL］.（2013 - 12 - 06）.

http：//edu. sina. com. cn/ischool/2013 - 12 - 06/1455403368. shtml.

［3］北京市 2014 年停批公办高中国际班［N］. 京华时报，2014 - 03 - 11.

［4］2014 年出国留学趋势报告［R/OL］. http：//www. eol. cn/html/lx/2014baogao/content. html.

［5］张广财. 国际文凭组织（IBO）中学项目的课程及其特征分析［D］. 兰州：西北师范大学，2009.

［6］叶莹. AP化学课程项目及其在我国初步实践的研究［D］. 上海：华东师范大学，2010.

［7］肖海洋. 中美公立高中国际课程引进与实施研究［D］. 北京：首都师范大学，2014.

撰稿人：北京教育科学研究院基础教育课程教材发展研究中心 黄晓玲

第二十章　北京中考改革政策对学校影响的现状及对策

[摘要]　本文从四个维度基于跨地区比较进行了中考政策分析，认为北京中考方案具有以下特点：从背景与指导思想变革看出，突出培养学生的全面又个性、系统又可持续；考试科目与分值变革看出，重综合、实践、个性的素质结构；从考试内容变革看出，重核心、思维、传统、系统、选择性。同时，对学校现状进行了分析，即考试关注多素养内容；阅读成为学校教学改进力度最大领域；教师专业化要求再度升级；教研方式更依赖跨界协作；考试改革推动了学校人才培养的一体化。在此基础上，提出了新中考背景下学校变革的对策建议，育人目标—培养学生核心素养；课程结构—根据核心素养及权重合理设置；教学改革—情境中运用问题解决方式学习；教学管理—组织制度变革为保障；校内评价—聚焦核心形式多元。

[关键词]　中考改革　学校影响

Chapter 20　The Current Situation and Countermeasures of the Schools' Influence by the Senior High School Entrance Examination

[Abstract]　This paper compares the regional policy analysis based on the senior high school entrance examination from four dimensions. The Beijing senior high school entrance examination scheme has the following features: seen from the background and guiding ideology of reform, pay more attention to students' comprehensive with personality, and systematic with sustainable; seen from the exam subjects and scores, pay more attention to students' quality structure of integrated, practice and personality; seen from the content of the examination reform, focus on core, thinking, tradition, selective and systematic. At the same time, this paper analyzes the current situation of the schools: the examination content pays more attention to variety of literacy; reading becomes the max field among instructional reforms; professional requirements upgrade again; teaching research mode relies more on cross - border cooperation; the integration of talents training in schools has been promoted by the reform of examinations. On this basis, several countermeasures and suggestions for school reforms are put forward under the background of the new senior high school entrance examination: as to the goal of education, it is called to cultivate students' core literacy; as to curriculum structure, it is called to set on the basis of the core quality and reasonable weight; as to instruction reform, it is called to learn by problem solving in context; as to instructional management, it is called to guarantee by organization system reforms; as to evaluation, it is called to focus on core forms.

[Key words] senior high school entrance examination; school influence

自2014年9月3日《国务院关于深化考试招生制度改革的实施意见》出台以来，各个省市都纷纷出台符合自己地区特点的中考政策。北京市也先后探索中考改革，先后出台过征求意见稿、《北京市关于深化考试招生制度改革的实施方案》、2018中考改革方案等。此次中考改革的重点包括三个方面：一是推进考试科目和分值改革；二是推进考试内容与形式改革；三是改进普通高中招生计划分配方式。那么，北京市中考和其他省市的中考有哪些相似和不同之处？和之前的中考相比有何特点？在这样的思想导向下学校又进行了哪些实践探索，现状如何？今后还应该对学校产生哪些影响？本文试图以学生核心素养为基准、以中考改革跨地区为比较维度，对中考改革政策对学校影响的现状及对策做一梳理。

一、基于跨地区比较的中考政策分析

下面从政策文本背景与框架、指导思想、考试科目与分值、考试内容四个主要维度对不同省市的中考政策进行分析，寻找共同点与不同之处，从中看出北京市中考改革的特点。

（一）从四个维度看不同省市改革

1. 出台背景和政策文本比较：背景相似又因地制宜

教育是社会的一个系统，受当时社会背景的影响，同时，省市级的政策又受国家政策的影响。因此，从出台时间和文本框架大概能看出其依据。

一方面：各省市改革时间进度不同。

国家是改革方案，北京、上海和杭州是指导意见。需要提出的是，2014年9月3日《国务院关于深化考试招生制度改革的实施意见》出台之前，北京市2013年曾出台过征求意见稿，上海打算2016年出台对中考改革的方案，浙江在国家政策出台之后。说明改革正在进行中，进度不一，但都有改革的想法或做法。

另一方面：出台的背景相同，文本框架比较一致。

出台的背景相同。都是在党的十八届三中全会对考试招生制度改革做出全面部署之后，以此作为总的指导思想和改革契机。

文件框架比较一致。尤其在《国务院关于深化考试招生制度改革的实施意见》之后，文本框架基本一致。

为提高可比性，本研究主要选取了2015年度不同省市的文本作为分析材料，同时，为了更好地明确北京中考改革的定位和突出北京未来中考政策的影响，将2018年的中考改革方案作为重要的文本资料。

2. 指导思想比较分析：促进所有学生综合并有个性的发展

指导思想是文本的核心和灵魂，直接间接影响着具体内容，考试改革的指导思想是对培养什么人、怎样培养人、如何评价人的思考，因此对其分析具有重要意义，不同省市开篇也都提到了指导思想（见表1）。

表 1　国家及各省市考试改革的指导思想

国家	促进学生健康发展、科学选拔各类人才和维护社会公平出发
北京	（2015 年）促进公平、促进学生全面发展、促进义务教育均衡发展、把提高质量作为破解难题，高中优质、特色发展 （2018 年新方案）形成分类考试、综合评价、多元录取的考试招生模式，健全促进公平、科学选才、监督有力的体制机制，构建衔接沟通各级各类教育、认可多种学习成果的终身学习“立交桥”，全面推进素质教育，促进学生健康成长、全面发展
上海	促进初中阶段学校办学水平和教育质量的全面提高，促进高中阶段教育优质多样协调发展
浙江（杭州）	多元招生录取机制，促进义务教育高水平均衡发展，推进普通高中特色化多样化发展

从表 1 中可以看出，不同省市指导思想比较一致，从学生发展看，促进全面均衡个性发展；从不同地域教育发展看，促进公平和均衡；从促进不同阶段学校发展看，初中提高质量，高中促进多样特色。

3. 考试科目与分值比较：重视综合素养外各有侧重

考试科目是评价人素养的框架，也是对评价或培养什么素质结构人的要求，分值是对人不同素质结构中的权重或比例的反映，不同省市的科目与分值有很大差异，但基本都重视综合素养外各有侧重（见表 2）。

表 2　各省学业水平考试一览

<table>
<tr><td>学科设置</td><td colspan="7">分值及考试形式</td></tr>
<tr><td></td><td>北京（2015）</td><td colspan="2">北京（2018 年版）</td><td colspan="2">上海</td><td>浙江（杭州）</td><td>江苏（南京）</td></tr>
<tr><td>语文</td><td>120</td><td colspan="2">100</td><td colspan="2">150</td><td>120</td><td>120</td></tr>
<tr><td>数学</td><td>120</td><td colspan="2">100</td><td colspan="2">150</td><td>120</td><td>120</td></tr>
<tr><td>英语</td><td>120</td><td colspan="2">100</td><td colspan="2">150</td><td>120</td><td>120（听力口语采用人机对话）</td></tr>
<tr><td>物理</td><td>100</td><td>100（含开放性科学实践活动 10 分）</td><td rowspan="2">两门中选择 1 或 2 门</td><td>90</td><td rowspan="2">理化合卷</td><td rowspan="2">科学（180）</td><td>100</td></tr>
<tr><td>化学</td><td>80</td><td>100（生物和化学合卷）（含开放性科学实践活动 10 分）</td><td>60</td><td>80</td></tr>
</table>

续表

学科设置	分值及考试形式						
	北京（2015）	北京（2018 年版）		上海	浙江（杭州）	江苏（南京）	
思品（社会、历史）		历史 100（含综合实践 10 分） 地理 100（含综合实践 10 分） 思想品德 100（含综合实践 10 分）	三门中选择 1 或 2 门	等级（开卷）优、良、合格、不合格四档	社会思品（开卷）（100 分不计入总分）	历史 60 思品 60	合卷，开卷
理化实验操作技能	无			等级（不）合格两档	无		
体育	40	40		30	30	40	
总分	580	580		630	570	700	
		备注：所选 3 科成绩，由高到低分别按照 100%、80%、60% 的系数折算为实际分数					

其一，从考试科目看出重视学生核心素养。

如果按照欧盟关于核心素养的观点，将核心素养分为人与工具、人与自我、人与社会三个领域。那么，语文、数学、英语、物理、化学都是人与工具领域；思品（历史、社会）是人与社会领域；其中蕴含的思维、问题解决、方法等属于人与自我领域。不同省市都包括语文、数学、英语三门基础学科；物理、化学（或科学）、思品（或社会思品）；还有体育。说明考查学生重视基础素养上的科学、人文等综合素养。

其二，从科目分值看出权重不同，都重视人与工具素养中的语言、数学素养，北京的改革增加人与社会素养内容。

如果按照欧盟关于核心素养的观点，其中人与工具主要包括语言素养、数学素养、科学素养、信息素养等。那么，不同省市最重视核心素养中的人与工具素养部分，尤其是语言素养、数学素养。

各省市语文、数学、英语三科的分值最高（除上海外，三科都是 120 分），尤其是上海三门基础课分值更高（都是 150 分）。可见，上海说明更重基础学科，培养基础学力。

此外，北京（2015 年）和浙江所有科目及分值基本一致，江苏除思品和历史纳入考试范围内外，其他与北京科目和分值一致，江苏重视所有学科纳入考查范围。上海课程结构与之不同。

值得一提的是北京 2018 年的方案，明确提出推进考试科目和分值改革。坚持以学生为本，全面推进素质教育，尊重学生的兴趣多元化，为学生提供多种选择，促进学生德智体美全面发展。对学科分值有较大调整，体现了一定的改革思想。如：语文、数学由 120 变为 100 分，英语由 120 变为 100 分，40 分为听力、口语；增加历史、地理等学科；除语数外以外，各学科增加了 10% 的综合实践内容。说明更加重视传统文化，重视英语作为交流沟通的工具功能，重视实验操作动手能力。

其三，在重基础学科基础上，各省市各有突出特点。

各省市有突出特点，上海重实验操作、江苏重视人文、上海和浙江重理综文综。上海有理化实验操作技能的考查，这和上海二期课改方案一致；江苏重视人文，重视所有学科纳入考查范围，尤其是思品和社会作为单独学科考查。上海和浙江将理化综合在一起，浙江将思品和社会在一起，体现了理科综合和文科综合，这和前期在这方面实践探索在考试中的体现。

北京 2018 年的方案，重视选择性，同时在内容上兼顾了上海和江苏的特长，重视综合实践的动手操作和人文学科的比重加大。

其四，从考试形式看更加多样。

品德等学科采用开卷考试，等级评定。此外，北京体育考试 40（现场 30 分，过程性 10 分）；江苏的生物、地理初二完成考试，考查采用人机对话，英语听力口语考试采用人机对话。

4. 考试内容比较：重视综合、问题解决能力和选择性

考试内容是对素质结构中具体领域（科目）内部的进一步细化和分解，同时也是对不同知识类型、年段分布等的反映。在当前背景下，不同省市对人素质内核的要求有很多共识。都重视综合、问题解决能力等。

表 3　不同地域考试内容与难度系数变化

	国家	北京	上海	浙江（杭州）	比较
改革考试内容	考试范围覆盖国家规定的所有学习科目，引导学生认真学习每门课程，避免严重偏科	突出考查学科基本思想和基本方法，突出考查主干知识和核心能力，注重与生活实践的紧密结合，注重灵活运用所学知识解决简单的生活实际问题的能力	双基		共同点：重基础、基本 不同点：北京更重问题解决能力
难度系数		0.7～0.3		0.70～0.75	

北京 2018 年中考改革方案明确提出推进考试内容与形式改革。严格按照义务教育各学科课程标准确定考试内容，注重考查学生 9 年义务教育的积累，注重对学生掌握基础知识、基本技能、基本思想和基本能力的考查。重视发挥考试的教育功能，在各科目考试内容中融入对社会主义核心价值观和中国传统文化内容的考查。扩大选材范围，突出首都特色，贴近生活，注重实践。推进中考体育考试改革，逐步增强考试项目的选择性，加强仪器设备在量评项目测试中的应用。探索建立初中学业水平考试和综合素质评价制度，研究出台实施办法。具体到不同学科有不同的具体要求。

（二）从比较中看北京 2018 年中考的特点

1. 从背景与指导思想变革看出：突出培养学生的全面又个性、系统又可持续

从出台背景，北京在国家方案出台的 2013 年年底，就对中考有了很多思考，公布了 2014—2016 中考改革征求意见稿，在国家方案出台后，又进一步调整完善，公布了 2018 年的中考改革方案。可见，北京根据自己特点创造性执行国家方案。

从指导思想看，突出对学生培养的全面、个性、特长、持续、系统性。这在这两年的中考中已经初见端倪，如系统考虑人才培养模式。尤其北京，2015 年典型的特点是职业教育的贯通培养。为人才成长搭建“立交桥”。

2. 考试科目与分值变革看出：重综合、实践、个性的素质结构

其一，由原来重语数外基础学科到强调学生核心素养的所有学科。

原来更加强调语数外基础学科，现在更加从学生核心素养的角度来看考试。核心素养包含的三个维度都在考试中有体现，尤其是原来比较忽视的人与社会维度。本次得到加强。

其二，由原来侧重书本知识的考查到加入综合实践内容，将 10% 纳入考试。

学科都增加了 10% 分值的综合实践。这也是 2015 年北京市在课程改革中的一个特点，在考试中的体现更加有利于在学校开展这部分内容。

其三，由原来强调共性到尊重个体差异性，强调选择和扬长。

有 9 种不同的组合方式，在保证语数外基础学科的基础上，不同学生可以根据自己的兴趣和需求进行选择。

3. 考试内容变革看出：重核心、思维、传统、系统、选择性

从北京中考思路与近两年题目可以看出，北京的改革力度更大，更加关注学生核心素养，尤其是与生活实践结合的问题解决能力。

其一，突出学生人与工具素养中的核心与基础。

人与工具素养中的数学、语言等都有其基本知识、基本技能，这些是一门学科的核心、主干知识，也是构成学生素养中的主要部分，是人成长的载体、奠基石。因此，一直以来，各省市都非常重视此部分内容。

同时，英语将听力口语分数提高，重视学生将英语作为工具的交流沟通能力。

其二，强化核心素养中的人与自我领域，考查思维方法、问题解决等能力 。

上海提出“双基”，而北京明确提出“学科基本思想和基本方法，突出考查主干知识和核心能力”这说明更加注重学生基础知识结构背后体现的思想方法，更加注重基础知识基本能力中的主干和核心。在数学试卷题目中重视生活与知识的联系，在真实情景中解决问题；物理重视动手操作的能力。这些深刻体现了注重学生核心素养中的解决问题能力、思维方法等人与自我领域。

其三，增加人与社会维度比重，强调综合性和重视传统文化。

扩大选材范围，突出首都特色，贴近生活，注重实践；把历史、地理、政治三门课程所学内容作为依托和背景材料，适度融入语文命题中，引导学生重视相关课程内容间的联系，发展综合性学习能力。说明重视学生的文科综合素养。

其四，难点系数整体降低，重视九年一贯培养个性特长的思路。

难点系数整体降低，体现了宽基础的思路。同时，体现了中考的定位，即是基础性和选拔性结合，即初中阶段依然是重要的打基础阶段，高中入学考试体现选拔性。较以往相比，北京中考要考得宽泛了，“考宽”将倒逼教师教学的改革，从“教宽”“考宽”到“学宽”。

九年义务教育要致力于保护孩子的个性爱好和特长，孩子的兴趣和积累需要在义务教育阶段做起，甚至从一年级开始做起。通过考试改革倒逼教学改革，真正在促进学生个性特长的发展。

其五，给予学生选择空间，促进学生多元发展。

不仅科目可以选择，而且附分可选择、考题可以选择、答案开放性、资源可以选择。突破了题目的选择性和答案的开放性，甚至在选择题中还设计了选项分级赋分，让学生在一张试卷中，找到自己可发挥的题目和空间，在符合学生的成长规律和认知习惯，又不断提升各类学生的成就感。

综上所述，北京市中考改革是试图以考试倒逼课程教学及学校的整体变革，构建灵活、多样、开放、终身的个性化教育体系，最终促进学生核心素养实现，促进每个学生综合、个性、特长、可持续的发展。

二、北京市学校考试与管理变革现状分析

本次调研收集各区县 26 所学校案例材料，进行 16 所小学，15 所初中（含完全中学、九年一贯制学校，均为所在区域优质学校）座谈，收集 28 所学校问卷。从调查结果看，目前考试与管理变革体现在从考试本身到教学到教师专业发展再到学校整体育人设计的全链条上。具体如下。

（一）考试关注多素养内容

调查显示，学校对考试的认识发生着变化，力图使考试承载更多的育人功能。这一阶段比较典型的考试变革特征表现在以下三方面。

1. 命题开放化

考试题目更加开放灵活，与社会生活以及科技前沿的联系更加紧密，操作性增强，更加注重学生的思维过程和独特见解。如丰台二中初中分校数学命题明确提出实际应用的 30% 比重，引导学生去关注生活，关注生活中的数学应用；化学命题关注社会热点问题和日常现象的解释，如香蕉成熟过程中的成分变化，用铁锅炒菜能补铁吗？这些材料既考察了学生运用已经学习的知识分析解决生活问题和现象的能力，还有着浓厚的生活气息，增加了考试的趣味性。

2. 考试活动化

不少小学在低年级设计了类似嘉年华、大闯关、游园会等形式，把一张试卷变成一场活动，让学生在一项项游戏任务的完成中复现、运用所学知识、技能。此举在于淡化“考试”的压力，让学生轻松愉快地检验自己所学，意识到学习的收获是帮助自己解决问题、一往无前的利器，通过游戏的胜利、奖品的兑换，直接体验到掌握知识的成就。如崇文小学从 2012 年开始探索低年级乐考，目前一年级为游园式，二年级为超市购物式，整个乐考没有等级评定、没有分数，只是以游戏币的形式评价是否完成考试，最终以游戏币换取小礼物。学生按要求选择游戏模块，教师充分考虑分难度设计试题，试题最后由教研员把关核定，保证其科学性。在乐考活动中，学生对于游戏的选择要自我决策，对于游戏管理者要发生互动，很多游戏还融入了体育、音乐、美术、社会、生活等多方面的背景，因此学生的多种素养得到了锻炼。上地实验小学这一乐考活动已进行到四年级。

中学的考试活动化则更关注活动过程中学生学习力的提升。海淀区教师进修学校附属实验学校在初一年级推出了基于七年级上学期《有理数》《整式的加减》两个单元的“考试周”。考试周分为以基础知识为核心的个人赛，以拓展知识为核心的个人赛，以竞赛题目为核心的个人赛，以及以综合题目为核心的团体赛。比赛对于学生基础知识、数学思维、以及学习策略进行了分层考察，学生在此过程中能够重视数学基础知识和基础能力的学习能够重视数学基础知识和基础能力的学习，体会到数学思考问题的两个要素：速度、准度，体会理解他人思维的过程，在平时的学习中能够重视向他人学习，理解他人的思维，看到自己的优势和劣势，明确自己要努力的方向。

3. 评价综合化

学校普遍重视学习过程的把握，将日常与终结相结合，习惯与能力共同决定学业评价结果。一些学校推出了组合分数，

力图调动学生对学习态度、学习习惯等素养的重视；同时，学习结果也有多元化的体现，除纸笔测试外，还有作品展示、口语表达等多种形式。如京源学校将学生平时表现设为20分，考试100分，把学生成绩排序，按照前15%为A+，20%为A-，25%B+，20%B-，20%为C，分成5个等级，即使考试成绩好，平时表现不好也会导致等级下降。史家胡同小学一、二年级把考试分为基础性评价、过程性评价和展示评价三部分。基础性评价主要是单项测试，在学期中、考试月完成；过程性评价为定期作业整理，主要为增强学生自我认知及提高学生单元梳理能力；考试周主要为每个人提供表达机会，从语数外三科中选择两科以上汇报。这些形式扭转了学生和家长重结果不重过程的误区，有效地利用考试与评价将学生发展的关注点转移到日常养成上。

（二）阅读成为学校教学改进力度最大领域

随着中高考阅读比重的增加，阅读业已成为所有学校共同关注和实践的教育内容。阅读内容的全面性，形式的易操作性，以及产出的多元性使得学校普遍认同阅读对于学生人文素养的有效提升作用。相对于思维培养、传统文化学习、实践性学习的开展、综合性课程的设置等其他考试改革的指向，学校在落实阅读教育方面的举措最为丰富和切实。几乎每所学校都在强调对于阅读的重视，几乎每所学校都有一套促进学生阅读的方法。无论中小学，首先重视的是阅读习惯，其次是阅读兴趣，再次是阅读量，不太重视阅读速度；在阅读内容上集中重视经典阅读，对于科普、文学以及非连续性文本的阅读并不太关注。在促进阅读的举措上，设立专门课时、优化阅读环境、丰富或优化图书资源、开展读书交流展示活动是中小学都普遍采取的行动，不同在于，中学的首选举措是图书资源的丰富化和优化，小学首选举措是设立专门阅读课时，评价激励是小学常用举措之一，而中学较少采用这一举措。

以石景山实验小学为例。第一，在学校以年级为单位建立阅读室，有利于选择符合学生年龄特点的书籍。低年级设有表演舞台，以读绘本和表演为主；中年级有4个阅览室，每个阅览室让孩子自主起名，推荐书目。第二，构建了校本课程框架，分低中高三个学段，六个学年有阅读主题和篇目，有阅读目标，学校整体构建，注重衔接，让学生的阅读形成序列性。第三，设立阅读课堂，每周有一节阅读课，阅读课上有指导有交流，形成多课型，比如，读书指导课，好书交流课，朗读表演课，同时穿插读书活动，比如“我读我悦我秀”展示活动，阅读嘉年华活动，分年级活动等，五、六年级开始读经典书籍。第四，在评价方面，设立四个奖项，阅读成长达人，海量阅读达人，好书推荐达人，阅读感悟达人，主要针对阅读成长。学校关注学生的阅读量，主要通过学生阅读记录本和活动展示来评价。第五，在语文课堂上与阅读息息相关，已形成会读阅读勤读海读的教育教学模式。

（三）教师专业化要求再度升级

伴随着考试形式、考试内容的变化，教师教什么、怎么教也出现了新的需求。这种需求集中体现在：知识应用能力的教学成为重中之重。

在座谈中，中学老师直言不讳地说：“现在备考更难了，原来一个学期或者一年可以集中针对考试内容进行全面复习，但是现在考的太活了，老师随时都要考虑每个知识点可能出现在什么样的应用情景内，甚至我们专门开展了博物馆教研，专门研究博物馆内有哪些和学科有关的内容。”可以看出，在实践性、综合化考试趋势的影响下，教师的专业素养不能仅仅停留在对学科知识本身的认识，还要更多去研究知识的现实化体现，提高引领学生在应用情境中识别知识，利用知识解释现象，解决问题的能力。从知识教学转移到能力教学、素养教学，对于教师的教育资源的设计、获取与把握能力，课堂教学重点与难度的判断与实现能力，对于学生探究学习的指导与总结能力都有了高于以往的要求。

在综合化、实践化过程中的另一个重要问题是教师对教育目标的把握能力问题。一方面教师在跨学科的、应用性的课程与活动中必须要更好地把握本学科的特点与能力要求，只有在此基础上才能更好地进行综合与实践。最为典型的表现就是小学的乐考实践。看似热闹、有趣的乐考游戏背后需要有强有力的学科评价要素体系作为支撑，不同阶段要掌握哪些知识点，知识的应用能力如何体现，同一能力不同达成程度如何区别……这些都需要教师进一步分析任教学科，对学科知识体系及其应用体现有更为系统化、操作化的设计。另一方面，教师需要对教学过程中学生多种素养培养的目标体系以及评价要点有一较为清晰的认识，进而才可能依据目标体系设计教学策略和评价标准，否则课程育人的功能就有可能在盲目的综合中消散。

教师在课程设计和教学过程中必须考虑学科多维目标的达成问题，考虑超学科核心素养的培养问题，考虑学科间的融合与呼应关系问题……而这些都是对教师专业性的新挑战。

（四）教研方式更依赖跨界协作

调查中发现，学校的教研越来越依赖跨学科、跨学校团队协作的形式。首先，对考试的设计与分析需要教师的集体协作，因为考试的灵活性和开放性要求只有教师群策群力、联动攻关才能对考试进行全面规划、实施以及评价。例如，首师大附属苹果园中学与周边四所学校一起教研，联合命题，联合网上阅卷，生成大数据进行教学诊断。再例如，北京小学、崇文小学等小学的乐考设计都是各学科教师联合研讨形成最后方案，对学生乐考表现的评判也是各位老师（甚至包括家长志愿者）共同记录的结果。其次，日常教研也更需要教师的协作，只有协作才能够实现课程以及考试的综合化。比如，九中分校将科研处、课程处和教学监控中心合并教学研究中心，目的就是方便科研、教学和课程的有机结合，通过科研来引领教学和课程建设，也使课程建设和教学紧密结合，及时沟通、反馈和协调，及时调整在教学实践中出现的问题。再比如，京源学校八个学科的教师联合开发了博物馆课程，以便引领学生利用博物馆资源开展深度学习。

考试所体现出由学科知识到学生素养的变化是跨界教研的直接原因，素养的综合化、实践化特征要求教育的供给也不能是割裂的，各学科教师必须从学科出发，超越学科，构建更为真实、复杂的教育情境，使学生在这样的情境中学会运用知识、升华情感、提升素养。

（五）考试改革推动了学校人才培养的一体化

由于考试改革更加关注学生的学习积累，因此不同学段之间人才培养一体化的要求更为突显出来。

参与调查的 28 所学校中，20 所学校认为小学阶段的教育与管理会受到中考直接影响，最为突出的三点影响是基础知识与能力、阅读以及实践活动。8 所学校认为中考会对小学教育与管理产生影响，突出影响表现在传统文化以及评价方式上。没有学校认为没有影响。可见，小学阶段对于中高考成绩的贡献由原来的非智力因素转化为文化素养因素。当然，非智力因素的作用依然重要，但是小学的积累不仅仅是隐性的学习态度、学习习惯等，还要有直接的文化积淀，这是与以往的不同之处。

在跨学段相互了解方面，28 所被调查中小学中，20 所学校的教学领导（副校长、主任）清楚了解《北京市中小学学科改进意见》全部学科全部学段的所有内容，说明多数学校比较自觉地了解义务教育全学段学科改进要求，从整体角度了解学科改进意见，为人才培养一体化奠定基础。但是另外两组数据反映出小学领导对中学的关注相对不足。第一组数据是 16 名小学领导中有 3 名只了解本学段学科改进意见的内容，另一组数据是 16 名小学领导中有 10 名没有完整了解过最新中高考改革方案。这表明，一体化育人虽然在认识上有所体现，但是尚缺少系统化、制度化的设计，实质性的互通与衔接还继续加强。

可以看出，随着中高考方向与内容的调整，学校的教育教学也在发生着积极的回应，但还需要学校在育人规划、课程设置、教研设计、教师职责、学生管理等多方面做更大程度的思考与调整。

三、新中考背景下学校变革的对策建议

结合其他省市中考改革分析及上述调查结果，本文从以下几个方面来思考和尝试回答上述问题。

（一）育人目标：培养学生核心素养

当前，学生核心素养培养已成为世界教育的发展趋势。调研结果表明，北京市基础教育改革政策取向、中考政策取向和命题方向在一定程度上与发达国家教育界关于学生核心素养培养和考查的大方向是相吻合的。在这一形势下，北京市各中小学校应该抓住这一发展机遇，整体筹划学校发展和学生发展事宜。

具体说来，包括以下几个方面。其一，学校校长和老师应有大视野、高境界和大情怀，站在时代发展和社会发展的高度，对时代特征、中国社会发展状况和教育发展趋势有基本了解和大致判断，对教育要培养学生核心素养这一趋势形成基本共识，并将这种共识落实在教育管理和教学行动中。其二，校长和老师应从学校办学实际出发，把核心素养及其培养纳入到学校办学理念、办学目标和育人目标中去，将其作为学校办学的指南针，学校一切工作都要围绕着这一根本宗旨和目标来进行。学校领导和老师对此要有战略定力，做到“咬定青山不放松”，持之以恒、扎扎实实地推进。其三，学校领导和老师应该在专家学者关于学生核心素养研究的基础上，进行再研究，厘清核心素养的概念内涵、内容及其关系，在此基础上，分析出各学段的阶段特点，解析出各学科素养的具体内容，思考素养培养的具体路径、方式和方法，构建起学校学生核心素养培养的大致框架，分阶段逐步实施。

这里，需要特别强调校长作为学校办学的第一责任人的重要性，若要将核心素养具体化为育人目标和育人内容，校长就必须首先具有和增强这方面的意识。为此计，校长应该通过学习等来提升自己这方面意识和修养，北京市属有关教育培训和科研院所应加强这方面的研究和培训力度，尽快提升校长这方面的意识和素养。

（二）课程结构：根据核心素养及权重合理设置

课程是学校教育的基本途径，是学生成长的主要舞台。课程的高度、广度、宽度和深度在一定意义上影响着甚至决定着学生发展的程度。鉴于课程的重要性，学校应该在上述工作的基础上，用核心素养及培养来统领学校课程设计和实施，以核心素养为原点来绘制学校课程总体蓝图，其中，包括学生核心素养的主要元素、各元素之间关系、各元素权重等等。

这种以核心素养培养为原点的课程框

架应该具有以下几个特点，第一，核心素养及其培养是学校课程设计的基点，也就是说，学校所有教育资源的开发和运用，学校所有课程资源的开发和使用，所有学科、活动、课程元素之间的关系和权重分配等都要围绕核心素养来展开。第二，以培养学生核心素养为指导思想，用系统、整合的观点来思考和设计学校课程框架，也就是说，围绕培养学生核心素养这一根本性目标，科学规划和设置若干课程领域，把国家课程、地方课程、校本课程等纳入到相应的课程领域中，从课程角度为学生核心素养的养成提供保障。第三，核心素养与相应的课程领域、学科并非一一对应的线性关系，而是全息关系。也就是说，任何一个课程领域，任何一门学科都包含着核心素养，任何一个课程领域，任何一门学科的实施都能养成全部的核心素养。因此，从事任何一门学科教学工作的老师也都应该从培养全部核心素养的角度来思考、规划本学科课程，来实施学科教学，当然，各学科及其各部分内容、活动以及具体问题情境等不同，对核心素养的培养不能也不会全面开花、面面俱到。

课程建设是学校当然之责，但考虑到校长和老师的实际水平和工作特点，不能对他们寄予过高的期望和提出过高的要求，因此，北京市属有关教育科研机构和培训机构要大力开展学生核心素养方面的研究以及以学生核心素养培养为目标和内容的学校课程规划、设计和实施方面的研究，并把相关研究成果或转化为政府政策，或转化为学术著作，方便校长与老师学习，最终转化为校长与老师关于学生核心素养与课程设计方面的共同精神财富。

（三）教学改革：情境中运用问题解决方式学习

教学领域如何做才能更有效地培养和提升学生的核心素养呢？笔者认为，创设一定的教育情境，以问题解决和思维发展为目标取向的方式比较有利于学生核心素养的培养和发展。众多优秀教师的教学经验和研究结果也都可以作为佐证。

这种问题解决取向的教学或这种问题解决式学习是一种既可用于日常课堂教学，也可用于专题探究的学习方式。就后者来说，在一定意义上可以等同于探究性学习，探究性学习正是新课程所倡导的教学方式之一。这种问题解决取向的学习方式侧重于下面几个关键词：“情境”“过程”“思维”。“情境”主要指学生在学习过程中所面对的各种具体问题。“过程”主要指学生以认识问题、分析问题和解决问题为基本学习方式来真正理解知识、掌握知识、形成能力的过程。“思维”主要是指在一定的问题情境中，既运用思维来认识和解决问题，掌握知识，又通过认识问题和解决问题来培养和发展思维。

对老师来说，采取这种问题解决取向的教学方式进行教学时，需要注意以下几个方面：这种问题解决取向的教学方式在选择教学内容时，要重点关注本学科中的核心知识，包括核心概念、基本原理以及概念之间的关系；在选择教学组织形式时，把教师引导下的问题解决学习和开放式的问题解决学习结合起来；问题解决学习虽然是主要学习方式，但它与接受式学习并非绝然对立的关系，而是相辅相成、主次结合的关系。教师和学生主要视学习内容的难易程度、知识点在整个知识结构中的地位等来选择合适的教学方式和学习方式；要正确认识和发挥教师的主导作用和学生的主体作用，把握它们之间关系以及作用发挥的时机、程度等。

（四）教学管理：组织制度变革为保障

尽管课堂更多是教师个体和学生群体之间的交流和互动，但这不等于说，教学就是教师个人和学生之间的事情。事实上，相应的教学管理和学校组织制度在一定意义上深刻地影响着教学行为、教学质量和学生成长水平。

就教学组织形式来说，目前很多学校在传统班级授课制的基础上，开始对教学组织形式进行改革，比较重要的组织形式包括分组教学、小班教学、开放式教学、完全走班教学、部分走班教学、教师集体教学等等。各学校选择比较多的方式是分组教学即平时所说的小组合作学习、部分走班教学。少数学校也初步尝试开展教师二人合作进行教学，这种尝试和试验主要是在少数专题学习课上进行，不具有普及性和推广性。由于北京市人口还在增加，加上实行二胎政策，北京地区的小班教学已基本停止。由于开放式教学和完全走班教学的过大的挑战性，几乎所有学校都没有采取这种形式。

笔者认为，在现有条件下，采取小组合作学习、部分走班教学这些形式有其合理性和进步性。当务之急是找出小组合作学习、部分走班教学中实际存在的不足，分析其产生的原因，找到解决的办法。从长远来看，各学校还应该研究和试验个性化教学组织形式，特别是开放式教学和完全走班教学，学校根据学校课程计划和每个学生核心素养优势处和不足处、兴趣、特长和个性特点，指导每个学生制定属于自己的课程表、学习计划来进行个性化学习，学校老师对每个学生进行一对一的引导和帮助。

需要进一步明确的是，教学组织形式的改革和改进以及其他教学管理制度等的改革与改进要服从于学生核心素养的培养和提升这一根本教育宗旨，也要考虑到各校实际情况。教育科研机构要和学校开展合作研究，帮助学校研究和发现各校所采取的教学组织形式的优劣，找出问题以及问题产生的原因，采取切实措施加以改进。教育科研机构还应加强前瞻性的研究，指导若干所学校开展教学组织形式改进的试验，如开展开放式教学和完全走班形式的教育试验。

（五）校内评价：聚焦核心形式多元

目前应该做的是用培养学生核心素养这个根本宗旨来统领学校的学生评价改革，并把学生核心素养评价作为学校学生评价的核心内容。在这些原则指导下，各学校要认真分析现有学校学生评价改革成果的长处和不足，充分发挥这些改革成果的积极作用，与此同时，围绕学生核心素养评价这一主旨来探索和创新其他新的评价方式、手段和方法，譬如，用什么方式和方法来评价学生的逻辑思维、批判性思维、创造性思维，如何评价学生运用学科知识来解决问题的能力，如何评估学生对学科知识是否真正理解，如何评估学生的表达能力，等等。总而言之，一些学校对学生核心素养评价有了初步的尝试，但任重而道远。

对学生核心素养进行评价是一项极其艰难的工作，涉及对人的认识、学生观、教育观、评价理念等，也涉及评价技术、评价工具，评价工具和评价技术等不是单个学校凭自己一校力量就能开发出来并熟练掌握和运用的，这就需要相关教育科研机构与学校和其他机构合作来进行研究和开发，并通过培训帮助老师掌握这些技术和工具，进而在日常教育评价工作中运用这些技术和工具来对学生核心素养进行评价，并借助评价引导学生提升自己的核心素养。

撰稿人：北京教育科学研究院　蔡歆　赵艳平　张理智

第二十一章　高考改革中北京市学生综合素质评价研究

［摘要］　2014 年国务院印发了《关于深化考试招生制度改革的实施意见》，在此背景下学生综合素质评价如何为高招服务进入公众视线，上海市和浙江省试点工作率先启动。梳理国内外考试招生制度的历史，经验告诉各国在考试招生制度层面我们都在路上前行。然而，北京市自 2007 年开发了学生综合素质评价的电子平台，并探索形成性评价与总结性评价相结合的实践模式，对于未来学生综合素质评价，将走向“育人”与“选拔”功能统一。

［关键词］　高考改革　综合素质评价　一参考

Chapter 21　Research On Comprehensive Evaluation of students of Beijing by Gaokao Reform

[Abstract]　2014, the State Council issued the "Opinions on Deepening the Gaokao and enrollment system," in this context is how to evaluate the Comprehensive Evaluation of students merit and services into the public eye, the pilot in Shanghai and Zhejiang Province, the first to start. Carding at home and abroad of examination and enrollment system history, experience tells everyone in the States before the road trip in examination and enrollment system level. However, in Beijing since 2007 to develop the students' comprehensive quality evaluation electronic platform, and explore practical model formative assessment and summative evaluation of the combination, for future evaluation of the overall quality of students, the overall quality of the evaluation will be to "education" and " selection" feature unified.

[Key words]　Gaokao reform; comprehensive evaluation of students; a reference

2013 年 11 月，党的十八届三中全会通过了中共中央关于《全面深化改革若干重大问题的决定》，将考试招生制度改革，作为深化教育领域综合改革的战略任务。2014 年 9 月，国务院印发了《关于深化考试招生制度改革的实施意见》，明确了考试招生制度改革的总体要求，主要任务和措施。高考招生制度改革正式拉开了序幕。与此同时，上海市和浙江省高考招生制度综合改革方案正式出台，试点工作率先启动。2014 年 12 月，教育部等有关部委相继发布《关于普通高中学业水平考试的实施意见》、《关于加强和改进普通高中学生综合素质评价的意见》、《关于进一步完善和规范高校自主招生试点工作的意见》以及《关于进一步减少和规范高考加分项目和分值的意见》四个配套的政策文件，进一步明确了改革的内容、目标、措施和时间表。总的来说，这次高考招生制度改革，是自1977年恢复高考以来，最全面最深入的一次改革。在高考招生制度改革的进程中，高中教育面临的挑战更为紧迫和严峻。目前高中的校长和教师，对高考改革的关注程度，要远高于高等学校，尤其是未来高考采取“两依据一参考”的综合评价机制，即要求将学生综合素质评价作为高校录取学生的重要参考依据。如何改变现有的教育评价？如何优化学生综合素质评价体系？丰富综合素质评价的内容，改进综合素质评价方式，客观真实反映学生德智体美全面发展的情况，将成为实现考招分离，破解应试怪圈，让教育回归价值原点的关键环节。

一、研究的背景与观点

（一）研究的背景

1．学生综合素质评价是学生全面发展与个性发展的需要

在我国，教育目的就是教育方针所规定的培养“有理想、有道德、有文化、有纪律”的“德智体美等全面发展的社会主义事业建设者和接班人”。教育目的的具体化就是教育目标，即学生发展目标。对于学生个体来说，这种发展目标就是全面发展，即作为全人的身心全面发展。这种全面发展，不但包括德、智、体、美等方面的发展，而且每一方面都包括知识能力、过程和方法及情感态度价值观的发展，是一种全方位的、立体的发展。个性发展，即在学生全面发展的基础要求下的个性化发展，换句话来说就是在共同性的基础上，充分把学生的差异性表现出来。学生综合素质评价就是在评价过程中既要注重学生的全面发展，又要注重学生的个性发展，在评价中提升学生综合素质是时代发展的需要。

2．学生综合素质评价是考试评价制度改革的要求

纵观现行中小学评价与考试制度，我们发现还存在着一定不足之处，比如，考试的目标与全面推进素质教育的要求还不相适应，突出反映在强调甄别与选拔功能，忽视改进与激励的功能；注重学习成绩，忽视学生全面发展和个体差异；关注结果而忽视过程，考试评价方法单一；国内高考统一招生，主要以学生分数为主。那如何在科学选才与公平选才上有所突破？学生综合素质评价作为一参考是目前考试招生制度一个突破，开展综合素质评价是一项重要的制度创新。因此，把学生综合素质评价纳入考试招生制度中是考试制度的一项改革，力求科学选择学生。

（二）核心概念与观点

1．核心概念

（1）学生综合素质。

学生综合素质指：“学生各种认知（知识、技能与能力）和非认知（态度、情感等）要素相互影响、相互作用形成的有机整体。”学生综合素质的特点包括以下方面：一是全面性，既包括学生的学业成绩，又包括学生身体、心理其他方面内容；二是系统性，学生的发展是个循序渐进的过程，它是系统工程，不能一蹴而就；三是整体性，学生各方面素质是互相联系的整体，不是割裂的，是相互影响的；四是协调性，学生各方面素质相互协调，而且能够突出重点；五是形成性，学生的素质是在发展过程中形成的。这几方面的特点也是相互影响、交织在一起，互相补充。

（2）学生综合素质评价。

《教育评价辞典》中将学生素质评价定义为：“以学生素质为评价对象进行价值判断的过程，侧重于学生的素质优化与提高，促使学生的个性特长，提高学生的基本素质。是全面贯彻教育方针、落实基础教育培养目标的控制措施，发挥评价在学生素质发展中的导向、激励、改进和管理功能，从而促使学生素质和谐发展。学生素质评价是以为社会主义建设培养一代新人，全面提高民族素质为出发点，以学生思想品德素质、科学文化素质、审美情感素质、身体心理素质、劳动技能素质等方面为评价目标，制定评价标准"[①]。换句话说，学生综合素质评价是评价主体依据评价指标和标准，运用恰当的评价方法，对照学生的实际表现，对学生的思想道德、学业成就、身体健康、心理健康、个性发展进行价值判断的过程。

2. 立足高中校主要观点

针对高中校，从学生发展角度，如何把握学生综合素质评价的理念导向，从北京市实践出发主要有以下观点：学生综合素质评价的根本目的是促进每个学生全面而有个性的发展；学生综合素质评价的功能以导向激励、诊断改进、反馈调节为主，以鉴定选拔为辅；学生综合素质评价应建构多元评价标准体系，特别重视学生个体内差异评价标准的应用；学生综合素质评价是多主体评价，学生本人是主要的行为记录者和评价者；评价方法多样化，突出描述性评价语言的运用。

二、国内外考试招生制度的研究

（一）国外考试招生制度的比较分析与启示

纵观国外发达国家和发展中国家的高校招生制度，都有着本国人才录取的历史背景和当代特点，但从普招的角度来分析，各国也有共性的特点：高校录取模式从决定入学要求及资料上主要可划分为以分数为主录取型、高中学习过程资料录取型、分数加高中学习过程资料录取型[②]。

（1）以分数为主录取型，是指大学录取最后决定取舍的主要依据是考试分数，如日本、韩国、俄罗斯等国，就十分重视考分的比重。日本在决定录取时参考资料有第一、第二次考试的总分、中学调查书、体检表等，但仍以总分为最后决定依据，依考分高低标准录取。韩国的"大学修学能力考试"既分文理科，又设文理科的必考及必选考试科目和任选考试科目，韩国从2010年开始实行一年两次高考。

俄罗斯是采取考试分数与面试分数合成总分，划出分数线，来确定最低录取分数线。在每个分数段内，学校可根据面试情况、中学资料、政审鉴定情况以及是否符合优秀条件，进行排队录取。

（2）高中学习过程资料录取型，是指录取时依据高中学习提供的学生全部中学时代的资料来录取，如英国、德国、法国、瑞典、澳大利亚、加拿大、印度等国，没有入学统一考试，这些国家高校招生录取时主要审查普通教育终了资格认定考试成绩（或高中文凭），平时考试成绩、教师评语、校长的推荐意见等。当然资格证书也分不同等级，在学校录取时也有所不同，比如英国有多种证书。高中文凭的获得也与学生高中学习过程的表现分不开。比如，加拿大高校的入学资格通常由各高校自行规定，普通专业获得高中文凭是申请高校的前提条件。安大略省教育部规定，高中生必须同时满足以下三个条件才能获得"安大略省中学文凭"[③]：首先，达到30学分要求；其次，通过"安大略省中学文化测试"；最后，有40小时志愿服务要求。高中最后两年的学习成绩高低对是否可以

① 陶西平主编：《教育评价辞典》，北京师范大学出版社1998年版，第330－331页。

② 陈晓云：《中外高校招生制度比较与研究》，《比较教育研究》，2003年第4期。

③ 李欣：《加拿大高校招生考试制度的现状透视》，《复旦教育论坛》，2014年第3期。

进入加拿大的著名学府起着关键作用。高中毕业生的录取分数都以高中 11 年级和 12 年级的科目最后成绩为准，但每所院校都根据各自的录取标准以及申请者的个人情况来判断是否符合录取条件。

（3）分数加高中学习过程资料录取，是指录取时依据中学提供的学生中学时代的相关资料和参加统一考试的总分来录取，如美国就属于此类型。美国大学决定考生录取时主要参考资料有：高中毕业证书、大学统一考试成绩（SAT 或 ACT）、中学成绩单及标准分、中学校长和教师的推荐信、面试情况等。在录取中，美国大学更重视中学资料和面试的情况，考分只是参考资料之一。

其实，梳理任何一个国家的考试招生历史，经验告诉我们，大家都在路上行进。实际上很多国家高等学校的招生改革都存在着困惑和反思[①]。以韩国为例，韩国 1945 年实行大学单独考试制度，由于考试作弊等问题，于 1953 实行国家联合考试与各大学单独考试并行制。学生由于进行两次考试，承担了双重负担，这个制度很快被终止，又恢复了 1945 年的各校单独招生考试。1955 年，实行各大学单独考试制与免试并行制。这个制度实施后发现两个问题：超计划招生导致教育质量下降；高考选定特定科目，使高中教育出现偏科现象。1962 年，实行了同时具备资格考试与选拔考试性能的大学单独考试，然而这种制度并未能解决超计划招生的问题，而且还加大了各校间的差距，教育质量低下，增加了大学毕业生的失业率。1964 年，政策再度反转，实行各大学单独考试制度，但招生超计划现象仍未解决。1969 年，再次终结各大学单独考试制度，采取国家大学入学预备考试与大学单独考试并行制。1982 年实施全国统一考试，此后招生考试经过多次改革，但全国统一考试制度一直实行到现在，而且日益受到重视。

（二）国内考试招生制度的历史延变

1950 年，国家教育部要求各地方教育部门根据各地区的实际情况，进行地方性的高校招生考试，考试被录取的考生在当地按照规定安排学校；1952 年，中国建立起全国统一的高等学校招生制度。十年“文化大革命”期间，高校招生考试被搁置了。1977 年恢复高考延续使用“文化大革命”前的高校招生考试制度；直到 1985 年，高校招生双轨制出现了，原先意义上的统一计划招生被归为一类，需要自费的单位委培生和定向招生被视为一类，过去单一的招生计划就此被打破消除；1996 年，中国高等教育试行并轨招生，高校学费开始增加。1999 年，由于国家高等人才的极度匮乏，国家制定政策决定大力扩大高校入学名额，这就是意义重大的第一次高校扩招。随后，国家采取了一年分春秋两季实施高考的措施，使得高校学生在短时间内得到扩充。2003 年，教育部结合全国各个城市的经济状况和教育现状，选取了包括北大清华在内的 22 所高校给予自主招生的资格，就此自主招生在我国推行开来，并不断地有新的高校申请加入，作为一种新的选才方式，具备自主招生资格的高校已有 90 所；类型逐渐增多，有“自主组织测试”“校长实名推荐制”“自主招生联考”等形式，这种形式其实不仅考查学生的学习成绩，还关注学生的综合素质的发展，选取适合的学生。随着权力的下放，在国家统一命题的高考制度基础上，又增加了各省市地方以及自治区的自主命题（截至 2014 年实行自主命题的有：北京、上海、广东、安徽、四川、福建、江苏、天津、浙江、山东、陕西、海南、湖北和

① 杜文平：《认识、改变和践行教育评价——高考与中小学教育质量综合评价改革研讨会综述》，《中国考试》，2016 年第 1 期。

湖南)；2008 年，为了给参加高考的学生提供更多的入学机会，教育部制定实行平行志愿录取的高招政策，规定考生所填报的所有志愿平行，均为第一志愿，在同一时间段考生的档案可以被填报的志愿学校同时看到①。总的来说，国内统一招生还是以分数为主要录取标准。2014 年，《国务院关于深化考试招生制度改革的实施意见》发布后，预示着新一轮的高校招生考试制度的改革，未来高考采取的“两依据一参考”，综合素质评价作为“一参考”，如何参考？将是未来考试招生制度上的一个攻克难点。

三、普通高中学生综合素质评价的研究

（一）国内其他省市学生综合素质评价的研究

按照“国务院关于深化考试招生制度改革的实施意见”的要求，上海市与浙江省先行试点，分别形成了各具特色的分类考试、综合评价、多元录取机制。其中，上海的春季招生和浙江的“三位一体”招生有些类似，前者依据统一考试成绩、普通高中学业水平考试成绩、面试（或技能测试）情况进行录取，后者实行统一高考、高中学考和综合素质面试相结合的方式进行录取，克服了统一高考对学生综合素质评价等方面的局限性，充分体现了人才评价选拔以人为本、尊重差异、注重个性和综合评价相结合的要求②。

1．上海市学生综合素质评价

在改革背景下，2015 年 4 月，上海市教育委员会印发《上海市普通高中学生综合素质评价实施办法（试行）》（沪教委基〔2015〕30 号）的通知。在制度建设方面①重点细化工作，一是规范档案格式：上海市普通高中学生综合素质纪实报告；二是统一的普通高中学综合素质评价信息管理平台；三是社会机构的管理和服务：录入或导入博雅网，统一安装 POS 机；四是审核制度、信誉等级制度、公示和举报投诉制度，梳理各项活动、比赛、奖励清单。②记录和评价内容，评价内容包括品德发展与公民素养、修习课程与学业成绩、身心健康与艺术素养和创新精神与实践能力，在记录内容上除了上述之外增加了学校特色指标以及自我介绍，包括社会责任感、专业志向、个性特点等内容。③记录方法和程序，活动和典型事例记录贯穿高中三年，每学期整理典型案例，高三形成自我陈述报告，最终形成《上海市普通高中毕业生综合素质纪实报告》。④评价结果应用。引导学生积极主动发展：记录三年成长过程中的典型材料；引导学生自我评价自我管理；教师开展生涯指导，引导学生全面而有个性发展；促进普通高中学校积极开展素质教育；作为各级各类高校招生提供参考：强调真实性、区分度、便捷性；先在自主招生、春考中使用；循序渐进。

2．浙江省学生综合素质评价

与上海市同步，2015 年 4 月，浙江省教育厅下发《关于完善浙江省普通高中学生成长记录与综合素质评价的意见》（浙教基〔2015〕45 号）。①指导思想，构建科学的综合素质评价体系，形成实施素质教育的长效机制，满足高校选拔人才的需要，促进学校切实转变育人模式，促进学生全面有个性的发展。②综合素质评价的维度，包括品德表现、学业水平、运动健康、艺术素养、创新实践。③评价程序与方法。评价程序：客观记述—民主评议—公示确认—形成档案。评价方法：评价分 A、P、

① 李陈宇：《20 世纪 70 年代后英国高校招生考试制度的改革与启示》［硕士学位论文，2015 年］安徽：淮北师范大学。

② 金晓明：《高考改革：从形式公平走向实质公平——推进新一轮高考改革的思考与建议》，《浙江工业大学学报：社会科学版》，2015 年第 12 期。

E三等。以县为单位控制A≤25%，E≤5%。④浙江省普通高中学生成长记录系统，包括：学生学业水平情况记录表（学期记载）；学生综合素养情况记录表（学期记载）；浙江省普通高中毕业生综合素质信息表（三年总成，在各学期记载的基础上自动合成）。

总之，上海市与浙江省出台的学生综合素质评价方案与《关于加强和改进普通高中学生综合素质评价的意见》中提出的内容和要求基本吻合，主要出发点是如何为高招服务，作为高校招生录取重要参考的综合素质评价，“为什么评”“评什么”“怎么评”“如何使用”有了明确的方向。

除此之外，其他省市综合素质评价研究的基本思路与内容与上海市、浙江省类似，也是深化考试招生制度改革实施方案工作的一项重要内容。

（二）北京市普通高中学生综合素质评价的研究

2007年秋季，北京市开始在高中阶段全面推进课程改革。随着新课改的推进，探索全面反映高中学生发展状况的综合素质评价是学生评价改革的核心内容，也是新一轮基础教育课程改革的重点之一。课改要求高中学生综合素质评价改变过去那种过分强调甄别、区分与选拔的功能，使评价“不能仅关注结果，更要注重学生的成长过程。要有机地把终结性评价与形成性评价结合起来，使学生成长的过程成为评价的组成部分”。正是在这种大的背景下，2007年7月北京市教育委员会印发了《北京市普通高中学生综合素质评价方案（试行）》，随着课程改革的深入推进，综合素质评价方案在实施过程又进行了修订，2010年11月修订稿以“京教基〔2010〕26号”文件下发。

1. 高中学生综合素质评价是对学生全员、全方位、全程评价，其目的是促进每个学生在原有基础上的全面而有个性的发展

方案中明确指出：“高中学生综合素质评价是对高中阶段学生进行的全员、全方位、全程评价，其目的是促进每个学生在原有基础上的全面而有个性的发展”。这里的全员包括学生、同学、教师、家长和社会人士等；全方位包括学生的思想道德、学业成就、合作与交流、运动与健康、审美与表现、个性发展等六方面；全程包括高一至高三共6个学期的过程性评价。全面发展，即着重于全面素质中的基础性部分的发展。“掌握适应时代发展需要的基础知识和基本技能”这是学生为其终身可持续发展奠定基础所需，也是基础教育的根本使命所在。包括思想道德、学业成就、合作与交流、运动与健康、审美与表现等五方面。个性发展即发展指标是依据国家现代化建设的人才需要对普通高中学生提出的拓展性发展要求，是学生在共性发展的基础上，体现个人与众不同的个性发展目标。即学生根据自身的生理、心理、知识、能力发展的特点自主选择发展的内容，立足于走入社会后的竞争能力，包括个性特长和有新意的成果。

评价目的除了通过评价指标导向和评价信息反馈，引导学生实现自我认识、自我教育，明确发展方向，促进每个学生在原有基础上的全面而有个性的发展外；还有一点也不能忽视，就是通过评价提高和引导教师、家长和社会人士的观念有所更新。包括：使教师树立正确的教育质量观、发展观、学生观和评价观，转变教育教学行为和方式，通过综合素质评价实现师生的互动，引导并促进教师发展；引导家长和社会逐步形成科学的观念，营造有利于学生发展的家庭和社会环境，为学生的发展提供支持和服务。

2. 高中学生综合素质以电子平台为载体的形成性评价是促进学生发展的重要措施

从高中学生发展的角度来看，形成性

评价是非常重要的，它能记录学生成长的过程。方案指出："形成性评价是在日常教育教学活动过程中对学生综合素质的行为表现所进行的评价。它以《北京市普通高中学生综合素质评价指标体系》为依据，采用多主体评价和共同建构评价结果的方式实施，以北京市普通高中学生综合素质评价电子平台为载体及时记录和储存反映学生综合素质发展过程并有代表性的评价信息。"伴随方案的出台北京市还研发了普通高中学生综合素质评价电子平台，其中包括新学期伊始的我、学期结束的我、思想道德、学业成就、综合实践活动、合作与交流、运动与健康、审美与表现和个性发展九个方面内容，每个内容又下设几个分项。

电子平台是能够充分反映学生学习过程和学习效果的平台，包括学生的自我评价、最佳作品（成绩记录及各种作品）、社会实践和社会公益活动记录、体育与文艺活动记录，教师、同学的观察和评价，来自家长的信息评价等。因此，电子平台不仅要记录学生的学业成绩，而且还要记录学生个性的发展，记录学生成长中的需求，从而帮助学生认识自我，建立自信，提高自我评价能力和自我反省的能力，可以说形成性评价是以促学生发展为最终目的。

从北京这几年的综合素质评价的实践来看，平台在评育结合上发挥了一定的作用。有的老师，例如，北京市十七中学刘英男老师在日常教学中充分利用电子平台的优势管理班级，刚接班时，除了几个班干部外，在一段时间里孩子们和她的关系非常平淡。面对着学生期盼而又怀疑的目光，刘老师的心情非常复杂，但是她坚信，人与人的相处，重在用情，只要无私的付出，学生一定会感受得到。为了快速了解班上的学生，一是从教务处借来学生档案仔细研究，二是登录学生综合素质评价系统，仔细阅读并分析学生的自我评价。比如在"开学时的我"栏目中班长写道："我觉得自己一直特别的开朗，热情，而且对自己喜欢的事情有着一份持之以恒的韧性。对待朋友很真诚，也很友善。非常的感性，容易感动，重义气，'哥们儿'特别多。我很幸运地成为了班长，我想努力做好工作。但是，我的性子太急，而且一遇到紧急情况就会手忙脚乱。做事不是很严谨，很容易马虎。"通过这个评价就能了解到该同学的优点是：直爽、开朗、热心，感性，重义气，人缘好。缺点是：比较散，性子急。在分析其他同学的评价时刘老师发现这个班级的大多数同学给自己的评价都有重视班级荣誉、重感情的影子。所以刘老师制定的班级管理策略就是：从情字入手，培养一批能力强、有责任心的班级干部，实现学生的自我管理。

3．高中学生综合素质评价是以促进学生发展为动力，以学生自我评价为主

高中学生综合素质评价的主体是以学生为主，学生是综合素质发展记录的主要记录者。学生本人根据自己在思想道德、学业成就、交流与合作、运动与健康、审美与表现、个性发展等行为记录的数量、种类和来源，分析自己在这六方面发展的主要成绩、进步和问题，最后做出评语描述。让学生学会自我评价，成为评价的主动参与者，主要引导学生成为自律的学习者，达到促进学生发展为目的。

当然，学生成长记录要始终体现诚信的原则。为使记录的情况典型、客观、真实，教师、同学和家长都是高中学生综合素质评价的主体。

比如，一位同学，在思想道德自我评价栏目写道："我一直认为自己是一个很愿意帮助别人的人，可能因为性格的原因，不太了解我的人，会觉得我很冷漠，其实我是很愿意帮助别人的。我曾问朋友为何会这样，她说要付出就不要想回报，从那时起，我就决定了今后的人生准则，为他人付出而不在乎回报。"

通过这样的记录，不言而喻达到了教

育的结果。为了促学生发展，有的内容自我评价每学期要求至少进行一次。因此，在教师、学生、同学、家长以及社区有关人员的共同参与下，在内省与外促的结合中，以内省为主，让学生得到主动的、全面的发展。在评价的过程中，学生对自己的成长进行回顾与反思。

4. 总结性评价以“普通高中毕业生综合素质评价报告册”形式呈现为高一级学校提供服务

终结性评价，即普通高中毕业生综合素质评价是在学生高中毕业时对学生综合素质进行的具有鉴定功能的总结性评价，评价结果应反映学生三年来思想道德、学业成就、合作与交流、运动与健康、审美与表现和个性发展等方面达到的水平。学生综合素质评价结果具有鉴定和为选拔提供参考依据的功能。从 2010 年 5 月开始至今，北京市普通高中学生使用了“北京市普通高中毕业生综合素质评价报告册”，报告册包含六个部分：第一部分：“基本信息”，含学生的姓名、性别、年龄、政治面貌、班级、学籍号、毕业学校等信息。第二部分：“个性发展自我评价和特长成果”，是普通高中学生基于上述基础指标和发展指标对自己高中三年的综合评价。“个性发展自我评价”是学生对自己高中阶段学习和生活各个方面的总体评价；“特长成果”展示的是学生在三年中参加的最有特色的社会实践活动、非学科类奖项、见义勇为等好人好事、担任的社会职务等内容，学生可选择最突出的三项填写。第三部分：“班主任评语表”，要求教师树立正确的质量观、发展观、学生观和评价观，将对学生的综合素质评价作为一种职务行为，严肃认真地对学生高中一年级到高中三年级每年的表现进行客观评价。第四部分：“课业考试（考查）成绩学分登记表”，集中反映学生高中三年的学习状况，主要包括各学科必修及选修模块的修习情况、考试成绩、学分获得情况，其中还包含研究性学习、社区服务、社会实践及校本课程的修习情况。以上内容按照高中三个学年分别进行汇总，主要以成绩、学分和等级方式呈现学生模块和会考成绩的评价结果。第五部分：“研究性学习”，是每个学生的必修课程，每个学生在三年内至少要完成三个“研究性学习”课题（或项目），三年共计 15 个学分。学生进行“研究性学习”的情况，主要以“研究性学习”的题目、内容摘要和研究报告等书面文字的方式呈现。第六部分：“学生体质健康数据表和体检表”。一是“国家学生体质健康标准登记卡”，此登记卡中的数据信息可直接从“国家学生体质健康数据上报软件”中提取。二是“北京市中学健康体检表”，内含卫生与保健指标。

虽然各校提供了学生报告册，但从实践的角度来看，它在高校录取过程中发挥的效果不容乐观，和当初设想有很大的差距。

北京市各高中学校在实施高中学生综合素质评价过程中，除了按照北京市的方案和电子平台总的要求外，有的学校还根据学校的特点开展创造性的评价工作，比如，东直门中学在实践中以学生的成长记录袋为基础，建立班级、年级、学校学生成长资料库，把来自班主任、学生、家长、学科教师的各种资料信息收集起来，真实、完整地记录学生成长过程的点点滴滴，为学生综合素质评价电子平台的填写提供丰富、翔实的信息资料支持。再比如，清华附中研制了学生综合素质发展积分系统，有承担社会工作记录、个人成长记录、学业综合评价记录、奖励和诚信记录四大模块组成。这些案例表明，北京市的方案毕竟是总纲性质的，如何真正发挥学校的创造性，又能发挥学校的特色，最佳的办法就是结合学校已有的学生评价研究，在继承和发扬中把学生综合素质评价研究进行下去。

总的来说，北京市高中学生综合素质评价引导各级教育管理者形成正确的教育质量观和评价观，带动学校管理、教育模式、学生活动等一系列改革，广大的中小学教师、学校管理者以及学生家长等的教育合力明显增强。

四、研究展望

北京市一直着力研究高中学生综合素质评价的理论与政策，以及理论与政策指导下的实践，高中学生综合素质评价如何发挥它的作用，如何在理想与现实找到平衡一直是从事这项研究的教育工作者苦苦追寻的目标。未来高中学生综合素质评价将走向何处，才能避免目前“想说爱你不容易”的尴尬境地。2016 年 5 月北京市教委发布了《北京市关于深化考试招生制度改革的实施方案》，“完善学生综合素质评价制度”中提到三方面内容“一是科学确定评价内容……综合素质评价是学生毕业和升学的重要参考；二是完善评价手段和程序，完善以电子平台为载体的学生综合素质电子档案；三是科学合理使用评价信息。从 2020 年起，综合素质评价作为高等学校招生录取的参考，在使用过程中，坚持‘谁用谁评’的原则，招生学校应提前公布具体使用办法，使用情况必须规范、公开。”对于未来学生综合素质评价走向，综合素质评价：走向“育人”与“选拔”功能统一，有以下几点需要关注①。

第一，认识路径。要提高学校、教师和家长等不同群体的认识，从关注“分数”的发展到关注“人”的发展。“谁用谁评”中，学校在用的过程中关注学生的成长是最重要的途径，普通高中学校要发挥学生综合素质评价的诊断、改进和激励功能，即“育人”功能是永恒的话题；刚颁布的北京实施方案在评价内容上把原来综合实践活动内容中学生的志愿服务和社会实践突出呈现出来，关注学生的社会责任感，但评价内容仍是“德、智、体、美”国家的教育方针对学生培养的内容，关注学生全面而有个性发展，因此通过近十年的探索，“育人”功能在高中学校仍是重中之重，体现了政策的一致性和连续性。

第二，学校路径。探索学生综合素质形成性评价和终结性评价结果应用于高考招生的有效途径和机制。监控学生综合素质评价程序，客观、真实记录学生成长过程，规范评价过程。在具体操作中，将进一步完善以电子平台为载体的学生综合素质电子档案，关注学生形成性评价：在学生成长过程中，观察、收集反映学生综合素质发展主要表现的相关事实材料，注重学生成长的过程记录，以描述性语言方式不同评价主体对学生的突出表现进行评价，注重写实性，以电子平台为载体及时记录和储存评价信息，注重“形成性”；与此同时关注学生总结性评价，即关注“选拔”功能：每学期结束时及时进行材料的整理、遴选、公示、审核、监督。学生毕业时，提取经过审核、公示的相关资料从而形成学生综合素质档案，为高等学校选拔学生提供参考。因此“形成性评价”与“总结性评价”不能偏颇哪一个，它是一个有机统一的整体。我们要避免一个可怕的现象：高中学校认为，“高校招生不参考，综合素质评价我做有什么用?”，高校则认为，“高中学校没有提供材料或材料不可信，高招如何参考?”进入一个死循环中。

第三，高校路径。高校根据自身办学定位和专业培养目标，研究提出对综合素质评价使用办法，提前向社会公布，从而和学校的实践对接。大学招生机构怎样进行综合素质评价？一是大学必须明确自身人才选拔的目标和定位，需要什么样的学生？二是建立一套完善的招生综合素质评价系统。一套科学严谨的系统分析判断，而不仅凭经验；成立专门机构开展学生综

① 杜文平：《普通高中学生综合素质评价走向何处》，《中小学校长》，2016 年第 5 期。

合素质考核，考核评分应由专门的机构进行，制定详细的评分细则，确保公平公正。三是专业化招生人员，这些专业人士应当具有教育学、心理学、测量和评价等专门知识。目前高校按分从上向下的录取方式来讲，对招生人员则是极大的挑战，如果缺乏招生专业队伍，也是对综合素质评价“一参考”的严重制约，其结果与效果会大打折扣。

第四，保障路径。各种制度的建立与完善是普通高中学生综合素质评价深入推进的保障，包括建立健全学生成长记录规章制度，建立公示制度，建立检查制度，建立申诉与复议制度，建立诚信责任追究制度等。与此同时，教育改革不是一个部门就能实施的，它涉及教育、社会服务机构、宣传机构等部门的统筹合力，确保“科学选才”和“公平选才”。

总之，建立学生综合素质评价制度是未来的走向，在深化考试招生制度改革背景下，借用陶西平先生的一句话：“建立可信可用的学生综合素质评价制度将成为今后基础教育和高等教育共同面临的一项紧迫而艰巨的任务。因此，需要凝聚各界共识，需要提升评价能力，需要健全诚信体系，更需要在实践中不断积累经验，不断完善。”

参考文献

[1] 国务院关于深化考试招生制度改革的实施意见（国发〔2014〕35 号）[Z]. 2014-09-03.

[2] 教育部关于加强和改进普通高中学生综合素质评价的意见（教基二〔2014〕11 号）[Z]. 2014-12-10.

[3] 北京市教育委员会关于印发《北京市深化考试招生制度改革实施方案》的通知（京教计〔2016〕15 号）[Z]. 2016-05-24.

[4] 上海市教育委员会关于印发《上海市普通高中学生综合素质评价实施办法（试行）》的通知（沪教委基〔2015〕30 号）[Z]. 2015-04-24.

[5] 浙江省教育厅关于完善浙江省普通高中学生成长记录与综合素质评价的意见（浙教基〔2015〕45 号）[Z]. 2015-04-13.

[6] 北京市普通高中学生综合素质评价方案（试行）修订稿（京教基〔2010〕26 号）[Z]. 2010-11-16.

[7] 陶西平. 如何认识高中学生综合素质评价 [N]. 中国教育报，2014-09-06（2）.

[8] 秦春华. 高考改革与综合素质评价 [J]. 中国大学教学，2015（7）：6-12.

[9] 杜文平. 北京普通高中学生综合素质评价：促进学生全面有个性地发展 [J]. 中小学管理，2014（11）：26-28.

[10] 杜文平. 认识、改变和践行教育评价——高考与中小学教育质量综合评价改革研讨会综述 [J]. 中国考试，2016（1）：59-63.

[11] 杜文平. 普通高中学生综合素质评价走向何处 [J]. 中小学校长，2016（5）：49-52.

[12] 尹后庆. 发现和认识学生是综合素质评价的根本目的 [J]. 上海教育，2015（5）：22-23.

[13] 唐江林. 在变与不变中前行——高考改革带来高中教育的思考 [J]. 教育科学论坛，2016（2）：72-75.

[14] 北京新高考方案来了 [N]. 现代教育报，2016-04-08（5）.

撰稿人：北京教育科学研究院北京市教育督导与教育质量评价研究中心　杜文平

第二十二章　北京市中小学社会主义核心价值观融入课堂教学研究

［摘要］　社会主义核心价值观教育要从小抓起、从学校抓起，要发挥课堂教学主渠道作用，使中小学生深刻理解社会主义核心价值观的丰富内涵，准确把握培育和践行社会主义核心价值观的具体要求。社会主义核心价值观融入课堂教学是立德树人的根本要求，是教学改革的应然走向，也是学生发展的必然诉求。社会主义核心价值观融入课堂教学存在的问题：价值观融入元素不系统，教学内容单面化抽象化，教学方法的灵活性不足，学生价值主体意识缺失。要积极探索社会主义核心价值观融入课堂教学的途径。一是理性选择价值观融入的载体，包括课程内容的价值观承载：诱导价值发现；教学活动的价值观培育：引导价值认同；学习环境的价值观涵养：凝聚价值共识。二是打造价值观融入的课堂模式，包括系统化价值观融入元素，具体化核心价值观内容，探求多样化的教学方法，唤醒学生价值主体意识。

［关键词］　社会主义核心价值观　课堂教学　融入

Chapter 22　Research on the Integration of the Core Socialist Values into the Classroom Teaching in the Primary and Middle Schools in Beijing

［Abstract］　Core socialist values education should start from childhood and school, and the classroom teaching should play a major role, so that students can understand the rich connotation of the core socialist values, accurately grasp the specific requirements of the cultivation and practice in the core socialist values. The integration of the core socialist values into the classroom teaching is not only the fundamental requirement of establishing ethics and training talents, the sollen trend to teaching reform, but also the inevitable demand on the development of students. The problems on core socialist values into the classroom teaching include no system of the elements of values into, the abstract and one - side of the teaching content, the deficiency of flexibility in teaching methods, the lack of awareness of the students value subject. We should explore actively the way of integrating of the core socialist values into the classroom teaching. Firstly, the rational choice of the carriers of values into, including course content values carrying to induce value discovery; teaching activities values cultivation to guide the value identity; learning environment values conservation to condense value consensus. Secondly, the making model of values into the classroom teaching, including systematic elements of values into, specific content of the core values, exploring a variety of teaching methods, waking up the students' sense of value subject.

[Key words] the core socialist values; classroom teaching; integrating into

社会主义核心价值观是社会主义核心价值体系的内核，体现社会主义核心价值体系的根本性质和基本特征，反映社会主义核心价值体系的丰富内涵和实践要求，是社会主义核心价值体系的高度凝练和集中表达。社会主义核心价值观，与中国特色社会主义发展要求相契合，与中华优秀传统文化和人类文明优秀成果相承接，是我们党凝聚全党全社会价值共识做出的理论创新成果。社会主义核心价值观的基本内容就是倡导富强、民主、文明、和谐，倡导自由、平等、公正、法治，倡导爱国、敬业、诚信、友善，积极培育和践行社会主义核心价值观。富强、民主、文明、和谐是国家层面的价值目标，自由、平等、公正、法治是社会层面的价值取向，爱国、敬业、诚信、友善是公民个人层面的价值准则。

面对世界范围思想文化交流交融交锋形势下价值观较量的新态势，面对改革开放和发展社会主义市场经济条件下思想意识多元多样多变的新特点，积极培育和践行社会主义核心价值观，对于巩固马克思主义在意识形态领域的指导地位、巩固全党全国人民团结奋斗的共同思想基础，对于促进人的全面发展、引领社会全面进步，对于集聚全面建成小康社会、实现中华民族伟大复兴中国梦的强大正能量，具有重要现实意义和深远历史意义。2013 年，中共中央办公厅印发《关于培育和践行社会主义核心价值观的意见》明确指出："培育和践行社会主义核心价值观要从小抓起、从学校抓起。……推动社会主义核心价值观进教材、进课堂、进学生头脑。"2014 年，北京市人民政府办公厅印发《北京市中小学培育和践行社会主义核心价值观实施意见》明确要求："发挥课堂教学主渠道作用，使中小学生逐步理解社会主义核心价值观的丰富内涵，准确把握培育和践行社会主义核心价值观的具体要求。"

本研究在已有相关研究的基础上开展北京市中小学社会主义核心价值观融入课堂教学的深化研究，是落实中央和北京市有关文件精神的要求，有利于发挥课堂教学主渠道的教育作用，创新课堂教学的方式方法，引领学生树立和践行社会主义核心价值观。

一、社会主义核心价值观融入课堂教学的必要性

（一）立德树人的根本要求

"培养什么样的人，怎样培养人"，是教育的根本问题和永恒主题。十八大报告指出："把立德树人作为教育的根本任务，培养德智体美全面发展的社会主义建设者和接班人。"这是中央文件首次把立德树人确立为教育的根本任务，是对十七大"坚持育人为本、德育为先"教育理念的深化，指明了我国教育改革发展的方向。立德树人，就是说教育教学不仅要传授知识、培养能力，还要把培育和践行社会主义核心价值观融入国民教育体系之中，引导学生树立正确的世界观、人生观、价值观、荣辱观。

要成才，先成人！十八大报告把立德树人作为教育的根本任务，抓住了问题的实质和核心。1988 年，75 位诺贝尔奖获得者在巴黎聚会。在会议期间，有人问一位诺贝尔获奖得者："你在哪所大学哪个实验室学到了你认为最主要的东西？"这位白发苍苍的获奖者说："在幼儿园，我学到了把

自己的东西分一半给小伙伴；不是自己的东西不要拿；东西要放整齐；吃饭前要洗手；午饭后要休息；做错了事要表示歉意；学习要多思考；要仔细观察大自然。从根本上说，我学到的全部东西就是这些。”在幼儿园里学到了最重要的东西？在看似矛盾的回答中，这位诺奖获得者道出了教育的真谛——立德树人。立德即树立德业，正如《左传》所说：“太上有立德，其次有立功，其次有立言，虽久不废，此之谓不朽。”

然而，目前教育中的一些现象似乎与立德树人的目标很不相称。门庭若市的“培优班”，挤破头的“小升初”，减不下来的大书包，追逐名利的办学机构……这些现象似乎表明“育分”远比“育人”更具诱惑力。结果孩子们的考试分数上去了，整个社会的文化水平上去了，但社会的道德水准却没有同步上升，以至于扶起摔倒的老人还需要大讨论，小悦悦事件还会发生。爱因斯坦说过：“用专业知识教育人是不够的，通过专业教育，他可以成为一个有用的机器，但是不能成为一个和谐发展的人。”这句话确实令我们教育人深思。我们也欣喜地看到，越来越多的学校把学生日常行为表现纳入考核目标，坚持以理想信念教育为核心、以爱国主义教育为重点、以基本道德规范为基础、以全面发展为目标，开展道德教育。

立德树人，人心为要。多元的价值观，日新月异的社会，海量信息的侵袭，使德育面临前所未有的挑战和机遇。传统模式的道德教育，或许能取得一时之效，但无法将“德”字镌刻在学生心头。提高道德教育的人文性和科学化水平，是立德树人面临的重要课题。只有切实增强道德教育的针对性、实效性和亲和力、感染力，为学生健康成长营造良好的环境氛围，才能使社会主义核心价值观真正入脑入心。

立德树人，师德为范。知识或可言传，德行须得身教。学高为师，身正为范。教师肩负着为人师表、教书育人的重任，是社会主义核心价值观的传播者和示范者，是学生成长的引路人和人生导师。立德先立师，树人先正己，培养和造就一支学高身正的教师队伍，是立德树人成败的关键。师德建设是教师队伍建设的重心，严格的管理和健全的制度是教师师德建设的关键。

立德树人，树人为要。树人就是引导学生树立正确的世界观、人生观、价值观、荣辱观，培养德智体美全面发展的社会主义建设者和接班人。这不仅关系党的教育事业的发展，也关系中国特色社会主义事业的全局和长远。正如十八大报告指出的：“中国特色社会主义事业是面向未来的事业，需要一代又一代有志青年接续奋斗。”立德树人，教育任重道远！

（二）教学改革的应然走向

所谓教学改革，有广义和狭义之分。广义上的教学改革指教育改革，包括一个国家教育制度等方面的改革；狭义上的教学改革指学校的教学改革，包括教学方法、教学手段、教学模式等方面的改革。本文指狭义上的教学改革。

教学改革如何改？应一切从人出发，以育人、以学生成才为中心。教育的目的就是培养人，把人从自然人变成社会人。雅斯贝尔斯在《什么是教育》中有一个精辟的论断：“教育是人的灵魂的教育，而非理性知识和认识的堆积。”令人遗憾的是，当前中国不少学校却轻视了这一点，以至于把学校变成一个硕大的生产车间，把学生变成批量生产的产品而向社会兜售，严重忽视了学生作为一个有灵性的人的存在的事实，只重视升学率和分数，背离了教育的本质功能。

教学改革重在课程体系改革。美国一所学校的核心课程改革方案设定为四大目标：一是培养全球性的公民，二是发展学生适应变化的能力，三是使学生理解生活的道德面向，四是让学生意识到他们既是文化传统的产品，又是创造这一传统的参与者。纵观这四大目标，无不是以人为本，学生始终成为教学改革的核心。如何减轻中小学生过重的课业负担问题，仍是当今普教界乃至全社会关注的热点问题之一。造成学生课业负担过重的原因是多方面的，其中之一是课程设置、课程标准、教材教法等方面的原因所致。而要真正减轻学生过重的课业负担，切实提高教育质量，只能走课程改革之路。改革旧的课程体系和教材体系，优化和创新课程标准，改变传统的教学方法，同时不断更新教育观念，改革旧的教学体制和考试制度，健全和完善督导评价制度。

有人形容课程是教学的“心脏”，课程体系改革是“做心脏手术”。课改是一项至关重要而高难度的课题，要坚持“以课内为基础，课内外相结合”的原则，将新课程体系确立为必修课、选修课、课外活动三大板块，把思想政治教育、社会实践活动、劳动技术教育纳入教学计划，促进学生主动、全面、和谐的发展。

（三）学生发展的必然诉求

当代中小学生的发展具有鲜明的时代特点：生理成熟期提前；思维活跃，好奇心强；价值观念多元；自我意识和交往需求增强；务实的人生观。复杂的社会环境，多变的信息世界，使中小学生很难分辨是非、真伪、善恶；五花八门的社会刺激，花花绿绿的物欲诱惑，使中小学生眼花缭乱，无法自制。这是当代中小学生心理问题增多的社会根源。

小学生入学后，学习便成为其主导活动了。在系统的教学活动影响下，他们不仅增长了知识、技能，而且智力水平逐渐提高。集体和不断扩大的社会活动领域，使他们逐渐发现自己与他人、集体和社会的关系，不断增强集体感、责任心、义务感，道德意识和自我意识也都有所发展。但总的来说，小学生的身心发展均处于不成熟的阶段。

中学生的身心发展处在人生的重要转折时期，这一时期学生充满着各种心理矛盾，是独立性和依赖性、自觉性和幼稚性错综复杂矛盾的阶段。他们渴望知识、崇尚真才，但往往忽视真才实学的积累与锻炼；他们不满现状，追求上进，但又惧怕挫折；他们厌恶自私、虚伪，又怕诚实吃亏；他们相信自己，又忽视实干；他们信奉追求真理，但又轻视政治学习和思想锤炼；他们乐于表现自己，又讨厌集体活动；他们敬慕品德高尚，又常常言行脱节……特别是初中学生，半成人、半儿童的特点十分明显，可塑性大而不稳定，需要教师特别加以关注。到高中阶段，学生身心各方面趋于成熟、稳定，逐渐跨入成人行列。

在中小学生发展过程中，家庭无疑是第一所学校。在家庭里，父母应当成为真正的教师，不仅要以正确的人生观和价值观引导子女，而且要以身作则，身体力行，成为践行道德价值准则的典范。在学校，教师要给予中小学生身心发展更多的关心、教育与矫正，通过交友方式，打通学生心扉，教会他们学会学习、学会做事、学会交往相处，达到与社会和谐、与自然和谐、与身心和谐，促进其道德品格全面发展，从而形成正确的人生观和价值观。

二、社会主义核心价值观融入课堂教学的问题分析

（一）价值观融入元素不系统

社会主义核心价值观包括三个层面的内容：富强、民主、文明、和谐是国家层面的价值目标，自由、平等、公正、法治是社会层面的价值取向，爱国、敬业、诚信、友善是公民个人层面的价值准则。这三个层面是辩证统一的，国家层面的价值目标在社会主义核心价值观中居于最高地

位，对其他两个层面的价值理念具有统领作用，公民个人层面的价值准则在社会主义核心价值观中居于基础地位，对其他两个层面的价值理念起着基础支撑作用；社会层面的价值取向在社会主义核心价值观中居于中间环节，是国家层面价值目标和公民个人层面价值准则的社会实现形式。因此，社会主义核心价值观三个层面的内容是紧密联系、不可分割的统一整体，社会主义核心价值观教育也应涵盖三个层面而不能偏颇。但在社会主义核心价值观教育特别是融入课堂教学过程中，不少教师只偏重公民个人层面的价值准则，而对其他两个层面重视不够。

（二）教学内容单面化抽象化

社会主义核心价值观教育的目标是认知、认同和践行三个向度的辩证统一，教育的重点是价值观认同和践行，要求教师在教学中能够有意识地设计教学情景，使用多种教学手段，在讲授知识的基础上进一步促进深化认同，以期学生积极践行。但在社会主义核心价值观融入课堂教学过程中，有些教学内容的设置只注重价值观的认知和理解，而忽视价值观的认同和践行。有的教师也只从知识层面讲解社会主义核心价值观，让学生记住社会主义核心价值观的具体内容以应付考试和检查。认知和理解是必要的，但认同和践行才是教育的真正目的和意义。社会主义核心价值观教育不仅要告诉学生“应该做什么”和“为什么这样做”，而且要直接引导他们的思想和行为。教学内容的片面化直接导致抽象化，学生感觉社会主义核心价值观高远而兴趣不足。社会主义核心价值观教育只有结合学生的思想实际和价值困惑，使其在具体的情景中体验和感悟，才能取得实效性和长效性的结果。

（三）教学方法的灵活性不足

在社会主义核心价值观融入课堂教学过程中，很多教师已经比较注意通过多种途径运用多种手段方法进行渗透教育，但仍然有些教师特别是农村学校的教师在方法手段的运用方面灵活性不足，使教育效果大打折扣。一是过度依赖品德课和政治课教学，而忽视其他学科教育资源的挖掘和运用。有些教师仍然片面地认为社会主义核心价值观教育只是学校德育的事情，融入课堂教学也只是融入品德课和政治课教学而与自己的学科无关。二是教学手段和方法较为单一，基本上是理论灌输和知识讲解，而忽视学生的感悟体验。理论灌输法在帮助学生正确认知社会主义核心价值观内容方面具有重要作用，但很难使学生达到知、情、意、信、行的统一，也容易使学生感到枯燥、乏味甚至产生拒斥心理。三是有些教师虽然重视方法的多样性，但方法的综合运用不够。例如，在运用理论灌输法时，营造学习和践行社会主义核心价值观的氛围不够，使理论灌输法和环境熏陶法不协调；在运用情景教学法引导学生认同社会主义核心价值观时，发挥榜样的引导作用不够，不能将情景教学法和榜样示范法有机结合。

（四）学生价值主体意识缺失

课堂教学，学生是主体，教师是主导。在社会主义核心价值观融入课堂教学过程中，只有充分发挥学生的主动性、积极性和创造性，才能使教育教学达到预期的效果。从实践方面来看，大多数学校重视社会主义核心价值观融入课堂教学，也强调学生的主体作用的发挥，但很多具体问题未解决、诸多关系理不顺，造成教学活动只浮于表面、不注重实际效果的不良局面。这其中存在的难题主要是社会大环境的影响强于学校教学活动的影响，家庭教育的实效性大于学校教育的实效性。有时候学校五天的教育活动被两天的社会影响和家庭影响冲淡，这就是“五加二等于零”现象。在学校开展的相关教育教学活动中，活动形式虽然多种多样，但学生缺少参与热情。北京市的初步调查显示：51.58%的学生认为学校活动多样，但感觉并未真正参与，认为这些活动与自己无关，是学校少数人的活动。而各个学校在开展各种活动时也是以学生干部、学生会成员和党团员为主要人员，普通学生的参与度并不高。此外，活动主题鲜明，但学生缺少深入理解。对于一些伦理、慈善方面的教育教学活动，如向贫困地区孩子捐款捐物等，学生普遍认同并认为是有必要的，但是并没有与三个层面的价值观联系在一起，这也反映出学校教育教学活动的深入程度不够，学生的认识还很肤浅，自我价值主体意识迷失。

三、社会主义核心价值观融入课堂教学的途径探索

（一）理性选择价值观融入的载体

1. 课程内容的价值观承载：诱导价值发现

课程内容承载着社会主义核心价值观的元素，通过课程内容，诱导学生价值发现，认知和践行社会主义核心价值观。课程内容是学校教学体系的重要组成部分，教学体系是教学过程中必备的参照标准和依据，一般包括教学内容、课程内容设置、考评体系等。将社会主义核心价值观融入教学体系，应该着力于以下三个方面：首先，教材内容选择上要体现社会主义核心价值观。教材是学生了解课程、掌握知识的最直接来源。因此，在教材内容选择上，要与时俱进、紧跟时代步伐，体现出科学性、合理性、前瞻性和全面性，将社会主义核心价值观的最新研究成果以及现实生活中践行社会主义核心价值观的优秀人物事迹等融入教材中。其次，在课程内容设置方面要形成多元化的课程结构，做到理论教学与实践教学相结合，将理论灌输与社会实践统一起来，使学生不仅能够将社会主义核心价值观“内化于心”，还要真正地做到“外化于行”，在学习中领悟，在现实中践行。最后，在考评体系中做到综合、全面。在教学考评中，不仅要有专业知识和技能等方面的内容，还应包括学生的综合素质表现等。考评不是目的，而是一种激励学生进步和发展的手段，最终的目的是树立正确的价值观，实现学生的全面发展。

2. 教学活动的价值观培育：引导价值认同

教学活动是进行社会主义核心价值观教育的主渠道，要坚持将社会主义核心价值观融入教学活动，通过教学活动，引导学生价值认同。课堂讲授是教学活动的基本形式，教师在课堂上讲解得越透彻，学生就理解得越全面，就越认同核心价值观。要面向不同学生的实际、以不同的方式讲明白社会主义核心价值观为什么要这样概括，当下为什么要用这样的价值观凝聚社会力量，这样的核心价值观具有哪些先进性等学生有所困惑的问题，使他们在真正理解的基础上认同社会主义核心价值观。首先，要按照马克思主义的立场、观点和方法，紧密结合中国的基本国情和具体实践进行解读。比如“富强”，从马克思主义生产力决定论的观点来看，“强”是建立在“富”的基础上的；而如何致富，必须以科学发展观为指导，坚持以人为本，树立全面、协调、可持续的发展观，促进经济社会和人的全面发展。只有让人民能够共享经济繁荣成果，才能真正体现社会主义制度的优越性。其次，要注意区分一些词汇的不同含义。比如“民主”这个词，在当前西方国家掌握着全球文化霸权、刻意渲染民主与专制对立的情形下，很容易让民众片面认为多党竞争、一人一票才是民主。因此，在解读“民主”时，应把重点放在

民主制度保障人民基本权益的实质上面，一定要让学生明白，建立和完善民主制度归根结底是要体现人民的意愿，实现国家的良好治理和人民高品质的生活；而民主的具体形式应该由各国根据自己的民情和国情来探索，而不能片面理解为简单、抽象的程序民主。

3. 学习环境的价值观涵养：凝聚价值共识

优良的学习环境有利于学生价值观的涵养和价值共识的形成。要将社会主义核心价值观融入学生的学习环境中，通过优良的学习环境，学生深刻感悟核心价值观，逐渐凝聚价值共识。学习环境包括学习场所及其体现的学习氛围等。学习场所一般是指教室、实验室等，还包括在室外进行的实践学习活动。学习场所为学习活动提供了必要的空间和条件，而学习场所的布置、环境和氛围，也对社会主义核心价值观的传递和构建起到辅助作用。将社会主义核心价值观融入学习场所中，就是利用学习场所的空间环境和既有条件，通过不同方式对学生进行潜移默化的教育和引导，使学习场所成为社会主义核心价值观教育的隐性课堂。要加强学习场所文化环境的建设和学习氛围的营造，可以在学习场所的墙壁或者器材上张贴海报、标语或者漫画等，通过优良的文化环境与和谐的学习氛围，向学生渗透社会主义核心价值观的内容，使学生耳濡目染，逐渐凝聚价值共识。要建构立体教育网络，在学习场所内安装网络电视、电子宣传栏等新媒体设备，创新宣传教育方式和内容，调动学生学习的积极性和热情，增强社会主义核心价值观的吸引力和感染力，促进学生树立正确的世界观、人生观和价值观。

（二）打造价值观融入的课堂模式

1. 系统化价值观融入元素

社会主义核心价值观的内容包括倡导富强、民主、文明、和谐，倡导自由、平等、公正、法治，倡导爱国、敬业、诚信、友善。这与中国特色社会主义发展要求相契合，与中华优秀传统文化和人类文明优秀成果相承接，是我们党凝聚全党全社会价值共识做出的重要论断。富强、民主、文明、和谐是国家层面的价值目标，自由、平等、公正、法治是社会层面的价值取向，爱国、敬业、诚信、友善是公民个人层面的价值准则。社会主义核心价值观元素融入课堂教学要全面系统，既要包括国家层面的富强、民主、文明、和谐，社会层面的自由、平等、公正、法治，也要包括公民个人层面的爱国、敬业、诚信、友善。社会主义核心价值观教育是培育人的灵魂的教育，既要遵循知识传授的规律，倡导启发式、参与式教学，使学生们都能通过自身的独立思考，逐步认知社会主义核心价值观；又要遵循价值认同的规律，注重知行统一，坚持教育与生活实际、社会实践相结合，使学生们通过自身的切身体验，理解社会主义核心价值观对于国家、社会以及自身发展的意义，在情感态度上认同社会主义核心价值观，在思想行为上自觉地遵守社会主义核心价值观的基本要求。要构建中小学校课程之间的无缝衔接和各学段之间的课程覆盖，增强教育的系统性。要针对不同学段学生的认知特点和规律，科学设置社会主义核心价值观教育内容，构建分层递进、螺旋上升、整体衔接的内容序列，把社会主义核心价值观教育渗透到各门课程之中，使各门课程都能发挥培育和践行社会主义核心价值观的作用。

2. 具体化核心价值观内容

社会主义核心价值观是最基本、最普适的价值标准，经常以口号的形式出现，相对于中小学生特别是小学生比较抽象，只有将其具体化、校本化才能为广大学生所接受。首先，要把社会主义核心价值观的元素具体化、校本化。比如，国家层面的价值目标落实到学校就是富强的集体、民主的选举、文明的校园、和谐的班级等，社会层面的价值取向具体到学校就是自由的思考、师生的平等、公正的评比、法制的校园等。其次，在日常教学中，可以用具体的案例作为讲解社会主义核心价值观的手段。比如国庆节时对学生进行爱国教育，“五一”节时利用模范人物对学生进行敬业教育，临近考试时针对考试作弊的问题用诚信标准要求学生。最后，要引导学生把国家、社会、学校、班级、个人等价值主体统一起来。比如，爱国与爱社会、爱学校、爱班级是统一的，敬业与学业是统一的，学生把学业搞好就是敬业。总之，社会主义核心价值观的具体化、校本化，要在落细落小落实上下功夫。一是具体化、校本化必须落细。具体化就是要着眼于具体细节。古人云：“天下大事，必作于细。”这是因为，任何大事都是由细小的环节构成的。社会主义核心价值观是宏大的叙事，宏大的叙事如果不落实到具体的细节上，就无法贴近学生、贴近实际、贴近生活。二是具体化、校本化必须落小。要成就一件大事，就必须从小事做起。具体化就是要求从小事做起，由小及大，由近及远；就是要求从基础的、具体的方面抓起，从学生的学习和生活实际抓起。三是具体化、校本化必须落实。具体化，就是要深入学生的学习和生活实际，解决学生的实际问题。理论的彻底不仅应体现在观念的层面和价值的层面上，而且应体现在实践的层面上。落细、落小的目的是落实。学生不仅看教师在课堂上讲得是否在理，还要看在日常生活中能否践行。

3. 探求多样化的教学方法

加强中小学生社会主义核心价值观教育，必须改进教学方法，使教育教学更具有针对性，更富有实效性。首先，教学方法既要多样化，又要灵活性。例如，营造良好的课堂氛围，运用情感陶冶和环境熏陶的方法；调动学生积极性和主动性，运用自我管理和自我教育的方法，引导践行核心价值观，发挥榜样示范和个别指导的方法；等等。在运用多种方法开展教学活动时，还要注意根据环境的变化和学生的实际，不断创新教育方法。例如，采用现代传媒技术支撑的体验式、渗透式、陶冶式方法，增强教学的感染性和吸引力；根据多元智能理论，采用思维导向法和任务激励法，增强学生学习的兴趣和参与的热情；针对学生的实际，采用案例分析法和同伴学习法，提高价值观教育的适切性和实际效果。其次，要根据不同的教学内容选择和运用不同的方法。在讲解社会主义核心价值观内容时，国家层面的价值目标理论性和抽象性较强，因而应着重运用理论讲授法；社会层面的价值取向与资产阶级价值观念容易混淆，因而应着重运用比较鉴别法；公民个人层面的价值准则与学生的学习和生活贴近，因而应着重运用榜样示范和案例分析的方法。再次，要根据不同教育阶段的具体要求选择和运用不同的教学方法。认知教育阶段要以理论讲授法为主，认同教育阶段要以感悟陶冶法为主，践行教育阶段要以榜样示范法为主。最后，要注意多种教学方法的综合有效运用。既要注意多种教学方法的横向综合运用，又要注意多种教学方法的纵向综合运用。横向综合运用是对同一阶段上教育任务的方法论要求，纵向综合运用是对不同发展阶段教育任务的方法论要求。总之，要积极探求多样化的教学方法，构建一套系统的教学方法体系，综合运用多种方法把社会主义核心价值观融入教学过程中，实现好社会主义核心价值观的知识体系向社会主义核心价值观的信仰体系的转换。这是中小学道德教育面临的新课题，也是中小学教师肩负的时代使命。

4. 唤醒学生价值主体意识

在社会主义核心价值观融入课堂教学过程中，要充分发挥学生的主动性、积极性和创造性，唤醒他们的价值主体意识，使其认知、认同核心价值观，并不断凝聚践行的正能量。首先，关注学生主体诉求，使其在认知基础上认同社会主义核心价值观。认同的一个基本问题就是要研究学生需要什么，这是学生认同社会主义核心价值观的重要基础。现代中小学生物质方面的需求基本得到满足，而精神方面的需求还不能说已经得到满足，不少学生存在思想矛盾和困惑，甚至有的学生出现了精神空虚和信仰危机。要针对学生的思想实际，把社会主义核心价值观的意义讲清楚，使学生主体在社会实践的动态发展和转化的过程中，自觉自愿认同并践行社会主义核心价值观。其次，加强面向学生主体的内涵阐释，提升社会主义核心价值观的引导力。要面向学生主体，采用多种方式方法，加强系统性的内涵解读，讲清楚社会主义核心价值观提出的背景和意义，为什么要用社会主义价值观凝聚社会共识，社会主义核心价值观具有哪些先进性和特点等学生有所困惑的问题，使其在真正理解的基础上认同社会主义核心价值观。最后，结合校园文化和班级文化建设，增强课堂教学的主体穿透力和感染力。北京市几乎每所中小学校都在发展过程中形成了特色鲜明的组织文化，校园文化和班级文化建设颇具成效，要积极发挥这些文化建设的优秀成果，抓住其与社会主义核心价值观的结合点，以社会主义核心价值观引领组织文化建设，将组织文化建设作为培育社会主义核心价值观的重要途径。比如，有的学校定期举办文化节，文化活动特色鲜明又丰富多彩，要努力挖掘其中有利于社会和谐、时代进步、健康文明的内容，使其转化为课堂教学资源，阐释其中与社会主义核心价值观相融相通之处，从而更好地引领学生认同、践行社会主义核心价值观。同时，课堂教学过程中要充分发挥学生干部和先进分子的带头作用，以更高的标准来要求他们，从而影响带动更多的学生，形成一种激发正能量的良好氛围。

参考文献

[1] 杨奎. 首都市民社会主义价值观实证研究 [M]. 北京：中国社会科学出版社，2015.

[2] 方旭光. 认同的价值与价值的认同——社会主义核心价值观论 [M]. 北京：中国社会科学出版社，2014.

[3] 江畅等. 我国主流价值文化及其构建研究 [R]. 北京：人民出版社，2013.

[4] 刘鲁红等. 社会主义核心价值观融入教育的对策研究 [J]. 沈阳建筑大学学报，2015 (2)：191-193.

[5] 张宝梅. 社会主义核心价值观融入国民教育体系有效性探究 [J]. 商丘职业技术学院学报，2013 (6)：1-2.

[6] 朱海平. 社会主义核心价值观融入基础教育全过程的思考 [J]. 德育纵横，2014 (19)：11-12.

[7] 韩凯辉. 大学生社会主义核心价值观教育存在的问题及对策 [D]. 武汉：华中师范大学，2015.

[8] 彭建. 高中生社会主义核心价值观教育存在的问题和对策 [D]. 武汉：华中师范大学，2015.

[9] 社会主义核心价值观融入学校教育探讨 [EB/OL]. http：//www.xchen.com.cn/dyjy/xxjylw/6982500.html.

[10] 社会主义核心价值观：现状分析和路径探讨 [EB/OL]. http：//www.360doc.com/content/14/1017/09/497185_417599280.shtml.

撰稿人：北京教育科学研究院德育研究中心　秦廷国

第二十三章　北京市中小学教师师德建设政策分析

[摘要]　北京市中小学教师师德政策包括国家层面的师德政策以及北京市各区县出台的师德政策。依据不同的内容与功用，师德政策可以划分为五个类型，即引领型、规范型、建设型、惩处型与综合发展型。引领型师德政策主要是为师德发展指明方向，重点阐述了师德发展的总体目标、重要性、价值与意义。规范型师德政策体现了国家政府对于中小学教师的师德规范与要求。建设型师德政策主要是教育行政部门为了推进师德建设工作而出台的若干政策，其聚焦点在于师德建设的方案与措施。惩处型师德政策主要是针对违反师德规范行为的处罚条例，其目的旨在通过对不良行为的惩处，达到守护师德规范与师德底线的目的。综合发展型师德政策内涵较全面，包括师德发展的目标、举措以及师德发展的监督与保障。政治性、扩展性、评判性是师德政策三个鲜明和突出的特点。在师德政策里有很大部分是关于教师政治觉悟的要求，且政策内涵膨胀，偏重评价与惩处。为进一步推进“十三五”时期首都教育的发展，北京市中小学教师师德政策还需要在以下方面进行优化和改进，即提升师德政策的专业性，聚焦师德政策的重点内涵，增强师德政策的建设性与实践性。

[关键词]　教师　师德建设　政策分析

Chapter 23　Analysis of the Teacher’s Professional Ethics Policies in Primary and Secondary Schools in Beijing

[Abstract]　Beijing primary and secondary school teacher’s professional ethics policies include the national level and ethics policies introduced in each district and county of Beijing. According to different content and function, the teacher’s ethics policies can be divided into five types, namely leading type, standard type, construction type, punishment type and comprehensive development type. Leading type policy is to specify the direction for the development of teachers, focusing on the development of teachers’ overall objectives, value and significance. Standard type policy reflects the national government’s standards and requirements for teachers of primary and secondary schools. Construction type policy is mainly the education administrative departments in order to promote the construction of professional ethics and the introduction of a number of policies, the focus lies in the construction of professional ethics programs and measures. Punishment type policy is mainly aimed at the punishment of violations of ethics regulations, and its purpose is to punish the bad behavior, to protect the moral standard and the purpose of the bottom line. Comprehensive development type policy is more comprehensive, including the development of teacher's moral goal, measures and the development of teacher's supervision and safeguard. Political, expansion and evaluation are three distinctive and prominent features of teacher's professional ethics. There is a big part in policy is about the requirements of teachers' political consciousness, and the policy connotation expansion, lay particular stress on assessment and punished. In order to further promote the development of education in the capital of the 13th Five－Year period, Beijing primary and secondary school teacher' s professional ethics policies also need to be optimized and improved in the following aspects, namely, to enhance the professional , focus on the key points, strengthen the construction and practice of policy.

[Key words]　teacher; teacher's professional ethics; policy analysis

师德建设是中小学教师队伍建设的重要组成部分，是提升教师队伍整体水平的重要举措。师德政策在师德建设中具有方向指引与制度保障双项功能，其重要性无可比拟。因而，各级教育行政部门都极其重视师德政策的研制和出台。为促进师德建设与发展，无论是在国家层面，还是在北京市级层面，都出台了诸多师德政策。通过对这些师德政策的研究与分析，将有助于推进“十三五”时期北京市师德建设工作。

一、北京市中小学教师师德政策与依据

北京市出台的中小学教师师德政策的主要依据是国家层面出台的教育文件和师德政策。北京市师德政策主要包括两个部分，一部分是对国家出台的师德政策的直接转发，如师德规范及惩罚条例；一部分是在国家师德政策的基础上，结合北京市各区县教育特点，研制出台的师德政策，如各区县师德政策。

（一）北京市直接下发与转发的师德政策

北京市转发的国家层面出台的师德政策主要有《中小学教师职业道德规范》《教育部关于进一步加强和改进师德建设的意见》《国务院关于加强教师队伍建设的意见》《中小学教师违反职业道德行为处理办法》等。《中小学教师职业道德规范》体现了国家层面对中小学教师的师德规范与要求，从1984至2008年，历经四次颁发和修订。1984年，教育部、全国教育工会颁发了《中小学教师职业道德要求（试行草案）》（1984年版），文本共6条要求。1991年，国家教育委员会和全国教育总工会对《中小学教师职业道德要求》进行了修订，颁发了《中小学教师职业道德规范》（1991年版），在数量上保持了6条规范。1997年，国家教委和全国教育工会对《中小学教师职业道德规范》再次修订，正式颁布了《中小学教师职业道德规范》（1997年版）。此前的6条规范扩展到8条。2008年，教育部、中国教科文卫体工会全国委员会再次修订并颁布了《中小学教师职业道德规范》。从数量上看，规范再次恢复为6条。

为加强和改进师德建设工作。国家教育行政部门出台了《教育部关于进一步加强和改进师德建设的意见》，主要涵盖“师德建设的重要性和紧迫性”“师德建设的总体要求和主要任务”“师德建设的主要措施”“加强对师德建设的领导”四方面内容。

2013年，为贯彻落实《国务院关于加强教师队伍建设的意见》，充分尊重教师主体地位，弘扬高尚师德，解决师德突出问

题，引导教师立德树人、为人师表，不断提升人格修养和学识修养，努力建设一支师德高尚、业务精湛、结构合理、充满活力的中小学教师队伍，教育部出台了《教育部关于建立健全中小学师德建设长效机制的意见》（教师〔2013〕10号），是国家师德建设成效机制的最重要政策举措，围绕建立健全教育、宣传、考核、监督与奖惩相结合的中小学师德建设长效机制提出若干意见。

2014年，为规范教师职业行为，保障教师、学生的合法权益，根据《中华人民共和国教育法》《中华人民共和国未成年人保护法》《中华人民共和国教师法》《教师资格条例》等法律法规，教育部出台了《中小学教师违反职业道德行为处理办法》（教师〔2014〕1号），是教育部印发的处理师德行为失范的政策文件。

（二）北京市及各区县出台的师德政策

北京市及各区县出台的师德文件及政策主要有《北京市中长期教育改革和发展规划纲要（2010—2020年）》，以及北京市各区县结合本区域教育的需要出台的师德文件及政策。如《北京市中长期教育改革和发展规划纲要（2010－2020年》明确提出：要坚持把师德建设摆在教师队伍建设的首位，进一步加强教师职业理想和职业道德教育，不断增强广大教师教书育人的责任感和使命感。各区县积极响应，结合本区县教育实际出台了诸多师德建设文件。昌平区教育委员会2012年出台《关于进一步加强师德建设的意见》，用于指导师德建设工作。提出师德建设工作目标：通过师德建设，提高全区教师的师德水平，增强教书育人的光荣感、责任感和使命感，严格遵守《中小学教师职业道德规范》，严格遵守各项教学规范、教学纪律，做到“爱国守法、爱岗敬业，关爱学生、教书育人，为人师表、终身学习，团结合作、廉洁从教”，努力造就一支师德高尚、结构合理、严谨治学、从严执教、教书育人的一流师资队伍。

延庆区将教师职业道德建设作为教师队伍建设的一项重要内容常抓不懈，2006年至2015年连续十年开展“做人民满意教师”师德主题教育活动，收到明显成效。2012年年底，颁发了《延庆县中小学教师职业道德规范》，通过有计划地举行培训学习、自查自纠活动，开展以“做人民满意教师”为主题的师德标兵评选、青年教师师德演讲等一系列教育活动。

怀柔区出台了《关于进一步加强教师职业道德建设工作的意见》。师德建设推进措施有：加强教育培训，中小学要把学习《中华人民共和国教育法》《中华人民共和国教师法》《教育部关于进一步加强和改进师德建设的意见》《中小学教师职业道德规范》等列入本校教师继续教育内容，把师德教育作为新一轮教师全员培训的重要内容并组织教师进行师德研讨，引导广大教师修身立德。教委依托教育系统理论宣讲团，以“创先争优、凝聚师魂、弘扬雷锋精神、践行北京精神”为主题，深入基层单位，开展师德宣讲活动，每年暑期组织开展教师师德建设嘉年华活动。

房山区出台的师德文件有《进一步加强和改进中小学教师职业道德建设的意见》（房教工发〔2011〕29号）。房山区加强和改进师德建设的总体目标是：以新颁布的《中小学教师职业道德规范》为标准；以全面育人、为人师表为核心；以提高教师思想政治素质、个人品德、职业理想、职业道德、社会公德和家庭美德水平为重点；弘扬高尚师德，力行师德规范，强化师德教育与自我修养，落实制度措施，加强考核评估，进一步提高师德水平。造就一支师德高尚、师能过硬、学科齐全、结构合理，适应我区教育事业发展、让社会认可、让人民满意的教师队伍。

二、北京市中小学教师师德政策分类

北京市中小学教师师德政策根据其内容与功用的不同，可以划分为以下五个类型，即引领型、规范型、建设型、惩处型与综合发展型。通过对北京市中小学教师师德政策进行分类研究，可以更好地把握师德政策的内涵与重点。

（一）引领型

引领型师德政策主要是为师德发展指明方向，对师德发展的总体目标、重要性、价值与意义进行重点阐述。如《北京市中长期教育改革和发展规划纲要（2010—2020 年）》《国务院关于加强教师队伍建设的意见》等。《北京市中长期教育改革和发展规划纲要（2010—2020 年）》阐明要坚持以德为先、能力为主，建立健全教师队伍建设长效机制，全面提升教师综合素养，着力构建高素质的专业化教师队伍，培养、造就一大批名师、名校长，为全面推进首都教育现代化提供强有力的人才支持。坚持把师德建设摆在教师队伍建设的首位，进一步加强教师职业理想和职业道德教育，不断增强广大教师教书育人的责任感和使命感。完善教师职业道德教育、考核、监督机制，将师德教育列为教师继续教育的必修内容，将师德表现作为考核、聘任（聘用）和评价的首要内容，并接受学生、家长和社会的监督和评议。继续开展“北京市优秀人民教师”评选，表彰树立一批道德高尚、行为示范的教师典型。《国务院关于加强教师队伍建设的意见》提出总体目标，到 2020 年，形成一支师德高尚、业务精湛、结构合理、充满活力的高素质专业化教师队伍。教师队伍整体素质要大幅提高，要普遍具有良好的职业道德素养、先进的教育理念、扎实的专业知识基础和较强的教育教学能力。

（二）规范型

规范型师德政策体现了国家政府对于中小学教师的师德规范与要求。如《中小学教师职业道德规范》虽然历经四次颁发和修订，但是其核心思想却没有变更，只是随着时代的发展，增添了新内容和新要求，删减了一些不合时代要求的规范。如《中小学教师职业道德规范》（1997 年版）总计有 8 条，最新版《中小学教师职业道德规范》（2008 年版）修改为 6 条。具体对教师的师德规范与内容要求如下。

《中小学教师职业道德规范》（2008 年版）首先要求教师要爱国守法。热爱祖国，热爱人民，拥护中国共产党领导，拥护社会主义。全面贯彻国家教育方针，自觉遵守教育法律法规，依法履行教师职责权利。不得有违背党和国家方针政策的言行。爱岗敬业。忠诚于人民教育事业，志存高远，勤恳敬业，甘为人梯，乐于奉献。对工作高度负责，认真备课上课，认真批改作业，认真辅导学生。不得敷衍塞责。关爱学生。关心爱护全体学生，尊重学生人格，平等公正对待学生。对学生严慈相济，做学生良师益友。保护学生安全，关心学生健康，维护学生权益。不讽刺、挖苦、歧视学生，不体罚或变相体罚学生。教书育人。遵循教育规律，实施素质教育。循循善诱，诲人不倦，因材施教。培养学生良好品行，激发学生创新精神，促进学生全面发展。不以分数作为评价学生的唯一标准。为人师表。坚守高尚情操，知荣明耻，严于律己，以身作则。衣着得体，语言规范，举止文明。关心集体，团结协作，尊重同事，尊重家长。作风正派，廉洁奉公。自觉抵制有偿家教，不利用职务之便牟取私利。终身学习。崇尚科学精神，树立终身学习理念，拓宽知识视野，更新知识结构。潜心钻研业务，勇于探索创新，不断提高专业素养和教育教学水平。

（三）建设型

建设型师德政策主要是教育行政部门为了推进师德建设工作而出台的若干政策，其聚焦点在于师德建设的方案与措施。如为加强和改进师德建设工作，国家教育行政部门出台的《教育部关于进一步加强和改进师德建设的意见》，提出师德建设的主要措施：强化师德教育。多渠道、分层次地开展各种形式的师德教育。在加强和改进教师思想政治教育、职业理想教育、职业道德教育的同时，重视法制教育和心理健康教育。加强学风和学术规范教育。建立和完善各级各类学校德育工作者培训制度。对学校班主任、辅导员等德育工作者进行师德教育专题培训。建立和完善新教师岗前师德教育制度。各级各类师范院校和举办教师教育的综合大学，都要适应新的要求，将教师职业道德教育列为教师培养和职后培训的重要环节。要把师德教育作为新一轮中小学教师全员培训的首要任务和重点内容。

加强师德宣传。每年教师节组织师德主题教育活动，以庆祝教师节和表彰优秀教师为契机，集中开展师德宣传教育活动；在三年一次全国性的教师和教育工作者表彰奖励中，表彰师德标兵，优秀班主任、辅导员、德育工作者和德育工作先进集体；组织师德典型重点宣传和优秀教师报告团活动，大力褒奖人民教师的高尚师德，广泛宣传模范教师先进事迹，展现当代教师的精神风貌，进一步倡导尊师重教的良好社会风尚；举办师德论坛，促进师德建设的理论创新、制度创新和管理创新，推动师德建设工作实现科学化、制度化。

（四）惩处型

惩处型师德政策主要是对违反师德规范行为的处罚条例。其目的是通过对不良行为的惩处，守护师德规范与师德底线。如《中小学教师违反职业道德行为处理办法》（教师〔2014〕1号），即是教育部印发的处理师德行为失范的政策文件，其目的是为规范教师职业行为，保障教师、学生的合法权益。中小学教师违反职业道德行为处理办法主要包括以下内容：办法所称处分包括警告、记过、降低专业技术职务等级、撤销专业技术职务或者行政职务、开除或者解除聘用合同。其中，警告期限为6个月，记过期限为12个月，降低专业技术职务等级、撤销专业技术职务或者行政职务期限为24个月。

教师有下列行为之一的，视情节轻重分别给予相应处分：在教育教学活动中有违背党和国家方针政策言行的；在教育教学活动中遇突发事件时，不履行保护学生人身安全职责的；在教育教学活动和学生管理、评价中不公平公正对待学生，产生明显负面影响的；在招生、考试、考核评价、职务评审、教研科研中弄虚作假、营私舞弊的；体罚学生的和以侮辱、歧视等方式变相体罚学生，造成学生身心伤害的；对学生实施性骚扰或者与学生发生不正当关系的；索要或者违反规定收受家长、学生财物的；组织或者参与针对学生的经营性活动，或者强制学生订购教辅资料、报刊等谋取利益的；组织、要求学生参加校内外有偿补课，或者组织、参与校外培训机构对学生有偿补课的；其他严重违反职业道德的行为应当给予相应处分的。

（五）综合发展型

综合发展型师德政策内涵较全面，涵盖了师德发展的目标、师德发展的举措办法以及师德发展的监督与保障。北京市各区县出台的师德文件与政策多是综合发展型，如《密云县中小学师德建设三年行动计划》，就提出师德发展的主要目标、重点任务与保障措施。其中师德发展的主要目标：是通过加强师德建设，全力打造一支具有崇高职业理想、师德高尚、业务精湛、充满活力的高素质专业化中小学教师队伍。

促进“两个转变”，即教风校风向更好的方面转变，师德师风向更好的方面转变。杜绝“三种现象”，即有偿家教、以教谋私、体罚和变相体罚学生的现象。实现“四个提升”，即在教师政治素质和师德素养上有新的提升，在服务学生、服务家长的效果上有新的提升，在树立教师良好形象上有新的提升，在教育教学质量上有新的提升。

师德发展的重点任务是2013 年至 2015 年，全县中小学师德建设工作将围绕“规范从教行为，弘扬高尚师德”这一主题，大力营造教师爱岗敬业的良好氛围，积极引导教师树立正确的职业道德观念，不断探索建立师德师风建设工作的长效机制，全力塑造新时期中小学教师的良好形象，全面提高中小学师德水平。主要抓好四方面工作：强化教育，立志从教；规范行为，依法执教；为人师表，以德治教；以评促改，优质施教。师德发展保障措施是要加强领导，健全组织；注重过程，强化管理；监督检查，保证实效。进一步完善监督检查机制，采取学校自查、校际间互查、教委定期抽查等多种形式，加大师德建设监督检查力度。

三、北京市中小学教师师德政策特点

（一）政治性

政治性是师德政策最鲜明和突出的特点。在师德政策里有很大部分是关于教师政治觉悟与政治理想的要求。如《教育部关于进一步加强和改进师德建设的意见》明确提出师德建设的总体要求是以马克思列宁主义、毛泽东思想、邓小平理论和“三个代表”重要思想为指导，紧紧围绕全面实施素质教育、全面加强青少年思想道德建设和思想政治教育的目标要求，以热爱学生、教书育人为核心，以“学为人师、行为世范”为准则，以提高教师思想政治素质、职业理想和职业道德水平为重点，弘扬高尚师德，力行师德规范，强化师德教育，优化制度环境，不断提高师德水平，造就忠诚于人民教育事业、为人民服务、让人民满意的教师队伍，为培养德智体美全面发展的社会主义建设者和接班人做出新贡献。

师德建设的总体任务是提高教师的思想政治素质。教师要牢固树立正确的世界观、人生观和价值观，自觉抵制各种错误思潮和腐朽思想文化的影响。要高度重视学生的思想道德建设和思想政治教育，以良好的思想政治素质影响和引领学生。树立正确的教师职业理想。广大教师要有强烈的职业光荣感、历史使命感和社会责任感。要正确处理个人与社会的关系，反对拜金主义、享乐主义和极端个人主义，把本职工作、个人理想与祖国的繁荣富强紧密联系在一起。

（二）扩展性

师德的本义是指教师在教育教学中所必须遵循的基本道德规范和行为准则，以及在此基础上所表现出来的道德观念、道德情操和道德品质。依此，师德政策的本义即是关于教师道德规范和行为准则的政策文本。但仔细分析各级教育行政部门出台的师德政策，可以发现中小学教师师德政策的内涵具有很强的扩展性：即师德政策不仅涵盖对教师师德的要求，而且涵盖了对教师政治性的要求，法律法规的要求，以及职业要求等，几乎无所不包。如《北京市海淀区教育委员会办公室转发建立健全中小学师德建设长效机制文件的通知》（海教办发〔2016〕7 号）要求：深化师德教育要引导教师树立远大职业理想。依据教师专业发展不同阶段，建立健全师德教育课程体系。重点加强社会主义核心价值观教育，弘扬中华传统美德，把教师理想信念教育、职业道德教育、文明礼仪教育、法制教育、心理健康教育和民族团结教育纳入师德教育内容。将师德教育作为重要内容贯穿于中小学教师培养培训全过程。

《中共北京市东城区委教育工作委员会 北京市东城区教育委员会印发关于加强师德师风建设工作的意见的通知》（东教工委发〔2014〕18 号），要求开展多种形式的师德教育，要实施全员师德培训工程，重视法制教育、心理健康教育和民族团结教育。充分利用东城区教育文化资源的优势，创新师德教育内容、模式和方法，通过案例征集、个案剖析、典型宣传、师德评比等形式，用优秀教师的感人事迹诠释师德内涵。

（三）评判性

通过对师德政策的分类研究，可以发现规范型师德政策与惩处型师德政策都占有很大比重，其主要特点是设立师德红线作为评判依据，并对触犯师德红线的行为进行处罚，或一票否决。譬如《中小学教师违反职业道德行为处理办法》与《中小学教师职业道德规范》，即是突出体现。如《教育部关于建立健全中小学师德建设长效机制的意见》（教师〔2013〕10 号）规定：严格师德考核，促进教师自觉加强师德修养。将师德考核作为教师考核的核心内容，摆在首要位置。各级教育行政部门要制定师德考核办法，学校制定具体的实施细则。师德考核应充分尊重教师主体地位，符合教师职业性质，促进教师专业发展；坚持公平、公正、公开原则；采取教师个人自评、家长和学生参与测评、考核工作小组综合评定等多种方式进行。考核结果一般分为优秀、合格、基本合格、不合格四个等次。考核结果公示后存入师德考核档案并报学校主管部门备案。师德考核不合格者年度考核应评定为不合格，并在教师资格定期注册、职务（职称）评审、岗位聘用、评优奖励和特级教师评选等环节实行一票否决。对危害严重、影响恶劣者，要坚决清除出教师队伍。建立问责制度。对教师严重违反师德行为监管不力、拒不处分、拖延处分或推诿隐瞒，造成不良影响或严重后果的，要追究学校或教育主管部门主要负责人的责任。对涉及违法犯罪的要及时移交司法部门。

四、师德政策优化的策略与建议

《北京市中长期教育改革和发展规划纲要（2010—2020 年）》要求坚持以德为先建立健全教师队伍建设长效机制，坚持把师德建设摆在教师队伍建设的首位，完善教师职业道德，着力构建高素质的专业化教师队伍，为全面推进首都教育现代化提供强有力的人才支持。为了实现《北京市中长期教育改革和发展规划纲要（2010—2020 年）》的要求与目标，进一步推进“十三五”时期首都教育的发展，北京市中小学教师师德政策还需要在以下方面优化和改进。

（一）提升师德政策的专业性

师德政策包含适度的政治思想教育的内容是必要的，但如果因此完全替代和削弱了师德的专业内涵，偏离了教师教育工作的专业属性，势必也会大大降低师德政策的实效性。一直以来，师德政策过强的政治属性和过弱的专业性在一定程度上限制了师德工作的深入推进。为此，国家教育行政部门也在不断反思和改进。如在2012 年，教育部出台的《教师专业标准》就有较大的突破，对于教师师德的专业属性有着更多更细致的表述。如：要求教师关爱学生，尊重学生人格，富有爱心、责任心、耐心和细心；以人格魅力和学识魅力教育感染学生，做学生健康成长的指导者和引路人。坚持以学生为本，尊重学生权益，以学生为主体，充分调动和发挥学生的主动性；促进学生生动活泼学习、健康快乐成长，全面而有个性地发展。

《教师专业标准》有一级纬度“专业理念与师德”，其基本要求就有很多专业性表述：诸如认同教师的专业性和独特性，注重自身专业发展；尊重个体差异，主动了解和满足学生的不同需要；信任学生，积极创造条件，促进学生的自主发展；尊重教育规律和学生身心发展规律，为每一位学生提供适合的教育；激发学生的求知欲和好奇心，培养学生学习兴趣和爱好。师德政策的专业性的表述，使教师能够更容易理解师德政策内涵，也更能自觉地在实际工作中提升自身的师德水平。因此，增强师德政策内涵的专业性，剔除师德政策过大过空过泛的政治化表述与要求，应该是“十三五”时期北京市师德政策需要改进的方向。

（二）聚焦师德政策的重点内涵

扩展性是师德政策的一个重要特点，有关师德教育的内容在很多的师德政策中都有着各种表述，譬如，有的区县的师德文件中要求：建立健全师德教育课程体系，重点加强社会主义核心价值观教育，弘扬中华传统美德，把教师理想信念教育、职业道德教育、文明礼仪教育、法制教育、心理健康教育和民族团结教育纳入师德教育内容。而也有的区县的师德文件中要求要实施全员师德培训工程，重视法制教育、心理健康教育和民族团结教育。有的区县的师德文件中要求师德教育的内容包括：政治理论、教育方针及政策、法律法规、教师职业道德规范、教师心理健康教育等，师德与德育结合起来，师德与课改结合起来，师德与活动结合起来。

师德政策内涵的过度扩展性，使师德教育成为一个筐，政治思想教育、理想教育、职业道德教育、文明礼仪教育、法制教育、心理健康教育以及民族团结教育，几乎都要纳入师德教育中。这反而导致长期以来师德教育工作的盲目和低效。师德的本义是指教师在教育教学中所应遵循的基本道德规范和行为准则，其道德水平的发展有着自身的特殊规律，是与教师的教育教学工作密切相连。因而，师德政策应该依据教师教育教学工作，聚焦教师在实际工作中所存在的师德问题，有重点有步骤地推进师德工作的开展，才可能更有针对性和实效性。

（三）增强师德政策的建设性与实践性

通过上述对于师德政策分类及特点的研究，可以发现规范型师德政策与惩处型师德政策占有很大比重，甚至在一些师德建设的文件中，有关师德监督考核的内容也占有相当篇幅，如要求要强化师德监督，有效防止失德行为。教育行政部门和学校要建立健全师德年度评议制度、师德问题报告制度、师德状况定期调查分析制度和师德舆情快速反应制度，及时研究加强和改进师德建设的政策和措施。构建学校、教师、学生、家长和社会广泛参与的师德监督体系。教育行政部门和学校要建立行之有效的多种形式的师德投诉、举报平台，及时获取掌握师德信息动态，及时发现并纠正不良倾向和问题，将违反师德行为消除在萌芽状态。要将师德建设纳入教育督导评估体系。规范师德惩处，坚决遏制失德行为蔓延。建立健全违反师德行为的惩处制度等。

教师师德水平的提高归根结底是教师内化和反省的结果。外在的规范、处罚、考评型的师德政策，对于极少部分的师德水平不高，甚至有不良行为的人员也许会有一定的威慑作用，但是，总体来说，对于绝大多数的教师来说，作用并不会太大。作为师德政策，应该扭转偏重考评、偏重处罚、偏重结果的政策导向，而应该更加具有建设性与实践性，应该为促进更多教师的师德水平提升发挥作用，为帮助更多教师成长做出贡献。

参考文献

[1] 教育部关于建立健全中小学师德建设长效机制的意见（教师〔2013〕10号）[Z]. 2013-09-02.

[2] 教育部关于印发《中小学教师违反职业道德行为处理办法》的通知（教师〔2014〕1号）[Z]. 2014-01-11.

[3] 教育部关于进一步加强和改进师德建设的意见（教师〔2005〕1号）[Z]. 2005-01-13.

[4] 中小学教师职业道德规范 [Z]. 1984，1991，1997，2008.

[5] 国家中长期教育改革和发展规划纲要（2010—2020年）（中发〔2012〕12号）[Z]. 2010-07-29.

[6] 国务院关于加强教师队伍建设的意见（国发〔2012〕41号）[Z]. 2012-08-20.

[7] 北京市中长期教育改革和发展规划纲要（2010—2020年）[Z].

[8] 北京市海淀区教育委员会办公室转发建立健全中小学师德建设长效机制文件的通知（海教办发〔2016〕7号）[Z]. 2016-03-25.

[9] 中共北京市东城区委教育工作委员会北京市东城区教育委员会印发关于加强师德师风建设工作的意见的通知（东教工委发〔2014〕18号）[Z].

[10] 顺义区人民政府办公室转发区教委关于进一步加强干部教师队伍建设的意见的通知（顺政办发〔2011〕11号）[Z]. 2011-04-15.

[11] 关于进一步加强教师职业道德建设工作的意见（怀教工发〔2012〕11号）[Z].

[12] 密云县中小学师德建设三年行动计划（2013—2015年）[Z]. 2013-05-06.

[13] 昌平区关于进一步加强师德建设的意见 [Z]. 2012.

[14] 房山区关于进一步加强和改进中小学教师职业道德的意见 [Z]. 2011.

[15] 延庆县中小学教师职业道德规范 [Z]. 2012.

撰稿人：北京教育科学研究院教师研究中心　王婷

第二十四章 北京市中小学教师激励机制研究

［摘要］ 教师工作积极性的高低直接影响学校工作的绩效，而激励是提高教师工作积极性的重要途径。本文结合中西方经典激励理论，从工资、职称、培训和评价等四个方面对目前中小学教师激励问题与现状进行梳理，并分析其可能原因，最后提出改进教师激励政策四点建议：建立富有竞争力的薪酬政策，增强教师职业吸引力；建立以岗位分类分层为基础的教师职称制度，发挥教师职称的专业成长激励效应；构建基于激励相容的培训制度，确保培训的有效性；建立基于多元与融合的教师评价机制。

［关键词］ 中小学教师 激励机制

Chapter 24 Study on Teachers' Motivation Mechanism of Primary and Middle School

［Abstract］ The level of teacher's enthusiasm will directly influence work performance of school, and motivation is an importance way to improve teachers' enthusiasm. This paper combined western classical motivation theory from four aspects, such as salary, professional title, training and evaluation, to review the current problems and situation of motivation of teachers in primary and middle schools and analyze the possible reasons. At last, this paper put forward four suggestions to improve teachers' incentive policy: establishing a competitive salary policy to enhance teacher's professional appeals, establishing the system teachers' professional titles based on the post classification to develop incentive effect of professional growth, constructing the system of training based on incentive compatibility to ensure effectiveness of training, and establishing teachers' evaluation mechanism based on diversity and integration.

［Key words］ teacher of primary and middle school; motivation mechanism

温家宝总理在第 25 个教师节的讲话中提出："百年大计，教育为本；教育大计，教师为本。"可见，教师是我国教育事业大力发展的根本保障。没有高质量的教师，就没有高质量的教育；没有高质量的教育，就培养不出高质量的人才。中小学教师是学校教育教学工作不可或缺的人力财富。教师工作积极性的高低直接影响学校工作的绩效，而激励是提高教师工作积极性的重要途径。目前，我国中小学教师的激励政策还存在一些待完善的方面。本文结合中西方经典激励理论，对我国目前中小学教师激励问题与现状进行梳理，并分析其可能原因，最后提出改进教师激励政策的一些建议。

一、中小学教师激励机制的理论基础

所谓激励，就是组织通过设计适当的外部奖励形式和工作环境，以一定的行为规范和惩罚性措施，借助信息沟通来激发、引导、保持和规划组织成员的行为，以有效地实现组织及其成员个人目标的系统活动。① 激励机制是指在组织系统中，为达成组织目的，激励主体运用多种激励手段并使之规范化和相对固定化，与激励客体相互作用、相互制约的结构、方式、关系及演变规律的总和。② 按照组织行为学概念，我们认为所谓教师激励机制，就是教育管理者为了达到既定的工作目标，通过激励因素或激励手段与教师个体之间相互作用的关系总和。也就是采用一系列激发教师的内在潜力，使其切实感到力有所用、才有所展、劳有所得、功有所奖，自觉努力地朝着预期目标奋进的方法、措施和程序，是一个充分调动教师积极性和创造性的动态组织系统。

如何激发人的工作积极性历来是理论界研究的热点问题，但在20世纪以前并没有形成系统的理论成果，进入20世纪后，随着科学管理思想的提出和发展，激励理论获得了长足的发展，形成了包括内容型激励理论和过程型激励理论等研究成果。

（一）内容型理论

内容激励理论学者关心的是如何确定个体的需要，以及这些需要是如何起激励作用的。其中最具代表性和影响最广的是马斯洛（A. H. Maslow）的需要层次理论。

1. 需要层次理论

马斯洛将需要层级由低到高分为五级：生理需要、安全需要、爱的需要（归属或社会的需要）、尊重的需要、自我实现的需要。马斯洛认为，个体的动机需要是以一种等级层次的方式进行排列的，当一个人低层次的需要满足后，就会激发对较高层次需要的追求。也就是说，他认为一个特定层级的需要得到满足以后，它就不能再起激励作用，而更高层级的需要被激活。人的需要具有多样性，从而要根据人的不同需要和不同的社会环境，设计相应的激励方案。③

2. 双因素理论

赫茨伯格（F. Herzberg）在马斯洛的需要层次理论研究的基础上，提出了保健因素和激励因素的双因素理论。④ 保健因素对应于马斯洛需要层级中较低层次的需要，激励因素对应于较高层次的需要。保健因素可以避免个体的不满意，但不能带来满意。保健因素虽然没有激励效果，但它对于消除个体的不满意也是必不可少的，并且保健因素运用得当，在一定条件下可以转化为激励因素。

3. 成就需要理论

美国心理学家麦克利兰（P. C. Mcelelland）经过长期研究于20世纪60年代提出并系统阐述了成就需要理论。⑤ 该理论主要研究在人的生理需要基本得到满足的前提下，人还有哪些高层需要。他认为：①人的基本需要有三种：成就需要、权力需要和归属需要，三种需要排列层次和所占比重因人而异。②具有高成就需要的人具有如下特征：事业心强，具有创新精神；有进取心，愿意冒一定程度的风险；要求及时得到有关其工作绩效表现的信息反馈；把个人成就看得比金钱更重要，把报酬看作是对个人成就的一种承认。③成就需要与企业的绩效相关。⑥ 根据“成就

---

① 袁勇志，茵国强等：《组织行为学》，经济管理出版社2008年版，第55页。

② 张新康：《如何建立与完善高校教师激励机制》，中国教育报，2005年10月3日。

③ Maslow A. Maslow' s Hierarchy of Needs：Motivation-and Personality，Harper，1954.

④ F. Herzberg，B. Mausner，B. Snyderman：The motivation to work，Transaction Publishers，2011.

⑤ D. C. McClelland：Human motivation，CUP Archive，1987.

⑥ 郝辽钢，刘健西：《激励理论研究的新趋势》，《北京工商大学学报：社会科学版》，2003年第5期。

需要”理论，管理者要激励员工需要注意：对具有不同类型高层次需要的人分配不同的工作，创造有利的组织环境培养和训练管理者成为具有高层次需要的人。

（二）过程性激励理论

过程激励理论主要关注参与激励的认知过程，这些理论着重阐释从动机的产生到采取行动的心理过程，它们强调的是以外在的目标去激励被管理者。主要包括弗鲁姆的期望理论、亚当斯的公平理论、洛克的目标设置理论等。

1. 期望理论

美国心理学家弗鲁姆（V. H. Vroom）在1964 年首先提出期望理论。该理论认为，人们只有在预期其行为有助于某种目标达成的情况下，才会被充分激励起来而采取相应的行动，以达到预期的目标。激励强度可以用下列公式表示：

$$F = E \times V$$

其中 F 代表激励强度，指调动个体的积极性、激发人内在潜力的程度，即个体受到激励的程度，标志激励水平的高低。V 代表效价，是指达到某一目标实现后对个人的激励价值。E 代表期望值，表示某一目标实现的预期概率。[①] 该理论模型意味着，目标实现的激励价值越大，实现预期概率越大，它所产生的激励强度就越大。

爱金森（Atkinson）对该模型进行研究发现，本激励模型缺失个体内在动机变量的缺陷，并对该模型进行修正，并定之为“爱金森模型”。

$$被唤醒的激励 = M \times E \times V$$

模型中 M 代表基本动机的强度；E 代表目标实现的预期概率；V 代表特定目标的预期激励价值。

我国学者章凯根据“目标人”假设和动机理论对爱金森模型进行了扩展，提出了如下模型：[②]

$$激励强度 = V \times E \times \sum（心理目标潜能 \times 心理目标激活水平）$$

其中，心理目标潜能 × 心理目标激活水平 = 动机强度（M）。心理目标潜能表示一种心理目标支配其他心理目标、引导和发动行为的能力。一般说来，优势目标的潜能更大。

这一模型预示着，提高激励强度需要以下几个方面入手。

（1）选择合适的激励资源，促进个体优势心理目标的实现，并使之与组织目标的要求保持一致。例如，中小学教师的激励需要创造和合理配置发展性资源，如培训、决策参与、赋予更大的责任与权力、挑战性的工作等。

（2）根据组织目标实现的需要，选择和培养具有特定优势心理目标的成员。例如，具有自我超越目标和献身教育事业精神要求的教师等。

（3）在激发和培养优势心理目标的同时，也注意协调好非优势目标，进行全方位激励，以减少阻力，降低和消除不满意情绪。例如，个性化的福利政策、良好的人际关系等。

（4）培育良好的工作氛围，提高心理目标的激活水平，增强动机强度。例如，在教师之间形成合作基础之上的某种竞争的气氛等。

（5）设计和选择具有较大激励价值的工作目标，让教师学校参与管理，并体现个体差异。

（6）创造支持性的工作条件，创意、策划更有效的工作方案，勤于沟通，提高教师工作目标实现的预期概率。

2. 公平理论

美国学者亚当斯（J. S. Adams）于 20 世纪 60 年代在综合有关分配的合理性时提出了一种激励理论。他从个体的主观感受出发探讨分配对个体心理和行为的变化影响。该理论认为，一个人对自己的工资报酬是否满意，不仅受收入的绝对值的影响，也受社会的相对公平价值影响。个体经常把自己所得与自

---

① 丁茂生：《管理心理学》，中国科学技术大学出版社 1997 年版，第 99 页。

② 章凯：《激励理论新解》，《科学管理研究》，2003 年第 2 期。

己付出进行比较，然后把自己所得、付出与他人这一比值进行比较。结果产生不同感受表（见表1）。公平理论的参照系主要有“自己”、“系统”和“他人”，分别表示自身的工作经历和生活状况、组织中的分配政策和程序和同一组织中从事相似工作的其他个体。因此，与不同参考对象相比较会产生不同的感受。

表1　个体对分配公平的不同感受①

感知到的比率比较	个体的评价
A所得/A付出 > B所得/B付出	不公平（报酬过低）
A所得/A付出 = B所得/B付出	公平
A所得/A付出 < B所得/B付出	不公平（报酬过高）

亚当斯公平理论的研究对象是一般组织，尤其是私营组织成员，由于私营部门与公共部门的差别，运用该公平激励理论分析教师激励时，需要注意几个方面。第一，教师同时具有“经济人”和“公共人”双重身份。不同于私人部门的单一“经济人”身份，教师除了在薪酬分配公平外，在职称、职位的晋升，获得社会的尊重和实现自我价值等方面需要更多。第二，教师的公平感参考系更为广泛和复杂。私营部门的从业者一般将自己的所得投入比与同部门同行业员工或自己的经历进行比较，又由于教师的待遇除与上述私营部门的参考系对比外，还会迫于社会压力与其他行业的从业者进行对比。这里对比的个人收益除薪酬福利外还包括晋升机会和社会地位等隐性收益。

3. 目标设置理论

美国马里兰大学管理学兼心理学教授洛克（E. A. Locke）在研究中发现，外来的刺激（如奖励、工作反馈、监督的压力）都是通过目标来影响动机的。目标能引导活动指向与目标有关的行为，使人们根据难度的大小来调整努力的程度，并影响行为的持久性。于是，在一系列科学研究的基础上，他于1967年最先提出“目标设置理论”（Goal Setting theory），②认为目标本身就具有激励作用，能把人的需要转变为动机，使人们的行为朝着一定的方向努力，并将自己的行为结果与既定的目标相对照，及时进行调整和修正，从而能实现目标。

目标设置理论认为“设置合适的目标会使人产生想达到该目标的成就需要，因而对人具有强烈的激励作用”。学校设置明确具体、难度适当的专业发展目标，把学校的发展目标变成每个教师自己的需要，把学校的利益与满足教师个人的需要巧妙地结合起来，能激发教师的专业发展动机。目标是激励因素影响个体工作动机的主要手段，各教师设置目标应根据目标的具体性、挑战性和认同性三大标准。

二、中小学教师激励机制的现状分析

（一）教师工资待遇低，无法吸引优秀人才任教

教师的工资收入水平不仅影响着教师的个人生活水平，也影响着教师的社会地位，进而影响其社会声望，甚至与教师的工作积极性、主动性和责任感都有着直接

① ［美］斯蒂芬·P. 罗宾斯著.《管理学》，中国人民大学出版社2004年版，第464页。

② Locke E A, Latham G P. Work motivation and satisfaction: Light at the end of the tunnel, Psychological science, 1990, VOL. 1, No. 4: pp240－246.

关系。因此，教师工资收入水平是关系我国教师队伍建设的重要方面。《中华人民共和国教育法》《中华人民共和国义务教育法》《中华人民共和国教师法》等法律法规中都对教师工资做出过相关规定，要求政府加大对教育的投入，切实保障教师的工资待遇。《国家中长期教育改革和发展规划纲要（2010—2020 年）》要求，“提高教师地位待遇。不断改善教师的工作、学习和生活条件，吸引优秀人才长期从教、终身从教。依法保证教师平均工资水平不低于或者高于国家公务员的平均工资水平，并逐步提高。落实教师绩效工资。对长期在农村基层和艰苦边远地区工作的教师，在工资、职务（职称）等方面实行倾斜政策，完善津贴补贴标准”。

研究表明，改革开放以来我国中小学教师工资在分行业从业人员平均工资水平中排名一直较后，且差距呈现一种扩大趋势。比如，陈赟对 20 世纪 90 年代教师工资进行研究发现，教师的工资在社会行业中的地位没什么变化，处于第 10 ~ 13 位，仅高于农林牧渔业和批发零售贸易餐饮这两个行业，并且在大多数年份教育系统平均工资都达不到社会平均工资水平。① 杜晓利研究表明，教师工资与其他行业相比，仍处于较低的水平；部分省（市）教师工资与城镇居民可支配收入不匹配。② 杨建芳、王蓉根据国家统计局数据发现，2001—2006 年教育系统平均工资都超过了社会平均工资水平，但是在国民经济各行业排名中依然比较靠后，2001—2002 年教育系统在 15 个行业中都排在第 9 位，2003—2006 年在 19 个行业中排在第 11 位或第 12 位。③ 随着我国财政收入不多增加，财政性教育经费投入占 GDP 的比例不断增加，已经达到 4% 水平，教师的工资水平也逐年增加。自从 2009 年在中小学实施绩效工资以后，大部分教师在一定程度上提高了工资水平。但这远远没有达到教师对提高收入绝对值的需要，教师工资待遇低，收入远离期望值，利益得不到保证，需要得不到满足，使得中小学难以吸引优秀的人才。

（二）现有职称与岗位脱节，不能有效激励教师专业成长

教师职称评定是对中小学教师在专业领域的成就与贡献进行的评价和认证。职称是中小学教师的专业能力和专业地位的具体体现，是中小学教师职业生涯规划的一个重要目标，不同的职称伴随着不同的工资、福利待遇，对教师具有重要的激励作用。但是，随着我国教育的发展，原有职称评定模式的缺陷不断显现，直接导致了中小学教师职称评定激励功能的下降。为此，我国也不断对教师职称制度进行改革和完善。从 2009 年起我国在多个省市开展深化中小学教师职称制度改革试点。本次改革内容主要包括四个方面：统一中小学职称体系；设立正高级职称；完善评价标准；实现岗位聘用代替评聘分离。中小学职称制度改革的重点是设立正高级职称，并将原来独立的中学教师职务系列与小学教师职务系列统一并入新设置的中小学教师职称（职务）系列。在职称等级上，设置从正高级职称到员级 5 个等级，依次为正高级教师、高级教师、一级教师、二级教师、三级教师，与职称的正高、副高、中级、助理、员级相对应，并完善了与之相配套的评价标准和办法。

从这次改革内容来看，显然已经认识到了教师专业岗位的基本特性，并试图从教师的专业特性角度去改革教师职称评审。但是从实践来看，本次职称制度改革仍然没有遵照教师专业特性对教师专业岗位和职称系列进行科学的设置。从整体上看教

① 陈赟：《20 世纪 90 年代教师工资问题研究》，《清华大学教育研究》，2003 年第 2 期。

② 杜晓利：《1990 年以来我国教师工资水平的市政分析》，《2008 年中国教育经济学年会会议论文集》。

③ 杨建芳，王蓉：《义务教育教师与公务员的收入比较》，《教育与经济》，2008 年第 4 期。

师职称改革主要还是着眼于解决某些现实问题，比如职称资格与聘用之间不统一的问题，但通过设立正高职称解决教师职业倦怠问题，并没有实现与教师专业岗位分类分层的统合以及没有指向分学科分层次的教师专业标准的确立。从改革实践来看，教师岗位设置最大的缺陷在于岗位分类不明确，岗位比例结构设置缺乏科学依据。改革后的新文件中按照新职称系列设置成若干等级，各个等级之间的比例结构仍由人事编制部门控制，忽视了教师专业岗位分类与学校教育教学的需要。各学科、各年级之间的职称等级分配也没有科学依据完全是依赖各职称数的总量余额和教师个人职称评定情况进行设置。① 各层次之间的结构比例安排缺乏相匹配的整体性教育教学改革的考虑，也没有充分相匹配的整体性教育教学改革的考虑，也没有充分调动各学校的岗位设计的主动性。其把职称与岗位分为五个类别十三个等级实际上是与原来的职称系列相对应，并没有充分体现教师专业岗位的差异，教师专业岗位的层次性和专业性并没有体现出来。

（三）教师培训缺乏有效的制度设计，满足不了各方的利益诉求

双因素理论认为，一类事物当它存在时可以引起很大的满足感，但当它缺乏时也不会构成很大的不满足；另一类事物当它存在时人们并不觉得满足，而当它缺乏时则会引起很大的不满足，前者称为激励因素，后者称为保健因素。该理论为我们分析教师培训的激励因素具有一定的理论指导作用。对于中小学教师培训来说，激励因素包括培训成就感、培训本身的挑战性、国家对教师的政策支持。② 学校对教师的物质、精神保障等这类因素如果处理得当，就会使教师专业发展的能力不断增长，同时使教师产生持久充分的工作满足感，极大地调动教师的工作积极性。

新中国成立以来，我国为了提高中小学教师的学历和专业水平，已经颁布多项政策支持和激励教师参加各类培训，为我国中小学教师的学历达标起到了重大作用。但是，随着教师学历达标的培训任务的完成，教师培训的重点由过去满足量的培训逐渐转向现在追求质的培训上来，提高教师的教学水平，促进教师专业发展。比如，2010 年开始，教育部、财政部颁发《关于实施中小学教师国家级培训计划的通知》（教师〔2010〕4 号）是提高中小学教师特别是农村教师队伍整体素质的重要举措，对于推进义务教育均衡发展、促进基础教育改革，提高教育质量具有重要意义。还有，2013 年北京市开始实施的“中小学名师名校长发展工程”等政策，对广大中小学校长、教师来说更是一种重要激励。2011 年教育部印发了《关于大力加强中小学教师培训工作的意见》，文件提出：要加大教师培训经费投入，建立教师培训经费保障的长效机制。落实教育规划纲要提出的“将中小学教师培训经费列入各级政府预算”的规定，确保教师培训计划的实施。按照“学校年度公用经费预算总额的 5% 安排教师培训经费”规定，足额专款用于农村学校教师培训。建立健全财政投入为主体、社会投入和个人出资相结合的教师培训经费投入机制。应该说，国家对教师培训越来越重视，财政支持力度也很大。但是，实践表明，这些支持教师培训的政策仍然不能充分调动学校和教师的积极性和主动性。具体体现在参加培训的教师往往不能安心地参加培训活动；由于工学矛盾，教师经常缺席培训课堂；校长口头上统一教师参加培训，但又要求教师要正常上课。

出现这种情况，根本原因在于培训政策没有兼顾各方利益。第一，参加培训对

① 潘希武：《中小学教师职称改革的重新定位》，《基础教育》，2014 年第 2 期。

② 陈亮，高建京：《中小学教师校本培训激励机制管窥》，《辽宁教育行政学院学报》，2011 年第 3 期。

教师来说，的确具有重要的激励作用，具有一定的吸引力，往往会全力争取机会。但是一旦获得培训机会，教师往往在培训课堂中不能全身心投入，一方面培训内容可能不解渴或者不感兴趣，另一方面学校教学负担重，分身无术，疲于应付，这样的效果必定大打折扣。第二，对于学校来说，表明上能够充分认识到教师培训对学校和教师个人的发展带来的好处。但是，学校也是“逐利人”，因此校长在口头上一定还是很支持教师参加各类培训的，但是在实际操作过程中，往往会给参与培训教师设置一定“障碍”，目的是为了与上面进行利益博弈，比如换取办学经费、人员编制和各类评优等政策倾向，以弥补教师外出参加培训带来的“损失”。

（四）教师评价偏离现代教师评价激励功能

目前，发展性教师评价和奖惩性教师评价在我国中小学得到了普遍运用。奖惩性教师评价是根据对教师的工作表现做出奖励或处罚等物质性决定，如减薪、晋升、降级、调动、解聘、增加奖金等；发展性教师评价是评价者与被评价教师在平等对话的基础上，帮助教师提升发展。在实际中不同的地区和学校所运用的教师评价方法并不完全相同，有的以奖惩性教师评价机制为主，有的以发展性教师评价机制为主，有的则可能是将二者综合运用。

在一定的历史时期，不管是奖惩性教师评价还是发展性教师平均都在一定程度上对教师发展起到积极的促进作用。但与此同时，这两种评价方式在具体实践中显露出一些问题。总体来看，目前中小学教师评价机制存在以下问题：教师评价注重学生成绩的倾向严重；教师评价是以校长为主体；现行教师评价中教师处于弱势地位，参与性差；教师评价大多重视教师的教学成果而忽略教师的发展；教师评价不但不能促进教师工作的积极性，反在一定程度上引起反感从而影响正常工作。①

第一，评价主体单一化。目前，在中小学教师评价体系中，校长在教师评价中处于绝对的支配地位，承揽了包括评价指标的制定、评价的实施以及评价结果公示等整个过程。然而，作为被评价对象的教师则处于被考察被评价的弱势地位，一般教师对评价活动根本没有发言权可言，更没有向校长表达自己的思想和要求的机会和渠道。由于普通教师与学校领导双方地位的不平等，会带来不必要麻烦：①校长和教师缺乏交流与沟通，无法听取教师的意见和建议，评价方案和指标没有体现教师的意愿，脱离教师的实际工作情况；②由于教师本身的意见得不到采纳和尊重，教师会对教师评价方案表现出消极或抵触情绪，甚至产生对评价活动的目的和作用认识上的偏差。不能有效提高教师的积极性和参与热情，不能使教师从内心认识到教师评价对于自我完善的重要性，就难以提高教师的专业能力和教学水平，无法实现教学质量的提高。

第二，评价模式统一化。目前，在中小学教师评价时，学校很少考虑教师个体差异，片面强调整齐划一，而往往采用单一的评价指标和模式来评价教师。这种单一的评价模式抹杀了教师的个性和追求专业发展的动力，也无法真正反映出教师的教学水平和问题，由此而得出的评价结果也难以使人信服。评价指标的设置没有兼顾到一些教师的客观情况，使这些教师在评比中处于劣势，从而心生不满情绪，也容易使同事间关系恶化，出现恶性竞争的情况。同时，教师评价中普遍使用“指标—量化”的方法。采用一刀切的机械量化标准，把所有的指标量化为相应的分数，根据教师得分高低进行奖惩性评价。这种评价方式表面上看是科学公正的，

---

① 龚孝华：《广东省中学教师评价模式和功能的调查及思考》，《中小学管理》，1995年第3期。

一度还成为“科学管理”的象征。实际对教师评价进行了过分量化陷入了精确性误区。

第三，评价指标不合理。教师评价指标的制定往往是从经验主义出发，缺乏严格的理论基础。指标制定者往往通过观察一些教学经验丰富、成绩优秀的教师，从他们身上归纳出几十个不等的因素，经过提炼和分类，然后赋予不同的分值就形成了指标体系。这些指标往往关注的是共性的行为，对教师的风格、个性等关注较少，忽略个性化差异和特殊情况。在评价标准和方法上，从同一个角度，采用单一的评价指标来评估教师的工作，对教师个性关注不够。对教学经验丰富的老教师和刚刚入职的新教师，二者在课堂气氛把握和教学方式上肯定存在差距，在思维方式和新知识掌握上也有不同特点，忽略这种差异而采用相同的评价标准去评价他们是不合理、不科学的。

三、改进中小学教师激励问题对策

（一）建立富有竞争力的薪酬政策，增强教师职业吸引力

涌现一批创新型教育人才离不开教育经费的大力支持，其中大力提高教师工资水平是基础。除了以“工资”为主的货币化激励机制外，还可以建立“教师安居工程”、实施“基础教育人才成长基金”等形式多样的激励政策，充分调动教师的积极性。

1．建立教师工资稳定增长的机制

尽管我国出台了多项政策、法规，比如《国务院关于基础教育改革与发展的决定》、新修订的《中华人民共和国义务教育法》，来规定和保障中小学教师的工资福利和社会保险待遇、改善教师工作和生活条件等，对教师工资增长起到了直接作用，这些政策的出台对稳定各级教师队伍、提高教师社会地位起到了积极的作用。但教师仍面临工资偏低、社会地位较低的现实。已有研究表明，我国教师年均工资水平在社会各行业中处于中下等水平，使得教师职业与社会其他行业相比缺乏竞争力，如果不改善教师的工资和工作条件，学校就难以成为吸引和留住优秀人才的地方，从而影响我国教师队伍建设。为此，迫切需要建立教师工资稳定增长的机制，制定能保障教师工资不断增长的参照指标，如以人均 GDP、城镇居民可支配收入等相关经济指标做参照，保持与之同步增长，切实提高教师职业的社会地位。通过提高教师工资水平，吸引优秀人才进入教师队伍，鼓励教师安心从教，专心从教。

2．实施“教师安居工程”激励政策

各地省级政府要加强教师人才住房建设的统筹，建立科学合理符合大多数教师需要的准入制度，满足教师改善生存环境的需要，激励教师，提高教师工作的积极性，这一点对年轻教师显得尤为重要。解决住房问题稳定人心，可以解除教师的后顾之忧，消除教师的不满意，留住优秀人才，使教师全身心地投入教育教学工作中，让教师在工作中更加努力，多为学校做出更大的成绩。

3．设立“基础教育人才成长基金”激励政策

一位心理学家曾经让一位伐木工人用斧头背砍一根木头，工作时间相同，报酬比原来多一倍，可是工人干了半天就不干了，他说：“我看不到飞起的木片。”教师需要看到自己的劳动成果被发现并得以肯定，需要得到领导、同行和社会的认可。所以在实现绩效工资的同时，对成绩突出的教师实行成长基金的奖励，在学校树立榜样和标杆有利于激励成绩突出的教师，同时激励其他教师向榜样学习，向标杆看齐。基础教育人才成长基金包括教学过程

奖励基金和教育管理过程奖励基金，也包含教师个人和教师团队的奖励基金。对教学和管理过程中表现突出的教师可以进行定期奖励。可以根据学校财力、教师表现的不同情况采用现金支持教师进行课题研究活动，优先参加各种学术会议和学习培训活动等等多种形式。例如，学校每学年为教学成绩突出的教师设立奖励，在全校每年教师节前夕发放证书和奖金，扩大教师的影响力，激励教师继续努力。成长基金奖励制度的导向要明确，体现公平原则，要不断地广泛征求全体教师的意见，让学校意图和教师意见达成一致，以发挥最大的激励效果。

（二）建立以岗位分类分层为基础的教师职称制度，发挥教师职称的专业成长激励效应

目前，中小学教师职称改革是一个从过去的人事管理职能逐步向专业标准确立的转变的过程。当务之急，就是要出台中小学学科教师专业标准，在此基础上建立分层的专业岗位设置。尽快建立职责统一、多维度的岗位分类。在横向维度层面，建立学科类别的岗位分类；在纵向维度层面，建立体现专业水准和岗位功能的差异的分类。学科分类岗位设置本质就是确立学科教师专业标准。美国的做法值得借鉴。当前美国各州实施的教师职级计划，依其设计依据可以概括为四类，其中以综合性职级计划实施最为普遍，以 TAP 计划为例，教师职级共设为职业教师（caree teacher）、指导教师（mentor teacher）和主讲教师（master teacher），充分体现了岗位分层的特性，同时相应确立了分层的专业标准资格非常有利于推进和引领教育教学改革促进初入职教师和低层级岗位教师的专业成长。因此，教师职称改革，首先需要建立岗位分类分层制度，实际上也是确立分类分层的教师专业标准，进而促进教师专业成长。从现实看，教师专业岗位不但有分科，而且有分层的必要。特别是通过高级岗位设置推进教学改革和课程改革引领教师专业发展方向。建立以岗位分类分层为基础的教师职称制度能够更好地促进教师专业成长，加强教师合作，提高教师的专业成长积极性。

（三）构建基于激励相容的培训制度，确保培训的有效性

学校要促进教师培训活动需要有国家政策的引领支持和激励，需要有国家政策来规范学校的行为。我国已经制定了多项政策支持教师专业发展，激发教师工作的积极性，但是还不够全面，缺乏对县级层面和学校层面的激励措施，不利于发挥县级政府和学校的积极性。因此，需要尽快制定兼顾政府、学校和教师三方利益的国家培训激励政策，以支持和约束区、学校和教师的行为，同时也是为区和学校层面制定好内部培训制度提供国家政策依据。

第一，制定国家培训制度细则。细则内容主要包括：培训经费在国家、省市和区县共同投入的比例和使用要求，培训的规划、实施、评估和奖励等，不仅要起到引领和指导的作用，而且要使学校在实施的过程中发挥自主性和创造性。

第二，国家颁布这一激励政策后，为了扩大激励幅度，各地方可以根据各自的情况在贯彻落实国家政策的同时，奖励省市级的在专业发展方面做出卓越贡献的学校；学校再制定符合本校情况的激励措施，引导教师自我激励，形成有机的激励网络，层与层之间、各层之间形成相互影响、相互依赖的动态关系，从而使我国教师专业发展的激励机制得以完善。

（四）建立基于多元与融合的教师评价机制

教师评价是教育教学质量保障体系中一个不可或缺的重要组成部分，但是目前

在应试教育的乱象下，教师评价已经偏离了正常的轨道，被学校管理者、家长、主管部门甚至网络和社会舆论所绑架。[①] 教师评价也不可避免地表现出诸多的不适应，因此，需要转变教师评价方式，建立符合我国国情的教师评价机制，是实现教师专业成长的重要保证。

要改变过去脱离教师专业成长的教师评价机制，促进教师职业得到良性发展，势必引进多元与融合的教师评价方法。多元的教师评价是为了拓宽教师自我发展的空间，而融合的教师评价渠道是为了倡导学校多给予教师以成就感为核心的有效鼓励。多元与融合的教师评价机制离不开以人为本的核心理念，紧紧把握教师发展终生学习态度来引导教师个体，尤其是要强调对教师评价信息的搜集和分析，基于一定的客观数据从而可以形成双向的有效的价值判断：评价者客观多元；被评价者——教师的教育活动融合协调发展。[②]

第一，建立以教师自主评价为主的多元评价主体，体现评价的民主性，确保被评价者——教师主体地位的确立，让教师不断反思教学活动，提高教育教学质量。评价主体主要包括学校领导（校长或副校长）、教师的同事、学生以及教师本人。多元评价可以从不同层面、多角度帮助教师发现存在的不足之处，并给予改进建议。在教师评价过程中，要充分信赖教师的自我反思和评价。每一位教师都能对在自己教学活动中存在的问题有着充分的理解与把握，并通过自我反思来找到问题与不足之处，寻找解决的方法，化压力为动力，不断激发教师的创新意识，提高教师的创新能力，实现教师的专业素质。

在此过程中，学校领导要改变评价就是简单的奖惩性评价观念，树立发展性的评价理念，以发展的眼光来看待教师评价。教师评价能够促进教师教学水平和专业发展素质的提高。评价不是目的，促进教师的自我反思与改进，解决教育教师实际问题是根本。学生作为教师评价的另一方，学校领导应非常重视学生对教师评价的意见和建议。学生对教师的教学方式和教学效果有着直观、深刻的感受。学生的评价最能够充分体现教师教学工作的能力表现和示范引导作用，具有很大的参考价值。通过学生对教师的评价，我们也可以清晰地了解学生真实想法和需求，并以此来调整教师的教学行为和方式，促进师生关系健康发展。学校领导要掌握好评价的正确方向，做好被评价教师思想工作的引导者、生活问题的排忧者以及评价结果的解释者。

第二，完善教师评价指标，追求评价的科学性。在新课改的大背景下，中小学教师评价指标要摒弃过去的成绩论，要综合考虑教师的教学业绩、教学能力、工作态度和投入程度等，进行多角度评价。不仅要考虑学生学习进步等增值性评价的显性指标，还要关注学生德育发展等软性指标，从单纯的分数标准向学生整体素质提高转变。

多元评价主体就是要尊重教师在评价中的主体地位，邀请一线教师参与评价指标的研究和制定，广泛听取教师的意见和建议，使评价指标反映教师的集体诉求。在指标制定过程中，管理者要加强与教师的协商，让教师了解评价指标制定的背景和目的，同时也要根据教师反馈的意见和建议，不断完善评价指标。这种交流与沟通可以增强学校与教师的互信，促进教师和学校之间的融合，统一发展目标。此外，要考虑评价指标针对性和灵活性。任何一个评价指标都不可能涵盖所有群体对象，需要针对不同人群而有所差异，保证评价的公平公正。比如，对于不同专业背景和学历层次的教师，其评价指标要有所差异。

① 赵德成：《当前教师评价改革中的若干问题》，《中国教育学刊》，2004 年第 7 期。

② 王纯磊：《以发展性评价为价值取向建构多元的教师评价机制》，《教学与管理》，2014 年第 6 期。

同时，评价指标也要兼顾教师任教学科专业、所处专业发展阶段的差异性以及评价指标的持续测量的稳定性和可比性。

撰稿人：北京教育科学研究院教师研究中心　赖德信

第二十五章　首都高校创新人才培养体制改革进程的监测与评估

［摘要］　监测与评估是教育改革过程中的重要环节，以目标一致性评估方法评估改革，起点是改革的规划以及改革的措施，重点是最终的效果是否合目的性，是否实现了目标。十八届三中全会召开之后，北京市以“三高”计划为载体，深化人才培养机制改革。政策实施从面上看，成效是主要的，促进了高校间的协同发展，深化了北京高等教育领域综合改革；按照国家和首都的发展战略选择专业，为服务北京经济社会发展培育了新的专业增长点；形成了多校园环境育人的机制；推进了各学段间的良性联动。学生及家长表现出很高的认同度，有效提升了教育改革的获得感。与此同时，实践中也出现了一些问题和矛盾。从改革管理体制和加强研究工作两个层面提出了政策建议。

［关键词］　人才培养体制改革　监测评估　首都高校

Chapter 25　Monitoring and Evaluating the Reform Process of Innovative Talent Cultivation System in Capital Colleges and Universities

[Abstract]　Monitoring and evaluation is an important element in the process of education reform. Using the evaluation method of goal congruence to evaluate reform, the starting point is the reform planning and the reform measures, and the key point is whether the final result is consistent with the original goal, in other words, whether the goal has been achieved. After the Third Plenary Session of the 18th Central Committee of the Communist Party of China, Beijing has deepened the reform of talent cultivation mechanism through taking “Three High” plan as its carrier. From the practice level, it has been proved quite effective. It has promoted the coordinated development of colleges and universities, and deepened the comprehensive reform of higher education in Beijing. It has added the new specialty growth point for the economic and social development of Beijing by selecting specialties in accordance with the development strategy of country and capital. The environment cultivation mechanism has been formed on many campuses and the good chain reaction has been propelled between different learning stages. Students and parents have showed a high degree of recognition, which has effectively enhanced the sense of gain from education reform. At the same time, there are also some problems and contradictions. Policy suggestions are offered from the aspects of reforming management system and strengthening research work.

[Key words]　reform of talent cultivation system; monitoring and evaluation; capital colleges and universities

引言

监测与评估是教育改革过程中的重要环节，对于教育改革有着十分重要的意义。其直接意义主要体现在对教育改革的过程起到了校准器的作用，间接的意义则是监测评估过程实质上也是对改革内在规律性的把握，有利于形成改革经验和改革模式，使得某一点上的教育改革具有了面上的意义。

2015 年以来，在全面深化教育领域综合改革背景下，北京市密集出台了系列有关人才培养体制和模式的改革政策，这些政策由先期部分学校的试点，逐步向面上推广。由于北京人才培养改革较之既往相关改革举措具有较大的创新性，因此，对其执行过程的监测评估就更加具有重要的意义。本研究在对教育改革政策评估理论和方法探讨的基础上，对北京人才培养体制机制改革政策过程进行了初步的监测评估，以期及时提出反馈信息，以便更好地促进该项改革政策的深化，并期望借此总结北京人才培养体制改革的经验，为人才培养体制改革的理论建设提供北京样本。

一、人才培养改革的相关概念及监测与评估方法

（一）国家层面人才培养改革的相关概念

纵览改革开放以来在人才培养改革的政策文本，在改革政策内容的话语体系中，出现了人才培养模式、人才培养体制和机制等政策概念术语。这三个概念中，最早正式在政策文本中明确成为“文件用语”是人才培养模式。在 1994 年原国家教委开始制定并实施“高等教育面向 21 世纪教学内容和课程体系改革计划”时，即提出了“转变教育思想，更新教育观念，改革人才培养模式”的要求。

1996 年颁布的《中华人民共和国国民经济和社会发展“九五”计划和二〇一〇年远景目标纲要》中明确提出，“改革人才培养模式，由‘应试教育’向全面素质教育转变。”随后，在 1997 年 1 月原国家教委颁布《国家教委关于积极推进“高等教育面向 21 世纪教学内容和课程体系改革计划”实施工作的若干意见》（教高〔1997〕2 号）改革人才培养模式成为该计划的总目标的重要组成部分。

在高等教育改革领域，2010 年颁布的《国家中长期教育改革和发展规划纲要（2010—2020 年）》（以下简称《纲要》）中，首先提出了改革人才培养体制的概念，并将其放在教育体制改革的首章。《纲要》中同样也提及人才培养机制概念，在部署“提高人才培养质量”一节中，提出要“创立高校与科研院所、行业企业联合培养人才的新机制”。2013 年十八届三中全会提出“创新高校人才培养机制”的要求。这是对人才培养机制改革的最为直接和明确的要求。

人才培养模式、人才培养体制和人才培养机制三个概念各自的含义是什么？三者有何关系？人才培养模式、人才培养体制和人才培养机制这三个概念中，上文所述，20 世纪 90 年代，人才培养模式改革正式进入政策文本，并进入改革实践之时，是作为高等学校教学改革的重要内容而出现的。分析《纲要》中关于人才培养模式的概念，事实上作为政策用语的人才培养模式中的“模式”，已经突破了其本来意义上的事物的标准样式、范本、模本等原义。

不再仅限于“教育过程的程序和方法”[①]的意义。而“更多的是指看待问题和解决问题的方法论”。[②] 人才培养模式改革在教育改革的序列中，也从原属于教学改革，转变到人才培养模式涵盖教学模式改革，并从属于教育体制改革中的人才培养体制改革的系统设计中。

体制概念从理论上讲，是社会机构与社会规范两个基本要素所组成的结合体或统一体。制度是体制的核心。“教育体制是教育机构和相应教育规范的结合体”。[③] 从官方解释的人才培养体制的内涵上看，实际上涵盖了培养模式、培养制度和培养机制，是一个“大”体制的概念。所谓机制，在理论上其本来意义上是指机器的构造和动作原理，教育机制是教育现象各部分之间的相互关系及其运行方式。[④] 明确三者的概念，改革的主体就变得清晰起来。体制和机制改革，政府是当然的改革主体，以自上而下为主导路径，结合基层探索，逐步推进制度与机制的变迁。人才培养是高等学校的根本任务，人才培养模式的改革，改革主体主要是高校。政府要做的就是通过体制机制改革，改革高等教育管理方式，建设现代大学制度，为高校改革创造良好的制度和运行环境。

（二）教育改革监测评估的方法与路径

监测与评估教育改革起点在于明确什么是教育改革。对于教育改革概念内涵的不同理解，决定了我们选择什么样的监测与评估方法。按照《辞海》中对改革的解释，“改革：改去、革除，现常指改变旧制度、旧事物”。[⑤] 革故鼎新是改革的特征。什么是教育改革？这个概念无论是政策文本还是日常生活中，使用频率甚高，往往也不会对其进行界定，似乎是不言而喻的。

从教育理论界的研究来看，由于研究者对于教育改革的理解有着不同的视角，所做出的界定也表现得甚为繁多。在诸多的定义中，核心含义是相对一致的，通常认为教育改革是改掉教育领域旧的、不适应的部分，使之向好的、合乎规律的方向发展。[⑥] 例如，顾明远教授主编的《教育大辞典》中对教育改革的定义是，“改变旧方针和制度或者革除陈旧的内容、方法的一种社会活动。目的是使之适应社会发展和人的发展的需要，以提高质量”。[⑦]

词义辨析可以让我们深刻理解教育改革的内在本质属性，但并不能解决在实践中如何监测和评估教育改革活动（过程）。袁振国从教育政策学的视角，将教育改革定义为“教育改革可以理解为按照某种预期的目标以改进实践的有意识的努力，它包括制定同旧目标无关的新目标、新政策，或赋予过去的教育以新的职能。教育改革的实质是对未来的反应”。[⑧] 这一定义使得监测评估教育改革变得具有可操作性。

以自上而下的渐进性为主要特征的中国教育改革，其外在的表现就是一个个政策的选择、制定和实施的政策过程。这一研究路径即对教育改革政策进行政策分析。一般而言，一个完整的政策过程包含议程的制定、拟订政策备选方案、决策、执行、评估和修正的循环过程。以政策过程理论来研究教育改革、对改革进行监测评估，

---

① 顾明远主编：《教育大辞典》，上海教育出版社1990年版。

② 杨红霞：《改革人才培养模式，提高人才培养质量－国家教育体制改革试点调研报告》，《中国高教研究》，2014年第10期。

③ 孙绵涛，康翠萍：《教育机制理论的新诠释》，《教育研究》，2006年12期。

④ 孙绵涛，康翠萍：《教育机制理论的新诠释》，《教育研究》，2006年12期。

⑤ 《辞海》，上海辞书出版社1980年版，第1079页。

⑥ 张人杰主编：《中外教育比较史纲》（现代卷），山东教育出版社1997年版，第602页。

⑦ 顾明远主编：《教育大辞典》，上海教育出版社1990年版，第25页。

⑧ 袁振国：《教育改革论》，江苏教育出版社1993年版，第24页。

重心放在改革政策的动态过程，最终评价的是政策目标的达成程度。事实上，如果我们把改革作为一种活动过程，也同样具有与政策过程相类似的流程。教育改革同其他社会改革一样，是有周期性的，完整的教育改革周期通常会具备设计、实施、监测、反馈、调整、评价和终结这几个阶段。①

近年来，借助公共政策理论对于教育改革政策的研究越来越受到理论界的关注。运用政策过程理论来监测评估改革，则复杂的改革就化约为政策执行的监测与评价。鄢一龙等学者在对经济社会发展规划的评估中，提出了“规划蓝图—实施情况”的目标一致性评估方法，② 同样是基于中国公共政策的特点而开发的评估方法。以目标一致性评估方法评估改革，起点是改革的规划以及改革的措施，终点是最终的效果是否合目的性，是否实现了目标。这一方法对于监测和评估教育改革政策过程同样适用。在这里，监测与评估是同属于评估，区分二者的意义在于前者强调对政策过程进行持续的分析、观察和研究。实际上这一过程也是一种评估，属于形成评估的概念。实际上对教育改革政策过程的评估监测，也是政策分析领域的基本问题。“公共政策分析是对政府为解决各类公共政策问题所采取的对政策的本质、产生原因及实施效果的研究”。③

采用“目标一致性评估方法”对人才培养改革政策进行分析评估，要观察研究的基本问题包括三个方面：价值、事实和行动。“①价值。价值是实现是问题是否已被解决的主要检验。②事实。事实的存在会限制或促进价值的实现。③行动。行动的采纳可能导致价值实现”。④ 从逻辑上要从政策方案的形成及特征，到政策执行过程的各个环节，最终分析政策效果与政策目标的匹配度，并提出政策修正的建议。

二、北京人才培养体制改革的政策分析及进展监测

（一）北京人才培养体制机制改革政策及与国家层面相关政策的比较

十八届三中全会召开之后，北京市以人才培养机制改革为切入点，密集出台了高等学校高水平人才交叉培养计划等被称为“三高”计划的政策文件，全面部署人才培养体制和机制改革。自2015年至今的相关文件如表1所示。

① 王举等：《论教育改革的理性化品格》，《清华大学教育研究》，2013年第3期。

② 鄢一龙等：《经济社会发展规划实施评估方法》，《经济研究参考》，2009年第50期。

③ 陈庆云主编：《公共政策分析（第二版）》，北京大学出版社2006年版，第18页。

④ 邓恩：《公共政策分析导论（第二版）》，中国人民大学出版社2002年版，第73页。

表 1　2014 年以来北京市教委关于创新人才培养体制改革及相关配套文件

文件名称	文号
北京市教育委员会关于印发北京高等学校高水平人才交叉培养计划的通知	京教高〔2015〕1 号
北京市教育委员会关于印发北京高等学校高精尖创新中心建设计划的通知	京教研〔2015〕1 号
北京市教育委员会关于开展高端技术技能人才贯通培养试验的通知	京教职成〔2015〕5 号
北京市教育委员会关于开展 2015 年北京高等学校市级校外人才培养基地申报工作的通知	京教函〔2015〕104 号
北京市教育委员会关于印发北京高等学校高水平人才交叉培养“双培计划”实施指导意见的通知	京教高〔2015〕6 号
北京市教育委员会关于印发北京高等学校高水平人才交叉培养“外培计划”实施指导意见的通知	京教高〔2015〕8 号
北京市教育委员会、北京市财政局关于印发北京高等学校高水平人才交叉培养“实培计划”项目管理办法（试行）的通知	京教高〔2015〕11 号
北京市教育委员会、北京市财政局关于印发北京高校学生访学项目管理办法（试行）的通知	京教高〔2015〕9 号
北京市教育委员会关于公布 2015 年入选北京高等学校高水平人才交叉培养“实培计划”项目的通知	京教高〔2015〕12 号
北京市教育委员会关于建立贯通培养试验院校联系制度的通知	京教职成〔2015〕15 号
北京市教育委员会关于认定第二批北京高等学校高精尖创新中心的通知	京教函〔2016〕194 号
北京市教育委员会关于 2016 年开展高端技术技能人才贯通培养试验的通知	京教职成〔2016〕5 号
北京市教育委员会关于举办北京学院高端技术技能人才贯通培养试验项目的通知	京教函〔2016〕280 号
北京市教育委员会关于印发北京高等学校高精尖创新中心建设计划实施方案的通知	京教研〔2016〕5 号

资料来源：http：//www. bjedu. gov. cn/publish/portal27/tab1666/module3509/page1. htm.

国家层面的人才培养领域改革自 2010 年纲要颁布之后全面铺开。根据国务院办公厅颁发的《关于开展国家教育体制改革试点的通知》（国办发〔2010〕48 号）文件精神，“改革人才培养模式，提高高等教育人才培养质量”作为专项改革试点重点任务。试点分别在国家、省（市）和学校三个层面展开，在国家层面上，主要围绕拔尖创新人才培养、应用型人才培养、研究生人才培养和开放大学建设四个方面进行试点改革。① 具体采取了三种途径或形式：①“基础学科拔尖学生培养试验计划”（珠峰计划）；②“试点学院改革项目”；③“卓越工程师教育培养计划”及系列卓越教育培养计划。相关改革政策如表 2 所示。

① 根据本文研究的主题，其中研究生人才培养和开放大学建设项目与本文主题相关度不高，不做重点论述。

表 2 国家有关创新人才培养模式改革的重要政策及项目一览表（2010 年至今）

时间	文件名称	发布部门	创新人才培养模式改革主要内容
2010 年 6 月	国家中长期人才发展规划纲要（2010—2020 年）	中共中央、国务院	在“三、体制机制创新”中，包括：（一）改进完善人才工作管理体制；（二）创新人才工作机制
2010 年 10 月	国家中长期教育改革发展规划纲要（2010—2020 年）	中共中央、国务院	第十一章人才培养体制改革 （三十一）更新人才培养观念。 （三十二）创新人才培养模式。 （三十三）改革教育质量评价和人才评价制度
2011 年 9 月	根据关于印发〈青年英才开发计划实施方案〉的通知（中组发〔2011〕24 号），青年英才开发计划实施方案包括三个子计划： （1）“青年拔尖人才支持计划”； （2）“基础学科拔尖学生培养试验计划”（珠峰计划）； （3）“未来管理英才培养计划”	中宣部、中组部、教育部、科技部、财政部、人社部、科学院、工程院。 其中（1）由中组部牵头，会同有关部门组织实施； （2）由教育部牵头，会同科技部、中科院等部门实施； （3）人社部、教育部共同实施。	“基础学科拔尖学生培养试验计划”（珠峰计划）： （1）建立“基础学科拔尖学生培养试验区”为实施载体；（2）实行教授、专家治理，制定创新人才培养试点方案；（3）配备一流师资；（4）选拔优秀学生；（5）创新培养模式；（6）营造学术氛围；（7）改革教学管理；（8）加强条件保障；（9）开展国际合作。 “未来管理英才培养计划”：（1）应届高中及大学毕业生选拔；（2）设计个性化培养方案；（3）国际化培训与国内实践锻炼结合；（4）定向培养
2012 年 4 月	教育部关于全面提高高等教育质量的若干意见	教育部	1. 实施基础学科拔尖学生培养计划； 2. 实施卓越工程师、卓越农林人才、卓越法律人才等教育培养计划； 3. 探索与有关部门、科研院所、行业企业联合培养人才模式； 4. 实施卓越医生教育培养计划； 5. 实施卓越教师教育培养计划； 6. 探索高端技能型人才系统培养模式； 7. 探索科学基础、实践能力和人文素养融合发展的人才培养模式； 8. 探索在教师指导下，学生自主选择专业、自主选择课程等自主学习模式； 9. 创新教育教学方法； 10. 促进科研与教学互动，及时把科研成果转化为教学内容，重点实验室、研究基地等向学生开放； 11. 支持本科生参与科研活动，早进课题、早进实验室、早进团队； 12. 改革考试方法，注重学习过程考查和学生能力评价

续表

时间	文件名称	发布部门	创新人才培养模式改革主要内容
2012 年 5 月	高等学校创新能力提升计划实施方案（2011 年计划）	教育部、财政部	（二）重点任务：以国家重大需求为牵引，以机制体制改革为核心，以协同创新中心建设为载体，以创新资源和要素的有效汇聚为保障，转变高校创新方式，提升高校人才、学科、科研三位一体的创新能力。突破高校与其他创新主体间的壁垒，充分释放人才、资本、信息、技术等创新要素的活力，大力推进高校与高校、科研院所、行业企业、地方政府以及国外科研机构的深度合作，探索适应于不同需求的协同创新模式，营造有利于协同创新的环境和氛围
2012 年 11 月	关于推进试点学院改革的指导意见	教育部	一、改革学生招录与选拔方式；二、改革人才培养模式；三、改革教师遴选、考核与评价制度；四、完善学院内部治理结构等四方面改革、24 条意见
2013 年 7 月	关于深化研究生教育改革的意见	教育部、国家发展改革委、财政部	三、创新人才培养模式 1. 拓展思想政治教育的有效途径。2. 完善以提高创新能力为目标的学术学位研究生培养模式。3. 建立以提升职业能力为导向的专业学位研究生培养模式。4. 加强课程建设。5. 建立创新激励机制。6. 加大考核与淘汰力度
2014 年 6 月	国务院关于加快发展现代职业教育的决定	国务院	“四、提高人才培养质量”（十五）推进人才培养模式创新。坚持校企合作、工学结合，强化教学、学习、实训相融合的教育教学活动。推行项目教学、案例教学、工作过程导向教学等教学模式。加大实习实训在教学中的比重，创新顶岗实习形式，强化以育人为目标的实习实训考核评价。健全学生实习责任保险制度。积极推进学历证书和职业资格证书“双证书”制度。开展校企联合招生、联合培养的现代学徒制试点，完善支持政策，推进校企一体化育人。开展职业技能竞赛

从国家层面人才培养体制机制改革的政策演变轨迹来看，《纲要》提出的系统培养的观念，符合创新人才成长的规律，具体改革政策由着力于对高校内部体制机制的改革，到高校内部教学、科研和实践的协同，呈现高校与外部创新主体，包括科研机构、企业、行业乃至国外等资源共享、协同联合培养的新趋势。

国家层面人才培养改革试点工作在取得一定成效和经验的同时，也反映了不少的问题，其中比较大的共性问题：一是存在“政策空白和政策不兼容的情况并存”

的现象。[①] 前者反映了教育改革仍然以教育行政部门主导的问题，后者则反映了改革路径选择上以模式为主，单一政策推进而在政策执行中遇到的体制缺乏相应的端口，以至于政策兼容存在问题。二是改革的资金经费缺乏政策支持，导致承担改革任务的单位实施过程中出现“让马儿跑而无草”的问题。

相比较国家层面的人才培养系列改革政策，北京人才培养改革在政策设计方面呈现如下两个显著的特点。

1．政策目标导向一致，实现了政策与体制、政策之间的兼容和配套

在人才培养体制机制改革系列政策中，高等学校高水平人才交叉培养计划的政策目标，是通过打破北京区域内高校之间的壁垒，建立北京市属高校与中央属高校及海（境）外名校之间的交流合作培养机制，实现高校与高校之间、高校与社会资源之间的合作共享。不难看出，其改革问题很明确，就是要统筹北京丰富的高等教育资源，解决创新人才协同培养和资源共享的难题，解决高等教育与基础教育之间的联动机制脱节的问题。具体包括三个计划：一是实施由北京市属高校与在京中央高校双方共同培养优秀学生的“双培计划”；二是实施由北京市属高校与海（境）外名校双方共同培养优秀学生的“外培计划”；三是实施以提高学生实习实践和科研创新能力为目的的“实培计划”。

高端技术技能人才贯通培养试验计划的政策目标，在于通过构建人才培养“立交桥”，实现人才培养的“贯通”。表现横向系统中贯通职业院校与本科院校、国内外大企业合作；纵向系统贯通初中、高中阶段、高等职业教育和本科专业教育（其中本科教育通过专升本转段录取）。具体内容包括两个层面、两种模式：一是高等职业院校模式。学生前 2 年在高等职业院校接受基础文化课程教育（示范高中协作培养），中间 3 年在高等职业院校接受专业课程及职业技能教育，后 2 年对接市属高校接受本科专业教育。二是中等职业学校模式。学生前 3 年在中等专业学校接受基础文化课程和专业基础课程教育，中间 2 年在市属高校（护理专业为 3 年）接受高等职业教育，后 2 年接受本科专业教育。学生在第 3 学年，符合高考报名条件的，可以中等专业学校应届毕业生身份报名参加当年普通高等学校招生考试，同时，提出建立合作院校和合作企业联合培养机制，选拔优秀学生到国外高水平大学学习深造。

从政策设计和试点实施情况来看，高端技术技能人才贯通培养试验计划体现出了如下鲜明的特点：①定位高端，创新人才培养模式；②紧贴产业，设置“高精尖”专业；③对接岗位，构建全新课程体系；④拓展视野，培养国际化人才。[②]

北京人才改革政策群在坚持原有模式改革的同时，为解决既往改革政策兼容配套问题，采取了在原有体制设置新端口和启动原有端口的方式，使得政策与体制有效兼容，从而实现了政策措施与体制之间，以及与政策目标之间相互协调。所谓设置新端口，例如，外培计划打通了高端人才的国际化通道；贯通制培养计划中，通过在高水平大学中设立北京学院，打通高职院校与普通院校的通道等。所谓启动原有端口，表现在利用原有省部共建合作的政策基础，拓展和深度挖掘共建政策的潜力，采取更加多样性的合作途径。交叉培养计划体现了这一精神。同时，通过改革招生政策，对接了基础教育均衡化改革的政策措施。

2．明确经费来源，完善管理制度

经费问题由北京市教育委员会和北京市财政局联合出台《北京高校学生访学项

---

① 国家教育行政学院编著：《国家教育体制改革试点阶段性研究报告（高等教育卷）》，教育科学出版社 2014 年版，第 188 页。

② 柳燕君：《高端技术技能人才贯通培养报告》，第三届北京教育论坛，2016 年 11 月 5 日。

目管理办法（试行）》《北京高等学校高水平人才交叉培养“实培计划”项目管理办法（试行）》（以下简称《管理办法》）予以配套和支持，明确了经费主要来源于市财政拨款，鼓励多渠道资助的原则。对经费来源及管理明确规定。其中，对于所需费用较高的“外培计划”，《管理办法》规定，采取政府与访学学生家庭共同承担的方式，由政府专项经费支持在海外境外高校访学期间的学费，同时提供一次往返旅费，对于符合相关规定的贫困家庭学生，学校还将给予生活补助。

（二）改革政策实施总体进展情况

1．建立工作机制，推动项目实施

市教委为推进项目的实施，建立了由相关职能处室牵头的协调组织，负责内部政策协调和实施单位之间的协调工作。对高校进行筛选，更对培养模式、课程体系设置、教师配备、学生专业等进行商讨并总体设计，各承担对接任务的中央及市属高校明确了负责部门。比如，清华大学成立了“双培”办公室，专门负责“双培计划”的组织协调。同时，各相关高校在专业课程建设、实践创新教育、师资队伍保障方面制定了相关制度，在学生管理中采取了纳入本校管理体系的方式，以便使得学生充分融入本校文化。外培计划中，提出了全程管理和监督的要求，确保计划的顺利开展。①

2．相关院校招生及培养基本情况

“双培计划”方面，2015 年进入该计划的共有 40 所高校，其中，中央高校 23 所；市属高校 17 所；涉及 128 个专业，涵盖了除军事学以外的 12 个学科门类，其中，91 个专业为新兴、交叉的目录外专业，占 75%；31 个为目录内专业，占 25%。招生采取了高考招生和在校生遴选两部分。2015 年投放 2008 个招生计划。其中，通过高考招生进入“双培计划”的 1362 人，通过在校生遴选进入“双培计划”的 445 人，合计 1807 人。分别进入清华大学、北京大学、北京科技大学等 23 所高校学习。

参加“外培计划”的北京地区高校共 12 所，涉及海（境）外高校 26 所，共 47 个专业，投放 412 个招生计划。

“实培计划”由大学生毕业设计、大学生科研训练计划、高等学校实验教学开放共享等三部分组成，其中，前两部分主要面向市属高校，后一部分以中央部委所属高校为主，并辐射到具备良好条件的市属高校。北京市大学生毕业设计（论文）项目采取“双导师”制，遴选优秀学生进入中国科学院、中国社会科学院等国内知名科研单位接受科研创新训练，以毕业设计（论文）为载体，为学生科研创新能力培养搭建平台。2016 年 6 月市教委与中科院前沿科学与教育局签署协议，共同落实大学生毕业设计项目。中科院依托在京研究所相关科研项目平台，由在京研究所科研人员与市属高校教师共同指导学生完成毕业设计（论文）。并给予理工类 6 万元/人/年、文科综合类 4 万元/人/年的经费支持。②

在先期实施“双培计划”的高校人才培养中，由于新入学新生与承担培养任务高校学生差距较大（有的学生高考成绩相差近 100 分），各相关高校采取了多种形式的学业帮扶措施，北京邮电大学、北京科技大学针对期中考试产生出来的问题，采取了增加答疑时间、开展朋辈辅导等具体措施，清华大学学习发展中心和教务处对“双培”学生采取了一对一学业咨询、小班课程辅导、“学霸”答疑、开设考前辅导班

① 北京市教委高教处：《北京高等教育实施“双培计划”与“外培计划”的工作重点》，《北京教育（高教版）》，2015 年第 6 期。

② 《北京市教育委员会中国科学院前沿科学与教育局关于共同落实北京高等学校高水平人才交叉培养落实北京高等毕业设计（论文）项目的通知》，详见 http://zfxxgk.beijing.gov.cn/columns/63/5/707926.html。

等形式，促进“双培”学生学业发展。①

2015 年“外培计划”共涉及 13 所市属学校，覆盖欧洲、美洲和亚洲共 10 个国家（地区）的 38 所海（境）外高校。2015 年“外培计划”57 个专业中，经济学专业 9 个，文学专业 5 个，理学专业 2 个，工学专业 23 个，医学专业 2 个，管理学专业 12 个，艺术学专业 4 个。纳入招生计划部分共投放 420 个计划，高招实际录取 359 人，空缺 61 人，录取率为 85.5%。校内选拔部分覆盖 13 所市属高校，共派出 197 名学生。

高端技术技能人才贯通培养试验计划方面，率先在北京财贸职业学院、北京电子科技职业学院以及北京工业职业技术学院三所高职院校试行高端技术技能人才贯通培养（7 年）实验项目。对高职院校录取的学生 1 至 3 年级执行中等专业学校学籍管理办法，4 至 5 年级执行高等职业学校学籍管理办法，完成 5 年学习任务，成绩合格者，取得高等职业教育毕业证书。通过专升本考试进入本科阶段学习，完成两年学习计划成绩合格者，将取得普通高等教育本科（专升本）毕业证书。

表 3　2015 年高端技术技能人才贯通培养试验院校情况表

高职及中职招生院校	专业大类	对接本科高校
北京电子科技职业学院	电子与信息	北京信息科技大学
	机械与数控	北京工业大学
	自控与电气	北方工业大学
	汽车与交通	北京工业大学
	经济与管理	北京工商大学
北京电子科技职业学院	食品与生物	北京工商大学
	艺术与设计	北京服装学院
北京工业职业技术学院	机电工程	北方工业大学
	电气与信息	
	建筑与测绘	北京建筑大学
	经管与文法	北京建筑大学
北京财贸职业学院	财经类	首都经济贸易大学
	商贸类	
	旅游类	
首都铁路卫生学校	护理	首都医科大学
北京铁路电气化学校	轨道交通车辆运用	北京信息科技大学

统计数据显示，“贯通培养计划项目”受到家长和考生的高度关注和认可。2015 年填报了“贯通培养计划项目”学校的考生数量达到 2000 余人，实际录取 1180 人，报录比达 2∶1。在 2015 年实际参与贯通培养项目提前招生的 5 所学校中（见表 3），北京电子科技职业学院 500 人、北京工业职业技术学院 330 人、北京财贸职业学院 200 人、北京第二外国语学院非通用语学院

① 佟宇轩，赵晋乙：《双培计划：名校里的“中等生”》，清华大学《清新时报》，2016 年 11 月 2 日。

80 人和首都铁路卫生学校 70 人。5 校共涉及 20 余个专业，包括电子信息、财经类、护理、波兰语等。北京第二外国语学院贯通培养项目的提前招生吸引了全市近 900 名中考生报考，实际录取 80 人，报录比达到 11∶1。实际录取考生中，500 分以上考生超九成，最高分数为 553 分。是北京职业教育中招录取分数 20 年来的最高峰。①

2016 年，“贯通培养计划项目” 5 种模式共录取学生 4319 人，占当年参加中考学生数的 5.21%，其中高端技术技能人才贯通培养项目录取最高分为 531，最低分为 430，生源质量继续保持较高水准。

为实施好改革计划，各试点高职院校加快了内部改革步伐，在专业设置和教学管理方面深化改革。以率先试点的院校北京电子科技职业学院为例，该校联合北京市第 35 中学、部分国外应用技术大学以及北京工业大学等市属本科院校共同培养。专门开设了 26 个全新的专业方向，瞄准北京“高精尖”产业发展人才需求，进行高端技术课程学习以及职业技能训练，通过与国内外高水平大学、国际大型企业合作，培养国际化、高水平、创新型、复合型人才。采用小班化、选课制、走班制、学分制、导师制等教学组织方式，实施启发式、参与式、讨论式、探究式等学习方式，激发学生的学习兴趣，增强学生的自主学习能力。

北京工业职业技术学院提出以贯通培养项目引领教育综合改革的目标。通过整合校内外资源，共同设计一体化人才培养方案，明确界定各阶段的培养目标，合理确定各阶段课程内容的难度、深度、广度和能力要求，加强与示范高中、本科院校以及国外大学的合作，切实做好各阶段人才培养的衔接。探索了一体化设计、小班化教学、高端化培养、国际化视野的整体教育模式。逐步形成国际化技术技能人才培养的“北工院”模式。②

（三）问题和挑战

北京人才培养改革计划的实施从面上看，成效是主要的，促进了高校间的协同发展，深化了北京高等教育领域综合改革；契合国家和首都的发展战略遴选专业，为服务北京经济社会发展培育了新的专业增长点；形成了多校园环境育人的机制；推进了各学段间的良性联动。学生及家长表现出很高的认同度，有效提升了人民群众教育改革的获得感。与此同时，也显示出了一些问题和挑战。主要表现在如下几点。

第一，招生和管理制度方面。一是招生总体体现了区域差异，具有较强的不确定性。“双培计划”和“外培计划”明确提出，“面向北京生源，分配到各区县，并适度向远郊区县倾斜；其他部分将采取在校内学生中遴选的方式，适度向中西部贫困地区学生倾斜”，政策意图在一定程度上是为了平衡各区之间的教育资源，把优质的教育资源向教育弱区进行平衡。在实际录取中，海淀、西城、东城三个教育水平相对较高的区，录取分数也相对较高。而其他区（县）则体现出了较大的波动性和不确定性。二是无论交叉培养计划还是贯通培养计划项目，在实施中过程控制和质量监控方面也有待完善制度和措施。在教学管理、奖学金、师生交流、信息发布等方面仍在探索之中。诸如涉及的配套的人事制度改革、学制衔接也有诸多问题，还没有形成完整的管理制度。

第二，系列改革项目根本目的在于“激发各高校特别是市属高校教育教学改革活力，全面提升高校办学水平”，相关高校及高职院校对于如何充分挖掘项目的潜力，深化自身教学及管理改革，以通过项目实施达到促进自身人才培养水平和质量提高

---

① 北京市教育委员会：《2015 年北京市政府重点工作情况汇编之深化教育改革篇》，2016 年 1 月 25 日。详见 http://www.beijing.gov.cn/sy/2016lh/2015zdgzqkhb/t1421874.htm。

② 《北京工业职业技术学院适应社会需求能力自评报告（2016）》，详见 http://www.bgy.org.cn/web/notice/1727。

的目标，也有待在实践中探索总结。

第三，“双培计划”学生的高考成绩与中央高校学生相比相差较大，学生的学习能力和学习情况与中央高校学生存在很大差异，普遍感觉学业吃力、压力较大，学生入学之后难以适应承接高校的正常教学活动。

三、北京人才培养体制改革的政策建议

庄子所言，“始生之物，其形必丑”。改革本身就是革故鼎新的事业，只要方向正确，就不怕走得慢。由于首都高校创新人才培养体制和模式改革相关政策出台不久，各高校及高职院校实施项目还是试点时期，效果仍待更长时段的观察，对本轮改革政策的分析评估有一定困难。基于对改革政策文本设计内容及试点实施的监测与分析，在坚持首都人才培养改革大方向的同时，为更好地促进改革的顺利进行，在如下方面进一步完善制度和措施，以利于有效执行政策，实现政策目标。

（一）完善首都创新人才培养的法规和政策体系

根据规划纲要，出台相关政策法规，固化现有改革成果，逐步形成各不同隶属高校、行业企业、科研院所等主动参与人才培养制度性安排，建立稳定的大学生实习实训基地。出台相关配套政策，支持先期试点高校及其他机构在选拔培训加大改革力度。目标是形成制度化的人才培养“产业链”，增强培养通道的系统性连贯性。

（二）建立常设性机构，统筹创新人才培养计划的落实工作

作为一项人才培养改革的系统性工程，涉及部门隶属关系不同，很多方面不是教育一家能够协调和统筹的，需要在更高层级上设立协调和统筹机构。实践过程中，很多政策在执行中，由于有些目标群体的不配合，或者力度不够，导致政策的有效性衰减。因此，统筹协调机构的设立十分必要。同时，建立教育部门和其他部门的定期会商机制，充分发挥各部门职能和作用，是改革深化的重要举措。

（三）建立创新人才培养改革计划的信息反馈系统和评估体系

创新人才培养需要一个相对较长的过程和周期，行政管理的效率性原则必然要求培养单位早出人才，快出人才，就会出现政府希望“掀开锅盖看饭熟不熟”的现象。“掀锅盖”涉及评价和反馈环节，要重视过程性的信息反馈和结构性改变的评价，不应该单纯评价数量。需要建立一套科学完善的评价体系，既评价过程，又评价效果，并且与拨款体系挂钩，以评价促高校内部人才培养体系改革。

（四）加强对创新人才培养及改革本身的研究工作

各计划试点及参与单位，要加强人才培养的专题研究，对人才成长规律和拔选拔机制做长线研究，要对项目学生进行跟踪研究，建立项目学生成长的个人档案及培养数据库。同时，对改革实施中的问题和矛盾要及时做好研究分析工作，建立本校的研究团队，持续跟踪计划实施，及时提出改革改进建议，确保改革的顺利实施，并且对于点上形成的经验和规律性问题及时上升为理论，以利于在面上推广。

撰稿人：北京教育科学研究院教育发展研究中心　刘继青

第二十六章　新时期北京市属高校改革发展的协同机制研究

[摘要]　在首都高等教育领域，市属高校尽管数量上占优，但与央属高校相比仍处于整体弱势地位。“十三五”时期，面对内外部发展环境中新老问题交织的复杂局面，协同发展已成为北京市属高校提高自身竞争力的必然选择。从整体来看，市属高校的协同机制主要由伙伴、资源、平台、规则四大要素构成，并可划分为资源共享、主群联盟、联合共建、协调重组四种方式。其中前三种协同方式都可以在市属高校改革发展实践中找到对应的案例。然而协同伙伴相对单一、协同行动缺乏同步性、协同机制重建构轻落实等突出问题，却在不同层面制约着北京市属高校协同机制实效的达成。其症结主要在于行政干预过多、教育发展不均、市属高校自身定位不清等因素。为了更好实现以协同促发展的目的，北京市属高校及相关主体亟待完善以下四个方面的工作：紧密结合首都“高精尖”产业结构转型需求，加强校地协同；政府适度放权，充分激发高校协同发展内在动力；明晰市属高校定位，有序构建分类协同发展机制；加强理论与实践研究，完善协同机制运作全程的智力支持。

[关键词]　北京市属高校　改革与发展　协同机制

Chapter 26　Study on the Collaborative Mechanism in the Reform and Development of Beijing Municipal Colleges and Universities in the New Period

[Abstract]　In Beijing, municipal colleges and universities are dominant in quantity, but relatively inferior in quality. In the 13th Five - year Plan period, faced with the complicated development environment, Beijing municipal colleges and universities are called for collaboration. In general, the collaborative mechanism is composed of four elements: partner, recourses, platform and rules. And according to the subjective basis of the collaboration rules and closeness of interaction among the elements, the framework of collaboration can be divided into four modes. In practice, several corresponding collaboration reforms have been carried out and made many achievements. However, there are still many problems, such as subjective unitary, out of sync in action, and more attention at construction than complication. They are mainly due to over administrative interpose, unbalanced education, and confusion of self localization among municipal colleges and universities. In order to make better collaboration in the development of municipal colleges and universities, it is suggested to promote collaboration between the municipal colleges and local enterprise, raise the internal drive of municipal colleges, build up classified collaboration mechanism, and strength relative studies for intelligence support.

[Key words] Beijing municipal colleges and universities; reform and development; collaborative mechanism

作为首都高等教育体系的半壁江山，市属高校在服务北京经济社会发展等方面做出了重要贡献，但同时也面临着“大树底下不长草”的独特窘境。“十三五”时期，面对新老问题交织的复杂局面，“协同发展”日益成为北京市属高校提高自身竞争力的一把利器。如何理性看待和合理运用这把利器，更好实现“1+1>2”的效果，随之成为新时期北京市属高校改革与发展中亟待探究的重要问题。

一、站在十字路口的北京市属高校：协同发展势在必行

截至2016年，北京共有市属高校54所（其中公办高校38所，本科院校29所），占本市普通高校总数的近六成。[1]尽管近两年北京市属高校在国内大学排行榜中的名次有整体提升，但其与在京中央部委属普通高校（以下简称央属高校）之间的利益矛盾依然突出，老问题尚未得到有效解决，京津冀一体化等一系列新的战略举措又从不同层面加大了改革发展的复杂性与不确定性。站在历史的十字路口，北京市属高校的改革发展危机重重。在化解危机的诸多策略中，“协同发展”显示出了强大的活力与驱力。

（一）大树底下不好乘凉：市属高校提升竞争力亟待协同作战

作为我国高等教育体系的重要组成部分，市属高校在服务地方经济社会发展中发挥着不可忽视的作用。然而随着“985”“211”高校格局的形成，一批市属高校的生存和发展面临着越来越大的压力。许多人认为，北京市属高校凭借其地处首都的先天优势，在生源质量、师资队伍、办学经费、硬软件环境等方面都具有其他地方院校不可比拟的有利条件，“大树底下好乘凉”，自然能够获得更好更快的发展。然而事实上，在首都高等教育资源布局空间相对有限的情况下，市属高校的发展常常受到央属高校汇聚所带来的“顶端优势”干扰。

受历史因素影响，全国百余所央属高校中约有30%分布在北京（37所），[1]其中还包含了以清华、北大为代表的一大批国内一流高校，它们对吸引国内外高水平人才、创造丰富科研成果等带来了巨大的推动作用和虹吸效应，但同时也在教育资源的激烈竞争中给处于弱势地位的市属高校带来了多重压力。在这种实力悬殊的资源争夺战中，北京市属高校往往显得被动而又无奈，面临着远甚于其他地区的“大树底下不长草”的尴尬境况，这也成为长期以来困扰北京市属高校发展的独特难题。在新时期的改革大潮中，市属高校若不能及时缓解与央属高校博弈中的被边缘化危机，便极易丧失关键历史节点处的发展机遇，使自己在多元竞争与合作中陷于更为不利的发展境地。

在“单兵作战”难以占优的情况下，“协同作战”自然成为北京市属高校提升自身竞争力的当然之选。如何通过协同发展破解其与央属高校之间的博弈难题，是新时期北京市属高校改革发展中必须重点关注的议题。

（二）京津冀一体化：疏解非首都核心功能带来协同发展新空间与新挑战

京津冀协同发展是“十三五”时期我国经济发展探寻新增长点和缓解大城市病的一项重大战略，随着2015年《京津冀协同发展规划纲要》及相关政策的颁布，该战略开始从顶层设计走向落实，北京作为全国政治、文化、国际交往和科技创新中心的核心功能定位随之确立。与之前相比，新的首都功能定位有两点突出变化：一是不再提经济中心定位，这不是放弃北京的经济发展，而是要在新常态下，放弃发展大而全的经济体系，[2]重点发展知识经济、服务经济、绿色经济，加快构建“高精尖”产业结构；二是增加了科技创新中心定位，突出了高校云集、人才会聚等优势条件在提升首都城市竞争力中的重要作用。

新的城市功能定位表明教育并不属于首都核心功能，具有社会非基本公共服务性质的高等教育和职业教育作为非首都核心功能的首要疏解对象，随之被要求严格控制增量、有序疏解存量。较之于央属高校服务国家的角色，市属高校服务地方发展的职能定位决定了其与城市发展间存在更加紧密的关联，因而人口疏解的重任自然落在市属高校身上。相应的疏解路径有二：一是向京外疏解，主要是推动在京部分普通高校的本科教育迁往天津或河北地区，而其在京内保留的老校区则主要用作研究生培养基地、研发创新基地；二是向郊区疏解，主要是推动部分有条件的北京普通高校通过部分院系搬迁、办分址、联合办学等方式由中心城区向外疏解。[3]2015年年底，北京城市学院、北京工商大学、北京建筑大学已率先向郊区疏解6600人，徐徐开启了人口疏解的大幕。另一方面，旨在控制增量的各项举措也配合展开：一是大幅缩减市属高校的京外招生规模，继2015年减招千人之后，2016年再次缩减10%；二是逐步压缩高职招生规模。疏解任务的推进在打破市属高校原有结构的同时，也为高校应有功能的发挥带来了一系列新议题，协同发展在新环境中面临着诸多挑战。

从积极的方面来看，京津冀一体化战略的实施，在政策层面打破了三地高等教育各阈一隅的割裂发展局面，为北京市属高校跨越区域界线寻求更广泛的合作伙伴提供了机会和平台，同时也为其协同方式及机制的创新提出了更高要求。尽管可以预见高校在跨区域协同发展中不可避免地会面临诸多困难与阻力，但可以肯定的是，在具有国家级重大战略属性的京津冀协同发展规划指引下，北京市属高校改革机遇与挑战并存，在新空间中能够探寻到协同发展的更多可能性及可行性。

（三）内部结构性危机隐忧重重：以协同规划促结构优化迫在眉睫

从系统论视角出发，北京市属高校能否有效发挥服务首都经济社会发展的职能，直接取决于其内部结构的适切性。然而从现状来看，其问题不容小觑。

在层次结构上，市属高校偏重本专科教育而呈现出“图钉形”结构形态（见图1），尽管这呼应了其重点培养服务城市建设的应用型、技能型人才需求，但研究生层次在校生规模的相对过小，却隐藏着市属高校对于培养支持首都“高精尖”产业所需高层次人才后劲儿不足的隐患。如何适度促进北京市属高校人才培养的层次结构从“图钉形”向“金字塔形”过渡，是其更好满足新常态下首都产业结构发展需求的题中之义。

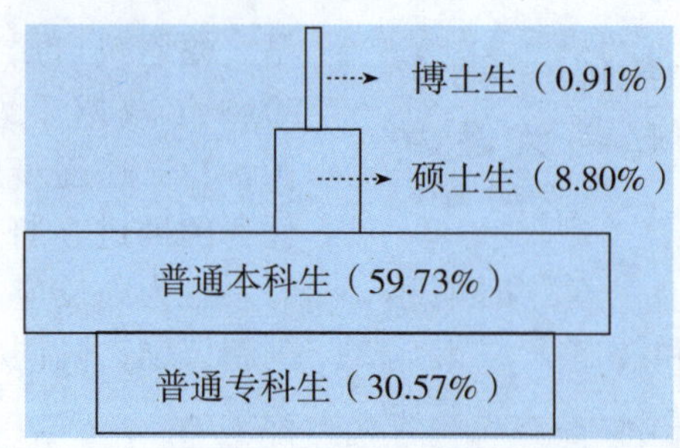

图1　北京市属高校在校生层次结构示意图①

在科类结构上，仅就本科阶段而言，市属高校虽已覆盖12个学科门类，但却隐藏着两个突出问题：一是同质性倾向明显，如图2所示其与央属高校在多数学科门类的设置比例上均呈现出较高相似性。二是人才培养结构与首都产业结构发展需求间仍存在偏差，这可以从三级专业设置所存在的较强不均衡性和供需欠匹配性中得以反映。例如在工学门类中，电子信息工程、自动化、计算机科学与技术等传统优势或热门专业设置相对集中，但涉及节能环保、生活性服务等产业的高端和新兴专业却鲜少有学校涉足。②

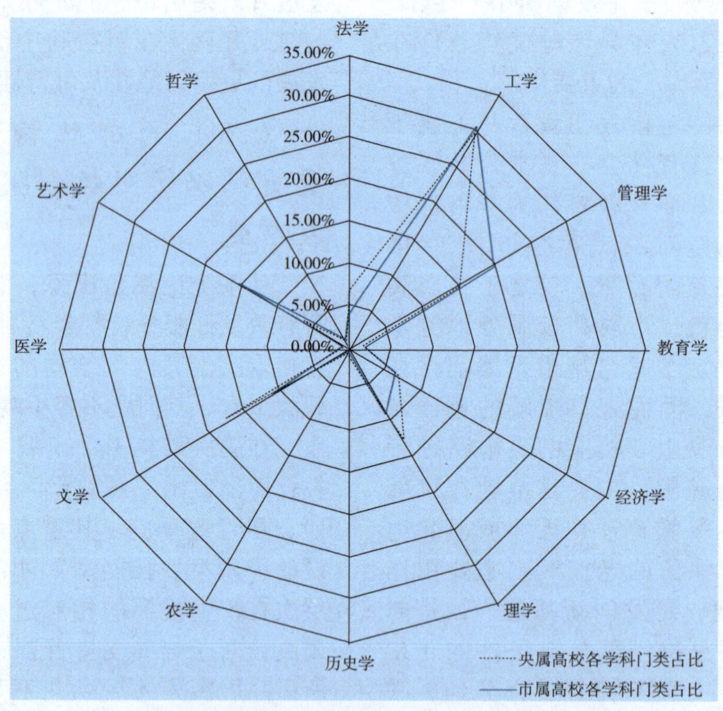

图2　北京市属高校与央属高校本科科类结构比较

①依据如下报告中的相关数据资料整理而成：线联平主编：《北京高等教育质量报告（本科2014）》，北京市教育委员会，2015年12月30日，第15页。

②依据22所公立市属高校的本科专业设置情况进行统计分析而得。

③依据如下报告中的相关数据资料整理而成：线联平主编：《北京高等教育质量报告（本科2014）》，北京市教育委员会，2015年12月30日，第34页。

上述结构性问题既暴露出市属高校人才培养难以满足首都产业结构转型需求的严峻问题，也折射出其可持续发展力不足等隐忧，市属高校调整和优化结构已是迫在眉睫。而协同正可以成为改革发展道路上的助燃剂和润滑剂，其理由有三：第一，市属高校结构调整涉及层次、科类、布局等多元复杂问题，且事关首都产业结构调整大局，难以由一校之力实现，而是需要借助协同发展的整体统筹力。第二，受路径依赖的影响，市属高校固有结构的调整不可避免地会面临诸多顽固阻力，而协同则有助于在合力作用下削弱非正式制度因素影响，提升高校改革信心与勇气，增强执行力。第三，市属高校自身资源配置的不均衡性和发展水平上的差距，极易在结构调整中产生短板效应，而协同正有助于借助资源共享共建等方式查漏补缺，助力各方合作共赢。

总的来看，协同对于新时期北京市属高校的改革与发展而言，不仅是必要的、紧迫的，同时也是可行的。在“不进则退”的改革时代，市属高校能否做好以协同促发展这篇大文章，不仅对于北京市属高校自身意义重大，而且对于首都城市发展而言也意义深远。

二、北京市属高校构建协同发展机制的界定性框架

作为北京市属高校改革发展道路中的必要选择，协同的发生发展事实上受到诸多因素影响，而不同要素间的不同作用方式也往往产生不同的协同关系与效果，这便涉及协同机制的问题。依据机制“泛指一个工作系统的组织或部分之间相互作用的过程和方式”的科学界定，[4] 对于北京市属高校协同机制的探讨需要理清三方面内容：一是协同机制的构成要素；二是要素间相互作用的方式，即协同的方法和形式；三是在一定方式下协同机制发挥作用的过程。这里我们将分析的重点集中在前两方面内容上，而在此之前，首先需要明确“什么是协同”这一基本问题。

（一）协同的内涵与特点

从基本语义来看，协同与协作、合作等词十分相近，但三者在内涵与外延上仍存在一定差别（见表1）。我国近两年出台的一系列重要政策文件中都反复提及协同概念，为该词在中文语境中赋予了强烈的政策色彩。在这种政策语系中，协同作为合作、协作的“升级版”，往往具有更高的发展要求。

概括而言，协同的内涵特点主要体现为以下四点。其一，整体性。协同并非线性的要素叠加，而是体现为一种系统性、整体性的要素统筹，注重通过要素的结构性调整重组，实现“1+1>2”的效果。其二，共赢性。主体间的相互配合须以各方均能获得利好收益、实现共赢发展为前提，这也是在利益关系复杂的群体间寻找结合点的必然要求。其三，同步性。协同要求各主体都能够依循共同的行动框架步调一致地开展实际行动，任何一方的缺席或滞后都会影响协同合力的发挥。其四，长效性，即注重协同效力发挥的可持续性。正因协同具有上述特点，因而常被用于解决复杂的利益博弈或困难条件下主体间合作共赢的改革发展问题。

表1　合作、协作、协同的概念差异比较

	概念释义*	作用主体	参与者的主体地位	作用范畴	时间跨度	相互配合的同步性
合作	互相配合做某事或共同完成某项任务	两方或多方	相对平等	具体事项	短期长期	不强调同步
协作	若干人或若干单位互相配合来完成任务	多方	有主次之分	具体事项或整体性事务	短期长期	不强调同步
协同	各方互相配合或甲方协助乙方做某件事	两方或多方	可平等，也可有主次之分	具体事项或整体性事务	长期	强调同步

*引自：中国社会科学院语言研究所词典编辑室编：《现代汉语词典（第6版）》，商务印书馆2012年版，第523、1400、1400页。

综上可见，北京市属高校改革发展中所倡导的协同，也同样注重协调合作的整体性、共赢性、同步性和长效性，具有超越于一般合作与协作的内涵要义。

（二）北京市属高校协同机制的构成要素

从整体来看，北京市属高校改革发展中的协同机制主要由四重要素构成，即伙伴、资源、平台和规则（见图3）。就各要素的角色功能而言，伙伴是协同机制建构中具有主观能动性的主体，资源可以看成是承载协同机制作用力的客体，平台是传递协同之力的载体，规则是保障其他三类要素之间互动融合的介质。

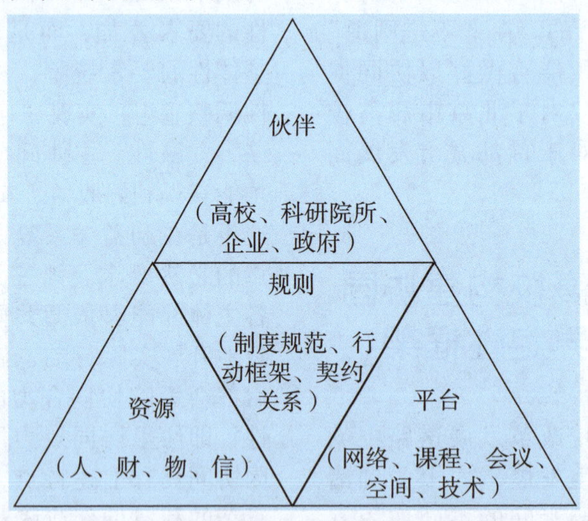

图3　北京市属高校协同机制的构成要素

1. 伙伴要素

伙伴要素是指北京市属高校及其协同伙伴，主要涉及高校、科研院所、企业、政府四类主体系统。其中，高校系统既包含北京市属高校自身，也包含在京央属高校、京外（在京津冀协同发展背景下主要指天津、河北地区）乃至境外高校。科研院所系统同样含纳北京内外的各级各类科研院所。企业系统依据所属的行业、产业类型，可以划分为地方特色支柱产业、北京城市核心功能定位下的“高精尖”产业、战略新兴产业等所涉及的各类企业主体。

政府系统从职能划分来看主要涉及但并不限于教育、科技、经济等各级各类相关部门。在理论层面，可以依据区域、层级、领域三个维度对相关主体加以分类，如图 4 所示。

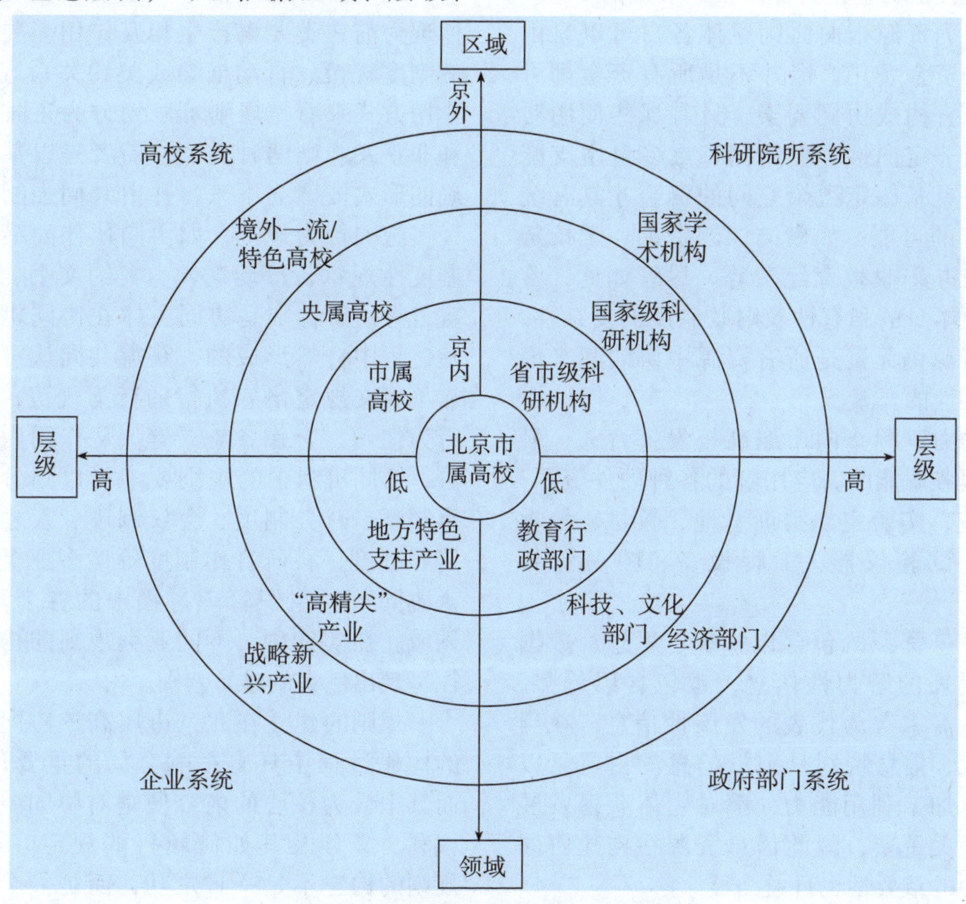

图 4　北京市属高校协同机制的主体构成

能否在众多主体中选择适宜的伙伴开展协同行动，是能否保障协同机制顺利运作的首要一环。而不同维度下北京市属高校对协同伙伴的选择往往蕴含着不同的逻辑关系，具体而言，其一，在层级维度，伙伴选择主要是以“供给”为逻辑起点，侧重通过共享跨层级主体的优质资源，获得市属高校发展亟需但又难以在短期内凭一己之力建造起来的资源要素。其二，在区域维度，伙伴选择主要是以“需求”为逻辑起点，侧重于通过资源优势互补以满足主体不同发展需求。例如，在京津冀高校协同发展中，北京市属高校的核心目的在于疏解人口，天津、河北两地高校的主要目的在于共享优质教育资源，在目标并不一致的前提下，区域协同机制仍可建立的逻辑主线便在于各主体间通过协同能够各取所需的实现共同发展。其三，在领域维度，伙伴选择主要是以“功能”为逻辑起点，侧重通过利益耦合、供需匹配的要素协整，促进北京市属高校在充分发挥自身功能价值的基础上获得自身收益的最大化，这更多体现在校地协同机制的构建中。

2. 资源要素

资源要素可以以人、财、物、信划分。其中，人力资源主要是指高校中的教师与学生、科研机构中的科研人员以及企业和政府中的相关责任人。他们不但具有主观能动性，而且具有相对灵活的可移动性，因而往往成为协同客体中最为活跃的要素。

财力资源指向协同主体各自可以自由支配的资金费用。但并不是所有资金都可以或适宜构成协同要素，只有那些使用对象具有非定向性、主体拥有更多自主支配性并且具备一定盈余空间的资金才具有统筹共享的可能，如横向课题资助、学校贷款、校办产业教育经费等。尽管如此，鉴于资金本身的私有性及财政制度的复杂性，财力资源仍无疑是所有资源中协同起来最具困难性的要素。

物力资源指向市属高校发挥育人、科研、服务职能所需应用到的各种硬件资源，如教室、实验室、实训基地、教材、教学工具、试验仪器、工程设备、图书资料等等。

信息资源既包含以知识、思想、数据等为代表的智力性信息，也包含以趋势、动态、需求等为代表的发展性信息。在当今时代，信息特别是前沿信息的占有量以及信息加工利用能力，都对主体获得发展先机至关重要，因此信息资源在构建协同机制中的重要性也日益凸显。

3．平台要素

平台要素作为联结和传递协同作用的载体，依据其功能形态可以大致划分为三种类型：一是以课程、科研课题、实习实训项目、创新创业项目等形式呈现的组织性平台；二是以会议、论坛、交流互访途径、资源共享渠道等形式呈现的沟通性平台；三是以网络、云存储空间、信息技术、新媒体等形式呈现的服务性平台。

这些平台要素可以在全时空范围内为北京市属高校协同机制的建立与实施搭筑桥梁，在使得各类协同伙伴能够跨越形式上的障碍实现协同发展的同时，也为资源要素的统筹配置提供了多样化的组合可能。能否在协同主客体间构建合理的协同平台，对于协同效果能否有效实现具有重要意义。

4．规则要素

规则要素也可以称为制度要素，主要体现为前三类要素产生相互作用需要依循的制度规范、行动框架或契约关系等。从作用方式来看，规则可以划分为正式规则和非正式规则两种类型，前者是以某种明确的形式被确立下来，并由共同强制力保证实施的行为规范，如协同伙伴间缔结的制度性规章、行动纲领、契约文书、共同宣言等；后者则是协同主体在协同机制构建过程中自然形成的，获得共同认可并依靠不成文规定恪守执行的行为规范，包括行为惯习、合作备忘录等。从作用内容来看，协同机制中的规则要素可以划分为人事制度、财务制度、会议制度、人才联合培养制度、科研合作制度等诸多亚类，覆盖协同行动组织管理过程中的各个环节、领域。在实践中，不同亚类规则的构建往往呈现出巨大的难易差别。

规则的建立在北京市属高校协同机制的构建过程中具有影响全局的重要作用，而其中最为核心的内容便是对协同主体的权利、义务及其如何履行的规定。诚然，规则的构建不是一日之功，而是一个共同协商、不断完善的过程。然而，能否及时、科学、合理、有效地建立起协同行动规范，则紧密制约着协同的执行力与实效力。

（三）结合实践看北京市属高校构建协同机制的四种典型方式

协同要素间的不同整合方法和相互作用关系可能产生出不同类型的协同方式，蕴含着不同的协同目标与逻辑。依据规则约束力的作用方向，以及伙伴关系存在的紧密程度，可以在理论上将北京市属高校的协同发展机制划分为资源共享、协调重组、主群联盟、联合共建四种方式，如图5所示。

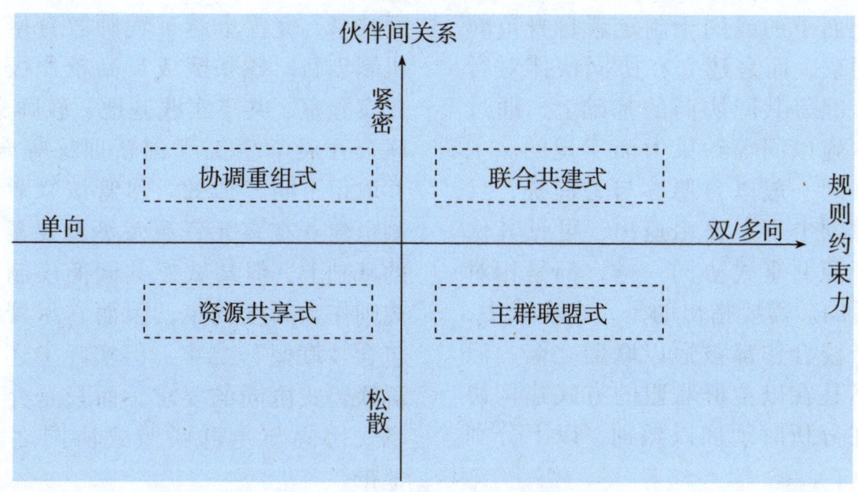

图5　北京市属高校构建协同机制的四种方式

1．资源共享式协同

资源共享式协同主要是使人、财、物、信等资源要素通过迁移、流动、交换等方法，促进北京市属高校与协同伙伴间优势资源的互补或共享，以实现市属高校自身难以达成的发展目的。其协同规则主要由具有政策话语主导权的一方（多为市教委等上级政府部门）制定，或由各协同主体自行制定，但只对制定者自身的行动规范具有约束力。这种协同一般由某一核心资源要素的定向变动引起，在协同过程中，强调要素的自由流动性，同时协同强调主体参与的自愿性，伙伴关系因而往往呈现出相对松散的状态。

从本质来看，资源共享式协同的核心在于通过资源的结构性统筹调整，扩大既有资源的使用范畴或提高资源的使用效率，从而实现一定时空范围内资源利用效益的增长。由于这种协同方式一般并不改变资源要素的原有形态及内容，而是更多体现为一种物理形态的资源协整流动，因而在一定意义上，这种协同方式往往是最易于建构和组织实施的。

北京“市属高校校外教学名师讲学计划”便是这种协同方式的代表，它是在市级政府的政策指导下，主要借助教师这一资源要素的流动共享而实现的协同。21世纪以来，北京市属高校教师队伍结构性不足的问题日益凸显，但仅仅依靠市属高校自身的力量显然难以在短期内培养出大批满足需求的优秀教师，因而通过与央属高校、科研机构建立协同机制，共享外部优质师资，便成为市属高校解决这一师资难题的优选之策。自2007年，北京市教委会同市财政局开始拨付专项资金用于鼓励市属高校从校外聘请学术造诣高、教学经验丰富、教学效果特别突出的教学名师、知名学者等承担本专科课程教学任务。[5] 随后，北京信息科技大学等学校陆续制定了该计划的校内实施办法，并在实践中聘请了以央属高校教学名师为主体的越来越多的知名专家学者走进市属高校的课堂，使市属高校得以通过共享优质教师资源及其所传递的高层次知识技能信息，促进自身教育教学质量的提升。①

2．主群联盟式协同

主群联盟式协同指向规则具有双向约束力，而伙伴关系相对松散的协同方式。与资源共享式协同相比，这种协同方式有两点不同：一是协同机制的核心变量不再是单一的资源要素，而是以整体形态呈现的主体或集群要素；二是协同规则的作用

① 在此过程中，央属高校出“人”，市属高校（借助财政拨款）出“资”，前者获利，后者增益，符合协同的共赢性特征。

力不是自上而下的或阈于制定者自身范畴的单向性约束，而是建立在协同伙伴对行为框架与标准等共同协商的基础上，通过对所有主体施以同等约束力而实现的。主群联盟式协同一般以自愿参与为前提，且参与者在原则上可以自由退出，可见其伙伴关系与资源共享式协同一样，都是相对松散和灵活的。需要指出的是，在实践中，尽管很多跨校合作都被冠以联盟之名，但实际上并不是在以主群联盟的方式建构协同机制，在分析时须加以甄别，以下分别举例说明。

北京市从2011年起开展的“专业群建设”可以看成是以主体联盟方式构建协同机制的一个代表。专业群建设主要围绕北京高校本科专业展开，是北京市教委促进校际协作、校企融通、优质资源共享的新探索。它首先由牵头高校（由一所央属高校和一所市属高校共同担任）组织高校相同或相近专业的专家学者以及来自知名企业、行业的骨干力量组成专家委员会，共同研制专业规范化培养方案，探讨核心课程设置标准，继而在伙伴群体中开展教师互访、学生互派、教材共建、教育研讨等多样化的交流与合作。旨在通过师生、教材、信息等多元资源要素的共享共建，不断完善特色优势专业建设，带动新建专业和基础薄弱专业建设，促进北京地区高校教育教学质量的整体提升。截至2015年，已有机械类、工商管理类等两批共10个专业群得以批准建立。从实践可见，专业群建设的伙伴关系相对松散，协同行动是以主体商议确立的培养方案、课程标准等作为规则进行共同约束的，且协同过程涉及多元要素的统筹协调，这些都符合主群联盟式协同的主要特点。

从另一个例子来看，成立于2012年的“北京市卓越工程师教育培养计划高校联盟”，由17所入围教育部“卓越工程师教育培养计划”的高校联合组建而成，其中包含8所市属高校。为了促进校际优质资源共享，完善卓越工程师教育培养模式和机制创新，各联盟成员高校积极开展了开放实验室、共享实践基地、教师交流互访、联合开展学生工程创新训练等合作实践，并取得了明显成效。尽管该联盟的协同机制也建立在多元资源及平台要素协调统筹的基础上，但却缺乏共同商议制定的行动规则作为制度约束，因而它尽管在名称上包含“联盟”二字，但实际上还未达到主群联盟式协同的要求，而只是介于资源共享式协同与主群联盟式协同之间的模糊地带。

3. 联合共建式协同

联合共建式协同主要指向伙伴关系较紧密，且制度规则对协同伙伴的行为具有双向约束力的协同方式。需要指出的是，该方式虽然也可以通过资源流动共享既有资源，但同时也注重通过一定形式的伙伴合作，共同创建出新的资源或平台供主体协同共享。自2009年开展的北京市属高校与在京央属高校结对共建工作、2014年由北京联合大学旅游学院与对外经贸大学国际经济贸易学院联合开办的国际经济与贸易专业（品牌与奢侈品管理方向）第二学士学位项目、自2015年实施的双培计划、外培计划、实培计划等，都是联合共建式协同的代表，这里仅以双培计划为例加以说明。

“双培计划”即是这种协同方式的一个典型代表，它是2015年市教委推出的“北京高等学校高水平人才交叉培养计划”的子项目之一，[①] 旨在通过加强北京市属高校与央属高校之间的协同合作，构建跨校培养人才的共同体，在共享共建优质资源的基础上，实现北京市属高校学生培养水平的全面提升。按照计划，市属高校每年输送2000名左右的优秀学生到20余所央属高

① 另两项子项目分别是由北京市属高校与海外境外知名高校共同培养优秀学生的“外培计划”，以及以提高学生实习实践和科研创新能力为目的的“实培计划”。

校的110个专业中，按照“3+1”或“1+2+1”的培养模式学习。这些专业主要围绕首都“高精尖”产业结构转型升级需求，面向北京经济社会发展紧缺产业、新兴产业以及战略性发展产业培养高水平专业人才。为了使人才共同培养过程能够目标同向、行动一致，参与共建的市属高校和央属高校不仅需要共同协商制定学生遴选办法与标准，而且需要依据所选专业人才应该具有的知能要求，联合相关行业企业，共同制定人才培养目标、培养标准，构建与之相匹配的人才培养计划，包括专业核心课程体系，实践能力培养体系和素质提升体系等。在此基础上，双方高校还须签订共同培养学生协议，明确双方在人才培养过程中的权利与义务，以及学生学分互认与核算、奖学金评定、毕业证学位证授予等具体事宜，为共同行动框架提供明晰有力的规则约束体系。为了保证人才培养质量、提升组织管理效率，央属和市属高校还要共同组建由双方专业负责人、专业教师、企业导师组成的联合教学团队，借助虚拟教研室，按协议约定的权责范围共同实施课程教学、实践教学、学生指导、考核评价等工作，使学生能够切实共享高质量课程、高水平教师等优质教学资源，同时双方高校还要共同建立相关数据库跟踪学生成长和发展过程，确保人才培养工作顺利开展。在“双培计划”的实施过程中，市属高校按每年10万元的标准补贴接收访学学生的央属高校，其项目经费主要来源于北京市财政拨款。[6]

4. 协调重组式协同

协调重组式协同指向伙伴关系紧密，但规则却以单向路径施加约束力的协同方式。其协同行动主要是受到上级政府部门的行政性命令推动，制度规则作用力的发挥是以自上而下的单向性路径呈现的。协同主要通过对原有资源、平台、主体、规则等要素进行拆并重组等结构性调整实现，重组后的要素往往以崭新的形态呈现，例如，主体的重组在现实中可以体现为市属高校与央属高校的合并，其协同结果便是一所具有全新组织结构和功能属性的新学校。尽管这种协同方式在理论上是存在的，但正因其涉及面之广、变革性之大而需要更为全面深入的审慎考量，同时也对政府决策的科学性与合理性提出了更高要求。由于这一协同方式下的改革实践较少，故不再进行例证分析。

总的来看，上述四种协同方式具有不同的协同手段与表现形式，在协同机制的构建中扮演着不同角色。理清不同协同机制的逻辑体系及其建构基础，有助于进一步分析协同背后存在的各类问题及其成因。

三、北京市属高校协同发展中的问题与症结

尽管北京市属高校构建协同机制的改革实践日趋丰富和多样，但其在协同机制的运作过程中仍然存在诸多问题，从不同层面制约着协同发展的实效。究其原因，亦是深层而多元的。

（一）北京市属高校在运作协同机制中的突出问题

1. 协同伙伴相对单一

从现状来看，北京市属高校的协同机制更多是建立在与在京央属高校的伙伴关系上，尽管这有助于市属高校分享优质教育资源，但同时也埋下了协同伙伴单一所潜藏的诸多隐患。

一方面，由于北京市属高校在首都高等教育资源的竞争中本就处于弱势地位，故其在与央属高校的协同发展中往往居于从属地位，缺少话语主导权。在两类高校的功能定位存在差别的情况下，央属高校若不加调整地直接将既有课程、教师等资源提供给市属高校，则极易造成共享资源与市属高校人才培养需求间的欠匹配性

（如课程内容过于宏大或理论化等），使得市属高校一方难以“解渴”，共享资源的优质性随之也会在“适恰性”的面向大打折扣。同时，在相互交流与沟通过程中，央属高校本身强大的文化惯习也极易影响其对市属高校理念、需求等的认识与表达，从而在协同内容、规则等的商议过程中产生信息上的误读，进而带来行动上的偏差。

另一方面，企业、地方政府、科研院所等主体在北京市属高校协同伙伴中的相对弱化甚至缺失，从不同层面限制了市属高校协同发展空间及机会的拓展。这既不利于市属高校自身结构性矛盾的缓解，也不利于其服务地方经济社会发展功能的发挥。

2. 协同行动缺乏同步性

正如前文所述，协同区别于一般性合作和协作的一个重要特点即在于强调行动上的同步性。但在实际运作过程中，一些协同主体之间却存在着较明显的“步调不一致”的情况，主要体现为义务分配上的默认失衡以及协同意愿上的强弱不均。例如，在一些伙伴群体中，包含组织会议、交流互访等活动在内的事务仅由一个或少数几个高校作为主体独立承担，其他高校则难于、疏于或不愿插手分担，有的甚至直接做甩手掌柜，这在一些受政策影响而建立起来的协同伙伴之间体现得更为明显。这种行动上的不同步性，也折射出主体对于协同框架本身在认知与认同水平上的参差不齐。不仅严重制约了协同实效的达成，而且也危害着协同本身存在的合理性及构建协同机制的真实价值。

3. 协同机制重建构轻落实

随着“协同”作为政策热词的热度一路攀升，协同发展实践也在北京高等教育领域遍地开花。通过教育舆情监测不难发现，许多涉及北京市属高校的协同中心、协同平台、高校联盟等风风火火建立起来，有的还制定或签署了一些协同发展协议，但实质性的协同活动却迟迟难觅行踪，呈现出协同机制“重建构轻落实”的严峻问题。

此外，协同概念泛化和滥用的现象，也加剧了“新瓶装旧酒”的问题。这在助长“重形式轻内容”等不良风气的同时，也阻碍了北京市属高校协同机制的创新。

（二）阻碍北京市属高校协同机制运作的症结分析

1. 行政干预过多

从整体来看，业已开展的北京市属高校协同发展举措大多都是由教育部、市教委等政府部门组织或发起的。尽管政府出面可以为协同伙伴的搭建提供极大的便利，加快协同框架的构建过程，但从另一方面来看，行政力量的主导干预，也易于使市属高校参与协同成为一种被动的迎合或例行公事，不仅影响高校主观能动性的发挥，而且易于造成协同机制本身逻辑链条的断裂。在行政性命令特别是缺乏科学依据的决策干预过多的情况下，一些本来缺乏协同基础或内在利益冲突严重的主体被半强制性地配对在一起，往往难以建立起共情、互信的内在联结，严重影响协同目标的落实。同时，还不免对市属高校的正常教育管理工作带来不必要的压力和负担。

此外，由于市属高校与地方政府之间的发展关系十分紧密，前者在项目经费、发展机会等方面都极大地依赖于地方政府的财政与政策支持，这使得个别高校为了迎合政府喜好或绩效考核要求，便在自身相应硬软件资源、条件都存在较大不足的状态下，仍盲目开设协同项目。造成此类协同项目仅是装装样子，挂挂牌子，走走过程，难以得到真正实施。

2. 教育发展不均衡

受历史因素的影响，[7]北京市属高校的生源质量大多远远落后于在京央属高校，两类高校之间的教育教学水平也呈现出明显的不均衡性。协同机制的构建本是为了通过优质资源共享等削弱这种不均衡，但规则建立中的某些臆断或欠科学性却不仅没能促进均衡，反而带来了更多的问题。例如，“双培计划”目前主要面向北京生源，在京内各区县教育水平仍存在较大差距的情况下，“双培计划”在各区县间相对平均地分配招生计划的做法，便直接导致了同一院校、专业在不同区县录取学生的分数差异悬殊。这些学习能力参差不齐的学生同时进入协同平台学习，不仅教学质量的保证受到巨大挑战，而且对央属高校原本稳定的教育教学计划也带来了不可忽视的干扰；若参与访学项目的学生学习过于吃力，其自信心等也会深受打击。这些实践中的问题环环相扣，但如果这些问题不解决，“双培计划”的实施效果就会大打折扣。此外，就京津冀三地的高等教育发展水平而言，北京与天津、河北地区的高校也存在较大发展差距。这种明显的洼地效应在资源的分配与均衡化中都产生了潜移默化的制约作用，在一定程度上影响了协同发展的实施与实现条件。

由此可见，教育发展本身的不均衡性就是造成协同发展难以推进和取得实效的一个重要制约因素。而如果协同规则的建立盲目拍脑袋决定，而不能以全面、科学、严谨的分析论证为基础，则无疑会加大这种教育不均衡性所带来的协同发展风险。因此，在协同发展本身已势不可当的背景下，加强科学研究对决策和实施监测过程的支撑便显得尤为重要。

3. 市属高校自身定位不清晰

种种外在问题的凸显或迟迟难以有效解决，必然与北京市属高校改革发展的内在问题息息相关。通过对29份高校章程的比较不难发现，北京市属高校在自身功能定位及类型定位上均存在一定偏差和模糊性，从内在层面制约了其协同机制建构的合理性及其实施效果。

从服务定位上来看，北京市属高校普遍明确“立足北京、服务北京”的基本功能定位，同时也有不少高校设立了“辐射全国、面向世界”的目标。后者固然有助于面向更高目标加强自我激励，但在自身发展水平有限的情况下，市属高校扩大化的功能定位则可能会“剥夺”一部分用于服务首都的资源及精力，特别是易于滋生贪大求全的倾向，降低了满足首都发展需求的敏锐性与匹配性，这显然不利于市属高校与城市建设实现发展中的互利共赢。

从类型定位上来看，北京市属本科高校更为偏重建设教学研究型大学，对于地方普通本科高校向应用型转变的内在动力不足。从22份高校章程来看，仅有2所明确定位为“应用型大学”、1所定位为“应用技术型高校”，其总比例不足15%。而除去未对学校类型做出明确界定的高校，仍有10所高校将类型定位为“教学研究型大学”、“研究教学型大学”或“研究型大学”，其比例接近半数。结合在京央属院校侧重于高层次学术研究人才的培养定位来看，北京地区高校体系的同质化倾向十分严峻，这与市属高校自身定位偏差息息相关

市属高校自身定位的不清晰，不仅不利于对适宜协同伙伴的合理甄选，而且也制约着市属高校改革发展的内在动力。

四、完善北京市属高校协同发展机制的建议

（一）紧密结合首都“高精尖”产业结构转型升级需求，加强校企协同

正如前文反复强调的，市属高校的发展与城市和地方发展息息相关。北京市属高校在未来的改革发展道路中，应进一步强化服务首都乃至引领首都发展的功能定位。紧密结合并敏锐捕捉新时期首都“高精尖”产业结构转型升级的需求，依据《北京市新增产业的禁止和限制目录（2015

年版)》《北京市鼓励发展的高精尖产品目录(2016 年版)》《北京市工业企业技术改革指导目录(2016 年版)》等相关文件的要求,全面探寻市属高校与地方企业合作共赢的协同路径与方式。在进一步完善专业和专业群建设的同时,增进校企互通,加强校企协同,助力解决首都人才培养的结构性不足问题。

(二)政府适度放权,充分激发北京市属高校协同发展的内在动力

借助“管办评分离”的改革东风,有序推进北京市级政府机构及教育主管部门简政放权工作的落实。继续推动政府职能转型,提高政府服务意识和服务能力。将政府在北京市属高校协同发展中的作用,从直接牵线拉桥、参与组织建构向背后鼓励支持、外围宏观引导的角色转变。与此同时,有效利用资本、信息、人才等要素,制定相关奖励办法,建立行之有效的内部激励机制,充分调动和激发北京市属高校自身在促进和完善协同机制建立实施过程中的主动性和自觉性。通过增强市属高校的内在动力,调动协同发展的信心与活力。

(三)明晰北京市属高校自身定位,有序构建分类协同发展机制

依据《北京市中长期教育改革和发展规划纲要(2010—2020 年)》《北京市“十三五”时期教育改革和发展规划(2016—2020 年)》《教育部 国家发改委 财政部关于引导部分地方普通本科高校向应用型转变的指导意见》等文件精神,推动北京市属高校明晰功能和类型定位,引导部分市属本科高校向应用型转变,重点培养服务城市建设的应用型、复合型、技能型人才。结合北京市属高校的人才培养结构,建立分类引导的协同发展框架,为市属高校合理有效地选择协同伙伴、制定协同规则等提供全方位的保障。

(四)加强理论与实践研究,增强协同机制运作全程的智力支持

结合北京市属高校在新时期的发展环境,加强地方高校协同发展的理论与实践研究。相关研究要有高度、有广度、有远度、有深度、有热度。不仅要关注国内外地方高校协同发展的先进经验与前沿信息,而且也要结合北京市属高校的发展特点,脚踏实地地加强针对北京市属高校协同机制运作过程中的各类难点、重点问题研究。结合相关研究成果,为相关主体提供从协同发展决策、实施到评价全过程的强有力的智力支撑,促进北京市属高校协同发展质量与效率的提升。

参考文献

[1] 中国教育部. 2016 年全国高等学校名单 [EB/OL]. (2016 - 06 - 03). http://www.moe.edu.cn/srcsite/A03/moe_634/201606/t20160603_248263.html, 2016 - 06 - 03.

[2] 王亦君. 京津双城欲破茧化蝶 [N]. 人民日报, 2014 - 08 - 16.

[3] 李旭. “十三五”时期首都教育在京津冀协同发展中的挑战与对策 [J]. 北京教育(高教版), 2016 (6): 11 - 13.

[4] 中国社会科学院语言研究所词典编辑室编. 现代汉语词典 [Z]. 6 版. 北京: 商务印书馆, 2012.

[5] 北京市教育委员会, 北京市财政局. 北京高等学校市级教育教学改革项目管理办法(试行) [EB/OL]. (2007 - 11 - 27). http://www.bjedu.gov.cn, 2007 - 11 - 27.

[6] 北京市教育委员会, 北京市财政局. 北京高校学生访学项目管理办法(试行) [EB/OL]. (2015 - 10 - 08). http://zhengwu.beijing.gov.cn/gzdt/gggs/t1405328.htm,

2015－10－08.

［7］刘崇献. 北京市属高校发展困境及对策探讨［J］. 北京教育（高教版），2011（11）：9－11.

撰稿人：北京教育科学研究院教育发展研究中心　李旭

第二十七章 “十三五”时期北京高校开展创业教育的思考

[摘要] 在全球大力推进创新创业教育、增强各国经济发展活力和我国相继出台各项政策促进“大众创业、万众创新，培育更多创新型人才”的大背景下，本文对北京高校创业教育的探索与实践进行总结，并基于这些探索，归纳美国、英国、澳大利亚、德国、日本、新加坡、韩国等国家创业教育的成熟经验，结合北京高校实际情况，提出“十三五”时期北京高校开展创业教育的若干政策建议。

[关键词] 十三五 北京高校 创业教育

Chapter 27 Prospect of Entrepreneurship Education in Beijing Colleges for the 13th Five – year Period

[Abstract] Promoting innovation and entrepreneurship educationso as to enhance the vitality of economic development is a global issue. China has also introduced many policies to public “public entrepreneurship and innovation” and “cultivate more innovative talents”. This report summarizes the exploration and practice of entrepreneurship education in colleges and universities in Beijing. Also, it sums up the advanced experience of entrepreneurship education in United States, Britain, Australia, Germany, Japan, Singapore, Korea and other countries. Combined with the situation of Beijing colleges and universities, this report puts forward some policy suggestions of entrepreneurship education for Beijing higher education during 13th Five – Year Period.

[Key words] the 13th Five – year Period; colleges and universities in Beijing; entrepreneurship education

2013年11月8日，习近平总书记在全球创业周中国站活动中指出，“青年是创业大军的有生力量”“全社会都要重视和支持青年创新创业，提供更有利的条件，搭建更广阔的舞台”。2016年4月15日，李克强总理赴清华大学、北京大学进行考察，并在主持召开的高等教育改革创新座谈会上强调，“高等教育要着力围绕服务国家创新发展，促进大众创业、万众创新，培育更多创新型人才”。习近平总书记的指示以及李克强总理的讲话为高校开展创业教育及相关研究指明方向，具有重要的经济背景以及政策含义。本文重点对北京高校创业教育的探索与实践进行总结；基于北京高校的这些探索，归纳美国、英国、澳大利亚、德国、日本、新加坡、韩国等国家创业教育的成熟经验；并通过这些国际经验，结合北京高校实际情况，提出“十三五”时期北京高校开展创业教育的若干政策建议。

一、创业教育的内涵界定

（一）创业教育在教育理论中的界定

1970 年，美国第一次创业学术会议是在普度大学召开，共有 42 位学者在会上发表了关于创业研究的观点。此后，这样的研究会议每 5 年召开一次。随着更多的学者从各自的领域关注创业现象，创业研究成为管理研究的一个新视角，吸引了很多学者的关注和讨论。

可诺等（P. Kyro et al，2008）认为，创业教育是培养能力的过程，这些能力包括识别商业机会、洞察力、自尊以及根据机会采取行动所需要的知识和技能。美国考夫曼企业家精神研究中心将创业教育定义为“向个体教授理念和技能以使其能识别被他人所忽略的机会、勇于做被他人所犹豫的事情，包括机会认知、风险性的资源整合、开创新企业和新创企业管理等内容”。美国 AMD 公司总裁梅耶（D. Meyer，2009）认为，“创业教育是为个人提供机会和促进社会发展的最重要途径，创业教育对于营造更加强健的全球经济至关重要。”①美国劳动部对创业教育的官方定义为：“创业教育通过使学生在真实生活中体验承担风险、管理结果、从结果中汲取经验教训等，致力于将学生培养成有责任心、有事业心的未来的创业者或具有创业思维的人”。

国内学者从多个角度对创业教育提出了定义：创业教育重在培养学生的创业精神、创业技能和创业人格，重在实施创造性教学和培养创造性人才。狭义创业教育是培养学生从事工商业活动的综合能力的教育，使学生从单纯的谋职者变成职业岗位的创造者；广义的创业教育指的是培养具有开创性精神的人，这在实质上也是一种素质教育。复旦大学负责就业指导的翁铁慧老师指出，大学生创业教育要包含五个指导方向：一是创业的核心是创新；二是创业的基础是扎实的知识；三是创业成功的因素是能力和意志；四是创业者要学会合作；五是创业需要环境的支持，包括政策、资金等。②

（二）创业教育在政策话语中的界定

“创业教育”最早由联合国教科文组织于 1989 年在“面向 21 世纪教育国际研讨会”上提出，经济合作与发展组织的专家柯林·博尔将创业教育归纳为：“通过开发和提高学生创业基本素质和创业能力的教育，使学生具备从事创业实践活动所必需的知识、能力及心理品质”，是继学术性护照、职业性护照后应掌握的“第三本教育护照”。

1998 年首届世界高等教育会议发表的《高等教育改革和发展的优先行动框架》强调：“高等教育必须将创业技能和创业精神作为基本目标，以使高校毕业生不仅仅是求职者，而首先是工作岗位的创造者。”

1999 年，我国国务院批准教育部制定的《面向 21 世纪教育振兴行动计划》，拉开了我国高校实施创业教育的序幕。2010 年，教育部《关于大力推进高等学校创新创业教育和大学生自主创业工作的意见》从我国高等教育现实状况和中长期教育发展目标出发，将创新教育与创业教育相结合，提出了“创新创业教育”的表述；2015 年，国务院再次发布《关于进一步做

---

① Educating the Next Wave of Entrepreneurs，Unlocking entrepreneurial capabilities to meet the global challenges of the 21st Century. A Report of the Global Education initiative，World Economic Forum，Switzerland，April 2009，p17.

② 夏春雨：《大学生创业教育的实践与思考》，《江苏高教》，2004 年第 6 期。

好新形势下就业创业工作的意见》（国发〔2015〕23 号）《国务院办公厅关于深化高等学校创新创业教育改革的实施意见》（国办发〔2015〕36 号）等文件，重在加强和促进创新创业教育。

（三）创业教育在现实实践中的情况

蒂蒙斯（Jeffery A. Timmons）教授曾明确指出美国创业教育功利主义的弊端：它是在用“拔苗助长”的方式造就所谓的创业者，无法满足以创立高新技术产业为标志的“创业革命”的需要。真正意义上的创业教育，应当着眼于“为未来的几代人设定‘创业遗传代码’，以造就最具革命性的创业一代作为其基本价值取向”。因此，创业教育应当淡化功利性的创业“实务”，强化设定“创业遗传代码”。①

普通高等院校的创业教育应当是一种深层的根本性的教育体制，而不是枝节性的、表层的教育环节。它既包含了通过技能培训提高学生在就业市场上的竞争力、发展学生的岗位创业能力，也包括学生的个性、才能、综合文化素质、创造性的普遍提升，从而提高学生开拓性的自主创业能力。它同素质教育所提倡的创新教育和创造教育是一体化的。创新能力和创造能力是创业能力的内在本质和支撑，而创业能力是创新能力和创造能力的具体体现与实践。从“三创”教育有机结合的视角来看，目前创业教育还具有一定的局限：

一是目前部分高校的创业教育热衷于创办创业园。毫无疑问，以各种方式指导学生自主设计、创办、经营商业企业或科技公司，是最典型的创业教育与创业实践。但它并不是可在大学生中普及的创业实践。由于资金、条件、专业局限，这种创业教育和创业实践往往把大多数学生排斥在创业教育之外。

实际上，如果从培养学生在未来社会中的生存能力和创业能力的角度来看，各种专业、各种特长的学生都可以接受创业教育、开展创业实践。例如，一种社团或沙龙的组织与管理、一次公共活动的设计与组织、一种刊物或报纸的构思与设计、一种解决问题的方法或路径的设计、一种新观点的提出等等，都应当成为创业教育和创业实践的内容。

二是目前部分高校的创业教育主要局限于操作层面和技能层面。创业教育与专业教育和基础知识学习严重脱节，创业只是某种技能或技巧的掌握，即使在创业教育中增加理论学习的内容，也往往是同专业学习，没有直接关系的独立设置的一门创造学课或创新课。其着眼点依旧是创业的技巧和技能。创业教育成了与专业教育脱节的“第二课堂”。

实际上，这种认识和实践容易忽略创新能力和创业能力的深层基础，容易把创新与创造平庸化为单纯的技巧与操作。同时这种局限于操作层面的创业教育还暗含着一种认识：似乎我们不需要从根本上改革现有的专业教育和课程体系，只是增加一点创造学的知识和创业的技能，就可以实现素质教育的目标。创业教育的本质不但不排斥知识教育和专业教育，而且必须从深层次上依赖知识教育和专业教育。

二、北京高等教育开展创业教育的时代背景

开展创业教育是知识经济时代的基本要求，是全面提高人口素质、实现人生价值的需要。在知识经济时代，高科技产业的发展状况将成为一国国际竞争力的主要决定因素，这不仅需要大批具有创新精神和创造力的人才，更需要一个完整的创业体系的支持，这一体系包括鼓励创业的环

① ［美］杰弗里·蒂蒙斯著，周伟民译：《战略与商业机会》，华夏出版社，2006 年版，第 56 页。

境、支持创业的社会融资渠道以及敢于冒险的企业家精神和企业家团队的培育。

创业教育将架起高校与企业之间直接沟通的桥梁，真正实现“产、学、研”的有机结合。大学的科技成果迅速地转化为现实生产力，有助于新兴工业、新兴行业的出现，有力地促进“产、学、研”的有机结合，避免以前高校闭门教学、企业闭门生产的被动局面，从而有力地促进国民经济的发展。同时，高校开展创业教育还有利于培养大量具有创业意识、创业精神和创业能力的人才，有利于培养具有国际竞争力和适应国际化发展的新型人才。

开展创业教育是适应当前就业竞争形势的需要。进入高等教育大众化阶段后，高校每年培养了大批应届毕业生，高校毕业生就业难问题较为突出。各高校通过实施创业教育，努力提高大学生的就业和创业能力，将为大学生就业难的社会问题多找到一条出路，促进高等教育自身的良性循环发展。

（一）大众创业，“十三五”规划的重要政策目标

以习近平同志为总书记的新一届领导集体大力鼓励全民创业和创新，提出“大众创业、万众创新”方针。“十三五”规划建议一直将创业、就业和经济发展连成一条主线，相辅相成。为完善“就业创业”的良性循环，“十三五”规划建议还提出了“促进就业创业，完善创业扶持政策”的新方针。进一步完善创业扶持政策，全面推进鼓励创业创新制度，优化创业环境，完善创业服务功能，以便更好地促进创业带动就业的新局面。“十三五”规划纲要强调，创新是引领发展的第一动力，必须摆在国家发展全局的核心位置，深入实施创新驱动发展战略。在“十三五”时期，将启动一批新的国家重大科技项目，建设一批高水平的国家科学中心和技术创新中心，培育壮大一批有国际竞争力的创新型领军企业。持续推动大众创业、万众创新。

（二）创新创业，落实首都城市战略定位的必然要求

新中国成立以来，首都北京的城市功能多次调整，产业发展战略也经历了艰难的探索过程，逐步从重工业城市发展成为以服务业为主导的服务经济城市。[①]《北京城市总体规划（2004—2020 年）》指出，北京是中华人民共和国的首都，是全国的政治中心、文化中心，是世界著名古都和现代国际城市。

2014 年 2 月，习近平总书记就推进北京发展和管理工作提出五点要求，明确了新时期首都“四个中心”战略定位：政治中心、文化中心、科技创新中心、国际交往中心。

作为政治、文化中心，首都北京必须发挥辐射效应，尤其是发挥高等教育资源集中、文化资源禀赋高的优势，加强创新创业，加快就业、教育、医疗、文化等功能向市域和周边省市转移，促进京津冀共同发展。

作为科技创新中心，首都北京科技智力资源丰富，有基础、有条件，更有责任在服务国家创新驱动战略方面有更大的担当、更大的作为。

作为国际交往中心，首都北京应主动向世界发达国家的国际化大都市学习，学习如何利用创新创业带动第三产业增长。目前，纽约、伦敦、东京等世界城市的第三产业比重都在 80% 以上，中国香港在 2011 年则高达 93%。尽管首都第三产业比重超过 76%，领先全国平均水平 30 个百分点，但与上述城市相比，第三产业比重仍然偏低。而创新创业是拉动第三产业的最优手段，是北京未来发展的必由之路。

① 邓丽姝：《改革开放以来北京产业结构演进与现状》，《经济论坛》，2013 年第 5 期。

（三）创业教育，北京高等教育综合改革的重点内容

2010 年，北京市高等教育毛入学率达到59%，率先进入高等教育普及化阶段。2014 年，北京市各类高等教育在校生达到 193 万人。作为首都，深化创新创业教育改革、加快创新创业人才培养是北京高等教育综合改革的重要内容，对于推动北京高等教育培养“大众创业、万众创新”生力军，提高高等教育对北京经济社会发展的服务能力具有重要意义。

为深入贯彻落实《国务院办公厅关于深化高等学校创新创业教育改革的实施意见》的相关精神，2015 年北京市出台《北京市深化高等学校创新创业教育改革实施方案》，把深化高校创新创业教育改革作为推进高等教育综合改革的突破口，树立先进的创新创业教育理念，集聚校内外创新创业教育要素与资源，启动高校创新创业教育改革。

此项教育改革旨在组建校企兼具、专兼结合、素质优良的专家队伍，建立创新创业人才培养的跟踪、研究、评价、反馈机制，通过开展一系列的建设项目，逐步形成科学先进、广泛认同、具有北京特色的创新创业教育理念，推动高校形成符合办学定位，各具特色的创新创业人才培养模式，最终实现创新创业教育与专业教学有机结合、创新成果与创业服务无缝对接、高校与中关村科技园紧密协同，建立人才培养、科学研究、成果转化、创业孵化各环节有机结合的创新创业支撑体系，形成有利于创新创业人才成长发展的文化生态。

三、北京高校创业教育的探索与实践

2002 年，教育部确定了 9 所创新创业教育试点高校，分别为清华大学、北京航空航天大学、中国人民大学、上海交通大学、南京经济学院、武汉大学、西安交通大学、西北工业大学、黑龙江大学等 9 所大学作为创业教育试点院校。其中北京市有 3 所。此后，各高校均积极开展创新创业系列工作，特别是 2012 年以来，将创新创业教育进一步融入整个人才培养体系，积极构建全员全过程全方位的创新创业教育体系，开展了多种多样的创业教育的探索与实践。

（一）北京高校创业教育的成熟探索

1．整合实践资源，构建实践教学与创业教育体系

以教育部 2002 年确定的试点高校为代表，北京高校纷纷整合实践资源，出台文件、制度设计、课程开设、学分设定、平台搭建、就业指导，多层次、全方位构建实践教学与创业教育体系：加强校内、校地、校企协同育人，多渠道集聚优质创新创业教育资源，形成创新创业教育合力；精心设计创新创业教育链条，以创业教育、创业训练和创业实践为一体，推动全过程优化，打造金字塔型有机衔接、科学合理的创新创业教育体系；全力推进创新创业教育与专业教育的深度融合，以立德树人和研究性学习为核心，牢固树立先进的创新创业教育理念，切实推进创新创业教育。如：清华大学面向本科生开设创新创业课程 37 门；面向研究生开设相关课程 105 门。2015 年，开设《创业导引——与企业家面对面》，邀请俞敏洪、王小川等 20 余位创业名家为学生授课，清华学堂在线 MOOC 平台已开设百余门创新性课程，并纳入学分认证体系，累计选课突破 50000 余人次；中国人民大学出台了《关于加强学生创新创业教育和实践工作的若干意见》《中国人民大学深化创新创业教育改革的实施方案》；对外经贸大学开设了《职业发展与就业指导》《全球创业理论与实践》《创业管

理》《风险投资：理论与实践》《风险投资与创业管理》《创业实践》《女性创业》《IT战略与企业竞争优势》《国际创业》《责任型创业》等特色创业课程群，所有学生必须有至少2学分的该模块学习，增强学生的创新意识和创业能力；依托三大意识引导平台、三大实践训练平台、三大资源保障平台打造创新创业科研、实践、服务和保障3个教育体系。

2．以创业竞赛促进创业能力提升、创业成果转化

近几年，北京高校积极响应教育部和北京市教委政策号召，开展多种多样的创新创业竞赛，通过创业主题团日、学科竞赛、创业大赛、创业计划赛、公益创业、创新创业训练计划项目等多种形式以提升学生的创业能力、促进创业成果的转化。如：北京航空航天大学将创新创业与科研训练相结合，积极推进国家大学生创新创业训练计划，截止到2015年，学校已经获批国家大学生创新创业训练计划项目815项，获资助765万元，参与学生2883人次，其中2015年获批大学生创新创业训练项目166项，获资助资金148万元。北京科技大学在二年级本科生中开展“创业的青春最美丽”创业主题团日活动，组织学生开展创业学习与交流，学生参与率达100%；举办“北京科大科技园杯”学生创业竞赛，涵盖创业计划赛、公益创业赛、创业实践挑战赛等三项主体赛事，通过配备创业导师、创业项目推介、创业知识讲座、实用技能培训、实体项目路演等措施全面提升学生的创业素质和能力。北京信息科技大学组织学生参加中国首届“互联网+”创业大赛，有3个创业团队进入了复赛；针对创业型学生，安排其进入校外人才培养基地，与创业型企业团队共同工作，锻炼创业意识和能力。

3．以学生社团推动创业活动开展、营造创业氛围

北京高校充分运用学生社团等第二课堂，不断加大学生创新实践资源平台建设，整合各类实验中心、人才培养基地等资源平台和课程实验、学科竞赛、大学生科研创新、实习实训、专题社会实践、创意创业活动等实践创新项目，重视学生创新创业教育和培养。如：首都经贸大学创建了第二课堂讲座品牌“创享课堂”，邀请知名创业导师、创业成功人士、学生创业榜样来校讲座。以“创业与拓展俱乐部”学生社团为依托，举办“首届创新创意文化季”品牌活动，包括各类创业培训及讲座、创业沙龙。组织了大学生创业沙盘模拟课程培训，百余名学生参加了创业沙盘模拟实训课程。中国政法大学早在2009年成立了“学生创业协会”；北京建筑大学学生科协与校外团体合作开展各类创新创业活动，如2014年与北京市科协对接，参加“三山五园”项目、首都大学生剧本策划和影视衍生品设计大赛等。

4．与就业指导联合开展工作、丰富职业生涯规划

北京高校紧密结合就业指导，引进资源，开展职业规划和创业交流；准确把握创业教育规律，拓展机会，开展创业模拟实践，使广大学生对创业有更直接、深入的理解和感悟，引导广大学生将书本和理论知识运用到就业、创业的实践中。如：北京科技大学教务处、校团委与校友会合作，邀请知名企业家、创业校友和创业专家到学校与学员交流分享个人创业经历，引导学员在名家的分享中感受创业魅力，增长创业经验，累计开展创业沙龙活动10场、创业论坛活动1场、创业讲坛活动3场；与KAB创业教育中心合作，引进创业沙盘开展创业沙盘模拟演练，开展创业沙盘模拟体验活动10场，引导学员在沙盘模拟过程中体验创业的复杂与艰辛。中央戏剧学院与东城区人才服务中心、东城区中小企业服务中心、嘉润创业孵化园联合建立“教育+培训+孵化”的创新创业工作体系。院就业指导中心培育孵化了一批创业项目，25家学生创业公司陆续注册成立，带动近67人就业，创业人数占毕业生人数的12%以上，达到了创业带动就业的目的。2015年，学院计划组织创业学生成立中央戏剧学院创客联盟，整合资源，实现创新创业循环推动，进一步激发学生创业活力。中华女子学院制订了《中华女子学院创新创业教育改革实施方案》，加强创新创业指导工作队伍建设；建立了聘用知名企业家和创业成功人士担任创业顾问、学校专业教师提供指导的创业扶持机制；2015年，学校共有25人考取GCDF全球职业规划师、中高级职业指导师、创业指导师证书。

（二）北京高校创业教育实践面临的挑战

一是课程模式开发略为单一。随着现代信息技术的发展，学生获取知识和信息的方式正在发生变化，正式学习与非正式学习、移动和在线学习、混合式教学等新兴的教与学的模式越来越普及，特别是与社会现实紧密联系的创业教育对教学组织和管理的要求比普通课程更高。虽然北京市各高校已开展各式各样的课程信息平台，如清华大学、对外经贸大学等学校建立通识课程信息平台、校级精品课程信息平台、MOOC课程平台等，但是总体而言，现有信息化课程平台仍难以满足学生需要。未来，各学校还须大力推动信息技术在教学和管理领域的应用，通过建设和引进相结合的方式丰富信息化课程平台，探索有利于学生自主学习的教学模式。

二是校企合作方式尚显初级。随着创业教育的开展，北京市各高校逐渐意识到校友资源、校友企业的重要性，逐步开始依托校友企业、社会企业，共同组建学术与实务相结合、创新与创业相结合、创意与产业相结合的创业导师队伍，合作开发课程，加强学生创业实习和实训，为学生创业实践提供全方位的支持和服务。但总体而言，与校友企业对接、合作的模式还比较单一、比较原始，校友会、校友基金、校友捐赠的机制还处于建立和摸索阶段，还局限在清华大学、北京大学、中国人民大学等几所知名大学，还未能形成创新驱动创业、创业带动就业、校友支持创新创业的良性循环。

三是各类资源整合有待加强。随着创业教育的逐步深入，北京市各高校高度重视在校内建立健全校内各院系、各部门的协同机制，致力于整合校内各类资源，组织开展创新创业教育研究、课程建设、教材建设和师资队伍建设，推动创业训练和创业实践。有的成立了创业学院，进行创业教育顶层设计和推动（如中国人民大学）；有的成立由校长牵头的学校创新创业教育领导小组（如清华大学），加强学生就业创业工作的组织领导；有的建立学生就业创业指导中心，不断改进就业创业指导与服务。但总体而言，校内教育资源尚处于协商、协调、协调摸索阶段，教务处、研究生院、学生处、研工部、团委等部门的协同还没有进入机制化状态；此外，对教育领域外资源的调用、互用、相互借鉴仍较为初级，主要表现在个别名校邀请创新创业教育方面专家学者参与创新创业教育工作的学术咨询和评议，高校间尤其是央属高校和市属高校间未形成资源互动的格局。

四是服务地区经济意识偏低。北京作为首都，全国的政治文化中心，利用其自身高校云集、人才聚集的优势向其他省市地区提供智力资源是题中之义。但目前来看，虽然几所名校积极推动校地合作，开辟教育新空间，先后与福建、云南、四川、浙江等地开展省校合作，建设了一大批专业实习、社会实践、就业实习和创业实习基地；虽然北京农学院、对外经济贸易大学、北京印刷学院等若干高校积极为京津冀区域的协调发展服务，但在全市层面，还须大力拓展广大学者、学子深入基层、发挥专长参与当地经济社会建设和锻炼自己的机会。

五是协同其他政策有待整合。“十二五”期间，北京市高等教育出台一系列政策，创新人才培养模式，促进教育资源整合。虽然部分高校，如北京石油化工学院以双培、实培为依托，以创业计划项目和学科竞赛为载体推进创业教育，但总体而言，北京市高校对使用、整合各项政策，利用全市推广的各类平台还有待进步，多数学校还局限在自己的一亩三分地中，造成全市范围内教育政策资源的浪费。

四、创业教育的国际经验借鉴

（一）不断的模式创新，以美国为例

美国创业教育具有悠久的历史，在课程设置、教学方式、教学保障体系及教学成效等方面堪称世界创业教育之表率。特别是美国创业教育与小型企业和经济发展的“互动互生模式”，通过高等学校创业教育催生了若干创业型大学，并在组织构建、制度支持、资金支持、技术转移机制、创业文化构建、服务社会发展和经济建设等方面均引领世界大学发展的潮流。

如斯坦福大学和麻省理工学院等，为了应对政府压缩高等教育投资，缓解环境需求和大学反应能力之间越来越深刻的不对称的压力，选择了产学研合作，推进大学—产业—政府新型关系建构的创业路径，取得了闻名世界的成就。美国波士顿银行1997年资料显示，麻省理工学院毕业生和在校教师在全球创建了4000多家企业，就业人数110万，年销售额高达2320亿美元。创业型高校为推动美国地区社会经济发展及提升国家竞争力做出了卓越贡献。

（二）完善的体系建设，以欧盟为例

虽然欧盟各成员国高等教育体系彼此相异、跨国间人才与知识交流不便，但欧盟一直致力于通过对教育领域的介入，影响和推进欧盟一体化进程。1999年欧洲29国教育部长共同签署的《博洛尼亚宣言》拉开了欧洲高等教育一体化进程的序幕：欧洲各国承诺要建立可以比较的学位体系，促进学术人员流动，保证欧洲高等教育的质量，促进欧洲范围内的高等教育合作。欧盟2000年提出“里斯本战略”，要求将欧盟建设成为“以知识为基础的、世界上最有竞争力的经济体”。这种背景下，培养青少年创新创业精神、传授大学生创业知识、提升大学生创业能力的创业教育，自然成为增强欧盟经济活力、维系欧盟在世界范围内竞争力的重要战略选择。

从欧盟层面看，欧盟委员会先后发布了《欧洲创业绿皮书》（2003年），《帮助营造创业型文化》（2004年），2006年发布“实施创业行动计划”白皮书，制订了推动创业教育的具体措施；2010年发布“迈向更大合作和一致性的创业教育”报告，强调用开放、合作的态度发展创业教育，鼓励各成员国继续制定专门的创业教育发展战略，鼓励企业和高等教育机构之间在创业教育领域上的合作，改革创业教育的自治模式、营造更加适合创业型企业发展的规制框架。

从欧盟成员国的层面来看，欧盟已经在制定创业教育的统一发展战略，协调各成员国之间的政策：将创业教育纳入国家课程体系、建立欧盟范围内创业教育的政策交流与学习平台、制定更为具体的创业教育国家战略、将创业教育纳入国家课程体系之中、强化创业教育专业师资的培养、增强高等教育机构对创业教育的重视、建立创业教育发展的社会参与机制等内容。

（三）多样化的课程模式，以美国、韩国为例

美国高校创业教育的课程已经系统化，涵盖了创业构思、融资、设立、管理等方

方面面，如创业涉及的法律、新兴企业融资、商业计划书、创业领导艺术及教育、技术竞争优势管理、启动新设企业、大型机构创业、社会创业、成长性企业管理、家族企业的创业管理、创业营销、企业成长战略等几十门课程。百特森商学院设计的创业前、创业时、创业后三阶段课程实施模式也备受瞩目：所谓创业前课程主要以创业理论为主，创业时课程则强调实际操练，创业后课程则以企业管理类课程为核心。整个课程结构紧紧围绕创业实务教育这一中心，以创业过程中的课程为主，兼顾创业前后的相关理论与技巧。

韩国创业研究生院的教育计划以培养具有国际视野的创新型创业者为目标。课程设计着眼于培养学生的企业家精神、扎实的创业知识、统帅能力等创业所需的必要素养。为实现这一目标，每所创业研究生院均开设了诸如企业家精神、事业计划书、阶段性资金调节、经营者作用等基本课程，并与实习相结合。韩国中小企业厅为更好地引导 5 所创业研究生院的运营，特别提出了课程设计范本。[①] 创业研究生院的教育课程，主要由专业课（35%）和实习（65%）构成。授课教师 70% 来自校外，主要采取研讨会、合作教学等以学生为中心的方式。实习课程主要采取现场实习、专家演示、海外研修等方式。韩国创业研究生院的教学课程设计十分强调特色化发展。5 所创业研究生院在中小企业厅设计的课程范本下，结合自身特点与区域特色，各自建构了一套独具个性的课程计划。如：中央大学产业创业经营研究生院主要以培养农业、制造业、服务业等产业的创业者为目标，课程以创业经营环境、创业资源管理、领导力等为核心内容；大田大学创业经营研究生院以“创造创业神话”为教育理念，主推技术创业与金融、财会类创业课程。

（四）纵深化的校企合作，以日本为例

日本政府将官、产、学合作视为提高国家创新能力的一个关键因素，希望通过促进产学合作来提高经济效益。在开展创业教育时，政府、产业界和社会从不同方面为创业教育的顺利开展创造条件，充分体现了整个社会对创业教育的重视。

在政府方面，从“青年自立挑战计划”的“政策联合部署 ”到《技术专业促进法》的颁布，从教育科研体制的系统改革到创业教育研究的“国际参与”，日本政府在创业教育系统中扮演了指导者、推动者和协助者的角色。近些年，日本政府又在简化新公司申请程序和广泛的资金援助方面出台政策，为大学创业教育的开展提供良好的服务。

在产业界方面，许多大企业和中介机构为大学创业教育做出了突出贡献，从向学校提供人才需求意见，为学校学生见习提供“实习基地”，为有潜力创业计划提供“风险资金”，到企业和大学联合开发创业教育教材、课程，设计创业型人才的培养方案和实施方案，企业以更加主动的姿态出现在大学校园之中。

在大学方面，大学不断更新创业教育、研究理念，引入全新的办学思想。各大学在原有基础设施的基础上，加强创业孵化器、创业辅导机构等创业基础设施的建设，加强与校友的广泛联系。同时，各大学结合本校特色，开展工科创业计划，开设广泛的创业课程、交叉学科。如高知工业大学的创业工学、立命馆大学的创业管理学，在创业师资方面导入了具有优秀创业家资质和创业经历的“双师”，通过建立与企业的双向交流制度，提升创业教育质量。总

① 课程设计范本参见朴钟鹤：《韩国高校创业教育发展与创新——以五所“创业研究生院”为例》，《比较教育研究》，2013 年第 5 期。

之，日本大学创业教育的开展得到了社会各方面的广泛援助和配合，真正体现了大学创业教育的社会参与。①

（五）校际合作品牌化，以美国、英国为例

开展多层次、多形式、全方位的合作是著名商学院成功推进创业教育的重要措施。创业教育合作的主要模式是高校与政府等全国性组织的合作，高校与企业、社区、基金会的合作，而校际之间的合作，校园内的跨学科创业教育合作是其重要组成部分。

在美国大学的创业教育中，校际合作主要遵循差异合作原则，是教育均衡发展的重要策略，能促进教育资源的流动与共享。在课程教学方面，美国创业教育先锋百森商学院与工程名校欧林工程学院建立了伙伴关系②，将创业教育集成到工程学课程中。合作使得欧林工程学院的学生有机会加强商学知识和创业技能，百森商学院的学生有机会扩展技术基础知识。两所学校的紧密合作关系还包括文献资源共享。在创业研究方面，最著名的校际合作是百森商学院和伦敦商学院共同承担的“全球创业观察”（GEM）项目。③ 目前已在40多个国家和地区开展活动，GEM还在每个参与国家或地区中选择一所重要的大学，组建研究团队研究该国、该地区的创业状况。

在英国，剑桥大学贾奇商学院的创业合作项目形式多样，该院和IESE商学院、华沙经济学院、麻省理工学院、爱丁堡大学等在创业教育和企业家学习培养方面进行了广泛的校际合作，和英国政府的工程和物理科学研究委员会、欧洲创业研究论坛（EFER）、微软研究所、东南英格兰发展署都开展了合作，相互支持，相互促进。④

（六）教师队伍专业化，以德国、新加坡、澳大利亚为例

很多发达国家创业教育方面的专家、教授都是高薪从全球范围内聘请的。教师队伍的专业化和国际化保障了高校创业教育的高质化。

在德国，从20世纪70年代开始，大学建立创业教育的教授席位制度，据相关统计，2002年创业教授席位增加到39位。很多高校支持教授和教师们专门抽出一个学期的时间到公司中参与企业实践，并检验自己的企业管理技术和知识。⑤

在新加坡，为培养具有全球思维的人才，打造拥有国际理念的专业化师资队伍，积极开展创业教育，新加坡国立大学与澳大利亚、法国、英国、美国、日本等国家的大学进行了深入的创业教育交流，派出教师参与学术人员交流计划，到国外进行创业教育方面的专门进修。⑥

在澳大利亚，普通大学从事创业教育的教师专兼职比例约为4:6。其中，绝大多数教师是具有高等教育背景的企业家，他们兼具理论知识和实践经验，懂得如何通过努力成功创办自己的企业。澳大利亚高校对创业教育的教师任用极为慎重，只有不仅具备良好的专业知识，而且有一定实践经验的教师才可以被聘用。全职教师要求具备相应的学位和证书，还要有3年以上的实践经验；兼职教师必须经过学院评定并获得培训证书。技术与继续教育学院

---

① 李志永：《日本大学创业教育的发展与特点》，《比较教育研究》，2009年第3期。

② Olin/ Babson Partnership，Franklin W．Olin College ofEngineering，详见http：// www．olin．edu/ aboutolin/ olinbabson partnership．asp，2010－02－15．

③ Global Entrepreneurship Monito r 2008 Executive Report，详见http：//www．babson．edu/ ESH IP/ research－publications/ upload/GEMGlobalJan09v 2－2．pdf，2010－02－15．

④ Centrefor Entrepreneurial Learning．UiversityofCambridge，详见http：//www．cfel．jbs．cam．ac．uk/partnerships/programme．html．

⑤ 杨秋宁：《德国高校创业教育的特点及启示》，《人民论坛》，2014年第32期。

⑥ 易琳琅：《新加坡创新教育对我国创业教育的启示》，《当代教育理论与实践》，2014年第2期。

的创业学教师大部分为行业协会的会员，从而确保了教师教学不脱离企业实际。①

（七）服务地区经济构建辐射圈，以日本、韩国为例

为了充分挖掘利用地域经济资源，日本大学尤其是地方私立大学在开展创业教育时，十分注意和地域特色产业的联系，许多大学将结合本地域产业优势，振兴地方经济发展作为大学人才培养的目标。例如：大阪商业大学的发展目标是“为社会做贡献”，成为一所“扎根地方、学习地方、贡献地方”的大学；濑户内海沿岸地区是钢铁和化学等日本传统产业集中的地区，当地政府借助广岛大学和香川大学的研究技术，为地区的养鸡业和制糖业提供了改进思路，大学的技术也得到了相应的应用。

韩国政府面对创业教育需求的不断扩大，于 2004 年将全国划分为首都圈、京畿·江源圈、忠清圈、庆尚圈、全罗圈五大区域，在每个区域中各选取 1 所高校创建了创业研究生院。当年共有 50 多所高校提出申请，经过激烈竞争，最终指定湖西大学、中央大学、大田大学、晋州产业大学、艺园艺术大学为创业研究生院事业高校②。

五、“十三五”时期北京高校开展创业教育的政策建议

“十三五”时期是落实新时期首都城市战略定位、建设国际一流和谐宜居之都的关键时期，要充分认识开展高校创业教育在坚持和强化首都核心功能中的重要作用，深入分析北京高校开展创业教育面临的挑战和机遇，紧扣北京作为首都的“四个中心”的定位，围绕北京市“2020 年实现教育现代化”的总目标，坚持问题导向，聚焦短板弱项，以开放的心态，国际化的视野，取长补短，以开展创业教育为切入点，全面深入推进首都高等教育综合改革。

（一）多方合作优势互补，搭建创业生态系统

健康的“创业生态系统”，一是保障其具有与众不同之处，而不需要照搬和模仿其他创业环境；二是政府对创业的阻碍最小化，但对创业者的支持和失败的容忍最大化；三是积极鼓励和邀请投资者参与新的项目，而不是盲目投资；四是政府、大学和企业积极支持创业，但不是直接给予创业理念。从美国、英国、新加坡等国的经验来看，创业教育并非仅仅是学校的教育活动，良好的创业生态系统是创业教育健康成长与发展的重要条件。因此，北京市政府、高校、企业应形成三方合力，构建良好创业生态系统，为创业者创业创建所需要的环境，培养更多具有创业意识与创业精神的优秀人才。

（二）校企融合强强联手，能力发展契合行业需求

创业教育要植根于本土，应依据区域经济及行业需求，开设相应课程。一是与区域企业加强联系，由此获取相关企业的经济、教学等方面的支持。二是选取相关地方合作机构，共同构建以需求者为中心的创业教育课程。三是通过建立有效的合作平台，实现创业教育机构与相关地方机构间的良性互动，构建由大学、企业、研究所、地方政府组成的产学合作网络体系，进而达到促进行业发展、激发区域经济活力的目的。

北京作为首都，定位为“四个中心”的国际化大都市，第三产业是其主导行业，也是未来发展的主流和趋势。虽然北京目

---

① 刘福军，成文章：《高等职业教育人才培养模式》，科学出版社 2007 年版，第 93 页。

② 创业研究生院具体情况参见朴钟鹤：《韩国高校创业教育发展与创新——以五所“创业研究生院”为例》，《比较教育研究》，2013 年第 5 期。

前第三产业比重超过76%，但比之于纽约、伦敦、东京等国际知名城市80%以上的比重，差距仍然不小。而创新创业是拉动第三产业的最优手段，北京应主动向世界发达国家的国际化大都市学习，学习如何利用创新创业带动第三产业增长。

（三）制订综合改革计划，贯通创业教育培养渠道

创业教育作为新生事物，是北京高等教育综合改革的重要内容之一。打通央属高校、市属高校的重重壁垒，实现学分相互承认、联合举行创业赛事、跨校课程学习等则应当是未来重点发展方向。这些方面，美国很多高校已经有较为成熟的做法，值得北京高校学习借鉴。

此外，创业教育不能止于校园，而应横向拓展至所在区域的行业、纵向延伸至日后的创业活动中，即创业教育也需要继续教育。如韩国湖西大学国际化创业研究生院为指导毕业生毕业后的创业活动，特别组建了由创业研究生院教师、毕业生组成的“同窗会”。北京高校也应通过组织创业教育的学员和老师通过定期聚会，交流相关信息，展开面对面的咨询活动，解决创业过程中的实际困难。同时，邀请成功创业的毕业生走进校园开设讲座、为毕业生设置“事后管理指导教师”制度，为毕业生的创业给予必要的帮扶和指导。

（四）加强教师队伍建设，保障创业教育良序发展

教师是高校创业教育成功的关键因素。目前我国创业教育师资不足，而且知识结构不能适应创业教育的要求。虽然北京高校长期扎实推进教师队伍建设。依托“青年英才计划”、市属高校创新团队建设与教师职业发展计划等提高了高校教师的教学素质能力。但目前未出台专门针对创业教育教师队伍的建设鼓励计划；高校也未将创业教育师资培训机制化。借鉴国际经验，北京高校可以采取“走出去”与“请进来”的措施，选派优秀的教师去创业教育发达的国家参加学术人员交换计划，学习国外成功的创业教育经验，同时，还应鼓励教师多参加京内、京外及跨国企业的咨询、研发与管理等方面的实践活动，增加其实践经验；另一方面，加强与国外高校的合作，高薪聘请企业、政府和国外的成功企业家、咨询师、创业投资者等担任兼职教师。

（五）发挥首都地缘优势，发挥创业教育溢出效应

北京是我国政治、文化中心，是京津冀区域发展的龙头。首都的地缘优势决定了北京高等教育资源集中，文化资源禀赋高、科技智力资源丰富。高校创业教育必须充分利用北京的这些优势，加快就业、教育、医疗、文化等功能向市域和周边省市转移，促进京津冀区域一体化建设。同时，北京高校还可以结合北京市已有的高端活动平台，如北京论坛等开展创新创业教育。

创业教育在人才培养上也须注重与区域特色产业相结合，实现资源有效利用，避免人才培养趋同，发挥创业教育溢出效应，实现多元发展，培养相关领域的创业人才，为北京打造宜居城市和国际化大都市战略目标服务。

参考文献

[1] 桑锦龙. 关于“十三五”时期首都高教改革发展重点的思考［J］. 北京教育（高教），2015（4）：10－12.

[2] 王志强. 一体与多元：欧盟创业教育的发展趋势及其启示［J］. 教育研究，2014（4）：145－151.

[3] 黄兆信，曾尔雷，施永川. 美国创业教育中的合作：理念、模式及其启示 [J]. 高等教育研究，2010（4）：105－109.

撰稿人：北京教育科学研究院高等教育科学研究所　王嘉颖

第二十八章　学习型城市建设背景下北京市社区教育课程标准及资源开发的研究

[摘要]　社区教育课程资源是社区教育活动开展过程中所需要的人力、物力和财力等基本物质条件，是社区教育发展的基础。社区教育课程资源建设对社区教育发展，终身教育体系构建与学习型城市建设起着至关重要的作用。社区教育课程标准是社区教育资源建设的依据与准绳，是建设优质社区教育课程资源的保障。缺少优质课程资源，社区教育理念难以落实，社区教育的改革与发展就会举步维艰。本文以学习型城市建设为背景，在梳理国内外社区教育课程资源建设相关研究成果的基础上，分析了学习型城市建设背景下社区教育课程资源应具备的特点，并以此为参照对比分析了北京市社区教育课程资源建设现状及存在的实际问题，从课程资源系统化建设及有效应用的角度提出了加强政府主导、加强统筹规划、加快标准建设、加快数字化资源及环境建设、加快共建共享机制建设与加强社区教育人才队伍建设的六大课程资源建设策略，以期促进北京市社区教育课程资源建设的健康发展，为学习者提供丰富多样的学习资源，为北京市终身教育体系的构建与学习型城市的建设提供支撑。

[关键词]　学习型城市　社区教育课程资源　开发

Chapter 28　Development of Community Education Curriculum Criteria and Resources in the Background of Construction of Learning City

[Abstract]　Community education curriculum resources are manpower, material and financial resources etc. devoted in community education, which are the basis of community education develapment. Development of curriculum criteria and resources is the essential means of construction of community education development, lifelong education system and learning city. With the goal of solving the problems of community curriculum resources construction in Beijing, this paper, in the background of construction of learning city, analyzes the features of community curriculum resources and the present condition of community curriculum resources construction in Beijing. On the basis of taking the analysis of both factors, this paper puts forward the strategies which are to promote the development of community curriculum criteria and resources.

[Key words]　learning city; community education curriculum resources; development

一、导论

（一）研究背景

社区教育是构建终身教育体系的重要组成部分，是建设学习型城市的重要载体。优质的社区教育对于提升市民素质，构建文明城市与促进社会和谐都具有重要意义。课程资源建设是社区教育发展的重要基础。在经济高速发展的社会，居民日益增长的多元化学习需求与社区教育课程资源的矛盾不断加剧。如何根据居民的学习需求建设高质量、多样化的社区课程资源已经成为社区教育研究领域的重点课题。

2016年，教育部等九部门联合发布《教育部等九部门关于进一步推进社区教育发展的意见》（教职成〔2016〕4号）指出：国家组织编写一批社区教育通用型课程大纲。鼓励各地开发、推荐、遴选、引进优质社区教育课程资源，推动课程建设规范化、特色化发展。鼓励引导社区组织、社区居民和社会各界共同参与课程开发，建设一批具有地域特色的本土化课程。[①] 北京市教育委员等14个部门也于2016年联合发布了《北京市学习型城市建设行动计划（2016—2020年）》（京教职成〔2016〕8号）提出，到2020年建成以完善的终身教育体系和学习型组织为基础，以广大市民的良好素质为支撑，学习资源丰厚、学习氛围浓厚、创新活力涌现的学习型城市，为实现首都教育现代化、建设国际一流和谐宜居之都夯实基础，为率先全面建成小康社会贡献力量。[②]

因此，不论从政策层面、理论层面还是实践层面看，社区教育课程资源建设的研究既是推进社区教育自身发展的重要内容，也是构建终身教育体系与建设学习型社会的重要内容之一。

（二）文献综述

1. 国外文献综述

从文献整理与分析来看，各国关于社区教育课程资源建设的理论研究侧重点各有不同。美国社区教育采用广义课程资源概念，认为课程资源内容不仅是课程、书本、教材、作业等，而是包括了与社区教育相关的各种人、财、物等各种相关资源。美国社区教育课程资源建设强调根据社区居民的学习需求建设课程资源，注重充分调动与发挥社区内各方资源的优势，通过区域内政府、企业与学校等各方组织的纵向沟通与横向联合，建立起全方位的互动模式，实现社区教育资源的共建共享。

日本社区教育资源开发建设有两大特点：一是政府积极干预。1980年，日本文部省提出了《关于社区终身教育现状的调查报告》，认为社区教育的发展重点应较多地放在终身教育中心（又称社会教育中心）、公民馆和图书馆等方面。政府以《社会教育法》《图书馆法》《博物馆法》等法律、法规，为社区（社会）教育提供有力保障。[③] 二是非常重视跟普通教育与高等教育的学校合作。日本的社区教育充分注重利用与整合这些学校的相关资源开展课程资源建设，一方面是充分利用学校的学术成果、学术资源引领社区教育发展；另一方面是充分利用学校的其他教育资源开展社区教育活动，如图书馆、教室、教师等。20世纪90年代之后，大阪市一些小学校舍出现闲置现象。大阪市政府教育委员会抓住这个时机，采取一系列的措施利用闲置的教室设置终身学习室，开展各种社会教

---

① 教育部：《教育部等九部门关于进一步推进社区教育发展的意见》（教职成〔2016〕4号）。

② 北京市教育委员会：《北京市学习型城市建设行动计划（2016—2020年）》（京教职成〔2016〕8号）。

③ 王云飞：《社区教育资源开发研究——基于长春市现状的分析》［硕士学位论文，2009年］，吉林：东北师范大学。

育活动，以满足居民日益增长的学习需求。①

新加坡则采用以社区中心为主体开展推进社区教育的模式。社区教育课程资源也主要采取政府投资，以社区中心为主体开发建设的方式进行。因为有政府资金支持，新加坡社区中心大多设备完善，有演讲厅、运动场、图书室等，能够为居民提供良好的学习环境。社区中心的工作人员也都受过严格的专业训练，具有较高的专业素养。为了满足不同年龄、不同层次、不同种族居民的各种学习需求，社区中心同时承担课程开发工作。大部分社区中心都能为学习者提供丰富多样的文化教育课程，休闲教育课程与职业技能课程。②

2. 国内文献综述

自社区教育于20世纪80年代进入我国以来，很多学者专家都致力于社区教育的研究。但这些研究多集中于对社区教育概念内涵、发展历程、国内外社区教育制度的对比以及社区教育理论与实践的研究与分析。对于社区教育课程资源建设方面的研究成果还不够丰富。涉及社区教育课程资源建设的著作主要有厉以贤著的《社区教育原理》，其中，“社区教育课程开发与管理”一章从社区教育课程模式与社区教育课程开发与管理层面进行了论述，并提供了可供参考的案例。黄健著的《成人教育课程开发的理论与技术》从成人教育的角度对课程开发的流程与策略、国内外课程开发模式、远程课程的开发等进行了论述。但是，这些著作中关于社区教育课程开发的内容或过于简单，或就社区教育中某一类课程的开发进行了论述，内容不够全面，不能成为全面指导社区教育课程开发的理论支撑。

通过以“社区教育”“课程建设”“社区教育资源”作为关键词，在核心期刊数据库，对近5年社区教育领域的相关论文进行搜索，共搜索到7篇关于社区教育课程资源建设的论文。从研究的角度看，这7篇论文既有对社区教育课程建设理论的研究，也有对社区教育课程建设实践的探索。梳理文献结论的观点可以看出，国内研究者在社区教育课程资源建设方面主要有以下观点：一是社区教育课程资源建设应以学习需求调研为基础；二是社区教育课程资源建设主体应该多元化；三是应建立社区教育课程建设机制，制定社区教育课程标准；四是应加强社区教育数字化资源建设，开发网络课程。

基于对国内外社区教育课程资源建设相关研究成果的分析，本文认为目前我国社区教育课程资源建设的研究主要集中在宏观策略研究方面，应加强基于社区教育课程资源建设的实践途径与策略研究，提出具有实践性的指导建议，才能切实推进社区教育课程资源建设的发展。

（三）研究思路与方法

1. 研究思路

首先，本文以社区教育课程资源建设作为研究对象，通过搜集、查阅与之相关的文献资料，确定研究背景与具体研究内容。通过文献回顾与综述了解该领域相关的研究成果，进一步梳理出社区教育课程资源建设的研究重点及难点问题。在此基础上，论述了学习型城市建设背景下社区教育课程资源的特点，并以此为依据重点分析了北京市社区教育课程资源建设现状以及存在的实际问题，最后根据以上研究，提出现实可行的、推进北京市社区教育课程资源建设的策略。

2. 研究方法

该研究从现实需求出发，根据国家对社区教育课程建设提出的新要求，结合北京市学习型城市建设背景，采用以下方法

---

① 秦钠：《中日都市社区教育比较研究》［硕士学位论文，2006年］，上海：上海大学。

② 郝美英：《国外社区教育的成功经验及其对我国的启示》［硕士学位论文，2009年］，河北：河北师范大学。

开展研究。

（1）文献分析法。

一方面是利用书籍、期刊等媒介充分搜集、挖掘关于社区教育课程资源建设的文本资料。另一方面是通过学术期刊数据库检索查询关键词，从整体上对比分析理论资料，力求深度挖掘文献价值，为本研究提供系统全面的理论依据。

（2）调查法。

为探讨所研究的课题，根据研究目的制订调查方案，并有计划地开展与研究主题相关的数据及信息收集。本文主要采用了问卷调查、实地调查相结合的调查方式。面向全市 16 个区（县）83 所社区教育单位开展调查研究，并做出分析、综合，在定性与定量分析相结合的基础上得出结论。

二、核心概念

（一）学习型城市

学习型城市是一种城市管理和城市发展的新型模式，它彻底摆脱了“以物为本”的城市发展观，坚持“以人为本”的城市发展观，即学习型城市以人的全面发展作为城市发展的目标，以提高人的素质为城市发展的根本保证。学习型城市需要努力建设终身教育、终身学习服务体系，满足所有城市居民的学习服务需求；还要引导和鼓励社区内各类企事业单位、社会组织的学习力、创新力、竞争力，从而为整个城市的全面协调可持续发展注入不竭动力。

（二）社区教育课程资源

研究领域对课程资源概念的界定有很多种。有专家按照课程资源的结构将课程资源分为校内课程资源和校外课程资源。还有学者根据课程资源的功能特点，将其分为素材性课程资源与条件性课程资源，并对课程资源的概念进行了广义与狭义之分。其中，广义课程资源是指有利于实现课程目标的各种因素，狭义的课程资源仅指教学内容的直接来源；按空间分布和支配权限分为校内课程资源与校外课程资源，凡是学校范围内的课程资源就是校内课程资源，超出学校范围的就是校外课程资源；另外，还有学者根据其他角度将课程资源划分为社会资源与自然资源，人力资源、物力资源与财力资源，纸质资源与电子声像资源，等等。由于划分标准多样性，定义也就不同。综合专家对课程资源的定义，本研究认为，社区教育课程资源的内容应该为社区教育活动开展过程中所需要的人力、物力和财力等基本物质条件，其核心内容应该是根据社区教育的目的和学习者学习需求开发的课程标准、教材、学材及教学环境等。

三、学习型城市建设背景下社区教育课程资源的主要特征

学习型城市是把教育与学习作为城市建设、城市管理和城市发展的前提、基础和关键环节的现代化城市，其发展建设应具有两大支柱：一要努力建设终身教育和终身学习服务体系，满足所有城市居民的学习服务需求；二要引导和推动以学习型政党为首的各类学习型组织的创建工作。社区教育作为建设学习型城市的重要载体，从普及与贯彻终身学习理念、推进终身教育体系构建与创设开放学习环境三个方面服务于学习型城市的建设。① 因此，建设学习型城市背景下的社区教育课程资源应具备以下三个特点。

① 马仲良，吴晓川：《建设学习型社会》，北京工业大学出版社 2008 年版，第 78 - 79 页。

（一）课程资源体系完善，内容丰富，能够满足人们终身学习的需求

建设学习型城市的一项重要内容就是要大力构建终身教育、终身学习服务体系，为各年龄段的市民提供学习机会和条件。而社区教育作为建设学习型城市的重要载体，承担着满足市民学习需求，推进城市发展的任务。开发丰富的社区教育课程，建设内容与层级完备的社区课程体系，是社区教育服务人们持续、丰富的学习需求的基础，是提高社区教育质量与构建终身教育体系的关键。

（二）数字化课程资源与网络学习环境得到普及，满足人们个性化学习需求

在信息化社会中，信息技术的普及不仅改变了人们的生活方式，同时也改变了人们的思想观念与学习方式。越来越多的学习者更倾向于借助电脑、手机等终端，通过学习网站、数字图书馆、数字文化馆等公共学习服务平台开展自主学习。为适应社会的发展与人们生活方式与学习方式的变化，社区教育应能借助信息技术的有利条件为学习者提供更为便利、更适合自主学习的学习方式与学习资源，为学习者提供平等的教育机会，创造人人皆学、处处能学、时时可学的学习条件，营造良好的自主学习氛围。

（三）课程标准体系完善，社区教育与其他类型教育接轨成为可能

终身教育体系的构建是学习型城市建设的重要支撑。随着终身教育体系的不断完善，各级各类教育学习成果将得到相互认证。社区教育在终身教育体系构建中承担着重要的任务，是人们在完成阶段性学历教育后接受教育的重要途径之一。建设学习型城市背景下的社区教育应该能够实现与其他类别教育的相互沟通，尤其是实现与其他类型教育之间的学习成果相互认证，实现通过社区教育为学习者提供多次选择机会，满足学习者的成长与发展打通通道的目的，使社区教育在终身教育体系的构建中发挥更大的作用，使社区教育成为人们接受教育的重要途径。

四、北京市社区教育课程资源建设现状及问题分析

为了解北京市社区教育课程资源建设现状，明确社区教育课程资源建设与社区居民学习需求之间的矛盾关系，寻求学习型城市建设背景下社区教育课程资源建设的目标，2015 年，北京教育科学研究院职业教育与成人教育教学研究中心受北京市教育委员会委托，面向北京市 16 个区（县）83 家社区教育单位开展了《北京市社区教育现状调研》，同时，通过座谈方式调研了 16 个区（县）的 8 个社区教育单位。根据问卷调研与座谈，发现北京市社区教育课程资源建设仍然面临着诸多困难与挑战。

（一）课程标准建设不完善，不能有效指导课程资源开发

课程标准建设是课程资源建设的根本依据。所有课程资源的开发、应用都应以课程标准为指导。但是，课程标准建设在社区教育课程资源建设中尚未得到充分重视，课程资源建设过程中没有课程标准或课程标准不科学、不规范的现象比较普遍。

本次调研发现，由北京市 83 家社区教育单位建设的 802 门课程中 397 门课程没有配套课程标准或教学大纲，占总课程数的 49.5%，如图 1 所示。可以看出，课程标准建设缺失的现象在社区教育课程建设中比较普遍，是社区教育课程建设中亟待解决的问题之一。

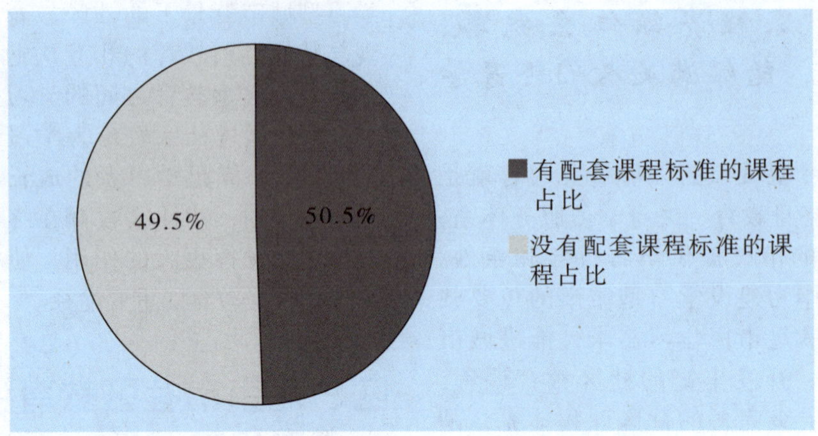

图1　北京市社区教育课程标准与教学大纲建设情况

与普通教育或高等教育不同，社区教育的教学对象存在不确定性与不稳定性。社区教育教师需要根据每一期学习者的具体特点与需求为学习者开设相应课程。这也就导致了社区教育课程内容的不确定性与不稳定性。社区教育教师或需要根据学习者情况开发课程，或通过对已有课程进行调整形成适应学习者特点，满足学习者需求的课程。因此，很多社区教育单位在实践教学过程中，将开发教学内容作为课程资源建设的重点，将开发建设社区教育教材、编写讲义作为课程资源建设的重心，忽略了课程标准的建设。

（二）教材建设缺乏统筹规划与设计，质量有待提高

本次调研的83所社区教育单位建设的802门课程中，大部分课程都进行了教材开发，其中，692门课程有配套自编教材或讲义，占课程总数的86%；小部分课程没有配套教材或讲义，占课程总数的14%，如图2所示。

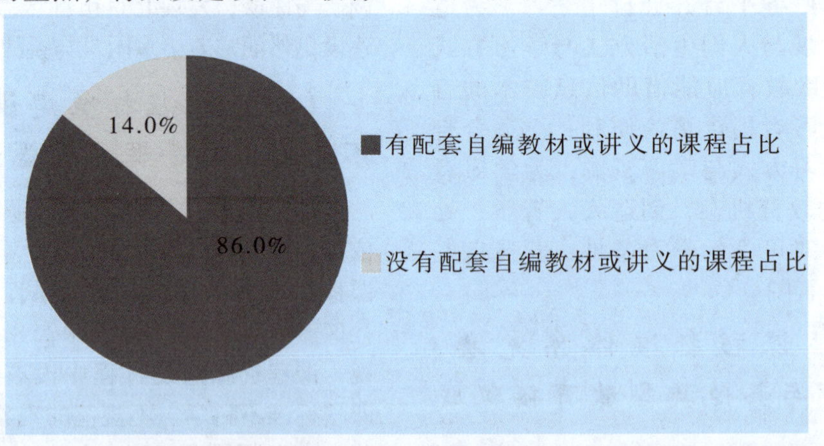

图2　北京市社区教育课程配套教材或讲义编写情况

对已开发的社区教育教材，按照内容进行分类，发现社区教育教材建设存在不均衡现象。已开发的692本教材涉及三大类内容，分别为技术技能、文化知识和休闲娱乐。其中，技术技能类课程教材数量最多，为339本，占教材总数的49%；其次为休闲娱乐类课程教材，为235本，占课程总数的34%；文化知识类课程教材相对较少，为118门，占课程总数的17%，如图3所示。

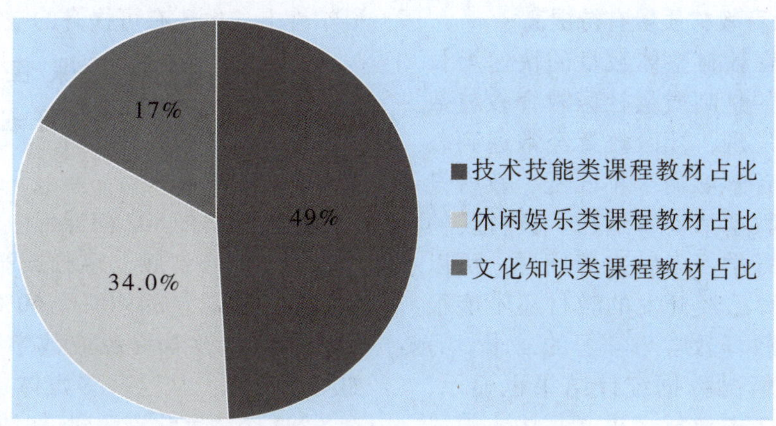

图3　北京市社区教育课程教材分类

根据统计结果，这些教材（讲义）绝大多数还没有达到出版水平。其中，未出版发行的教材（讲义）为615本，占教材（讲义）总数的89%；公开出版发行的教材占比仅为11%，如图4所示。

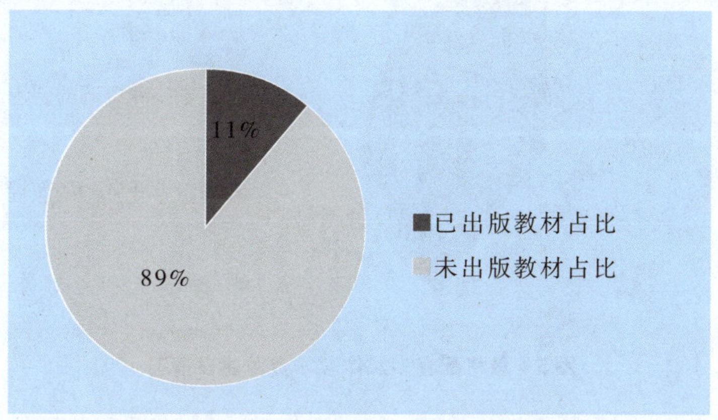

图4　社区教育教材出版情况

以上数据显示，北京市各社区教育单位高度重视教材建设，因此，社区教育教材在短时间内实现了数量上的显著提高。但是，对社区教育教材类别与出版情况的分析，也可以看出，社区教育教材建设过程中还存在建设工作缺乏统一规划，教材质量有待提高的问题。

1. 社区教育教材建设缺乏统一规划

鉴于社区教育的发展路径是“自下而上”的发展模式，社区教育教材也多以社区教育单位为主体进行开发、编写，缺乏从全市层面对社区教育教材建设的统一规划。这是造成北京市社区教育教材建设在内容上重复建设与不均衡现状的主要原因。例如，从课程类型上看，社区教育教材主要集中在技术技能类课程，为339本，占教材总数的49%；其次为休闲娱乐类课程，为235本，占课程总数的34%。这两类课程的教材数量占教材总量的83%。教材过于集中在某一类课程必然造成教材内容的重复。通过对教材内容的对比分析，可以看出教材重复建设的现象比较严重，例如，在本次调研的教材中，以“现代礼仪”为主题的教材有4本，以“果树管理”为主题的教材有5本。这些教材在教材编写的目标、内容与服务对象上定位相同，由不同单位分别开发造成了资源的浪费。

2. 社区教育教材质量有待提高

与社区教育教材整体数量的快速增长形成鲜明对比的是高质量社区教育教材数量不足。座谈发现，社区教育经常遇到教材内容与学习者学习需求不匹配、教材设计与社区教育教学活动不适应、教材装帧不适合社区教育学习者特点等问题。可以看出，社区教育已经开发的教材还不能很好地满足社区教育教学与学习的需求。另外，教材出版情况数据统计结果也显示，本次调研的 692 本教材（讲义）中，正式出版的教材仅占教材（讲义）总量的 11%，89% 的教材尚未出版。这种现象从一定程度上可以说明，社区教育教材在规范性、科学性上，也还有可提升的空间。

（三）数字化课程资源不丰富，距离数字化学习社区要求有差距

本次调研的 802 门课程中，有 318 门课程开发了配套音频、视频或微课等教学资源，占课程总量的 40%。60% 的课程尚无配套多媒体教学资源或数字化教学资源，如图 5 所示。从这些多媒体资源建设时间看，232 个数字化资源建设时间集中在 2010 年至 2015 年期间，占多媒体资源总量的 73%。

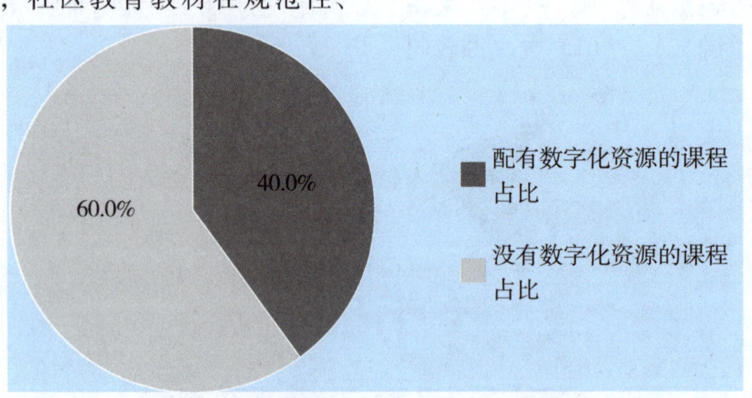

图 5 教材配套多媒体教学资源建设情况

调研课程开设网络课程的情况显示，目前所建设的 802 门课程中，已经建设在线学习资源，能够为学习者提供网络课程的为 88 门，占课程总量的 11%，尚未建设在线学习资源的为 714 门，占总数的 89%，如图 6 所示。

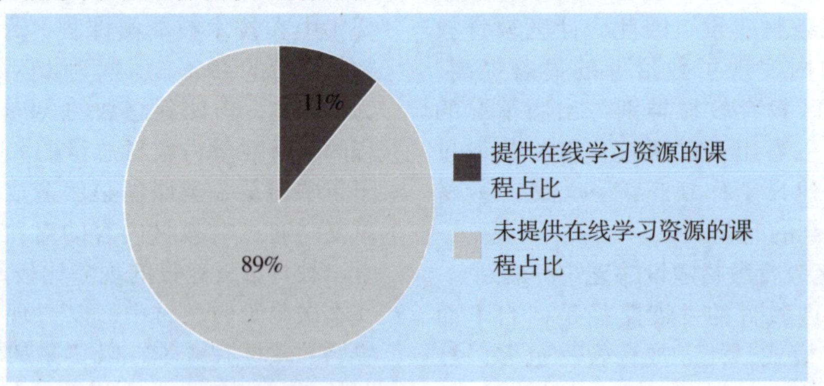

图 6 社区教育课程在线学习资源建设情况

可以看出，北京市社区教育课程资源的建设目前还停留在以编写纸质教材与讲义为主，数字化教学资源的建设还处于刚刚起步阶段。这与国家倡导的建设“人人

皆学、处处能学、时时可学”的终身教育环境的要求还存在差距。在信息技术高速发展的时代，如何利用信息技术，网络技术开发建设数字化资源，为学习者创造良好的网络学习环境，应是未来北京市社区教育创建数字化学习型社区的着力点。

（四）实践（实训）基地建设滞后，不能满足学习者学习需求

对实践（实训）基地建设情况调研显示，北京市社区教育实践（实训）基地存在数量不足，质量不高，不能满足居民开展实践（实训）学习需求等问题。本次调研的 83 所北京市社区单位中，实践（实训）基地数量在 5 个以下的占比 76%；6～10 个的占比 18%，11～20 个的占比 1%，21～50 个的占比 4%，50 个以上的占比 1% 如图 7 所示。

从社区教育实践（实训）基地建设的数量可以看出，76% 的社区教育单位的实践（实训）基地数量都在 5 个以下。这与社区教育单位所提供的课程类型数量存在巨大差距。社区教育课程内容多为人民群众喜闻乐见的生活类课程，例如，职业技能、运动健身、养生保健、生活休闲等。这些课程教学方式灵活多样，为激发学习者的学习兴趣，提高学习者的参与度，团队学习、体验学习等学习方式是社区教育教师经常采用的教学方式。无论是从社区课程目标、教学内容考虑，还是从教学活动方式考虑，绝大多数社区教育课程都需要实践（实训）基地的支撑。因此，现在社区教育所拥有的实践（实训）基地远不能满足学习者学习的需要。

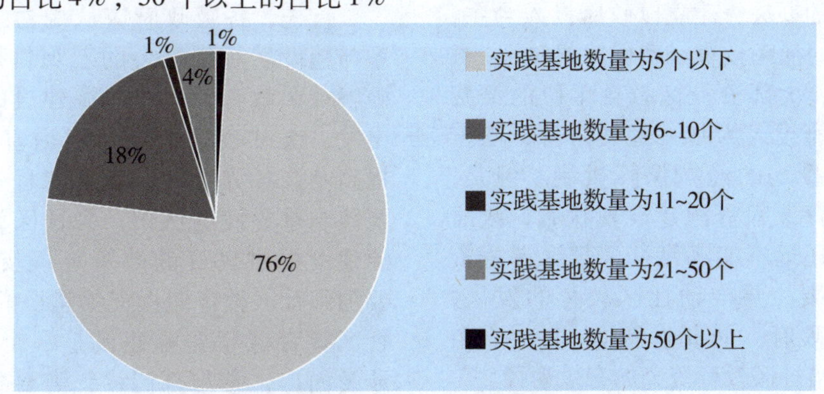

图 7　社区教育实践（实训）基地建设情况

另外，座谈发现，目前投入使用的实践（实训）基地大部分由社区教育单位独立出资建设。虽然，独立建设实践（实训）基地可以使建设方对基地拥有绝对主动权，但是，任何一个社区教育单位都会在人员、资金、地理位置、校园面积等方面存在一定的局限性，很难保障实践（实训）基地建设在数量与质量上都满足社区教育教学的需求。目前所建设的部分实践（实训）基地大都存在着实践（实训）内容、基地环境、设备数量或质量上不能满足教学需求的问题，影响了实践（实训）教学质量。

（五）社区教育经费投入不足，课程资源建设受到制约

经费投入是社区教育课程资源建设的重要保障。为了解社区教育课程资源建设过程中的经费支持情况，本次调研就各社区教育单位课程资源建设经费是否充足、经费来源渠道情况进行了调研。根据调研结果，经费短缺问题是社区教育课程资源建设中面临的最大问题。57% 的社区教育单位表示，影响社区教育课程资源建设的最主要因素是经费不足，如图 9 所示。

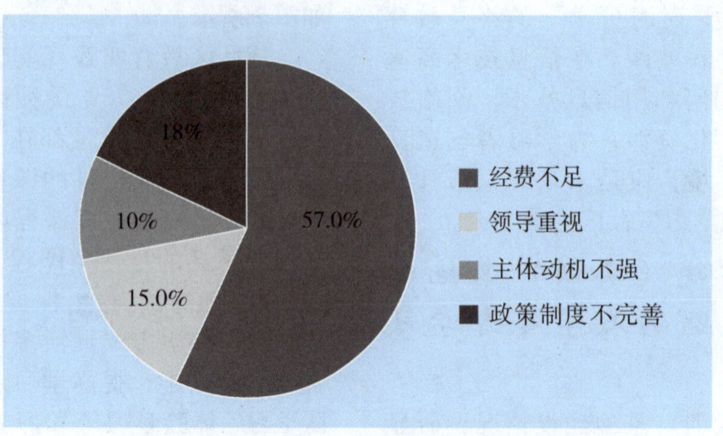

图 8　影响社区教育课程资源建设的因素

2004 年，教育部《关于推进社区教育工作的若干意见》（教职成〔2004〕16 号）中做出了详细规定，提出“要充分发挥政府扶持和市场机制的双重作用，采取‘政府拨一点，社会筹一点，单位出一点，个人拿一点’的办法，建立以政府投入为主，多渠道投入的社区教育经费保障机制”。根据座谈发现，大部分社区教育单位的经费投入仍以政府投入为唯一经费来源，尚未形成多渠道投入的经费保障机制。但是，根据社区教育课程资源建设现状看，政府目前的投入还远不能满足社区教育课程资源建设的需要。要推动社区教育的发展，应尽快探索政府、企事业单位、社会、个人多渠道筹措社区教育资金的有效途径。

四、推动北京市社区教育课程资源建设的策略

（一）加强政府在课程资源开发中的主导作用

社区教育是在社区这一特定的区域范围内，通过开发、利用各种社区资源，面向社区全体成员，有组织、有计划地开展的，以提升社区成员素质与生活质量，促进社区发展为目的的教育活动，其教育质量对社区居民的学习、工作与生活产生直接影响。[①] 社区教育课程资源的建设涉及区域内的社区教育单位、企业事业单位以及社区居民等，要统筹组织这些人力资源协同开展社区教育课程资源建设，政府的主导作用至关重要。

首先，各级政府应从构建终身教育体系与建设学习型社会的宏观目标出发，从破解社区教育发展与资源建设的瓶颈问题出发，通过政策引导与舆论宣传等方式，提高社会各界对社区教育课程资源建设必要性与重要性的认识，为社区教育课程资源建设提供良好的政策环境支持。其次，要加强社区教育课程资源建设的组织领导。社区教育课程资源建设是一个系统工程，涉及面广，参与部门多，需要各级政府部门统筹协调。各级政府必须明确区域内课程资源建设的责任主体，以及各相关部门间的合作关系，才能保证课程资源建设的顺利开展。最后，各级政府必须落实社区教育课程资源建设的经费投入。各级政府应明确社区教育课程资源建设的经费投入主体，形成社区教育课程资源建设的经费投入保障机制，保障社区教育课程资源建设期间经费的投入。另外，政府除保障社区教育课程资源建设的经费投入外，还应

① 李惟民：《社区教育课程开发研究与指南》，上海社会科学院出版社 2012 年版，第 51 页。

引导与监控经费的合理使用，实施建设经费的绩效评估，提高经费使用效益，保障社区教育课程资源建设质量。

（二）加强社区教育课程资源开发的统筹规划

社区教育课程资源开发的统筹设计包括两个方面的内容，首先，对社区教育课程资源体系进行整体规划。为实现区域内社区教育课程资源的系统化开发，合理化规划和标准化建设，应根据区域内社区教育目标，结合区域自身特点，建设社区教育课程资源体系。就北京市而言，应在开展市民学习需求调研的基础上，结合北京市学习型城市建设目标，制定北京市社区教育课程资源建设目标、建设内容与建设标准。其次，对社区资源资源开发工作的统筹规划。在北京市社区教育资源体系整体规划的基础上，应结合北京市各区（县）或社区教育单位等各课程资源建设主体的特点与优势，对课程资源开发工作进行整体规划，合理分配课程资源建设任务，由各课程资源建设主体，在按照统一标准开展资源建设的基础上，充分发挥自身的优势与特色，完成课程资源开发任务，如图 9 所示。

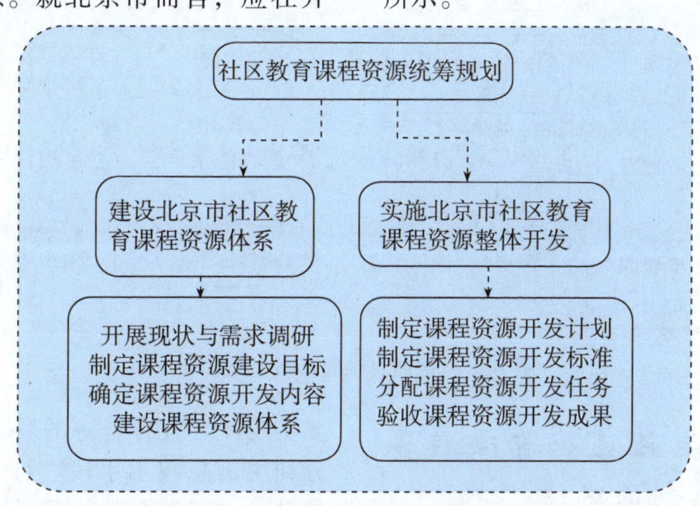

图 9　社区课程资源开发的统筹规划

加强社区教育课程资源的统筹规划与整体开发，不仅有利于节约课程资源建设成本，规范区域内社区教育课程资源建设，提高课程资源建设质量，还能促进课程资源的共建共享，提高社区教育课程资源的社区效益。

（三）加快社区教育课程标准的研究与制定

作为学习型城市与终身教育体系的重要载体，加强课程标准建设，实现社区教育课程管理的规范化、科学化，是社区教育发展的必然趋势。

课程标准是教育标准的重要组成部分，其建设是一个庞大的系统工程。课程标准的建设必须经过严密的计划，依照科学的理论与系统的流程进行。2013 年，教育部制定了《标准与指南》制定和发布规程，强化对国家教育标准体系的顶层设计。① 就北京市而言，负责社区教育的相关政府部门，应对北京市课程标准建设进行统一组织与规划。建成由政府统领、教育研究机构辅助、社区教育单位参与、课程专家主导的课程标准建设团队，开展社区教育课程标准的研究与制定工作。社区教育课程

① 袁贵仁：《深化教育领域综合改革，加快推进教育治理体系和治理能力现代化》，《中国高等教育》，2014 年第 5 期。

的制定包括以下四个步骤，如图10所示。

步骤一：社区教育教师面向区域内学习者开展学习需求调研，然后进行分析归纳。召开全市范围内社区教育教师、教育科研人员、课程专家座谈会，形成本市某一社区教育课程的课程目标。

步骤二：对课程目标进行分解，分析与总结出实现课程目标所需要的知识与能力，选择出课程内容。召集课程专家座谈会，对课程内容的科学性与可行性进行研讨，确定课程内容。

步骤三：组织课程内容，制定标准要求。根据课程目标，按照一定的逻辑关系，根据该课程的知识建构过程与能力培养过程对课程内容进行组合，并制定各部分课程内容的教学标准。

步骤四：课程标准认证。聘请权威机构与课程专家对课程标准进行认证，根据专家意见，修改完善课程标准细节内容，形成课程标准。

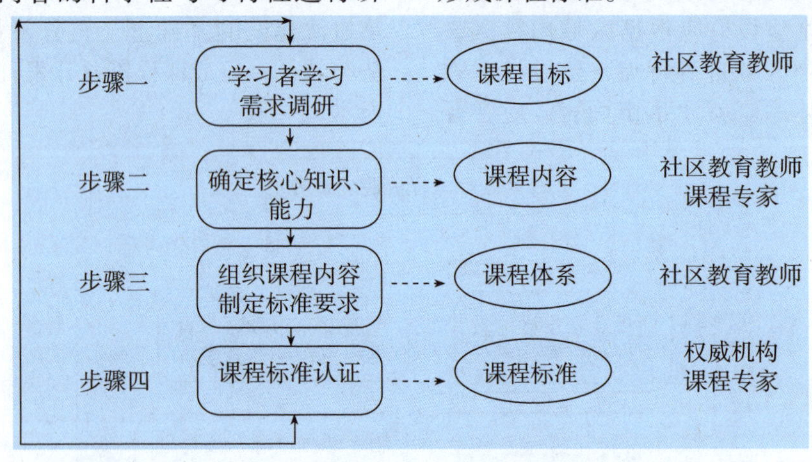

图10　社区教育课程标准制定步骤

（四）加快社区教育课程资源共建共享机制的建设

社区教育课程资源在建设过程中一方面要立足本社区做好资源建设，另一方面也要做好社区间的沟通交流，打破社区教育资源现有的界限，实现社区之间教育资源的互通有无，共建共享。

社区教育课程资源的共建共享，首先，要依靠相关政府部门的统筹规划与管理。政府通过为社区教育课程资源建设制定规划，建立标准，提出要求等方式引导社区教育课程资源建设的方向，各社区在政府统筹规划的基础上，根据本社区的特点开发符合社区优势与社区居民学习需求的教育资源，一方面满足本社区教育发展的需求，另一方面可以在各社区之间形成教育资源的互补，避免资源的重复建设。其次，要实现社区教育资源的共建共享还需要充分利用信息技术手段。目前，北京市已经建设了“京学网”终身教育学习平台，借助“京学网”平台优势，政府部门可以公布社区教育资源建设的政策标准、各社区教育课程资源相关信息与课程资源内容等。信息化平台可以实现政府与社区之间、社区与社区内的教育机构及相关机构之间、各社区之间的信息无障碍沟通，也为社区教育资源的共同建设与共同使用奠定基础。

（五）加强社区教育数字化课程资源建设

随着信息技术与网络技术的发展，人们的生活方式、学习方式都发生了巨大变化，利用网络技术、数字化资源开展学习已经成为人们常态化的学习方式，越来越多的学习者更乐于通过网络等现代信息技术手段开展自主学习。因此，为人们提供均等的学习机会与丰富的学习资源，创建人人皆学，处处能学，时时可学的学习环境，成为构建网络化、数字化、个性化的终身教育体系的重要任务。在三网融合的数字化时代，尤其是随着移动终端的发展与普及，数字化课程资源的开发已经成为发展现代社区教育的重要支撑。作为现代化大都市，社区教育课程资源建设如何在数字化技术与思维的潮流中与时俱进，是北京市社区教育课程资源建设努力的方向。

首先，应借助政府的舆论宣传，向社区教育单位普及数字化资源建设的重要性，使社区教育单位能主动参与到数字化资源建设工作中。其次，要明确数字化课程资源建设的主体责任。数字化教学资源的开发应依托各社区教育单位。数字化资源的开发最终是为了服务于社区教育和各社区居民的学习，所以，依托各社区开展数字化资源的开发，不仅能够调动各社区的主动参与，还能使所开发的资源更符合学习者的需求，体现社区教育的特点，方便教师与学习者在教与学活动中使用。另外，应建立数字化课程资源建设机制。社区教育课程资源建设是一个长期工程，只有建设完善的机制才能保障数字化课程资源建设工作持续开展下去，为社区教育工作提供源源不断的优质资源。

（六）加强社区教育人才队伍的培养

要建设高质量的社区教育课程资源，增强资源应用与服务能力，必须要加强人才队伍建设。首先，要加强对现有社区教育教师队伍的培训。根据社区教育的特质，尤其是要将课程资源建设能力与应用能力的培养作为社区教育教师培训的重要内容，给予充分重视。

其次，根据课程资源建设主体的组成，还应对参与社区教育课程资源建设的企事业单位及相关机构的人员开展培训，使企事业单位及相关机构能充分认识到社区教育课程资源建设的意义，了解课程资源建设的理论、知识与先进案例，激发这些单位参与社区教育课程资源建设的主观能动性。

最后，随着信息技术、网络技术的不断发展，社区居民参与到社区教育课程资源建设中的可能性越来越大，渠道越来越多，应对这一现象给予充分关注，加强对社区居民的培训，激发居民参与其中的意愿，并通过普及相关知识、技术，提高居民建设课程资源的能力，为居民参与社区教育课程资源建设开辟路径，使居民成为社区教育课程资源建设的重要力量。

五、结语

课程资源建设是社区教育发展的重要基础，是社区教育内涵建设的重要内容。站在新的历史起点，北京市社区教育应根据城市发展新形势的要求，以服务学习型城市建设为目标，从满足人民群众终身学习的需要出发，以科学的课程理论为基础，积极探索完善社区教育课程资源体系建设，提高社区教育课程资源信息化水平，规范社区教育课程内容与标准的途径与方法，全面提高社区教育课程资源建设质量，在推进终身教育体系与学习型城市建设中做出有益的探索与积极的贡献。

参考文献

［1］教育部等九部门关于进一步推进社区教育发展的意见（教职成〔2016〕4号）［Z］. 2016－06－28.

［2］北京市学习型城市建设行动计划（2016—2020年）（京教职成）〔2016〕8［Z］. 2016－06－30.

［3］余瑞芬. 国际比较视野下社区教育发展模式研究［D］. 南昌：南昌大学，2012.

［4］王云飞. 社区教育资源开发——基于长春市现状的分析［D］. 长春：东北师范大学，2009.

［5］秦钠. 中日都市社区教育比较研究［D］. 上海：上海大学，2006.

［6］郝美英. 国外社区教育的成功经验及其对我国的启示［D］. 石家庄：河北师范大学，2009.

［7］费孝通. 社会学概论［M］杭州：浙江大学出版社，1984.

［8］马仲良，吴晓川. 建设学习型社会［M］. 北京：北京工业大学出版社，2008.

［9］李惟民. 社区教育课程开发研究与指南［M］. 上海：上海社会科学院出版社，2012.

［10］何玉海，王传金. 论课程标准及其体系建设［J］. 教育研究，2015（12）：89－98.

［11］袁贵仁. 深化教育领域综合改革，加快推进教育治理体系和治理能力现代化［J］. 中国高等教育，2014（5）：4－11.

撰稿人：北京教育科学研究院职业教育与成人教育教学研究中心　刘海霞

第二十九章　北京市政府购买民办教育培训机构服务实施情况与政策思考

［摘要］　本文通过实地调研、会议研讨、专家访谈等形式，对北京市民办教育机构参与中小学学科教学改革项目的实施现状及效果进行深入了解。本文指出，民办教育培训机构与公立中小学两种不同的体制在进行探索合作中，存在项目内容及合作模式单一、专项经费拨付机制不够明确、项目绩效缺乏监管体系等政策体系缺陷，民办教育机构派出师资教学水平有限、公民办教师间缺乏沟通、民办教育机构投入成本与收益不匹配、公立中小学欠缺对优质教育服务的复制能力等实践问题。对此，应完善政府购买民办教育机构服务政策体系，建构有效的项目运行机制，并加大社会舆论宣传和引导。

［关键词］　北京　政府购买服务　民办教育机构

Chapter 29　The Implementation and Policy – thinking of Government Purchasing Educational Services from Private Education Training Institutions in Beijing

[Abstract]　With field survey, conferences, expert interviews, we have a deep insight on the implementation of government purchasing educational services from private education training institutions in Beijing. This study finds that there are some problems in the practice of government purchasing educational services policy: fewer contents and single cooperation model, ambiguity of allocation of special funds, the supervision system of project performance. There are also some operational problems such as, limited teachers' teaching quality level from private education training institutions, absence communication between private and public school teachers, mismatches between cost and output of private education training institutions, the lack of replication ability on high – quality educational services. To this, we should perfect the policy system of government purchasing educational services, construct an efficient operating mechanism of the project, and enhance the consensus propaganda.

[Key words]　Beijing; government purchasing educational services; private education training institutions

2015 年北京市教委和市财政局将民办教育机构参与中小学学科教学改革项目纳入政府购买服务范围，市教委通过部门集中采购的形式选择 13 家民办教育机构，参与到全市 76 所中小学的学科教学改革，旨在充分发挥民办培训教育机构资源优势，扩大优质教育资源覆盖面，丰富基础教育供给部署，促进义务教育优质均衡发展。第一期项目实施以来，作为深化基础教育领域综合改革的重要一环，该项政策的推行不仅开创民办教育机构参与公立教育办学的先例，在首都基础教育领域的学科改革上也取得了显著的成效。笔者通过实地调研、会议研讨、专家访谈等方式，对北京市政府购买民办教育培训机构服务的实施情况进行研究并提出政策建议。

一、研究背景

（一）什么是政府购买教育服务

政府购买公共服务是指原来由政府直接提供的、为社会公共服务的事项交给有资质的社会组织或市场机构来完成，并根据社会组织或市场机构提供服务的数量和质量，按照一定的标准进行评估后支付服务费用，即“政府承担、定项委托、合同管理、评估兑现”。是一种新型的政府提供公共服务的方式。政府购买教育服务是政府购买服务在教育领域的一种体现，政府通过公开招标、定向委托、邀标等形式将原本由社会组织或市场机构承担的公共服务转交并履行，以提高公共服务供给的质量和财政资金的使用效率，改善社会治理结构，满足公众的多元化、个性化教育需求。

（二）为什么要购买教育服务

1. 基于需求侧分析

伴随首都社会文化经济的迅速发展，人们对基础教育阶段的教育要求越来越高，需求也越来越多样化。有来自外来务工人员子女随班就读的基本教育需求，有来自外籍人员、海外留学归国人员及高收入家庭子女国际化的高端教育需求，也有来自普通家庭不满足于政府提供的义务教育质量的进阶教育需求。面对日益增加的不同类型的教育需求，政府没有精力、能力和财力靠一己之力面面俱到，通过政府购买教育服务的方式既能缓解政府财政压力，又能满足社会不同层次的教育需求。

2. 基于供给侧分析

北京自 2014 年起开始深化基础教育领域综合改革，通过提高基础教育供给端的质量、效率和创新性，改善基础教育供给结构，打破单一的课程、资源、考试评价供给结构，以构建丰富多元、可选择的新供给侧结构，满足学生个性发展的需要①。民办教育机构在基础教育领域拥有丰富的教育资源和高度的市场认可，无论是补充和扶持远郊区县薄弱的基础教育发展，还是盘活现有公立中小学单一的教学体系，民办教育机构无疑是当前中小学学科教学改革过程中的优质教育资源的供给方。政府通过购买民办教育机构服务，不仅能够扩大优质教育资源覆盖面，还丰富了基础教育供给，促进基础教育优质均衡发展。

二、政府购买民办教育培训机构服务项目的实施现状

近几年，在北京市民办教育领域逐渐出现了一些政府购买服务的实践形式。如在延庆区、丰台区、燕山地区等，一些教育行政部门或公办中小学向新东方教育集团、巨人集团等一些优秀民办教育机构购买中小学英语、物理等薄弱学科的教师培训以及学生课程辅导等内容。2014 年，《北京市教育委员会关于在义务教育阶段推行中小学生课外活动计划的通知》（京教体艺〔2014〕2 号）中也明确提倡通过政府“购

① 李奕：《北京“深综改”：基于供给侧结构性改革的整体性变革》，《中小学管理》，2016 年第 1 期。

买社会服务”的形式，开展体育、文艺、科普等形式多样的社团活动；规定课外活动辅导教师的构成可以是“符合学校开展活动需求的高等学校、具有资质的民办教育机构的教师”。为了充分发挥民办培训教育机构资源优势，扩大优质教育资源覆盖面，丰富基础教育供给部署，促进义务教育优质均衡发展，2015 年市教委和市财政局联合发布《北京市民办教育机构参与中小学学科教学改革项目管理办法（试行）》（京教财〔2015〕8 号）（以下简称《项目管理办法》）。该文件对项目实施的主要内容、重点任务、经费使用方向、支付标准、检查考核等逐一明确，为规范运行和管理提供具体指导。从 2015 年起，将此项工作纳入政府购买服务范围，市教委通过部门集中采购的形式选择社会信誉度好、适应学科教育改革需求、参与积极性高的民办教育机构，为具有一定工作基础、规模适宜、有自主发展需求、短期内有较大提升空间的中小学提供服务。以下从该项目购买及承接主体、购买内容、购买方式三方面，对项目实施基本情况及现状进行梳理。

（一）购买主体及承接主体

1. 购买主体

根据《北京市人民政府办公厅关于政府向社会力量购买服务的实施意见》，政府购买服务的主体是各级行政机关和参照公务员法管理、具有行政管理职能的事业单位，以及纳入行政编制管理且经费由财政负担的群团组织。在民办教育机构参与北京市中小学学科教学改革项目中，购买主体为具有一定工作基础、规模适宜、有自主发展需求、短期内有较大提升空间的 75 所公立中小学校（以下简称“项目学校”），由各区县教委根据区县教育发展情况选定项目学校，项目学校结合教育教学工作需求，选择合适的民办教育机构开展教育服务购买。

2. 承接主体

此次参与北京市中小学学科教学改革项目的民办教育机构共 13 家，其中，新东方、学而思和学大教育所属的教育集团均为美国证券交易所上市公司，瑞思学科英语培训学校、英辅语言培训中心（英孚教育）依赖国际教育资源，而其他机构则是在满足本地学生教育需求的基础上发展起来的教育品牌。详细名单见表 1。

表 1　参与中小学学科教学改革项目的民办机构一览表

	机构名称	对接区县数	对接公立学校数
1	北京市海淀区学而思培训学校	5	15
2	北京学诚时代信息技术有限公司（学大教育）	2	13
3	北京市朝阳区民办精诚文化学校	1	10
4	北京市海淀区私立新东方学校	4	9
5	北京市西城区瑞思学科英语培训学校	1	5
6	北京市通州区金钥匙培训学校	1	6
7	北京市海淀区高思超常教育培训学校	2	10
8	北京市丰台区桃李培训学校	1	7
9	北京市海淀区江博培训学校	1	5

续表

	机构名称	对接区县数	对接公立学校数
10	北京市海淀区精华培训学校	9	41
11	北京市朝阳区英辅语言培训中心（英孚教育）	1	5
12	北京市丰台区杰睿培训学校	1	3
13	北京市海淀区杰睿培训学校	1	5

截至2016年3月，民办教育机构共派入400余名教师，累计消耗课时近5万，开展培训活动200余次，开展教研活动500余次，开展学生活动500余次。与远郊区县相比，城六区（东城、西城、朝阳、海淀、丰台、石景山等区）引入的民办教育机构数量更多，其中与丰台区合作的民办教育机构多达5所，而远郊区县大多只与1或2所民办教育机构合作对接。

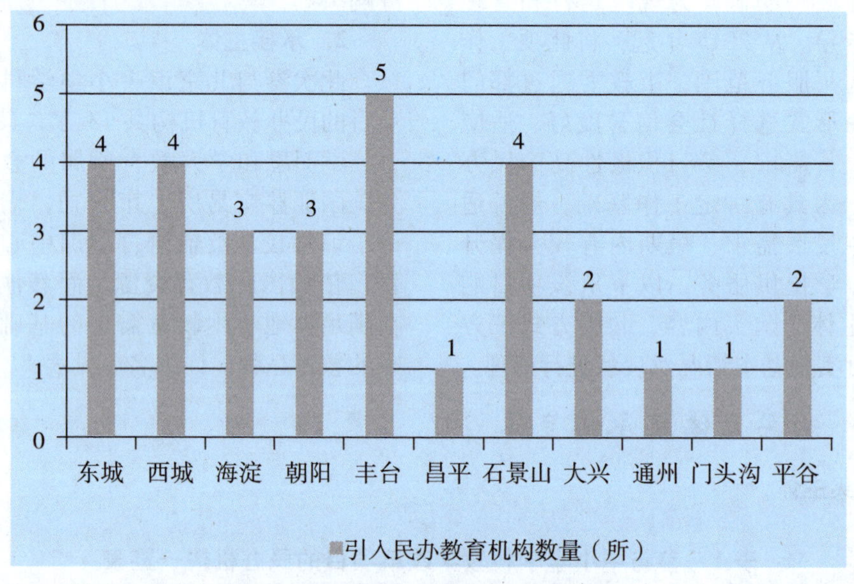

图1　各区县引入民办教育机构数量

（二）购买内容

民办教育机构参与中小学学科教学改革主要包括民办教育机构参与小学英语教学改革、民办教育机构参与中学学科教学改革（以下简称“参与中小学学科教学改革”），以及引入民办教育机构开展委托办学（以下简称“委托办学”）等工作。其中开展委托办学采取一校对口服务为重点，向周边辐射模式。

根据《项目管理办法》，参与中小学学科教学改革的教育服务内容，主要包括开展学科教学和对教学工作实施综合管理。委托办学的服务内容包括开展学科教学、组织专题辅导、参与社团活动、课程开发建设、提供课程教学资源、开展师资培训、介入学校管理等。其中，在引入民办教育机构开展委托办学方面，北京市共有4所学校——精华学校进入通州区于家务中学，新东方进入昌平区黑山寨学校，好未来进入大兴区红星中学，学大教育进入平谷区平谷中学。基于民办教育机构各自的优势与特色，各机构在与项目学校合作过程中提供的服务内容也有所区别（见表2）。

表 2　政府购买民办教育机构服务内容及参与区县一览表

购买服务内容	参与中小学学科教学改革	委托办学
参与区县	东城、西城、朝阳、海淀、丰台、石景山	通州、昌平、大兴、平谷

1. 学科教学

（1）平行班教学。

针对部分项目学校教师结构性缺编、女性教师休产假等现象，不少参与中小学学科教学改革项目的民办教育机构，着手参与项目学校日常的平行班教学活动。民办教育机构派出具有教学经验、教学方式灵活的优秀教师进入项目学校课堂任课，承担包含小学英语、中学多学科的课堂教学任务，对项目学校的教师资源起到了很好的补充作用。如学大教育在中学开展多学科教学服务，对初高中年级进行语文、数学、外语、物理、化学等科目教学，还在 109 中学开设了美术专业课教学，很好地补充了项目学校教学资源。精诚在与陈经纶嘉铭分校的合作中，分别提供了三个年级阅读课的课堂教学和口语教学，成效显著。

（2）分层辅导培优补差。

鉴于民办教育机构的优势集中在培优辅导，且由于项目学校班额较大，学生知识储备和学习能力参差不齐，进行平行班教学难以发挥民办教育机构的特长。不少项目学校与民办教育机构在项目实施过程中对学科教学服务内容进行改进，实施分层教学。在黑山寨学校学生到新东方昌平校区参与培训课程以及新东方教师到校授课的过程中，机构针对不同成绩的学生分成“提高班”和“目标班”，针对不同类型的孩子在课程难易程度、教学方式方面进行了一系列调整，在提高班授课时更加注重学生兴趣的培养和基础知识的巩固，在目标班教学中更加注重学习方法的传授和知识的延伸。

（3）校本课程开发。

民办教育机构进入项目学校英语学科教学，根据学生的特点和学校教学特色，共同开发和完善英语校本课程，不仅能够增加项目学校英语教学活力，同时有助于固化民办教育机构参与中小学英语教学改革成果，帮助项目学校教师，使其具备独立承担特色教学活动的能力。英孚教育为国美小学及八十中附属枣营小学设计自然拼读系列课程，帮助学生纠正发音，提高阅读能力及单词的拼写能力，让学生通过有故事情境的口语对话锻炼听说能力。高思教育在与展览路一小校本课程的合作开发中，重点关注课内模块话题的相关拓展、中华文化的培养、知识与兴趣相结合等内容，为学校提高教学质量起到重要辅助作用。

2. 综合能力培养

（1）社团活动。

民办教育机构以提升学生学习兴趣为中心开展多种多样的社团活动，激发学习对英语及其他学科的学习动力，促进学生全面发展。学而思教育在与项目学校合作中，提供了英语绘本阅读社团课、唐文学社团、科学课社团、计算机编程游戏社团等课程，开启学生对科学、英语、计算机编程方面的兴趣，并在学生掌握语言的情况下，参与一定量的英语剧和唐文学的编排实践，增加锻炼语言的机会，提升表演能力，同时提高对传统文化的认识与理解。英孚、金钥匙培训学校、新东方学校等机构帮助项目学校自主研发特色活动课程，提升学生的学习兴趣和自信。

（2）社会实践课。

民办教育机构不仅在校内开展多种形式的英语社团活动，还在校外组织学生进行多种形式的社会实践活动，帮助学生在参与各类实践的过程中提升学习兴趣，帮助学生理解并强化校内所学理论知识。英孚教育在小学阶段开展学生活动体验课，带领学生设计西方礼仪及西式食品制作体验课程，组织西方节日派对，体验西方节日等，通过多种形式的活动提高学生的英语兴趣和能力。学大教育在小学课外开展国学活动，围绕中国古典名著、《三字经》《弟子规》《论语》等国学名著进行多种形式的活动，组织古典小说欣赏课程，让学生感受国学经典的魅力。

3. 教师能力培养

（1）教师培训。

为充分利用民办教育机构资源优势，最大化项目效果，大部分项目学校定期进入与之合作的民办教育机构，参与机构内部的教师培训活动。通过此种形式的教师培训，项目学校教师能够接触到体制外机构在实施教学活动上的组织形式、教学技巧，同时提升自身专业水平。与新东方教育合作的石景山区项目学校教师，每周三参加新东方的教师内部培训，进行课内课和课外课的讲课评课。学大教育为东城区合作的项目学校教师专门开设了专题教师培训课程，并以茶话会的形式开展，如为165 中教师组织了“茶文化体验和课程开发”专题培训活动。

（2）联合教研。

在教师能力培养方面，项目学校教师不仅“走出去”到民办教育机构进行师资培训，同时学校“引进来”民办教育机构优质的教研资源开展联合教研。不少项目学校开展联合教研展示会，根据教学改革变化共同接受中高考专家的辅导，定期举行相关学科的集体备课。同时，许多区县教委也积极组织各种联合教研活动，如石景山区教委不定期组织区级教研、听课和交流，建立以区教委为核心的多种沟通平台，促进学校与机构教师在业务上的共赢式发展。

（三）购买方式

民办教育机构对项目学校进行需求调研，深入了解各项目学校需要解决的主要问题，并根据不同学校的不同服务需求拟订并签署合作协议，选拔参与此项工作的专家和教师。参与中小学教学改革经费，根据政府采购结果支持课时费、综合管理费。课时费标准为小学 240 元/课时，中学300 元/课时，综合管理费标准为不高于 5万元/校；委托办学经费主要用于因委托办学发生的委托业务费，标准为每校每年不高于100 万元，具体金额根据委托办学合同确定。

三、政府购买民办教育培训机构服务项目的实施特点

根据当前项目实施基本情况，政府购买民办教育培训机构服务项目作为一种崭新的教育模式，在实施过程中存在以下显著特点。

（一）学校需求导向化

从顶层制度设计上，《项目管理办法》实施以来，所有参与该项目的项目学校和民办教育机构在项目开始实施之前均进行了反复的沟通交流，合作双方根据项目学校需求，结合双方实际情况签订了详细且全面的服务协议和服务方案，在合作原则、合作内容、双方责任和义务、项目目标及评价标准等方面做了详尽的规定。市级和区级教育行政管理部门要求服务协议细化到每所项目学校，具体到民办教育机构为合作的每所项目学校提供的服务内容及方式，以保障项目的顺利实施。

从项目实施过程中，各民办教育机构始终全程跟进项目实施过程，不少机构制定教师回访和教学回课制度，定期对教师和学生进行回访反馈。同时对项目实施过程中出现的问题及时与校方沟通并解决，学而思教育每周召开驻校教师例会，跟进项目的同时达到效果反馈的目的，私立新

东方学校则在每一年级配备组长，保障项目学校信息的及时传达。这些多样化的沟通渠道确保民办教育机构能时刻了解到项目学校的需求变化并随时调整自身服务，有针对性地提高项目实施效率。

（二）合作形式多样化

随着民办教育机构和项目学校合作的不断深入，合作形式也不再局限于课堂教学，已扩展到校本教材研发、托管服务、学生课外活动、社团活动、联合教研评课、活动周、艺术节、主题话剧、信息化与教育结合等方面。与项目学校相比，民办教育机构具有更强的市场敏锐力，在教学改革和新媒体运用方面更具专业性，而项目学校则在教学大纲和大班教学等方面更有优势。在双方不断沟通磨合下，各民办教育机构把各自先进的教学理念、独特的教学风格、有效的教学手段、多种类的教育资源引进校园，双方师生均受益匪浅。项目学校和民办教育机构的共同目标都是为了学生的成长与发展，合作形式的多样化，为学生提供了更多的学习平台，同时也为学校开拓了视野，这种双赢的状态是非常值得延续并长期坚持的，更能体现出政府购买服务项目的重大意义。

（三）项目管理制度化

在整个项目执行过程中，从负责统筹管理的市区两级教育行政管理部门，到直接参与项目的项目学校和民办教育机构，都有一套规范的制度体系以保障项目的顺利实施。不仅从市级层面详细规定项目的各项组织管理工作细则，区级教委也建立多种制度保障，加强项目实施推进。在项目实施过程中，各区县不仅定期召开区域研讨会以加强项目合作双方的沟通交流，还通过月报制度掌握项目进度，高效保障项目实施。民办教育机构也建立各项制度确保项目的顺利开展，新东方、学而思、学大教育等机构均制定了外派教师管理制度，明确教师选拔要求及选拔流程、教师岗位分类及教师行为规范、课堂行为规范、教师工作职责、教师教研活动、教师绩效考核等，严格把控外派教师质量。并在日常管理中加强各项教学质量保障措施，如桃李培训学校的回课制度、英孚教育的学期教师评估准则等，使得民办教育机构不断完善和细化服务品质。

四、政府购买民办教育培训机构服务项目的实施效果

（一）促进优质教育资源的整合共享

在民办教育机构参与中小学学科教学改革项目实施过程中，项目学校和民办教育机构双方在合作领域上进行了积极的探索，在学科教学中也有不同形式的体现。公立基础教育在发展中遇到的诸如教学方式陈旧、师资结构性短缺等教育资源短板和不足，在短期内借助民办教育机构的大力支持得到了很好的解决。同时，参与政府购买服务项目的四个远郊区县（昌平、通州、大兴、平谷）优质教育资源相对薄弱，通过引入民办教育机构参与中小学学科教学改革及委托办学的方式，充分发挥民办教育机构的优势，既能解决当地教育教学中的困难，又能改进教学方式，带动北京市基础教育办学水平的整体提升，从而不断扩大优质教育资源供给。

（二）推动学校特色建设

在项目实施过程中，基本实现了民办教育机构服务供给与项目学校教学需求的精准对接。大部分项目学校已将项目纳入学校的整体办学规划和改革实践中，借民办教育机构优质教育资源之力，根据学校自身发展精准定位办学需求和办学特色，请合作的民办教育机构提供更精准的资源，

以针对学校当前出现的问题进行个性化地各个击破，为项目学校的特色发展提供助力。民办教育机构同时结合自身办学特色和优势，帮助项目学校进行课程体制的改革和创新。

（三）提升教育教学效果

在项目学校与民办教育机构合作过程中，项目学校充分利用民办教育机构在教学方式上的灵活性和多样性，借助新媒体的运用及制作精良的课件，通过活跃课堂气氛及举办多样化课外活动，带动学生的学习兴趣发生变化，最终实现教育教学效果的提升。针对学生学习水平参差不齐，民办教育机构与项目学校合作开展分层辅导，针对中学面临中考和高考，机构通过前沿的教学方法全方位对学优生和学困生进行激励和个别辅导，使学生转变学习态度，从而切实提高学生的学习成绩。此外，民办教育机构深度参与项目学校的教学和教研工作，带动学校学科教研互动，探索更合理有效的课堂教学模式，更好地促进学生学习成绩的提高。

（四）促进学科教师发展

针对公立中小学教师队伍发展，民办教育机构为项目学校量身提供了多种形式的优质教研资源，有的机构开设了专题教师培训课程，有的组织联合教研活动。除机构为项目学校提供教研资源外，公办民办两股办学力量的结合本身，对项目学校教师的发展就存在着一定的影响，如石景山实验二小有很多英语教师在项目实施过程中考取了“三一”口语证书，增强了英语口语教学能力。

五、政府购买民办教育培训机构服务项目的问题与挑战

民办教育机构和公立中小学两种完全不同的体制进行深度合作，目前处于探索和尝试阶段，出现问题在所难免。

（一）政府层面

1. 项目内容及合作模式较为单一

基于《项目管理办法》，政府购买民办教育机构服务的内容只有两条，一是开展学科教学，二是对教学工作实施综合管理。就目前来看，政府购买民办教育机构服务项目的开展，确实产生了良好的教学效果，也积累了丰富的实践经验。然而，民办教育机构与项目学校的合作内容及合作方式仍较为单一，背靠机构强大的优质资源和成熟的教育产品技术，面对项目学校越来越多方面的需求，民办教育机构有能力也有很大的意愿与公立学校开展更深层次的合作。该项目尚未充分挖掘利用民办教育机构的社会资源，包括教育理念、教研、师资培养、教学方法、教具研发、教学组织模式，以及管理机构改革等在内多种丰富的教育资源，还有待项目在下一步实施过程中的进一步探索研究，开创更多更深度的合作内容以及更先进的合作模式。

2. 专项经费拨付机制和管理模式有待细化

对于项目专项资金的使用，目前《项目管理办法》中只有两种列项，即课时费和管理费。在费用的支付上，具体规章制度还不够明确，例如，是按合作期限进行支付，还是按项目目标的达成程度进行支付等。在费用分类上，联合教研是否应该折合成课时费，按照何种比例进行折算，专家费用该如何折算等，这些都是有待进一步解决的问题。简单化的资金管理模式成为开展多种合作形式的阻碍。民办教育机构为项目学校提供的多种服务项目，如剧本研发、网络数字化平台、其他研发等的经费并没有在《项目管理办法》中列明。更有部分项目学校在与民办教育机构达成合作意愿后，却因机构提供的服务内容无法从项目专项经费中列支而无奈放弃该项

内容的合作，只能退而求其次地选择《项目管理办法》文件中明确列出的服务内容，从而使得双方在合作上的效果大打折扣，专项经费的使用效益也会随之降低。

3．缺乏有效的保障教学质量的绩效监管体系

在项目实际操作过程中，项目绩效的监管体系搭建仍存在不少问题。不少区县教委、项目学校和民办教育机构之间存在脱节，信息共享机制很弱。在有些区县甚至存在部分项目学校的教师、家长和学生不了解该项目的意义，不重视不配合，导致项目合作质量受到极大影响。政府购买民办教育机构服务项目设立的初衷是为了扩大优质教育资源，提升全市整体基础教育教学质量，落脚点无疑是学生的教育质量，然而区县教委在对项目进行跟踪调研时往往自成一派，并没有明确的项目绩效考核指标和监管体系，具体操作环节容易造成被考核的项目学校和民办教育机构产生混乱。

（二）民办教育机构层面

1．教师对大班课堂的掌控力度不够

民办教育机构教师擅长 15 ~ 20 人的小班教学，而项目学校 40 ~ 45 人的大班额对于机构教师来说，无论是课堂纪律的维持还是课外的安全管理都存在着较大挑战。尤其是在低龄段学生较多的小学部分，民办教育机构的教师往往缺乏掌控课堂纪律的经验，与公办学校课堂管理强调学生以“坐在椅子上”为主不同，民办教育机构则强调学生以“活跃”为主，虽然教师通过多媒体和新兴教具激发学生学习兴趣，但个性化学习兴趣的激发往往导致课堂秩序的失衡，教学效果往往并不理想。此外，民办教育机构教师没有管理学生课外安全的经验，部分机构在面对项目学校提出对学生进行课外安全管理的需求时存在较大困难。

2．教师队伍的稳定性和任职资格难以保证

由于民办教育机构职业的特殊性，机构派往项目学校的教师中有一部分没有教师资格证，或是有的英语教师非英语专业，又或是仅有英语等级证书或考官证。此外，机构中大量教师没有北京户籍，对于在北京办理教师资格和职称评定上存在政策障碍，出于民办教育机构对教师的任教能力有自己独立的培训体系和内部考核标准，教师对考取教师资格证并没有较大的动力。在民办教育机构教师与项目学校教师在风格、能力大不相同的背景下，双方教师在接触和磨合过程中难免出现各种问题，民办教育机构派出教师较差的稳定性和教师资质问题，必然给项目学校带来或多或少的影响。

3．对合作项目学校的教学需求的把握上存在困难

目前正处于基础教育教学改革阶段，项目学校对于自身的需求仍在探索之中，使得民办教育机构对项目学校需求的把握上存在较大困难。无论是学校自身对需求的描述或者把握不准确，还是机构了解学校需求却无法提供满足需求的服务，都会造成项目效果的大打折扣，同时也会打击民办教育机构参与公立教育的积极性。此外，民办教育机构的优势一向是培优而非补差，而部分项目学校更多地需要对问题学生和学困生的个别辅导，使得机构教师能力与学生水平不对等，难以达到项目学校期望实现的教学效果。

4．项目收益与机构投入成本间不匹配问题难以解决

按照《项目管理办法》的要求，项目学校只能支付课时费和综合管理费给提供服务的民办教育机构，但是民办教育机构在倾注全力进行服务的同时均存在着投入成本过高的问题。其一，目前民办教育机构提供的服务项目，如校本教材研发、网络数字化平台、其他研发等部分的经费并没有在政府购买服务项目的相关文件中列明，项目学校在支付该服务内容的经费时只能折算成课时费（小学 240 元/课时，中学300元/课时)，与民办教育机构实际研发成本存在较大差距。其二，部分项目学校位置偏远，民办教育机构教师单次往返距离远耗时长，交通成本高，大部分机构通过给教师额外给予交通补贴或者定期包车的方式予以解决，该部分发生的费用无法从专项经费中列支。从短期来看，民办教育机构对项目学校投入成本之大，实为对政府购买民办教育机构服务重视程度高的反映，然而长期来看，民办教育机构作为营利性组织，在投入成本与项目收益长期不匹配的问题一直得不到解决的情况下，是否会对项目效果产生负面影响需要引起重视。

(三) 项目学校层面

1. 缺乏对项目管理办法的准确理解

民办教育机构参与中小学学科教学改革项目作为一个促进基础教育改革的新兴项目，在项目具体操作初期由于项目宣传不够，影响力有限，部分公立中小学校无法准确理解《项目管理办法》出台的目标和意义。有的项目学校管理层和教师对项目的重视和配合程度欠缺，甚至认为民办教育机构教师来项目学校上课会导致自己无课可上，从而对机构教师产生敌对心理，大大影响合作质量。有的项目学校在尚未完全理解《项目管理办法》的背景下仓促开展项目工作，对于合作的民办教育机构的选择、合作机构的数量、机构教师应该承担的义务及享有的权益等方面至今仍无准确理解，这也降低了项目推行过程中的合作效果。

2. 与机构在合作理念上存在分歧

民办教育机构与公立中小学这两种完全不同体制通过政府购买服务项目进行深度合作，出现问题在所难免。特别是在合作理念上，由于民办教育机构的组织特殊性，双方在对教师的管理方式方法上观点存在差异，一旦没有及时沟通，错过了管理的最佳时机，则降低了工作效率。此外，合作双方在教学方法、教材使用上存在分歧，并没有形成教育行政部门所预期的有效的合力。优质的教学资源需要由教师去执行，与民办教育机构有着完全不同风格和能力的公立学校，应该正视双方在合作理念上的差异和分歧，积极地沟通和解决问题以最大化收获学校教学改革成果。

3. 欠缺与机构派出教师间的充分沟通

民办教育机构教师的教学方法、教学要求等与项目学校差距较大，机构教师(尤其是承担国家课程教学的教师)从教学设计理念到课堂教学环节的落实甚至规范书写教案等方面，需要适应和调整的方面较多，导致项目学校对民办教育机构教师执教国家课程的教学效果产生不信任。加上机构教师在校时间较短，难以保证教授知识的连贯性和系统性，对学生课后作业的批改和答疑关注也不够，从而影响整个项目的教学质量。此外，部分项目学校的教师不愿意与民办教育机构的教师联合教研，不接受机构教师参与学校例会，双方存在一定的误解。这些问题的存在归因于民办教育机构教师在项目学校适应程度不够，究其根本是项目学校缺乏与机构派出教师间的充分沟通交流，需要合作双方在以服务学生为共同目标的基础上共同努力。

4. 欠缺对机构提供优质教育服务的延续和复制能力

政府购买民办教育机构服务项目在推进过程中，切实取得了显著的项目成果，大部分参与项目的公立中小学学生借助民办教育机构提供的优质教育资源从中受惠。然而目前项目中普遍适用的合作机制无法保障项目学校不依赖于机构而独立实施，民办教育机构优质的教师及教育产品一旦撤出项目学校，学校教师对于前期教学成果的固化和复制能力明显欠缺。合作中不仅要利用和挖掘现有资源，还要将这些资源固化在项目学校的日常教学活动中，形成可传递的文化和可复制的模式，才能加强项目的可持续发展与项目效果的持久性。

六、对政府购买民办教育培训机构服务的思考

北京市政府购买民办教育机构服务政策的初衷是为了拓宽优质教育资源供给，推动基础教育领域教学改革。项目涉及的民办教育机构和公立中小学就双方的合作进行了积极的探索实践，取得显著成效的同时，也反映出了无法忽视的问题。就目前政策实施情况来看，需要从以下几个方面对该项政策进行思考。

（一）政府购买民办教育机构服务政策体系需要进一步完善

一是要进一步明确政策目标。政府购买民办教育机构服务政策要依据国家法律法规和现行政策精神，按照项目时效性强的特点，对政策目标进行精准定位，并对政策施行的限度进行预期，从而提高政策实施效率。《北京市实施〈中华人民共和国义务教育法〉办法》第41条规定：“学校和教师应当按照国家确定的教育教学内容和课程设置、课时安排开展教育教学活动，保证达到国家规定的基本质量要求。”民办培训机构参与中小学学科教学改革，原则上不是帮助项目学校完成学校基本教育教学任务，而是针对项目学校自主发展需求，助力项目学校特色发展、品质发展和品牌发展。

二是要对民办教育机构理性筛选。要进一步考虑具备何种资质的民办教育机构才能进入公立学校并能提供有质量保障的教育服务。基础教育阶段的教学活动必须遵循基本的教育教学规律，即使某些符合《项目管理办法》中“社会信誉度好、适应学科教学改革需求、参与积极性高”的民办教育机构拥有最前沿的教学产品、最绚烂的教学方法，若是不懂教育而只关心自身利益最大化，这样的民办教育机构进入公立学校并不能达到政策本身的效果。因此要对民办教育机构建立更加明确的准入机制，进行科学理性的筛选。

三是要对服务对象范围的逐步扩大。政策施行初期采取“试点”的形式，选取有限的公立学校和优秀民办教育机构进行合作对接，可以调研政策中存在的问题并进行高效地完善和改进，同时也发现一大批未参与项目的公立学校表现出了相当大的参与意愿。在下一期政策推进过程中，建议区县教委逐步扩大项目服务对象范围，在管理能力可及范围内增加项目学校数量，适当允许有参与意愿的公立学校自主申请，由点及面，以点带面，实现真正意义上的优质教育资源辐射。

四是要对服务内容领域的合理拓宽。民办教育机构与公立学校的合作模式并不局限于教师的输出服务，课程体系输出、教学资源输出、教学模式输出等综合全面的教学内容设计，均可以在政府购买民办教育机构服务内容中开展，并细化相对应的经费拨付标准，在综合管理费科目下设“教学产品购买”“教师教研与培训”、“专家咨询费”等二级科目，方便项目学校与机构在服务内容上的深度合作。政府在项目统筹过程中，请民办教育机构出具服务供给清单，请项目学校出具服务需求清单，供需双方实现高效对接，有效减少因为供需不一致而产生的矛盾。

（二）政府购买民办教育机构服务运行机制需要进一步建构

其一，建立公开透明的招投标制度。公开透明的招投标制度能够有效引入竞争，在政府购买教育服务政策中，这一制度能够更好地为教育行政部门选择更有资质的民办教育机构。民办教育机构作为一种社会组织，相比公立学校对教学大纲的变化和教育市场的需求更加敏感和关注，对学生各方面核心素养的重视和培养更加专业。教育市场的需求越大，民办教育机构间的

竞争越强，提供不同教育服务内容的各机构专业性也越高。因此，在政府购买民办教育机构服务的政策运行过程中，建立公开透明的招投标制度，在《项目管理办法》中明确民办教育机构的选拔机制，及时发布政府购买服务的目标、内容、数量等信息，不仅能让更多优秀的潜在民办教育机构参与进来，还能发掘更宽泛的教育服务内容，保证最终参与项目的民办教育机构的质量和特色。

其二，建立相应的激励和监管机制。在政府购买民办教育机构服务政策中，民办教育机构不仅要为合作的项目学校提供高质量的教育服务，同时作为营利性组织，机构也要在项目实施过程中追求自身利益的最大化。从营利性组织本质来看，任何组织都不会放弃对更大利益的追求，最快捷有效的方式就是最小化组织成本。因此政府在统筹管理的过程中，不仅要加强对项目实施绩效的全过程监管，确保民办教育机构提供教育服务的高质量以及项目学校整体教学效果的提升，同时还要建立合理的激励机制，根据绩效考核结果给予一定经费的奖励，提高民办教育机构持续参与项目的积极性及社会影响力，确保政府购买服务项目专项经费效益最大化。

（三）政府购买民办教育机构服务的社会舆论需要加强宣传和引导

北京市民办教育机构参与中小学学科教学改革项目的实施，在全国民办机构参与公立教育领域改革形式中尚属先例，对于大众而言，无论是“公”“民”在教育领域的结合，还是政府购买服务政策理念，均是新鲜事物，因此社会舆论的宣传和引导对于项目的顺利实施起到至关重要的作用。

由于社会大众对政策的认识不足，出现了部分公立学校在民办教育机构接管委托办学后产生恐慌心理，认为自己将“无班可上”，进而联名抵制民办教育机构管理者及教师进入学校。还有部分公立学校教师和家长对民办教育机构提供的教育服务不重视不配合，对机构教师的教学方式和内容不理解不认可，反而降低了项目的实施效果。这些问题的出现亟须对政府购买服务的政策加强宣传，引导社会大众正确认识政府购买民办教育机构服务的意义和重要性，特别是寻求公立学校管理者及教师、学生家长等直接参与项目的人群的理解与配合，继而能够为政府在对民办教育机构提供服务进行监管过程中提供社会第三方监管助力。

参考文献

［1］李奕．北京“深综改”：基于供给侧结构性改革的整体性变革［J］．中小学管理，2016（1）：4－7．

［2］周翠萍．政府购买教育服务的内涵、类型与展望［J］．全球教育展望，2010（8）：72－77．

［3］周翠萍．我国政府购买教育服务的政策研究［D］．上海：华东师范大学，2011．

撰稿人：北京教育科学研究院民办教育研究所　吴金珂　刘熙

第三十章　大数据背景下北京市教育督导信息化建设构想

［摘要］　在当下的互联网、大数据时代，教育督导面临着前所未有的新形势、新挑战，大数据背景下的“互联网＋教育督导”使得教育督导进入了新的发展阶段——智慧督导。“互联网＋教育督导”意味着互联网与传统教育督导的深度融合，改变传统的教育督导方式和手段。本文基于互联网、大数据理念，结合相关政策和北京市教育督导工作实际，从建设目标、平台总体规划和架构、采用的关键技术、平台的主要功能及应用等方面提出了北京市教育督导信息化建设的整体构想。

［关键词］　教育督导　大数据　信息化

Chapter 30　The Informationization Construction of Educational Supervision in Beijing in the Big Data Era

[Abstract]　In the present age of the Internet, big data, educational supervision is facing hitherto unknown new challenges and i new situation. “Internet plus education supervision” means the education supervision has a new form as - “the smart supervision”, which integrates the internet and traditional education supervision, and changes the traditional ways and means of education supervision. Based on the idea of Internet and big data, the present study combined with informationization related policies and Beijing education supervision practice, proposed the overall framework of Beijing education supervision informatization construction from the aspects of construction goal, overall planning and architecture of the platform, the key related technology, the main functions and application of the platform.

[Key words]　educational supervision; big data; informationization

随着云计算、物联网、大数据等新技术的飞速发展，人类正逐渐从信息时代迈向智慧时代，深刻影响着人们的思维、生活和工作方式。党的十八届三中全会以来，按照“深入推进管办评分离、强化国家教育督导”的要求，教育督导作为教育“管办评”中“评”的重要地位不断得到确认和巩固。当前，结合大数据背景下的新形势和十八届四中全会“推进国家治理体系和治理能力的现代化”的新任务以及党的十八届五中全会“实施国家大数据战略”，为教育督导信息化建设指明了新方向、提供了新思路。如何充分利用大数据技术提高教育督导科学化水平，推动建立科学规范的教育治理体系，形成高水平的教育治理能力，是我们面临的重要课题。[1]

一、研究背景

（一）政策背景

1．党和国家把信息化作为国家的重要发展战略

党的十八大把信息化作为“新四化”同步发展的重要组成部分，进一步确立了信息化在全面建成小康社会、实现中华民族伟大复兴“中国梦”中的战略地位。2016 年 4 月 19 日，习近平总书记在网络安全和信息化工作座谈会上指出，“我们提出推进国家治理体系和治理能力现代化，信息是国家治理的重要依据，要发挥其在这个进程中的重要作用。要以信息化推进国家治理体系和治理能力现代化，统筹发展电子政务，构建一体化在线服务平台，分级分类推进新型智慧城市建设，打通信息壁垒，构建全国信息资源共享体系，更好用信息化手段感知社会态势、畅通沟通渠道、辅助科学决策。”

2．提高教育管理信息化水平是国家和北京市中长期教育改革和发展的一项重要任务

《国家中长期教育改革和发展规划纲要（2011—2020 年）》中强调：“推进政府教育管理信息化，积累基础资料，掌握总体状况，加强动态监测，提高管理效率。整合各级各类教育管理资源，搭建国家教育管理公共服务平台，为宏观决策提供科学依据，为公众提供公共教育信息，不断提高教育管理现代化水平”。①

《北京市中长期教育改革和发展规划纲要（2011—2020 年）》中指出：“坚持统筹规划、整合资源、加强服务、提升效益的原则，以教育信息化的发展推进现代化目标的实现”。并提出“创新信息化教育与管理方式。整合教育信息资源，建成贯通市、区（县）、学校，衔接各级各类教育机构，集政务公开、网上办事、公共服务、在线互动等多种功能于一体的网上政府门户”。特别对于教育督导信息化建设提出要求：“推进教育督导信息化，逐步实现精准化督导”。

教育部《教育信息化十年发展规划（2011—2020 年）》中要求，要“大力推进教育管理信息化，支撑教育管理改革，促进教育决策科学化、公共服务系统化、学校管理规范化”；“整合各级各类教育管理信息资源，建立事务处、业务监管、动态监测、评估评价、决策分析等教育管理信息系统，大力推动教育电子政务，提高教育管理效率，优化教育管理与服务流程，支撑教育管理改革与创新”。

3．教育管理信息化建设是推动教育治理体系和治理能力现代化的重要手段，是新形势下有效发挥教育督导职能的迫切需要

袁贵仁在“深化教育领域综合改革加快推进教育治理体系和治理能力现代化”（在 2014 年全国教育工作会议上的讲话）中强调，“实现教育现代化，教育治理要率先现代化。如果不能尽快实现教育治理体系和教育治理能力现代化，教育现代化的目标就不可能如期实现。”“强化教育督导。推进教育治理体系和治理能力现代化，既要简政放权，也要加强监督监管。教育督导是政府加强宏观管理的基本手段，也是决策、执行、监督三者相互协调中不可或缺的重要环节。”

国务院教育督导委员会关于《深化教育督导改革转变教育管理方式的意见》（国教督办〔2014〕3 号）中明确了教育督导改革的总体思路和工作目标：“建立督促地方政府依法履行教育职责的督政机制、指导各级各类学校规范办学提高教育质量的督学体制、科学评价教育教学质量的评估

① 《国家中长期教育改革和发展规划纲要（2011—2020 年）》第十九章：加快教育信息化进程。

监测体系，形成督政、督学、评估监测三位一体的教育督导体系”。可见，教育督导改革的总体趋势是：督导的内容更加广泛，督导的内涵要求更高，督导部门与社会各界的协作日益强化。

北京市《关于深化教育督导改革的意见》中明确提出，“切实提升教育督导的信息化水平。以数据资源整合与共享为基础，建立数据填报、采集、接入、生成及兼容系统与工作机制，形成包括基础性数据、条件性数据、过程性数据、结果性数据和相关信息的大数据信息平台，实施基础评估、深度挖掘、系统分析、综合评价，构建高水平的北京教育督导信息管理应用系统，强化教育督导的数据支持、信息支撑、管理保障与服务决策能力，提升北京教育督导的现代化水平。”

（二）核心概念

1. 信息化

早在20世纪60年代，信息化（informationization）一词就出现在日本的一些学术文献中，当时的“信息化”概念主要从产业角度进行阐述和界定。1993年9月，美国克林顿政府正式提出建设“国家信息基础设施（National Information Infrastructure，NII[2]）”，也就是现在所说的“信息高速公路”计划，其核心是发展以因特网为核心的综合性信息服务体系和推进信息技术（Information Technology，IT）在社会各领域广泛应用。美国这一举动引起了世界各国的积极反应，许多发达国家和意识先进的发展中国家争相效仿，结合自身情况相继出台了一系列国家基础信息设施建设计划，从而推动全球信息化建设热潮。这股全球性的发展势潮引起我国政府高度重视，1997年4月，在全国首次信息化工作会议上正式提出了“国家信息化体系”的概念，当中包括信息化基础设施、信息资源、信息科技人才、信息技术应用、信息化产业、信息化配套政策法规和技术标准6大要素，并将国家信息化定义为：在国家统一规划和组织下，在文化科技、国防军事、工业生产和社会生活各方面普及信息技术应用，深入研究、综合利用信息资源，以促进国家现代化进程。

2. 教育信息化

教育信息化（IT in education）的概念是在美国“信息高速公路”计划中衍生出来的，该计划将在教育工作中普及应用信息技术作为21世纪教育改革与发展的主要途径。在其带动下，各国政府相继制订了推进信息技术在本国教育改革与发展中普及应用的各种设想和规划。当时，我国对教育信息化暂时还没有一个标准定义，国内主要学术代表人物对教育信息化从不同角度做了一些定义（黎加厚、祝智庭、李克东、何克抗）。[3][4][5][6]虽然不同的学者对教育信息化给出不同的诠释，但有以下几点共识：教育信息化都是以信息技术为手段，对现有教育体系进行改革的动态过程。实现教育现代化需要在教育领域全面应用信息技术，教育信息化的目的是为了促进提高教育效果和效率，教育信息化对教育产生的影响不仅局限于教学领域，而是对教育体系的各个方面都产生影响，也必然包括教育督导这个重要环节。

《教育管理信息化建设和应用指南》中对教育信息化给出更为简明的界定：教育信息化是指在教育领域（教育管理、教育教学和教育科研）全面深入地运用现代信息技术来促进教育改革与发展的过程。

教育信息化对应的英文翻译主要有：Education（Educational）Information（Informatization，Informationalization，Informationization）。西方国家较少使用“教育信息化”这种译法，而是使用一些相对比较具体的近似概念，如IT in Education（教育中的信息技术），E－Education（电子化教育），Network Based Education（基于网络的教育），Online Education（在线教育），Virtual Education（虚拟教育）等。

3. 教育督导信息化

教育督导是教育管理的重要环节。教育管理信息化是指充分利用信息技术，开发利用教育管理信息资源，促进信息交流与共享，提高教育管理水平。① 目前，在学术领域还没有专门关于教育督导信息化的相关研究。通过对教育信息化和教育管理信息化概念的分析，教育督导信息化可以定义为：利用信息技术手段，开发利用教育督导信息资源，促进信息交流与共享，充分、高效、科学地履行教育督导职能的过程。

（三）教育督导信息化面临的挑战

1. 传统督导模式、方式和手段存在的问题

传统的教育督导多是现场督导，督导人员必须到达现场检查，采取听汇报、巡视、座谈、听课、问卷调查等工作方式，事后对数据进行分析、评估打分、汇总结果才能得出督导结论，这样的教育督导受到时空的制约，人力成本高、及时性差；另外，这种形式的督导采集的信息只能反映一个阶段区县、学校的办学情况，很难反映区县、学校的办学发展过程。在督导形式上，区县、学校在迎接督导评估时，需提供大量的纸质档案，给督导对象造成很大的负担，还容易产生为迎检突击和弄虚作假的问题，制约了督导评估的效益和质量。

从责任督学实践操作上来看，虽然督导部门为责任督学设计了专门的工作手册，但是文字记录的方式耗时长，在督导过程中携带不便，难以全方面地记录督导的过程。此外，虽然各区目前为学校配备的责任督学多为经验丰富、专业出色的专家型人员，但是督导业务水平仍存在一定差异。在学校督导过程中，缺少一个疑难咨询、经验分享的交流平台。

从教育督导部门管理角度来看，目前的责任督学中有一部分群体为退休返聘人员，在工作部署、过程监管、培训指导等方面存在一定困难，且耗时长，缺少相对独立的工作平台；同时，传统的教育督导信息多以纸质记录，经常性督导结果不能及时汇总，造成督导结果难以及时利用。

2. 北京市教育督导信息化建设现状及存在的问题

（1）建设现状。

北京市教育督导从 2009 年开始，陆续建立了一批督导专项数据库，开始尝试应用信息化手段开展督导工作，在应用中不仅提高了教育督导工作效率和精准度，在一定程度上也优化了部分工作流程和管理流程。同时，也明显感受到，数据的真实性和权威性会对教育督导工作产生较大的影响，是影响教育督导的权威性和质量的重要因素之一。

（2）存在问题。

通过对已有的专项数据库调研发现，没有形成整体的建设规划，信息系统建设分散，数据标准不统一，数据库之间的数据无法共享，信息孤岛和数据质量等问题比较突出，难以满足后续综合应用的需求；同时，缺乏反映区域、学校教育教学质量和学生发展等内涵方面的数据，影响评估监测职能的发挥；数据分析挖掘和结果呈现方法单一，难以满足教育督导决策的需要，并缺乏相应的维护人员来提供支持。

3. 信息技术的挑战

“智慧督导”主要体现在数据的深度应用，包括对过程数据的采集、数据的分析与深度挖掘上。如何利用信息技术建立基于大数据的教育督导评估系统，实现对数据的规范采集、提取，科学的分析挖掘，高效的集成整合，提高“让数据说话”能力是督导信息化建设面临的挑战。

（四）研究意义

充分利用大数据技术和互联网不受时

① 见《教育管理信息化建设和应用指南》前言。

空限制的优势，开展“互联网+教育督导”的信息化建设探索，克服传统督导方式不足，为教育督导的各项业务提供信息化支撑，使督导部门能够全面掌握北京市教育工作整体情况，及时发现问题，将极大地提高教育督导的及时性和便利性，提升教育督导的科学化水平和效益，从而实现智慧督导、精准督导。

二、教育督导信息化建设目标

（一）总体目标

为贯彻落实国家和北京市中长期教育发展规划纲要、教育信息化十年规划及教育管理信息化建设与应用指南对教育管理信息化建设的总体要求，依据新形势下深化教育领域综合改革、《深化教育督导改革转变教育管理方式的意见》对教育督导任务的总体部署以及北京市教育督导内设机构调整和职能的实际需求，以创新教育督导理念为先导，基于北京市教委现有基础环境和教委、督导室已有的信息资源，综合应用大数据和互联网技术，构建北京市督导信息管理应用平台，实现系统整合与数据共享，优化督导工作流程，为北京市教育督导提供全面、综合的督导信息，为有效履行教育督导的督政、督学、评估监测职能、加强教育监管提供支撑，进一步提升北京市教育督导质量和现代化水平。

（二）具体目标

1. 建立教育督导基础数据库

教育督导基础数据库是北京市教育督导信息化建设的核心。教育督导业务涉及市、区的督导部门、教育行政部门、全市各级各类的学校、督学队伍、第三方机构等单位或组织，基础数据应包含这些相关组织的人、财、物的信息，以及督导过程及结果数据，最终汇聚成北京市教育督导数据中心。建立北京市教育督导基础数据库需要在整合北京市教委已有的学前教育、中小学教育、中等职业教育和高等教育的学生、教师、学校资产及办学条件等教育基础数据库的基础上，建设督导主题数据库，建设统一的数据标准，根据督导业务要求建设数据采集系统，为督导大数据的应用提供数据支撑保障。

2. 建立教育督导业务支持系统

建立教育督导业务支持系统是督导信息建设的关键内容，建设重点包括督导室OA办公系统、督导评估子系统、数据采集子系统、责任督学挂牌督导子系统、督学管理子系统、教育舆情监测子系统、数据分析决策子系统等内容，最终建成的系统将能够统一用户门户，可服务于北京市、区两级督导部门、学校、督学等多层级用户，实现信息的交流共享与数据的充分挖掘应用，从而全面支撑督导业务开展，辅助教育督导科学决策。

3. 建立健全教育督导信息系统支撑保障体系

教育督导信息系统支撑保障体系应包含教育督导工作标准规范体系、信息安全保障体系、系统应用与运行维护服务体系以及制度保障体系四方面的内容。具体如下。

（1）制定和完善教育督导信息系统的信息标准、编码标准、功能标准、技术规范、管理规范及应用规范，形成符合北京市督导实际情况、结构完备、内容合理的督导工作标准规范体系。

（2）根据国家和教育部有关信息安全等级保护的政策规范和技术标准，按照“谁主管，谁负责”的原则，统一规划，建设覆盖物理实体、网络、主机、应用、数据和管理等多层次、整体化的信息化网络与信息安全保障体系。

（3）教育督导信息系统的建设和运行是一项长期工作，要特别注重系统的应用和数据更新，建立北京市、区和学校纵向一体化的系统建设、应用与技术支持服务体系。

（4）建设北京市教育督导信息化制度保障体系，制定相关制度和工作规程，保障管理信息化建设内容和应用的落实，保障系统的正常运行及全面应用。

三、教育督导信息化平台的构建与关键技术

（一）总体规划

1．设计原则

（1）适用性与实用性原则。

首先，在系统建设过程中，系统模块划分，功能设置和界面布局设计必须符合用户操作习惯；其次，要充分利用数据库技术、大数据分析技术，选择适用的分析模型，定制面向北京市督导室日常办公及决策分析的系统。

（2）标准化与规范化原则。

遵循相关的国际、国家及行业标准和规范，以及本项目所制定的各项项目建设标准和规范。

（3）安全性与可靠性原则。

系统的安全稳定与可靠运行至关重要，系统的设计要严格遵守相关的安全保密标准和规范，提出具体安全需求，落实安保措施。

（4）开放性与可扩展原则。

系统的设计遵从开放性与扩展性原则，保障系统的业务功能、分析指标、分析模型具有灵活的定制功能，便于系统功能的扩充、调整和维护。灵活性与扩展性主要体现在系统体系结构、数据结构和数据存储等方面。

（5）先进性与创新性原则。

系统构成采用成熟、具有国内先进水平，并符合国际发展趋势的技术、软件产品和设备；同时，在设计理念上，创造性地满足教育督导的需求。

2．建设模式

系统建设团队由北京市人民政府教育督导室、北京教育网络和信息中心、北京教育科学研究院以及技术开发人员构成，以督导室用户的实际业务需求为导向，在信息化队伍的专业力量支持下，共同构建北京市教育督导信息化平台，保证平台建设的科学性、合理性与先进性。

（二）总体架构

1．体系架构

系统体系架构如图 1 所示，以建设保障机制与应用推广机制为基础，从下至上依次为软硬件支撑、督导数据中心、应用系统及平台用户。

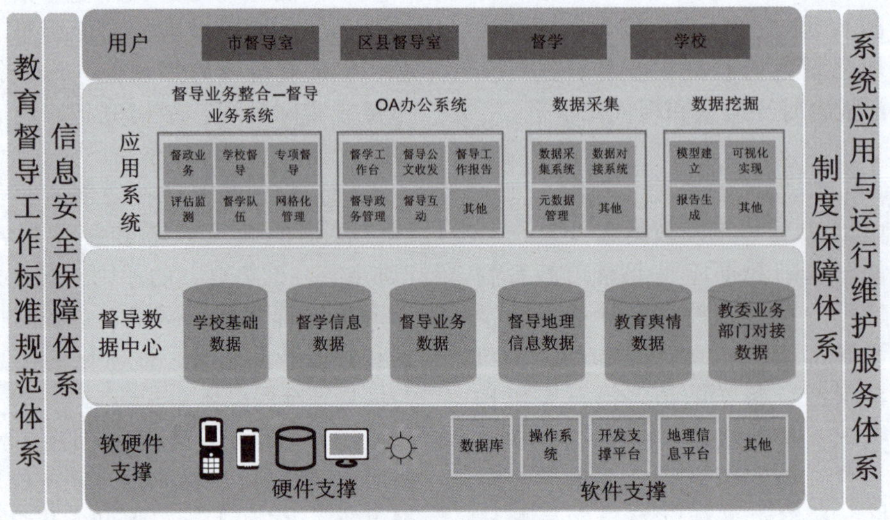

图 1 系统体系架构图

（1）软硬件支撑。

运行支撑层是整个体系架构的基础，处于架构的底层，是支撑北京市教育督导信息化平台的重要基础设施，运行支撑层包括服务器、存储设备、PC 终端、移动终端、网络设施等硬件支撑平台，以及数据库、操作系统、地理信息等软件支撑环境。

（2）督导数据中心。

数据层构建于运行支撑层之上，并为应用服务层提供各种信息资源，主要包含督导相关的学校基础数据、督学信息数据、督导业务数据以及与教委业务部门对接的其他数据。从全局上讲，数据层是各种应用所必需的基础设施，是建立在支撑环境之上的最为重要的系统组成部分。

（3）应用系统。

根据北京市督导信息化平台的建设目标，对督导业务应用系统进行分模块规划与建设，主要包括现有督导业务系统、OA 办公系统、数据采集平台、用于决策支持的督导数据分析模型等。

（4）平台用户。

平台应用最终面向北京市督导室、区督导室、督学及学校用户，实现市级建设，多级应用的目标，各层级用户包含共性的应用模块，同时根据各层级用户的特点提供个性化的服务应用。

2．技术架构

系统技术架构如图 2 所示。首先基于业务驱动、协同技术构建督导平台，实现督导业务的信息化管理，覆盖督政、督学、评估监测等督导全业务内容，以此为切入点，构建督导数据处理中心，结合数据汇集、抽取、清洗技术，可形成市级统一的督导大数据中心，借助大数据分析挖掘技术，进行数据的综合分析应用及报告的自动生成，从而为督导提供科学决策支持。用户登录采用统一身份认证技术，实现实名登录。

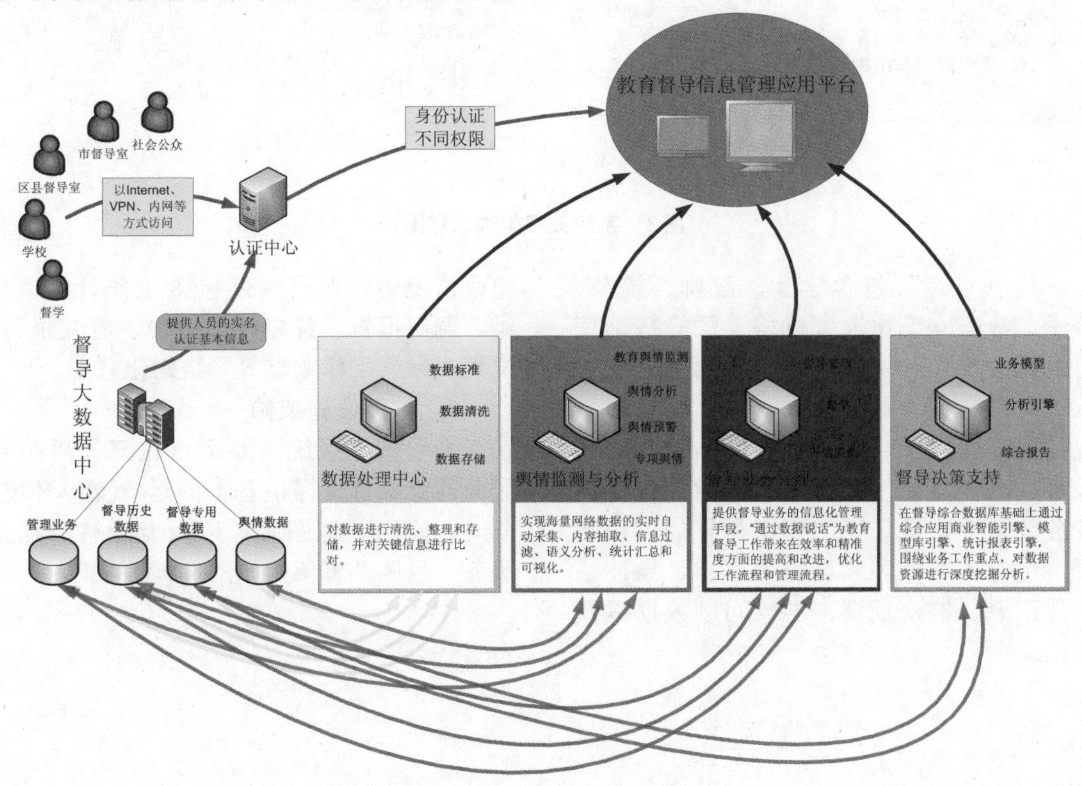

图 2　系统技术架构示意图

3．数据架构

数据架构如图3所示，包含人、财、物、工作过程记录数据以及督导相关的档案资料、文献资料数据；数据类型包含空间数据以及属性数据，结构化数据与非结构化数据，最终形成完整的教育督导主题数据库。

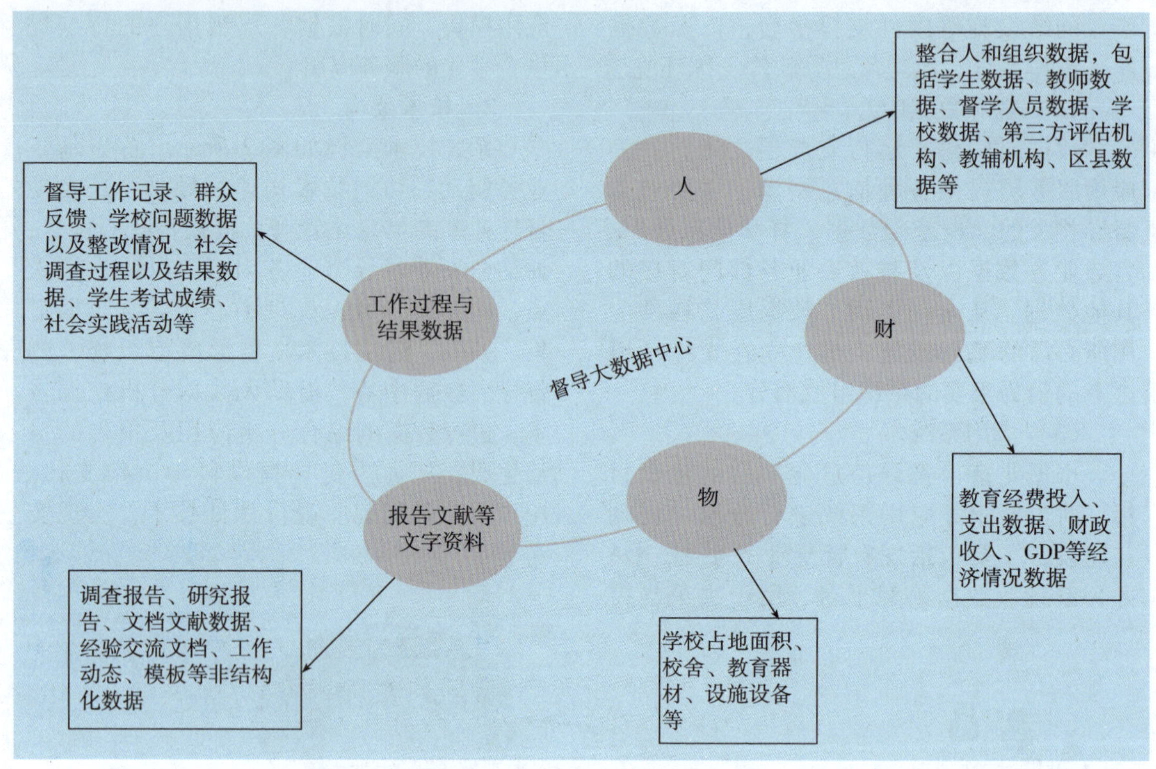

图3　系统数据架构示意图

其中“人”包含学生、教师、校长、督学、学校、校外教育机构、区等基础信息及相关数据；“财”主要包含教育经费投入、支出数据、财政收入、GDP等经济情况数据等；“物”主要包含学校占地面积、校舍、教育器材、设施设备等数据；督导业务数据主要是督导工作中积累的过程数据，包含各类监测和调查数据、督导评估工作记录、群众反馈、学校问题数据以及整改情况等；此外，还包含工作计划、总结、调研报告、督导评估报告、研究报告、文档文献、工作动态等非结构化数据。

4．基础设施架构

平台核心系统需要运行在三类虚拟化服务器上，首先提供基本的运行支撑环境，同时还使用了地图服务以及专业移动通信服务。具体部署架构如图4所示。

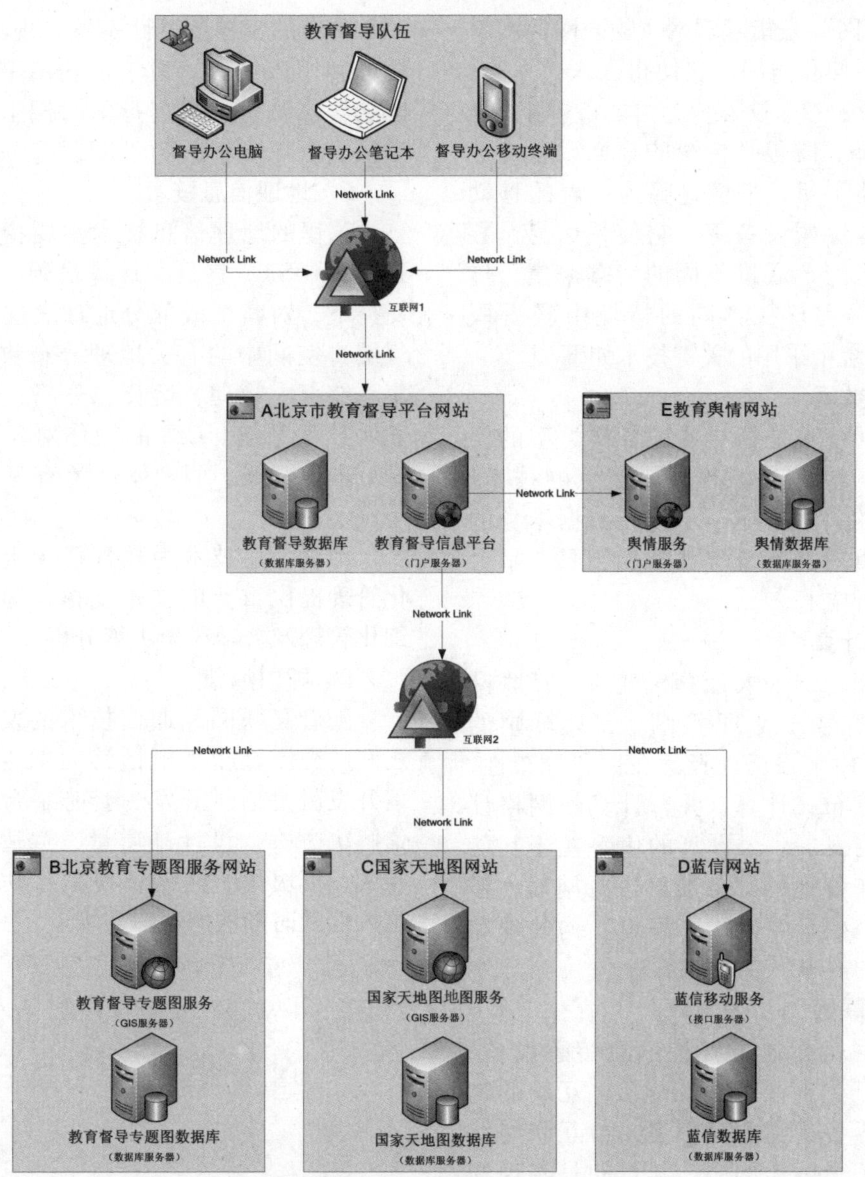

图4　平台网络服务器部署架构示意图

北京市教育督导信息管理服务平台通过互联网提供教育督导信息化服务，面向教育督导队伍提供包括PC机、笔记本以及移动终端的多终端界面的信息化系统服务；同时，“督导平台”基于基础地图服务获得基于空间位置的服务能力，构建教育督导网格化管理专题图能力，还集成了专业即时通信工具，为督导队伍提供综合的信息化手段。

（三）采用的关键技术简介

“互联网＋”的一个核心特征是从IT（Information Technology，信息技术）到DT（Data Technology，数据技术）的快速跨越。[7]要实现从IT到DT的转变，需要加强“云”“网”“端”三者的建设和融合。其中，“云”是指云计算、大数据，它既为“互联网＋”提供了信息、数据存储的空间，又提供了针对信息、数据的计算和服务能力；“网”是指互联网、物联网等网络的关联、延伸和拓展，它使得人人、人物、物物的广泛链接、交互成为可能；“端”是指各类终端，既包括传统的桌面设备，也包括以智能手机、平板电脑为代表的移动设备、智能穿戴设备等，它使得信息、数据能够因时因地通过不同的终端采集、传递，并使得用户在不同的情境中获得服务。[8]本系统中采用的关键技术如下。

1．大数据

大数据技术是指从各种各样类型的巨量数据中，快速获得有价值信息的技术。目前所说的“大数据”不仅指数据本身的规模，更重要的是采集数据的工具、平台和数据分析技术。

2．云计算

云计算是继个人计算机变革、互联网变革之后的第三次 IT 浪潮。云计算中的“云”主要用来强调计算泛在性和分布性，实质上是分布式计算、并行计算和网格计算等技术的发展。云计算的优势在于其能够将分布在各地的服务器群进行网联，能够实现大规模计算能力、海量数据处理和信息服务的需求。

3．物联网

物联网是指通过各种信息传感设备，实时采集任何需要监控、链接、互动的物体或过程等各种需要的信息，与互联网结合形成的一个巨大网络，其目的是实现物与物、物与人，所有的物品与网络的链接，方便识别、管理和控制。物联网的基础是信息采集，经过无线网络上传至网络信息中心存储，并利用各种智能技术对感知数据进行分析处理以实现智能控制。

4．移动互联网

移动互联网是互联网与移动通信各自独立发展后互相融合的技术，以宽带 IP 为技术核心，可以同时提供语音、数据和多媒体业务的开放式基础电信网络；用户使用移动终端通过移动网络获取移动通信网络服务和互联网服务。

传统的督导及时性不够，现场感不强，充分利用该技术，督学可利用手机、平板电脑等移动客户端进行即时网上督导，将大幅度提高教育督导的便利性。

5．地理信息技术

这里的地理信息技术主要指地理信息系统（GIS）。它是在计算机硬、软件系统支持下，对整个或部分地球表层（包括大气层）空间中的有关地理分布数据进行采集、储存、管理、运算、分析、显示和描述的技术系统。GIS 的操作对象是空间数据，即点、线、面、体这类有三维要素的地理实体。

地理信息技术为教育督导责任区网格化管理提供重要的技术支撑，辅助督导精细化管理及督导科学决策分析。

6．即时通信

随着互联网和通信技术的发展，人们之间的交流逐步从电话移向网络。即时通信开发就是通过开发一套跨平台的即时通信解决方案，设计高质量、宽适应性、分布式、模块化的网络音视频互动平台来满足人们随时随地的通信需求。

四、教育督导信息化平台的主要功能与应用

（一）主要功能

1．政务管理服务功能

政务管理服务模块完成 OA 行政办公系统的建设，根据北京市教育督导室的业务进行公文流转，任务管理，流程监控等，最终达到无纸化办公的目的，实现公文的传输和运转，对日常办公进行全面的信息化管控，提高工作效率。主要包括公文管理、行政事务管理、日常管理、流程管理，建立工作流引擎等主要内容。

2．教育督导评估功能

常规的督导评估工作流程如图 5 所示。

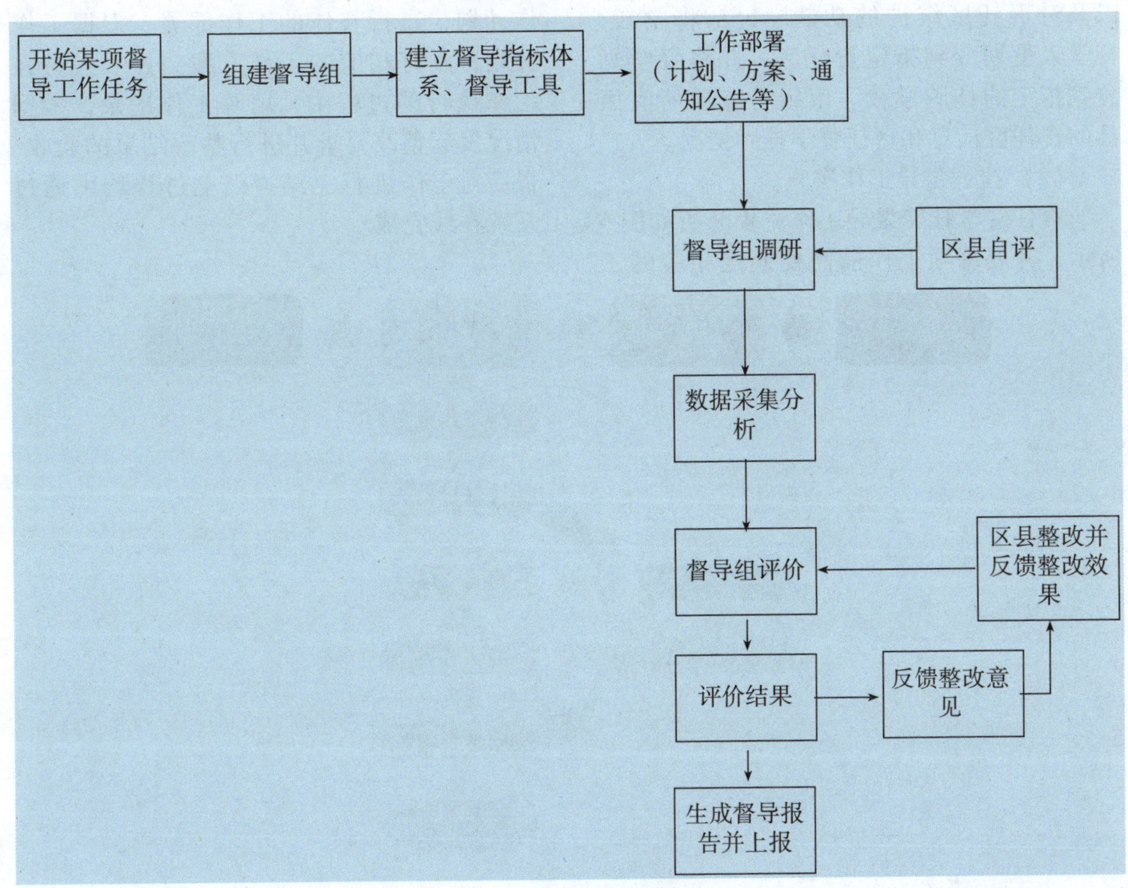

图5 督导工作流程图

平台将对于督导评估全过程提供信息化支持。督导评估前，由督导评估项目管理人员设置督导评估项目，包括设置督导评估指标及其督导评估方式，设置督导组成员与督导对象的用户信息和权限，使督导评估的相关信息更加清晰、准确。督导评估中，督导对象根据指标设置填报相关数据、上传相关支撑材料，由督导组成员完成网上预评估，完成现场督导中的问卷调查、现场访谈等需填写的报表，使督导评估更加便捷有效。督导评估后，系统自动根据指标统计方法进行汇总统计，并根据设置定义生成督导评估报告，使教育督导评估更加快捷高效。

3．督导地图及网格化管理功能

教育督导网格化管理是以责任区为单元格网，将区域内每一所学校都纳入责任区网格。基于地理信息进行的责任区网格化管理，将北京市各级行政区划、责任区网格划分、各学校信息、责任区负责人、挂牌督学信息等均在地图上空间化直观展示，包含各类信息的空间定位信息，并能在地图上结合统计表格叠加相应的统计图，实现查询定位、统计分析等功能，有助于发现区域特征及分布规律；基于督导地图进行应急指挥，当事件发生时，能够快速定位事件地点，提高应急事件处理效率。

4．挂牌督导服务功能

责任督学挂牌督导系统，满足市级、区级、督学、学校四级用户的应用需求。能够基于手机移动端开展挂牌督导工作。挂牌督导服务功能主要包括如下。

（1）责任区及督学挂牌管理。

区县根据实际情况进行责任区的划分，

以及对责任区维护的功能。包括将学校、督学人员划分到指定责任区，并将督学划分到指定的挂牌学校。市级可查看所有区县的责任区信息和责任督学挂牌情况。

（2）挂牌督导工作实施。

责任督学挂牌督导工作流程分析如图 6 所示，开展每项工作前需要制定相应的工作计划，进行整体的工作部署。根据工作计划，制订相应的工作方案。督学人员在工作执行的过程中，填写工作记录，根据情况发起整改要求并进行整改结果的验收，最后对工作进行总结。以上过程均可通过系统在线完成。

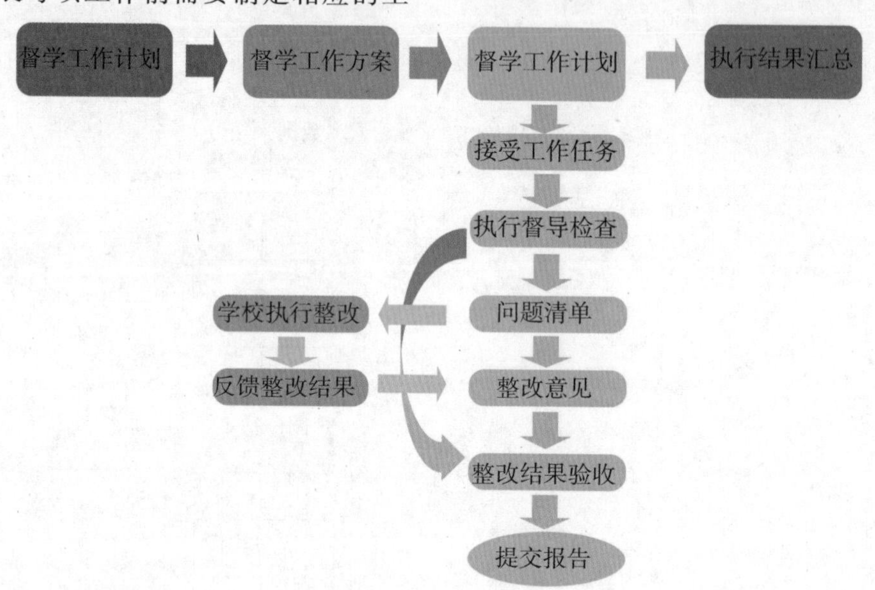

图 6　责任督学挂牌督导工作流程图

同时，挂牌责任督学作为学校和社会公众之间重要的沟通桥梁，处理群众来访是责任区督学日常进行的重要工作之一，系统为责任督学提供群众来访管理工具，可随时看到、记录来访情况并及时跟踪解决；对于重大问题需要反馈到上级领导协商解决的可直接在线反馈。当发生紧急事件时，系统提供发送应急公告通知的功能，可发送到指定人员，并对通知接收状态进行跟踪，保证通知的及时性与可靠性。

5. 教育舆情监测功能

通过建立教育舆情监测系统，力求做到准确、及时地了解公众对北京市及各区教育政策和措施的看法及对教育的需求，及时掌握教育的热点和难点问题的舆情信息，并以周报、月报、年报、专报、快报等形式及时、有效地反馈，为教育督导评估提供重要依据，提高督导决策的科学性。

6. 督导数据采集功能

（1）问卷调查模块。

问卷调查是教育督导数据采集的重要手段，除在督导检查中要对督导对象进行多主体的问卷调查外，还包括专项的问卷调查，如教育工作满意度数据采集、学生课业负担数据采集等。问卷调查工具模块主要功能包括：问卷模版管理、问卷创建、问卷调查对象管理、问卷统计、数据分析等功能，实现发放、回收问卷、数据统计分析的自动化。

（2）数据采集工具。

此功能是为各项督导监测指标的数据采集而设计。基于自定义的指标生成采集数据表，可以在线进行数据填报，并具备数据校验、汇总、比较和统计功能。

7. 数据分析挖掘功能

根据各项督导工作的实际需要，研发数据分析模型，辅助教育督导科学决策。如义务教育均衡状况测算模型、学业质量监测结果分析模型、区域教育发展水平监测结果分析模型、满意度指数分析模型、学生课业负担监测结果分析模型等。将各类数据挖掘模型内嵌到系统中，通过定义模型的输入输出，实现模型的自动分析。分析结果可以自动生成多种格式的报告文件并可以方便地导出，便于分析结果的发布和共享以及对结果的进一步应用。

8. 督导移动客户端

移动客户端将为教育督导工作提供强大的移动应用功能，包括挂牌督导应用、应急指挥应用、即时通信、公告通知、新闻动态等功能，满足用户随时随地移动办公的需要。如：

挂牌督导应用上，责任督学可通过手机移动端查看工作记录、填写工作记录、拍摄督导现场照片、视频等实时上传，还可以通过手机端发起整改通知，填写整改内容。以上信息在PC端同步展示。

即时通信上，在移动端可将市及各区督导相关的人员信息按部门进行组织分类，所有加入组织的人员可以获取到相关人员的联系信息，便于及时交流，包括：与组内的成员发起即时通信；支持文字消息、图片、视频、文档、实时位置、链接、语音等内容；可在组内发布公告、共享文件及相册等。此外还可以通过手机，发起电话会议，举行多人同时在线会议。

（二）应用

北京市教育督导信息化平台将建成“一级建设，三级应用”的体系，即市级组织建设，面向市级、区级、学校提供应用服务。

1. 市级层面

（1）平台将满足市督导室的信息化行政办公需求。

借助OA系统，市督导室领导及各业务处室人员可实时进行公文拟录和在线审批，并可追溯公文的审批修改记录，对于审批完成的公文自动进行文件的归档，可实时查阅打印公文内容，实现市督导室内部公文流转全过程；还可以直接将审批完毕的公文发送至区县。

（2）平台可满足市督导室的在线业务办公需求。

借助督导地图，实现督导的网格化管理。通过督导地图实时查看了解全市及各区、学校的基本信息，便于督导决策与工作部署，为北京市督导室提供全新的督导管理模式。

督导评估模块为督政处、专项督导处、学校督导处提供全方位的信息化办公手段，将实现创新督导工作模式，大大提高督导工作效率和效果。

通过挂牌督导服务模块，学校督导处可进行全市挂牌督导工作的在线部署与通知公告的下发，实时查看各区挂牌督导工作的状态和成果，了解督学人员的工作情况，提升了市级对挂牌督导工作的全局把握能力；在对督学的管理考核评价方面，通过后台对督学工作记录按照督学工作内容要求分类统计，实现了对责任督学管理工作的考核数据化、评价科学化。

借助教育舆情监测子系统，市督导室可全面掌握社会各界对北京市教育工作及教育热点难点问题的舆情信息，为科学评价北京市教育政策和措施的落实效果提供参考信息和依据。

通过数据采集系统的建设，市督导室各业务处室可实时在线发起数据采集任务，自定义数据采集内容及标准规范，并通过平台的通知公告功能将数据采集任务及时部署下去，避免了传统数据采集过程中的数据格式不规范、文件流转烦琐、耗时耗力等问题。借助数据挖掘分析模块提供的数据分析模型或工具，可对全市范围的各项监测数据进行整体的分析，也可对区、乡镇街道、学校的数据进行全面的掌握和分析，及时发现存在的问题，给出预警信息，为督政、督学工作提供科学、客观、全面的实证数据支持，是评估监测职能得以充分发挥的重要手段，是实现智慧督导的重要途径。

移动客户端的功能辅助市督导室进行即时通信与移动办公，可以随时了解、掌握督导相关的新闻资讯及工作动态、及时进行工作任务的部署与工作资料的共享查阅、及时应对突发事件和紧急事件及对其进展的掌控。

2. 区级层面

平台在区级层面的应用主要体现在区督导室可通过系统查看并配合市督导室的工作部署，通过督导评估系统上传自评材料；借助挂牌督导服务模块，可进行本区内督导工作的在线部署，实时查看责任区、督学及学校的工作开展情况、查看学校的整改信息；通过数据采集模块实现数据的上报，大大提高区督导工作效率。

平台移动端可为区级用户提供即时通信与移动办公的工具，区级用户可以随时掌握本区内的督导相关新闻动态，可通过PC机和手机、平板电脑移动终端查看系统提供的共享资源信息，也可通过移动端及时进行工作任务的部署与查看。平台移动端为突发事件处理带来便捷。

3. 学校层面

北京市督导信息平台在学校层面的应用主要体现在可通过PC机和手机、平板电脑移动终端查看并配合上级工作部署，通过系统平台进行工作过程记录、上传自评材料和相关档案材料、在线上报数据、查看督导反馈结果、提交整改报告以及与上级和督学交流互动等。

五、结束语

随着教育督导信息化建设的完善，充分利用大数据技术提高教育督导科学化水平、走向“互联网＋教育督导”的智慧督导是未来教育督导的必然发展趋势，不仅是教育督导信息化建设的升级，更是教育督导迎接互联网时代挑战的有效应对选择。可以相信，教育督导在互联网、大数据助力下，必将全面提升北京市教育督导的现代化水平，促进新的教育治理体系的形成。

参考文献

[1] 何秀超. 充分利用大数据技术提高教育督导科学化水平 [J]. 北京教育（普教），2015（8）：25－27.

[2] 卡利尔. 克林顿－戈尔的 NII 主动精神 [J]. 电子展望与决策，1996（1）：27－29.

[3] 刘德亮. 黎家厚博士谈教育信息化 [J]. 中国电化教育，2002（1）.

[4] 祝智庭. 世界各国的教育信息化进程 [J]. 外国教育展望，1999（2）：79－80.

[5] 杨晓宏，梁丽. 全面解读教育信息化 [J]. 电化教育研究，2005（1）：27－33.

[6] 何克抗. 教育技术学 [M]. 北京：北京师范大学出版社，2002.

[7] 阿里研究院. 互联网＋：从 IT 到 DT [M]. 北京：机械工业出版社，2015.

[8] 吴瑜，刘欢，任友群. “互联网＋”校园：高校智慧校园建设的新阶段 [J]. 远程教育杂志，2015（4）：8－13.

撰稿人：北京教育科学研究院北京市教育督导与教育质量评价研究中心
赵丽娟　王玥　赵学勤

后 记
Postscript

在北京教育科学研究院院领导的主持下，在全院各个业务单位积极支持和帮助下，《北京教育发展研究报告·2016年卷》顺利出版了。2016年是落实《北京市“十三五”时期教育改革和发展规划》的开局之年，也是开展《北京市中长期教育改革和发展规划纲要（2010—2020年）》中期监测的关键之年。新的时期，报告确定“新发展 新常态”为主题，全面系统地分析研究新常态下“十三五”时期首都各级各类教育的发展趋势，明确新时期首都教育改革和发展所面临的重点、热点和难点问题，回应首都教育领域综合改革与发展的基本理论和重大实践问题，更好地服务首都教育现代化建设。

参与本年度研究报告撰写的有北京教育科学研究院教育发展研究中心、基础教育科学研究所、基础教育教学研究中心、基础教育课程教材发展研究中心、职业教育与成人教育研究所、职业教育与成人教育教学研究中心、高等教育科学研究所、民办教育研究所、德育研究中心、早期教育研究所、可持续发展教育研究中心、教师研究中心、北京市教育督导与教育质量评价研究中心等各单位的研究人员。在此，我们对所有积极参与和支持本年度研究报告出版工作的人员表示衷心的感谢！

为进一步提高研究报告的质量，欢迎各位读者批评指正！

联系地址：北京市西城区南礼士路头条3号北京教育科学研究院教育发展研究中心
邮　编：100045
电　话：010－68012277－433/436
传　真：010－68012277－434
E－mail：fzzxlps@163.com

编者
2016年12月

《北京教育发展研究报告》
读者评价调查

尊敬的读者：

您好！为进一步提升《北京教育发展研究报告》的质量和水平，给您提供更好的服务，特开展此次调查活动。请您给予真诚和中肯的评价。本调查不记名，内容保密。问卷包含8项满意度选择题和1项开放式问题。满意程度由高到低分为：非常满意（5）、满意（4）、一般（3）、不满意（2）、非常不满意（1）；请根据您的真实意愿圈出相应分值。

您的意见和建议，对于我们十分重要。衷心感谢您的支持！

《北京教育发展研究报告》编委会

1. 您的身份：A. 政府行政官员　B. 专职科研人员　C. 任课教师
D. 学校或事业单位行政管理人员　E. 其他___

2. 就《北京教育发展研究报告》的以下几个方面，您的评价是：

题目	满意度由高到低				
《北京教育发展研究报告》的总体感觉	5	4	3	2	1
在“装帧、封面及排版设计”方面	5	4	3	2	1
在“整体稿件质量”方面	5	4	3	2	1
在“出版时效性”方面	5	4	3	2	1
在“学术价值引领和社会影响力”方面	5	4	3	2	1
在“关注首都教育热点、难点问题，促进教育发展并提供创新性政策建议”方面	5	4	3	2	1
在“服务读者的工作和研究需求”方面	5	4	3	2	1
在“积极向读者征求和反馈意见、建议”方面	5	4	3	2	1

3. 对《北京教育发展研究报告》的设计、组稿、服务等方面，您还希望我们做出哪些改进？

请您将填好后的问卷寄至：北京市西城区南礼士路头条3号北京教育科学研究院教育发展研究中心　邮编：100045

电话：010－68012277－435/437

传真：010－68012277－434

《北京教育发展研究报告》系列丛书

《首都教育发展研究报告·2000 年卷：构建首都现代教育体系》，由北京教育出版社于 2001 年 4 月出版，定价 19.00 元。

《北京教育发展研究报告·2001 年卷：积极推进首都教育现代化进程》，由红旗出版社于 2002 年 5 月出版，定价 30.00 元。

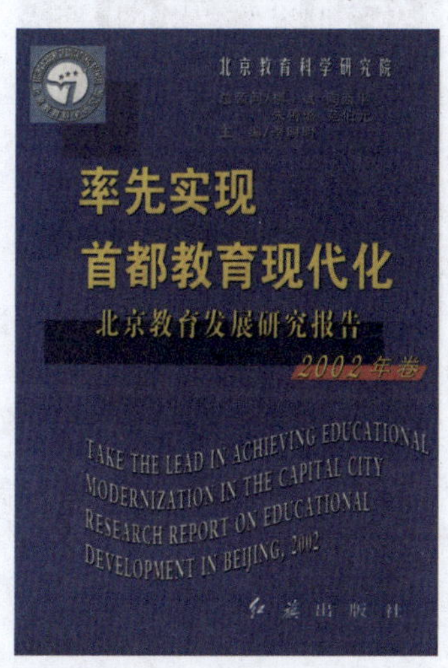

《北京教育发展研究报告·2002 年卷：率先实现首都教育现代化》，由红旗出版社于 2003 年 8 月出版，定价 54.00 元。

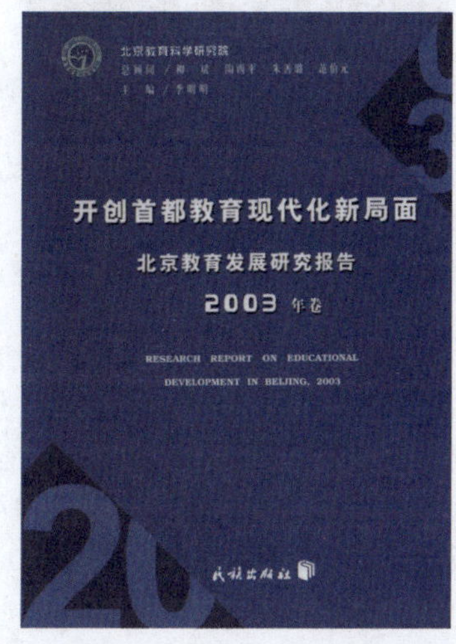

《北京教育发展研究报告·2003 年卷：开创首都教育现代化新局面》，由民族出版社于 2004 年 9 月出版，定价 55.00 元。

《北京教育发展研究报告 · 2004 年卷：实施首都教育发展战略》，由民族出版社于 2005 年 9 月出版，定价 58.00 元。

《北京教育发展研究报告 · 2005 年卷：首都教育发展回顾与前瞻》，由民族出版社于 2006 年 9 月出版，定价 60.00 元。

《北京教育发展研究报告 · 2006 年卷：战略与重点》，由北京出版社于 2007 年 9 月出版，定价 36.00 元。

《北京教育发展研究报告 · 2007 年卷：新视野　新问题》，由北京出版社于 2008 年 9 月出版，定价 39.00 元。

《北京教育发展研究报告·2008 年卷：新机遇　新挑战》，由北京出版社于2009 年 10 月出版，定价 39.00 元。

《北京教育发展研究报告·2009—2010 年卷：基本问题　重大问题》，由北京出版社于 2010 年 12 月出版，定价 40.00 元。

《北京教育发展研究报告·2011 年卷："十一五"时期首都教育回顾》，由北京出版社于 2011 年 12 月出版，定价 40.00 元。

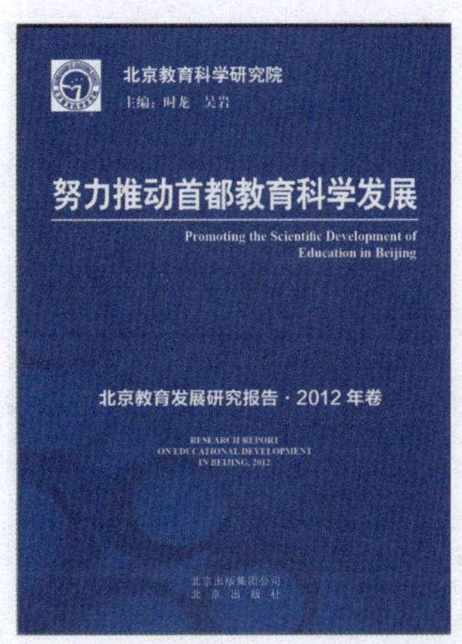

《北京教育发展研究报告·2012 年卷：努力推动首都教育科学发展》，由北京出版社于 2013 年 2 月出版，定价 58.00 元。

《北京教育发展研究报告·2013 年卷：首都教育改革的新形势和新任务》，由北京出版社于 2013 年 12 月出版，定价 65.00 元。

《北京教育发展研究报告·2014 年卷：首都教育改革的新形势和新任务》，由北京出版社于 2015 年 1 月出版，定价 66.00 元。

《北京教育发展研究报告·2015 年卷：“十二五”时期首都教育回顾》，由北京出版社于 2015 年 12 月出版，定价 69.00 元。